Die Reichsgerichtspraxis im deutschen Rechtsleben

Festgabe der juristischen Fakultäten zum 50jährigen Bestehen des Reichsgerichts
(1. Oktober 1929)

in 6 Bänden

unter Mitwirkung der Professoren

Gerhard Anschütz, Heidelberg / Ernst Heymann, Berlin
Theodor Kipp, Berlin / Wilhelm Kisch, München / Alfred Schultze, Leipzig / Heinrich Siber, Leipzig

herausgegeben von

Otto Schreiber
weiland Professor in Königsberg i. Pr.

Dritter Band

Zivil- und Handelsrecht (Fortsetzung)

Berlin und Leipzig 1929

Walter de Gruyter & Co.

vormals G. J. Göschen'sche Verlagshandlung — J. Guttentag, Verlagsbuchhandlung — Georg Reimer — Karl J. Trübner — Veit & Comp.

Nachdruck 1983

Roßberg'sche Buchdruckerei
in Leipzig

Vorwort

Viele Jahrhunderte hat den Deutschen ein wirksames oberstes Gericht gefehlt. Das Königsgericht verfiel im Mittelalter mehr und mehr; dann haben Reichskammergericht und Reichshofrat trotz ihrer Bedeutung keine ausreichende Stoßkraft üben können, und mit dem Zusammenbruch des Römischen Reichs Deutscher Nation sanken sie dahin. Ungleich glücklicher entwickelte sich in Frankreich durch Jahrhunderte die Judikatur seiner Parlamente, an die sich im 19. Jahrhundert die große Praxis des Kassationshofes anschließen konnte, und ebenso in England die Entscheidungskette des Königsgerichts, fortlaufend seit der normannischen Eroberung bis auf den heutigen Tag. In Deutschland dagegen wurde erst durch die Gründung des Reichsoberhandelsgerichts 1870, und mit vollem Akkorde erst durch die Entstehung des Reichsgerichts vor nunmehr einem halben Jahrhundert die alte nationale Sehnsucht nach Vereinheitlichung der höchsten Gerichtsbarkeit erfüllt. Seither aber hat sich eine großartige Rechtsprechung überraschend schnell immer voller und weiter entfaltet, und sie gibt der Judikatur der anderen Völker gewiß nichts nach.

Die deutsche Rechtswissenschaft blickt mit hoher Freude und mit tiefer Dankbarkeit auf die leuchtende Wirksamkeit des Reichsgerichts und seines handelsrechtlichen Vorgängers. Ist doch diese Judikatur, auch wo sie den Widerspruch herausfordert, ein sprudelnder Lebensquell geworden, aus dem die Rechtslehre immer aufs neue zu schöpfen vermochte. Der uralte Reichtum deutschen Rechtslebens gedeiht hier in ungetrübter Jugendfrische, und aus der inneren Kraft der Tatbestände wie aus ihrer sachkundigen Beurteilung wuchern in üppiger Fülle die Rechtsgedanken hervor.

Aber die deutsche Rechtswissenschaft hat an der Reichsgerichtspraxis auch ihren eigenen Anteil. Jahrhundertelang war die Lehre des römischen und deutschen Rechts das einzige feste Band, welches die Rechtseinheit Deutschlands einigermaßen sicherte. Seit den Anfängen der deutschen Universitäten haben ihre Rechtslehrer in ununterbrochener Arbeit die juristischen Grundlagen für die Tätigkeit der Territorialgerichte und für die allmählich anwachsende Landesgesetzgebung geboten. Auf ihrer eindringenden wissenschaftlichen Gedankenwelt konnte auch das neugegründete Reichsgericht vor fünfzig Jahren sein Werk aufbauen. Die deutsche Rechtswissenschaft hat seither emsig fortgearbeitet, in inniger Wechselwirkung mit den deutschen Gerichten: Rechtsprechung und Wissenschaft müssen eine Einheit bleiben, einen inneren Gegensatz zwischen brauchbarer Theorie und brauchbarer Praxis kann es nicht geben. An den wissenschaftlichen Bestrebungen haben in steigendem Maße die weitesten Kreise der Juristenschaft, wie Richter, Staatsanwälte, Rechtsanwälte, Verwaltungsbeamte, und vor allem die Mitglieder des Reichsgerichts selbst teilgenommen. Aber wie keine Wissenschaft ohne tiefgehenden Unterricht und ohne streng methodische Erziehung der jungen Juristen möglich ist, so haben die deutschen Rechtsfakultäten dauernd im Mittelpunkte der Forschung gestanden, und sie dürfen deshalb dem Reichsgericht ihre herzlichen und bewundernden Glückwünsche als Wortführer der gesamten deutschen Rechtswissenschaft darbringen.

Der Gedanke dieser Festschrift, zuerst gefaßt von dem am 24. Januar 1929 allzufrüh heimgegangenen Professor Dr. Otto Schreiber, Königsberg i. Pr., und von ihm mit opferfreudiger Unterstützung der Verlagsbuchhandlung durch mehrere Jahre kraftvoll gefördert, hat in den Kreisen der deutschen Rechtslehrer bereitwillige Aufnahme gefunden. Nach dem Tode Otto Schreibers hat Herr Dr. Alexander Elster die schwierige Schriftleitung zu Ende geführt. Wir bringen die Gabe in der festen Hoffnung dar, daß das deutsche Reichsgericht noch in langer Folgezeit seine Rechtsprechung schöpferisch fortsetzen möge: als unabhängiger Hüter der Heiligkeit des Rechts, als verständnisvoller Förderer deutscher Geisteskultur und deutscher Wirtschaft, als untrennbarer Freund der deutschen Rechtswissenschaft, als Fels in gärender Zeit, zu Ehre und Ruhm des deutschen Vaterlandes.

Gerhard Anschütz, Ernst Heymann, Theodor Kipp,
Wilhelm Kisch, Alfred Schultze, Heinrich Siber.

Dritter Band

Zivil- und Handelsrecht

(Fortsetzung)

Inhaltsverzeichnis

Inhaltsverzeichnis der übrigen Bände

Ein Namen- und Sachregister
für alle sechs Bände befindet sich am Schlusse
jedes Bandes.

Mietrecht und Wohnungszwangswirtschaft in der Rechtsprechung des Reichsgerichtes

von Professor Dr. Rudolf Ruth, Halle

Wie auf anderen Gebieten des Rechtes hat die durch Krieg, Demobilmachung und Währungsverschlechterung hervorgerufene Umwälzung aller wirtschaftlichen Verhältnisse Gesetzgebung und Rechtsprechung im Mietrecht vor neue Aufgaben gestellt, deren Bewältigung den zuständigen Organen bei dem ständigen Wechsel der zu regelnden wirtschaftlichen Tatbestände ungeahnte Schwierigkeiten bereitete. Schwierigkeiten für die Rechtsprechung ergaben sich einesteils aus der Unruhe der Gesetzgebung, die eine gefestigte Spruchpraxis kaum aufkommen ließ und durch ihre vielfach überhastete und technisch unvollkommene Gestaltung für die Rechtsanwendung erhebliche Unklarheiten mit sich brachte. Diese Aufgabe war immerhin noch mit dem überkommenen und zum selbstverständlichen Besitzstande jedes durchgebildeten Juristen gehörigen Rüstzeuge der Rechtsauslegung zu erfüllen. Bedeutsamer aber erwies sich, daß alle jene unter dem Drucke wirtschaftlicher Not entstandenen Gesetze und Verordnungen das Privatrecht in einem Maße mit öffentlich-rechtlichen Normen durchsetzte und dem höheren Gesichtspunkt öffentlicher Interessen unterwarf, wie es vor dem Kriege nicht entfernt in gleichem Umfange üblich gewesen war. Die neue Zeit erforderte eine dem Zivilisten bisher kaum zugemutete Umstellung des juristischen Denkens, die Berücksichtigung sozialer und wirtschaftlicher Interessen, die ja vorwiegend den Anstoß zu jener Gelegenheitsgesetzgebung gaben, und eine Kenntnis der Bedürfnisse und Nöte des praktischen Lebens, wie sie in ruhigen Friedenszeiten kaum jemals den Organen der Rechtsprechung eigen und notwendig waren. Wir haben nunmehr einen genügend langen Zeitraum der Erprobung hinter uns, um die Frage stellen zu können, ob die Rechtsprechung, insbesondere die unseres höchsten Gerichtshofes, dessen Entscheidungen ja für die unteren Gerichte trotz fehlender präjudizieller Bindung naturgemäß richtunggebend sind, ihre neuen so vielfältigen und veränderten Aufgaben zu meistern vermochte, ob sie wirklich von sozialem und wirtschaftlichem Geiste erfüllt war.

Nicht nur der hochbedeutsame Anlaß dieser Festschrift gibt uns die Berechtigung zu solcher Frage. Die Beantwortung ist aus einem anderen gesetzespolitischen Grunde nicht weniger dringend. Wir befinden uns unverkennbar im Stadium des Abbaues der Wohnungszwangswirtschaft und richten bereits wieder den Blick auf die Gestaltung des Rechtszustandes, der auf wohnungspolitischem Gebiete nach Beseitigung der Wohnungsnot und der durch sie hervorgerufenen Übergangsmaßnahmen zu einer Regelung von Dauer unter normalen wirtschaftlichen Verhältnissen werden soll. Immer lauter wird in der Öffentlichkeit von Interessentenkreisen, aber auch von objektiv denkenden und politisch unbeeinflußten Juristen die Forderung angemeldet, das künftige Mietrecht müsse eine gründliche Umwandlung im Sinne stärkerer Berücksichtigung sozialer und wirtschaftlicher Interessen erfahren, müsse wenigstens in beschränktem Umfange die bisherigen Bindungen der Wohnungszwangswirtschaft und des Mieterschutzes in sich aufnehmen. Darin liegt zugleich eine Kritik des Mietrechts des BGB., das eben sich als für solche Zwecke unzureichend erwiesen habe. Weiterhin enthält aber jene Forderung, ausgesprochen oder unausgesprochen, den Vorwurf gegen die Rechtsprechung, daß sie zu sehr noch von individualistischem Geiste erfüllt sei, den Bedürfnissen der wirtschaftlich schwächeren Volkskreise, d. h. der Mieterschaft, nicht genügend Rechnung trage, es aus eigener Kraft nicht vermocht habe, dem Gesetz, das ja durch seine dispositive Form der Regelung des Mietrechtes so großen Spielraum für seine Anwendung in der Praxis gewährt, die Gestalt zu verleihen, die es zur Erfüllung jener Zwecke allein tauglich erscheinen läßt. Angesichts solcher schwerwiegenden Behauptungen ist es ein dringendes Erfordernis für die Rechtswissenschaft, die Rechtsprechung des RG. daraufhin durchzuprüfen, ob sie bisher die notwendige Rücksicht auf die Bedürfnisse der beteiligten Volkskreise vermissen ließ, ob in ihr zuwenig von dem Walten jenes sozialen Geistes zu verspüren ist, in dessen Betonung sich die gesamte Öffentlichkeit einig ist. Die hiermit notwendigerweise verbundene Übersicht über die Rechtsprechung des Reichsgerichtes bietet zugleich die bisher noch kaum genügend ausgeschöpfte Möglichkeit, aus den Entscheidungen des Reichsgerichtes die leitenden Grundsätze herauszuschälen, deren Beachtung für das Verhalten der Beteiligten in mietrechtlicher Beziehung so außerordentlich wichtig ist, um sich vor schweren Enttäuschungen und materiellen Verlusten zu bewahren. Entsprechend solchen mehr praktischen Zwecken muß die Stoffeinteilung und Stoffbehandlung mehr von wirtschaftlichen als von rechtsdogmatischen Gesichtspunkten geleitet sein und neben der unerläßlichen Kritik zu der Rechtsprechung des RG. die praktische Nutzanwendung seiner Ergebnisse in den Vordergrund gerückt werden.

I. Abgrenzung des Mietvertrages von anderen mit Raumüberlassung verbundenen Rechtsverhältnissen

Während früher die scharfe Scheidung zwischen einem mietvertraglichen und verwandten Rechtsverhältnis oft nur von nebensächlicher Bedeutung war, weil die Anwendung allgemeiner Grundgedanken des Schuldrechts zu wesentlich denselben Resultaten für den Streitfall führte, hat durch die nur auf Mietverhältnisse beschränkte wohnungszwangswirtschaftliche und mieterschutzrechtliche Gesetzgebung der Übergangszeit die Abgrenzung des mietvertraglichen von dem sonstigen Vertragsinhalt eine ungeahnte Bedeutung erlangt. Von der Stellungnahme des entscheidenden Gerichtes zu dieser Frage hängt es ab, ob der Rauminhaber schutzlos der Wohnungsnot überliefert wird. Kein Wunder deshalb, daß gerade solche Fragen in den letzten Jahren die Gerichte in immer steigendem Umfange beschäftigt haben, daß findige Hausbesitzer und Juristen die kompliziertesten Wege versuchen, um einen Raumüberlassungsvertrag dem Gebiete des Mietrechtes zu entziehen und sich die Verfügungsfreiheit über die überlassenen Räume zu sichern. Es ist ja nicht zu leugnen, daß Kündigungs- und andere Beschränkungen der Mieterschutzgesetzgebung in ihren praktischen Auswirkungen eine dem Hausbesitze wenig willkommene Verdinglichung des Mietsverhältnisses herbeigeführt haben. Da hat sich nun als besonders gangbarer Ausweg erwiesen, dem Raumüberlassungsvertrage die Form eines Pachtverhältnisses zu verleihen. Und vielfach ist man bei älteren Mietverträgen von längerer Dauer erst unter dem Drucke jener Verhältnisse zu der überraschenden Entdeckung gelangt, daß das bisher unbeanstandet von beiden Parteien als Miete angesehene und bezeichnete Rechtsverhältnis bei näherer Betrachtung sich als Pachtverhältnis entpuppte.

Die Rechtsprechung des RG. zu dieser Frage ist geradezu unübersehbar[2]). Das RG. sieht bei einem Vertrage, dessen Hauptinhalt die Raumüberlassung bildet, ein Pachtverhältnis nur dann als gegeben an, wenn „die überlassenen Räume schon durch ihre bauliche Eigenart, ihre innere Einrichtung und Ausstattung dazu geeignet sind, als die unmittelbare Quelle von Erträgen zu dienen“. Diese Voraussetzung hält es aber bei gewerblichen Räumen, die fast alle Entscheidungen betreffen, nur dann als erfüllt, wenn das Inventar oder wenigstens ein zur sofortigen Aufnahme des Gewerbebetriebes ausreichender Teil des Inventars dem Pächter mit überlassen ist. Dieser Standpunkt des RG. hat den Vorzug eines leicht festzustellenden äußerlichen Unterscheidungsmerkmales, wenn ihm auch etwas Starres und Formalistisches anhaftet, und erwies sich nach Einsetzen der Mieterschutzgesetzgebung dem Mieter günstiger wie die von mir (JW. 24, 803 Anm.; ArchZivPrax. n. F. 4, 337ff.; Mietrecht S. 94ff.) vertretene, mit Rücksicht auf den Begriff der fruchttragenden Sache für richtiger erachtete Auffassung, daß auch ohne ausreichende Inventarüberlassung die Räume nach ihrer Eigenart geeignete Objekte zur Gewinnung von Früchten sein können, wenn sie für die Bedürfnisse eines besonderen Gewerbebetriebes hergerichtet und nach dem Vertragszwecke bestimmt sind. Eine Einschränkung von großer Tragweite erfuhr aber der Mieterschutz der Inhaber gewerblicher Räume durch die vielfach auch von anderer Seite (vgl. z. B. Crohne in JW. 24, 793) mit Recht bekämpfte Meinung des RG., daß es für das Tatbestandsmerkmal der Inventarüberlassung gleichgültig sei, ob der Verpächter oder ein Dritter dem Pächter das Inventar — kauf-, pacht- oder leihweise, auch durch selbständigen Vertrag neben dem eigentlichen Raumüberlassungsvertrage — zur Verfügung stellt, insbesondere also in dem Regelfalle, daß das Inventar von dem Verpächter übereignet wird. In dieser Beziehung leisten die unteren Gerichte dem RG. keineswegs willige Gefolgschaft, wie die so zahlreichen Entscheidungen des RG. zu immer der gleichen Frage erkennen lassen. Das Rechtsempfinden sträubt sich dagegen, daß die von einem anderen gewährte Leistung dem Verpächter in Gestalt erhöhter Einnahmen zugute kommen soll. Die Folge muß notwendigerweise eine erhebliche Verteuerung der Leistungen des Pächters sein, da er für das Inventar sowohl in Form einer Vergütung für die Raumüberlassung wie auch durch die Gegenleistung an den dritten Veräußerer oder Verpächter des Inventars belastet wird. Wie dieser wirtschaftliche Nachteil für den Pächter sich ausgleichen läßt, darüber hat das RG. bisher Ausführungen noch nicht gemacht. Besonders auffällig wirkt diese Folge in einem Falle, als der Verpächter von Raum und Inventar im Laufe der Vertragszeit das Pachtgrundstück ohne das zugehörige Inventar veräußerte; der einheitliche Pachtvertrag spaltete sich in zwei Teile, der Veräußerer blieb jedoch trotz Eintrittes des Erwerbers in den Raumüberlassungsvertrag der Verpächter des Inventars, was zweifellos eine stärkere Belastung des Pächters mit sich brachte (RG. 114, 243).

Richtiger Auffassung nach kann nur in Betracht gezogen werden, was der Verpächter gewährt. Es ist durchaus nicht einzusehen, warum derjenige Pächter, der nach Abschluß des Pachtvertrages sich die notwendige gewerb-

[2]) Ohne Anspruch auf restlose Vollständigkeit seien erwähnt: RG. 81, 23 = JW. 13, 280; JW. 13, 982 Nr. 10; RG. 87, 278 = JW. 16, 117; 91, 310 = JW. 18, 169; 102, 186 = JW. 21, 1361; III 878/22 v. 23. Nov. 23; JW. 24, 802 Nr. 10 u. 11; RG. 108, 312; 109, 206; III 962/24 in EA. (Ztschr „Einigungsamt u. Mietschöffengericht“) S. 344; III 335/25 in EA. S. 453; III 5/26 in EA. S. 480; III 559/25 in EA. S. 486; III 55/26 in EA. S. 496; JW. 27, 582, Nr. 7 = EA. S. 486; III 279/26 in EA. S. 514; III 389/25 in EA. S. 514; III 524/25 in EA. S. 542; III 308/26 in EA S. 543; III 432/26 in EA. S. 557; III 421/26 in EA. S. 565; JW. 27, 1469, Nr. 7 = EA. S. 564; III 440/26 in EA. S. 581; III 536/25 in MG. (Ztschr. „Mietgericht“) 1926 S. 61; RG. 114, 243 = MG. 1926 S. 112.

liche Einrichtung erst beschafft, anders behandelt werden soll wie ein Pächter, der das Inventar gleichzeitig oder vor Abschluß des Raumüberlassungsvertrages erhält[3]). Wenn es auch zu billigen ist, daß die Zerlegung eines als wirtschaftliche Einheit gewollten Vertrages in verschiedene selbständige Verträge über Raum und Einrichtung den Grundcharakter des Rechtsgeschäftes nicht zu verändern vermag, so rechtfertigt das nicht, dem raumüberlassenden Vertragsteile die Vorteile der Leistung eines anderen zuzuwenden, zumal ja dann dem Verpächter nicht einmal die Sorge für die Inventarerhaltung während des Pachtvertrages bei Übergang des Eigentumes am Inventar auf den Pächter obliegt.

Geht man den Gründen dieses eigenartigen zähe festgehaltenen Standpunktes des RG. nach, so stößt man auf steuerfiskalische Gesichtspunkte. Die früheren Entscheidungen des RG., die diese Rechtsprechung des III. Zivilsenates für die Folgezeit festlegten, drehten sich vorwiegend um die Frage, ob der vorliegende Vertrag als Mietvertrag dem preußischen Stempelsteuergesetz vom 31. Juli 1895 unterliege. Die weite Ausdehnung des Pachtbegriffes war damals ein wesentlicher Vorteil für die von der Steuerbehörde in Anspruch genommenen Personen. Heute schlägt die Fortsetzung solcher Rechtsprechung zum Nachteile des Raumbesitzers aus. Das RG. ist sich über solche Konsequenzen zweifellos nicht im unklaren[4]). Es hat sich genötigt gesehen, wenigstens das Erfordernis des wirtschaftlichen Zusammenhanges zwischen Raum- und Inventarüberlassungsverträgen als einschränkende Voraussetzung aufzustellen und aus solchen Gründen tatsächlich in zwei Fällen (III 620/25 und III 432/26 in EA. S. 486, 557) ein Pachtverhältnis verneint, im ersten Falle allerdings nur, weil die Erwägungen des Berufungsgerichtes auf tatrichterlichem Gebiete lagen und deshalb den Angriffen der Revision entrückt blieben. Diese Konzession ist jedoch von geringer Bedeutung, da der III. Senat in einer späteren Entscheidung (JW. 27, 1469 Nr. 7) bemerkt, daß dieser Zusammenhang sich in der Regel von selbst ergebe. Es wirkt zu kasuistisch, wenn in dem einzigen Falle, in dem bisher das RG. aus eigener Entschließung das Erfordernis des Zusammenhanges als nicht gegeben ansah (III 432/26) die Entscheidung damit motiviert wurde, daß der Mieter der Gastwirtschaft bei Abschluß des Vertrages zunächst beabsichtigte, die vorhandene Einrichtung nicht mit zu übernehmen, dann aber — nach Entfernung der Einrichtung aus den Mieträumen — seinen Sinn änderte und die Einrichtung doch mit übernahm.

Zieht man aus dieser Rechtsprechung die Lehre für die Praxis, so wird man, falls das RG. sich nicht doch noch zur Änderung seines Standpunktes entschließt, jedem Übernehmer gewerblicher Räume, der auf Mieterschutz Wert legt, den Rat geben müssen, entweder das Lokal in nicht völlig betriebsfertigem Zustande, d. h. ohne Inventar oder nur mit einem Teile des Inventars sich übergeben zu lassen oder den Inventarüberlassungsvertrag (auch wenn das Inventar von dritter Seite, z. B. Brauerei, gestellt wird) dem Mietvertrag über die Räume zeitlich in gemessenem Abstande nachfolgen zu lassen. Hierbei genügt es aber

---

[3]) Ein besonders grelles Schlaglicht auf die Folgen solcher Rechtsprechung wirft die Entsch. RG. 109, 206ff. Das RG. verneint in einem Falle, in dem der ursprüngliche Mieter eines Gasthofes dessen Einrichtung beschafft hatte, die Annahme eines Pachtvertrages deshalb, weil der Nachfolger des Gastwirtes in den noch laufenden Vertrag eingetreten war, obwohl auch hier der Nachfolger das Inventar von dem Vorgänger gleichzeitig durch Kauf erhalten hatte. Dem sei gegenübergestellt die Entsch. III 5/26 in EA. 480, in der durch nachträgliche Rückgabe des überlassenen Inventars an den Verpächter und Ersatz durch eigenes Inventar des Pächters im beiderseitigen Einverständnis an der Rechtsnatur des Pachtvertrages nichts geändert wurde.

[4]) Ein Mitglied des erkennenden Senats, RGR. Linz, findet selbst diese Rechtsprechung als „nicht unbedenklich". (Ref. auf der Dresdener Tagung 1925 der MEÄ., vgl. Slg. des EA.)

keineswegs, daß einzelne, auch wichtigere Inventarstücke (z. B. Vorführungsapparate im Lichtspieltheater) in erheblicher Zahl wegen mangelhafter Beschaffenheit bei der Inventarübernahme ausgeschlossen werden oder daß der Pächter wegen Polizeiwidrigkeit der gewerblichen Anlage zu erheblichen kostspieligen Veränderungen genötigt ist (III 440/26 in EA. S. 581). Die entgegengesetzten Folgerungen für das Verhalten des Hausbesitzers, der in seinem Interesse geneigt ist, die Bindung durch das Mieterschutzrecht zu vermeiden, ergeben sich von selbst.

In anderer Hinsicht dagegen ist die Rechtsprechung des RG. zu billigen und wirkt wesentlich mieterschutzfreundlicher. Einmal in der Bewertung der zur Fruchtgewinnung notwendigen Tätigkeit des Mieters oder Pächters, ein Gesichtspunkt, der in der entscheidenden Frage vielleicht noch stärker in den Vordergrund zu rücken wäre. Es kommt darauf an, ob diese ja niemals entbehrliche eigene Tätigkeit des Pächters zwecks Erzielung von Erträgen hinter der von dem Verpächter durch Überlassung von Raum und Einrichtung geleisteten Beihilfe zurücktritt. Das wird von dem RG. mit Recht angenommen für den Regelfall der Verpachtung gewerblicher Räume, verneint aber bei der Überlassung von eingerichteten Bureauräumen zum Anwaltsbetriebe (III 962/24 in EA. S. 244 = JW. 25, 572 Nr. 14). Zutage tritt dieser Standpunkt ferner darin, daß das RG. dem Vermieter, der nur die zum Kaffeehausbetriebe geeigneten Räume zur Verfügung stellen konnte, versagt, sich auf die Tatsache eines bisher darin betriebenen, sehr renommierten und ertragreichen Geschäftsunternehmens zu berufen, weil der Organismus dieses Unternehmens nicht von der Vermieterin geschaffen war und von dem Mieter wieder erneut ausgebaut werden mußte (JW. 24, 802 Nr. 10). — Andererseits widerstrebt das RG. dem Versuch, durch Verdinglichung des Mietrechtes dieses den Wirkungen des Mieterschutzes zu entziehen (JW. 27, 1406 Nr. 1), ohne allerdings grundsätzlich die Bestellung eines dinglichen Wohnungsrechtes wegen Umgehung des Mieterschutzrechtes auszuschließen (JW. 27, 1922 Nr. 1). Entscheidenden Wert legt das RG. darauf, ob die Vertragsparteien das Recht zum Bewohnen oder zur geschäftlichen Benutzung des überlassenen Grundstückes „nach Mietgrundsätzen oder ob sie es so geregelt haben, daß die gegenseitigen Rechte und Verpflichtungen unter Ausschluß eines Mietverhältnisses einem der in dem BGB. zugelassenen dinglichen Nutzungsrechte entsprechen". Das RG. hält es mit dem Wesen eines dinglichen Nutzungsrechtes insbesondere nicht vereinbar, daß die Instandhaltungspflicht dem Nutzungsberechtigten nach den vertraglichen Abmachungen nicht oblag. In einer wohl überholten und allseitig abgelehnten Entscheidung (JW. 21, 1362 Nr. 5) hat das RG. sogar die Wohnungsleihe dem Mietverhältnis hinsichtlich der Wirkungen des Mieterschutzes aus allgemeinen gesetzespolitischen Erwägungen gleichgestellt, während es sonst, namentlich hinsichtlich der Pacht, auch wenn sie nur die Überlassung eines Zinshauses zur Gewinnung von Mieterträgen zum Gegenstande hat (III 279/26 in EA. S. 514), eine Ausdehnung des Mieterschutzes auf andere Verträge, die mit einer Raumüberlassung verbunden sind, ablehnt.

Besondere Schwierigkeiten bereitet im Hinblick auf den Mieterschutz der Praxis die Behandlung der sog. gemischten Verträge. Das RG. geht von der richtigen Auffassung aus, daß Raumüberlassung nur als Nebenleistung, als unselbständiger Bestandteil innerhalb eines Rechtsverhältnisses nicht mietvertraglicher Art die Anwendung der Mieterschutzvorschriften nicht rechtfertigen kann (III 389/25 in EA. S. 514 u. dort zit. weitere Entsch.; JW. 27, 582 Nr. 7). Demgemäß verfährt es bei der Verpachtung eines Unternehmens, mit dem zugleich Räume als ein lediglich den gewerblichen Zwecken des Wirtschaftsbetriebes dienender Bestandteil überlassen werden (JW. 24, 802 Nr. 10;

27, 582 Nr. 7). Die Gestattung der Einrichtung einer Wechselstube im Bahnhofsgebäude durch die Reichsbahngesellschaft sieht das RG. zutreffend trotz Raumgewährung als Pachtvertrag an, weil die Erlaubnis zur Ausübung des Gewerbebetriebes das Hauptmerkmal des Vertrages sei (RG. 108, 369). Die gleiche Beurteilung fand die vertragliche Gestattung der Ausübung des Buchhändlergewerbes im Eingang eines Hotels und die Überlassung eines Platzes an den Buchhändler zur Aufstellung eines Schrankes (III 239/23). Dem Rechtsverhältnis des Inhabers einer Bahnhofswirtschaft zu der Reichsbahngesellschaft legt das RG. die Eigenschaft eines Dienstvertrages[5]) bei, weil der Bahnhofswirt in der Regel der Aufsicht und den Weisungen der Reichsbahnbehörde untersteht und die Bahnhofswirtschaft einen Hilfsbetrieb des Bahnunternehmens darstellt (III 308/26 in EA. S. 543). Den Vertrag der Ausstellungswirte mit der Leitung einer öffentlichen Ausstellung qualifiziert das RG. als gesellschaftsähnlichen Vertrag mit Rücksicht auf die Eingliederung der Gastwirtschaftsbetriebe in den Gesamtorganismus der Ausstellung und die mannigfache Interessenverflechtung der Beteiligten. Das brachte für die Gastwirte bei Verhinderung einer Ausstellung durch den Kriegsausbruch den unschätzbaren Vorteil mit sich, daß sie nicht zur Zahlung der gesamten vereinbarten Vergütung angehalten werden konnten, sondern nur anteilsgemäß mit dem Defizit belastet wurden (RG. 88, 108). Bei gemeinsamer Überlassung von gewerblichen und Wohnräumen verlangt das RG. eine Prüfung, ob die Wohnräume, wie regelmäßig anzunehmen sein wird, nur als Nebenräume zu betrachten sind, wobei besonders zu beachten ist, welchen Umfang und Wert diese Räume im Verhältnis zu den gewerblichen Räumen haben und wie sich das im Vertrage vereinbarte Gesamtentgelt etwa nach dem Willen der Parteien auf die Gruppen von Räumen verteilte.

Mit dieser Beurteilung gemischter Vertragsverhältnisse, die zwar nicht durchweg dem Raumbenutzer von Vorteil ist, aber von der durchaus zutreffenden rechtlichen und wirtschaftlichen Grundauffassung ausgeht, daß die Zwecke der Mieterschutzgesetzgebung keinesfalls die Knebelung des Raumeigentümers in gewerblichen Rechtsverhältnissen rechtfertigen, läßt sich schwer die Einstellung des RG. zu der so häufig gewordenen Verbindung von Hausverkauf und gleichzeitigem Mietvertrage zugunsten des Hausveräußerers vereinbaren. Auch hier scheint mir das Merkmal der Unterordnung des einen Vertragselementes unter das andere unbedingt gegeben zu sein[6]). Denn der Hauptzweck des Vertrages ist zweifellos auf die Veräußerung des Hauses gerichtet, die Weiterbelassung der Wohnung an den Verkäufer ohne Vergütung oder zu besonders vorteilhaftem Preise bildet nur einen Teil seiner auf den Kaufpreis entsprechend ermäßigend wirkenden Gegenleistung. Trotzdem hat das RG. hier in einer Reihe von Entscheidungen (RG. 108, 312 = JW. 24, 1963; JW. 26, 1949 Nr. 4; 27, 579 Nr. 4 u. 5) dem Erwerber gestattet, sich auf die gesetzliche Miete zu berufen und damit einseitig sein Entgelt für das Kaufobjekt herabzusetzen, wobei das RG. allerdings offenläßt, ob der Veräußerer (Mieter) in solchem Falle nicht eine Erhöhung des Kaufpreises aus diesem Anlasse verlangen könne[7]). Dem Umstande, daß der Erwerber für die Gewährung der weiteren Raumbenutzung bereits durch Herabsetzung des Kaufpreises entschädigt wurde, mißt das RG.

---

[5]) Die gleiche Beurteilung klingt auch in dem vorhergehenden Falle der Wechselstube an.

[6]) Vgl. hierzu meine Ausführungen JW. 26, 1949 Anm.; 27, 579 Anm., sowie Mietrecht S. 97ff., 104 ff.

[7]) Gegen die Vereinbarung, daß der Kaufpreis sich entsprechend erhöhe, falls der Käufer als Vermieter die gesetzliche Miete verlange, hat das RG. nichts einzuwenden. (III 411/25 in MG. 1927 S. 63.)

keinerlei Bedeutung bei. Das RG. zeigt sich hier zu sehr beeinflußt von dem Gedanken an eine von den Parteien beabsichtigte Umgehung des RMG., die das Gesetz (§ 19) ausdrücklich als unwirksam erklärt. Die Zwecke der Mieterschutzgesetzgebung fordern solche Ausdehnung der Wirkungen durchaus nicht. Der Erwerber, dessen Kaufvertrag mit Abschluß und Erfüllung meist noch in die Inflationszeit fällt, hat das Haus regelmäßig schon so außerordentlich billig erworben, daß ihm das Festhalten an einem geringeren Mietpreise sehr wohl zugemutet werden kann. Weder der Erwerber noch der Veräußerer bedürfen des Schutzes gegen Nachteile aus der Veränderung wirtschaftlicher Verhältnisse, da sie im vollen Bewußtsein aller Folgen hierfür Vorsorge getroffen haben. Im Widerspruche zu dieser Auffassung des RG. steht auch, daß das RG. die Berufung auf die gesetzliche Miete dem Käufer versagt, wenn der Mietzins auf die gesamte Vertragszeit vorausberechnet und zur Anrechnung auf den Kaufpreis gekommen ist (III 624/23 in DRZ. 1925 Nr. 61). Zum mindesten ist nicht zu verstehen, warum nicht die teilweise Vorauszahlung der gesamten Vorausentrichtung in den Wirkungen gleichstehen soll[8]), wenn man schon in der billigen Kaufpreisbemessung die Gegenleistung aus einem Mietvertrag erblicken will, anstatt, wie ich für richtig halte, in der billigen Einräumung der Wohnungsbenutzung die Gegenleistung des Käufers. Daß die Raumüberlassung hier nur eine Modifikation des Kaufvertrages und in diesem ein untergeordnetes Element darstellt, ist ein von dem RG. selbst in anderem Zusammenhange vertretener Standpunkt; es unterwirft die Mietabreden, wenn sie nicht als völlig selbständiger Vertrag neben dem Kaufvertrage herlaufen, den Formvorschriften des § 313 BGB. Natürlich kann kein Zweifel darüber bestehen, daß die Parteien neben dem Kaufvertrag einen davon unabhängig gestalteten Mietvertrag, anstatt beide zu einer untrennbaren Einheit zu verbinden, vereinbaren können. Für diesen Fall ist es durchaus gerechtfertigt, die mietvertraglichen Beziehungen der Parteien dem Mietrechte zu unterstellen.

Als praktisches Ergebnis aus dieser Rechtsprechung des RG. läßt sich festhalten: Dem Verkäufer eines Hauses, der sich sein bisheriges Obdach für längere Zeit sichern und sich vor der Möglichkeit bewahren will, späterhin für diese Räume die gesetzliche Miete zahlen zu müssen mit der unsicheren Aussicht, dafür eine nachträgliche Erhöhung des Kaufpreises durchzusetzen, kann nur empfohlen werden, in den Kaufvertrag die Vereinbarung völliger Mietzinsfreiheit aufzunehmen oder sich ein dingliches Wohnungsrecht in unbeanstandbarer Form von dem Käufer bestellen zu lassen. Das wird auch derjenige Veräußerer zu beachten haben, der an sich die Absicht hat, nach Auflassung und Eintragung seine bisherige Wohnung zu räumen, wenn der Kaufvertrag die häufig vorkommende Abrede enthält, daß die Nutzungen des Grundstückes sofort, ohne Rücksicht auf den Zeitpunkt der Übereignung übergehen sollen. Denn das RG. sieht in solcher Abmachung die Begründung eines Mietvertrages an eigener Sache (RG. 104, 308ff.). Und ebenso hat hierauf der Käufer im eigenen Interesse Bedacht zu nehmen, wenn ihm bereits vor vollzogener Übereignung der Einzug in das Kaufgrundstück gestattet wird.

II. Der Abschluß des Mietvertrages

In dieser Hinsicht interessiert vor allem die Handhabung der Formvorschrift des § 566 BGB. durch dasRG., da deren Nichtbeachtung nur zu häufig eine Falle für den gesetzesunkundigen Mieter zu werden pflegt. Die Rechtsprechung des RG. zeigt die unleugbare Tendenz, Härten für den Mieter durch allzu forma-

[8]) So auch Hertel, Gesetzliche Miete und Hauszinssteuer II, 197 (1927).

listische Anwendung dieser Bestimmung zu vermeiden. So wird § 566 mit Recht für unbeachtlich erklärt, wenn der mehrjährige Mietvertrag nicht Selbstzweck ist, sondern im Rahmen eines Grundstücksveräußerungsvertrages mit diesem zusammen eine wirtschaftliche und rechtliche Einheit bildet[9]). Der Mieter hat dann die Möglichkeit, in Fällen, in denen die schriftliche Niederlegung des Mietvertrages auch im Kaufvertrag unterblieben ist, sich auf die Heilung des Formmangels nach § 313 Abs. 2 zu berufen. Mit zutreffenden, aus dem Zusammenhange der §§ 566 und 571 entnommenen Gründen gestattet ferner das RG. für den Vorvertrag zu einem langfristigen Mietvertrage (RG. 86, 30ff. mit Anführung älterer Entscheidungen; JW. 22, 285 Nr. 2) und sogar im Falle mündlicher Vereinbarung schriftlicher Fixierung (RG. 104, 131 = JW. 24, 1961 Nr. 1) von der Beobachtung der Formvorschrift des § 566 abzusehen. Ebenso entfällt nach Auffassung des RG. dieses Erfordernis, wenn es sich nur um den Eintritt eines neuen Mieters oder Pächters in ein noch laufendes, formgültig vereinbartes Miet- oder Pachtverhältnis von mehrjähriger Dauer handelt, vorausgesetzt, daß der Wechsel des Mieters in dem ursprünglichen Mietvertrage vorgesehen war (JW. 24, 798 Nr. 5). Bedenklich will mir jedoch erscheinen, daß das RG. selbst für einen mehrjährigen Verzicht auf Kündigung die Schriftform nicht erfordert [RG. 103, 381 ff.[10]); JW. 22, 1004 Nr. 1]; wie Fuchs (Anm. zu JW. 22, 1004) zutreffend bemerkt, ist der Verzicht auf das Kündigungsrecht für mehrere Jahre praktisch nichts anderes als der Abschluß eines Mietvertrages für diese Dauer. — In gleicher Weise entschied das RG. zugunsten des Mieters hinsichtlich des Schriftlichkeitserfordernisses in § 5 PrStO. und ließ die stillschweigende Fortsetzung des mit der Stadtgemeinde geschlossenen Mietvertrages zu (III 51/26 in MG. 27, 32), wie es auch sonst geneigt ist, durch Annahme eines stillschweigend geschlossenen Mietvertrages den Raumbenutzer in seinem Besitzrechte zu schützen (III 242/24 in EA. S. 480). In derselben Richtung bewegt sich eine Entscheidung (III 302/25 in EA. S. 513 = MG. 26, 125), die in Konsequenz der bekannten Rechtsprechung des RG. zu § 126 BGB. dem Vermieter (Verpächter) versagt, sich auf den Mangel der Schriftform zu berufen, wenn er durch zu niedrige Angabe des Mietpreises in dem schriftlichen Vertrage zum Zwecke der Steuerersparung selbst den Formmangel herbeigeführt hat und der Mieter aus diesem Grunde den Einwand der Arglist erhebt.

Sehr weit geht ferner das RG. in der Auslegung der Bestimmung, daß bei Schriftlichkeit des Vertrages die Unterzeichnung durch beide Parteien auf derselben Urkunde zu erfolgen habe. Das RG. betrachtet es als genügend, wenn bei Vorhandensein verschiedener Blätter einer einheitlichen Vertragsurkunde das eine Blatt nur von dem Mieter, das andere nur von dem Vermieter unterschrieben ist, vorausgesetzt, daß diese Blätter gegenseitig aufeinander verweisen (JW. 24, 796 Nr. 1; 26, 979 Nr. 2). Nicht mehr gewahrt ist jedoch die Schriftform, wenn der eine Vertragsteil nur die in seiner Offerte enthaltenen Erklärungen und nur der andere Vertragsteil den gesamten Vertragsinhalt mit seiner Unterschrift gedeckt hat (RG. 105, 60ff.). Ist der Mietvertrag durch einen Vertreter geschlossen, so ist es nicht erforderlich, daß in dem schriftlichen Vertrage das Vertretungsverhältnis ausdrücklich bezeichnet wird; es genügt, wenn es nach Sinn und Absicht der Parteien in der Urkunde zum Ausdruck kommen sollte und für die Parteien, wenn auch vielleicht nicht für unbeteiligte

---

[9]) Ein weiterer Beleg für die uneinheitliche Behandlung des kombinierten Kauf- und Mietvertrages durch das RG. (vgl. Abschn. I).

[10]) Hier handelte es sich um den interessanten Fall, daß der Verzicht auf Kündigung zwischen dem Veräußerer und dem Erwerber eines Mietgrundstückes zugunsten des Mieters ohne dessen Zuziehung vereinbart wurde.

Dritte erkennbar ist (RG. 80, 400ff.). In der gleichen, der Aufrechterhaltung des Mietvertrages förderlichen Richtung bewegt sich eine Entscheidung, die sich mit den Wirkungen der mittelbaren Stellvertretung bei Abschluß eines Mietvertrages befaßt: Das RG. betrachtet den Hauseigentümer als an den Mietvertrag gemäß §§ 182ff. BGB. gebunden, wenn bei dessen Abschluß ein Nichtberechtigter im eigenen Namen, aber im Interesse des Eigentümers als Vermieter aufgetreten ist und der Eigentümer durch schlüssiges Verhalten den Mietvertrag als für ihn wirksam anerkannt hat (RG. 80, 395ff.). Das RG. legt also der mittelbaren Stellvertretung bei Abschluß des Mietvertrages weitergehende Wirkungen bei, als sie ihr im Normalfalle zukommen. In der Regel, z. B. bei der Kommission, bedarf es erst der Übertragung der in der Person des Vertreters entstandenen Rechtswirkungen auf den Geschäftsherrn. — Anders ist natürlich die Rechtslage zu beurteilen, wenn ein Nichtberechtigter im eigenen Interesse und eigenen Namens fremde Räume unter Abschluß eines Miet- oder Pachtvertrages einem Mieter oder Pächter überläßt. Für den Eigentümer ist dieser Vertrag ohne jede Bedeutung, solange er nicht selbst zu dem Raumbenutzer in vertragliche Beziehungen tritt. Trotzdem versagt auch hier das RG., wenigstens im Verhältnis zwischen Mieter und Vermieter, dem Vertrag nicht jede praktische Auswirkung. Nach dem Urteil III 409/25 (EA. S. 480 = MG. 1926 S. 61) ist der Vermieter in der Lage, das Vertragsverhältnis gegenüber dem Mieter zur Beendigung zu bringen, selbst wenn dieser inzwischen auch mit dem Eigentümer einen Mietvertrag abgeschlossen hat. Der nichtberechtigte Vermieter kann alsdann von dem Mieter zwar nicht die Herausgabe der Räume verlangen, wohl aber an ihn den Anspruch stellen, daß er seinerseits alles tut, um die Räume „in die Verfügung des Klägers gelangen zu lassen", d. h. einen Mietvertrag zwischen diesem und dem Eigentümer zustande zu bringen oder ihn als Untermieter in den Besitz der Räume zu setzen. Es erscheint also hiernach rechtlich möglich, daß ein Nichtberechtigter, der selbst weder Mieter noch Pächter noch überhaupt Besitzer der Räume ist, aus der Vermietung oder Verpachtung fremden Eigentums Nutzen zieht. Eine ähnliche Rechtslage kann sich für den Kontrahenten eines Wohnungstauschvertrages ergeben, wenn dieser nach Räumung seiner Wohnung unter Berufung auf die Nichtigkeit des Tauschvertrages Rückgabe seiner früheren Wohnung fordert. Ist das frühere Mietverhältnis des Klägers beendigt und ein neues Mietverhältnis zwischen dem eingezogenen Tauschmieter und dem Vermieter an dessen Stelle getreten, so kann der Kläger zwar nicht unmittelbare Herausgabe der Räume an sich selbst fordern, wohl aber gleiche Ansprüche stellen wie in dem vorgehend erwähnten Falle. Das ist offenbar auch die — allerdings nicht deutlich hervortretende — Ansicht des RG. in der Entscheidung III 57/26 (MG. 1926 S. 99). Bemerkenswert ist in allen diesen Fällen das Bestreben des RG., den Anspruch von Personen auf Raumüberlassung, die nicht in unmittelbaren Vertragsbeziehungen zu dem Verfügungsberechtigten stehen, unter Wahrung der Rechte des Eigentümers zur Verwirklichung zu bringen, wie das RG. auch die Wirksamkeit eines Untermietvertrages keineswegs von der Erlaubnis des Hauptvermieters abhängig macht (RG. 81, 59ff.).

III. Mängel der Mietsache

Die wirtschaftlichen Schwierigkeiten, in die viele Mieter durch ihre Teilnahme an dem Krieg und durch die Auswirkungen des Krieges auf den Geschäftsverkehr gerieten, wurden für das Verhältnis zwischen Mieter und Vermieter schon lange vor der Zeit, da die Mieterschutzgesetzgebung einsetzte, von erheblicher rechtlicher Bedeutung und fanden naturgemäß in der Rechtsprechung des RG. einen entsprechenden Niederschlag. Das RG. sah sich vor allem sehr bald vor die Frage gestellt, wie es den Umstand zu bewerten hatte, daß infolge wirtschaftlicher und sonstiger Veränderungen der bei Vertragsabschluß in Friedenszeiten vorausgesetzten Verhältnisse die Mietsache nicht mehr in derselben Weise oder in demselben Umfange von dem Mieter benutzt werden konnte wie früher. Der Mieter war bestrebt, in solchen Fällen durch Berufung auf einen „Fehler" der Mietsache oder Unmöglichkeit der Vertragserfüllung von dem lästig oder unrentabel gewordenen Mietvertrage loszukommen oder wenigstens eine Ermäßigung des Mietzinses zu erreichen. Das RG. war in der Vorkriegszeit und auch noch zu Anfang des Krieges geneigt, in den die Rentabilität des Mietverhältnisses beeinträchtigenden äußeren Umständen einen „in der Person des Mieters liegenden Grund" nach § 552 BGB. zu sehen[11]). Der Gesichtspunkt, der bei Pachtverhältnissen dem RG. gestattete, die nachteiligen Folgen von Kriegsverboten für den Pächter auf den Verpächter abzuwälzen, war bei Miete einer Sache, die nicht zur Fruchtziehung und nicht einmal zu einem bestimmten Gebrauch überlassen war, nicht zu verwenden. Da es aber offenbar dem Billigkeitsgefühl des höchsten Gerichtes widerstrebte, durch allzu strenge Auslegung der fraglichen Bestimmungen dem Mieter allein die Last der wirtschaftlichen Kriegsfolgen aufzubürden, so sah sich das RG. mehr und mehr dazu gedrängt, diese Nachteile in Gestalt einer Mietzinsminderung nach § 537 auf Mieter und Vermieter angemessen zu verteilen. Es bildete den Grundsatz heraus, daß polizeiliche oder sonstige behördliche Verbote, die die Benutzung der Mietsache zum vertragsmäßigen Gebrauche verhinderten, dann als ein Mangel der Mietsache selbst anzusehen seien, wenn es sich bei dem Verbot „um irgendwelche Beziehungen der Mietsache (z. B. örtliche Lage) handle[12])". Hiernach wurde in einer seinerzeit viel beachteten Entscheidung (RG. 91, 54ff.) das Verbot des Badebetriebes während des Krieges in Borkum, weil es durch die örtliche Lage der Insel bedingt sei, dem Mieter als mietzinsermäßigender Umstand angerechnet. In einem späteren Falle (JW. 19, 239 Nr. 4 = RG. 94, 267), der die Vermietung einer Benzintrockenanlage und deren Unbenutzbarkeit infolge behördlicher Beschlagnahme des Benzins, Veräußerungsverbots und Verschwinden des Benzins aus dem Handel betraf, hat das RG. der besonderen Einrichtung des Vertragsgegenstandes die gleiche Bedeutung wie der örtlichen Lage der Mieträume beigemessen und eine wenigstens analoge Anwendung des § 537 für zulässig erachtet.

Die Anerkennung eines Mangels in solchen Fällen hat nicht nur eine Ermäßigung des Mietzinses zur Folge, sondern löst auch die Kündigungsbefugnis des Mieters nach § 542 unter den dort bezeichneten Voraussetzungen aus. Trotz dieser Sondervorschriften hält jedoch das RG. auch die §§ 323, 275 BGB. für anwendbar, wenn die durch den Krieg hervorgerufene zeitweise Leistungsunmöglichkeit des Vermieters unter Berücksichtigung der Interessen des Mieters als dauerndes Erfüllungshindernis bewertet werden muß (RG. 89, 203;

[11]) So RG. 79, 92 (Verbot des Stellenvermittlergewerbes); 86, 397 (Einfluß des Kriegsausbruches auf den Betrieb des Zirkusunternehmens in gemieteten Räumen); 90, 374 (Herabsetzung der Biererzeugung durch Kriegsverordnung, verminderter Bierabsatz in den gemieteten Räumen einer Wirtschaft); 93, 144 (Beschränkung der Polizeistunde und der Musikerlaubnis für den Pächter eines Kaffeehauses).

[12]) So schon RG. 79, 95 angedeutet und RG. 87, 277ff.; 89, 203ff. in dem Falle eines kriegsmäßigen Tanzverbotes bei Verpachtung eines Tanzlokales konsequent weiterentwickelt. Vgl. ferner V 337/07 (Nichterteilung der Wirtschaftskonzession für den Grundstücks k ä u f er ist ein Mangel des gekauften Grundstückes selbst, wenn die Versagung der Erlaubnis ihren Grund in Eigenschaften des Grundstückes hat); 88, 97 (Pacht eines Nachtlokales, Festsetzung der Polizeistunde auf 12 Uhr nachts).

JW. 19, 579 Nr. 16). Für den Schadenersatzanspruch des Mieters bei Mängeln der Mietsache nach § 538 BGB. ist der Zeitpunkt, in dem der Mangel als vorhanden anzunehmen ist, von Wichtigkeit. Denn für Mängel, die bereits bei Vertragsabschluß die Mietsache behafteten, ist der Mieter des Beweises, daß sie der Vermieter zu vertreten habe oder mit ihrer Beseitigung in Verzug geraten sei, enthoben. Hier nimmt das RG. die Existenz eines Mangels schon dann an, wenn zwar schädigende Wirkungen bezüglich des Gebrauchs der Mietsache noch nicht hervorgetreten sind, jedoch die Ursache jener Wirkungen, z. B. körperliche Veränderung des Grundstückes (Trockenlegung, Senkung eines Hausgrundstückes, Versumpfung eines Pachtgutes) schon bei Vertragsabschluß vorlag (JW. 21, 334 Nr. 3; 1083 Nr. 8). Kann das überlassene Grundstück nur in der Befürchtung benutzt werden, daß durch Verwirklichung einer nicht fern liegenden Gefahr eine Minderung des Gebrauches oder der Nutzungsfähigkeit eintritt, so ist dies nach Ansicht des RG. ein Sachmangel im Sinne der §§ 537, 538. Sehr weit geht das RG. auch in der Bemessung des Schadensersatzanspruches. Es billigt dem Mieter sogar Ersatz des Schadens zu, der ihm durch Verletzung seiner Ehefrau infolge Mangels der Mietsache und durch den Ausfall der Tätigkeit der Ehefrau in dem Erwerbsgeschäfte des Mieters (ebenso wohl auch: in dem Haushalte) entstanden ist (RG. 77, 99ff.; 81, 200ff.). Während das RG. aber zunächst einen unmittelbaren Schadenersatzanspruch der Ehefrau oder einer sonst zum Hausstand oder Geschäftsbetriebe des Mieters gehörigen Person verneinte, hat es späterhin (RG. 102, 232ff.), offenbar beeinflußt durch die Konstruktion des KG. (17 U 7154/19, vgl. JW. 1920 S. 698), sich zu der Auffassung bekannt, daß der Mietvertrag auch zugunsten der Ehefrau — so wohl auch bezüglich der Kinder und der sonstigen Bewohner der Mieträume — geschlossen sei, und hat einen selbständigen Schadensersatzanspruch dieser Personen zugelassen.

Wichtig für das Verhalten des Mieters in Schadensersatzfällen ist die Frage, inwieweit der Mieter verpflichtet, nicht nur nach § 538 Abs. 2 berechtigt ist, den bestehenden Mangel selbst zu beseitigen, um einer Berufung des Vermieters auf § 254 BGB. vorzubeugen. Das RG. stellt sich in dieser Beziehung auf den durchaus billigenswerten Standpunkt, daß dem Mieter nicht zugemutet werden könne, seinem Schadenersatzanspruch, durch Beseitigung des Mangels die Grundlage zu entziehen[13]). Allerdings verlangt hierbei das RG., daß der Mieter den Vermieter nicht unverhältnismäßig lange im Zweifel darüber lasse, ob er aus diesem Anlasse fristlos kündigen wolle; verzögere er diese Entscheidung, so könne er Ersatz nur insoweit verlangen, als ihm Ersatzansprüche bei rechtzeitiger Erklärung der Kündigung für die ihm bis dahin entstandenen Schäden erwachsen seien (RG. 82, 363ff.). Immerhin können sich Lagen ergeben, in denen der Mieter im eigenen Interesse genötigt sein kann, zur Selbstbeseitigung des Mangels zu schreiten. Nach der Rechtsprechung des RG. (83, 137) haftet der Mieter einer durch mangelhafte Beschaffenheit der Mieträume zu Schaden gekommenen Person ohne Rücksicht auf sein Verhältnis zum Vermieter, wenn der Geschädigte in Ausführung einer dem Mieter gegenüber bestehenden vertraglichen Verpflichtung die Mieträume betreten mußte. Eine Anwendung des § 254 zu Ungunsten des Mieters lehnt das RG. grundsätzlich insoweit nicht ab, als der Mieter selbst an der Verzögerung der Mängelbeseitigung durch den Vermieter Schuld trägt (RG. 89, 384ff.), wie es der Fall sein kann, wenn der Mieter nicht energisch genug auf Beseitigung der vorhandenen Mängel drängt oder sich

---

[13]) Eine Ausnahme macht das RG. bei der Unterlassung von Maßnahmen, die geringfügige Kosten verursachen, leicht durchzuführen sind und den Mieter nicht in unbilliger Weise belasten (RG. 100, 42).

gar mit einem Aufschube für längere Zeit einverstanden erklärt. Es betrachtet jedoch in der Regel das hierbei hervortretende Verschulden des Mieters gegenüber dem Verzuge des Vermieters als so geringfügig, daß eine Minderung des Schadensersatzanspruches aus diesem Grunde nicht angebracht erscheint.

Für den Begriff des „für den vertragsmäßigen Gebrauch geeigneten Zustandes" (§ 536), nach dem sich die Pflicht des Vermieters zur Mängelbeseitigung bestimmt, stellt das RG. den bedeutsamen Satz auf, daß die Anforderungen hieran nicht immer die gleichen sind, sondern im Einzelfalle je nach Ortssitte, Größe, Zweck und Preis der gemieteten Räume verschieden sein können. Als Mindestmaß wird aber bezeichnet, daß durch die Beschaffenheit der Räume, die der Mieter betreten muß, nicht der Körper oder die Gesundheit der Bewohner gefährdet werden dürfen; eine hiervon abweichende Ortssitte ist unbeachtlich (RG. 90, 65ff.). Ungenügende Erwärmung der Zentralheizung während einer Dauer von einer Woche ist nach Ansicht des RG. bereits eine nicht mehr als unerheblich (§ 542 Abs. 2) zu bezeichnende Gebrauchsvorenthaltung (RG. 75, 354). Selbstverständlich kann durch vertragliche Vereinbarung der normale Erhaltungszustand der Mieträume herauf- oder herabgesetzt werden. Hier neigt aber das RG. dazu, im Zweifel die Annahme solcher besonderen Vereinbarungen zu verneinen[14]).

IV. Benutzungsrechte des Mieters

Das RG. hat mehrfach Gelegenheit gehabt, den Umfang der Benutzungsrechte des Mieters genauer abzugrenzen. Durchweg sind seine Entscheidungen in der Richtung ergangen, daß dem Mieter die nötige Bewegungsfreiheit gewahrt blieb, andererseits die Interessen des Vermieters durch solche Ausdehnung der Mietbenutzung nicht geschädigt wurden. Der Mieter ist zur ordnungsmäßigen Benutzung der Mietsache auf den Mitgebrauch von sonstigen Teilen des Gebäudes und seines Zubehörs sowie der gemeinschaftlichen Einrichtungen für die Hausbewohner angewiesen. Das bestätigt für einen besonderen Fall der II. Strafsenat des RG. (JW. 27, 1394 Nr. 15): Dem Mieter steht neben dem Hauseigentümer und den übrigen Mietern das Hausrecht gegenüber Personen zu, die widerrechtlich in solche Nebenräume eingedrungen sind. Der Mietbesitz umfaßt nach JW. 05, 367 Nr. 5 (IV. Senat) und RG. 80, 281 die Außenwand der Mieträume, die daher von dem Mieter zur Anbringung von Reklameschildern benutzt werden darf. Andererseits haftet auch der Mieter für Beschädigungen von Wohnungszugängen und Räumen, an denen er Mitbenutzungsrechte hat, durch hausfremde Personen, die die Wohnung des Mieters aufsuchen und im Interesse des Mieters dort Verrichtungen vornehmen; so insbesondere für Möbelträger bei dem Umzuge des Mieters, für Personen, die einen vom Mieter verkauften Gegenstand im Auftrage des hausfremden Käufers abholen (RG. 106, 133ff.). Im allgemeinen ist jedoch die Überwachung des Verkehrs im Hause außerhalb der Mieträume und die Sorge, daß durch das Eindringen unbefugter Personen in das Miethaus die Mieter nicht zu Schaden kommen, Aufgabe des Vermieters. Der in herrschaftlichen Häusern zu bestellende Hauswart ist insoweit Erfüllungsgehilfe, für dessen Unachtsamkeit der Vermieter einzustehen hat (RG. 103, 140; Großberliner Verkehrssitte). Der Vermieter hat insofern für

[14]) So zieht z. B. das RG. (89, 384) aus dem Einverständnisse des Mieters mit dem Aufschub der Mängelbeseitigung keinen Rückschluß auf eine derartige Abmachung und erklärt (JW. 19, 39 Nr. 6 = RG. 94, 138) den Vermieter zur Herstellung einer von der Polizeibehörde nachträglich geforderten Abortanlage in der gemieteten Wirtschaft verpflichtet, obwohl der Vermieter bei Vertragsabschluß im Einverständnisse mit dem Mieter erklärt hatte, daß er die Räume nur in dem Zustande vermiete, in dem sie sich bei Vertragsschluß befinden.

ordnungsmäßigen Verschluß und Verschließbarkeit des Hauses in der Nachtzeit zu sorgen, selbst wenn er nicht selbst in dem Miethause wohnt, kann sich aber durch entsprechende Vereinbarungen mit den Mietern von dieser Pflicht entlasten. Selbstverständlich braucht der Vermieter nicht einzustehen, wenn durch später heimkehrende Mieter oder sonstige Hausbewohner die ordnungsmäßig verschlossenen Zugänge offen gelassen werden (RG. 103, 372ff.).

Was das Innere der eigentlichen Mieträume anlangt, so ist von dem RG. ein Interesse des Mieters, sich behaglich und komfortabel einzurichten, in ziemlich weitgehendem Maße anerkannt. Noch etwas zögernd und unter allerlei Kautelen wurde in der bekannten Entscheidung RG. 37, 217 (vgl. auch 49, 306) dem Mieter ein Recht auf Anbringung eines Fernsprechers zugesprochen. Die Zeit ist inzwischen soweit fortgeschritten, daß die früher von dem RG. aufgestellten einschränkenden Voraussetzungen als weggefallen gelten können. Die gleichen Fragen sind aber in neuerer Zeit durch die Verbreitung des Rundfunks wieder praktisch geworden. Das RG. verlangt hierbei Abwägung der beiderseitigen Interessen nach Treu und Glauben und Berücksichtigung des Vertragszweckes und erklärt nur dann, wenn besondere Interessen des Mieters den Vorzug verdienen, den Vermieter für verpflichtet, die Anbringung einer Dachantenne zu dulden (JW. 27, 1367 Nr. 1). Ein in früherer Zeit häufig auftretender Streitpunkt, der unter der Mieterschutzgesetzgebung durch § 29 MSchG. und infolge der Wohnungsnot viel von seiner Bedeutung verloren hat, war die Aufnahme von Untermietern in die gemietete Wohnung und die Zulässigkeit der Kündigung des Mieters bei grundloser Verweigerung der Genehmigung durch den Vermieter. Die Rechtsprechung zwang in dieser Beziehung — sehr im Interesse des kündigenden Mieters — den Vermieter, die Gründe seiner Weigerung dem Mieter auf Verlangen bekanntzugeben und versagte dem Vermieter nach erfolgter Kündigung des Mieters jede spätere Rechtfertigung seiner Weigerung mit anderen nicht mitgeteilten Gründen, außer in dem Falle, daß der Vermieter die später geltend gemachten Tatsachen zur Zeit der Weigerung noch nicht kannte und seine Unkenntnis entschuldbar war (RG. 74, 176; 92, 118). Auf der gleichen Linie liegt das Ansinnen an den Vermieter, bei Abmahnung des Mieters wegen vertragswidrigen Gebrauches (§ 553) seine Beschwerdepunkte bestimmt zu bezeichnen und sich nicht mit einer allgemein gehaltenen Rüge zu begnügen, falls nicht etwa in einer jeden Zweifel ausschließenden Weise nur eine Bezugnahme auf früher bekanntgegebene Beanstandungen in der Abmahnung enthalten sein soll (RG. 77, 117).

Mit aller Entschiedenheit betont andererseits das RG. die Verpflichtung des Mieters, die Mietsache pfleglich und schonend zu behandeln. Insoweit haftet der Mieter für das Verschulden von Personen, denen er Mieträume zum Gebrauche anvertraut, als seiner Erfüllungsgehilfen nach den §§ 276, 278 BGB.; so insbesondere außer für seine Angehörigen auch für seine gewerblichen Angestellten, die in den Mieträumen ihrer Beschäftigung nachgehen (RG. 84, 222), allerdings nicht dann, wenn die Beschädigung durch Angestellte nur bei Gelegenheit einer Dienstleistung, nicht im Rahmen der Tätigkeit, zu deren Ausübung ihnen der Mitgebrauch an der Mietsache von dem Mieter eingeräumt wurde, hervorgerufen wurde (RG. 87, 276). Diese Ersatzpflicht des Mieters erstreckt sich auch auf Schäden, die an nicht gemieteten Sachen (z. B. Waren des Vermieters) durch pflichtwidriges Verhalten des Mieters oder seiner Hilfspersonen angerichtet wurden (RG. 84, 222). Ist der Vermieter durch das vertragswidrige Verhalten des Mieters zur sofortigen Kündigung nach §553 genötigt worden, so kann er Ersatz auch des Schadens beanspruchen, der ihm durch die Kündigung selbst entsteht, mag auch die Verwirklichung dieser Schädigung nach beendigter

Mietzeit liegen (RG. 76, 368). Das gleiche Recht wird jedoch auch dem Mieter zugebilligt, falls dieser zur fristlosen Kündigung wegen Beeinträchtigung seines Benutzungsrechtes schreiten muß (RG. 64, 381).

Einen vorbildlichen Interessenausgleich zwischen den Parteien des Mietvertrages hat das RG. in der Frage vorgenommen, inwieweit sich der Mieter die Besichtigung der Mieträume durch die von dem Vermieter geschickten Kaufreflektanten gefallen lassen muß. Das RG. mutet dies dem Mieter nur dann zu, wenn die Kauflustigen von dem Vermieter gehörig legitimiert sind, und erklärt als Besichtigungszeit drei Vormittagsstunden an einem Tage jeder Woche als ausreichend (RG. 106, 272ff.).

V. Rechtliche Behandlung des Mietzinses

Bewegte sich in der bisherigen Übersicht die rechtliche Beurteilung auf dem sicheren Rechtsboden des BGB., so führen die folgenden Ausführungen mehr oder weniger in das durch die Wohnungszwangswirtschaft geschaffene Sonderrecht hinein, zu dem das RG., soweit es seine Zuständigkeit ermöglichte, recht häufig Stellung zu nehmen hatte. Von den scharfen Interessengegensätzen, die die Wohnungsnot hervortreten ließ, hat sich auch die Rechtsprechung nicht ganz unbeeinflußt erhalten. Zahlreiche Entscheidungen lassen die grundsätzliche Einstellung der Urteilsverfasser für oder gegen die Zwangswirtschaft deutlich erkennen. Um so mehr interessiert es, inwieweit es das höchste Gericht verstanden hat, seine volle Objektivität in solchen Fragen zu wahren.

Mit Rücksicht auf die durch das RMG. dem Mieter gewährte Möglichkeit, eine vereinbarte Miete durch Berufung auf die gesetzliche Miete herabzusetzen — praktisch wirkt sich ja die an sich beiden Parteien offenstehende Einführung der gesetzlichen Miete in der Hauptsache nur als Vorteil des Mieters aus —, ist zunächst die Stellungnahme des RG. zu der Frage, unter welchen Voraussetzungen bzw. für welche Raumgruppen die Unterstellung unter das RMG. ausgeschlossen ist, von großer Bedeutung. Bisher hatte das RG. Gelegenheit, die Privilegien der Um- und Einbauten und der fiskalischen Räume (§ 16 RMG.) näher abzugrenzen. Um- oder Einbauten berücksichtigt das RG. für die Befreiung von der gesetzlichen Mietzinsregelung nur dann, wenn neue Räume geschaffen worden sind, die tatsächlich neugewonnen oder durch den Um- oder Einbau in bezug auf ihre Verwendbarkeit ganz andere, neue geworden sind. Es genügt nicht, daß die baulichen Veränderungen lediglich die Möglichkeit zu einer andersartigen Verwendbarkeit als Geschäftsräume schaffen (III 612/25 in EA. S. 486 und RG. 115, 220ff. = EA. S. 543). In der Entscheidung RG. 111, 8ff. = JW. 25, 2448 Nr. 5 wird diese wichtige grundsätzliche Einstellung des RG., daß solche Befreiungsvorschriften von der Geltung des RMG. eng auszulegen sind[15]), ausdrücklich bestätigt und zuungunsten einer öffentlichen Körperschaft angewandt, die als Vermieterin des Postfiskus auftrat. Das RG. betont, daß § 16 RMG. nicht den Zweck verfolge, dem Vermieter als Körperschaft öffentlichen Rechts Mieteinnahmen über die von dem RMG. gezogenen Grenzen hinaus zu verschaffen, sondern im Gegenteil — eine bisher kaum vertretene und von Mittelstein (Anm. zu JW. 25, 2448) wohl mit Recht abgelehnte Auffassung — den Mieter vor unbilligen Belastungen, insbesondere durch die in öffentlichen Gebäuden viel höhere Quote der Instandhaltungskosten schützen solle.

---

[15]) Es ließe sich die Frage aufwerfen, ob nicht schon die Wohnungsnotgesetze, weil sie eine Durchbrechung des bürgerlichen Rechtes enthalten, grundsätzlich eng auszulegen sind, so daß also im Zweifel die Vermutung zugunsten jener vom RG. betonten Ausnahmevorschriften, die lediglich den Normalzustand wiederherstellen, sprechen müßte. Ich neige zu letzterer Auffassung.

Mit Schärfe wendet sich das RG. gegen jede Umgehung des RMG. (vgl. § 19 Abs. 2). Daraus resultiert ja jener oben kritisierte eigenartige Standpunkt des RG., daß auch bei gemischtem Kauf- und Mietvertrag die gesetzliche Miete von dem Vermieter-Käufer gewählt werden könne. Die Entscheidung III 343/25 (EA. S. 505) betrachtet es als Umgehung, daß der bisherige Mieter sich neben dem dem Vermieter zustehenden gesetzlichen Mietzins noch eine laufende Vergütung von dem neuen Mieter versprechen läßt. Das RG. nimmt an, daß die Person des bisherigen Mieters, der im Fragefall allerdings ein Verwandter des Vermieters war, nur zu dem Zwecke eingeschoben wird, um der Erklärung der gesetzlichen Miete durch den Mieter die gesetzliche Wirkung zu nehmen, und faßt beide Verträge des Mieters mit dem bisherigen Mieter und dem Vermieter als eine Einheit auf. Demgemäß löst das RG. auch die vielumstrittene Frage, ob und welche bindende Wirkung die Vereinbarung der Friedensmiete nach § 2 Abs. 3 RMG. habe, in dem Sinne, daß die Parteien des Mietvertrages überhaupt nicht in der Lage seien, eine Friedensmiete mit bindender, die Erklärung nach § 1 RMG. ihrer Folgen beraubender Wirkung festzulegen (III 612/25 in EA. S. 486). Die Vereinbarung einer wertbeständigen Miete ist gleichfalls nicht geeignet, die Herauf- oder Herabsetzung nach den Vorschriften über die gesetzliche Miete auszuschließen (RG. a. a. O.), obwohl ja damit den Zwekken des RMG. nur in anderer Form Rechnung getragen wird. Durch Befreiung von Raumgruppen aus der Unterstellung unter das RMG., wie sie im Gefolge der bestehenden Tendenz des Mieterschutzabbaues letzthin von zahlreichen Ländern verordnet wurde, wird die bisherige gesetzliche Miete, die ja Bestandteil des Mietvertrages selbst geworden ist, nicht ohne weiteres hinfällig[16]). Andererseits bewirkt aber auch die Wiederunterstellung befreiter Raumgruppen unter den Mieterschutz nicht von selbst den Wiedereintritt der gesetzlichen Miete ohne entsprechende neue Erklärung einer Vertragspartei nach § 1 RMG. (RG. in JW. 26, 1550 Nr. 1 im Einklange mit der von mir vertretenen Ansicht, vgl. Mietrecht S. 211).

Wird bei freier Vereinbarung eines an sich nicht dem RMG. unterstehenden Mietzinses, z. B. eines Neubaumietzinses, vertraglich auf die Sätze des gesetzlichen Mietzinses verwiesen, so betrachtet es das RG. nicht als selbstverständlich, daß dann der Betrag der bei Neubauten an sich entfallenden Hauszinssteuer in Abzug komme, sondern stellt auf die Ermittelung der näheren Umstände ab (III 569/25 in EA. S. 556). Die Aufwertung vereinbarter Papiermarkmietpreise entspricht im allgemeinen den Grundsätzen des RG. über die Aufwertung der Gegenleistung aus langfristigen Verträgen. Doch verweigert das RG. eine Aufwertung, solange die Möglichkeit für die Aufwertung begehrende Partei besteht, die entwertete Miete durch Berufung auf die gesetzliche Miete den veränderten Verhältnissen anzupassen (III 816/22 zit. in JW. 24, 796 Nr. 3 = RG. 107, 151 ff.). Von Bedeutung ist hiernach die Aufwertungsmöglichkeit nur für Mietverhältnisse, die nicht unter das RMG. fallen, oder für rückständige Leistungen des Mieters, die entweder schon vor dem Eintritte der gesetzlichen Mietberechnung fällig geworden sind oder dem gesetzlichen Satz infolge der Entwertung nicht mehr entsprechen[17]). In solchen Fällen geben die

---

[16]) Nach Hübschmann (Beiträge zur künftigen Entwickelung des Mietrechtes, hersg. vom Reichsverb. D. MEÄ., Berlin 1927, Sonderdr. der Zeitschr. Mietgericht) S. 32 soll das RG. den gegenteiligen Standpunkt des KG., daß die frühere Vertragsmiete, evtl. aufwertbar, wiedereintrete, gebilligt haben. Eine gedruckte RG.-Entscheidung dieses Inhaltes ist mir nicht bekannt geworden, doch spricht hierfür die von Linz (Referate des EA., hinter S. 428, S. 5) erwähnte Entscheidung III 369/24).

[17]) Vgl. hierzu die Kritik von Sontag in JW. 26, 139 und Krückmann in JW. 24, 797 Anm.

vom RG. für die Aufwertung von Pachtzinsforderungen herausgearbeiteten Grundsätze entsprechende Richtlinien. Eine schematische Umrechnung nach Dollarkurs oder Reichsrichtzahl ist hiernach zu verwerfen; vielmehr sind auch andere Umstände, insbesondere die Höhe des jetzt für Räume gleicher Art gezahlten Mietzinses und die Lage der beiderseitigen Interessen zu berücksichtigen (III 408/24 in JurRundsch. 1925 Nr. 1727; III 205/25 in EA. S. 460 = MG. 1926 S. 37; III 272/25 in EA. S. 486; JW. 26, 2365 Nr. 6; RG. 104, 218; 113, 310). Dagegen versagt das RG. die Veränderung des Vertragsinhaltes bzw. die Anwendung der clausula rebus sic stantibus für wertbeständig vereinbarte Mietzinsen, indem es der Währungsstabilität nicht wie dem vorausgegangenen Währungsverfalle die Bedeutung einer völligen Umwälzung der allgemeinen wirtschaftlichen Verhältnisse einräumt (III 165/25 in MG. 1926 S. 82).

Da für die Feststellung oder Festsetzung der gesetzlichen Miete das MEA. ausschließlich zuständig ist, im übrigen aber die Beurteilung dieser Frage den ordentlichen Gerichten unterliegt, so ist die Verteilung der Beweislast bei gerichtlicher Erhebung von Mietzinsansprüchen von besonderer Wichtigkeit. Das RG. hat sich in einem noch unter der Herrschaft des älteren Mieterschutzrechtes ergangenen Urteile (JW. 22, 803 Nr. 5 = RG. 103, 306ff.) dafür entschieden, daß es Sache des Mieters sei, die Herabsetzung des mit dem Vermieter vereinbarten und in vertragsmäßiger Höhe eingeklagten Mietzinses nachzuweisen. Es legt also dem Mieter die Pflicht zur Anrufung des MEA. auf und erklärt es als Rechtsverweigerung, wenn das ordentliche Gericht in solchem Falle die Klageforderung nicht zunächst als schlüssig ansehen würde. Ob diese Ansicht auch für § 1 Abs. 2 RMG. Geltung zu beanspruchen hat, kann zweifelhaft sein; ich möchte es wenigstens dann verneinen, wenn feststeht, daß die gesetzliche Mietzinsberechnung Platz zu greifen hat.

Die einseitige Umwandlung der vereinbarten Miete in die gesetzliche Mietzinsberechnung durch Parteierklärung zieht gewisse Rückwirkungen auf andere die Mietzinshöhe beeinflussende bisherige Vertragsvereinbarungen nach sich (§ 20 RMG.), die die sog. übergesetzlichen Leistungen des Mieters (Übernahme der Betriebskosten, Instandhaltung u. dgl.) betreffen. Diese übergesetzlichen Leistungen grenzt das RG. (JW. 27, 576 Nr. 2 = RG. 115, 47ff.) dahin ab, daß nur solche Leistungen des Vermieters darunter fallen, die zur Raumüberlassung und Raumbenutzung in unmittelbarer Beziehung stehen und darin ihre Grundlage haben[18]). Im übrigen betont das RG. mit Entschiedenheit, daß durch die Vorschriften über die gesetzliche Miete, insbesondere durch die Begrenzung der darin enthaltenen Instandhaltungskosten nichts an der gesetzlichen Instandhaltungspflicht des Vermieters geändert werde (JW. 27, 575 Nr. 1 = RG. 115, 277ff.).

VI. Auflösung des Mietverhältnisses

Schon in der Vorkriegsrechtsprechung des RG. spielte die Kündigung des Mieters als Auflösungsgrund keine erhebliche Rolle. In der neuesten Zeit, da jedem kündigenden Mieter das Gespenst der Wohnungsnot droht, der Vermieter andererseits kaum noch ein besonderes Interesse daran hat, den Mieter gegen seinen Willen zu halten, ist es in dieser Beziehung bei dem RG. ebenso wie bei den untergeordneten Gerichten völlig still geworden. Dagegen ist ein starkes Anschwellen der Fälle zu beobachten, in denen der Vermieter auf jede mögliche Weise die Entfernung des Mieters aus der Wohnung zu erzielen sucht.

---

[18]) Vgl. auch JW. 24, 801 Nr. 8 bezüglich der Gegenleistung für die Sammelheizung.

Der Streit der Parteien betrifft hierbei fast regelmäßig das Recht des Vermieters zur fristlosen Kündigung, während die ordentliche Kündigung sich meist ohne besondere Schwierigkeiten abwickelt. Die gleichen außerordentlichen Kündigungsgründe, die früher das BGB. gewährte, sind ja unter der Herrschaft des Mieterschutzes für das Recht des Vermieters, die Aufhebung des Mietverhältnisses zu verlangen, von ausschlaggebender Bedeutung. Viel zu wenig wird in der Praxis jedoch beachtet, daß die Kündigung nicht die einzige Möglichkeit zu einseitiger willkürlicher Beendigung des Mietverhältnisses bietet, sondern auch die Ausübung eines Rücktrittsrechtes gemäß § 326 BGB. von dem RG. dann gestattet wird, wenn die Kündigungsgründe der §§ 553, 554 BGB. an sich nicht zutreffen, aber ein sonstiger wichtiger Grund zur Lösung der Vertragsbeziehungen geltend gemacht werden kann (RG. 105, 167). In dieser Beziehung kommt namentlich feindseliges Verhalten der Parteien, auch wenn die die Lösung anstrebende Partei selbst nicht unschuldig an den unhaltbar gewordenen Beziehungen gewesen ist, sowohl für Mieter wie für Vermieter in Frage (JW. 19, 181 Nr. 1 = RG. 94, 234; III 272/26 in MG. 1927 S. 63). Praktisch bedeutet dies die Zulassung einer Kündigung über den engen Rahmen der §§ 553, 554 BGB. hinaus allgemein bei wichtigem Grunde, wie das ja überhaupt der Rechtsprechung des RG. bei Dauerrechtsverhältnissen entspricht, wobei ein Unterschied für die Zeit vor und nach Überlassung der Mietsache (so Mittelstein § 28, d) nicht gemacht wird. Damit ist eine gefährliche Durchbrechung des Mieterschutzes gegeben, die aber nicht dem RG., sondern dem Gesetzgeber zum Vorwurfe zu machen ist, weil dieser zwar das vertraglich vorbehaltene Rücktrittsrecht, nicht aber das gesetzliche Rücktrittsrecht den Beschränkungen des MSchG. unterworfen hat (§ 1 Abs. 2 S. 2). Im übrigen tritt das RG. den Versuchen, den gesetzlichen Mieterschutz durch besondere Gestaltung des Vertragsverhältnisses zu umgehen, energisch entgegen. Schon unter der Herrschaft der früheren MSchVO., die eine Kündigung des Vermieters mit Zustimmung des MEA. gestattete, erklärte das RG. den Verzicht des Mieters auf Einholung dieser Kündigungsgenehmigung für unzulässig (JW. 25, 2228 Nr. 2). Es zieht daraus aber mit Recht nicht die Folgerung, daß nunmehr der gesamte Mietvertrag gemäß § 139 BGB. von der Nichtigkeit ergriffen wird und damit der Mieter doch des Mieterschutzes beraubt würde. Denn für nichtige Mietverhältnisse sind die Vorschriften des MSchG., selbst § 27 nicht anwendbar (JW. 26, 2081 Nr. 10 = RG. 113, 159ff.), ebensowenig wie der nicht in einem Mietverhältnisse zum Hauptvermieter stehende Untermieter Mieterschutz jenem gegenüber genießt (RG. 110, 124). Als eine wider die guten Sitten verstoßende Abrede betrachtet es das RG., wenn Käufer und Verkäufer eines Hauses die ungewöhnliche Form des Erwerbes im Wege der Zwangsversteigerung zur Erfüllung des Kaufvertrages wählen, um damit dem Erwerber die — allerdings nur bei mieterschutzfreien Mietverhältnissen, z. B. jetzt bei Geschäftsräumen in Preußen — zum Ziele führende Möglichkeit der Kündigung langfristiger Mietverträge (§§ 57, 57a ZVG.) zu gewähren (V 132/26 in EA. S. 574).

Eine für die Rechtsstellung der Reichsbahn im Mieterschutze wichtige Entscheidung enthält das Urteil JW. 27, 1923 Nr. 3. Das RG. macht hier auf den entlegenen und deshalb häufig übersehenen § 16 des Reichsbahngesetzes vom 30. Aug. 1924 aufmerksam, in dem der Reichsbahn die freiere Rechtsstellung des Reiches nach § 32 Abs. 1, nicht lediglich einer öffentlichen Körperschaft nach § 32 Abs. 4 MSchG. eingeräumt ist. Immerhin billigt das RG. keineswegs allen innerhalb der Bahnanlagen gelegenen Gebäuden die öffentliche Zweckbestimmung zu, wenn sie an Private vermietet sind. Die Räume der Bahnhofswirtschaft werden allerdings als solche, die zu öffentlichen Zwecken zu dienen bestimmt sind, angesehen (III 308/26 in EA. S. 543).

Was die einzelnen Tatbestände anlangt, die dem Vermieter entweder nach den §§ 553, 554 BGB. die Befugnis zur fristlosen Kündigung verleihen oder nach den §§ 2—4 MSchG. die Aufhebungsklage des Vermieters rechtfertigen, so ist auch hier das Bestreben des RG. ganz unverkennbar, unbillige Härten für den Mieter bei der Anwendung dieser Vorschriften zu vermeiden. So verlangt es (RG. 104, 26f.) eine Abmahnung des Vermieters (§ 553) selbst bei erheblicher Gefährdung der Mietsache durch den Mieter. Bei unbefugter Aufnahme von Untermietern gewährt es dem Mieter zunächst eine angemessene Frist zur Beseitigung der Untermieter vor Ausspruch der Kündigung (JW. 20, 140 Nr. 5). Die Nachzahlung der zur sofortigen Kündigung führenden Mietrückstände wird noch als rechtzeitig betrachtet, wenn der Betrag auf das Postscheckkonto des Vermieters eingezahlt wird und der Vermieter sich in früheren Fällen diese Zahlungsweise gefallen ließ, wobei das RG. nicht die Schuldtilgung, sondern lediglich die Nachholung der Erfüllungshandlung als wesentlich im Sinne des § 554 ansieht (JW. 20, 1031 Nr. 7 = RG. 99, 257). Bei Rückstand mit einem nur unerheblichen Teile der Mietzinsrate wird das Kündigungsrecht versagt (RG. 82, 54); als Maßstab für die Unerheblichkeit hat das Verhältnis des Rückstandes zur Höhe einer Mietzinsrate zu dienen; die Zusammenrechnung der sämtlichen Rückstände wird als unzulässig erachtet (RG. 86, 334). In der Annahme einer Teilzahlung auf den Mietzinsrückstand kann je nach den Umständen des Falles ein Verzicht auf das Kündigungsrecht liegen (RG. 82, 54). Andererseits allerdings hat der Mieter, der den Mietzins auf Grund von Gegenansprüchen zurückhält, für den Fall vorzusorgen, daß durch Wegfall seines Zurückbehaltungsrechtes zwei Raten auf einmal in Rückstand geraten (RG. 85, 296).

Von dem Bestreben nach möglichster Rücksichtnahme auf die Lage des Mieters ist auch die Stellung des RG. zur Zulässigkeit der Teilkündigung geleitet. Das RG. gestattet sie entgegen den recht beachtlichen Einwänden, die in der Literatur (vgl. Ruth, Mietrecht S. 250) erhoben werden, jedoch mit der Einschränkung, daß der Mieter oder Pächter die Ausdehnung der Kündigung auf alle Räume verlangen kann, wenn die von der Kündigung betroffenen Räume nicht ohne Nachteil für den Mieter von den übrigen getrennt werden können (RG. 114, 243ff.; vgl. auch III 611/25 in EA. S. 522 = MG. 1926 S. 188). Die Kündigungserklärung selbst verträgt nach herrschender, vom RG. geteilter Ansicht die Abhängigkeit von einer Bedingung nicht. Hierdurch wird jedoch die Zulässigkeit der Vereinbarung eines Kündigungsgrundes nicht ausgeschlossen, dessen Geltendmachung an den Eintritt eines künftigen Ereignisses (z. B. Geschäftsaufgabe) geknüpft wird; es kann somit die Kündigung schon vor dem erwarteten Eintritt dieses Ereignisses ausgesprochen werden, sie wird jedoch hinfällig, wenn der Eintritt des Ereignisses bis zum Zeitpunkte der Beendigung des Mietverhältnisses nicht erfolgt ist (RG. 91, 307ff.). Sind mehrere Personen als Mieter oder Vermieter beteiligt, so kann die Kündigung nur durch alle Mieter oder Vermieter zusammen ausgesprochen werden (RG. 97, 80ff.), wobei jedoch nach Treu und Glauben unter besonderen Umständen je nach der Auslegung des Vertrages auch der Kündigung durch einen der Beteiligten Wirkung gegenüber der anderen Partei zukommen kann (RG. 90, 328).

Für die Klageanstellung ist es bei der heutigen durch den Mieterschutz geschaffenen Rechtslage von besonderer Wichtigkeit, ob der Klageantrag auf Räumung oder auf Aufhebung des Mietverhältnisses gerichtet wird. Obwohl beide Klageansprüche dasselbe wirtschaftliche Ziel verfolgen, so setzt doch der

Räumungsanspruch die bereits erfolgte Auflösung des Mietverhältnisses voraus, während die Aufhebungsklage die Auflösung durch rechtsgestaltendes Urteil anstrebt. Das betont die Entscheidung RG. 113, 51ff. und zieht daraus die Folgerung, daß eine auf die Beendigung des Mietverhältnisses gestützte Räumungsklage als sachlich unbegründet abzuweisen sei, wenn sich herausstellt, daß statt dessen eine Aufhebungsklage hätte erhoben werden müssen. Den Übergang von der Räumungsklage zur Aufhebungsklage betrachtet das RG. als Klageänderung (JW. 25, 2228 Nr. 1). Das hat zur Folge, daß der klagende Vermieter unter Umständen zu einem doppelten Prozeß genötigt wird, um die Rückgabe seines Eigentums zu erlangen, da selbst ein erfahrener Anwalt oft nicht mit Sicherheit zu beurteilen vermag, ob der abgeschlossene Mietvertrag für nichtig erklärt oder das Bestehen eines Nichtmietverhältnisses angenommen werden wird. Mir will dieses Ergebnis, so sehr hierdurch die Verteidigungsmöglichkeiten des Mieters vermehrt werden, nicht als billig erscheinen, zumal ja doch auch der Aufhebungsantrag zwangsläufig mit dem Räumungsbegehren zu verbinden ist (§ 5 Abs. 3). Doch wird die Praxis dieser Gefahr durch Stellung eines Eventualantrages vorbeugen können.

VII. Rechtslage nach Beendigung des Mietverhältnisses

Während in früherer Zeit die Vollstreckung dem Erlaß eines Räumungsurteiles regelmäßig auf dem Fuße zu folgen pflegte, vergeht heute infolge der mancherlei Hemmungen durch die Mieterschutzgesetzgebung, insbesondere bei Urteilen mit Ersatzraumvorbehalt oft eine lange Zeit bis zur endgültigen Räumung nach Beendigung des Mietverhältnisses. Ob diese unter dem Zwange der Verhältnisse noch fortgesetzte Raumbenutzung des räumungspflichtigen Mieters als Mietverhältnis angesehen werden kann, ist eine bestrittene und durch § 6 Abs. 5 MSchG. nur für einen Teil der in Betracht kommenden Fälle entschiedene Frage (vgl. Ruth, Mietrecht S. 334ff.). Insbesondere ist von Bedeutung, ob die Gegenleistung des Mieters als Mietzins oder als Entschädigung im Sinne des § 557 BGB. zu entrichten, im letzteren Falle also je nach den besonderen Umständen höher anzusetzen ist, als der Mietzins bemessen werden kann. Das RG. entscheidet sich für den von mir vertretenen Standpunkt, daß der räumungspflichtige Mieter auch bei behördlich versagter Vollstreckungsgenehmigung sich im Verzuge der Rückgabe befindet, daher zur Entschädigung des Vermieters verpflichtet ist (JW. 27, 581 Nr. 6). Das trifft natürlich nur die Fälle, in denen nicht § 6 Abs. 5 MSchG., der die Fortgeltung der Rechte und Pflichten aus dem Mietverhältnisse anordnet, anwendbar ist. Als Zeitpunkt, mit dem die Räumungspflicht beginnt, ist bei Urteilen der Berufungsinstanz der Erlaß des erstinstanzlichen Urteils maßgebend, falls die Berufung gegen ein Räumungsurteil zurückgewiesen wird (III 399/26 in EA. S. 574 = MG. 1927 S. 79). Vorenthaltung im Sinne des § 557 liegt jedoch nicht mehr vor, wenn die Zurückgabe z. B. wegen Abbrennen des vermieteten Gebäudes unmöglich geworden ist; zu diesem Begriffe gehört mindestens die Fortdauer des mittelbaren oder unmittelbaren Mieterbesitzes, wenn auch die tatsächliche Fortsetzung des Gebrauches kein Tatbestandsmerkmal bildet (JW. 10, 939 Nr. 15; RG. 99, 230ff.; JW. 20, 972 Nr. 12). Ebenso wird § 557 unanwendbar, wenn der Vermieter zu erkennen gibt, daß er Rückgabe der Räume nicht wünsche, insbesondere wenn er die Zulässigkeit der von dem Mieter erklärten Kündigung bestreitet und keinerlei Schritte tut, um die von dem Mieter ihm zur Verfügung gestellten Räume an sich zu ziehen (RG. 103, 289).

Den Ausschluß des Zurückbehaltungsrechtes zuungunsten des Mieters (§ 556 Abs. 2) legt das RG. als Ausnahmebestimmung eng aus. Es gewährt daher dem

Mieter das Zurückbehaltungsrecht, wenn der Vermieter den Eigentumsanspruch geltend macht (JW. 07, 100 Nr. 2), ebenso bei Nichtigkeit des Mietvertrages (RG. 85, 133). Dagegen neigt das RG. zur Erweiterung des Anwendungsbereiches für den die Vermieterforderungen einer kurzfristigen Verjährung unterwerfenden § 558 im Interesse des Mieters, so für Schadenersatzansprüche des Vermieters wegen fahrlässiger oder vorsätzlicher Beschädigung der Mietsache (RG. 66, 363) oder wegen Unmöglichkeit der Rückgabe (RG. 96, 300) oder wegen schuldhafter Beschädigung an den nicht zu den Mieträumen gehörigen Teilen des Hauses (RG. 75, 116). Andererseits billigt das RG. in Konsequenz seiner sonstigen Rechtsprechung zur Frage der Arglisteinrede mit Recht dem Mieter die Berufung auf Verjährung nicht zu, wenn dies in Anbetracht seines bisherigen Verhaltens, das den Vermieter in dem berechtigten Glauben ließ, es bedürfe einer Unterbrechung der Verjährung nicht zur Erhaltung der Ansprüche, gegen Treu und Glauben verstößt und als arglistig erscheint (RG. 87, 282). Beachtenswerte Grundsätze stellt das RG. für das in der Praxis noch recht unsicher gehandhabte Wegnahmerecht des Mieters auf (RG. 109, 128). Es gibt dem Vermieter gegenüber nur einen Anspruch auf Duldung der Wegnahme, nicht den ihn stärker belastenden Anspruch auf Herausgabe, selbst wenn dem Mieter das Eigentum an der Einrichtung zusteht. Das Wegnahmerecht ist abtretbar.

Mieter wie Vermieter können sich für den Fall der Auflösung des Mietverhältnisses durch die andere Partei eine Entschädigung vertraglich ausbedingen. Gegen § 567 verstößt eine solche Vereinbarung nicht, soweit nicht etwa eine Umgehung der gesetzlichen Vertragsdauerbeschränkung durch Auferlegung unmöglicher oder übermäßiger wirtschaftlicher Belastungen beabsichtigt wurde (RG. 73, 341). Ebenso schließen die Bestimmungen der KO. eine solche Vereinbarung nicht aus für den Fall, daß der Konkursverwalter des Mieters von seinem Kündigungsrechte nach § 19 KO. Gebrauch macht (RG. 115, 271). Schon kraft Gesetzes steht der durch das vertragswidrige Verhalten des Gegners zur vorzeitigen Kündigung veranlaßten Partei ein solcher Anspruch auf Ersatz des durch die Kündigung erwachsenen Schadens zu (s. o. IV).

Der Überblick über die Rechtsprechung des RG. zu den wichtigeren Fragen des Mietrechtes läßt die Grundgedanken, durch die die Rechtsanwendung des RG. auf dem Gebiete des Mietrechtes mehr oder weniger ausgesprochen bestimmt wird, deutlich hervortreten. Schon die vor dem Erlasse der Wohnungsnotgesetze gefällten Entscheidungen können durchweg als mieterfreundlich bezeichnet werden. Fast überall ist das Bestreben sichtbar, den Bestimmungen des BGB. eine Auslegung zu geben, die einer rücksichtslosen Ausnutzung der Vermieterstellung entgegenwirkt und den berüchtigten Herrenstandpunkt mancher Hauseigentümer mißbilligt. Eine Ausgestaltung des Mietrechtes im sozialen Sinne ist das erstrebte und auch innerhalb der individualistisch gefärbten Privatrechtsordnung in hohem Maße erreichte Ziel. Bewußt oder unbewußt läßt sich das RG. von der im allgemeinen zutreffenden Vorstellung leiten, daß der Mieter im Interessenstreite der Parteien regelmäßig, selbst bei genügendem Wohnungsangebot der schwächere Teil sein wird, weil sich eine Lösung des Mietverhältnisses durch ihre unvermeidlichen finanziellen und psychischen Auswirkungen, wie sie die Notwendigkeit eines kostspieligen Umzuges und der Trennung von liebgewordenen Räumen mit sich bringt, viel nachteiliger und deshalb seine Willensfreiheit beeinträchtigend für den Mieter bemerkbar macht als für den Vermieter. Das zeigt sich in der Rechtsprechung des RG. ganz besonders in der Stellungnahme zu den — in diesem Überblick als die

Rechtsgestaltung wenig berührend übergangenen — vertraglichen Vereinbarungen, die dem Mieter in früherer Zeit durch formularmäßige Mietverträge geradezu aufgezwungen wurden[19]), in den strengen Anforderungen, die das RG. an die Sittlichkeit der Mietverträge stellt[20]) und in der Betonung des Grundsatzes von Treu und Glauben bei Ausübung der Vertragsrechte.

Nicht weniger ist das RG. bemüht gewesen, den Wohnungsnotgesetzen und ihren Ausführungsbestimmungen die gebührende Geltung im Rechtsleben zu verschaffen. Von einer Einstellung, wie sie Hein (PrVerwBl. 48, 478) dem KG. zum Vorwurfe macht, daß ihm „das Raumnotrecht als ein Fremdkörper im Gefüge der individualistischen Privatrechtsordnung erscheine, dessen öffentliche Schutzgedanken zwecks Wiederherstellung des reinen Individualrechtes nach Kräften zurückgedrängt werden müssen", ist in der Rechtsprechung des RG. nichts zu spüren. Der öffentlich-rechtliche Zweckgedanke des Raumnotrechtes findet überall entsprechende, m. E. manchmal sogar übermäßige Beachtung. So in der Art, wie das RG. den Versuchen, Maßnahmen der Zwangswirtschaftsbehörden auf dem Umwege über die ordentliche Gerichtsbarkeit anzugreifen und wirkungslos zu machen, seine Unterstützung versagt[21]). Wenn andererseits das RG. den Beschlüssen des MEA., dem es den Charakter einer Verwaltungsbehörde zuspricht (JW. 24, 805 Nr. 13 = RG. 107, 284), nur unter der Voraussetzung, daß das MEA. sich in den Grenzen seiner Zuständigkeit gehalten hat, bindende Wirkungen für die ordentlichen Gerichte beilegt[22]), so entspricht das zweifellos dem richtig erfaßten Grundgedanken der Wohnungsnotgesetze bei der Abgrenzung der Zuständigkeiten. Ebenso darf auch die Auffassung des RG., daß die Wohnungszwangswirtschaft und die auf ihrer Grundlage erfolgenden behördlichen Eingriffe Akte der Enteignung sind und entsprechende Entschädigungsansprüche nach sich ziehen[23]), daß darüber hinaus die Gemeinden für unzulässige Eingriffe der Zwangswirtschaftsorgane zum Schadensersatze verbunden sind[24]), als durch die RVerf. (Art. 153) unabweisbare Rechtsfolge angesehen werden.

Wenn in der Nachkriegszeit immer wieder der Wunsch nach Sondergerichten laut wird, die in sachverständiger Besetzung und mit weitgehender Freiheit des Urteils nach billigem Ermessen angeblich besser als die ordentlichen Gerichte geeignet sind, die wirtschaftlichen Belange der Beteiligten zu beurteilen und ihren Interessen gerecht zu werden, so trifft der darin liegende Vorwurf gegen die ordentlichen Gerichte die Rechtsprechung des RG. nicht. Der III. Senat, in dem hauptsächlich die mietrechtlichen Fragen zur Entscheidung gelangen, hat es verstanden, in den vom Gesetze gezogenen Grenzen das Mietrecht zu einem wirklichen sozialen Rechtsgebilde auszugestalten und den veränderten Bedürfnissen der Wirtschaft und der Gesetzgebung sich anzupassen, was um so mehr anzuerkennen ist, als das RG. infolge der Gestaltung der Zuständigkeitsvorschriften verhältnismäßig selten mit der höchstrichterlichen Entscheidung mietrechtlicher Fragen befaßt wird.

Abgeschlossen: Dezember 1927.

---

[19]) Vgl. RG. 82, 51; 85, 415; 90, 67.

[20]) Vgl. V 132/26 in EA. S. 574; RG. 90, 436; JW. 26, 977 Nr. 1.

[21]) JW. 21, 275 Nr. 9; 22, 803 Nr. 5 = RG. 103, 306; RG. 105, 59; III 630/25 in EA. S. 430; III 321/22 in EA. S. 431 (Unzulässigkeit des Rechtsweges).

[22]) Vgl. JW. 21, 235 = RG. 101, 115; RG. 103, 273, 315; JW. 22, 805 Nr. 6 = RG. 104, 153; JW. 22, 1385 Nr. 1 = RG. 104, 244; JW. 24, 802 Nr. 9; 27, 1923 Nr. 2.

[23]) JW. 24, 800 Nr. 7; 25, 1395; 25, 2227 Nr. 1 = RG. 111, 224; III 321/22 in EA. S. 431; III 642/24 in EA. S. 454; III 21/25 in EA. S. 454; III 83/25 in EA. S. 460.

[24]) III 234/24 in EA. S. 367; III 571/24 in EA. S. 442; III 59/25 in EA. S. 454; III 544/25 in EA. S. 522 = MG. 1926 S. 138; III 541/25 in EA. S. 534 = MG. 1927 S. 5; III 113/26 in EA. S. 544 MG. 1927 S. 32 (Haftung des LG. als Beschwerdestelle); III 277/25 in MG. 1926 S. 82.

Eigentumsanspruch und Ersatzherausgabe[1])

von Professor Dr. Hans Dölle, Bonn

Die Frage, ob der redliche Besitzer dem Eigentümer den Erlös aus dem Verkaufe einer gestohlenen (verlorenen oder sonst abhanden gekommenen) Sache herauszugeben verpflichtet sei, ist in letzter Zeit mehrfach Gegenstand reichsgerichtlicher Entscheidung geworden[2]). Ergebnis und Begründung dieser Urteile sind nicht selten scharfer Kritik ausgesetzt gewesen[3]). Obwohl auch die folgenden Ausführungen zuweilen andere Wege gehen als die Entscheidungsgründe der Leipziger Senate, so dienen sie im ganzen doch dem Versuche, für die Judikatur unseres höchsten deutschen Gerichtes, dem diese Zeilen gewidmet sind, eine Lanze zu brechen.

Das Problem ist deutlich: Das Eigentum und damit die Vindikation ist dem Bestohlenen erhalten geblieben. Aber der Verbleib der Sache ist unbekannt, so daß der Eigentumsanspruch keinen aktuellen Wert hat. Darf man deswegen und trotz der Existenz der Vindikation den Zugriff auf den vom redlichen Besitzer erzielten Verkaufserlös zulassen?

Das Reichsgericht hat die Frage in allen Entscheidungen bejaht[4]). Allein in der Begründung weichen die Urteile erheblich voneinander ab. Zwei Argumentationen stehen sich gegenüber:

1. Die eine (RG. 105, 84ff.) findet ihre Stütze in § 281 BGB. Wenngleich diese Norm den allgemeinen Vorschriften des Rechtes der Schuldverhältnisse eingereiht sei, so bestehe doch kein durchgreifendes Bedenken dagegen, sie auf den dem Sachenrechte zugehörigen Eigentumsanspruch anzuwenden. Denn auch die Ansprüche aus dem Eigentume seien zum Teil schuldrechtlicher Natur, so daß es sich rechtfertige, den ganzen Beziehungskomplex zwischen Eigentümer und Besitzer als Schuldverhältnis im Sinne des dem Bürgerlichen Gesetzbuche zugrunde liegenden Sprachgebrauches anzunehmen. Dafür spreche weiterhin die Bestimmung des § 990 II BGB. sowie der anerkannte Satz, daß prinzipiell die allgemeinen Vorschriften über Schuldverhältnisse auf dingliche Ansprüche anwendbar seien, soweit sich nicht aus der besonderen Natur des dinglichen Anspruches und den mit Rücksicht hierauf gegebenen besonderen Vorschriften eine Abweichung ergebe. Auch der eine Schadensersatzpflicht des redlichen Besitzers ausschließende § 993 BGB. dürfe nicht zu dem Schlusse verleiten, daß § 281 BGB. auf den redlichen Besitzer keine Anwendung finden könne. Denn die Ersatzherausgabe nach § 281 I sei, wie durch die Vorschrift des § 281 II unmittelbar veranschaulicht werde, nicht als Schadensersatz (§ 249) anzusehen, und es ließe sich wohl denken, daß das Gesetz, auch wenn und gerade wenn es Schadensersatzansprüche versage, die Ersatzherausgabe im Sinne des § 281 zuzubilligen für angebracht erachtet habe. Es sei schließlich dem Gesetz kein Ausspruch dahin zu entnehmen, daß der Schuldner, wo er den geschilderten Gegenstand selbst nicht behalten dürfe, einem Herausgabeanspruche nach

[1]) Abgeschlossen am 15. Jan. 1928!

[2]) Vgl. RG. 105, 84ff.; 106, 44ff.; 115, 31ff.

[3]) Namentlich von Haymann, JheringsJ. 41 (77), 276ff.

[4]) S. Anm. 2.

§ 985 BGB. vielmehr hätte nachgeben müssen, den dafür erhaltenen Ersatz sollte behalten können. Selbst wenn die Veräußerung des Schuldners nach § 134 BGB. nichtig sei, er aber trotzdem einen Ersatz für den fortgegebenen Gegenstand erlangt habe, müsse er das Surrogat nach § 281 dem Gläubiger auf Verlangen herausgeben.

Diese Ausführungen des VI. Senates[5]) sind vielfach bekämpft worden. Als erster Gegner ist das Hanseatische Oberlandesgericht auf den Plan getreten. In vier Entscheidungen[6]) wird die Anwendung des § 281 BGB. auf den hier in Frage stehenden Tatbestand für unrichtig erklärt. Im wesentlichen stimmen die Gedankengänge der (von verschiedenen Senaten erlassenen) Urteile überein: § 281 komme nur bei Unmöglichkeit einer vertragsmäßig übernommenen Leistung in Betracht. Hier entspreche es dem Willen verständiger Vertragsparteien, daß der Gläubiger an Stelle einer nachträglich unmöglich gewordenen Leistung auf einen dem Schuldner zufallenden Ersatz Anspruch erheben könne. Bestehe dagegen, wie bei dem Anspruch aus § 985 BGB. keine vertragliche Beziehung, so sei aus dem vermutlichen Willen der Parteien keine Entscheidung zu entnehmen. Im Vertragsrechte fülle die Vorschrift des § 281 für den Fall unvertretbarer Unmöglichkeit eine durch §§ 275, 280 nicht geregelte Lücke. Wolle man sie auf den Erlös bei der Weiterveräußerung einer Ware durch den gutgläubigen Besitzer anwenden, so übertrage man eine Ergänzungsvorschrift auf ein Gebiet, in dem sie einen Normalfall regeln würde. Denn die freiwillige Veräußerung einer gutgläubig erworbenen Ware entspreche dem normalen wirtschaftlichen Verlaufe. Eine Regelung des Anspruches des Eigentümers für diesen Normalfall gehöre aber nach der Systematik des Bürgerlichen Gesetzbuches in das Sachenrecht, nicht in das Recht der Schuldverhältnisse. Überdies sei es nach der Terminologie des Gesetzes nicht angängig, in dem Vorgange, der durch Wegfall einer tatsächlichen Voraussetzung des Anspruches auf Herausgabe das Erlöschen des Anspruches herbeiführe, einen Umstand zu erblicken, „der die Leistung unmöglich mache". Der Anspruch aus § 985 sei nach der Systematik des Gesetzes kein solcher auf eine „Leistung", § 241 BGB. Endlich ergäben sich dann große Schwierigkeiten, wenn der Anspruch aus § 281 BGB. dem Eigentümer folgerichtig gewährt würde gegen eine ganze Reihe von früheren gutgläubigen Besitzern, welche die Sache gegen Entgelt weiterveräußert hätten.

Der IV. Senat des Reichsgerichtes hat in seiner Entscheidung Bd. 115, 31 ff.[7]) gleichfalls die vom VI. Senat befürwortete Anwendung des § 281 BGB. abgelehnt[8]). Er pflichtet den Ausführungen des Hanseatischen Oberlandesgerichtes in ihrem wesentlichen Inhalte und jedenfalls im Ergebnisse bei: § 281 BGB. beruhe auf dem Gedanken der Erhaltung des Schuldverhältnisses trotz nachträglicher Unmöglichkeit der Leistung. Es äußere nunmehr seine Wirkung in der Verpflichtung zur Ersatzherausgabe, die also auch in dem bestehenden Schuldverhältnisse ihren Rechtsgrund habe. Dieses müsse aber so beschaffen sein, daß es seiner Natur nach eine Änderung der Leistungspflicht überhaupt zulasse, es müsse mit anderen Worten die Möglichkeit des Weiterbestehens der Verpflichtung in sich selbst tragen. Das sei ohne weiteres der Fall bei schuldrecht-

---

[5]) Gebilligt von M. Wolff, Sachenrecht, 7. Bearb., § 84 Anm. 23 und § 85 IIc zu Anm. 21a.

[6]) HansRZ. 1925 Sp. 784 ff.; LZ. 1926 Sp. 594 ff.; JW. 1926 S. 2775 (Anm. 3 von Wedemeyer, der die Ablehnung von § 281 billigt) und die vom RG. 115, 32 f. wiedergegebenen Ausführungen des OLG. Hamburg, die dem folgenden Text fast wörtlich zugrunde liegen.

[7]) In dem Urteile RG. 106, 44 ff. = JW. 1923 S. 684 hat der IV. Senat zwar den § 281 BGB. nicht ausdrücklich für unanwendbar erklärt, aber implizite doch seine Anwendung schon hier zurückgewiesen.

[8]) Ebenso Komm. v. RGR. 6. Aufl., Anm. 5 zu § 985 u. Anm. 1 zu § 281.

lichen, z. B. vertraglichen Verhältnissen, weil regelmäßig angenommen werden könne, daß der Verpflichtungswille bei Unmöglichkeit der ursprünglichen Leistung nicht auf das Erlöschen des ganzen Schuldverhältnisses gerichtet gewesen sei. Anders liege es bei dinglichen, gegen den gutgläubigen Besitzer gerichteten Ansprüchen. Hier führe der bloße Besitzverlust zum Erlöschen des dinglichen Anspruches, gleichviel, ob dem Besitzer die Wiederbeschaffung der weggegebenen Sache und ihre Herausgabe an den Eigentümer möglich sei oder nicht. Es handle sich nicht um eine den Besitzer von der Herausgabeverpflichtung befreiende Unmöglichkeit, sondern mit der Tatsache des Besitzverlustes sei dem dinglichen Verpflichtungsverhältnis, also demjenigen, das den Herausgabeanspruch, nicht aber die schuldrechtlichen Erstattungsansprüche aus den §§ 987ff. zum Gegenstand, habe, der Boden entzogen, und es müsse wegen Wegfalles des Besitzes als einer für den dinglichen Anspruch wesentlichen Voraussetzung kraft Gesetzes überhaupt und im ganzen erlöschen. Dann könne aber § 281 BGB. keine Anwendung finden, da in seinem Falle die Möglichkeit eines Fortbestehens der Verpflichtung vorhanden sein müsse. Gerade die besondere Natur des dinglichen Anspruches lasse die Anwendung des § 281 BGB. auf die Vindikation nicht zu, was der (frühere) VI. Senat in seiner Entscheidung übersehen habe[9]).

In der Literatur haben sich namentlich Werner[10]) und Haymann[11]) gegen die Anwendung des § 281 BGB. auf den hier in Frage stehenden Tatbestand ausgesprochen[12]).

Werner hält es freilich nicht für zutreffend, die Vindikation dem Anwendungsbereiche des § 281 grundsätzlich und vollständig zu entziehen. Es sei zwar richtig, daß dem § 281 der Gedanke der Fortsetzung des Schuldverhältnisses in anderer Richtung zugrunde liege und daß mit dem Wegfalle des Besitzes der Eigentumsanspruch schlechthin erlösche, so daß bei dieser Sachlage der § 281 nicht in Betracht kommen könne. Wegen Fortfalles der Anspruchsvoraussetzungen des § 985, nicht wegen Unmöglichkeit und nicht wegen des vermutlichen Parteiwillens entfalle hier der § 281. Daher könne die Frage, ob § 281 auf den Vindikationsanspruch Anwendung finden dürfe, nur dort entschieden werden, wo die Anspruchsvoraussetzungen des § 985 BGB. noch existierten und dennoch dem Besitzer die Herausgabe der Sache unmöglich sei. Beispiele bildeten die Fälle, in denen der Vindikationsbeklagte mittelbarer Besitzer und der unmittelbare Besitzer nicht zu erreichen sei. Hier sei jener von der Herausgabepflicht nach § 275 frei, da aber der Besitz, die Anspruchsvoraussetzung des § 985, noch vorläge, sei die Vindikation trotz der nachträglich eingetretenen Unmöglichkeit der Herausgabe nicht vernichtet, also bestehe kein Grund, hier von einer Anwendung des § 281 abzusehen. So sei grundsätzlich § 281 auf den dinglichen Herausgabeanspruch sehr wohl anwendbar.

Radikaler ist Haymanns Standpunkt. Er hält eine analoge Anwendung des § 281 auf den „dinglichen Herausgabeschuldner" für unmöglich. Auch er will freilich aus den §§ 990 II und 1146 BGB. entnehmen, daß Regeln des Schuldrechtes auf dingliche Ansprüche entsprechend angewandt werden dürfen, indessen gerade die Vorschrift über das „stellvertretende commodum" soll sich

---

[9]) Von einer Anrufung der Vereinigten Zivilsenate hat der IV. Senat im Hinblick auf RG. 108, 58 abgesehen.

[10]) JW. 1927 S. 1141ff. Anm. 4 zu dem oben im Text erwähnten Urteile RG. 115, 31ff.

[11]) A. a. O. S. 287ff.

[12]) Kipp, Festg. der Berliner jur. Fakultät für Otto Gierke S. 27 (1910), will § 281, unter Ausschaltung des § 816, dann auf das Vindikationsverhältnis anwenden, wenn der bisherige Eigentümer das Eigentum an den Erwerber auf Grund der §§ 932ff. verloren hat.

nicht dazu eignen, wenn die Herausgabe der Sache infolge Übergangs des Besitzes auf den neuen, gleichfalls unwirksam Erwerbenden nicht sowohl unmöglich wird, als vielmehr von dem Nachfolger im Besitze gemäß § 985 BGB. begehrt werden kann. Sei die Sache nicht mehr aufzufinden, so hätten doch die früheren Veräußerer den Kaufpreis nicht infolge des Umstandes erlangt, der die Herausgabe unmöglich gemacht habe. Wolle man aber in der rechtswidrigen Weiterverfügung schon ein Unvermögen zur Herausgabe im Sinne der §§ 281, 275 II erblicken, so käme es darauf, ob die Sache jetzt nicht mehr zu erlangen sei, nicht an. § 281 wolle nur den persönlichen Gläubiger schützen, weil nur er sich ausschließlich an einen Schuldner halten könne, falls diesem die Leistung unmöglich geworden, aber ihm gerade dadurch ein Surrogat erworben sei. Eines solchen Schutzes bedürfe der Eigentümer nicht, da ihm im Falle des Besitzwechsels sofort ein neuer Herausgabeschuldner gegeben sei. Die Herausgabeleistung des früheren Besitzers sei hier nicht sowohl unmöglich geworden als vielmehr auf andere Schultern übergegangen. Völlig unhaltbar scheine es, daß der rechtswidrige gutgläubige „Verfüger" nach § 281 verpflichtet sein solle, dem Eigentümer den Erlös sogar dann herauszugeben, wenn er irgendwie, z. B. nach den Regeln über Rechtsmängelgewähr, zur Rückgabe an seinen Abkäufer verbunden sei. Von einem „Ersatz" im Sinne des § 281 BGB. könne man gar nicht sprechen, wenn der Verfüger durch Erwerb des Erlöses sofort dem Zahlenden zur Rückgabe verpflichtet werde. Man könne auch nicht gegen alle Verfüger in der Kette der Veräußernden den Anspruch aus § 281 dem Eigentümer zusprechen, zumal da der Anspruch nicht etwa nur in Höhe des jeweiligen Reingewinnes des Verfügers bestünde. Es handele sich nicht um einen Bereicherungsanspruch, auch nicht um einen Anspruch des Gläubigers, der nur im Rahmen des ihm erwachsenen Schadens erhoben werden dürfe, und auch sonst dürfe der nach § 281 Verpflichtete nicht Unkosten abziehen, ohne deren Aufwendung ihm der „Ersatz" nicht entstanden wäre. Alle diese praktisch unmöglichen Ergebnisse zeigten, daß die entsprechende Anwendung des § 281 auf den dinglichen Herausgabeanspruch der ratio dieser Bestimmung widerstreite.

Um eine eigene Stellungnahme zu dem Streite der Meinungen zu gewinnen, müssen zunächst zwei in der Diskussion aufgetretene Argumente ausgeschieden worden, deren Widerlegung unschwer zu erbringen ist: einmal der Gedanke, der die Grundlage der Entscheidungen des Hanseatischen Oberlandesgerichtes gebildet hat. Nach ihnen soll § 281 nur bei Unmöglichkeit einer vertragsmäßig übernommenen Leistung in Betracht kommen und aus dem vermutlichen Willen der Vertragsparteien seine Erklärung finden. Nun kann aber kein Zweifel darüber bestehen, daß der erste Abschnitt des zweiten Buches unseres Bürgerlichen Gesetzbuches nicht nur den Inhalt vertraglicher Schuldverhältnisse, sondern aller Schuldverhältnisse bestimmen will, gleichviel, welcher Art von Tatbeständen sie ihre Entstehung verdanken. Das gilt auch für die Regel des § 281 BGB.[13]). Hat der negotiorum gestor dem Geschäftsherrn eine Sache, die er aus der Geschäftsführung erlangt hat, nach §§ 681, 667 herauszugeben, so kann der dominus, wenn die Sache untergegangen und dem Geschäftsführer ein Ersatzanspruch erwachsen ist, gemäß § 281 Abtretung des Ersatzanspruches verlangen. Oder: der Geschädigte kann, wenn er von dem Delinquenten (Dieb, Hehler usw.) nach §§ 823, 249 Rückgabe einer Sache als Schadensersatz in Form der Naturalherstellung zu fordern hat, nach § 281 den Ersatz verlangen, den dieser im Falle der Unmöglichkeit erlangt hat. In all diesen Fällen ist

[13]) Für unser heutiges Recht muß daran auch dann festgehalten werden, wenn die historische Wurzel der Bestimmung in dem vermutlichen Willen vertragschließender Parteien zu finden sein sollte.

natürlich von vertraglichen Beziehungen und von einem vermutlichen Vertragswillen der Parteien keine Rede, und doch findet der § 281 hier Anwendung. Auch daß der Anspruch aus § 985 nach der Systematik des Gesetzes kein solcher auf eine „Leistung" sei, halte ich angesichts eines Vergleiches zwischen dem Wortlaute des § 194 und dem des § 241 nicht für zutreffend. Ob der Wegfall des Besitzes ein Umstand ist, der die Leistung „unmöglich" macht, ist nicht, wie das Hanseatische Oberlandesgericht glaubt, eine Frage der Terminologie, sondern aus anderen unten zu erörternden Gesichtspunkten zu entscheiden.

Sodann halte ich auch Werners Ausführungen nicht für fördernd, namentlich nicht insoweit, als er den § 281 dort angewendet wissen will, wo die Anspruchsvoraussetzungen des § 985 noch existieren und dennoch dem mittelbaren Besitzer die Herausgabe der Sache deshalb unmöglich ist, weil der unmittelbare Besitzer nicht erreicht werden kann. Hier ist der § 281 überflüssig, denn der mittelbare Besitzer ist, was kaum mehr bestritten wird[14]), für die Vindikation selbst ebensowohl Anspruchsgegner wie der unmittelbare Besitzer. Er kann sogar, was freilich streitig ist, in Anlehnung an den Wortlaut des § 985 schlechthin auf „Herausgabe der Sache" verklagt werden[15]). Dabei ist gleichgültig, ob der unmittelbare Besitzer erreichbar ist oder nicht. Werner ist daher der Beweis nicht geglückt, daß grundsätzlich der § 281 auf den Vindikationsanspruch anwendbar sei.

Für die weitere Erörterung unserer Frage muß, wie es sowohl in den Entscheidungen des IV. und VI. Senats des Reichsgerichtes als auch in derLiteratur vor allem bei Haymann der Fall gewesen ist, den Ausgangspunkt bilden der anerkannte Satz, nach dem die allgemeinen Vorschriften über Schuldverhältnisse auf dingliche Ansprüche anwendbar sind, soweit sich nicht aus der besonderen Natur des dinglichen Anspruchs eine Abweichung ergibt[16]). Daß der Herausgabeanspruch des Eigentümers gegen den (redlichen) Besitzer nach § 985 ein echter „Anspruch" im Sinne des § 194 BGB. ist, kann nicht wohl geleugnet werden, so daß es unbedenklich erscheint, von einem zwischen Eigentümer und Besitzer bestehenden „Schuldverhältnis", vom Eigentümer als dem „Gläubiger" und vom Besitzer als dem Herausgabe-„Schuldner" zu reden[17]). Insoweit dürfte also der Anwendung des § 281 auf die Vindikation jedenfalls nichts im Wege stehen[18]). Freilich muß man sich von vornherein darüber klar sein, daß es sich bei dieser Anwendung nur um eine entsprechende Anwendung, um eine Analogie handeln kann. Der Gesetzgeber hat den § 281 auf schuldrechtliche Beziehungen zugeschnitten. Für den persönlichen Gläubiger entspricht die Eröffnung des Zugriffes auf das stellvertretende commodum einem Bedürfnisse, da

---

[14]) Vgl. M. Wolff, Sachenrecht § 84 II Anm. 4.

[15]) Vgl. M. Wolff, Sachenrecht § 84, III zu Anm. 12. Auch Stälin, Über die dinglichen Ansprüche des Bürgerlichen Gesetzbuches hinsichtlich der Anwendbarkeit des Allgemeinen Teils des Rechtes der Schuldverhältnisse auf dieselben, Diss. Tüb. (1902), S. 160, will anscheinend die Vindikation gegen den mittelbaren Besitzer auf den § 281 BGB. zurückführen.

[16]) Die in der vorigen Anmerkung erwähnte Arbeit von Stälin zeigt nur, daß für keinen dinglichen Anspruch nach seiner Eigenart ein Grund vorhanden ist, welcher der allgemeinen These von der Anwendbarkeit der Vorschriften des Allgemeinen Teiles des Obligationenrechtes zuwider wäre; vgl. S. 158. Eine Untersuchung des Verhältnisses der einzelnen schuldrechtlichen Vorschriften zu den dinglichen Ansprüchen hat Stälin nur angedeutet, ohne dem § 281 besondere Aufmerksamkeit zu widmen.

[17]) Vgl. zu diesen Fragen Planck-Siber, Komm. BGB. II, 1 S. 14ff. Für das moderne Recht läßt sich die Ansicht nicht halten, daß die Vindikation nur ein Recht des Eigentümers zur Wegnahme sei, welche der Besitzer dulden müsse.

[18]) Ich sehe hier von der bekannten Streitfrage ab, ob nach § 281 auch Gegenwerte herauszugeben sind, die der Schuldner durch anderweite entgeltliche Veräußerung des Schuldgegenstandes erlangt hat. Für die folgenden Erörterungen gehe ich davon aus, daß die Frage zu bejahen ist.

bei der durch Unmöglichkeit oder Unvermögen eingetretenen Befreiung des Schuldners von der Primärverpflichtung niemand mehr vorhanden ist, an den der Gläubiger sich halten kann. Dieses Bedürfnis scheint der Gesetzgeber für den Eigentümer nicht anerkennen zu wollen, weil dieser die Vindikation gegen den jeweiligen Besitzer hat. So ist es nur natürlich, daß bei dem Versuche, den Gedanken des § 281 für den Eigentumsanspruch fruchtbar zu machen, die besondere Struktur der dinglichen Relation zwischen Eigentümer und redlichem Besitzer auf Begriffe stößt, die der Eigenart dieser Beziehung nicht ganz gerecht werden. Das gilt in erster Linie für die im § 281 vorausgesetzte nachträgliche Unmöglichkeit, der gemäß § 275 II das nachträgliche Unvermögen gleichzusetzen ist. Das Hanseatische Oberlandesgericht, der IV. Senat des Reichsgerichtes und Werner meinen, daß beim Besitzverluste von einer „Unmöglichkeit" der Herausgabeleistung gar nicht gesprochen werden dürfe. Ich halte das für richtig, freilich nicht aus terminologischen Gründen, sondern wegen eines Wesensunterschiedes der beiden Arten von Ansprüchen. Die Provenienz der Vindikation von dem auf die Sache gerichteten dinglichen Rechte zeigt sich eben darin, daß der Anspruchsgegner stets nur mittelbar durch den jeweiligen Besitz an der Sache bestimmt ist. Hat der (redliche) Besitzer den Besitz verloren, so hört er auf, zur Herausgabe verpflichtet zu sein, selbst wenn er zur Leistung im Sinne der schuldrechtlichen Terminologie nicht unvermögend geworden ist, z. B. wenn es ihm ein leichtes wäre, sich die Sache von dem jetzigen Besitzer zu verschaffen. Das Gesetz verlangt aber von ihm die Verschaffung[19]) nicht, weil der Eigentümer den Herausgabeanspruch gegen den gegenwärtigen Besitzer hat. Die Befreiung des Vindikationsgegners von der Primärverpflichtung tritt also niemals durch Unmöglichkeit oder Unvermögen ein, sondern ausschließlich durch Besitzverlust[20]). Unmöglichkeit und Unvermögen sind daher Kategorien, die für den Herausgabeanspruch des Eigentümers gegen den redlichen Besitzer nicht verwendbar sind. Das schließt natürlich eine direkte Subsumtion unter den § 281 aus, da er gerade einen Kausalzusammenhang zwischen dem Umstande, der die Leistung unmöglich macht (= Unvermögen, § 275 II), und dem Bekommen des Ersatzes fordert. Es fragt sich aber doch, ob nicht die den Besitzverlust und die das Unvermögen[21]) zur schuldrechtlichen Leistung bewirkende Verfügung, weil sie beide die Befreiung des Schuldners von der Primärverpflichtung bewirken[22]), einander so ähnlich sind, daß eine analoge Anwendung des § 281 auf das Vindikationsverhältnis am Platze ist. Ich möchte die Frage bejahen, und zwar nicht nur, wie anscheinend der IV. Senat des Reichsgerichtes wollte, für den Fall, daß die Sache nicht mehr zu erlangen ist, sondern in allen Fällen[23]). Es gibt, wie wir sogleich sehen werden, einen Weg, der unbillige Ergebnisse auch dann, wenn die Sache präsent und mit der Vindikation zu holen ist, vermeidet.

Was das Hanseatische Oberlandesgericht, der IV. Senat des Reichsgerichtes

---

19) Über den Gegensatz von Verschaffungspflichten und bloßen Übertragungspflichten vgl. Planck-Siber a. a. O. Vorbem. 4b zu §§ 275—292.

20) Das gilt auch für die (freilich nicht leicht denkbaren) Fälle, in denen trotz Besitz nachträgliches Unvermögen zur Herausgabe vorliegen sollte.

21) Von Unmöglichkeit sehe ich der Einfachheit halber künftig ab; ich unterstelle, daß die Sache noch in der Hand jemandes existiert.

22) Gerade in dieser liberatorischen Funktion sind Unmöglichkeit und Unvermögen im § 281 Anspruchsvoraussetzungen, indem hier ein Ersatz für die ursprüngliche Leistung gewährt wird.

23) Wann die Sache tatsächlich nicht mehr zu erlangen ist, kann im Einzelfalle sehr zweifelhaft sein. Darauf die Anwendung der Analogie abzustellen wäre bedenklich und wohl auch prinzipwidrig. Anders läge es vielleicht dann, wenn wir den Satz des Code civil Art. 1302 akzeptieren könnten, wonach die Obligation erloschen ist, wenn die bestimmte geschuldete Sache . . . verloren gegangen ist „de manière qu'on en ignore absolument l'existence".

und Werner[23a]) gegen die Anwendung des § 281 vorbringen, beruht auf einer petitio principii. Wenn sie behaupten, § 281 stütze sich auf den Gedanken der Fortsetzung des Schuldverhältnisses in anderer Richtung, die Vindikation aber erlösche mit dem Besitzverluste des redlichen Besitzers, also versage hier der Gedanke des § 281, so ist dagegen zu erwidern: auch beim persönlichen Schuldverhältnis erlischt, wenn der Schuldner zur Leistung unvermögend geworden ist auf Grund eines Umstandes, den er nicht zu vertreten hat, der Primäranspruch, ohne daß etwas übrigbleibt. § 281 schafft erst die Möglichkeit „der Fortsetzung der Obligation in anderer Richtung", und es ist gerade die Frage, ob er diese Wirkungen an der Relation zwischen Eigentümer und Besitzer nicht auch zu entfalten hat.

Gegen die Analogie spricht ferner nicht, daß bei Anwendung des § 281 der Eigentümer (E.) vom veräußernden redlichen Besitzer (V.) den Erlös selbst dann verlangen kann, wenn er weniger auf dem Werte der Sache als vielmehr auf anderen Umständen, z. B. auf der zufälligen Gunst der Situation beruht[24]). Denn auch wenn man dem E. den Anspruch aus § 281 nicht gewährt, darf V. den Erlös nicht behalten, weil er ihn, wenn E. vom dritten Erwerber (D.) die Sache vindiziert, an diesen gemäß § 440 zurückerstatten muß. Aus eben dem Grunde halte ich es für keinen durchschlagenden Einwand, daß E. sich aus der Kette der möglicherweise zahlreichen Veräußerer denjenigen aussuchen kann, der den höchsten Erlös erzielt hat. Selbstverständlich wäre es, wie Haymann[25]) zutreffend hervorgehoben hat, ein ganz unmögliches Ergebnis, den ehemaligen redlichen Besitzer V. sowohl dem Anspruche des E. gemäß § 281, als auch den auf Rechtsmängel gestützten Regreßansprüchen des D. auszusetzen, und es ist klar, daß E. nicht neben der Vindikation den Anspruch auf Ersatzherausgabe durchsetzen darf, was besonders deutlich wird, wenn die Sache präsent und der Vindikation zugänglich ist. Die Lösung liegt darin, daß V. den Erlös nur gegen Genehmigung seiner Verfügung an E. herauszugeben braucht. Mit der Genehmigung des E. wird der jetzige Besitzer der Sache nach § 185 BGB. ex tunc Eigentümer. E. verliert die Vindikation und V. hat Regreßansprüche des D. nicht mehr zu fürchten. Hatte V. die Sache unentgeltlich erlangt, so ist das Ergebnis befriedigend. E. erhält den aus der Verwertung seiner Sache erzielten Erlös, V. steht so wie vorher und D. behält als Eigentümer den von ihm gekauften und bezahlten Gegenstand. Hat V. ein Entgelt für die Sache geleistet, so hat er analog § 440 einen Regreßanspruch gegen seinen Verkäufer (möglicherweise den Dieb selbst). Häufig wird dieser Anspruch sich freilich nicht verwirklichen lassen. Dann bleibt der Schaden faktisch an dem redlichen Besitzer hängen. Aber dieses Ergebnis kann kaum als verfehlt bezeichnet werden, wenn man bedenkt, daß der redliche Besitzer auch die entgeltlich erlangte Sache selbst hätte herausgeben müssen, obgleich sein Regreßanspruch nicht zu realisieren war.

Ich verkenne nicht, daß ein Bedürfnis für die hier befürwortete Analogie nur in Fällen vorliegt, in denen die Vindikation keinen praktischen Wert hat. Aber die Möglichkeit, daß der Eigentümer auch sonst gegen Genehmigung, d. h. Verlust der Vindikation auf den Ersatz greift, kann man deswegen nicht leugnen. Das Gesetz gibt dem Eigentümer gegen den ehemaligen Besitzer begreif-

---

[23a]) Ihnen hat sich Oertmann in der 5. Aufl. seines Komm. z. R. d. Schuldv. (1928) Z. 8 zu § 281 angeschlossen.

[24]) Über die Möglichkeit des V., Aufwendungen in Abzug zu bringen, vgl. einerseits Windscheid-Kipp II, § 264 Zus. 4; F. Schulz, Eingriffserwerb, ArchZivPrax. 105, 14; Planck-Siber a. a. O. § 281, 2, 7; andererseits Haymann a. a. O. S. 290.

[25]) A. a. O. S. 290.

licherweise weder den Anspruch auf Verschaffung der Sache noch auf Herausgabe des Erlöses, weil und solange er die Vindikation hat. Aber mit ihrem Wegfall entfallen auch, wie ich glauben möchte, die Bedenken gegen eine analoge Anwendung des § 281.

Ich komme daher, da im übrigen Subsumtionsschwierigkeiten[26]) nicht vorliegen, zu dem Ergebnisse, daß der VI. Senat des Reichsgerichtes mit der Anwendung des § 281 auf den Eigentumsanspruch das Richtige getroffen hat. Freilich bedarf die Entscheidung der Ergänzung, daß der Eigentümer den Erlös nur gegen Genehmigung der Verfügung des Anspruchsgegners verlangen kann.

II. Der zweite Weg, den das Reichsgericht zur Bejahung der Herausgabepflicht des redlichen Besitzers gegangen ist, führt über § 816 I BGB. Der IV. Senat hat in dem Urteile RG. 106, 44 ff.[27]) ausgeführt: In der auf Herausgabe des Erlöses der Weiterveräußerung gerichteten Klage müsse eine Genehmigung der Verfügung und ein Verzicht auf die Vindikation gefunden werden; eine andere Auslegung des klägerischen Verhaltens sei mit Treu und Glauben unvereinbar. Mit dieser Auslegung werde aber auch den Interessen der Beteiligten am besten gedient. Denn nach § 184 habe die Genehmigung rückwirkende Kraft, so daß es im Sinne von § 816 so anzusehen sei, wie wenn die Wirksamkeit der Verfügung schon zur Zeit ihrer Vornahme bestanden hätte. Sei es dem Eigentümer nicht sowohl um die Sache als um den darin steckenden Wert zu tun, so werde er lieber das Entgelt vom Verfügenden herausverlangen, als daß er vindiziere, um selbst zu veräußern. Andererseits schütze den Verfügenden die Herausgabe des Erlöses an den bisherigen Eigentümer vor den weitergehenden Schadensersatzansprüchen des Dritten aus §§ 440, 325 ff., während sie für seinen eigenen Rückgriff den Tatbeständen des § 440 II offenbar gleichstehe. Der Anspruch aus unbeauftragter Geschäftsführung führe überall da nicht zum Ziele, wo der Verfügende in dem Glauben, berechtigt zu sein, gehandelt habe, § 687 I.

Auf diese Ausführungen hat das bereits oben erwähnte Urteil des IV. Senates RG. 115, 31 ff.[28]) Bezug genommen. Es fügt hinzu: Abzulehnen sei auch die Annahme, daß infolge der Rückwirkung der Genehmigung der verfügende Beklagte nicht mehr ein Nichtberechtigter im Sinne des § 816 I Satz I BGB. ge-

[26]) § 281 würde also in seiner Anwendung auf das Vindikationsverhältnis zu lesen sein: „Erlangt der Besitzer infolge des Umstandes, der den Besitzverlust herbeiführt, einen Ersatz oder Ersatzanspruch, so kann der Eigentümer Herausgabe . . . usw. verlangen." Daß man gegen die Anwendung des § 281 auf den Fall der anderweitigen entgeltlichen Veräußerung nicht einwenden kann, der Ersatzanspruch des Schuldners sei nicht durch die Verfügung, sondern durch den zu dieser Verfügung verpflichtenden Schuldvertrag erlangt, ist häufig unter Berufung auf den Wortlaut des § 816 I S. I („durch die Verfügung erlangten") betont worden; vgl. Windscheid-Kipp II, § 264 Zus. 4. Mir scheint sogar der Wortlaut des § 816 gut gelungen zu sein, da er auch denjenigen Fall der Bereicherung deckt, in dem mangels Gültigkeit des Verpflichtungsgeschäfts der Ersatz nicht durch dieses, wohl aber „durch die Verfügung" erlangt ist. Ich denke etwa an folgenden Tatbestand: Der Nichtberechtigte V. verkauft und übereignet die ihm vom Eigentümer E. anvertraute Sache an den redlichen D., der das Eigentum erlangt. Der Kauf (nicht das Verfügungsgeschäft!) war aus irgendwelchen Gründen unwirksam. Trotzdem hat D., der die Unwirksamkeit des Kaufes ebenso wie V. wohl bemerkt hat, an V. den Kaufpreis bezahlt, nur um in den Besitz der begehrten Sache zu gelangen. Hier kann E. nach § 816 von V. den Erlös verlangen. V. ist um den Erlös bereichert, denn § 814 (bezw. die Erreichung des mit der Zahlung des D. bezweckten Erfolges = Besitzerlangung) schützt ihn gegen eine Kondiktion des Kaufpreises durch D. Der Erlös ist hier zweifellos nicht durch den unwirksamen Kaufvertrag erlangt, sondern nur durch die Verfügung über die Sache. — Gegen eine Kondiktion gem. § 816 bei Nichtigkeit des Kausalgeschäftes Komm. v. RGR., 6. Aufl., Anm. 2c zu § 816.

[27]) JW. 1923 S. 684, woselbst Ernst Levy diese Lösung gegenüber der in RG. 105, 84 als die elegantere und sicherere bezeichnet.

[28]) JW. 1927 S. 1141 mit der gleichfalls oben schon herangezogenen Anmerkung von Werner.

wesen sei und deshalb die Anwendbarkeit dieser Vorschrift entfalle. Denn der Begriff der Nichtberechtigung in § 816 sei derselbe wie in § 185 und bedeute nichts anderes, als daß der Verfügende im Zeitpunkte der Verfügung tatsächlich zu ihr nicht berechtigt gewesen sei; die Verfügung solle im Falle der Genehmigung wirksam sein, obwohl sie von einem Nichtberechtigten vorgenommen sei, und es solle nur so angesehen werden, als ob sie von einem Berechtigten getroffen wäre[28a]).

In der Literatur ist die hier interessierende Frage schon häufig vor der reichsgerichtlichen Stellungnahme behandelt worden[29]). Es genügt, wenn wir hier die gegen die Anwendung des § 816 gerichteten Argumente Haymanns wiedergeben; denn er hat sich ausführlicher als alle anderen Autoren mit dem Problem beschäftigt und dabei die bisher vertretenen Meinungen berücksichtigt. Diejenigen aber, die sich für die Anwendung des § 816 einsetzen, bringen nicht mehr als der IV. Senat in den obenerwähnten Entscheidungen.

Haymann[30]) trägt vor: Der Wortlaut („ist" und nicht „wird") und die Entstehungsgeschichte der Vorschrift sprächen gegen ihre Anwendung in unserem Zusammenhange. Denn aus den Gesetzesmaterialien sei zu entnehmen, daß § 816 nur für solche Tatbestände gedacht sei, in denen der Berechtigte unabhängig von seinem Willen den Rechtsverlust erleide. Das sei aber nicht der Fall, wenn er den Rechtsverlust durch Genehmigung selbst herbeiführe. Auch würde die Anwendung des § 816 nichts anderes bedeuten als die von unserem Gesetze gerade nicht gewollte Anwendung der Herausgabevorschriften der §§ 687 II, 681, 667 auch auf den gutgläubigen Verfüger (§ 687 I), nur daß dieser milder nach Bereicherungsrecht hafte. Es könne doch auch keine Rede davon sein, auf eine von Anfang an infolge Einwilligung des Berechtigten wirksame Verfügung Dritter den § 816 anzuwenden. Sowenig wie der § 951 Anwendung finde, wenn der Gärtner die verkaufte Pflanze der Abrede gemäß in den Garten einpflanze, weil er damit nur solvendi causa das Eigentum an der Pflanze gemäß §§ 94, 946 dem Käufer zuwende, sowenig hätte man daran gedacht, die Kondiktion des § 816 dort zu gewähren, wo der Berechtigte selbst durch seinen Genehmigungswillen dem Empfänger sein unwirksam veräußertes Recht zuwende oder wenigstens der unwirksamen Zuwendung des Verfügers zur Wirksamkeit verhelfe. Maßgebend für die Rechtsfolgen der Zustimmung müsse das Kausalgeschäft sein, das dieser zugrunde liege. Und selbst beim Mangel einer solchen Kausalbeziehung scheine im Falle der Genehmigung die Anwendung von Satz 2 des § 816 Abs. 1 ganz unmöglich. Gerade das beweise, daß diese Ausdehnung des § 816 contra rationem legis sei. Eine Kondiktion erübrige sich auch grundsätzlich dort, wo dem Berechtigten der dingliche Rechtsschutz erhalten geblieben sei. Wollten Verfüger und Erwerber lieber zurück, so könne der Berechtigte sich nicht durch Genehmigung das fremde Geschäft zunutze machen und den vom Verfüger erzielten Gewinn in Anspruch nehmen, den er selbst vielleicht niemals erzielt hätte. Es sei auch bedenklich, in der Klageerhebung, wie der IV. Zivilsenat es wolle, eine Genehmigung und also ohne weiteres einen Verzicht auf die Vindikation zu erblicken, da es doch sehr wohl möglich sei, daß der Kläger als Laie die Veräußerung an den gutgläubigen Erwerber für wirksam gehalten habe, also einen Verzicht auf die Vindikation gar nicht ins Auge gefaßt haben könnte. Nach alledem sei die Anwendung des § 816 auf den hier interessierenden Tatbestand verfehlt, wenngleich vielleicht im Einzelfalle einmal mit ihr ein Ergebnis auf die einfachste Weise herbeigeführt werden

[28a]) Der Komm. v. RGR., 6. Aufl., Anm. 1 zu § 816 schließt sich dieser Judikatur an.
[29]) Vgl. die Literaturnachweise bei Haymann a. a. O. S. 276 Anm. 1.
[30]) A. a. O. S. 276ff.

könne, das eine an das Gesetz nicht gebundene Billigkeitserwägung in concreto im Interesse des Berechtigten herbeiwünschen möchte.

Diese Ausführungen Haymanns sind nach meiner Überzeugung nicht geeignet, die Unrichtigkeit der Urteile des IV. Senates darzutun. Damit soll nicht gesagt werden, daß diese Entscheidungen keine Kritik verdienen; doch davon später. Zunächst zu Haymanns Einwänden. Aus dem Wortlaute des § 816 I („ist" im Gegensatze zu „wird" im § 185) ist (abgesehen von prinzipiellen Bedenken gegen eine Methode, die auf den Gesetzeswortlaut zu starkes Gewicht legt) aus einem doppelten Grunde ein Argument nicht zu entnehmen. Einmal wegen der rückwirkenden Kraft der Genehmigung, wonach es so angesehen werden soll, als ob die Verfügung von Anfang an wirksam ist. Sodann weil der § 185 II vom Wirksamwerden der Verfügung mit Rücksicht darauf sprechen muß, daß in den Fällen des Erwerbes oder der Beerbung nur eine Ex-nunc-Wirkung eintritt. Die Erwägung ferner, daß eine Kondiktion sich dort erübrigt, wo die Vindikation erhalten geblieben ist, berücksichtigt jedenfalls nicht das praktische Bedürfnis, wenn der Eigentumsanspruch nicht realisiert werden kann. Auch daß der Verfügende und der Erwerber das rechtswidrige und unwirksame Veräußerungsgeschäft rückgängig machen wollen, kann der Genehmigung des Eigentümers nach § 185 II und ihren Rechtsfolgen nicht entgegenstehen. Denn es ist nicht zu bestreiten, daß die Begründung des Genehmigungsrechtes und seine Ausübung vom Willen derjenigen unabhängig ist, die das genehmigungsfähige Rechtsgeschäft geschlossen haben. Und es ist auch unbedenklich, die Konsequenzen daraus zu ziehen und dem Eigentümer den Anspruch auf einen Erlös zuzusprechen, den er vielleicht niemals erzielt hätte, weil der rechtswidrig Verfügende ihn, wie oben schon gezeigt, doch nicht behalten darf[31]). Auch was Haymann über die vom Gesetz in unserem Falle gerade nicht gewollte Anwendung der Herausgabevorschriften der negotiorum gestio (§§ 687 II, 681, 667) auch auf den gutgläubigen Verfüger ausführt, scheint mir nicht schlagend zu sein. Denn zweifellos ist doch der „gutgläubige Verfüger" nach § 816 zur Herausgabe verpflichtet, wenn er eine von Anfang an wirksame Verfügung zugunsten eines Dritten getroffen hat. Hier also schützt der § 687 I den gutgläubigen Verfüger vor der Herausgabepflicht sicherlich nicht. Und man braucht im Falle der durch Genehmigung wirksam werdenden Verfügung um so weniger anders zu entscheiden, als § 687 I trotzdem noch ein weites Anwendungsgebiet für den gutgläubigen Verfüger behält. So bewahrt er diesen, um nur ein Beispiel zu nennen, vor der Schadenersatzpflicht des § 678, wenn ihm infolge leichter Fahrlässigkeit verborgen blieb, daß er am Gegenstande nicht berechtigt war und daß seine Verfügung mit dem wirklichen oder dem mutmaßlichen Willen des Geschäftsherrn in Widerspruch stand[32]). Damit hat Haymann freilich recht, daß bei der unentgeltlichen Weiterveräußerung einer abhandengekommenen Sache eine Genehmigung des Eigentümers nicht erforderlich ist, um die Sache vom Erwerber herausverlangen zu können, § 816 I S. 2, denn der Eigentümer hat die Vindikation. Aber möglich bleibt die Genehmigung trotzdem: einen Bereicherungsanspruch gegen den Erwerber hat m. E. der Berechtigte z. B. dann, wenn er die Verfügung im Glauben, sie sei entgeltlich erfolgt, genehmigt hat. Daß die Entstehungsgeschichte des § 816 die Auffassung des Gesetzgebers ergibt, die Bestimmung solle nur dann Anwendung finden, wenn der Berechtigte unabhängig von seinem Willen einen Rechtsverlust erleide, kann nicht geleugnet werden. Aber sie beruht augenscheinlich auf dem-

[31]) S. oben nach Anm. 24.

[32]) Für den redlichen Besitzer dürfte sich das allerdings schon aus § 993 ergeben, womit auch die Haftung aus unerlaubter Handlung ausgeschlossen ist.

selben Gedanken, der die Grundlage des sogleich zu erörternden Haymannschen Hauptargumentes bildet. Können wir daher dieses widerlegen, so verliert auch die Berufung auf die Entstehungsgeschichte ihre Überzeugungskraft. Haymann meint, daß für die Herausgabepflicht des mit Einwilligung des Eigentümers (E.) Verfügenden (V.) das der Einwilligung zugrunde liegende Kausalverhältnis maßgebend sei und daß in diesem Falle doch von einer Anwendung des § 816 keine Rede sein könne. Ebenso müsse es daher mit der nachträglichen Zustimmung gehalten werden. Das ist teils richtig, teils aber falsch, weil unvollständig. Die Zustimmung bewirkt nur ein rechtliches Können, nicht ein rechtliches Dürfen oder gar Sollen. Sie schafft also nur Verfügungsmacht; ob von dieser Gebrauch gemacht werden darf oder soll, richtet sich lediglich nach dem der Zustimmung zugrunde liegenden Rechtsverhältnisse. Erwirbt daher der Verfügungsmächtige im Austausch gegen seine Verfügung etwas, so ist, wie Haymann richtig hervorhebt, dieses Rechtsverhältnis bestimmend dafür, ob und was V. an E. herausgeben muß. Wenn aber ein solches Rechtsverhältnis der Zustimmung nicht zugrunde liegt, so müssen für die Herausgabepflicht die Grundsätze der ungerechtfertigten Bereicherung maßgebend sein[33]). Dieser Sachverhalt wird dadurch verdunkelt, daß kaum ein Fall gedacht werden kann, in dem die vorherige Zustimmung nicht in einem ihr zugrunde liegenden Kausalverhältnis eine Stütze findet. Dann ist in der Tat für § 816 kein Raum, weil der Verfügende zur Verfügung berechtigt ist. Häufig wird man einen Auftrag oder ähnliches, mindestens aber ein solches Kausalverhältnis feststellen können, vermöge dessen dem Gegner die Verfügung (für fremde Rechnung) freisteht. Fehlt es aber an einem solchen Kausalverhältnis, so muß § 816 einspringen, neben dem regelmäßig die Vorschriften der Geschäftsführung ohne Auftrag zur Anwendung geeignet sein werden. Hat z. B. der Eigentümer E. dem V. eine schriftliche unbeschränkte Einwilligung zur Verfügung über die dem E. gehörige Sache in einer Form erteilt, die erkennen läßt, daß E. nichts mit den Geschäften des V. zu tun haben will[34]) und dem V. gleichzeitig verboten, von dieser Einwilligung gegenüber dem X. Gebrauch zu machen, so hat V. auch gegenüber dem die Einschränkung nicht kennenden X. analog § 172 BGB. Verfügungsmacht. Veräußert V. die Sache an X., so wird dieser Eigentümer. V. muß den Erlös an E. herausgeben; m. E. folgt diese Herausgabepflicht auch aus § 816, neben dem die Vorschriften der negotiorum gestio herangezogen werden können. Es ist also klar, daß die Einwilligung als solche ein Kausalverhältnis nicht begründet, aus dem sich die Herausgabepflicht des V. ergibt. Die Einwilligung allein macht daher den V. auch nicht zum „Berechtigten" im Sinne der §§ 185, 816. Das zeigt, wenn auch wohl ohne Absicht, der Wortlaut des § 185, indem er von der Wirksamkeit der Verfügung eines Nichtberechtigten spricht, obgleich sie mit Einwilligung des Berechtigten erfolgt. Zur Verfügung über den Gegenstand berechtigt im Sinne der §§ 185, 816 ist nur der, der in Beziehung auf den am Gegenstand Berechtigten[35]) verfügen kann und verfügen darf. Wer nur verfügen kann, ohne es zu dürfen, ist Nichtberechtigter. Es liegt also so, daß § 816 auf eine infolge Einwilligung von Anfang an wirksame Verfügung regelmäßig nur deswegen nicht zur Anwendung kommt, weil der

[33]) Negotiorum gestio kommt in unserem Tatbestande wegen § 687 I nicht in Frage; daß sich die Herausgabepflicht daneben noch aus anderen Normen herleiten läßt (z. B. § 281), verschlägt nichts. S. unten III.

[34]) Eine Vollmacht zur Verfügung — geschweige denn zu dem der Verfügung zugrunde liegenden Verpflichtungsgeschäfte — wird man dann schwerlich annehmen können.

[35]) Dahin rechne ich auch die in Ansehung des Vermögens, zu dem der Gegenstand gehört, Verwaltungsberechtigten, z. B. den Testamentsvollstrecker in Ansehung des Nachlasses.

Einwilligung in aller Regel ein Kausalverhältnis zugrunde liegt, das die Herausgabepflicht des Verfügenden bestimmt, nicht aber, weil die Einwilligung als solche einen Rechtsgrund schaffen könnte, der die Kondiktion ausschlösse. Das aber, was bei der vorherigen Zustimmung kaum begegnet, die Verleihung eines bloßen rechtlichen Könnens ohne Grundverhältnis, ist bei der nachträglichen Zustimmung durchaus denkbar. Wenn E. die bisher unwirksame Verfügung[36]) des V. genehmigt, so stellt er damit zwischen sich und V. kein Kausalverhältnis her, aus dem sich die Herausgabepflicht des V. ergeben könnte. Auftrag u. ä. kommen wegen ihres Vertragscharakters nicht in Frage. Man dürfte höchstens an ein Verhältnis denken, das den V. zur Verfügung nicht verpflichtet, sondern nur ermächtigt, ihm also ein reines Dürfen verleiht. Aber einmal liegt dem genehmigenden E. der Gedanke fern, durch seine Zustimmung das Verhalten des V. zu einem ihm gegenüber erlaubten zu machen, sodann bliebe immer noch die Frage, ob ein solches Verhältnis einseitig begründet werden kann, aus dem sich doch wohl analog § 667(?) eine Herausgabepflicht des V. ergeben soll. Von einem die Kondiktion ausschließenden Kausalverhältnisse kann daher m. E. im Falle der Genehmigung des E. keine Rede sein. Die Genehmigung verleiht dem V. lediglich ex tunc das rechtliche Können zur Verfügung, dessen er zu ihrer Wirksamkeit bedarf. V. bleibt deswegen, wie aus den früheren Ausführungen folgt, Nichtberechtigter. Er konnte, wie die Genehmigung jetzt ergibt, verfügen, er durfte es trotz der Genehmigung nicht. Es liegt genau so wie wenn der gutgläubige V. von Anfang an infolge des Besitzes an der anvertrauten Sache und infolge der Redlichkeit des Erwerbers nach § 932 verfügen konnte, ohne es zu dürfen. § 816 kommt hier wie dort zur Anwendung. Wollten die Verfasser der Vorschrift sie nur dort angewendet wissen, wo der Rechtsverlust gegen den Willen des Berechtigten erfolgt, so haben sie offenbar nicht genügend den das Dürfen und den das Können verleihenden Willen geschieden. Nur jener, nicht dieser steht der Kondiktion entgegen. — Ich meine also, daß die Entscheidungen des IV. Senates durch die Einwände Haymanns nicht berührt werden. Indessen sind sie an einem anderen Punkte angreifbar, insofern sie nämlich in der Klageerhebung des Eigentümers die Genehmigung der Verfügung des Beklagten sehen. Freilich hat Haymann diese Auslegung des Senates schon mit Recht kritisiert, aber versäumt, auf die höchst anstößigen Ergebnisse hinzuweisen, zu denen die reichsgerichtliche Interpretation führen kann. Hat E. genehmigt, so hat er sein Eigentum verloren. Statt dessen erhält er den Anspruch aus § 816 gegen V. Verläuft die Vollstreckung gegen diesen ergebnislos, so kann E. die wieder erreichbar gewordene Sache nicht mehr in Anspruch nehmen. Er erhält also gar nichts. Das ist ganz unmöglich! Die richtige Entscheidung lautet: E. kann gegen Genehmigung das durch die Verfügung Erlangte von V. fordern[37]); nicht muß er zuvor genehmigen, um den Anspruch auf den Erlös erheben zu können![38])

Das Ergebnis ist also auch hier zugunsten der reichsgerichtlichen Judikatur ausgefallen. Unser Tatbestand erfüllt die Voraussetzungen des § 816.

III. Es bleibt noch zu prüfen, wie sich die Anwendung des § 281 zu der des § 816 verhält. Der Anspruch des E. läßt sich ebensowohl auf die eine als auf die andere Norm stützen. Von einer Subsidiarität des § 816 gegenüber dem § 281 kann ebensowenig die Rede sein, wie von einer Subsidiarität der Besitzkondiktion gegenüber der Vindika-

[36]) Nicht den Verkauf, wie Werner a. a. O. irrtümlich sagt.

[37]) S. schon oben bei den Ausführungen zu § 281.

[38]) Kipp, Erbrecht 7. Bearb. (1928), § 68 zu Anm. 7 und Festschr. f. Gierke S. 23 Anm. 2.

tion[39]). Nach § 281 schuldet V. die Herausgabe des Erlöses aus dem Vindikationsverhältnis, das trotz Besitzverlust bestehen geblieben und „in anderer Richtung" weiterentwickelt worden ist. Dieses „Schuldverhältnis" ergibt zwischen E. und V. einen rechtlichen Grund für die Herausgabepflicht, ist aber nicht etwa ein die Kondiktion ausschließendes Kausalverhältnis. Der Maßstab für die Haftung des V. in Ansehung des erlangten Ersatzes bleibt der des Vindikationsverhältnisses. V. wird also, solange er redlich ist, frei, wenn er den Ersatz nicht herausgeben kann, es sei denn, daß er einen Ersatz für den Ersatz erlangt hat. Dann gilt erneut § 281. Von der Rechtshängigkeit bzw. von der Unredlichkeit an steht die Herausgabepflicht unter den Vorschriften der §§ 292, 987, 989.

Nach § 816 wird V. solange er den Mangel des rechtlichen Grundes nicht kennt, abgesehen von § 818 I, frei, wenn er das Erlangte nicht herausgeben kann, es sei denn, daß er noch bereichert ist. Insoweit hat er den Wert zu ersetzen; § 818 II u. III. Erfährt V. den Mangel des rechtlichen Grundes, so steht von diesem Zeitpunkte an seine Herausgabepflicht unter den Vorschriften der §§ 819, 818 IV, 292, 987, 989.

Abgeschlossen: Januar 1928.

---

[39]) Kipp, Festschr. f. Gierke S. 17f. bezeichnet es freilich als zweifellos, daß § 816 nur einspringt, wo eine anderweitige Haftung dessen, der über fremde Rechte verfügt, sich nicht begründen läßt.

Die Ersitzung als Rechtscheinswirkung

von Professor Dr. Hubert Naendrup, Münster i. W.

§ 1
Allgemeines

Die Zeit, in der die Rechtscheinstheorie nicht ernst genommen wurde, ist vorbei. Aber es fehlt noch viel, daß diese Lehre überall ganz verstanden würde. Dazu wäre es erforderlich, sie bis ins einzelne systematisch durchzuarbeiten, wobei man sich nicht scheuen dürfte, auch bekannte Dinge in die Form des Rechtscheinsgedankens umzukleiden. Nur so läßt er sich folgerichtig durchführen. Für ein Teilgebiet habe ich die Aufgabe zu lösen gesucht in meinem Otto Fischer gewidmeten Aufsatze: „Die Verjährung als Rechtscheinswirkung" in JheringsJ. 75, 237—332. Ich glaube darin die nahe Verwandtschaft zwischen Verjährung und Ersitzung[1]) aufgewiesen zu haben. Bei beiden Instituten handelt es sich um den Schutz des Vertrauens auf einen Rechtsanschein eigenen Rechtes.

Nach der von mir schon im Jahre 1910 vorgeschlagenen[2]) und seitdem in Vorlesungen und meinem genannten Aufsatze vielfach erprobten Terminologie ist Rechtsanschein der privatwirksame Rechtschein, sei es als Anschein fremden Rechtes (z. B. §§ 932, 892, 2366, 2367 BGB.), sei es als Anschein eigenen Rechtes (z. B. § 937), dagegen Rechtswahrscheinlichkeit der amtswirksame[3]), d. h. einer Behörde gegenüber wirksame Rechtschein, insbesondere die dem Richter gegenüber im Prozesse wirksame Rechtsvermutung. Diese Terminologie bietet die Möglichkeit schnellster Verständigung. So betrifft § 932 einen Rechtsanschein, § 1006 eine Rechtswahrscheinlichkeit des Fahrniseigentums, § 892 einen Rechtsanschein, § 891 eine Rechtswahrscheinlichkeit des Liegenschaftsrechtes, § 2366 und 2367 einen Rechtsanschein, § 2365 eine Rechtswahrscheinlichkeit des Erbrechtes.

Bei dem Rechtsanscheine fremden Rechtes sind drei Personen beteiligt, der Wirklichberechtigte, der Rechtsanscheinsinhaber und ein Dritter, der auf den Rechtsanschein vertraut, dagegen bei dem Rechtsanschein eigenen Rechtes nur zwei Personen, nämlich der Wirklichberechtigte und der Rechtsanscheinsinhaber, der auf den Rechtsanschein selbst vertraut. Der Rechtsanschein fremden Rechtes wirkt nach außen, gegenüber dem Dritten, der Rechtsanschein eigenen Rechtes nach innen, gegenüber dem Rechtsanscheinsinhaber selbst, auf dessen Inneres.

Die Ersitzung beruht nun, wie gesagt, entsprechend der Verjährung, auf der Wirkung eines Rechtsanscheines eigenen Rechtes.

---

[1]) Über die Unterschiede beider s. meinen im Text zitierten Aufsatz S. 324ff.

[2]) Vgl. Naendrup, Rechtscheinsforschungen 1, 33ff. (1910).

[3]) Die Bezeichnung: privatwirksamer und amtswirksamer Rechtschein dürfte dieselbe Berechtigung haben wie die allgemein üblich gewordene: privatempfangsbedürftiges und amtsempfangsbedürftiges Rechtsgeschäft.

§ 2. Rechtsanschein und schutzwürdiges Vertrauen auf den Rechtsanschein

Wie jede Rechtsanscheinswirkung setzt auch die Ersitzung[4]) drei Elemente voraus:

1. einen vom objektiven Rechte als zuverlässig anerkannten Rechtsanschein;
2. ein Vertrauen auf diesen Rechtsanschein;
3. Schutzwürdigkeit des Vertrauens.

Der Rechtsanschein besteht bei der Ersitzung im Eigenbesitz[5]) an einer beweglichen Sache. Als ein seine Kraft nur sich selbst entnehmender (originärer) Rechtsanschein[6]) ist er hier nicht so intensiv, wie der durch die Gewährschaft der Übertragung verstärkte (derivative) Rechtsanschein des Eigenbesitzes z. B. in den Fällen der §§ 932ff. BGB. Was ihm an Intensität fehlt, muß durch Extensität ersetzt werden. Daher das Erfordernis längerer Dauer, die durch positive Vorschrift (937) auf 10 Jahre festgesetzt ist[7]).

Aber auch das Vertrauen des Eigenbesitzers auf den Rechtsanschein seines Eigenbesitzes, ebenso die Schutzwürdigkeit des Vertrauens muß in demselben Maße extensiv sein. Dieser Gedanke liegt zugrunde in § 937 II:

> „Die Ersitzung ist ausgeschlossen, wenn der Erwerber bei dem Erwerbe des Eigenbesitzes nicht in gutem Glauben ist oder wenn er später erfährt, daß ihm das Eigentum nicht zusteht."

Aus der entsprechenden[8]) Anwendung von § 932 II auf § 937 II folgt, daß im Falle der Ersitzung der Erwerber bei dem Erwerbe des Eigenbesitzes nicht in gutem Glauben ist, wenn ihm in diesem Zeitpunkte bekannt oder infolge grober Fahrlässigkeit unbekannt ist, daß er mit dem Eigenbesitze nicht das Eigentum erwirbt. Eine derartige Bösgläubigkeit bedeutet nichts anderes, als daß er bei dem Erwerbe des Eigenbesitzes auf den Rechtsanschein seines Eigentumes nicht[9]) oder nicht schutzwürdig[10]) vertraut[11]). Demgegenüber verliert er sein

---

[4]) Über die Fälle, in denen die Ersitzung noch Bedeutung hat, vgl. Kipp-Windscheid, Lehrb. d. Pandektenrechts 1, 937 (1906); M. Wolff, Sachenrecht, § 71 vor Anm. 1 (1926); Biermann, BGB. 3, 3. Aufl., Vorb. 1 vor § 937; Planck-Brodmann, BGB. 3, 4. Aufl., Vorb. 3 vor § 937; Staudinger-Kober, BGB. 3, 9. Aufl., Vorb. 3 vor § 937.

[5]) Er kann auch ein z. B. durch constitutum possessorium begründeter mittelbarer Eigenbesitz sein. Vgl. Biermann § 937 Erl. 1b.

[6]) Über die Ersitzung als originären Eigentumserwerb s. Mot. 3, 356; M. Wolff a. a. O. § 71 IV, hier weitere Literatur; Staudinger-Kober § 937 Erl. 4d.

[7]) Bei der Verjährung ist der Besitzstand und demgemäß der Rechtsanschein der Freiheit des Schuldners vom Anspruche noch weniger intensiv, bedarf darum aber auch einer um so größeren Extensität. Vgl. Naendrup, Die Verjährung als Rechtscheinswirkung, a. a. O. S. 327f.

[8]) Vgl. (Windscheid)-Kipp 1 S. 937f; Erl. z. § 937 Biermann 1, Brodmann 2b; Binder, Rechtsstellung des Erben 1, 41 Anm. 15.

[9]) Nach der Rechtscheinstheorie kann es überhaupt nicht zweifelhaft sein, daß der Erwerber nicht ersitzen kann, wenn er beim Erwerbe „richtig annimmt, er sei nicht Eigentümer geworden, für diese Annahme indessen einen irrigen Grund hatte" (Kipp). Er hat dann eben auf den Rechtsanschein seines Eigentums nicht vertraut. Zutreffend daher (Windscheid-) Kipp 1, 938.

Ebenda ist des Falles gedacht, daß von mehreren, die gemeinschaftlich Eigenbesitz haben, einer im bösen Glauben ist. Sein Teil wird dann weder von ihm noch von den anderen ersessen. Denn in Ansehung dieses Teiles hat keiner auf den Anschein seines Miteigentums vertraut. Daher verbleibt jener Teil dem bisherigen Eigentümer, der nur Miteigentümer wird, da die anderen Teile von ihren Besitzern ersessen werden.

Über die Ersitzung von Miteigentum und Eigentum zu gesamter Hand vgl. sonst Brodmann, § 947 Erl. 2a und Kaufmann, Eigentum am Gesellschaftsvermögen 91.

[10]) Nicht schutzwürdig oder, was dasselbe ist, grobfahrlässig, hat der Eigenbesitzer beim Erwerbe des Eigenbesitzes auf den Rechtsanschein seines Eigentums vertraut, wenn er in diesem Zeitpunkte nicht einmal einen so geringen Grad von Aufmerksamkeit aufgewandt hat, daß er sich aufdrängende Verdachtsmomente beachtet hätte (vgl. Mot. 3, 352).

[11]) Über den Mangel des guten Glaubens beim Besitzerwerb s. Näheres bei Brodmann zu § 937 Erl. 2b.

zunächst vorhanden gewesenes Vertrauen auf solchen Rechtsanschein, „wenn er später erfährt, daß ihm das Eigentum nicht zusteht[12])". Hiernach läßt sich § 937 II folgendermaßen umschreiben: „Die Ersitzung ist ausgeschlossen, wenn der Erwerber bei dem Erwerbe des Eigenbesitzes auf den Rechtsanschein seines Eigentumes nicht oder nicht schutzwürdig vertraut oder wenn er später sein Vertrauen auf jenen Rechtsanschein verliert." Daraus geht ohne weiteres hervor, daß das Vertrauen des Eigenbesitzers auf den Rechtsanschein seines Eigentumes während der ganzen zehnjährigen Ersitzungszeit vorhanden sein muß. Aber auch die Schutzwürdigkeit des Vertrauens? Schutzwürdiges Vertrauen ist ein nicht grobfahrlässiges Vertrauen. Es ist von dem Augenblicke ab nicht mehr vorhanden, von dem an der Eigenbesitzer über das Fehlen seines Eigentumes nur noch grobfahrlässig in Unkenntnis ist, von dem an er also das Fehlen kennen muß (vgl. § 122 II). Das Kennenmüssen ist nun aber dem „Erfahren" dieses Fehlens in 937 II nicht gleichgestellt[13]). Hieraus könnte man zu schließen geneigt sein, daß die Schutzwürdigkeit des Vertrauens nicht die ganze Ersitzungszeit hindurch vorhanden sein müsse. Das wäre aber ein rein dilektischer Schluß, der sich dem Wesen der Sache nach von selbst verbietet. Die Auffassung des Gesetzes ist vielmehr, abgesehen von dem noch zu erörternden Falle der Unterbrechung des § 941, die folgende: Wenn einmal der Eigenbesitzer beim Erwerbe des Eigenbesitzes auf den Rechtsanschein seines Eigentumes vertraut, und zwar nicht grobfahrlässig, also schutzwürdig vertraut hat, so hat er später, falls er nicht das Fehlen seines Eigentumes erfährt, also nicht das Vertrauen auf den Rechtsanschein seines Eigentumes überhaupt verliert, keinerlei Anlaß mehr, an seinem Eigentume zu zweifeln, in seinem Vertrauen auf den Rechtsanschein seines Eigentumes wankend zu werden. Solange er also, ohne das Fehlen seines Eigentumes zu erfahren, auf den Rechtsanschein seines Eigentumes vertraut, kann dieses Vertrauen niemals ein grobfahrlässiges werden, muß es immer ein schutzwürdiges bleiben. Die Schutzwürdigkeit seines Vertrauens kann er daher nur mit dem Vertrauen selbst verlieren, indem er erfährt, daß ihm das Eigentum nicht zusteht. Den Fall der Unterbrechung des § 941 ausgenommen, ergibt sich demnach dieses: In 937 II ist, wie für das Vertrauen des Eigenbesitzers auf den Rechtsanschein seines Eigentumes, so auch für die Schutzwürdigkeit dieses Vertrauens die Fortdauer während der ganzen Ersitzungszeit vorausgesetzt[14]); wenn aber beim Erwerbe des Eigenbesitzes jenes Vertrauen und seine Schutzwürdigkeit vorhanden war, gilt, solange das Vertrauen selbst fortbesteht, für dessen Schutzwürdigkeit eine zum gesetzgeberischen Motive gewordene oder darin steckengebliebene und darum gar nicht im Gesetz zum Ausdruck gelangte, mit Rechtskraft ausgestattete unwiderlegliche Vermutung[15]).

[12]) Vgl. dazu Planck-Brodmann § 937 Erl. 2b; ferner Kober § 937: „Verschließt sich der Ersitzende absichtlich der Kenntnisnahme, so ist allenfalls ein dolus eventualis anzunehmen" s. S. 233. A. M. Planck in den älteren Aufl. § 937 Erl. 2.

[13]) RGZ. 56, 317.

[14]) Dem steht auch nicht entgegen Mot. 3, 352: „Der gute Glaube des Ersitzenden ist nicht zur Voraussetzung der Rechtsnorm gemacht, sondern für den Fall des bösen Glaubens eine Ausnahme bestimmt, weil von einer konkreten Erwerbsart als positiver Grundlage der Annahme des Ersitzenden, er sei Eigentümer, abgesehen wird." Hiermit ist gemeint, daß der gute Glaube des Ersitzenden nicht in dem Sinne Voraussetzung der Rechtsnorm ist, daß er von dem Ersitzenden bewiesen werden müßte. Der gute Glaube soll vielmehr der Regel entsprechend vermutet werden, so daß der böse Glaube als Ausnahme von der Regel durch den Gegner des Ersitzenden zu beweisen ist.

[15]) Vgl. hierzu Naendrup, Rechtscheinsforschungen 1, 19; 2, 83f.; Verjährung als Rechtscheinswirkung a. a. O. S. 241, 292ff., 295, 311 Anm. 314, 328ff.

M. Wolff, Sachenrecht S. 210 (1926) meint, der Grund dafür, daß § 937 BGB. sich auf den Standpunkt gestellt habe, „mala fides superveniens non nocet; scientia superveniens nocet" liege darin, daß man dem Besitzer für die Zeit des Besitzerwerbes eine gewisse Prüfungspflicht auferlegen könne, aber nicht für jeden Augenblick des Habens. Das Gesetz mutet ihm aber, abgesehen vom Be-

Grund für letztere ist die vom Gesetzgeber, d. h. der rechtsetzenden Rechtsgemeinschaft, abgesehen vom Falle der Unterbrechung des § 941, in Betracht gezogene, aus der Erfahrung der Vergangenheit geschöpfte abstrakte tatsächliche Wahrscheinlichkeit[16]), daß ein Eigenbesitzer, der beim Erwerbe des Eigenbesitzes auf den Rechtsanschein seines Eigentumes ohne grobe Fahrlässigkeit, also schutzwürdig, vertraut habe, auch später, solange er überhaupt noch auf jenen Anschein vertraue, auch der Schutzwürdigkeit seines Vertrauens nicht entbehren werde, mit anderen Worten, solange er überhaupt noch an sein Eigentum glaube, d. h. dessen Fehlen nicht erfahre, dieses Fehlen auch nicht kennen könne.

Handelt es sich insoweit um eine abstrakte tatsächliche Wahrscheinlichkeit, so beruht der gesetzgeberische Grund für das erste Element der Ersitzung d. h. dafür, daß der Eigenbesitz als ein objektiver Rechtsanschein anerkannt ist, in einer abstrakten Rechtswahrscheinlichkeit, nämlich in der vom Gesetzgeber wiederum aus der Erfahrung der Vergangenheit geschöpften Wahrscheinlichkeit, daß wie früher so auch in Zukunft ein Besitzer einer beweglichen Sache regelmäßig der Eigentümer sein werde.

Mit einer tatsächlichen Wahrscheinlichkeit hinwiederum haben wir es zu tun bei der Vermutung, die nach § 937 II dafür spricht, daß der Eigenbesitzer beim Erwerbe des Eigenbesitzes in gutem Glauben gewesen ist, und bei der ebenda vorgesehenen weiteren Vermutung, daß der Eigenbesitzer später das Fehlen seines Eigentumes nicht erfahren hat. Als dem Richter für den Prozeß vorgeschrieben, stellen diese beiden tatsächlichen Vermutungen konkrete tatsächliche Wahrscheinlichkeiten dar. Sie gehen aber zurück auf zwei entsprechende abstrakte tatsächliche Wahrscheinlichkeiten, die vorher für den Gesetzgeber bestanden. Von letzteren bedeutet die eine, daß der Erwerber eines Eigenbesitzes beim Erwerbe im allgemeinen gutgläubig sein werde, und die andere, daß

---

sitzerwerb, für keinen Augenblick des Habens eine Prüfung zu. Das ist etwas anderes und erklärt sich wohl nur aus der Meinung des Gesetzgebers, daß der Besitzer, wenn er einmal gutgläubig erworben habe, später überhaupt keinen Anlaß mehr haben werde, an seinem Eigentume zu zweifeln. Dies ist gewiß die tatsächliche Regel, trifft aber ebenso gewiß nicht immer zu. Der Gesetzgeber hat indes aus der Regel eine abstrakte Vermutung gefolgert und aus letzterer wieder, weil sie eine hochgradige abstrakte Wahrscheinlichkeit ist, nicht lediglich eine widerlegliche, sondern eine unwiderlegliche, konkrete Vermutung. Sie braucht im Gesetz nicht ihren besonderen Ausdruck zu finden. Der Gesetzgeber konnte vielmehr von der stillschweigenden motivischen Voraussetzung ausgehen, daß ein an sich bestehen gebliebenes Vertrauen des Eigenbesitzers auf den Anschein seines Eigentumes auch schutzwürdig geblieben sein werde. Die wenigen Fälle, in denen dies ausnahmsweise nicht zutreffen sollte, hat er dabei in den Kauf nehmen wollen. Danach ist das gesetzliche Prinzip ein wesentlich anderes und m. E. mehr der Ethik entsprechendes als dasjenige, welches man gewöhnlich dem § 937 II, entnehmen zu müssen glaubt und welches M. Wolff, Sachenrecht § 71, 2c, folgendermaßen formuliert: „Der gute Glaube braucht in voller Stärke nur beim Erwerb des Eigenbesitzes vorhanden zu sein; spätere Bösgläubigkeit hindert die Ersitzung nur dann, wenn der Erwerber positiv erfährt, daß ihm das Eigentum nicht zusteht, nicht schon dann, wenn er es zu erfahren grobfahrlässig versäumt.“ Hierbei ist übersehen, daß die Fälle grobfahrlässiger Versäumung späteren Erfahrens vom Gesetzgeber als ganz seltene, gar nicht berücksichtigenswerte Ausnahmefälle betrachtet sind, die daher für die Erfassung des Prinzips ganz ausscheiden müssen.

Wenn ich übrigens die Tatsache, daß in § 937 II der scientia superveniens die auf grober Fahrlässigkeit beruhende Unkenntnis nicht gleichgesetzt ist, aus der Meinung des Gesetzgebers erklärt habe, daß der Besitzer, wenn er einmal gutgläubig erworben habe, später überhaupt keinen Anlaß mehr haben werde, an seinem Eigentume zu zweifeln, so wird dies bestätigt durch Mot. 3, 355, wo jene Tatsache damit begründet ist, daß „man demjenigen, welcher einmal gutgläubig besitzt, nicht aufbürden darf, Aufmerksamkeit darauf zu verwenden, ob die Sache einem anderen gehört.“ Dies ist offenbar dahin zu ergänzen, daß man ihm die Aufmerksamkeit deswegen nicht aufbürden darf, weil er keinen Anlaß mehr hat, an seinem Eigentum zu zweifeln. Insofern kommen die Motive auf die Auffassung hinaus, die ich oben vertreten habe, stehen ihr zum mindesten ganz nahe, jedenfalls erheblich näher als die Ansicht von Wolff. Den Standpunkt der Motive hat die II. Komm. nach Prot. 3, 233 kaum verlassen.

[16]) Vgl. Naendrup, Verjährung a. a. O. S. 240.

ein beim Erwerbe des Eigenbesitzes gutgläubig gewesener Eigenbesitzer das Fehlen seines Eigentumes meist nicht erfahren werde. Mögen auch bei diesen beiden abstrakten Wahrscheinlichkeiten allgemeine Erfahrungssätze mitspielen, so beruht doch die erste mehr in einer Idee, nämlich in dem aus grundsätzlichem Optimismus entspringenden Glauben des Gesetzgebers an die Menschheit, einem Glauben, der in dem Satze „Quisquis praesumitur bonus" zum Ausdruck gelangt; die zweite aber beruht vorzugsweise auf dem Trägheitsgesetz, kraft dessen auch der Gesetzgeber die Tendenz hat, den einmal als vorhanden angenommenen guten Glauben des Eigenbesitzers als fortdauernd anzusehen[17]).

Daß aber diese beiden abstrakten tatsächlichen Wahrscheinlichkeiten für den Gesetzgeber bestanden, gibt das Bürgerliche Gesetzbuch dadurch kund, daß ihrer beider Gegenteil in § 937 II als Ausnahme von einer erwarteten Regel hingestellt ist, und zwar mit den Worten: „Die Ersitzung ist ausgeschlossen, wenn der Erwerber bei dem Erwerbe des Eigenbesitzes nicht in gutem Glauben ist oder wenn er später erfährt, daß ihm das Eigentum nicht zusteht."

Die auf seiten des Gesetzgebers vorhandene Erwartung des guten Glaubens als Regel und das Gegenteil des guten Glaubens als Ausnahme von dieser erwarteten Regel haben freilich noch besseren Ausdruck gefunden in § 932 I mit den Worten: „es sei denn, daß er (der Erwerber) . . . nicht in gutem Glauben ist". Immerhin genügt auch die Ausdrucksweise in § 937 II, um die beiden für den Gesetzgeber bestehenden tatsächlichen Wahrscheinlichkeiten (nämlich des guten Glaubens beim Erwerb und des Nichterfahrens in der Folgezeit) hinreichend hervortreten zu lassen.

Als vom Gesetzgeber erwartete Regel sind sogar die für ihn vorhandenen abstrakten tatsächlichen Wahrscheinlichkeiten hier wie überall, wo im Bürgerlichen Gesetzbuche durch eine der genannten Wendungen oder ähnlich rechtshindernde Tatsachen als Gegenteil der Regel gekennzeichnet werden, allein zum Ausdruck gelangt. Es ist zutreffend, wenn daraus gefühlsmäßig entsprechende konkrete tatsächliche Wahrscheinlichkeiten, d. h. dem Richter vorgeschriebene Vermutungen des Nichtvorhandenseins der rechtshindernden Tatsachen gefolgert zu werden pflegen. Aber das Gefühl und vollends das Bewußtsein, daß zunächst abstrakte, für den Gesetzgeber bestehende Wahrscheinlichkeiten leitend gewesen sind und daß diese den Grund für die dem Richter vorgeschriebenen konkreten Wahrscheinlichkeiten bilden, ist dabei durchweg verlorengegangen. Die Hervorhebung jener abstrakten Wahrscheinlichkeiten rechtfertigt sich damit von selbst.

Zusammenfassend kann man hiernach sagen: Während der ganzen Ersitzungszeit muß auf seiten des Eigenbesitzers vorhanden sein: 1. der Eigenbesitz als objektiver Rechtsanschein seines Eigentumes (weil für den Gesetzgeber die abstrakte Rechtswahrscheinlichkeit bestand, daß der Besitzer einer beweglichen Sache regelmäßig der Eigentümer sein werde); 2. das Vertrauen auf den Rechtsanschein; 3. die Schutzwürdigkeit des Vertrauens. Es bestand aber für den Gesetzgeber eine abstrakte tatsächliche Wahrscheinlichkeit und deshalb besteht für den Richter eine konkrete tatsächliche Wahrscheinlichkeit, d. h. eine widerlegliche Vermutung: 1. daß der Eigenbesitzer beim Erwerbe des Eigenbesitzes auf den Rechtsanschein seines Eigentumes vertraut hat; 2. daß dieses Vertrauen schutzwürdig gewesen ist und 3. daß der Eigenbesitzer das Vertrauen an sich auch später behalten hat (d. h. das Fehlen seines Eigentumes nicht später erfahren hat). Außerdem bestand für den Gesetzgeber, abgesehen von dem unten zu behandelnden Falle der Unterbrechung des § 941, noch eine

---

[17]) Vgl. Naendrup, Verjährung a. a. O. S. 239 A. 1.

abstrakte tatsächliche Wahrscheinlichkeit dahin, daß ein Eigenbesitzer, der beim Erwerbe des Eigenbesitzes schutzwürdig vertraut habe und später das Vertrauen an sich behalten haben werde, auch die Schutzwürdigkeit dieses Vertrauens behalten haben werde. Diese abstrakte tatsächliche Wahrscheinlichkeit war so stark, daß sie nicht den Grund für eine einfache konkrete tatsächliche Wahrscheinlichkeit, d. h. für eine dem Richter vorgeschriebene widerlegliche Tatsachenvermutung abgab, sondern vom Gesetzgeber mit Rechtskraft ausgestattet wurde, d. h. zu einer allerdings stillschweigenden unwiderleglichen Vermutung führte.

Gegen die insoweit vorgeschriebenen tatsächlichen konkreten Wahrscheinlichkeiten oder Vermutungen sind hiernach nur folgende Gegenbeweise möglich: 1. daß der Eigenbesitzer beim Erwerbe des Eigenbesitzes auf den Rechtsanschein seines Eigentumes nicht vertraut hat; 2. daß sein damaliges Vertrauen nicht schutzwürdig gewesen ist; 3. daß er sein Vertrauen später verloren hat. Jedoch ist wegen der genannten unwiderleglichen Vermutung (abgesehen vom Falle der Unterbrechung des § 941) nicht der Gegenbeweis möglich, daß er später lediglich die Schutzwürdigkeit seines Vertrauens verloren hat.

Die durch die ersten beiden Gegenbeweise widerleglichen beiden Vermutungen kann man auch der Vereinfachung wegen als zu einer einzigen Vermutung zusammengezogen betrachten und sie in dieser Vereinigung als die zweifach widerlegliche Vermutung des schutzwürdigen Vertrauens bezeichnen. Die durch den dritten Gegenbeweis widerlegliche Vermutung ist ihr gegenüber die bloß einfach widerlegliche Vermutung des schutzwürdigen Vertrauens. Die zweifach widerlegliche Vermutung gilt für den Zeitpunkt des Eigenbesitzerwerbes, die einfach widerlegliche für die spätere Fortdauer des Eigenbesitzes. Jene ist natürlich für den Eigenbesitzer ungünstiger als diese. Zwar nicht mit Bezug auf das schutzwürdige Vertrauen an sich, wohl aber, was die Widerlegung seiner Wahrscheinlichkeit anlangt, wird also der Ersitzende, soweit der Zeitpunkt des Besitzerwerbes in Betracht kommt, strenger behandelt als für die Fortdauer seines Besitzes.

So wird dem Eigenbesitzer durch ein System von Vermutungen, durch eine zweifach widerlegliche und eine bloß einfach widerlegliche Vermutung es abgenommen, den Beweis seines für die Ersitzung grundsätzlich vorausgesetzten, vom Erwerbe des Eigenbesitzes bis zur Vollendung der Ersitzung erforderlichen, kurz gesagt, seines extensiven schutzwürdigen Vertrauens von sich aus führen zu müssen[18]). Ähnlich kommen ihm Vermutungen auch beim Nachweise

---

[18]) Insoweit aber die eine oder andere Vermutung seines zur Ersitzung erforderlichen extensiven schutzwürdigen Vertrauens auf den Rechtsanschein seines Eigentumes widerlegt ist, kommt ihm doch im Falle der Verjährung des gegen ihn gerichteten Eigentumsanspruches wegen der dann größeren (dreißigjährigen) Extensität seines Besitzstandes die hierdurch unwiderlegbar gewordene Vermutung seines schutzwürdigen Vertrauens auf den Rechtsanschein seines Eigentumes zustatten (vgl. Naendrup, Verjährung a. a. O. S. 303); zwar nicht, indem er durch Ersitzung das Eigentum erwirbt, wohl aber, indem er gegenüber der Eigentumsklage die Verjährungseinrede erlangt.

Andererseits geht mit der Vollendung der Ersitzung der Eigentumsanspruch unter. Die Frage ob der Untergang durch eine in diesem Falle zehnjährige Verjährung geschieht (so Hölder, ArchBürR. 11, 228ff. und Kober § 937 Erl. 5) oder durch Untergang des Rechtes, auf dem der Eigentumsanspruch beruht (so Brodmann § 937 Erl. 2b . . .), ist in letzterem Sinne zu entscheiden. Immerhin verrät sich in der ersteren Meinung das richtige Gefühl, daß Ersitzung und Verjährung auf einem im Grunde gleichartigen Vorgange beruhen. (Vgl. Naendrup, Verjährung S. 238ff., 324ff.). Diesem Gefühl entspricht es auch, wenn Kober, § 939 Erl. nach Mot. 3, 354 die Ersitzung als Kehrseite der Verjährung des Eigentumsanspruches hinstellt. In Wirklichkeit handelt es sich dabei freilich nicht um eine Kehrseite, liegt vielmehr sowohl die rechtsvernichtende Wirkung (der Rechtsverlust) als auch die rechtsbegründende Wirkung (der Rechtserwerb) bei der Verjährung und der Ersitzung auf derselben Seite (vgl. Naendrup a. a. O. S. 324ff.).

seines Eigenbesitzes als des objektiven Rechtsanscheines seines Eigentumes zu Hilfe: § 938 bestimmt:

> „Hat jemand eine Sache am Anfang und am Ende eines Zeitraumes im Eigenbesitze gehabt, so wird vermutet, daß sein Eigenbesitz auch in der Zwischenzeit bestanden hat."

Für diese Vermutung wird hier sogar zuviel verlangt. Nämlich schon dann, wenn jemand am Anfange eines Zeitraumes eine Sache im Eigenbesitze gehabt hat, muß die Vermutung gelten, daß sein Eigenbesitz während des ganzen Zeitraumes bestanden hat. Dies folgt aus dem auf dem Trägheitsgesetze beruhenden allgemeinen Rechtsgrundsatze, daß ein einmal eingetretener Zustand als fortdauernd zu vermuten ist. Jener Rechtsgrundsatz entspringt aus einer nach dem Trägheitsgesetze zunächst für den Gesetzgeber vorhandenen abstrakten tatsächlichen Wahrscheinlichkeit, daß ein eintretender tatsächlicher Zustand wenigstens einstweilen fortbestehen werde. Demgemäß schreibt der genannte Grundsatz dem Richter, in dessen Überzeugung ohnedies ein einmal als eingetreten nachgewiesener Zustand kraft des Trägheitsgesetzes zu beharren strebt, eine entsprechende konkrete tatsächliche Wahrscheinlichkeit, d. h. eine Vermutung der Fortdauer des Zustandes vor[19]). Eine Anwendung des erwähnten allgemeinen Rechtsgrundsatzes war übrigens schon die sich aus § 937 II ergebende Vermutung, daß das beim Erwerbe des Eigenbesitzes vorhanden gewesene Vertrauen des Eigenbesitzers auf den Rechtsanschein seines Eigentumes fortgedauert hat. Demgegenüber würde es ein Widerspruch sein, wenn nicht auch die Vermutung gelten würde, daß jemand, der am Anfange eines Zeitraumes den Eigenbesitz einer Sache gehabt hat, diesen Besitz während des ganzen Zeitraumes behalten habe.

Die Vermutung der Fortdauer des Eigenbesitzes hat aber nicht bloß dann Platz zu greifen, wenn der Beginn des Eigenbesitzes feststeht, sondern auch schon dann, wenn dieser Beginn nur hinreichend wahrscheinlich ist.

Der § 938 ist hiernach in mehrfacher Beziehung zu eng gefaßt. Mit der Ausdehnung, die ihm im Vorigen gegeben ist, hat er nun nicht lediglich für den Eigenbesitz an einer beweglichen Sache, sondern auch für den Eigenbesitz an einem Grundstücke zu gelten, da er allgemein sagt: „Hat jemand eine Sache ... im Eigenbesitze gehabt." Er hat darum insoweit auch Bedeutung für die Buchersitzung des § 900 und für die sogenannte Kontratabularersitzung des § 927 BGB.

In einer weiteren Ausdehnung kann er aber nur auf den Eigenbesitz an einer beweglichen Sache und demgemäß nur auf die Ersitzung einer solchen angewandt werden. Diese Ausdehnung besteht darin, daß für die Vermutung der Fortdauer des Eigenbesitzes einer beweglichen Sache es schon genügen muß, wenn nur der Beginn des Besitzes derselben feststeht oder hinreichend wahrscheinlich ist. Aus § 1006 folgt nämlich, daß der Besitz einer beweglichen Sache als Eigenbesitz vermutet werden muß. Ist also der Beginn des Besitzes von Fahrnis feststehend oder hinreichend wahrscheinlich, so ist damit der Beginn des Eigenbesitzes ohne weiteres wahrscheinlich und daher nach dem oben Ausgeführten auch dessen Fortdauer[20]), d. h. die Extensität des zur Ersitzung erforderlichen Rechtsanscheines.

---

[19]) Vgl. Naendrup, Verjährung a. a. O. S. 239 A. 2.

[20]) Derselben Auffassung ist O. Fischer bei Fischer-Henle, BGB. Er sagt hier zu § 938 A. 2: „Für den Besitz folgt die Vermutung auch ohne Nachweis des Besitzes am Ende des Zeitraumes schon aus § 858 A. 1. Sie erstreckt sich aber auch auf den Charakter als Eigenbesitz (§ 872 A. 1)." Die Anführung des § 858 A. 1 ist hier allerdings eine irrtümliche. Es muß dafür heißen: § 858 A. 2. Dort macht O. Fischer mit Recht geltend, daß der Verlust des Besitzes Einrede im Sinne der ZPO.

Hiernach ist zur Begründung der Ersitzung einer beweglichen Sache eigentlich nur, allerdings auch mindestens erforderlich, daß der Erwerb des Besitzes dieser Sache am Anfange des als Ersitzungszeit in Betracht kommenden Zeitraumes dem Richter hinreichend wahrscheinlich gemacht wird. Aus dieser Wahrscheinlichkeit folgen dann von selbst die weiteren Wahrscheinlichkeiten: 1. daß der Erwerber des Besitzes damals den Eigenbesitz erworben habe, daß

sei. Dies bedeutet, daß der Verlust rechtsvernichtende bzw. rechtshindernde Tatsache, d. h., daß das Gegenteil des Verlustes, also die Fortdauer des Besitzes zu vermuten sei. Indem O. Fischer weiter § 872 A. 1 zitiert, zielt er offenbar auf seine zu § 872, „Wer eine Sache als ihm gehörend besitzt, ist Eigenbesitzer", angemerkten Worte: „Es genügt der, meistens ohne weiteres anzunehmende äußere Anschein des Eigentumes. Für Fahrnis auch hier Vermutung § 1006." Nach O. Fischer ist also, wenn der Erwerb des Fahrnisbesitzes feststeht, nicht bloß seine Fortdauer, sondern auch sein Charakter, und zwar sein fortdauernder Charakter als Eigenbesitz zu vermuten.

Im Gegensatze hierzu steht freilich die wesentlich strengere herrschende Meinung:

Soweit es sich um die Dauer des Eigenbesitzes handelt, hält sie sich eng an den der gemeinrechtlichen Regel „olim et hodie possessor, et interim possessor" entsprechenden § 938, läßt also nur beim Feststehen des Eigenbesitzes am Anfang und Ende eines Zeitraumes eine Vermutung des Eigenbesitzes auch für die Zwischenzeit gelten (vgl. M. Wolff, Sachenrecht § 71 I 3, Brodmann zu § 937 Erl. 2a B).

Nicht in gleichem Maße herrschend ist freilich die Lehre, die der hier dargelegten Auffassung über die Vermutung des Besitzcharakters als Eigenbesitz gegenübersteht. Die beiden in dieser Beziehung verschiedenen Auffassungen haben schon in der II. Komm. miteinander gestritten. In den Prot. 3, 229f. heißt es:

„Einigkeit bestand darüber, daß nur der Eigenbesitzer ersitzen könne, Meinungsverschiedenheit erhob sich jedoch darüber, ob das Erfordernis, daß die Sache von demjenigen, welcher die Ersitzung geltend mache, als eigene besessen sei, als Voraussetzung für die Ersitzung aufzustellen oder ob dem Gegner zu überlassen sei, einredeweise zu behaupten und zu beweisen, der Kläger habe die Sache als fremde besessen. Für die letztere Ansicht wurde geltend gemacht, daß die Vereinfachung, welche der Entw. durch die Abschaffung des Titels als Erfordernis der Ersitzung erreicht habe, wesentlich illusorisch gemacht werden würde, wenn man das Erfordernis des Eigenbesitzes in die Voraussetzung aufnähme, weil alsdann der in der Ersitzungslage Befindliche regelmäßig genötigt wäre, seinen Titel darzulegen.

Die Mehrheit entschied sich dafür, den Eigenbesitz als Voraussetzung für die Ersitzung aufzustellen ... das Erfordernis des Eigenbesitzes bilde ... die erste und wichtigste Voraussetzung für die Ersitzung und könne deswegen nicht wie der gute Glaube des Ersitzenden zur Exzeption gestellt werden."

Auf den Standpunkt der Kommissionsmehrheit haben sich demnächst gestellt O. v. Gierke, D. Pr. 2, § 135 A. 13, M. Wolff, Sachenrecht § 71 I 1, Biermann § 937 Erl. 1c, Kober § 937 Erl. 1a u. a. Auch KommRGR. zu § 937 A. 3 hat sich grundsätzlich angeschlossen, kommt aber doch einigermaßen der Minderheitsansicht entgegen, indem er ausführt: „Zur Ersitzung ist notwendig, daß der Ersitzende während der Ersitzung die Sache „als ihm gehörend besaß" ... Der Nachweis dieser Art des Besitzes wird sich in der Regel und am schlagendsten daraus ergeben, daß der Ersitzende den Besitz auf Grund einer Erwerbstatsache erlangte, die auf den Erwerb des Eigentumes gerichtet war, und daß er von da an sich dieser Erwerbstatsache entsprechend verhielt. Unentbehrlich ist aber ein solcher Nachweis nicht. Auch wenn es unmöglich ist, eine bestimmte Erwerbstatsache nachzuweisen, kann doch aus dem eigentümlichen Verhalten des Besitzers selbst auf dessen Eigenbesitz geschlossen werden."

So kann man die Auffassung des KommRGR. fast als eine Mittelsmeinung betrachten. Dasselbe gilt von der Bemerkung Planck-Brodmanns (zu § 937 A. 2a): „Die Ansicht, für die Ersitzung müsse der Besitzer bis zum Beweise des Gegenteils als Eigenbesitzer gelten, ist mehr der Form als der Sache nach zu beanstanden."

Ganz auf den Boden der in der II. Komm. unterlegenen Minderheitsansicht haben sich aber gestellt: Dernburg, BürgR. 3, § 106 Nr. 2,1; Kipp-Windscheid 1, 937; Goldmann-Lilienthal, BGB. 2, 2. Aufl., § 19. Jedenfalls hat die Meinung der Kommissionsmehrheit im Gesetze keinen Ausdruck gefunden und der § 1006 steht ihr sogar entgegen. Mit Recht sagt Kipp a. a. O.: „Das BGB., welches an jeden Besitz sogar die Vermutung des Eigentums knüpft (§ 1006) kann unmöglich davor zurückschrecken, jeden Besitz im Zweifel für Eigenbesitz zu halten."

In eigentümlicher Weise sind die Vermutungen über die Dauer und den Charakter des Besitzes als Eigenbesitzes miteinander verbunden von Planck in den älteren Auflagen und von Biermann zu § 938, indem hier die Vermutung des § 938 nur auf den Besitz an sich bezogen, im übrigen aber angenommen wird, daß, wenn für den Anfang des Zeitraumes der Charakter des Besitzes als Eigenbesitzes dargetan sei, vermutet werden könne, daß der am Ende des Zeitraumes bestehende Besitz ebenfalls Eigenbesitz sei.

also der Rechtsanschein seines Eigentumes damals für ihn begründet worden ist; 2. daß der Eigenbesitz als ein solcher Rechtsanschein die ganze Ersitzungszeit hindurch fortgedauert hat; 3. daß andererseits der Erwerber des Besitzes beim Besitzerwerbe auf den Rechtsanschein seines Eigentumes vertraut hat[21]; 4. daß dieses Vertrauen ein schutzwürdiges gewesen ist; 5. daß das Vertrauen die Ersitzungszeit hindurch fortgedauert hat, womit (abgesehen vom Falle der Unterbrechung des § 941) ohne weiteres gegeben ist, daß es dann auch schutzwürdig geblieben ist.

Daß alle diese Wahrscheinlichkeiten tatsächlicher Natur sind, daß sie weiter zunächst abstrakte Wahrscheinlichkeiten für den Geseztgeber waren und eben darum als konkrete Wahrscheinlichkeiten dem Richter vorgeschrieben sind, bedarf keiner Betonung mehr. In ihrer Gesamtheit aber bilden sie für den Gesetzgeber eine abstrakte und für den Richter eine konkrete Wahrscheinlichkeit des Eigentumserwerbes durch Ersitzung, also eine abstrakte und eine konkrete Rechtswahrscheinlichkeit[22]).

Indem sie im einzelnen tatsächliche Wahrscheinlichkeiten bleiben, können sie, insoweit sie konkrete Vermutungen sind, abgesehen von der die Mindestbegründung der Ersitzung darstellenden hinreichenden Wahrscheinlichkeit des am Anfange der Ersitzungszeit erworbenen Besitzes im Wege prozessualer Einrede oder Replik, nämlich durch Geltendmachung rechtshinderndner Tatsachen entkräftet werden.

---

[21]) M. Wolff, a. a. O. § 71 I 2d, wirft die Frage auf, ob nachträglicher guter Glaube dem Besitzer nütze, der beim Besitzerwerbe in bösem Glauben war. Er sagt dazu: „Das Gesetz schweigt; die Frage ist zu bejahen: Hat jemand eine gestohlene Sache bösgläubig erworben und einigt er sich später mit dem, den er ohne grobe Fahrlässigkeit für den Eigentümer hält, über den Eigentumserwerb, so beginnt seit diesem Zeitpunkte seine Ersitzung zu laufen." Das Gesetz schweigt eigentlich nicht. Es schließt nach seinem Wortlaute (§ 937 II) ausdrücklich die Ersitzung aus, wenn der Erwerber des Eigenbesitzes beim Besitzerwerbe nicht in gutem Glauben ist. Trotzdem ist die Entscheidung Wolffs richtig. Der Gesetzgeber geht nämlich in 937 II offenbar von der abstrakten tatsächlichen Wahrscheinlichkeit aus, daß der Erwerber des Eigenbesitzes, wenn er beim Besitzerwerbe nicht in gutem Glauben gewesen sei, auch später bösgläubig sein werde. Diese abstrakte tatsächliche Wahrscheinlichkeit ist nicht mit Rechtskraft ausgestattet, im Gegensatz zu jener anderen, daß ein Eigenbesitzerwerber, der beim Erwerbe auf den Rechtsanschein schutzwürdig vertraut habe, wofern er nur später nicht durch positive Kenntniserlangung vom Fehlen seines Eigentumes (§ 937: „wenn er später erfährt") das Vertrauen an sich verloren habe, auch die Schutzwürdigkeit des Vertrauens behalten habe. Während also diese letztere abstrakte tatsächliche Wahrscheinlichkeit zu einer unwiderleglichen Vermutung geführt hat, ergibt sich aus der ersteren nur eine widerlegliche Vermutung. Diese kann in dem von Wolff behandelten Falle eben durch den Nachweis widerlegt werden, daß später zu dem bereits erworbenen Eigenbesitze der gute Glaube hinzugekommen ist, wodurch die Voraussetzungen für den Ersitzungsbeginn erfüllt sind. Der Zeitpunkt, in dem solchenfalls der gute Glaube zum Eigenbesitz, also das schutzwürdige Vertrauen zum Rechtsanschein hinzutritt, muß dann natürlich stets in jeder Beziehung an die Stelle des Besitzerwerbes im Sinne des § 937 II treten.

[22]) Diese beiden Rechtswahrscheinlichkeiten sind scharf zu unterscheiden von dem für den Eigenbesitzer vorhandenen Rechtsanschein. Alle drei fallen unter den Begriff Rechtsschein. Aber als solcher wirken alle drei nach verschiedener Richtung hin: dem Gesetzgeber, dem Richter, dem Eigenbesitzer gegenüber. Immer finden sich diese drei Rechtscheine beisammen. Der für den Gesetzgeber vorhanden gewesene Rechtschein, die abstrakte Rechtswahrscheinlichkeit, ist jedoch der Vater der beiden anderen Rechtscheine. In der Literatur werden die drei bis heute, selbst von Anhängern der Rechtscheinslehre, vielfach miteinander verwechselt. Da darf man sich nicht wundern, solche Verwechslung auch in Prot. 3, 230 zu finden. Hier heißt es: der Ersitzung „liege der Gedanke zugrunde, daß der redliche Eigenbesitz eine gewisse Präsumtion für das Eigentum bilde; wer eine bewegliche Sache während eines bestimmten Zeitraumes als Eigenbesitzer besessen habe, solle deswegen mit dem Ablaufe des Zeitraumes das volle Eigentum erwerben." Hier sind zum mindesten nicht voneinander geschieden die im Hinblick auf den Eigenbesitz für den Gesetzgeber vorhandene abstrakte Rechtswahrscheinlichkeit des Eigentumes, die man immerhin eine abstrakte Rechtsvermutung, eine Präsumtion in diesem Sinne nennen mag, und der für den Eigenbesitzer bestehende Rechtsanschein des Eigentumes, bei dem von einer Präsumtion nicht gesprochen werden kann. Indes ist in jener Auffassung der II. Komm. bereits das nicht zum vollen Bewußtsein durchgedrungene richtige Gefühl zu spüren, daß die genannte abstrakte Präsumtion des Gesetzgebers der Grund für

§ 3
Rechtsanschein des Eigentums wider Willen des wirklichen Eigentümers

Rechtshindernde Tatsachen stellen auch die Tatbestände dar, durch die eine Hemmung, Ablaufunterbrechung[23]) oder Unterbrechung[24]) der Ersitzung begründet wird. Von Hemmung und Ablaufunterbrechung der Ersitzung kann man dann sprechen, wenn eine Hemmung oder Ablaufunterbrechung der Verjährung des Eigentumsanspruches gegeben ist. In diesem Sinne handelt § 939 BGB. von Hemmung und Ablaufunterbrechung der Ersitzung, indem er bestimmt:

---

den Rechtsanschein ist, auf welchen letzteren extensiv vertrauend der redliche Eigenbesitzer das volle Eigentum erwirbt.

Während die II. Komm. in der eben mitgeteilten Äußerung abstrakte Rechtswahrscheinlichkeit und Rechtsanschein nicht voneinander trennt, vermengt sie kurz darauf konkrete Rechtswahrscheinlichkeit und Rechtsanschein. Prot. 3, 231 teilen nämlich als ihre Meinung mit: „Durch das Rechtsinstitut der Ersitzung werde eine Präsumtion für das Eigentum aufgestellt, und zwar mit der Wirkung, daß, wenn innerhalb einer bestimmten Frist kein anderer seine Eigentumsansprüche mit Erfolg geltend macht, das präsumtive Eigentum sich in volles Eigentum verwandele. Die Voraussetzungen für den Eigentumserwerb durch Ersitzung seien indessen nicht gegeben, wenn der wahre Eigentümer infolge objektiver oder auch subjektiver Hindernisse der Rechtsverfolgung außerstande gesetzt sei, die aus dem Besitze des anderen sich ergebende Vermutung für das Eigentum des anderen dadurch zu widerlegen, daß er seinerseits die Eigentumsklage erhebe und seine Ansprüche zur Anerkennung bringe." In dieser Ausführung ist andauernd die konkrete Rechtswahrscheinlichkeit des Eigentumes, d. h. die für den Richter bestehende, durch die Eigentumsklage widerlegbare Rechtsvermutung (präsumtio iuris) des Eigentumes mit dem für den Eigenbesitzer bestehenden Rechtsanscheine des Eigentumes durcheinandergeworfen, also der amtswirksame Rechtschein mit dem privatwirksamen Rechtschein. Hierbei ist gleichzeitig die durch die Eigentumsklage erfolgende Widerlegung der für den Richter bestehenden Rechtsvermutung (des amtswirksamen Rechtsscheins) damit verwechselt, daß durch die Eigentumsklage dem Eigenbesitzer die Schutzwürdigkeit des Vertrauens auf den Rechtsanschein entzogen wird (vgl. unten § 5). Indes ist letzteres auch hier schon unbewußt gefühlt.

Indem bei der Ersitzung der Eigenbesitzer in seinem extensiven schutzwürdigen Vertrauen auf den extensiven Rechtsanschein seines Eigentumes dadurch geschützt wird, daß er das Eigentum erwirbt, kommt dies natürlich auch dem Eigenbesitzer zugute, der wirklicher Eigentümer ist, insofern nämlich, als er sich gegebenenfalls, statt einen anderen, vielleicht schwierigeren Beweis seines Eigentumes zu führen, auf die Ersitzung berufen kann. Dann wirkt die Ersitzung als Beweisersatz (vgl. dazu Naendrup, Verjährung a. a. O. S. 238ff.), was aber wegen der Eigentumsvermutung des § 1006 praktisch nur selten Bedeutung haben wird. (Vgl. Brodmann, Vorb. 3 vor § 937. Kober, Vorb. IV vor § 937, hält freilich die Beweisersatzbedeutung der Ersitzung für praktisch wichtig. Ebenda weitere Literatur.) Jedenfalls steht aber, wie bei der Verjährung, so auch bei der Ersitzung der Beweisersatzgedanke erst in zweiter Linie. Hier wie dort ist die primäre Idee der Rechtsanscheinsgedanke, zufolge dessen ein Nichtberechtigter im schutzwürdigen Vertrauen auf einen Rechtsanschein geschützt wird. (Vgl. hierzu Naendrup, Verjährung a. a. O. S. 245ff., 272f., 278, 282f., 284, 291, 300f.). Soweit der wirkliche Eigentümer sich der Beweisersatzfunktion der Ersitzung bedient, tut er es natürlich vermittels der konkreten Rechtswahrscheinlichkeitswirkung der Ersitzung, d. h. mittels ihrer Vermutungswirkung gegenüber dem Richter. Die Rechtsanscheinswirkung der Ersitzung kann für den wirklichen Eigentümer wegen seines bereits auf anderem Wege erworbenen Eigentumes überhaupt keine Rolle spielen. Denn er kann ein Eigentum, welches er schon hat, nicht nochmals erwerben.

Die II. Komm. hat die Beweisersatz- und die Rechtsanscheinsfunktion der Ersitzung unbewußt gefühlt, wenn sie (nach Prot. 3, 230) erwogen hat: „Das mit der Vollendung eintretende Ereignis stehe häufig mit der materiellen Rechtslage in Einklang; es sei jedoch nicht ausgeschlossen, daß infolge der Anerkennung des Instituts der Ersitzung der materiell berechtigte Eigentümer sein Eigentum verliere." Im Hintergrunde des Bewußtseins hat beim ersten Teile dieses Satzes der Beweisersatzgedanke gestanden, beim zweiten Teile der Rechtsanscheinsgedanke. Das Wesen beider und ihr Verhältnis zueinander, d. h. die primäre Bedeutung des Rechtsanscheinsgedankens ist hier aber noch keineswegs erfaßt.

[23]) Richtig daher KommRGR. § 939 A. 2: „Beweispflichtig ist für das Hindernis, wer sich darauf beruft." Ebenso Kober § 939 Erl. 3; auch Brodmann § 939 Erl. 5: „Die Beweislast bezüglich des Bestehens eines der hier fraglichen Hindernisse trifft den Gegner des Ersitzenden."

[24]) Vgl. Kober § 940 Erl. 3.

„Die Ersitzung kann nicht beginnen und, falls sie begonnen hat, nicht fortgesetzt werden, solange die Verjährung des Eigentumsanspruches gehemmt ist oder ihrer Vollendung die Vorschriften der §§ 206, 207 entgegenstehen."

Die Hemmung der Verjährung kann sein eine Laufhemmung oder eine Ablaufhemmung. Die Laufhemmung tritt ein in irgendeinem Zeitpunkte des Laufes der Verjährungsfrist, kann den Beginn oder die Fortsetzung des Laufes hindern. Die Ablaufhemmung der Verjährung hindert lediglich den „Ablauf", d. h. den Lauf (Beginn oder Fortsetzung[25]) der letzten 6 Monate der Verjährung[26]). Während im Falle der Ablaufhemmung der vorher verstrichene Teil des Ablaufes, d. h. der Sechsmonatsfrist sich nachher fortsetzt, muß bei der Ablaufunterbrechung nachher der Ablauf[27]) von neuem beginnen[28]). Mit Laufhemmungen der Verjährung befassen sich die §§ 202 und 204 BGB.[29]). Eine Ablaufhemmung der Verjährung haben wir vor uns in § 203[30]). Dagegen handelt es sich um Ablaufunterbrechung der Verjährung in §§ 206 und 207[31]).

Entsprechend ergeben sich aus §§ 939 in Verbindung mit 202 und 204 Laufhemmungen der Ersitzung, aus § 939 in Verbindung mit § 203 eine Ablaufhemmung der Ersitzung und aus § 939 in Verbindung mit § 206 und 207 Ablaufunterbrechungen der Ersitzung.

Eine Laufhemmung der Ersitzung[32]) liegt nach § 939, vor, solange die Verjährung des Eigentumsanspruches gegen den Besitzer gemäß §§ 202 oder 204 gehemmt ist, nämlich solange der Besitzer (etwa wegen eines zeitweiligen Rechtes zum Besitze aus § 986 oder wegen eines Zurückbehaltungsrechtes) vorübergehend zur Verweigerung der Leistung berechtigt ist (§ 202[33]) oder solange zwischen dem Eigentümer und dem Besitzer das Pietätsverhältnis einer Ehe[34]), einer minderjährigen Kindschaft oder einer Vormundschaft[35]) obwaltet (§ 204).

---

[25]) Vgl. Naendrup a. a. O. S. 265.

[26]) Freilich bei einer Verjährungsfrist von 6 Monaten oder weniger auch den Beginn. Vgl. Fischer-Henle, BGB. § 203 A. 2.

[27]) Oder gegebenenfalls die kürzere Verjährungsfrist (§ 206 I S. 2, § 207 S. 2). Vgl. Naendrup, Verjährung S. 268.

[28]) Vgl. Naendrup, Verjährung S. 266ff., 267f.

[29]) Ebenda S. 252—260 und 260—263.

[30]) Ebenda S. 263—266.

[31]) Daß man in den Fällen der §§ 206 und 207 sich nicht mit der herrschenden Bezeichnung „Ablaufhemmung" zufriedengeben, sondern nur von Ablaufunterbrechung sprechen darf, habe ich in meinem Aufsatze „Die Verjährung als Rechtscheinswirkung" a. a. O. S. 266f. gezeigt.

[32]) Kober, §§ 939 Erl. 1a, bezeichnet als Hemmung der Ersitzung nur die Beginnhemmung und stellt ihr lediglich die Nichtvollendung der Ersitzung gegenüber, unter welchen Begriff also die Laufhemmung mit Ausnahme der Beginnhemmung, ferner die Ablaufhemmung und die Ablaufunterbrechung fallen würden. Ich möchte glauben, daß man die letzteren drei mehr differenzierten Begriffe zur besseren Verständigung nicht entbehren kann. Es mag sich sogar empfehlen, unter Mitverwertung des einen Teiles der Koberscher Terminologie folgende Reihe aufzustellen: 1. Beginnhemmung; 2. Laufhemmung; 3. Ablaufhemmung; 4. Ablaufunterbrechung.

[33]) Brodmann zu § 939 Erl. IIIa meint, daß der nach § 202 auf dem Bestehen einer verzögerlichen Einrede beruhende Hemmungsgrund der Verjährung für die Ersitzung nicht in Betracht komme, weil ein Besitzer, wenn er nur vorübergehend zur Verweigerung der Herausgabe der Sache berechtigt sei, nicht gutgläubiger Eigenbesitzer sein könne. Dies trifft nicht zu. Fälle, in denen der Besitzer dann doch gutgläubiger Eigenbesitzer ist, können sich ergeben, wenn der Erbe nicht erfährt, daß er in Ansehung einer im Nachlasse befindlichen fremden Sache nur vorübergehend zur Verweigerung der Herausgabe berechtigt ist, sich vielmehr für den Eigentümer hält. Auch sonst sind solche Fälle denkbar (Vgl. dazu Kipp[-Windscheid] 1, 939). Eine Anwendung des § 202 auf die Ersitzung ist demnach durchaus möglich. (So auch Biermann § 939 Erl. 1a, Kober § 939 Erl. 2a).

[34]) „Heiraten sich also Eigentümerin und Besitzer oder Eigentümer und Besitzerin, so wird die Ersitzung dadurch zwar nicht unterbrochen, sie tritt aber in ein Stadium des Ruhens. Freilich wird dabei der Besitzer häufig erfahren, daß ihm das Eigentum nicht zusteht." Biermann § 939 Erl. 1c.

[35]) Jede Art der Vormundschaft. Vgl. Biermann a. a. O.

Für den Eigentümer besteht im ersten Falle solcher Laufhemmung der Ersitzung (§ 939 u. 202) ein rechtliches[36]), im zweiten Falle (§§ 939 u. 204) ein sittliches[37]) Hindernis der Rechtsverfolgung, d. h. der gerichtlichen Geltendmachung seines Eigentumsanspruches gegen den Besitzer.

Eine Ablaufhemmung der Ersitzung ist nach 939 vorhanden, solange die Verjährung des Eigentumsanspruches auf Grund des § 203 gehemmt ist, d. h. solange der Eigentümer durch höhere Gewalt, insbesondere durch Stillstand der Rechtspflege innerhalb der letzten 6 Monate der Verjährungsfrist an der Rechtsverfolgung verhindert ist. Es liegt dann für den Eigentümer ein tatsächliches oder tatsächlich-rechtliches[38]) Hindernis der Rechtsverfolgung vor.

Schließlich wird eine Ablaufunterbrechung der Ersitzung nach § 939 dadurch begründet, daß der Vollendung der Verjährung des Eigentumsanspruches die Vorschrift des § 206 oder des § 207 entgegensteht, d. h. dadurch, daß innerhalb der letzten 6 Monate der Verjährungsfrist der Eigentümer geschäftsunfähig oder in der Geschäftsfähigkeit beschränkt und ohne gesetzlichen Vertreter ist (§ 206) oder dadurch, daß während jener Ablaufzeit der Verjährung des Eigentumsanspruches der Eigentümer oder der Besitzer stirbt (§ 207). Die Ablaufunterbrechung der Ersitzung dauert im ersten Falle bis der Eigentümer unbeschränkt geschäftsfähig wird oder der Mangel der Vertretung aufhört, im zweiten Falle bis die Erbschaft des Eigentümers oder Besitzers von dem Erben angenommen oder der Nachlaß durch Eröffnung des Nachlaßkonkurses in der Person des Konkursverwalters einen Vertreter erhält oder für den Nachlaß bzw. für den Erben ein sonstiger Vertreter bestellt wird (Nachlaßverwalter oder Nachlaßpfleger gemäß § 1961, Testamentsvollstrecker gem. § 2213, Abwesenheitspfleger für den abwesenden Erben gemäß §§ 1911, 1915). In beiden Fällen beruht die Ablaufunterbrechung der Ersitzung darauf, daß für die Verfolgung des Eigentumsanspruches gegen den Besitzer ein tatsächlich-rechtliches Hindernis (§ 206) oder wenigstens eine tatsächlich-rechtliche Beengung besteht[39]).

Laufhemmung, Ablaufhemmung und Ablaufunterbrechung der Ersitzung haben hiernach den gemeinsamen Grund, daß der Eigentümer irgendwie (sei es rechtlich, sei es sittlich, sei es tatsächlich-rechtlich[40]) in der Verfolgung seines Anspruches gegen den Besitzer gehindert ist und so nur gezwungermaßen, wider seinen Willen auf seiten des Eigenbesitzers den Eigenbesitz als Rechtsanschein des Eigentumes und das schutzwürdige Vertrauen auf diesen Rechtsanschein bestehen läßt. Folglich ist Anlaß vorhanden, während jener Hemmnisse der Ersitzung solches Vertrauen des Eigenbesitzers nicht nach dem Rechtscheinsprinzip zu Lasten des Eigentümers zu schützen. Denn nach diesem Prinzip wird im allgemeinen das schutzwürdige Vertrauen auf einen Rechtsanschein nur zu Lasten dessen geschützt, der den Rechtsanschein mit seinem Willen hat entstehen oder bestehen lassen[41]).

Wenn also auch während der Laufhemmung und Ablaufhemmung der Ersitzung das schutzwürdige Vertrauen des Eigenbesitzers auf den Rechtsan-

---

[36]) Vgl. Naendrup, Verjährung S. 260.

[37]) Ebenda S. 260ff.

[38]) Ebenda, S. 263.

[39]) Ebenda S. 267—271.

[40]) Die II. Komm. (Prot. 3, 231) verwendet statt dessen den Begriff der objektiven oder subjektiven Behinderung in der Rechtsverfolgung. Ebenso Kober § 939 Erl. 1.

[41]) Vgl. Naendrup, Rechtscheinsforschungen 1, 3ff.; Verjährung als Rechtscheinswirkung a. a. O. S. 246, 289f, 294.

schein seines Eigentumes nicht zu Lasten des Eigentümers geschützt wird[42]), so ist doch die Tatsache, daß in jenen Fällen der Rechtsanschein und das schutzwürdige Vertrauen auf seiten des Eigenbesitzers fortbesteht, wieder zu dessen Gunsten berücksichtigt worden. Aus diesem Grunde setzt sich nämlich nach Fortfall des Hindernisses für die Eigentumsklage, wenn der Eigenbesitzer weiter auf den Rechtsanschein seines Eigentumes schutzwürdig vertraut, bei der Laufhemmung die vor Eintritt des Hindernisses begonnene Ersitzung und bei der Ablaufhemmung der vorher begonnene Ablauf der Ersitzung fort[43]).

Die Ablaufunterbrechung der Ersitzung berührt sich, soweit ihr Grund (Fortbestand des Rechtsanscheines und schutzwürdigen Vertrauens auf seiten des Eigenbesitzers wider Willen des Eigentümers) in Betracht kommt, mit der Laufhemmung und Ablaufhemmung der Ersitzung[44]). In Ansehung ihrer Wirkung (Neubeginn des Ablaufes der Ersitzung nach Beendigung der Ablaufunterbrechung) bildet sie aber bereits einen Übergang zur Unterbrechung der Ersitzung.

§ 4
Verlust des Rechtsanscheins

Die Wirkung der Unterbrechung regelt § 942 folgendermaßen:

> „Wird die Ersitzung unterbrochen, so kommt die bis zur Unterbrechung verstrichene Zeit nicht in Betracht; eine neue Ersitzung kann erst nach der Beendigung der Unterbrechung beginnen."

Diese von der Wirkung der Hemmung (Laufhemmung und Ablaufhemmung) abweichende Wirkung der Unterbrechung beruht in ihrem anderen Grunde:

Kommt die Hemmung der Ersitzung dem Eigentümer deshalb zustatten, weil er an der Erhebung der Eigentumsklage gehindert ist und deswegen den Eigenbesitz als Rechtsanschein des Eigentumes für den Eigenbesitzer nur unfreiwillig bestehen läßt, so ist der Grund der Unterbrechung der, daß der Eigenbesitzer entweder den Eigenbesitz als Rechtsanschein seines Eigentumes oder das schutzwürdige Vertrauen auf den Rechtsanschein verloren hat.

Der erste dieser Unterbrechungsfälle ist enthalten in § 940 I: „Die Ersitzung wird durch den Verlust des Eigenbesitzes unterbrochen." Solcher Verlust kann entweder dadurch eintreten, daß der Besitz überhaupt verlorengeht (ohne Willen des Besitzers, z. B. durch Diebstahl, oder mit seinem Willen, z. B. durch Übertragung) oder dadurch, daß der Besitz aufhört, Eigenbesitz zu sein (z. B. indem er durch constitutum possessorium nach § 930 Fremdbesitz wird[45]).

---

[42]) In der II. Komm. standen sich zwei Ansichten gegenüber. Die eine wollte lediglich auf den redlichen Eigenbesitzer, die andere auch auf den verlierenden Eigentümer Rücksicht nehmen (Prot. 3, 230f.). Im Grunde wollte die erste das schutzwürdige Vertrauen des Eigenbesitzers auf den Rechtsanschein auch dann schützen, wenn der Eigentümer durch objektive oder subjektive Hindernisse der Rechtsverfolgung genötigt war, wider seinen Willen den Rechtsanschein und das schutzwürdige Vertrauen für den Eigenbesitzer bestehen zu lassen. Die zweite Meinung, d. h. diejenige der Mehrheit, versagte solchenfalls dem Eigenbesitzer den Vertrauensschutz.

[43]) Daß die Laufhemmung den Rechtsanschein und das schutzwürdige Vertrauen auf seiten des Eigenbesitzers nicht beeinträchtigt, muß zu dessen Gunsten auch insofern berücksichtigt werden, als im Falle einer Laufhemmung, die schon den Beginn der Ersitzung hemmt, für den Zeitpunkt, in dem die Hemmung endigt, das schutzwürdige Vertrauen des Eigenbesitzers nicht etwa zweifach widerleglich zu vermuten ist. Diese ungünstigere Vermutung gilt vielmehr auch in solchem Falle schon für den Augenblick des Eigenbesitzerwerbes, also des Beginnes der Laufhemmung. Für die Fortdauer der letzteren wird dann aber das schutzwürdige Vertrauen des Eigenbesitzers bereits einfach widerleglich vermutet, und diese günstigere Vermutung läuft mit dem Ende der Laufhemmung weiter. Auf dasselbe kommt gefühlsmäßig hinaus Brodmann zu § 939 Erl. 4, während wir es hier aus dem allgemeinen Prinzip der Ersitzung folgern.

[44]) Vgl. Naendrup, Verjährung a. a. O. S. 267.

[45]) Biermann § 940 Erl. 1.

Der § 940 I ist aber abgeschwächt durch § 940 II:

> „Die Unterbrechung gilt als nicht erfolgt, wenn der Eigenbesitzer den Eigenbesitz ohne seinen Willen verloren und ihn binnen Jahresfrist oder mittels einer innerhalb dieser Frist erhobenen Klage wiedererlangt hat."

Hier ist der alten deutschen ideellen Gewere des Dejektus Raum gegeben, die bis zum Ablaufe von Jahr und Tag nach der Dejektion bestehen blieb und lediglich Rechtschein war[46]).

Wie der Dejektus auf Grund solcher ideellen Gewere mittels Klage binnen Jahr und Tag die leibliche Gewere wiedererlangen konnte, so steht auch dem Eigenbesitzer, dem der Besitz ohne seinen Willen entzogen ist, gemäß §§ 861, 858, 864 grundsätzlich ein Anspruch auf Wiedereinräumung des Besitzes zu[47]). Der gesetzgeberische Grund dieses Anspruches ist, abgesehen von der Unterdrückung verbotener Eigenmacht (Aufrechterhaltung der öffentlichen Ordnung), wenigstens soweit es sich um bewegliche Sachen handelt, die abstrakte Rechtswahrscheinlichkeit, daß ein Besitzer, dem der Besitz ohne seinen Willen entzogen sein werde, sowohl vor als nach diesem Besitzverluste der Eigentümer sein werde. Solche für den Gesetzgeber vorhanden gewesene abstrakte Rechtswahrscheinlichkeit liegt als gesetzgeberisches Motiv nicht bloß dem § 861, sondern auch dem § 1007 und dem § 1006 zugrunde und hat im letztgenannten Paragraphen dazu geführt, auch dem Richter eine entsprechende konkrete Rechtswahrscheinlichkeit, d. h. eine entsprechende Rechtsvermutung vorzuschreiben. Die freilich noch weitergehende Bestimmung in § 1006 II enthält die Rechtsvermutung, daß der Besitzer einer beweglichen Sache, dem der Besitz ohne seinen Willen entzogen ist, vor dem Besitzverlust Eigentümer der Sache gewesen ist. Diese Vermutung wird ergänzt durch die — von Geld und Inhaberpapieren abgesehen — in § 1006 I S. 2 steckende Rechtsvermutung, daß ein solcher Besitzer auch nach dem Besitzverlust Eigentümer der Sache geblieben ist, eine Vermutung, die übrigens auch schon aus der Vermutung des § 1006 II in Verbindung mit dem Trägheitsgesetze folgen würde.

Der abstrakten Rechtswahrscheinlichkeit für den Gesetzgeber und der konkreten Rechtswahrscheinlichkeit für den Richter entspricht nun aber auch ein Rechtsanschein für den Eigenbesitzer[48]). Daß er für ihn vor dem Verluste des Eigenbesitzes vorhanden ist, bedarf keiner weiteren Erörterung. Gemäß der Idee von § 940 II besteht er aber offenbar auch nach dem unfreiwilligen Verluste des Eigenbesitzes zunächst wenigstens so lange fort, als die Besitzentziehungsklage aus § 861, die alte Klage aus der ideellen Gewere, d. h. der reinen Rechtscheinsgewere des Dejektus, gegeben ist, mithin noch ein Jahr lang nach jenem Verluste.

Hieraus folgt ohne weiteres, daß der frühere Eigenbesitzer, wenn er binnen dieses Jahres den ohne seinen Willen verlorenen[49]) Eigenbesitz[50]) irgend-

[46]) Nach Mot. 3, 354 war das Muster für § 940 II BGB. der Art. 2243 Code civil. Aber schon hier lag der Gedanke der ideellen Gewere des Dejektus zugrunde.

[47]) Vgl. hierzu Schreuer, Deutsches Privatrecht S. 110.

[48]) Vgl. oben S. 43 f. A. 22.

[49]) Vgl. Brodmann zu § 940 Erl. 2 a α. Ohne seinen Willen hat der Eigenbesitzer den Besitz m. E. auch dann verloren, wenn er ihn auf Grund eines Rechtsgeschäftes aufgegeben hat, das wegen Willensmangels anfechtbar ist. Vgl. Dernburg, BR. § 106 II 5; Brodmann § 940 Erl. 2 a α.

A. M. Biermann § 940 Erl. 2 a; Goldmann-Lilienthal II § 19 Anm. 40 S. 86; Kober § 940 Erl. 2 α.

[50]) Richtig M. Wolff § 71 III 1: „Der unfreiwillige Verlust kann Verlust des unmittelbaren Besitzes ... oder des mittelbaren Besitzes sein ... So ist die Ersitzung nicht unterbrochen, wenn der Ersitzungsbesitzer die Sache vermietet und der Mieter sie unterschlägt."

Dies ist nur in dem Sinne zu verstehen, daß die Ersitzung nicht unterbrochen ist, wenn der Verwie[51]) wiedererlangt, den Rechtsanschein seines Eigentumes niemals verloren hat. Vernünftigerweise muß aber dasselbe gelten, wenn er binnen jener Jahresfrist auch nur die Besitzentziehungsklage aus § 861 auf Wiedereinräumung des Besitzes erhebt und mit ihr, obwohl erst nach Ablauf des Jahres, zum Ziele gelangt. Wenn nun aber in dem Falle, daß durch den binnen des Jahres anhängig gemachten Besitzschutzanspruch der ohne Willen verlorene Eigenbesitz wiedererlangt ist, trotz des vorübergehenden Besitzverlustes der Rechtsanschein für den Eigenbesitzer bestehen blieb, so ist dies vollends anzunehmen, falls der frühere Eigenbesitzer binnen jener Jahresfrist mittels einer anderen als rein possessorischen Klage, etwa mittels einer Klage aus § 1007 oder mittels der petitorischen Eigentumsklage aus § 985, den Eigenbesitz wiedererlangt hat[52]). Darum spricht § 940 II ganz allgemein von Wiedererlangung des Eigenbesitzes mittels einer innerhalb der Jahresfrist erhobenen Klage.

In allen diesen Fällen ist demnach trotz zeitweiligen Verlustes des Eigenbesitzes der Rechtsanschein des Eigentumes für den bisherigen Eigenbesitzer bestehen geblieben. Eine Unterbrechung der Ersitzung wegen Fortfalles des

---

mieter als bisheriger mittelbarer Besitzer binnen Jahresfrist oder mit einer binnen Jahresfrist angestellten Klage die vom Mieter unterschlagene Sache in seinen mittelbaren oder unmittelbaren Besitz zurückerhält. Dieselbe Meinung vertritt Biermann § 939 Erl. 2a. Dagegen ist Kipp-Windscheid 1, 939 der Ansicht, daß der unmittelbare Besitzer durch Unterschlagung den mittelbaren Eigenbesitz nicht zerstören könne, da dieser fortdauere, solange nur das zugrunde liegende Verpflichtungsverhältnis bestehe. Dem läßt sich nicht beitreten (wie ja auch Wolff a. a. O. auf einem anderen Standpunkte steht; vgl. ferner RGRKomm. § 940 A. 3.) Dann kann auch nicht, abgesehen vom Falle des § 940 II, wie Kipp meint, trotz der Unterschlagung des unmittelbaren Besitzers die Ersitzung des mittelbaren Besitzers einfach weiterlaufen. Darin freilich ist Kipp recht zu geben, daß im Falle der Unterschlagung der unmittelbare Besitzer nicht gegen den mittelbaren Besitzer ersitzen kann. Grund hierfür ist aber, daß ihm das schutzwürdige Vertrauen auf den Rechtsanschein seines Eigentumes fehlt. Die Schutzwürdigkeit des Vertrauens ist vielleicht auch noch dem bisherigen besitzvermittelnden unmittelbaren Besitzer abzustreiten, der „zum Eigenbesitzer wird, indem er das mittelbare Besitzverhältnis vergißt, z. B. ein vorlängst geliehenes Buch anfängt, für ein gekauftes zu halten" (Kipp a. a. O.). Auch er kann dann nicht gegen den mittelbaren Besitzer ersitzen. Aber weder im Falle der Unterschlagung noch in dem des Vergessens hat dies seinen Grund darin, daß der mittelbare Besitzer den mittelbaren Besitz behalten habe. (So Kipp.) Denn in beiden Fällen ist ja der unmittelbare Besitzer, wie Kipp selbst annimmt, Eigenbesitzer geworden. Dies schließt eine weitere Besitzvermittelung durch ihn aus, da ein besitzvermittelnder Besitzer nur (Arg. § 868: Besitzt jemand eine Sache als Nießbraucher usw.) Fremdbesitzer sein kann. Deshalb kann der Erbe des ursprünglichen besitzvermittelnden Besitzers, wenn er gutgläubiger Eigenbesitzer geworden ist, gegen den früheren mittelbaren Besitzer ersitzen (A. M. Kipp), weil er nicht bloß dessen mittelbaren Besitz zufolge seines Eigenbesitzes verdrängt hat, sondern auch auf den Rechtsanschein seines Eigentumes vertraut. In allen drei Fällen, dem der Unterschlagung, des Vergessens und des Erben kann die Ersitzung des früheren mittelbaren Besitzers nur weiterlaufen, wenn dieser sich des § 940 II bedient. Damit wird ihm aber auch eine dem Bedürfnis entsprechende, völlig ausreichende Hilfe zuteil. Versäumt er die Jahresfrist, an die sie gebunden ist, hat er es sich selbst zuzuschreiben.

Im übrigen ist m. E., solange neben dem unmittelbaren Besitz ein mittelbarer Besitz besteht, nicht bloß, wie Kipp (S. 938) meint, in der Regel der mittelbare Besitzer der Eigenbesitzer, sondern immer. Durch schutzwürdiges Vertrauen auf den Rechtsanschein seines Eigentumes kann er dann also stets ersitzen. Darüber, daß bei mehrstufigem mittelbaren Besitz die Ersitzung demjenigen zugute kommt, welcher von dem unmittelbaren Besitzer am entferntesten steht, sowie über das Ersitzungsverhältnis, wenn mehrere mittelbare Besitzer auf gleicher Stufe stehen, vgl. Kipp S. 938.

„Durch Umwandlung des unmittelbaren Eigenbesitzes in mittelbaren oder umgekehrt, geht der Eigenbesitz nicht verloren" (Kober § 940 Erl. 1a. Vgl. auch Biermann § 940 Erl. 1b).

[51]) Sei es durch verbotene Eigenmacht, sei es durch freiwillige Rückgabe (M. Wolff a. a. O. § 71 III 1 nach A. 15; Brodmann § 940 Erl. 2aβ; Kober § 940 Erl. 2β) sei es durch Zwangsvollstreckung (vgl. Biermann § 940 Erl. 2a) insbes. zufolge einer Klage.

[52]) Vgl. Brodmann zu § 940 Erl. 2aβ.

Rechtsanscheines ist also insoweit überhaupt nicht erfolgt[53] [54]), wird nicht etwa bloß wieder rückgängig gemacht[55]).

§ 5
Verlust der Schutzwürdigkeit des Vertrauens

Die Ersitzung wird aber, wie gesagt, nicht bloß durch den Verlust des Rechtsanscheines, sondern auch durch den Verlust des schutzwürdigen Vertrauens auf den Rechtsanschein unterbrochen. Und zwar muß logischerweise sowohl der Verlust der Schutzwürdigkeit des Vertrauens als auch der Verlust des Vertrauens an sich die Unterbrechung der Ersitzung zur Folge haben.

Soweit nun freilich das Vertrauen an sich nicht verloren ist, gilt im allgemeinen auch die Schutzwürdigkeit des Vertrauens als nicht verloren, da insoweit regelmäßig eine unwiderlegliche Vermutung für diese Schutzwürdigkeit spricht[56]). Nur in dem Ausnahmefalle des § 941 BGB.[57]) kann die Schutzwürdigkeit des Vertrauens selbständig, d. h. unter Fortbestand des Vertrauens verlorengehen, was dann eben eine Unterbrechung der Ersitzung mit sich bringt. Der § 941 I sagt in S. 1:

> „Die Ersitzung wird unterbrochen, wenn der Eigentumsanspruch gegen den Eigenbesitzer oder im Falle eines mittelbaren Eigenbesitzes gegen den Besitzer gerichtlich geltend gemacht wird, der sein Recht zum Besitze von dem Eigenbesitzer ableitet."

Durch die hiermit vor Gericht erhobene Behauptung seines Eigentumes mahnt der Eigentümer in rechtsförmlicher Weise[58]) den Eigenbesitzer unmittelbar oder

---

[53]) Infolgedessen wird selbstverständlich in die Ersitzungszeit die Zwischenzeit seit dem Besitzverlust eingerechnet (vgl. Kober § 940 Erl. 2) und läuft auch nach dem Wiedererwerbe der Sache die vorher schon geltende bloß einfach widerlegliche Vermutung des schutzwürdigen Vertrauens weiter. Vgl. auch (Kipp-Windscheid) 1, 941.

[54]) Gleichwohl ist es zutreffend, wenn M. Wolff § 71 III 1 sagt: „Wohl ist aber die Fortsetzung der Ersitzung ausgeschlossen, wenn ein Zwischenmann beim Besitzerwerbe das Eigentum erlangt, z. B. die beim Ersitzungsbesitzer gestohlene Sache in öffentlicher Versteigerung gekauft hat; erlangt in solchem Falle der Bestohlene den Besitz auf irgendeine Weise zurück, so müßte er gegen den neuen Eigentümer eine neue Ersitzung beginnen." (Zustimmend Brodmann § 940 Erl. 2a α; Biermann § 940 Erl. 2c.) Hier beruht die Unterbrechung der Ersitzung indes nicht auf einem Fortfalle des Rechtsanscheines, auch nicht auf einem Verluste der Schutzwürdigkeit des Vertrauens oder des Vertrauens an sich, überhaupt nicht auf einem Fortfall eines der drei Elemente der Ersitzung, sondern darauf, daß dem neuen Eigentümer, der sein Eigentum gemäß § 935 II in Verb. mit § 932 vom Scheineigentümer durch schutzwürdiges Vertrauen auf einen derivativen Rechtsanschein erwirbt, auch der bisherige wahre Eigentümer weichen müßte und darum selbstverständlich jetzt auch der Ersitzungsbesitzer, der ja noch nicht einmal Eigentum erworben hat, mit der bisher zu seinen Gunsten verstrichenen Ersitzungszeit.

Zu den drei Hauptfällen der Unterbrechung einer Ersitzung tritt insofern noch eine vierte Möglichkeit hinzu.

[55]) Wie Brodmann Erl. 2 zu § 940 meint.

[56]) Vgl. oben S. 37.

[57]) Vgl. oben S. 37, 40, 43.

[58]) Da der außergerichtlichen Geltendmachung oder Aufforderung zur Anerkennung des Anspruches diese Rechtsförmlichkeit fehlt, so hat der Eigenbesitzer keine Veranlassung, sie gleich ernst zu nehmen. Sie entzieht ihm daher nicht die Schutzwürdigkeit des Vertrauens und unterbricht deshalb an sich die Ersitzung nicht (vgl. KommRGR. § 941 A. 4). Auch ist es wegen der, abgesehen vom Falle der gerichtlichen Geltendmachung des Eigentumsanspruches, unwiderleglichen Vermutung der Schutzwürdigkeit des Vertrauens zur Unterbrechung der Ersitzung nicht hinreichend, wenn der Eigenbesitzer auf Grund der außergerichtlichen Interpellation an seinem Eigentume zu zweifeln beginnt, im Vertrauen auf den Rechtsschein seines Eigentumes wankend wird. Wenn aber die Folge jener Interpellation der Verlust dieses Vertrauens, also die positive Kenntnis vom Fehlen seines Eigentums, ein Erfahren solchen Fehlens ist, so kann damit eine Unterbrechung eintreten, die jedoch an dieser Stelle noch nicht zur Erörterung steht (vgl. unten S. 55f.). Ein derartiger unterbrechender Vertrauensverlust wird meist aus einer Anerkennung des fremden Eigentumes durch den Eigenbesitzer zu schließen sein. (Vgl. auch Biermann § 941 Erl. 1b; Kober § 941 Erl. 1a.)

mittelbar zur Vorsicht bezüglich seines Vertrauens auf den Rechtsanschein, entzieht er also einem unbedingten Vertrauen auf den Rechtsanschein die sichere Grundlage, macht er dieses Vertrauen für den Fall, daß der Rechtsanschein mit dem wirklichen Eigentum sich nicht deckt, grobfahrlässig, schutzunwürdig[59])[60]). Insofern wirkt die gerichtliche Geltendmachung des Eigentumsanspruches[61]) entsprechend der Eintragung eines Widerspruches im

[59]) M. Wolff, Sachenrecht § 71 III stellt die Unterbrechung der Ersitzung durch Geltendmachung des Eigentumsanspruches gegen den Eigenbesitzer oder seinen Besitzmittler oder gegen den Zwischenbesitzer im Falle des § 940 II in Gegensatz zu der Unterbrechung durch Fortfall einer Ersitzungsvoraussetzung. Da aber nach meinen Ausführungen im Text durch jene Geltendmachung des Eigentumsanspruches dem Eigenbesitzer die Schutzwürdigkeit des Vertrauens entzogen wird, so ist die darauf beruhende Unterbrechung ebenfalls eine solche, die durch Fortfall einer Ersitzungsvoraussetzung eintritt. Der genannte Gegensatz ist daher nicht gerechtfertigt.

[60]) Da im Falle eines mittelbaren Eigenbesitzes die gerichtliche Geltendmachung des Eigentumsanspruches gegen den mittelbaren Besitzer eine unmittelbare, die Geltendmachung gegen den unmittelbaren Besitzer aber eine mittelbare Mahnung des Eigenbesitzers zur Vorsicht und eine entsprechende Entziehung der Schutzwürdigkeit seines Vertrauens bedeutet, so ist ohne weiteres klar, daß bei mittelbarem Eigenbesitz nicht bloß eine Geltendmachung gegen den unmittelbaren Besitzer (was der zu eng gefaßte Wortlaut des § 941 auf den ersten Blick nur zu sagen scheint), sondern erst recht eine Geltendmachung gegen den mittelbaren Eigenbesitzer die Ersitzung unterbricht. (So richtig der Komm RGR. zu § 941 Nr. 3; vgl. ferner Erl. zu § 941 Brodmann 4, Fischer-Henle 3, Kober 1, Biermann 1c.)

Aus jener im Text festgestellten Bedeutung der Geltendmachung des Eigentumsanspruches ergibt sich weiter eine zweifelsfreie Antwort auf die Frage, ob die Geltendmachung gegen einen dritten Zwischenbesitzer, der den Eigenbesitzer vorübergehend aus dem Besitze verdrängt hat und dessen Besitzzeit nach § 940 II dem Eigenbesitzer angerechnet wird, die Ersitzung des Eigenbesitzers unterbricht. Dafür haben sich ausgesprochen II. Komm. (Prot. 3, 235), Hellwig, Grenzen der Rückwirkung (Gießener Festschr.) 15f., von Thur, Allg. T. II 1, 26, 105, M. Wolff, Sachenrecht § 71 III 2 A. 16; dagegen Biermann § 941 Erl. 1c, Brodmann § 941 Erl. 5, Kober § 941 Erl. 1, RGRKomm., überhaupt durchweg die Kommentare, was um so mehr ins Gewicht fällt, als die II. Komm., obwohl sie von sich aus die Frage bejahte, doch erklärt hat, die Entscheidung der Praxis überlassen zu wollen. Wenn, wie ich ausgeführt habe,die Unterbrechung durch gerichtliche Geltendmachung des Eigentumsanspruches darin ihren Grund hat, daß durch die in der Geltendmachung liegende unmittelbare oder mittelbare Mahnung zur Vorsicht dem Eigenbesitzer die Schutzwürdigkeit des Vertrauens entzogen wird, so muß auch die Geltendmachung als mittelbare Mahnung gegen jemanden gerichtet sein, durch dessen Vermittelung sie alsbald dem Eigenbesitzer zur Kenntnis zu kommen pflegt. Ein solcher regelmäßiger Vermittler ist nun zwar der den mittelbaren Eigenbesitz vermittelnde unmittelbare Besitzer (Mieter, Pächter, Nießbraucher u. dgl.) nicht aber der dritte Zwischenbesitzer (§ 940 II). Die Geltendmachung des Eigentumsanspruches gegenden letzteren unterbricht daher die Ersitzung nicht.

Die Geltendmachung gegen den unmittelbaren Besitzer als Besitzmittler des mittelbaren Eigenbesitzers führt die Unterbrechung auch dann herbei, wenn der mittelbare Eigenbesitzer von der Klage nichts erfährt. (RGRKomm. a. a. O.) Das Wesentliche ist nämlich, daß die in der Klage liegende mittelbare Mahnung zur Vorsicht durch den Besitzmittler dem mittelbaren Eigenbesitzer regelmäßig übermittelt zu werden pflegt.

Die Erhebung des Eigentumsanspruches wird freilich der Eigenbesitzer meist noch eher alsbald erfahren, wenn sie gegen seinen Besitzdiener gerichtet ist. Aber das ist keine mittelbare, sondern eine falsch adressierte unmittelbare Mahnung zur Vorsicht. Sie ist vom Gesetz als Grund für eine Unterbrechung der Ersitzung nicht berücksichtigt. (Vgl. Erl. zu § 941 RGRKomm. 3, Kober 1, Biermann 1c) obschon hierzu vielleicht doch Anlaß vorgelegen hätte.

Die Geltendmachung des Eigentumsanspruches gegen den Besitzmittler des mittelbaren Eigenbesitzers behält ihren Charakter als mittelbare Mahnung zur Vorsicht selbst dann, wenn der Kläger das Besitzvermittelungsverhältnis (Miete, Pacht, Nießbrauch usw.) und den mittelbaren Eigenbesitz nicht kennt. Auch wenn daher der Eigentümer „den Pächter in der Meinung verklagt, dieser sei Eigenbesitzer, unterbricht die Klage die Ersitzung des Eigenbesitzers" (RGRKomm. § 941 A. 3).

[61]) Gemäß § 941 S. 2 in Verb. mit §§ 209 I BGB. u. 722 ZPO., 210, 209 II 1a, 209 II, 5, 220 BGB. kann diese geschehen durch Klage (oder Güteantrag) auf Herausgabe, auf Feststellung des Eigentums, auf Erteilung der Vollstreckungsklausel oder auf Erlassung des Vollstreckungsurteiles in bezug auf ein ausländisches Urteil, welches die Verpflichtung des Ersitzenden zur Herausgabe an den Eigentümer ausspricht, in gewissen Fällen durch Angehung einer Behörde zur Vorentscheidung über die Zulässigkeit des Rechtswegs oder durch Angehung eines höheren Gerichtes zur Bestimmung des zuständigen Gerichtes, schließlich durch Vornahme einer Vollstreckungshandlung oder durch Stellung des Antrages auf Zwangsvollstreckung, endlich durch Erhebung des An-

Grundbuch als eine Protestation gegen das Vertrauen auf den Rechtsanschein[62]).

Anders als bei der Verjährung (§ 208) ist hier der gerichtlichen Geltendmachung des Anspruches die außergerichtliche Anerkennung desselben als Unterbrechungsgrund nicht ausdrücklich an die Seite gestellt. Sie ist aber durchweg ein Zeichen dafür, daß der Eigenbesitzer das Fehlen seines Eigentums erkannt, also im Sinne des § 937 II erfahren hat[63]). Durch ihren Nachweis kann also die einfach widerlegliche Vermutung der Fortdauer seines schutzwürdigen Vertrauens widerlegt werden, kann bewiesen werden, daß der Eigenbesitzer das Vertrauen an sich verloren hat[64]). Das bedeutet gewöhnlich eine entgültige Ausschließung der Ersitzung[65]). Immerhin ist es denkbar, daß er das Vertrauen wiedererlangt. Dann hat eine Unterbrechung der Ersitzung stattgefunden. Dies ist aber nicht eineUnterbrechung wegen Verlustes der Schutzwürdigkeit des Vertrauens, sondern eine Unterbrechung wegen Verlustes des Vertrauens an sich, fällt daher unter den nächsten Paragraphen diesesAufsatzes.

Eine Unterbrechung durch Entziehung der Schutzwürdigkeit des Vertrauens wird nur durch die gerichtliche Geltendmachung des Eigentumsanspruches herbeigeführt. Die hierin liegende unmittelbare oder mittelbare Aufhebung der Schutzwürdigkeit ist keine absolute, keine zugunsten eines jeden und für immer geltende, ist vielmehr eine relative[66]), ist in persönlicher und zeitlicher Beziehung beschränkt.

Ihre Beschränkung in persönlicher Beziehung beruht darin, daß durch die Geltendmachung des Eigentumsanspruches dem Eigenbesitzer die Schutzwürdigkeit des Vertrauens auf den Rechtsanschein nur insoweit entzogen wird, als er jetzt einzig und allein wegen der Eigentumsbehauptung des Klägers mit der Möglichkeit rechnen muß, selbst nicht Eigentümer zu sein. Die Schutzwürdigkeit seines Vertrauens auf den Anschein, doch Eigentümer zu sein, falls der Kläger es nicht ist, wird also durch die Klage von vornherein gar nicht berührt. Hierdurch erklärt sich § 941 S. 1:

> „Die Unterbrechung tritt jedoch nur zugunsten desjenigen ein, welcher sie herbeiführt“,

d. h. zugunsten dessen, der den Eigentumsanspruch gerichtlich geltend macht[67]).

Die Beschränkung in zeitlicher Hinsicht ist schon durch das Wort „Unterbrechung“ angedeutet, findet im übrigen namentlich durch den im § 941 I S. 2 entsprechend für anwendbar erklärten § 211 ihren Ausdruck, wo es in Abs. 1 S. 1 mit Bezug auf die Unterbrechung der Verjährung heißt:

> „Die Unterbrechung durch Klageerhebung dauert fort, bis der Prozeß rechtskräftig entschieden oder anderweit erledigt ist.
>
> Gerät der Prozeß infolge einer Vereinbarung oder dadurch, daß er nicht betrieben wird, in Stillstand, so endigt die Unterbrechung mit der letzten Prozeßhandlung der Parteien oder des Gerichtes.“

---

spruches vor einem Schiedsgerichte. Darüber, daß die in § 209 II 1—4 aufgeführten Rechtsakte, abgesehen von 1 a, ihrer Art nach als Geltendmachug des Eigentumsanspruches nicht in Betracht kommen können, vgl. KommRGR. zu § 941, Erl. 6.

[62]) Vgl. hierzu Naendrup, Verjährung a. a. O. S 287 f., S. 304, S 307 f., 314 f.

[63]) Vgl. oben S. 50 A. 58; ferner KommRGR. § 941 A. 4; außerdem Naendrup, Verjährung a. a. O. S. 284 ff.

[64]) Vgl. oben S. 50 A. 58.

[65]) Vgl. KommRGR. § 941 Erl. 4.

[66]) Vgl. Mot. 3, 355; Prot. 3, 234.

[67]) Indem der Eigentumskläger nur in Ansehung der Möglichkeit seines Eigentumes den Eigenbesitzer zur Vorsicht mahnt, unterbricht er die Ersitzung freilich auch zugunsten seines Rechtsnachfolgers. Denn sein Eigentum geht auf den Rechtsnachfolger über.

Dagegen hat der Eigentumskläger mit der Klageerhebung noch nicht sein Eigentum geltend gemacht, wenn er sich damals nur fälschlich für den Eigentümer hielt und erst nachher das Eigen-

Die so oder so eintretende Beendigung der Unterbrechung hat ihren Grund darin, daß die mit der Klageerhebung auf seiten des Eigenbesitzers eingetretene Aufhebung der Schutzwürdigkeit des Vertrauens beendigt wird. Weshalb aber dies? Weil die Fortdauer solcher Aufhebung voraussetzt, daß der Eigentumskläger die durch die Klage aufgestellte Behauptung seines Eigentumes auch bis zu ihrem letzten Ziele, der Herausgabe der Sache, weiter verfolgt. An solcher Verfolgung läßt er es fehlen, wenn er den Prozeß zum Stillstande kommen läßt oder im Falle der Erledigung des Prozesses zu seinen Gunsten nicht alsbald die Zwangsvollstreckung auf Herausgabe der Sache betreibt. Darum muß insoweit die durch die Klageerhebung (oder nach § 941 S. 2 und § 209 Nr. 1a u. 5, § 210 gleichgestellte Akte[68]) auf seiten des Eigenbesitzers geschehene Aufhebung der Schutzwürdigkeit des Vertrauens wieder aufhören. Im Falle der Erledigung des Prozesses zuungunsten des Eigentumsprätendenten muß aber das Vertrauen des Eigenbesitzers auf den Rechtsanschein vollends wieder schutzwürdig werden.

Indem nun das Vertrauen des Eigenbesitzers auf den Rechtsanschein seines Eigentumes die Schutzwürdigkeit wiedererlangt und demgemäß die Unterbrechung der Ersitzung endigt, kann eine neue Ersitzung beginnen. Diese wird aber in gleicher Weise wie durch Klageerhebung wiederum unterbrochen, wenn eine der Parteien den in Stillstand geratenen Prozeß weiter betreibt (§ 941 S. 2; § 211 II). Ist der Kläger, also der Vindikant, die betreibende Partei, so erklärt sich die Unterbrechung der neuen Ersitzung ohne weiteres daraus, daß der Kläger seine schon mit der Klage erhobene, inzwischen aber zum Schweigen gekommene Behauptung seines Eigentumes wieder laut werden läßt und hierdurch von neuem dem Vertrauen des Eigenbesitzers auf den Rechtsanschein seines Eigentumes die Schutzwürdigkeit entzieht. Merkwürdig ist nur, daß die neue Ersitzung auch dann unterbrochen wird, wenn der mit der vindicatio beklagte Eigenbesitzer den in Stillstand geratenen Prozeß weiter betreibt. Aber dies hat seinen Grund darin, daß er hierdurch der zum Schweigen gekommenen Eigentumsbehauptung des Vindikanten wieder zu akuter Bedeutung verhilft und daher auch die Folge tragen muß, daß sein Vertrauen auf den Rechtsanschein die Schutzwürdigkeit verliert.

Wenn der Vindikant dadurch, daß er den Prozeß gegen den Eigenbesitzer weiter betreibt, letzterem die Schutzwürdigkeit des Vertrauens nimmt und

---

tum erworben hat. Darum kann er in solchem Falle die Ersitzung noch nicht mit der Geltendmachung des Eigentumsanspruches unterbrochen haben (vgl. KommRGR. § 941 A. 2; A. M. Wolff, Sachenrecht § 71 III 2), sondern erst in dem Augenblicke, in dem er seinen nachträglichen Eigentumserwerb zur Klagebegründung wirksam verwendet. Demgemäß ist zu unterscheiden, „ob die nachträgliche Geltendmachung des neuen Erwerbsgrundes im Rechtsstreite als unzulässige Klageänderung zurückgewiesen wird (§ 264 ZPO.)" oder nicht. Im letzteren Falle tritt die Unterbrechung der Ersitzung mit der Klagänderung ein, im anderen Falle aber erst mit der Klagerhebung aus dem neuen Klagegrund (so richtig KommRGR. § 941 A. 6).

Andererseits hat der Eigentumskläger, der erst nach der Klagerhebung das Eigentum erwirbt, durch die Klage die Ersitzung nicht zugunsten des derzeitigen wahren Eigentümers unterbrochen, der seinerseits die Klage versäumte (vgl. Wolff a. a. O.)

Wenn der Miteigentümer gemäß § 1011 gegenüber dem Eigenbesitzer einen Eigentumsanspruch in Ansehung der ganzen Sache geltend macht, insbesondere gemäß § 1011 in Verb. mit § 432 auf Herausgabe der Sache an alle Miteigentümer oder dgl. klagt, so handelt er als gesetzlicher Vertreter von ihnen allen (vgl. KommRGR. § 941 A. 5 u. § 1011 A. 1), legt darum dem Eigenbesitzer die Möglichkeit des Eigentumes aller Miteigentümer nahe und entzieht ihm insoweit die Schutzwürdigkeit seines Vertrauens auf den Rechtsanschein seines Eigentumes. Deshalb unterbricht er dadurch die Ersitzung auch zugunsten der anderen Miteigentümer. (Richtig daher KommRGR. § 941 A. 1; Biermann § 941 Erl. 1d. A.M., außer bei Hinterlegung der Sache für alle Miteigentümer, Goldmann-Lilienthal 2, § 19 A. 49; Kober § 941 Erl. 1b.)

[68]) Vgl. oben S. 51 A. 61.

damit eine Unterbrechung der neuen Ersitzung herbeiführt, so ist es nur folgerichtig, daß auch eine in seinem Auftrage gegen den Eigenbesitzer vorgenommene Vollstreckungshandlung, insbesondere die Wegnahme der Sache durch den Gerichtsvollzieher, ebenso wie die Klageerhebung dem Eigenbesitzer die Schutzwürdigkeit des Vertrauens auf den Rechtsanschein entzieht und deshalb die Ersitzung unterbricht[69]).

Andererseits ist es begreiflich, wenn durch Zurücknahme der Eigentumsklage oder durch Prozeßabweisung die durch die Klageerhebung geschehene Entziehung der Schutzwürdigkeit des Vertrauens und damit die Unterbrechung der Ersitzung wieder rückgängig gemacht wird (§ 212 I). Entsprechend muß auch der Verlust der Schutzwürdigkeit des Vertrauens, der für den Eigenbesitzer durch die vom Vindikanten veranlaßte Vollstreckungshandlung eingetreten ist und eine Unterbrechung der Ersitzung mit sich brachte, durch eine auf Antrag des Vindikanten oder wegen Mangels der gesetzlichen Voraussetzungen erfolgende Aufhebung der Vollstreckungsmaßregel wieder rückgängig gemacht werden, was ebenfalls in einer Wiederauflösung der Unterbrechung zum Ausdrucke kommt (§ 941 S. 2 und § 216 I).

Freilich kann die durch Klagezurücknahme und die durch Prozeßabweisung geschehene Rückgängigmachung des Verlustes dieser Schutzwürdigkeit des Vertrauens und damit die hierauf beruhende Rückgängigmachung der Unterbrechung selbst wieder rückgängig gemacht werden, indem der Eigentumskläger binnen 6 Monaten nach der Zurücknahme der Klage oder nach der Rechtskraft des prozeßabweisenden Urteils von neuem Klage erhebt und hiermit der schon mit seiner ersten Klage aufgestellten Behauptung seines Eigentumes neue Kraft verleiht. Die Folge ist, daß auf seiten des Eigenbesitzers die Schutzwürdigkeit des Vertrauens nun doch als seit Erhebung der ersten Klage verloren und demgemäß die Ersitzung als von da an unterbrochen gilt.

Die Frist von 6 Monaten, binnen welcher der Eigentumskläger durch neue Klage die mit seiner ersten Klage herbeigeführte, dann aber durch Klagezurücknahme oder durch Prozeßabweisung rückgängig gemachte Unterbrechung der Ersitzung wiederherstellen kann, wird behandelt wie der 6 Monate umfassende Ablauf der Verjährung, d. h. sie unterliegt der Ablaufhemmung des § 203 und der Ablaufunterbrechung der §§ 206 und 207[70]). Der Lauf der Sechsmonatsfrist für die neue Klage ist also entsprechend § 203 gehemmt, wenn und solange der frühere Eigentumskläger innerhalb der Frist durch höhere Gewalt, insbesondere durch Stillstand der Rechtspflege an der Erhebung der neuen Klage verhindert ist. Der Lauf der Frist wird aber entsprechend § 206 unterbrochen, solange der Eigentumskläger geschäftsunfähig oder in der Geschäftsfähigkeit beschränkt und ohne gesetzlichen Vertreter ist und darum weder selbst noch durch einen gesetzlichen Vertreter die neue Klage erheben kann. Ebenso wird die Frist entsprechend § 207 unterbrochen, wenn der frühere Eigentumskläger oder der früher beklagte Eigenbesitzer während der Frist stirbt und demgemäß der Eigentumsanspruch entweder zu einem Nachlasse gehört oder sich gegen einen Nachlaß richtet. Diese Unterbrechung der Frist dauert bis zur Annahme der Erbschaft durch den Erben oder bis zur Eröffnung des Nachlaßkonkurses, mit welcher der Nachlaß in dem Konkursverwalter

[69]) § 941 S. 2 u. § 209 Nr. 5. Da es sich bei der Ersitzung nur um bewegliche Sachen handelt, kommt der weitere Inhalt von § 209 Nr. 5 hier nicht in Betracht.

Die Wegnahme der Sache durch den Gerichtsvollzieher entzieht dem Ersitzenden übrigens auch den Eigenbesitz, ist also schon Unterbrechungsgrund nach § 940 I, dem jedoch nach § 940 II vorgebeugt werden kann.

[70]) Vgl. § 941 S. 2 in Verb. mit § 212 II S. 2.

einen Vertreter erhält, oder bis zur Bestellung eines sonstigen Nachlaßvertreters (Nachlaßverwalters, Nachlaßpflegers, Testamentsvollstreckers, Abwesenheitspflegers für den abwesenden Erben). Solche Unterbrechung hat ihren Grund darin, daß gegebenenfalls bis zu ihrem genannten Endzeitpunkte, mag es sich nun um den Tod und folglich den Nachlaß des früheren Eigentumsklägers oder des früher beklagten Eigenbesitzers handeln, eine tatsächlich rechtliche „Beengung" in der Erhebung der neuen Eigentumsklage vorliegt.

Insoweit die Sechsmonatsfrist für die neue Klage der Ablaufhemmung des § 203 unterliegt, kann sie den vor Eintritt des Hindernisses zurückgelegten Teil ihres Laufes nach Fortfall des Hindernisses fortsetzen. Insoweit aber die Ablaufunterbrechung der §§ 206 und 207 auf sie Anwendung findet, muß sie nach Beseitigung des Hindernisses von neuem beginnen. Wir haben es hier gewissermaßen zu tun mit einer Unterbrechung des Ablaufes der Unterbrechung, also mit einer Ablaufunterbrechung der Unterbrechung.

§ 6
Verlust des Vertrauens an sich

Die Unterbrechung der Ersitzung findet aber nicht bloß statt, wenn der Eigenbesitzer die Schutzwürdigkeit seines Vertrauens auf den Rechtsanschein verliert, sondern auch dann, wenn er das Vertrauen an sich verliert. Dieser Fall ist zwar im Gesetze nicht besonders vorgesehen, aber er folgt ohne weiteres aus dem Wesen der Ersitzung. Es erfordert die drei Elemente: Rechtsanschein, Vertrauen auf den Rechtsanschein und Schutzwürdigkeit des Vertrauens. Wenn, wie wir gesehen haben, Verlust des Rechtsanscheines und Verlust der Schutzwürdigkeit des Vertrauens eine Unterbrechung der Ersitzung hervorrufen, so muß auch der Verlust des Vertrauens an sich dieselbe Folge haben. Demgemäß wird die Ersitzung unterbrochen, wenn der Eigenbesitzer nach begonnener Ersitzung erfährt, daß ihm das Eigentum nicht zusteht[71]).

Man könnte glauben, daß es verfehlt sei, solchenfalls von Unterbrechung der Ersitzung zu sprechen, da, wenn der Eigenbesitzer das Fehlen seines Eigentumes erfahren habe, gemäß § 937 II für ihn niemals wieder die Ersitzung beginnen könne[72]). Dieser Einwand wäre nicht begründet. Es ist sehr wohl denkbar, daß der Eigenbesitzer, der erfahren hat, daß ihm das Eigentum nicht zusteht, später den guten Glauben an sein Eigentum, d. h. das schutzwürdige Vertrauen auf den Rechtsanschein seines Eigentumes wiedererlangt. Prinzipgemäß muß er dann auch eine neue Ersitzung beginnen können[73]). Ein Beispiel mag die Möglichkeit der Wiedergewinnung des guten Glaubens veranschaulichen:

Jemand stiehlt aus einer Kunstsammlung ein kostbares Gemälde. Er läßt es von einem ihm bekannten armen, aber tüchtigen Maler kopieren. Die Kopie fällt so gut aus, daß sie vom Original schwer zu unterscheiden ist. Der Dieb be-

---

[71]) So auch Wolff, Sachenrecht § 71 III 1.

[72]) Im Sinne solcher Meinung war in Entw. I § 886 Halbs. 2 vorgesehen, daß „der Beginn einer neuen Ersitzung von seiten desjenigen, welcher die Erkenntnis erlangt hat, ausgeschlossen" sei. Die II. Komm. hat diese Bestimmung mit Recht deshalb gestrichen, weil es „nicht unzweifelhaft" sei, ob sie „in der Fassung des Entw. für alle Fälle richtig sei". Prot. 3, 234). Sie wäre m. E. sogar sicher unrichtig gewesen. Dahingegen wird sie trotz der Streichung von Biermann § 937 Erl. 2 und Brodmann § 937 Erl. 2bβ für geltenden Rechtes gehalten. Letzterer macht jedoch für den Fall eine Ausnahme, daß der Besitzer „den Eigenbesitz etwa nach Rückgabe der Sache an den vermeintlichen oder wirklichen Eigentümer von neuem gutgläubig erwerbe". Warum nicht für den Besitzer, wenn er ohne Neuerwerb des Besitzes die Gutgläubigkeit wiedererlangt, der Beginn einer neuen Ersitzung in derselben Weise möglich sein soll, ist nicht einzusehen.

[73]) A. M. Biermann § 941 Erl. 2.

hält sie für sich; das Original veräußert er zu hohem Preise an einen Kunstliebhaber, der beim Erwerb in gutem Glauben ist. Erst nach Jahresfrist erfährt dieser den Diebstahl. Teils, weil er das Bild besonders liebgewonnen hat, teils, weil er wegen Ankaufes des gestohlenen Gemäldes Unannehmlichkeiten befürchtet, gibt er es nicht heraus. Erst nach zwei Jahren trifft er im Auslande wieder mit dem dahin verzogenen Diebe zusammen und macht ihm nun Vorwürfe, daß er ihm ein gestohlenes Bild verkauft habe. Der Dieb, der, um selbst nicht weiter behelligt zu werden, ein Interesse daran hat, ihn zu beruhigen, erklärt ihm, das gestohlene Original noch in seinem Besitze zu haben, während das veräußerte Gemälde die in seinem Auftrage angefertigte Kopie sei. Von der Wahrheit dieser Erklärung überzeugt der Dieb den Käufer dadurch, daß er in seiner Wohnung die von ihm zurückbehaltene und jetzt als das Original ausgegebene Kopie vorzeigt, auch dem Käufer, weil er ihm nur eine Kopie verkauft habe, einen Teil des Kaufpreises erstattet.

In diesem Falle hatte für den Kunstliebhaber mit dem Erwerbe des Originals, da er damals in gutem Glauben war, also schutzwürdig auf den Rechtsanschein seines Eigentumes vertraute, eine Ersitzung begonnen. Ein Jahr der Ersitzungszeit war bereits abgelaufen. Da verlor er, indem er den Diebstahl erfuhr, sein Vertrauen auf den Rechtsanschein. Damit wurde seine Ersitzung unterbrochen. Die Unterbrechung dauerte zwei Jahre und wurde dadurch beendet, daß der Dieb sein Vertrauen auf den Rechtsanschein des Eigentumes wiederherstellte. Es fragt sich nur, ob das neue Vertrauen schutzwürdig, d. h. nicht grobfahrlässig war. Man könnte dies vielleicht verneinen in der Meinung, daß der Käufer des Bildes Anlaß gehabt hätte, dem Dieb als solchen ohne weiteres zu mißtrauen und seinen nunmehrigen Erklärungen keinen Glauben zu schenken. Doch scheinen mir die Umstände des Falles so zu liegen, daß sie den Käufer doch berechtigten, sich durch die Versicherungen des Diebes überzeugen zu lassen. Da er so nicht bloß das Vertrauen auf den Rechtsanschein seines Eigentumes, sondern auch die Schutzwürdigkeit des Vertrauens wiedererlangte, konnte für ihn eine neue Ersitzung beginnen.

Wir haben demnach einen Fall vor uns, in dem die Unterbrechung der Ersitzung nicht lediglich wegen Verlustes der Schutzwürdigkeit des Vertrauens, vielmehr wegen Verlustes des Vertrauens an sich eingetreten ist.

§ 7
Zusammenfassung

Der Grund einer Unterbrechung beruht demnach darin, daß der Eigenbesitzer entweder den Rechtsanschein seines Eigentumes oder die Schutzwürdigkeit des Vertrauens auf den Rechtsanschein[74]) oder das Vertrauen an sich verliert. Dahingegen bleibt im Falle einer Hemmung der Ersitzung alles dieses auf seiten des Eigenbesitzers bestehen. Der Grund der Hemmung liegt

[74]) Die Unterbrechung der Ersitzung durch Verlust der Schutzwürdigkeit des Vertrauens auf den Rechtsanschein beruht lediglich auf der Entziehung dieser Schutzwürdigkeit durch die gerichtliche Geltendmachung des Eigentumsanspruches. Auch die Unterbrechung der Verjährung des Eigentumsanspruches durch dessen gerichtliche Geltendmachung (§§ 209ff.) hat ihren Grund in der durch diese herbeigeführten Entziehung der Schutzwürdigkeit des Vertrauens auf den Rechtsschein. (Vgl. Naendrup, Verjährung a. a. O. S. 287ff.) Die Geltendmachung des Eigentumsanspruches gegen einen Eigenbesitzer entzieht ihm in beiden Fällen die Schutzwürdigkeit des Vertrauens auf denselben Rechtsanschein (Eigenbesitz). Insoweit unterbricht daher die Erhebung des Eigentumsanspruches nicht bloß in der Regel, sondern stets gleichzeitig Ersitzung und Verjährung (A. M. KommRGR. § 941 Erl. 1). Insoweit laufen auch die durch Geltendmachung des Eigentumsanspruches erfolgende Ersitzungsunterbrechung und die entsprechende Verjährungsunterbrechung nicht bloß nebeneinanderher (so KommRGR. § 941 Erl. 1), sondern decken sich miteinander.

nur darin, daß der Eigentümer gegen seinen Willen den Rechtsanschein und das schutzwürdige Vertrauen auf den Rechtsanschein beim Eigenbesitzer bestehen lassen muß, entweder rechtlich oder tatsächlich-rechtlich oder sittlich gehindert ist, Rechtsanschein und schutzwürdiges Vertrauen auf seiten des Eigenbesitzers fortzuräumen.

So ist der Rechtsanschein und das schutzwürdige Vertrauen auf den Rechtsanschein auf seiten des Eigenbesitzers während der Zeit der Hemmung die Verbindung zwischen dem vorher und nachher beim Eigenbesitzer vorhandenen Rechtsanschein nebst schutzwürdigem Vertrauen und darum auch die Brücke zwischen der vorher und nachher laufenden Ersitzungszeit, woraus sich mit Recht folgern ließ, daß die vorher abgelaufene Ersitzungszeit nachher weiterläuft [939][75]).

Ganz anders bei der Unterbrechung. Während derselben fehlt es auf seiten des Eigenbesitzers an einem der drei Ersitzungselemente: Rechtsanschein, Vertrauen auf den Rechtsanschein oder Schutzwürdigkeit des Vertrauens, damit an einer Verbindung zwischen dem vorher und nachher beim Eigenbesitzer vorhandenen Rechtsanschein nebst schutzwürdigem Vertrauen und deshalb auch an einer tragfähigen Brücke zwischen der vorher und nachher laufenden Ersitzungszeit, was zur Folge hat, daß nach der Unterbrechung die vorher verstrichene Zeit nicht in Betracht kommt und nur eine neue Ersitzung beginnen kann [§ 942][76]).

§ 8
Ersitzung und Verschweigung

Rechtsgeschichtlich gehen Ersitzung und ebenso Unterbrechung und Hemmung der Ersitzung in gleicher Weise wie Verjährung nebst Unterbrechung und Hemmung der Verjährung[77]) und wie die Buchersitzung [Tabularersitzung][78]) und Kontratabularersitzung[79]) auf das deutschrechtliche Institut der Verschweigung zurück[80]). Die Ersitzung beruht ja darauf, daß der Eigentümer sich durch Nichterhebung der Klage auf Herausgabe an seinem Rechte verschweigt und eben hierdurch für den Eigenbesitzer den Rechtsanschein des Eigentumes und das schutzwürdige Vertrauen auf den Rechtsanschein bestehen läßt. Die Unterbrechung der Ersitzung hat vorzugsweise ihren Grund darin, daß der Eigentümer sein Schweigen bricht, nämlich durch Klage oder einen gleichstehenden Akt die förmliche Behauptung seines Eigentumes erhebt und so dem Eigenbesitzer die Schutzwürdigkeit des Vertrauens auf den Rechtsanschein, wenn nicht schließlich gar durch Erzielung der Herausgabe auch den Rechtsanschein nimmt. Die Hemmung der Ersitzung aber erklärt sich im Sinne des deutschen Rechtes daraus, daß der Eigentümer nur durch „echte Not" daran verhindert ist, sein Schweigen mittels Klage zu brechen und darum einen ihm zustatten kommenden Entschuldigungsgrund hat, wenn er durch sein Schweigen auf seiten des Eigenbesitzers den Rechtsanschein und das schutzwürdige Vertrauen auf den Rechtsanschein bestehen läßt[81]).

---

[75]) Vgl. Naendrup, Verjährung a. a. O. S. 289ff.
[76]) Ebenda S. 290f.
[77]) Ebenda S. 272ff., 278ff., 284, 287ff., 300.
[78]) § 900 BGB. S. dazu Naendrup, Verjährung a. a. O. S. 307.
[79]) § 927 BGB. Dazu Naendrup, Verjährung S. 314.
[80]) Vgl. Naendrup, Verjährung S. 237, 272f.
[81]) Der Gedanke, daß die Verschweigung wirkungslos ist, wenn sie durch echte Not entschuldigt ist, liegt z. B. zugrunde bei der Aufeinanderfolge von Sachsensp. 2 Art. 6, § 4 und Art. 7.

§ 9
Accessio possessionis

Hemmung und Unterbrechung entspringen beide aus dem Erfordernis der Extensität des mit Willen des Eigentümers beim Eigenbesitzer vorhandenen Rechtsanscheines und schutzwürdigen Vertrauens auf den Rechtsanschein. Dieses Erfordernis ist aber vor einer Übertreibung bewahrt geblieben, indem das Gesetz nicht verlangt, daß jene doppelte Extensität immer ganz in der Person eines und desselben Eigenbesitzers erfüllt ist. Das Gesetz gestattet vielmehr unter Umständen, daß Teile der Extensität des Rechtsanscheines und schutzwürdigen Vertrauens zur vollen Doppelextensität zusammengerechnet werden, wenn sie nacheinander auch nur in mehreren Personen verwirklicht sind. Hierher gehören die §§ 943 und 944.

Im Falle des § 943 stehen die mehreren Personen im Verhältnisse von Rechtsvorgänger und Rechtsnachfolger[82]). Es kann sich dabei auch um entferntere Rechtsvorgänger- oder Rechtsnachfolgerschaft handeln. Die aufeinanderfolgenden mehreren Personen können mehr als zwei sein.

Nun fragt sich, ob die Extensität des Eigenbesitzes und des schutzwürdigen Vertrauens durch die Personenreihe lediglich geradeso hindurchzulaufen braucht, wie sie sich sonst in einer einzigen Person erfüllen kann, oder ob nicht vielmehr jede in die Reihe neu eintretende Person in Ansehung des schutzwürdigen Vertrauens so zu behandeln ist, als ob sie die Ersitzung begänne. Letzterenfalls kommt der neu eintretenden ebenso wie der am Anfang der Reihe stehenden Person für den Zeitpunkt des Besitzerwerbes nur die ungünstigere doppelt widerlegliche Vermutung des schutzwürdigen Vertrauens zustatten und erst für die Fortdauer des Besitzes die günstigere bloß einfach widerlegliche. Die Frage dreht sich also darum: Soll die größere Gunst der bloß einfach widerleglichen Vermutung des schutzwürdigen Vertrauens, die der am Anfange der Reihe stehenden Person erst für die Zeit der Fortdauer des Besitzes zuteil wird, der neueintretenden Person schon für den Zeitpunkt ihres Besitzerwerbes, d. h. ihres Eintrittes zugute kommen oder auch erst für die Zeit der Fortdauer ihres Besitzes? Dies ist im Grunde die aus dem Gesichtspunkte der Rechtscheinstheorie gesehene Frage, ob bei der Ersitzung das Bürgerliche Gesetzbuch im Sinne des gemeinen Rechtes eine successio in usucapionem oder nur eine accessio temporis kennt, ob also der Rechtsnachfolger lediglich die Ersitzung des Rechtsvorgängers fortsetzt oder ob er eine neue Ersitzung beginnt, deren Dauer aber durch Anrechnung der während des Besitzes des Rechtsvorgängers verstrichenen Ersitzungszeit abgekürzt wird. (In einem weiteren Sinne kann freilich beides als Ersitzungsfortsetzung bezeichnet werden.) Nach dem Wortlaute des § 943:

> „Gelangt die Sache durch Rechtsnachfolge in den Besitz eines Dritten, so kommt die während des Besitzes des Rechtsvorgängers verstrichene Ersitzungszeit dem Dritten zustatten."

kann kein Zweifel sein und wird auch allgemein angenommen, daß hier die Frage im Sinne einer bloßen accessio temporis entschieden ist[83]).

Manche beziehen den § 943 jedoch ausschließlich auf die Sondernachfolge und wollen im Falle der Gesamtnachfolge, namentlich der Erbenfolge, das für

[82]) Vgl. auch KommRGR. § 943 A. 1: „Hat der Eigenbesitzer durch Eigenmacht oder sonst außerhalb des Falles der Rechtsnachfolge den Besitz erlangt, so wird ihm die Ersitzungszeit dessen, der vor ihm besaß, nicht angerechnet."

[83]) Den maßgebenden Gesichtspunkt trifft Kipp(-Windscheid) 1, 939 mit den Worten: „Die beiden Personen werden keineswegs für eine gerechnet."

diese vom gemeinen Rechte anerkannte Institut der successio in usucapionem fortbestehen lassen[84]). Hierfür wird geltend gemacht: die accessio temporis des § 943 könne auf die Gesamtnachfolge nicht Anwendung finden, weil nach § 857 der Besitz ohne Zutun, ohne Willen, ja vielfach ohne Wissen des Erben auf ihn übergehe und weil deshalb nicht von einer Willensschuld[85]), insbesondere nicht von Fahrlässigkeit des Erben beim Besitzerwerbe gesprochen werden könne und weil alle Versuche, eine solche durch konkrete Tatsachen zu substantiieren, scheitern müßten[86]). Dabei ist aber nicht berücksichtigt, daß es sich nicht um eine eigentliche Willensschuld, sondern um Nichtvertrauen oder Nichtschutzwürdigkeit des Vertrauens auf den Besitz als Rechtsanschein handelt[87]). Das ist[88]) etwas anderes und davon kann auch mit Bezug auf den Erben die Rede sein, obschon sich sein Besitzerwerb ohne sein Zutun und seinen Willen vollzieht. Es ist dann sehr wohl möglich, daß er in diesem Augenblick auf den Rechtsanschein seines Eigentumes nicht oder nicht schutzwürdig vertraut, indem er z. B. weiß oder wissen kann, daß die vom Erblasser gutgläubig besessene Sache gestohlen war und daher dem Erblasser nicht gehörte. Erfolgt aber der Besitzerwerb des Erben nach § 867 ohne sein Wissen, so hat man es mit einem Nichtvertrauen des Erben auf den Rechtsanschein zu tun, so daß sich damit ohne weiteres die Frage der Nichtschutzwürdigkeit des Vertrauens erübrigt[89]).

Jedenfalls ergibt sich hieraus, daß beim Besitzerwerb des Erben wie bei jedem anderen Besitzerwerb Nichtvertrauen oder Nichtschutzwürdigkeit des Vertrauens auf den Rechtsanschein möglich ist. Es besteht darum gar kein Grund, bei der Gesamtnachfolge die accessio temporis des § 943 als unanwendbar zu betrachten und insoweit noch die successio in usucapionem beizubehalten. Nach § 857 findet eine successio des Erben nur in den Besitz statt. Damit wird bloß der objektive Rechtsanschein[90]) für den Erben begründet. Eine successio des Erben in das weiter zur Ersitzung erforderliche schutzwürdige Vertrauen auf den Rechtsanschein läßt sich weder aus § 857 noch aus § 943 herleiten. Nach § 943 muß der Erbe solches Vertrauen vielmehr ebenso aus sich selbst haben wie der Sondernachfolger. Der § 943 unterscheidet nicht zwischen Sonder- und Gesamtnachfolge[91]). Natürlich kommen dem Gesamtnachfolger die Vermutungen des schutzwürdigen Vertrauens in demselben Maße zustatten wie dem Sondernachfolger, also für den Zeitpunkt des Besitzerwerbes nur die zweifach widerlegliche, für die Zeit der Fortdauer des Eigenbesitzes aber die bloß einfach widerlegliche Vermutung[92]).

---

[84]) So Dernburg, BR, Sachenrecht, § 106 II 3b; Strohal, Erbrecht § 63 II 77; Binder, Rechtsstellung des Erben I 40ff., Brodmann § 943 Erl. 2.

[85]) Binder a. a. O. 1, 42.

[86]) Brodmann § 943 Erl. 2.

[87]) Daß hier die Nichtschutzwürdigkeit des Vertrauens eine andere Art der Fahrlässigkeit ist, als diejenige des § 276, hat auch Binder a. a. O. S. 41 A. 16 richtig erkannt.

[88]) Trotz Hineinspielens des Prinzipes: quisquis praesumitur bonus. Vgl. oben S. 39.

[89]) Damit wird es gegenstandslos, wenn Brodmann § 943 Erl. 2 sagt: „Man kann dem Erben, der von dem Erbanfall vielleicht gar nichts weiß, unmöglich einen Vorwurf daraus machen, daß er sich in diesem Momente nicht darum gekümmert hat, welche Sachen vorhanden sind und wem sie gehören."

[90]) Mit Recht macht M. Wolff, Sachenrecht S. 211 (1926) geltend, daß der Besitzübergang auf den Erben nach § 857 von sonstiger Besitznachfolge nicht wesensverschieden ist.

[91]) Vgl. auch Kipp(-Windscheid) 1, 939; Kober zu § 943; Biermann § 943 Erl. 1, Wolff a. a. O.

[92]) Wie steht es aber, wenn der Eigenbesitz auf Grund eines auflösend bedingten Veräußerungsgeschäftes dem Erwerber überlassen und nach dem Eintritte der Bedingung dem Veräußerer zurückübertragen wird oder wenn ein „bis zu einem Endtermin übertragen gewesener Besitz an den früheren Besitzer zurückgelangt" (Biermann)? Einigkeit herrscht darüber, daß in solchen Fällen § 943

Die minder günstige zweifach widerlegliche Vermutung hat man im Auge, wenn man (nicht ganz genau) sagt, daß auch der Erbe beim Besitzerwerbe „gutgläubig" im strengen Sinne sein müsse[93]). Zu solcher Gutgläubigkeit kann es aber m. E., wie bereits erwähnt, nicht[94]) genügen, wenn der Erbe von dem Erbgange und folgeweise von dem Erwerbe des Eigenbesitzes keine Kenntnis erlangt hat und demgemäß „in gar keinem Glauben in Betreff der Sache" (Kipp) ist. Dann mangelt ihm vielmehr das Vertrauen auf den Rechtsanschein. Durch den Nachweis des Fehlens der Kenntnis vom Erbgange kann also die Vermutung, daß der Erbe beim Besitzerwerbe auf den Rechtsanschein schutzwürdig vertraut habe, widerlegt werden.

Solange der Erbe mangels jener Kenntnis auf den Rechtsanschein seines Eigentumes nicht vertraut, müßte eigentlich gegen ihn eine Unterbrechung Platz greifen. Die accessio temporis des § 943 kann ihm nicht zustatten kommen. Denn wie nach § 943 dem Rechtsnachfolger nicht schlechthin die Besitzzeit des Rechtsvorgängers, „sondern nur diejenige Zeit des Besitzes, welche auch für den Vorgänger als Ersitzungszeit in Betracht kam" (KommRGR.), mithin nur die zugunsten eines gutgläubigen Rechtsvorgängers als Eigenbesitzers[95]) gelaufene und nicht von einer Unterbrechung betroffene[96]) zugute zu bringen ist,

---

anwendbar ist (vgl. Erl. zu § 943 KommRGR.; Biermann 2; Brodmann 1, Kober, Erl. e, wo weitere Literatur). Indes ist man bisher über die Frage hinweggegangen, ob für den Zeitpunkt der Wiederüberlassung des Eigenbesitzes an den Veräußerer dessen schutzwürdiges Vertrauen auf den Rechtsanschein zweifach-wiederleglich oder einfach-widerleglich zu vermuten ist, ob also für diesen Augenblick dem Veräußerer und nunmehrigen Wiedererlanger des Eigenbesitzes die ungünstigere oder die günstigere Vermutung des guten Glaubens zustatten kommt. Berücksichtigt man, daß der Veräußerer zunächst wie ein Rechtsvorgänger des Erwerbers und dann wie dessen Rechtsnachfolger zu behandeln ist, so muß man zufolge des den § 943 beherrschenden Prinzips der accessio temporis sich dafür erklären, daß den Veräußerer für den Zeitpunkt der Wiedererlangung ebenso wie für denjenigen des ursprünglichen Erwerbes des Eigenbesitzes nur die ungünstigere Vermutung zugute zu bringen ist. Dies scheint auch deswegen nicht ungerecht zu sein, weil ja der den Eigenbesitz wiedererlangende Veräußerer ohnehin die Möglichkeit einer Eigentumsänderung während der Besitzzeit des Erwerbers nicht für ganz ausgeschlossen halten kann (vgl. § 161 III).

[93]) M. Wolff, Sachenrecht, S. 211 (1926).

[94]) Wie Kipp-(Windscheid), 1 939f. u. M. Wolff a. a. O. S. 211 meinen. Ebenso Brodmann § 943 Erl. 2, obschon hier ungenau auch für diesen Punkt M. Wolff als Gegner zitiert ist.

[95]) War der Erblasser, etwa als Entleiher oder Verwahrer Fremdbesitzer, so fehlte ihm der Rechtsanschein seines Eigentumes, und war er bösgläubig, so mangelte ihm das schutzwürdige Vertrauen auf den Rechtsanschein. In beiden Fällen war also die Besitzzeit des Erblassers für ihn keine Ersitzungszeit, kann deshalb auch nicht als solche dem Erben gemäß § 943 zustatten kommen. Indes kann der Erbe eine eigene Ersitzung beginnen (vgl. Kober § 943 Erl. b u. b α; Biermann § 943 Erl. 1; Goldmann-Lilienthal 2, § 19 A. 54).

Für den ersten Fall leugnet dies Dernburg BR. 3, § 106 II 3, weil der Fremdbesitz nach § 857 auf den Erben übergehe. Letzteres ist zuzugeben. Aber der Fremdbesitz wandelt sich für den Erben in Eigenbesitz als Rechtsanschein seines Eigentumes, wenn der Erbe das tatsächliche Vorhandensein der Sache im Nachlaß erfährt und nun auch die rechtliche Zugehörigkeit der Sache zur Erbschaft annimmt. Von diesem Augenblicke ab kann er, wenn die Annahme nicht auf grober Fahrlässigkeit beruht, ersitzen. Persönliche Wahrnehmung der Sache im Nachlasse oder gar ihre tatsächliche Besitzergreifung (solche verlangen Brodmann § 943 Erl. 2; Kober § 943 Erl. c, wo weitere Literatur) ist daher für den Übergang des ererbten Fremdbesitzes in Eigenbesitz und demgemäß für den Ersitzungsbeginn des Erben nicht einmal erforderlich.

Hatte der Erblasser bösgläubigen Eigenbesitz, so geht der Eigenbesitz an sich nach § 857 auf den Erben über. Ob damit der Erbe auch in Person zu ersitzen beginnt, richtet sich danach, ob er auf den mit dem ererbten Eigenbesitz für ihn gegebenen Rechtsanschein seines Eigentumes schutzwürdig vertraut. Dies kann er nicht, ohne Kenntnis von seiner Erbfolge zu haben. Solche Kenntnis kann aber auch wegen des Prinzips der Gesamtnachfolge genügen, indem sie das allgemeine schutzwürdige Vertrauen ermöglicht, daß alle im Nachlasse befindlichen Sachen zur Erbschaft gehören. In diesem Falle ist daher für den Ersitzungsbeginn des Erben ein Erfahren des Vorhandenseins der Sache nicht einmal erforderlich, geschweige denn deren persönliche Wahrnehmung oder gar deren Besitzergreifung.

[96]) Vgl. KommRGR. § 943 Erl. 3.

so darf diese Ersitzungszeit nach der Absicht des § 943 auch nur einem solchen Rechtsnachfolger angerechnet werden, der auf den Rechtsanschein seines Eigentumes schutzwürdig vertraut[97]) und gegen den nicht eine Unterbrechung läuft[98]) [99]).

Wenn daher dem Erben, der mangels Kenntnis vom Erbgang auf den Rechtsanschein seines Eigentumes nicht vertraut hat, nach § 943 nicht zu helfen ist, so kann ihm doch § 944 dienlich sein:

> „Die Ersitzungszeit, die zugunsten eines Erbschaftsbesitzers verstrichen ist, kommt dem Erben zustatten."

In die Hände eines Erbschaftsbesitzers als Scheinerben gelangt die Erbschaft oder etwas aus der Erbschaft (§ 2018) namentlich dann, wenn der wahre Erbe unbekannt ist und infolgedessen meist auch seine Erbfolge nicht kennt. Nach § 944 soll nun die zugunsten des Scheinerben verstrichene Ersitzungszeit dem wahren Erben zustatten kommen[100]). Dies bedeutet, daß der Scheinerbe im Interesse des wahren Erben in Ansehung der Extensität des Eigenbesitzes (Rechtsanscheines) und des schutzwürdigen Vertrauens so behandelt werden soll, wie wenn er schon wahrer Erbe gewesen wäre. Zunächst findet demgemäß auf ihn im Interesse des wahren Erben eine Analogie des § 857 und eine solche des § 943 Anwendung[101]). Nach jener gilt der Eigenbesitz des Erblassers als auf ihn übergegangen. Nach dieser kommt ihm, dem wahren Erben zuliebe, die während des Eigenbesitzes des Erblassers verstrichene Ersitzungszeit zustatten, freilich im Sinne sowohl des § 943[102]), als auch des § 944[103]) unter der Voraussetzung, daß er auf den Rechtsanschein seines Eigentumes vom Besitzerwerbe, d. h. vom Eintritte des Erbfalles an schutzwürdig vertraut[104]). Dies setzt Kenntnis vom Erbfalle voraus. Solche wird der Erbschaftsbesitzer als Scheinerbe gerade dann, wenn der Erbe sie nicht hat, durchweg haben, so daß gerade dieserhalb dem wahren Erben, dem mangels der Kenntnis vom Eintritte seiner Erbfolge § 943 nichts nützen kann, nach § 944 zu helfen ist. Außer der während des Besitzes eines gutgläubigen Erblassers bis zu seinem Tode ununterbrochen verstrichenen Ersitzungszeit im Sinne des § 943 fällt unter den Begriff der zugunsten des Erbschaftsbesitzers verstrichenen Ersitzungszeit nach der Meinung des § 944 auch die vom Tode des Erblassers bis zur Herausgabe der Sache an

---

97) Vgl. Kober § 943 Erl. bβ: „Wenn zwar der Rechtsvorgänger Eigenbesitz und guten Glauben hatte, diese Voraussetzungen aber oder auch nur eine von ihnen bei dem Rechtsnachfolger fehlen, so kann eine Fortsetzung der Ersitzung oder eine neue Ersitzung überhaupt nicht statthaben."

98) Wegen Fehlens des Rechtsanscheines oder des Vertrauens oder der Schutzwürdigkeit.

99) Unterbrechung und Hemmung wirken gegenüber der Personenreihe des § 943 geradeso wie gegenüber einer einzigen Person.

100) Erbschaftsbesitzer und demgemäß Scheinerbe im Sinne des § 944 ist „jeder, der im Kausalzusammenhange mit vorgeblichem Erbrechte die fragliche Sache in Händen hat; es kommt nicht darauf an, ob er außer der Sache, deren Ersitzung in Frage steht, noch mehr aus der Erbschaftbesitzt". So richtig Kipp(-Windscheid) 1, 940.

101) Die Analogie des § 857 ist neben derjenigen des § 943 eine notwendige Folge des in § 944 zugrunde liegenden Gedankens, daß im Interesse des wahren Erben der Erbschaftsbesitzer als Scheinerbe wie der wahre Erbe behandelt werden soll. Sie kann auch, namentlich dann, wenn einerseits der Erbe seine Erbfolge nicht gekannt, andererseits der Erbschaftsbesitzer erst einige Zeit nach dem Tode des Erblassers die Erbschaft in Besitz genommen hat, für eine zugunsten des Erben durch die Ersitzungshilfe des Erbschaftsbesitzers zu erzielende möglichst weitgehende Vermeidung einer Unterbrechung der Ersitzung nicht entbehrt werden. Vgl. auch unten S. 68 A. 121.

102) Vgl. oben S. 59f.

103) „Die Ersitzungszeit, die zugunsten eines Erbschaftsbesitzers verstrichen ist, kommt dem Erben zustatten."

104) Zutreffend M. Wolff a. a. O. § 71 I b A. 14: „Die Meinung der II. Kommission ... daß der böse Glaube des Erbschaftsbesitzers in Ansehung seines Erbrechtes die Anrechnung der Besitzzeit nicht hindere, kommt im Gesetze nicht zum Ausdruck."

den wahren Erben abgelaufene Besitzzeit des gutgläubigen Erbschaftsbesitzers. Beide Besitzzeiten, die des Erblassers und die des Erbschaftsbesitzers als Scheinerben, sollen nach § 944 dem wahren Erben zustatten kommen, natürlich im Falle seines Eintrittes in eine noch nicht vollendete Ersitzung unter derselben Voraussetzung, unter welcher nach § 943 die während des Besitzes des Erblassers verstrichene Ersitzungszeit unmittelbar dem Erben zustatten kommt, d. h. unter der Voraussetzung, daß der Erbe vom Besitzerwerb an, im Falle des § 944 also von der Herausgabe an, gutgläubig ist.

Die nach § 944 dem wahren Erben zustatten kommende, zugunsten des Erbschaftsbesitzers verstrichene Ersitzungszeit braucht aber in concreto die Besitzzeit des Erblassers nicht mit zu umfassen. Vielmehr ist es auch möglich, daß sie erst mit dem Tode des Erblassers beginnt, nämlich dann, wenn die Besitzzeit des Erblassers für diesen keine Ersitzungszeit war, weil er nicht Eigenbesitzer, sondern Fremdbesitzer war[105]) oder weil er nicht den guten Glauben hatte[106]).

Der Erbschaftsbesitzer kann daher nicht nur eine vom Erblasser begonnene[107]), sondern auch eine von ihm selbst begonnene Ersitzung zugunsten des Erben sowohl fortsetzen als auch vollenden[108]). Vollendet er sie und erfährt der Erbe erst nachträglich seine Erbfolge, so kann letzterem böser Glaube nun nicht mehr schaden, da der Erbe mit der Vollendung der Ersitzung durch den Erbschaftsbesitzer Eigentum erlangt hat[109]).

Das sagt zwar § 944 nicht unmittelbar. Es folgt aber aus dem Prinzip des § 944. Danach soll der Erbschaftsbesitzer, obschon er in Wirklichkeit weder Rechtsnachfolger des Erblassers noch Rechtsvorgänger des wahren Erben ist, doch, weil er Scheinerbe ist, zugunsten des wahren Erben im Verhältnise zum Erblasser wie der wahre Erbe, also wie der Rechtsnachfolger des Erblassers, und im Verhältnisse zum wahren Erben wie dessen Rechtsvorgänger behandelt werden. Dies beruht in der nahen Beziehung, die zwischen Scheinerbrecht und wahrem Erbrechte, zwischen Scheineigentum und wahrem Eigentume, zwischen deutschrechtlicher Gewere und Eigentum besteht. Rechtschein und Recht können sich so nahe sein, daß sie fast ineinander übergehen. Von diesem engen Zusammenhange beider[110]) bis zur Analogie der Rechtsnachfolgerschaft des wahren Erben im Verhältnisse zum Scheinerben sowie des Scheinerben im Verhältnisse zum Erblasser ist nur ein Schritt. In Ansehung der Erbschaft ist ja dann die Reihe vom Erblasser herunter: 1. Eigentum des Erblassers; 2. Scheineigentum des Erbschaftsbesitzers; 3. Eigentum des wahren Erben. So ist es nicht verwunderlich, wenn man im § 944 der freilich überwiegend unbewußten Idee einer Quasi-Rechtsnachfolgerschaft des Erbschaftsbesitzers im Verhältnisse zum Erblasser und einer Quasi-Rechtsvorgängerschaft desselben im Verhältnisse zum Erben Raum gab[111]).

---

[105]) Vgl. Brodmann § 943 Erl. 2.

[106]) Vgl. Kipp(-Windscheid) 1, 939.

[107]) Mit Recht macht der KommRGR. zu § 944 geltend, daß der Beginn der Ersitzungszeit im Sinne dieses Paragraphen „auch auf die Besitzzeit des Erblassers zurückgeführt werden kann, wenn dieser im Eigenbesitze war". Ebenso Biermann § 944 Erl. 2.

[108]) Vgl. RGRKomm. zu § 944; Biermann a. a. O.

[109]) Vgl. Biermann a. a. O.

[110]) Der Gedanke eines „inneren Zusammenhanges zwischen dem Besitze des vermeintlichen Erben und demjenigen des wahren Erben" ist schon in der II. Komm. aufgetaucht. (Vgl. Prot. 3, 237.)

[111]) Solchen Schritt konnte man um so leichter tun, als die accessio temporis des § 943 gerade darin ihren Grund haben sollte, daß zwar nicht das schutzwürdige Vertrauen auf den Rechtsanschein, wohl aber der Eigenbesitz als Rechtsanschein im Wege einer Rechtsnachfolge (Sonder- oder Gesamtnachfolge) übergeht. Diese Rechtsnachfolge in den Rechtsanschein war es, welche die Mo-

Diese Idee der Quasi-Rechtsnachfolgerschaft des Erben im Verhältnisse zum Erbschaftsbesitzer erfordert es aber, dem Erben, der seine Erbfolge erst erfährt, nachdem der Erbschaftsbesitzer die von ihm fortgesetzte oder begonnene Ersitzung schon vollendet hat, solche Ersitzung zustatten kommen zu lassen, einerlei, ob der Erbe nunmehr über die Zugehörigkeit der Sache zum Nachlaß in gutem oder bösem Glauben ist, also ob er auf den Anschein seines Eigentumes vertraut oder nicht vertraut. Eine Bestätigung liefert § 2026:

„Der Erbschaftsbesitzer kann sich dem Erben gegenüber, solange nicht der Erbschaftsanspruch verjährt ist, nicht auf die Ersitzung einer Sache berufen, die er als zur Erbschaft gehörend im Besitze hat."

Auch diese Vorschrift wird erst dadurch erklärbar, daß der Erbe in Ansehung der Ersitzung einer in der Erbschaft befindlichen Sache, freilich nur im Verhältnisse zum Erbschaftsbesitzer, als dessen Quasi-Rechtsnachfolger behandelt wird. Insoweit hiernach der Erbschaftsbesitzer als Quasi-Rechtsvorgänger nicht in Betracht kommt, also Dritten gegenüber, insbesondere gegenüber dem früheren Eigentümer, kann sich der Erbschaftsbesitzer zwar nicht auf die von ihm bloß fortgesetzte und vollendete, wohl aber auf die von ihm begonnene und vollendete Ersitzung[112]) jederzeit berufen. Anders jedoch im Verhältnisse zum Erben. Ihm gegenüber steht der Erbschaftsbesitzer in Ansehung des Eigentumes an der ersessenen Sache, einerlei, ob er die Ersitzung bloß fortgesetzt und vollendet, oder ob er sie begonnen und vollendet hat, wie ein Rechtsvorgänger da. Ihn muß er wie einen Rechtsnachfolger gelten lassen. Dem Erben gegenüber, insbesondere, wenn er die Sache herausverlangt, kann sich daher der Erbschaftsbesitzer auf die Ersitzung der Sache nicht berufen[113]). Letzteres ist dem Erb-

tive 3, 353 im Auge hatten, wenn sie sagten: „Die Ersitzungslage ist, wenn auch kein erworbenes Recht, doch eine Rechtsposition, welche ebenso wie das Eigentum im Wege der Singular- und Universalsukzession übertragen wird." Hier macht sich der von Jhering in seiner Schrift „Grund des Besitzschutzes" S. 45ff. (1869) ausgeführte Gedanke des Besitzes als Eigentumsposition, als präsumtiven Eigentumes, als Scheinrechtes bemerkbar. Was lag dann näher, als auch die Aufeinanderfolge des Eigenbesitzes des Erblassers, Erbschaftsbesitzers und Erben wie eine Rechtsnachfolge in den Rechtsanschein zu behandeln? Daß so sich der § 944 erklärt, wird dadurch bestätigt, daß die Motive 3, 356 den jetzigen § 2026, wonach der Erbschaftsbesitzer sich zwar Dritten gegenüber, aber vor der Verjährung des Erbschaftsanspruches nicht dem Erben gegenüber auf die Ersitzung berufen kann, mit der Begründung rechtfertigen, die Ersitzung habe hier nur zu einem „mit der Erbenposition des Ersitzenden verbundenen Eigentume" geführt.

Auch Brodmann § 944 Erl. 2 findet in § 944 den Gedanken, daß der Erbschaftsbesitzer in Ansehung der Ersitzung zugunsten des Erben wie dessen Rechtsvorgänger behandelt werden solle.

112) Dem Erbschaftsbesitzer selbst kommt die Ersitzungszeit des Erblassers und des von ihm etwa aus dem Eigenbesitze verdrängten Erben (vgl. darüber unten S. 70) nicht zustatten. Für sich selbst kann er daher nur auf Grund eigenen zehnjährigen redlichen Eigenbesitzes ersitzen. (Vgl. M. Wolff a. a. O S. 211; Biermann § 944 Erl. 2b; Brodmann § 944 Erl. 3). Das fällt aber nicht unter § 944, sondern unter § 937. Schon aus § 944 folgt jedoch, daß der Erbschaftsbesitzer solche für sich selbst begonnene und vollendete Ersitzung gegenüber dem Erben nicht geltend machen kann. Dies ist durch § 2026 ausdrücklich gesagt, freilich unter vernünftiger Begrenzung auf die Zeit, während welcher der Erbschaftsanspruch des Erben gegen den Erbschaftsbesitzer noch nicht verjährt ist (anders noch Entw. I § 888. Die Beschränkung ist erst von der II. Komm. hinzugefügt. Vgl. Prot. 3, 236). Mittelbar ergibt der § 2026 gleichzeitig, daß der Erbschaftsbesitzer sich auf eine eigene zehnjährige Ersitzung gegenüber Dritten, insbesondere gegenüber dem bisherigen Eigentümer berufen kann.

113) Die Motive 3, 356 meinen, dies führe „nicht zu einem doppelten relativen Eigentume des wahren Erben gegenüber dem Putativerben und des letzteren gegen alle übrigen Personen, sondern nur zu einem im Wege der Ersitzung entstehenden, aber mit der Erbenposition des Ersitzenden verbundenen Eigentume."

M. E. ist es durchaus zutreffend, daß das von dem Erbschaftsbesitzer als Scheinerben ersessene Eigentum mit seiner Erbenposition verbunden ist. Mit dieser geht es auf den wahren Erben über. Demgemäß steckt darin der Gedanke der Quasi-Rechtsnachfolge. Ob man jenes Eigentum deshalb relatives Eigentum nennen darf, weil es vom Scheinerben wegen solcher Quasi-Rechtsnachfolge gegenüber dem wahren Erben nicht geltend gemacht, wohl aber Dritten, die ja nicht als Quasischaftsbesitzer erst dann möglich, wenn der Erbschaftsanspruch verjährt ist. Denn dann ist es so anzusehen, wie wenn der Erbschaftsbesitzer die Sache im Wege einer außerordentlichen Ersitzung vom Erben zurückerworben habe.

Dem Erben, der seine Nachfolge erst erfährt, nachdem der Erbschaftsbesitzer die von ihm fortgesetzte oder begonnene Ersitzung schon vollendet hat, kommt demnach letztere zustatten, gleichgültig, ob er jetzt gutgläubig ist oder nicht. Dagegen muß der Erbe, der die vom Erbschaftsbesitzer fortgesetzte oder begonnene Ersitzung seinerseits fortsetzt, ebenso wie der Erbschaftsbesitzer, der die Ersitzung des Erblassers fortsetzt oder selbst die Ersitzung beginnt, und ebenso wie der Erblasser während seiner ganzen Besitzzeit gutgläubig sein, also auf einen entsprechenden Rechtsanschein schutzwürdig vertrauen. Jeder von den dreien (Erblasser, Erbschaftsbesitzer, Erbe) muß auf den Anschein seines Eigentumes vertrauen. Dies muß für den wahren Erben lediglich ein Anschein des Eigentumes des Erblassers oder, was dasselbe ist, ein Anschein der Zugehörigkeit der Sache zum Nachlasse, für den Erbschaftsbesitzer als Scheinerben aber außerdem ein Anschein seines Erbrechtes sein[114]). Beide Rechtsanscheine müssen in einem objektiven Tatbestande bestehen, und zwar der Anschein des Eigentums des Erblassers in einem solchen, zufolgedessen sich der Besitz des Erblassers an der Sache nach außen hin, also auch dem Erbschaftsbesitzer oder Erben gegenüber als Eigenbesitz darstellte, dagegen der für den Erbschaftsbesitzer außerdem erforderliche Anschein seines Erbrechtes in einem Tatbestande, der objektiv einen Schluß auf das Erbrecht des Erbschaftsbesitzers gestattete (z. B. Todeserklärung des wahren Erben oder Verborgenheit eines Testamentes des Erblassers). Von dem letzteren Rechtsanscheine kann nicht abgesehen werden. Denn wenn der Erbschaftsbesitzer außer auf den Anschein des Eigentumes des Erblassers nicht auch auf den Anschein seines eigenen Erbrechtes vertraut, so kann von einer zu seinen Gunsten verstrichenen Ersitzungszeit im Sinne des § 944, d. h. von einer solchen, auf Grund deren er bei genügender Dauer selbst ersitzen könnte, nicht die Rede sein. Zudem soll nach der Idee dieser Norm der Erbschaftsbesitzer als Scheinerbe, was die zu seinen Gunsten verstrichene Ersitzungszeit und sein schutzwürdiges Ver-

---

Rechtsnachfolger in Betracht kommen, entgegengesetzt werden kann, ist eine Frage von geringerer Wichtigkeit. M. E. läßt sich aber ein solches Eigentum mit demselben Recht als relatives Eigentum bezeichnen wie ein fiduziarisches Eigentum. (So auch M. Wolff a. a. O. § 71 I 3b A. 13 u. § 88 V. A. M. Oertmann Dogm. J. 66, 289ff.) Im Grunde handelt es sich bei beiden um ein im Außenverhältnis wirksames, im Innenverhältnis unwirksames Scheineigentum, wobei freilich das Innenverhältnis im einen Falle auf Gesetz, im anderen Falle auf Vertrag beruht.

Die Motive 3, 356 führen übrigens die durch § 888 Entw. I vorgesehene, noch nicht durch die Ausnahme für den Fall der Verjährung des Erbschaftsanspruches beschränkte Unwirksamkeit der Ersitzung des Erbschaftsbesitzers gegenüber dem Erben vor allem darauf zurück, daß es „zu einer Inkonsequenz führen könnte, wenn der Putativerbe, welcher nicht durch Ersitzung an die Stelle des wahren Erben in Ansehung der Erbschaft als eines Ganzen treten kann, die Rechte als Erbe an einzelnen Sachen durch Ersitzung gewinnen könne". Dieser Gesichtspunkt ist aber schließlich nicht der entscheidende gewesen.

[114]) Die II. Komm. hielt es für hinreichend, „wenn der Erbschaftsbesitzer, gleichviel ob er in betreff seiner Eigenschaft als Erbe sich in gutem oder bösem Glauben befunden hat, in betreff der Zugehörigkeit der einzelnen Sachen zur Erbschaft in gutem Glauben gewesen ist". Prot. 3, 237. Ebenso Kipp (-Windscheid) 1, 940 Dernburg, BR. 3, § 106 II 3 A. 14; Brodmann § 944 Erl. 1; RGR.Komm. § 944; Kober § 944 Erl. A.

Demgegenüber wird von M. Wolff a. a. O. § 71 I b A. 14 mit Recht angenommen, daß der Erbschaftsbesitzer „erstens die Sache für Eigentum des Erblassers und zweitens sich für den Erben gehalten haben" muß. Ebenso Goldmann-Lilienthal, BGB. II § 19 A. 55; Planck-Greiff § 944 Erl. 1 u. namentlich Biermann § 944 Erl. 2, der hier zutreffend sagt: „Die abweichende Ansicht der Prot., vgl. III 257, ist deswegen nicht von Belang, weil sie sich auf eine Fassung des Paragraphen bezieht, in welcher die entscheidenden Worte: zugunsten eines Erbschaftsbesitzers gerade fehlten."

trauen auf den Rechtsanschein anlangt, zwar im Sinne des § 943 zu schließlichen Gunsten des Erben wie ein Rechtsnachfolger des Erblassers und wie ein Rechtsvorgänger des wahren Erben behandelt werden, aber letzterer soll durch den § 944 auch nicht besser gestellt werden als wie wenn der Erbschaftsbesitzer sein Rechtsvorgänger wäre. Solche Besserstellung würde vorliegen, wenn der Erbschaftsbesitzer nur auf den Anschein des Eigentumes des Erblassers, also auf den Anschein „daß die Sache als Eigentum des Erben zur Erbschaft gehöre", nicht auch auf den Anschein des eigenen Erbrechtes, d. h. des eigenen Eigentumes an der Sache zu vertrauen brauchte[115]). Denn dann würde der Erbschaftsbesitzer geradezu wie ein Vertreter des Erben behandelt werden. Dies liegt durchaus nicht in der Absicht des § 944[116]).

[115]) Hiernach kann ich nicht zustimmen, wenn der KommRGR. die Meinung vertritt, „daß es für den Fall des § 944 nicht darauf ankommen kann, ob der Erbschaftsbesitzer an sein Erbrecht geglaubt hat, sondern nur darauf, ob er den Eigenbesitz in dem Glauben geübt hat, daß die Sache als Eigentum des Erben zur Erbschaft gehöre; denn es würde dem Endzwecke der Begünstigung des wahren Erben widersprechen, wollte man annehmen, daß er gerade dann einen geringeren Schutz genießen sollte, wenn der Erbschaftsbesitzer nicht an sein Erbrecht geglaubt hat". Der hier angenommene Widerspruch scheint mir nicht vorzuliegen. Es ist m. E. schon Begünstigung genug für den wahren Erben, wenn zur Ermöglichung einer accessio temporis zu seinen Gunsten der Erbschaftsbesitzer durch § 944 wie sein Rechtsvorgänger behandelt wird, und zwar auch was den guten Glauben anlangt. Den Erben noch günstiger zu stellen, liegt kein Anlaß vor, da auch auf den wirklichen Eigentümer der Sache Rücksicht genommen werden muß. Für diesen bedeutet jede Begünstigung des Erben im Falle des § 944 einen Nachteil.

Der KommRGR. unterscheidet zwischen der vom Erbschaftsbesitzer zugunsten des Erben und der vom Erbschaftsbesitzer für sich selbst vollendeten Ersitzung. Für erstere verlangt er nur den guten Glauben des Erbschaftsbesitzers, „daß die Sache als Eigentum des Erben zur Erbschaft gehöre", für letztere „den guten Glauben an sein Erbrecht." M. E. ist solche Unterscheidung nicht gerechtfertigt. Vielmehr kann der Erbschaftsbesitzer die Ersitzung zugunsten des Erben nur auf Grund des gleichen guten Glaubens vollenden, dessen er zu einer Ersitzung für sich selbst bedarf (vgl. oben S. 64). Dies folgt auch aus § 2026. Es ist ja ganz dieselbe Ersitzung, die der Erbschaftsbesitzer nach § 2026 Dritten gegenüber als Ersitzung für sich selbst geltend machen kann, nicht aber, solange der Erbschaftsanspruch noch nicht verjährt ist, dem Erben gegenüber, weil sie diesem gemäß § 944 zustatten kommt.

Die genannte Unterscheidung des KommRGR. führt auch zu weiteren, m. E. unhaltbaren Folgerungen. Der Kommentar nimmt sie a. a. O. auf sich, indem er ausführt:

„Wenn also der Erbschaftsbesitzer mit dem aus der Erbschaft Erlangten auch die betreffende Sache an den Erben herausgibt (§ 2018), so ist zweierlei möglich. Entweder befand sich der Erbschaftsbesitzer in gutem Glauben an sein Erbrecht und hat deshalb das Eigentum an der Sache für sich erworben, oder er war insoweit schlechtgläubig und hat das Eigentum nicht erworben, weder für sich noch etwa für den Erben. Für diesen schon deshalb nicht, weil er ihn nicht vertritt.

Der Erbe empfängt in dem zweiten Falle also eine Sache, die noch im Eigentume des Dritten steht, er erwirbt aber selbst das Eigentum daran durch Ersitzung, sobald er den Besitz erlangt ... In dem ersten Falle hat zwar der Erbschaftsbesitzer die Ersitzung beendet und selbst Eigentum erworben mit der Wirkung, daß der dritte Eigentümer sein Eigentum verloren hat, aber bei der Herausgabe der Sache an den Erben überträgt er das ersessene Eigentum nicht auf diesen. Der Erbe wird nicht der Rechtsnachfolger des Erbschaftsbesitzers, im Verhältnis zum Erben gilt dieser überhaupt nicht als Eigentümer der Sache (§ 2026). Auch für den ersten Fall ist daher anzunehmen, daß der Erbe mit der Erlangung des Besitzes an der Sache das Eigentum ebenso selbständig durch eigene Ersitzung erwirbt wie in dem oben erörterten zweiten Fall."

Diese m. E. nicht überzeugenden Ausführungen scheinen mir, abgesehen von der bereits beanstandeten Unterscheidung namentlich daran zu leiden, daß sie den übereinstimmenden Zweck des § 944 und des § 2026 übersehen, nämlich die ratio, den wahren Erben, wenn er auch nicht Rechtsnachfolger des Erbschaftsbesitzers ist, doch im Verhältnis zu diesem wie einen solchen zu behandeln.

[116]) In der II. Komm. wurde allerdings von einer Seite „die Auffassung als möglich bezeichnet, daß die Erbschaft selbst als Ganzes die Ersitzung fortsetze und der Erbschaftsbesitzer nur als Vertreter derselben zu behandeln sei." (Vgl. Prot. 3, 237.) Dieser Meinung ist jedoch mit Recht keine Folge gegeben worden.

Von anderer Seite wurde in der II. Komm. „darauf hingewiesen, daß das römische Recht die Handlungen des Erbschaftsbesitzers unter den Gesichtspunkt der Geschäftsführung bringt und daß die Voraussetzungen der Ersitzung zunächst nach der Person des Erbschaftsbesitzers zu beurteilen seien, zu welchem dann der wahre Erbe in einem Verhältnis ähnlich wie ein Rechts-

Das schutzwürdige Vertrauen auf den betreffenden Rechtsanschein ist nach dem Prinzip des § 944 für den Erblasser, Erbschaftsbesitzer und Erben gerade so im Sinne einer bloßen accessio temporis zu vermuten wie auf Grund des § 943 für einen Rechtsvorgänger und für einen näheren und entfernteren Rechtsnachfolger. Zugunsten eines jeden gilt also für den Zeitpunkt seines Besitzerwerbes die zweifach widerlegliche, für die Fortdauer seines Besitzes die einfach widerlegliche Vermutung des schutzwürdigen Vertrauens.

Einem Erben, der seine Erbfolge nicht kennt, der darum auf den Anschein seines Eigentumes nicht vertraut, und dem deshalb nach § 943 sich nicht helfen läßt, kann demnach durchaus im Rahmen einer accessio temporis nach § 944 Ersitzungshilfe zuteil werden.

Wenn freilich der Erbschaftsbesitzer bösgläubig ist, so versagt auch diese Hilfe. Im übrigen kommt es dann darauf an, ob der Erbschaftsbesitzer auf den Anschein des Eigentumes des Erblassers oder lediglich auf den Anschein seines Erbrechtes nicht schutzwürdig vertraut. Im ersteren Falle besteht m. E. weder ein Bedürfnis noch eine Möglichkeit, dem seine Erbfolge nicht kennenden Erben einen Ersatz für die Ersitzungshilfe des Erbschaftsbesitzers zu gewähren. Eher könnte man versucht sein, ein derartiges Bedürfnis anzuerkennen, wenn der Erbschaftsbesitzer bloß auf den Anschein seines Erbrechtes nicht schutzwürdig vertraut. In diesem Falle kann auch eine entsprechende Möglichkeit in Frage kommen. Dann ließe sich nämlich der Erbschaftsbesitzer wie irgendein Dritter ansehen, an den der Erbe als Eigenbesitzer (§ 857) den Eigenbesitz ohne seinen Willen verloren hat. Wenn also solchenfalls (nach inzwischen erlangter Kenntnis von der Erbfolge) der Erbe von dem Erbschaftsbesitzer den Eigenbesitz binnen Jahresfrist oder mittels einer innerhalb dieser Frist erhobenen Klage wiedererlangt hat, so würde gemäß § 940 zugunsten des Erben die durch den Verlust des Eigenbesitzes eingetretene Unterbrechung der Ersitzung als nicht erfolgt gelten. Aber damit wäre die Unterbrechung der Ersitzung noch nicht beseitigt, die dadurch eingetreten ist, daß der Erbe eine Zeitlang mangels Kenntnis von der Erbfolge nicht auf den Anschein seines Eigentumes vertraut hat. So entfällt die Möglichkeit, für den Fall, daß der Erbschaftsbesitzer zwar auf den Anschein des Eigentumes des Erblassers, nicht aber auf den Anschein seines Erbrechtes schutzwürdig vertraut hat, dem Erben unter Heranziehung des § 940 einen gewissen Ersatz für die Ersitzungshilfe des Erbschaftsbesitzers zu geben.

Aus demselben Grunde läßt sich dem Erben auch nicht helfen, wenn während seiner Unkenntnis von der Erbfolge nicht ein Erbschaftsbesitzer, sondern ein bösgläubiger Dritter, der also nicht einmal wie ein bösgläubiger Erbschaftsbesitzer Scheinerbe ist, sei es den ganzen Nachlaß, sei es bloß die Sache an sich genommen hat. Auch diesfalls kann der Erbe mittels des § 940 zwar die Unterbrechung wegen Verlustes des Eigenbesitzes, also wegen des Verlustes des Rechtsanscheines, nicht aber die Unterbrechung wegen fehlenden Vertrauens auf den Rechtsanschein vermeiden.

Anders steht es, wenn der bösgläubige Dritte entweder den ganzen Nachlaß oder nur die Sache einem gutgläubigen Erbschaftsbesitzer fortnimmt. Denn

nachfolger stehe" (Prot. 3, 237). Hier sind zwei durchaus gegensätzliche Gesichtspunkte miteinander vereinigt. Nur derjenige einer Analogie der Rechtsnachfolge des Erben, also einer Rechtsvorgängerschaft des Erbschaftsbesitzers ist der richtige. Dagegen kann von einer Geschäftsführung des Erbschaftsbesitzers keine Rede sein. Der Erbschaftsbesitzer führt die Geschäfte der Erbschaft nicht im Interesse des Erben, sondern in seinem eigenen Interesse. Als Geschäftsführer für den Erben kann nur jemand betrachtet werden, der das Interesse des Erben wahrnimmt, insbesondere solange dieser selbst dazu nicht in der Lage ist, z. B. ein Nachlaßpfleger oder sonstiger Erbenvertreter (vgl. darüber unten S. 68 ff.).

dann hat der Erbschaftsbesitzer die Möglichkeit, gemäß § 940 die Unterbrechung wegen Verlustes des Besitzes (Rechtsanscheines) zu vermeiden. Auf dem Wege der Ersitzungshilfe des Erbschaftsbesitzers kommt dann dem Erben nicht bloß dies zugute, sondern ebenso die Tatsache, daß solchenfalls durch den guten Glauben des Erbschaftsbesitzers auch eine Unterbrechung wegen fehlenden Vertrauens ausgeschlossen ist.

Der Erbe gelangt also mit § 940 nicht zum Ziele, wenn der bösgläubige Dritte ihm selbst während seiner Unkenntnis von der Erbfolge den Eigenbesitz entzogen hat. Wohl aber kann er durch die Vermittelung des Erbschaftsbesitzers den Schutz des § 940 genießen, wenn der Dritte dem Erbschaftsbesitzer die Sache weggenommen hat. Dieser Gegensatz, der zunächst befremdlich erscheinen könnte, hat auf der einen Seite seinen Grund darin, daß der § 940 nur einer Lücke in der Extensität des Rechtsanscheines begegnen soll, nicht einer Lücke in der Extensität des schutzwürdigen Vertrauens[117]). Ein Erbe, der seine Erbfolge nicht kannte und dem während seiner Unkenntnis ein bösgläubiger Dritter den Eigenbesitz entzogen hat, kann daher nach Kenntniserlangung mittels des § 940 wohl die Lücke des Rechtsanscheines, nicht aber diejenige des Vertrauens vermeiden[118]). Andererseits hat die Ersitzungshilfe des gutgläubigen Erbschaftsbesitzers gemäß § 944 den Zweck, nicht bloß eine Lücke des Besitzes, also des Rechtsanscheines, sondern auch eine solche des Vertrauens auszufüllen. Dadurch, daß ein bösgläubiger Dritter dem Erbschaftsbesitzer den Besitz der Sache nimmt, entsteht in der Ausfüllung eine neue Lücke (und zwar lediglich eine solche des Rechtsanscheines), wenn der Erbschaftsbesitzer dem nicht mit Hilfe des § 940 vorbeugt. Tut er dies, so bleibt die Ausfüllung lückenlos, was natürlich dem Erben im Wege der Ersitzungshilfe des gutgläubigen Erbschaftsbesitzers mittelbar zustatten kommen muß.

Von diesen Gesichtspunkten aus kann man im Falle der Dejektion des seine Erbfolge nicht kennenden Erben durch einen bösgläubigen Erbschaftsbesitzer oder Dritten eine dem Erben zu gewährende besondere Ersitzungshilfe auch nicht als ein Bedürfnis ansehen. Wegen der rechtsvernichtenden Wirkung, welche die Ersitzung für den Eigentümer mit sich bringt, verträgt der das Ersitzungsinstitut allein rechtfertigende Grundsatz lückenloser Extensität des Rechtsanscheines und des schutzwürdigen Vertrauens[119]) keine Ausnahme. Die §§ 944 und 940 sind keine Ausnahmen, sondern im Grunde Bestätigungen des Prinzips, § 944 in Ansehung des Besitzes als Rechtsanscheines und des schutzwürdigen Vertrauens, § 940 mit Bezug auf den Rechtsanschein. Eine Ausnahme von dem Erfordernisse lückenloser Extensität des schutzwürdigen Vertrauens

---

[117]) Der Unterschied zwischen der Ersitzungshilfe des § 940 und derjenigen des § 944 besteht also nicht bloß darin, daß es sich dort um die Anrechnung eines verhältnismäßig sehr kurzen Zwischenbesitzes, hier um die unbeschränkte Anrechnung der Besitzzeit des Scheinerben zugunsten des wahren Erben handelt (vgl. Prot. 3, 237), sondern auch darin, daß nach § 940 bloß ein Zwischenbesitz, nach § 944 aber auch ein Zwischenvertrauen angerechnet wird.

[118]) Gerade wie in dem Falle, in welchem ein bösgläubiger Erbschaftsbesitzer dem Erben während seiner Unkenntnis von der Erbfolge den Eigenbesitz entzogen hat. (Vgl. oben S. 66f.) Wenn also M. Wolff, Sachenrecht S. 211 [1926], meint, daß „man dem Erben bisweilen auch bei Bösgläubigkeit des Erbschaftsbesitzers mit Hilfe von § 940 II helfen" könne (vgl. auch Kipp[-Windscheid] 1, 939), so trifft dies nach unserer im Text entwickelten Auffassung nur zu, sofern der bösgläubige Erbschaftsbesitzer den seine Erbfolge bereits kennenden Erben aus dem Eigenbesitze verdrängt hat. Denn dann kann von dem Erben die Lücke des Rechtsanscheines vermittels des § 940 II vermieden werden, während wegen der Kenntnis des Erben von der Erbfolge es der Vermeidung einer Lücke des Vertrauens gar nicht bedarf.

[119]) Die verschiedene Wirkung von Unterbrechung und Hemmung der Ersitzung beruht gerade darauf, daß bei jener eine Lücke in der Extensität des Rechtsanscheines oder des schutzwürdigen Vertrauens vorhanden ist, bei dieser nicht.

aber würde es sein, wenn man einem Erben, der seine Erbfolge nicht kannte und von einem bösgläubigen Erbschaftsbesitzer oder Dritten aus seinem Eigenbesitze dejiziert ist, durch den § 940 nicht bloß in Ansehung des Rechtsanscheines, (auf den sich der § 940 allein bezieht und der in dem daselbst vorausgesetzten Falle trotz des Eigenbesitzverlustes niemals verloren war[120]), sondern auch in Ansehung des schutzwürdigen Vertrauens Ersitzungshilfe gewähren wollte.

Die Ersitzungshilfe, die nach § 944 der gutgläubige Erbschaftsbesitzer als Scheinerbe dem wahren Erben leistet, ist eine unbewußte und unbeabsichtigte. Schon aus § 944 folgt aber auch die Möglichkeit einer entsprechenden bewußten und beabsichtigten Ersitzungshilfe. Diese Hilfe kann dem Erben durch jemanden zuteil werden, der, ohne daß ein Erbschaftsbesitzer sich der Erbschaft bemächtigt hat, für den seine Erbfolge nicht kennenden, etwa abwesenden Erben im Vertrauen auf dessen Eigentum den Besitz ausübt. Denn wenn bereits ein Erbschaftsbesitzer, der doch für sich die Sache besitzen will, dem Erben Ersitzungshilfe leisten kann, so muß hierzu erst recht derjenige in der Lage sein, der von vornherein für den Erben besitzt. Was der Erbschaftsbesitzer, der tatsächlich eine gegensätzliche Rechtsstellung gegenüber dem Erben behauptet, zu dessen Gunsten tun kann, muß auch jemand können, der für ihn handelt. Dies ist aber bereits Vertretung, sei es im Wege der Geschäftsführung ohne Auftrag, sei es gemäß Auftrag des Erblassers, sei es zufolge amtlichen Auftrages (insbesondere Bestellung als Testamentsvollstrecker oder als Nachlaßpfleger) und gehört daher nicht mehr unter § 944[121]).

Insoweit also ein Bedürfnis besteht, auch zugunsten des Erben, der seine Erbfolge nicht kennt, die Ersitzung laufen zu lassen, wird es gemäß § 944 oder auf dem Wege der Erbenvertretung hinreichend befriedigt. Man hat es daher nicht notwendig, ihn, der in der Tat „gar keinen Glauben in betreff der Sache hat", im Sinne des § 943 als gutgläubigen Rechtsnachfolger des Erblassers zu fingieren, also ihn nicht bloß in den Besitz, sondern auch in den guten Glauben sukzedieren zu lassen, mithin die durch den § 943 beseitigte successio in usucapionem auf einem Umwege doch wieder einzuführen. Die Art, wie nach unseren Ausführungen gemäß § 944 die zugunsten des Erbschaftsbesitzers verstrichene Ersitzungszeit dem Erben zustatten kommt, läßt sich demgegenüber durchaus folgerichtig im Rahmen einer bloßen accessio temporis halten. Dies bedeutet aber nach unseren Erörterungen, daß, wie schon dem Erblasser, so auch sowohl dem Erbschaftsbesitzer als dem Erben, dem schließlich die Sache herausgegeben wird, für den Zeitpunkt des Besitzerwerbes nur die minder günstige zweifach widerlegliche und erst für die Fortdauer des Besitzes die bloß einfach widerlegliche Vermutung des schutzwürdigen Vertrauens zugute zu bringen ist.

Wie aber, wenn die Sache von einem Erbenvertreter dem Erben herausgegeben wird? Es fragt sich, ob dann für den Zeitpunkt der Herausgabe ebenso wie für den Besitzbeginn des Erbenvertreters die zweifach widerlegliche Vermutung gilt oder ob, wie für die weitere Besitzzeit des Erbenvertreters, so auch von vornherein für die Besitzzeit des Erben, also schon für den Zeitpunkt der Herausgabe, eine bloß einfach widerlegliche Vermutung besteht. Ich möchte letzteres annehmen. Zwar kommt für das schutzwürdige Vertrauen auf den

---

[120]) Vgl. oben S. 48 f.

[121]) Der Fall, daß nach dem Tode des Erblassers bis zur Besitzergreifung durch den Erbschaftsbesitzer eine gewisse Zeit verstreicht, ist von Brodmann § 944 Erl. 2 zwar kurz erwähnt, dann aber nicht weiter berücksichtigt. Auch hier kommt für die Zwischenzeit Ersitzungshilfe durch einen Erbenvertreter in Betracht, vor allem aber die oben S. 61 erörterte Analogie des § 867. Letzterer kommt nahe Biermann zu § 944 Erl. 2.

Rechtsanschein während der Besitzzeit des Erbenvertreters zufolge einer Analogie des § 166[122]) nur die Person des Vertreters, nach der Herausgabe dagegen die Person des Erben in Betracht. Aber es findet doch eben während der Vertretung auch eine Vertretung im schutzwürdigen Vertrauen statt, so daß dieses wie ein Vertrauen des Vertretenen selbst anzusehen ist. Daraus folgt, daß, wie für die weitere Besitzzeit des Erbenvertreters, so auch für den Übergang der Sachinhabung auf den Erben eine bloß einfach widerlegliche Vermutung des schutzwürdigen Vertrauens gelten muß. Hierin ist gerade die Besserstellung zu erblicken, die dem Erben durch die Ersitzungshilfe eines Vertreters im Gegensatze zur Ersitzungshilfe eines Erbschaftsbesitzers zuteil wird[123]). Sie ist auch nicht ungerechtfertigt. Denn wenn ein Vertreter für den Erben die Erbschaft in Händen gehabt hat, ist der Erbe zu der Annahme, daß der bisherige Inhaber der Sache beim Besitzerwerb in Ansehung der Grundlage des schutzwürdigen Vertrauens seine Schuldigkeit getan hat, m. E. eher berechtigt als in dem Falle, in dem ein Erbschaftsbesitzer die Sache gegen ihn besessen hat.

In der Regel wird aber der Erbe im Falle einer Ersitzungshilfe durch einen Erbschaftsbesitzer oder Erbenvertreter noch während dessen Besitzzeit seine Erbfolge erfahren, weil er von ihr durchweg schon vor der Herausgabe der Erbschaft Kenntnis erlangt. Von da an kann er dann in gutem oder bösem Glauben sein. Zum guten Glauben muß es mit Rücksicht auf das Prinzip der Gesamtnachfolge genügen, wenn er ganz im allgemeinen daran glaubt, daß die in der Erbschaft befindlichen Sachen im Eigentume des Erblassers standen. Dies setzt Kenntnis davon, daß die Ersitzungssache sich in der Erbschaft befindet, nicht voraus. Dagegen ist der Erbe nur dann in bösem Glauben, wenn er weiß oder wissen muß, daß die Ersitzungssache nicht dem Erblasser gehörte. Hierzu ist Kenntnis von ihrem Vorhandensein in der Erbschaft erforderlich[124]).

Ist nun der Erbe während der Besitzzeit des Erbschaftsbesitzers in bösem Glauben, so kann die Fortsetzung des gutgläubigen Besitzes durch den Erbschaftsbesitzer ihm nichts mehr nützen. Darum ist, falls der Erbe innerhalb jener Besitzzeit Kenntnis von seiner Erbfolge erlangt, der Zeitpunkt der Kenntniserlangung der entscheidende dafür, ob die Ersitzung zu seinen Gunsten weiterläuft. Auf diesen Zeitpunkt muß daher in solchem Falle die dem Erben zustatten kommende doppelt widerlegliche Vermutung des schutzwürdigen Vertrauens zurückgezogen werden[125]). Sie kann widerlegt werden entweder durch den Beweis, daß der Erbe damals wußte, oder durch den Beweis, daß er in jenem Augenblicke wissen konnte, die Sache gehöre nicht dem Erblasser, welche beiden Beweise den Vorbeweis erfordern, daß der Erbe im genannten

[122]) Unmittelbar ist § 166 hier nicht anzuwenden, da bei der Ersitzung nicht von einer Willenserklärung die Rede sein kann. Über die Behandlung der Ersitzung als Rechtsgeschäft vgl. aber Manigk, ArchBürgR. 25, 324ff.; Kober § 937 Erl. 1c.

[123]) Vgl. oben S. 65.

[124]) Dieser Auffassung kommt einigermaßen nahe Kipp(-Windscheid) 1, 939f., wenn hier gesagt ist: der Erbe „kann auch die Ersitzung vollenden, ohne die Sache in der Erbschaft wahrgenommen zu haben. Nimmt er aber die Sache vor Ablauf der Ersitzung in der Erbschaft wahr, so schadet ihm sein böser Glaube".

[125]) Hiermit berührt es sich, wenn M. Wolff a. a. O. S. 211 meint, daß der Erbe im Augenblicke der Kenntniserlangung vom Erbgange gutgläubig im strengen Sinne sein müsse. In einem gewissen Widerspruche dazu steht es aber, wenn Wolff ebenda schon vor diesem Zeitpunkte einen Ersitzungsbeginn durch den Erben auf Grund guten Glaubens für möglich hält. — Wolff ist hierin etwa beeinflußt durch Kipp(-Windscheid) 1, 940, der aber den Zeitpunkt, für welchen an den guten Glauben des Erben die höheren Anforderungen zu stellen seien, nicht schon mit der Kenntniserlangung vom Erbgange, sondern erst mit der Wahrnehmung der Sache in der Erbschaft als gegeben ansieht. Über den Widerspruch, der für Kipp ebenso wie für Wolff die Folge ist, versucht Kipp a. a. O. hinwegzukommen.

Zeitpunkte Kenntnis vom Vorhandensein der Sache im Nachlasse gehabt habe. Meist wird der Vorbeweis unmöglich sein, weil ein Erbe, der erst während der Besitzzeit eines Erbschaftsbesitzers seine Erbfolge erfährt, vom Vorhandensein der Ersitzungssache im Nachlasse gewöhnlich erst Kenntnis erhält, nachdem ihm die Erbschaft vom Erbschaftsbesitzer herausgegeben und ihm so Gelegenheit gegeben ist, den Bestand der darin befindlichen Sachen festzustellen. An der Nichterbringbarkeit des Vorbeweises wird darum meist schon die Entkräftung der doppelt widerleglichen Vermutung des schutzwürdigen Vertrauens scheitern, die dem Erben, der während der Besitzzeit des Erbschaftsbesitzers seine Erbfolge erfahren hat, für den Zeitpunkt dieser Kenntniserlangung zugute kommt. Die Folge ist, daß von da an ihm die günstigere bloß einfach widerlegliche Vermutung des schutzwürdigen Vertrauens zustatten kommt, gegen welche von den genannten beiden Beweisen, die beide den erwähnten schwer erbringbaren Vorbeweis erfordern, nur der an sich schwierigere Beweis platzgreifen kann, daß der Erbe *gewußt* habe, die Sache gehöre nicht dem Erblasser. Diese günstigere Vermutung läuft auch dann weiter, wenn die Ersitzungssache dem Erben vom Erbschaftsbesitzer herausgegeben wird.

Erfährt der Erbe während der Besitzzeit eines *Erbenvertreters* seine Erbfolge, so ist der Zeitpunkt der Kenntniserlangung, weil der Erbe von da an im guten oder bösen Glauben sein kann, ebenfalls der entscheidende dafür, ob die Ersitzung für ihn weiterläuft. Bisher kam es zwar nach der Analogie des § 166[126]) nur auf den guten oder bösen Glauben des Vertreters an. Aber da dieser nur für den Erben den Besitz ausgeübt hat, setzt von nun an der Erbe in Person die Ersitzung fort. Sein persönliches schutzwürdiges Vertrauen auf den Rechtsanschein seines Eigentumes, also des Eigentumes des Erblassers, ist fortan maßgebend. Aber im Gegensatze zu einem Erben, der während der Besitzzeit eines Erbschaftsbesitzers seine Erbfolge erfährt, genießt er, weil das bisherige schutzwürdige Vertrauen des Erbenvertreters entsprechend § 166 wie sein eigenes anzusehen ist, schon für den Zeitpunkt der Kenntniserlangung wie für die noch folgende Ersitzungszeit den Vorteil der bloß einfach widerleglichen Vermutung des schutzwürdigen Vertrauens.

Wenn der Erbe *gleichzeitig* mit dem *Besitzerwerbe* des Erbschaftsbesitzers oder Erbenvertreters seine Erbfolge erfährt, ist nach Vorigem die zweifach widerlegliche Vermutung seines schutzwürdigen Vertrauens auf diesen Augenblick zurückzubeziehen. Für die weitere Besitzzeit des Erbschaftsbesitzers oder Erbenvertreters sowie für die sich anschließende des Erbens gilt dann die bloß einfach widerlegliche. Auch im übrigen ist dieser Fall entsprechend zu behandeln wie derjenige, in dem der Erbe *während* der Besitzzeit des Erbschaftsbesitzers oder Erbenvertreters Kenntnis von der Erbfolge erhält.

Schließlich ist noch des weiteren Falles zu gedenken, daß der wahre Erbe den Eintritt des Erbfalles und seine Erbfolge *alsbald* erfährt und erst nachträglich von einem Erbschaftsbesitzer als Scheinerben aus dem Besitze verdrängt wird. In diesem Falle kann dem Erben, wenn er und der Erbschaftsbesitzer gutgläubig sind, nach § 943 *und* 944 geholfen werden. Als wirklicher Rechtsnachfolger des Erblassers setzt dann der Erbe gemäß § 943 zunächst die Ersitzung des Erblassers fort. Nach dem Prinzip des § 944 ist aber weiter der Erbschaftsbesitzer als Scheinerbe nicht bloß *wie* ein Rechtsnachfolger des zunächst im Besitz gewesenen wahren Erben, sondern auch *wie* ein Rechtsvorgänger des schließlich wieder in den Besitz gelangten wahren Erben zu behandeln.

---

[126]) Vgl. oben S. 69 A. 122.

Daß ein von vornherein seine Erbfolge kennender Erbe durch einen Erbenvertreter als Vertreter aus dem Besitze verdrängt werden könnte, ist nicht denkbar. Sobald der Vertreter des Erben nicht mehr für diesen, sondern für sich besitzen will, steht er einem beliebigen Dritten gleich, an den der Erbe ohne seinen Willen den Eigenbesitz verloren hat. Dasselbe gilt von einem bösgläubigen Erbschaftsbesitzer, der den Erben aus dem Besitze verdrängte. In diesen sämtlichen drei Fällen hat also der Erbe nach § 940 die Möglichkeit, dadurch, daß er binnen Jahresfrist oder mittels einer innerhalb dieser Frist erhobenen Klage den Eigenbesitz wiedererlangt, eine Lücke in der Extensität des Rechtsanscheines zu vermeiden. Da er seine Erbfolge sofort gekannt hat, konnte er von Anfang an im guten Glauben sein. Diesen vorausgesetzt, ist dann eine Lücke in der Extensität des schutzwürdigen Vertrauens nie entstanden. Der gute Glaube des Erben, also sein schutzwürdiges Vertrauen wird bei sofortiger Kenntnis des Erben von der Erbfolge für den Zeitpunkt des Erbfalles zweifach widerleglich, für die Folgezeit einfach widerleglich vermutet. Wird die betreffende Vermutung nicht widerlegt, so gilt in den genannten drei Fällen als feststehend, daß eine Unterbrechung in der Ersitzung wegen fehlenden schutzwürdigen Vertrauens des Erben nie eingetreten ist[127]).

§ 10

Ersitzung der Lastenfreiheit des Eigentumes

Der Eigenbesitz als Rechtsanschein des Eigentumes ist der Anschein eines lastenfreien Eigentumes. Dies folgt aus § 903:

> „Der Eigentümer einer Sache kann, soweit nicht das Gesetz oder Rechte Dritter entgegenstehen, mit der Sache nach Belieben verfahren und andere von jeder Einwirkung ausschließen."

Hieraus geht hervor, daß das Gesetz die Belastung des Eigentumes mit Rechten Dritter als Ausnahme von der Regel ansieht. Dies bedeutet eine für den Gesetzgeber vorhanden gewesene abstrakte Rechtswahrscheinlichkeit der Lastenfreiheit des Eigentumes. Entsprechend ist dem Richter eine konkrete Rechtswahrscheinlichkeit, eine Rechtsvermutung solcher Lastenfreiheit vorgeschrieben. Für den Eigenbesitzer aber ergibt sich daraus ein Rechtsanschein der Lastenfreiheit seines Eigentumes. Im schutzwürdigen Vertrauen auf diesen Rechtsanschein muß er bei gleicher Extensität des Rechtsanscheines und des schutzwürdigen Vertrauens geradeso geschützt werden, wie er im schutzwürdigen Vertrauen auf den Rechtsanschein seines Eigentumes geschützt wird. Wirkt dieser Schutz sich aus im Erwerbe des Eigentumes durch Ersitzung, so jener im Erwerbe der Lastenfreiheit des Eigentumes durch Ersitzung.

Die Extensität des Rechtsanscheines der Lastenfreiheit erfordert aber auch für den Eigenbesitzer — abgesehen von der Möglichkeit einer Analogie des § 940 II[128]) — einen entsprechenden andauernden Besitz der Lastenfreiheit. Solcher Besitz setzt voraus, daß der Dritte sein das Eigentum belastendes Recht während der Ersitzungszeit gegen den Eigenbesitzer nicht ausgeübt hat[129]).

---

[127]) Insofern ist es richtig, wenn M. Wolff, Sachenrecht § 71 I 3b A. 14, sagt: daß „man dem Erben bisweilen auch bei Bösgläubigkeit des Erbschaftsbesitzers mit Hilfe von § 940 2, helfen" könne (vgl. auch Fischer-Henle, BGB. zu § 944). Inwieweit dies möglich ist, habe ich hier festzustellen gesucht. Nicht möglich ist es, bei Unkenntnis des Erben von seiner Erbfolge (vgl. oben S. 66 ff. bes. S. 67 A. 118). Letzteres muß Wolff leugnen, weil er der, allerdings m. E. irrtümlichen Auffassung ist, daß ein Erbe, der seine Erbfolge nicht kenne, in Ansehung der Ersitzungssache in gutem Glauben sei.

[128]) Vgl. unten S. 74.

[129]) Wovon gewöhnlich die Kehrseite ist, aber nicht zu sein braucht, daß der Eigenbesitzer den Inhalt des Rechtes für sich ausgeübt hat. Vgl. unten S. 76.

Dies liegt in § 945 Satz 2, wenn es hier heißt: „Die Ersitzungszeit muß auch in Ansehung des Rechtes des Dritten verstrichen sein." Zugleich ist hiermit das Erfordernis der Extensität des Vertrauens auf den Rechtsanschein der Lastenfreiheit ausgesprochen. Der Beweis dieser Extensität wird aber gemäß § 945 Satz 1 dem Eigenbesitzer durch ein entsprechendes Vermutungssystem erleichtert, wie es nach § 937 II für die Extensität seines Vertrauens auf den Rechtsanschein des Eigentumes gilt[130]). Ebenso wird zugunsten des Eigenbesitzers die Extensität des Rechtsanscheines der Lastenfreiheit des Eigentumes, also sein die Ersitzungszeit hindurch fortdauernder Besitz dieser Lastenfreiheit, vermutet, d. h. es wird vermutet, daß der Dritte sein das Eigentum belastendes Recht während der Ersitzungszeit gegen den Eigenbesitzer nicht ausgeübt hat. Wenn auch § 938 in § 945 nicht entsprechend für anwendbar erklärt ist, so folgt diese Vermutung zugunsten des Eigenbesitzers doch aus dem Eigenbesitz an sich in Verbindung mit der Vermutung der Lastenfreiheit des Eigentumes, auch aus der Vermutung der Fortdauer eines einmal eingetretenen Zustandes. Dem Dritten ist also anheimgegeben, die Vermutung des Besitzes der Lastenfreiheit durch den Beweis zu widerlegen, daß er sein Recht während der Ersitzungszeit ausgeübt habe[131]).

Mit der Ersitzung des Eigentumes geht hiernach, wenn der Eigenbesitzer während der Ersitzungszeit im Besitze der Lastenfreiheit des Eigentumes ist und auf den hierin liegenden Rechtsanschein der Lastenfreiheit schutzwürdig vertraut, eine Ersitzung der Lastenfreiheit des Eigentumes Hand in Hand[132]).

[130]) Das schutzwürdige Vertrauen des Eigenbesitzers auf den Rechtsanschein der Lastenfreiheit wird also für den Zeitpunkt seines Eigenbesitzerwerbes zweifach widerleglich, für die Fortdauer seines Eigenbesitzes, der gleichzeitig den Besitz der Lastenfreiheit in sich schließen muß, nur einfach widerleglich vermutet.

[131]) Eine ganz andere Auffassung über die Beweislast bei der Ersitzung der Lastenfreiheit vertritt Kober § 945 Erl. 1e. Dagegen kommt Brodmann § 945 Erl. 1b dem hier eingenommenen Standpunkte näher, ohne freilich mit ihm übereinzustimmen.

[132]) Während nach § 936 der Eigentumserwerb durch Übertragung wegen des hierbei sich auslösenden intensiven derivativen Rechtsanscheines (vgl. oben S. 36) der Lastenfreiheit das Erlöschen „der dem Erwerber entschuldbar unbekannten Rechte Dritter an der Sache" (KommRGR. § 945 A. 1) ohne weiteres bewirkt, hat nach § 945 der Eigentumserwerb durch Ersitzung, weil neben dem zu ihm führenden originären extensiven Rechtsanschein eigenen Eigentumes auch nur ein solcher extensiver Rechtanschein der Lastenfreiheit dieses Eigentumes nebenbergeht, die Befreiung der Sache von den Rechten Dritter nur dann zur Folge, wenn der Erwerber diese Freiheit in entsprechender Weise ersessen hat, wie das Eigentum. Die Eigentumsersitzung braucht also eine Freiheitsersitzung nicht notwendig mit sich zu bringen. Vgl. KommRGR. a. a. O. Dieser Kommentar ist aber weiter der Auffassung, daß umgekehrt die Freiheitsersitzung die Eigentumsersitzung zur notwendigen Voraussetzung habe (ebenso Goldmann-Lilienthal 2, § 19 A. 63). Der Wortlaut des § 945 spricht sicher hierfür. Aber man muß ihn ausdehnend interpretieren. Wenn hier nämlich, wie ich im Texte gezeigt habe, für die Freiheitsersitzung ein anderer Rechtsanschein und demgemäß auch ein anderer Gegenstand des schutzwürdigen Vertrauens vorausgesetzt wird als für die Eigentumsersitzung, so ist nicht einzusehen, weshalb nicht die Freiheitsersitzung auch unabhängig von der Eigentumsersitzung vor sich gehen kann. M. Wolff, Sachenrecht (1926) § 71 V, ist daher mit Recht der Meinung, daß der § 945 die durch die Eigentumsersitzung bedingte Freiheitsersitzung nur als den regelmäßigen Fall der Freiheitsersitzung im Auge habe und daß die letztere auch ohne Eigentumsersitzung vor sich gehe, wo immer ihre Voraussetzungen, was freilich selten vorkomme, selbständig erfüllt seien: „so, wenn jemand seine Sache dem Pfandgläubiger wegnimmt und einem Dritten, der das Pfandrecht nicht kennt, nach § 929 übereignet: Der Erwerber erlangt das Eigentum durch Übertragung und kann die Pfandfreiheit ersitzen". Niemals könne allerdings die Lastenfreiheit ersessen werden, bevor auf irgendeine Art das Eigentum erworben sei (vgl. auch Prot. 3, 238). Auf demselben Standpunkte steht Dernburg DR. 3, § 106 Nr. 9; ebenso Erl. zu § 945 Fischer-Henle 1, Biermann 2, Brodmann 2, Kober 2. Im gleichen Sinne sagt Kipp(-Windscheid) 1, 941 mit klassischer Kürze: Nach der Fassung des Gesetzes sollte man annehmen, daß die Freiheitsersitzung „nur eine Begleiterscheinung der Eigentumsersitzung sei; gemeint ist aber (Mot. 3, 356), daß auch dem Eigentümer die Freiheitsersitzung offensteht".

Die Unabhängigkeit der Freiheitsersitzung von der Eigentumsersitzung hat weiter zur Folge, daß auch in dem Regelfalle, wenn beide nebeneinanderlaufen, doch die zehnjährige Ersitzungsfrist für

Diese Freiheitsersitzung unterliegt entsprechender Laufhemmung, Ablaufhemmung, Ablaufunterbrechung und Unterbrechung, wie die Eigentumsersitzung (§ 945 Satz 2, §§ 939—942). Ihr Lauf wird also gehemmt, solange der Dritte wegen einer dilatorischen Einrede des Eigenbesitzers rechtlich gehindert ist, den Anspruch aus seinem das Eigentum belastenden Rechte gegen den Eigenbesitzer geltend zu machen (§§ 945 Satz 2, §§ 939, 202) oder solange er hieran durch ein Pietätsverhältnis (Ehe, minderjährige Kindschaft oder Vormundschaft) sittlich verhindert ist (§ 945 Satz 2, §§ 939, 204). Ebenso wird der Ablauf der Freiheitsersitzung, der die letzten sechs Monate der Ersitzungszeit umfaßt, gehemmt, solange der Dritte an der Geltendmachung seines Anspruches gegen den Eigenbesitzer durch höhere Gewalt, insbesondere Stillstand der Rechtspflege, tatsächlich-rechtlich verhindert ist (§ 945 Satz 2 §§ 939, 203.) Und der Ablauf der Freiheitsersitzung wird unterbrochen, solange der Dritte wegen Geschäftsunfähigkeit oder wegen beschränkter Geschäftsfähigkeit und Fehlens eines gesetzlichen Vertreters tatsächlich-rechtlich verhindert ist, seinen Anspruch gegen den Eigenbesitzer zu erheben, oder solange wegen Todes des Dritten oder des Eigenbesitzers bis zur Annahme der bezüglichen Erbschaft durch den Erben oder bis zur Bestellung eines Nachlaßvertreters eine rechtlich-tatsächliche Beengung in der Geltendmachung des betreffenden Anspruches vorhanden ist (§ 945 Satz 2, § 939, 206, 207). Hemmung (Laufhemmung und Ablaufhemmung) und Ablaufunterbrechung der Freiheitsersitzung erklären sich also daraus, daß der Dritte rechtlich, sittlich oder tatsächlich-rechtlich verhindert ist, durch Verfolgung

---

beide zu verschiedener Zeit enden kann, weil möglicherweise die Eigentumsersitzung ungehemmt läuft, die Freiheitsersitzung aber, etwa wegen eines familienrechtlichen Verhältnisses, gehemmt wird (vgl. Wolff a. a. O.; Erl. zu § 945 Biermann 1c, Kober 1b), wohingegen „umgekehrt niemals die Lastenfreiheit ersessen werden kann, bevor das Eigentum erworben ist". (Wolff a. a. O.)

Es kann sich auch um die Ersitzung der Freiheit von mehreren dinglichen Rechten Dritter handeln. Dann läuft in Ansehung eines jeden dieser Rechte eine besondere Ersitzungszeit (vgl. Kober a. a. O.).

Daß der Eigenbesitzer nicht die Freiheit von solchen dinglichen Rechten ersitzen kann, die er selbst begründet hat (vgl. Wolff ebenda), ergibt sich daraus, daß ihm insoweit das schutzwürdige Vertrauen auf den Rechtsanschein der Freiheit fehlt.

Wenn aber ferner zufolge einer hier erforderlichen entsprechenden Anwendung von § 936 III (vgl. KommRGR. zu § 945 Erl. 4) der mittelbare Eigenbesitzer, der den Eigenbesitz durch Abtretung des Herausgabeanspruches erworben hat, die Freiheit von einem vorher begründeten dinglichen Rechte des unmittelbaren Besitzers nicht ersitzen kann, (vgl. Wolff, Sachenrecht § 71 V vor A. 22; Erl. zu § 945 Brodmann 1a, Kober 1a, Biermann 1b; KommRGR. 4), so ist der Grund hierfür, daß ihm in dieser Beziehung schon der Rechtsanschein der Lastenfreiheit mangelt, weil gerade umgekehrt der Besitzmittler in seinem unmittelbaren Besitz auch den Anschein seines dinglichen Rechtes für sich hat. Hiermit scheint mir der zugrunde liegende Rechtsgedanke noch um ein weniges tiefer erfaßt zu werden, als wenn der KommRGR., a. a. O., ihn keineswegs unzutreffend darin erblickt, „daß der Inhaber eines Rechtes an der Sache durch deren unmittelbaren Besitz vor den rechtszerstörenden Wirkungen des gutgläubigen Erwerbes gesichert sein soll".

Unhaltbar ist m. E. die Ansicht von M. Wolff, Das Recht zum Besitze, Festg. F. Koch, 158 A. 2, Sachenrecht § 71 V, und Brodmann Erl. z. § 945 1a, Kober § 945 Erl. 1d, daß von der Freiheitsersitzung auch ein Nießbrauch nicht betroffen werde, der nach dem Besitzerwerbe des ersitzenden Eigenbesitzers von dem bisherigen Eigentümer gemäß § 1032 Satz 2 mittels Abtretung des Herausgabeanspruches bestellt sei. Vielmehr kommt es dann darauf an, ob der Nießbrauch gegen den Eigenbesitzer ausgeübt ist oder nicht. Nur erstenfalls findet ein Erlöschen des Nießbrauches durch Ersitzung der Lastenfreiheit nicht statt, weil durch die Ausübung des Nießbrauches der Besitz und damit der Rechtsanschein der Lastenfreiheit dem Eigenbesitzer entzogen wird. Solche Entziehung geschieht aber nicht, wenn der Nießbrauch gegen den Eigenbesitzer nicht ausgeübt wird, weshalb er in diesem Falle auch mit der Vollendung der Freiheitsersitzung untergeht. Der letztere Fall ist aber der für die Freiheitsersitzung allein wesentliche, weil die Nichtausübung des Rechtes des Dritten für den Eigenbesitzer stets erst den Besitz der Lastenfreiheit ergibt und daher die Freiheitsersitzung überhaupt bedingt. (Vgl. oben S. 71 f.) Hieraus folgt, daß die eben mitgeteilte Ansicht M. Wolffs, Brodmanns und Kobers fehlgeht. Dagegen ist es richtig, wenn Biermann § 945 Erl. 3 sagt: „Ist das Recht nach dem Ersitzungsbeginne begründet worden, hat z. B. der Eigentümer einen Nießbrauch durch Abtretung des Herausgabeanspruches bestellt (§ 1032), so erlischt es, wenn der Ersitzende die Sache nunmehr noch zehn Jahre besitzt, ohne von dem Rechte etwas zu erfahren."

seines Rechtes dem der Ausübung des Rechtes sich widersetzenden oder den Inhalt des Rechtes selbst ausübenden Eigenbesitzer den Besitz der Lastenfreiheit des Eigentumes streitig zu machen und ihm hierdurch die Schutzwürdigkeit des Vertrauens auf den Rechtanschein der Lastenfreiheit oder diesen Rechtsanschein selbst zu entziehen, mit anderen Worten daraus, daß der Dritte nur durch „echte Not" gezwungen, nur wider seinen Willen sich an seinem Rechte verschweigt und so nur unfreiwillig auf seiten des Eigenbesitzers den Rechtsanschein der Lastenfreiheit und das schutzwürdige Vertrauen auf diesen Rechtsanschein bestehen läßt.

Dagegen hat die Unterbrechung der Freiheitsersitzung ihren Grund darin, daß der Eigenbesitzer entweder den Rechtsanschein der Lastenfreiheit oder die Schutzwürdigkeit des Vertrauens auf diesen Rechtsanschein oder solches Vertrauen an sich verliert. Der Verlust des Rechtsanscheines der Lastenfreiheit tritt für den Eigenbesitzer regelmäßig mit dem Verluste des Besitzes der Lastenfreiheit ein. Der letztgenannte Verlust setzt voraus, daß der dritte Dinglichberechtigte (oder allenfalls auch sonst jemand) eine Art von Besitzstand des betreffenden dinglichen Rechtes erlangt hat. Ob ein solcher Rechtsbesitz eingetreten ist, läßt sich nur von Fall zu Fall je nach der Art des betreffenden dinglichen Rechtes bestimmen. Öfter wird das Recht ein derartiges sein, daß man den § 1029 entsprechend anwenden kann. Danach würde schon einmalige Ausübung des Rechtes für den Rechtsbesitz genügen. Erfolgt freilich diese Ausübung ohne Willen des Eigenbesitzers und verzichtet ihm gegenüber der Dritte binnen Jahresfrist auf weitere Ausübung seines Rechtes, so hat der Eigenbesitzer den ohne seinen Willen verlorenen Besitz der Lastenfreiheit des Eigentumes binnen Jahresfrist wiedererlangt; ebenso wenn dem Dritten binnen Jahresfrist auf Grund einer Klage des Eigenbesitzers die weitere Ausübung des Rechtes gerichtlich verboten wird. In diesen Fällen ist entsprechend dem früher Ausgeführten für den Eigenbesitzer trotz vorübergehenden Verlustes des Besitzes der Lastenfreiheit der Rechtsanschein der Lastenfreiheit bestehen geblieben. Dasselbe ist der Fall, wenn der Eigenbesitzer mittels einer Klage, die er binnen Jahresfrist nach dem ohne seinen Willen geschehenen Verluste des Besitzes der Lastenfreiheit, also binnen eines Jahres nach der gegen seinen Willen erfolgten Rechtsausübung des Dritten erhoben hat, erst nach Ablauf des Jahres ein gerichtliches Verbot solcher Rechtsausübung erzielt, also den Besitz der Lastenfreiheit wiedererlangt. Insoweit hiernach für den Eigenbesitzer trotz zeitweiligen Verlustes des Besitzes der Lastenfreiheit der Rechtsanschein der Lastenfreiheit bestehen geblieben ist, kann natürlich eine Unterbrechung wegen verlorenen Rechtsanscheines der Lastenfreiheit nicht erfolgt sein (§ 945 in Verb. mit § 940 II).

Der Dritte kann die Unterbrechung der Freiheitsersitzung des Eigenbesitzers nicht bloß durch Ausübung seines Rechtes, d. h. durch hiermit bewirkte Entziehung des Besitzes der Lastenfreiheit, also des Rechtsanscheines der Lastenfreiheit, sondern auch dadurch herbeiführen, daß er dem Eigenbesitzer lediglich die Schutzwürdigkeit des Vertrauens auf diesen Rechtsanschein nimmt, indem er sein sonst zur Verschweigung führendes Schweigen bricht, nämlich den Anspruch aus seinem Rechte durch Klage (oder Güteantrag im Güteverfahren) oder gleichstehenden Akt[133]) (insbesondere Zwangsvollstreckung) gegen den Eigenbesitzer oder im Falle eines mittelbaren Eigenbesitzes gegen den Eigenbesitzer oder gegen den unmittelbaren Besitzer verfolgt, der sein Recht zum Besitze von dem Eigenbesitzer ableitet (§ 945 Satz 2, §§ 941, 209ff.).

---

[133]) Vgl. oben S. 51 A. 61.

Diese Unterbrechung der Freiheitsersitzung ist aber wieder in persönlicher Beziehung beschränkt, weil wegen der Klage oder des gleichstehenden Aktes für den Eigenbesitzer ein Anlaß, in seinem Vertrauen auf den Rechtsanschein der Lastenfreiheit wankend zu werden, nur mit Rücksicht auf die Inanspruchnahme des Rechtes durch denjenigen Dritten besteht, der mit der Klage oder dem gleichstehenden Akte als Rechtsprätendent gegen ihn aufgetreten ist. Nur mit Rücksicht auf die förmliche Rechtsbehauptung dieses Prätendenten verliert daher der Eigenbesitzer die Schutzwürdigkeit seines Vertrauens auf den Rechtsanschein der Lastenfreiheit. Nur zugunsten dieses Prätendenten wird deshalb gegebenenfalls die Freiheitsersitzung unterbrochen. Hat also der Prätendent die Rechtsbehauptung durch Klage oder gleichstehenden Akt zu Unrecht erhoben, ist er insbesondere rechtskräftig abgewiesen und ist ein anderer in Wirklichkeit Inhaber des Rechtes, so ist zu dessen Gunsten die Unterbrechung der Freiheitsersitzung nicht eingetreten (§ 945 Satz 2, § 941 Satz 1).

Die in Rede stehende Unterbrechung ist aber nicht nur in persönlicher Beziehung, sondern auch wieder in besonderer Weise zeitlich begrenzt. Sie endigt, wenn der Dritte den Prozeß zum Stillstande kommen, hierdurch seine Rechtsbehauptung wieder still werden und so das Vertrauen des Eigenbesitzers auf den Rechtsanschein der Lastenfreiheit wieder schutzwürdig werden läßt (§ 945 Satz 2, §§ 941, 211 II Satz 1). Demgemäß kann nunmehr eine neue Ersitzung der Lastenfreiheit beginnen, die aber dadurch von neuem unterbrochen wird, daß eine der Parteien den Prozeß weiterbetreibt (§ 211 II Satz 2) und hiermit die prozessuale Rechtsbehauptung des Dritten wieder laut werden läßt, wodurch ja das Vertrauen des Eigenbesitzers wieder in Frage gestellt, d. h. ihm die Schutzwürdigkeit genommen wird.

Die von dem Dritten durch Klageerhebung (oder Güteantrag) oder im Wege der Zwangsvollstreckung bewirkte Entziehung der Schutzwürdigkeit des Vertrauens und die hierauf beruhende Unterbrechung der Freiheitsersitzung wird zugunsten des Eigenbesitzers wieder rückgängig gemacht durch Zurücknahme der Klage oder durch Prozeßabweisung (§ 212 I) bzw. durch Zurücknahme oder Abweisung des Vollstreckungsantrages oder durch Aufhebung der Vollstreckungsmaßregel (§ 216). Die Rückgängigmachung durch Klagezurücknahme oder Prozeßabweisung kann selbst wieder rückgängig gemacht und hiermit kann die durch Klage oder gleichstehenden Akt, insbesondere Zwangsvollstreckung, geschehene Unterbrechung der Freiheitsersitzung zugunsten des Dritten wiederhergestellt werden, wenn dieser binnen 6 Monaten seit der Klagezurücknahme oder seit der Rechtskraft des prozeßabweisenden Urteiles neue Klage gegen den Eigenbesitzer oder im Falle mittelbaren Eigenbesitzes gegen den Eigenbesitzer oder den unmittelbaren Besitzer erhebt, der sein Recht zum Besitze von dem Eigenbesitzer ableitet (§ 945 Satz 2, §§ 941, 212 II Satz 1.) Diese Sechsmonatsfrist wird als Unterbrechungsablauf behandelt (§ 212 II Satz 2), unterliegt darum der Ablaufhemmung des § 203 wegen Verhinderung der Rechtsverfolgung durch höhere Gewalt, insbesondere durch Stillstand der Rechtspflege, und unterliegt ebenso der Ablaufunterbrechung der §§ 206 und 207 wegen Geschäftsunfähigkeit oder beschränkter Geschäftsfähigkeit des Dritten und mangelnder gesetzlicher Vertretung desselben oder wegen Todes des Dritten oder des von ihm schon mit der ersten Klage beklagten Eigenbesitzers oder Besitzers. Insoweit ist die Ablaufunterbrechung der §§ 206 und 207 eine Ablaufunterbrechung einer Unterbrechung der Freiheitsersitzung. Schließlich sind auch wieder Fälle denkbar, in denen eine Unterbrechung der Freiheitsersitzung eintritt, weil der Eigenbesitzer nicht die Schutzwürdigkeit des Vertrauens auf den Rechtsanschein der Lastenfreiheit, sondern dieses Vertrauen an sich verliert und später wiedererlangt.

Im übrigen genügt es auch bei der Freiheitsersitzung zur verlangten zehnjährigen Doppelextensität des Rechtsanscheines (d. h. des Besitzes der Lastenfreiheit) und des Vertrauens auf den Rechtsanschein, wenn diese Doppelextensität sich auf verschiedene Personen verteilt, die zueinander im Verhältnisse von Rechtsvorgänger und Rechtsnachfolger oder wie Erblasser, Erbschaftsbesitzer und Erbe im Verhältnisse von Quasi-Rechtsvorgänger und Quasi-Rechtsnachfolger stehen (§ 945 Satz 2 in Verb. §§ 943 u. 944).

§ 11.

Die Nießbrauchsersitzung

Die Ersitzung der Lastenfreiheit beruht im Grunde darauf, daß ein Recht von Hause aus im Sinne des § 903 zum Inhalte des Eigentumes gehört hatte, also insofern Eigentumsbestandteil gewesen war, dann aber aus dem Eigentume herausgelöst und als dingliches Recht an der Sache von einem Dritten erworben war, vom Eigentümer zurückersessen und wieder mit dem Eigentume vereinigt, mithin dem Inhalte des Eigentumes wieder zugeführt wird. Ein ähnlicher Vorgang, nur in umgekehrter Richtung, spielt sich ab bei der Ersitzung des Nießbrauches an einer beweglichen Sache gemäß § 1033. Hier wird ein zum Inhalte des Eigentumes gehörendes Recht, und zwar im allgemeinen das Recht auf die gesamten Nutzungen der Sache[134]), aus dem Eigentume herausersessen, d. h. im Wege der Ersitzung aus dem Eigentume herausgelöst und als dingliches Recht an der Sache für einen Dritten (den Ersitzenden) begründet. Diese Ersitzung erfordert natürlich auf seiten des Dritten einen Rechtsanschein und schutzwürdiges Vertrauen. Als Rechtsanschein ist ein Nutzungsbesitz, wie ihn § 868 im Auge hat, erforderlich[135]). Er entspricht dem bei der Ersitzung der Freiheit von einem Nießbrauche gemäß § 945 erforderlichen Besitze dieser Freiheit auf seiten des Eigentümers. Indes braucht der letztere Besitz selbst kein Nutzungsbesitz zu sein, da er nur die Nichtausübung des Nutzungsrechtes durch den Nießbraucher, nicht die positive Ausübung des im Nießbrauch enthaltenen Nutzungsrechtes durch den Eigentümer voraussetzt[136]). Hierin unterscheiden sich also der Rechtsanschein bei der Ersitzung der Freiheit von einem Nießbrauche und der Rechtsanschein bei der Ersitzung eines Nießbrauches. Dies bedeutet, daß die letztere Ersitzung gegenüber der ersteren erschwert ist, was sich ohne weiteres rechtfertigt. Für das schutzwürdige Vertrauen auf den Rechtsanschein gelten bei beiden Ersitzungen durchaus gleichartige Grundsätze. Der § 1033 Satz 2 bringt zwar auf die Ersitzung des Nießbrauches an einer beweglichen Sache die Vorschriften über die Eigentumsersitzung entsprechend zur Anwendung. Aber dieselbe Analogie der Eigentumsersitzung gilt gemäß § 945 auch für die Ersitzung der Lastenfreiheit, so daß eben auch die Nießbrauchsersitzung nach § 1033 und die Ersitzung der Freiheit von einem Nießbrauche gemäß § 945 unter sich analog sind, abgesehen freilich von dem genannten Unterschiede in Ansehung des Rechtsanscheines.

Wie demnach auf die Nießbrauchsersitzung die Analogie einer Ersitzung der Freiheit von einem Nießbrauche nicht völlig zutrifft, ebenso auch nicht die durch § 1033 Satz 2 vorgesehene Analogie der Eigentumsersitzung. Letztere Analogie wäre nur dann ganz durchführbar, wenn der Ersitzung der Lastenfreiheit des

[134]) Vgl. § 1030 I, aber auch § 1030 II und unten S. 77.

[135]) Fischer-Henle § 1033 A. 2.

[136]) Vgl. oben S. 71 A. 129.

Eigentumes, die nach § 945 mit der Eigentumsersitzung Hand in Hand gehen kann, eine neben der Nießbrauchsersitzung laufende Ersitzung der Lastenfreiheit des Nießbrauches ganz zu entsprechen vermöchte. Dies ist aber undenkbar. Zwar nicht deshalb, weil das Eigentum schon vor der Eigentumsersitzung vorhanden ist, der Nießbrauch aber erst durch die Nießbrauchsersitzung entsteht. Denn in Wirklichkeit ist auch das ersessene Eigentum, welches durch die Ersitzung der Lastenfreiheit von den es einengenden Rechten Dritter befreit wird, erst mit der Eigentumsersitzung entstanden. Diese ist ein originärer Erwerb[137]) und führt als solcher den Untergang des alten und das Entstehen eines neuen Eigentumes herbei[138]). Aber in dieses neue Eigentum erstrecken sich zunächst die bestehengebliebenen dinglichen Rechte Dritter geradeso hinein wie in das alte, um jedoch alsbald durch die Ersitzung der Lastenfreiheit des Eigentumes daraus beseitigt zu werden. So würde es immerhin ein analoger Vorgang sein, wenn ein erst durch eine Nießbrauchsersitzung neu entstandener Nießbrauch von beschränkenden dinglichen Rechten Dritter durch eine Ersitzung der Lastenfreiheit des Nießbrauches gereinigt werden könnte. Dies ist aber deshalb undenkbar, weil ein mit dinglichen Rechten Dritter belasteter Nießbrauch von vornherein undenkbar ist. Da der Nießbrauch ein Recht ist, kann nur die Belastung mit einem solchen dinglichen Rechte in Frage kommen, welches an Rechten begründet werden kann, folglich nur die Belastung mit einem Nießbrauche oder mit einem Pfandrechte. Weil aber der Nießbrauch nicht übertragbar ist (§ 1059) so ist seine Belastung mit einem Nießbrauche oder einem Pfandrechte unmöglich (§§ 1069 II, 1274 II). Die Folge hiervon ist, daß der Nießbrauch, wenn er durch Ersitzung gemäß § 1033 entsteht, einer Bereinigung durch Ersitzung seiner Lastenfreiheit nicht mehr bedarf, weil er, anders als das Eigentum bei der Eigentumsersitzung, ohne weiteres lastenfrei entsteht. Damit ist aber nicht gesagt, daß die bisher auf der Sache ruhenden dinglichen Rechte mit der Nießbrauchsersitzung erlöschen würden. Zunächst ist es möglich, daß sie (insbesondere ein älterer Nießbrauch), da ein Nießbrauch sich nicht unbedingt auf alle Nutzungen zu erstrecken braucht (§ 1030), einen anderen Teil der Nutzungen erfassen als der ersessene Nießbrauch. Insoweit könnten ein älteres dingliches Recht (namentlich Nießbrauch, allenfalls ein antichretisches Pfandrecht) und der ersessene Nießbrauch nebeneinander ausgeübt werden[139]). Soweit aber das ältere dingliche Recht ganz oder zum Teile dieselben Nutzungen zum Gegenstande hatte, wie nunmehr der ersessene Nießbrauch, ist natürlich nur ein Nacheinander der Ausübung möglich. Ob der ersessene oder der ältere Nießbrauch vorgeht, richtet sich danach, ob der Nießbrauchsersitzer die Ersitzungszeit hindurch, also extensiv auf den extensiven Rechtsanschein der Nichtexistenz des älteren Nießbrauches (oder sonstigen Rechtes) schutzwürdig vertraut hat oder nicht. Solcher objektiver Rechtsanschein ist für ihn nur vorhanden gewesen, wenn während der Ersitzungszeit der ältere Nießbrauch (od. sonst. R.) nicht im Widerspruche mit dem ersessenen Nießbrauch, also nicht gegen den Nießbrauchsersitzer ausgeübt ist. Und auf einen derartigen Rechtsanschein der Nichtexistenz des älteren Nießbrauches (od. sonst. R.) hat der Nießbrauchsersitzer dann schutzwürdig vertraut, wenn er die Existenz des älteren Nießbrauches weder kannte noch kennen konnte. Für den Zeitpunkt, in dem er den zur Nießbrauchsersitzung führenden Nießbrauchsbesitz erlangte, wird sein schutzwürdiges Vertrauen auf den genannten Rechtsanschein doppelt widerleglich, für die Fortdauer seines Nießbrauchsbesitzes wird es einfach

137) Vgl. oben S. 36 A. 6.

138) Vgl. Brodmann § 937 Vorb. 4; Kober § 937 Erl. 4a; a. M. Wolff a. a. O. § 71 IV.

139) Vgl. aber Brodmann § 1030 Erl. 2, § 1032 Erl. 4.

widerleglich vermutet. Auch für jenen Rechtsanschein spricht eine Vermutung. Sie kann von dem Inhaber des älteren Nießbrauches durch den Beweis von dessen Ausübung widerlegt werden. Wenn dies geschieht, oder wenn die doppelt widerlegliche oder die einfach widerlegliche Vermutung des schutzwürdigen Vertrauens, die beide dem Nießbrauchsbesitzer zustatten kommen, widerlegt wird, so braucht damit der Nießbrauchsersitzung an sich noch kein Eintrag zu geschehen, da der für diese erforderliche Rechtsanschein nebst schutzwürdigem Vertrauen sich auch lediglich auf einen dem älteren Nießbrauch im Range nachstehenden Nießbrauch beziehen darf[140]). Aus der Widerlegung der genannten Vermutungen ergibt sich dann eben nur, daß der ersessene Nießbrauch dem älteren Nießbrauch in der Ausübung nachgeordnet ist. Werden aber jene Vermutungen nicht widerlegt, so geht der ersessene Nießbrauch vor[141]).

In der Endwirkung läuft dies freilich auf dasselbe hinaus wie eine mit der Nießbrauchsersitzung Hand in Hand gehende Ersitzung der Lastenfreiheit des Nießbrauches. Jedenfalls kann man aber dabei von einer Ersitzung der Priorität des Nießbrauches sprechen[142]). Ihr eigentümliches Wesen, nämlich daß sie die älteren dinglichen Rechte, insbesondere einen älteren Nießbrauch nicht vernichtet, hat darin seinen guten Grund, daß der Nießbrauch im Gegensatze zum Eigentume nicht übertragbar (§ 1059) und nicht vererbbar (§ 1061[143]) ist und daher mit dem Tode des Nießbrauchers die von ihm durch die Ersitzung der Priorität seines ersessenen Nießbrauches zurückgedrängten älteren dinglichen Rechte Dritter wieder zu Kräften kommen können[144]).

Abgeschlossen: Februar 1928.

---

140) Vgl. Brodmann § 1033 Erl. 2 u. 6 und § 1032 Erl. 4.

141) Vgl. Erl. zu § 1033 Fischer-Henle 2, Biermann 1, Brodmann 6.

142) Bei der Nießbrauchsersitzung tritt also an die Stelle der neben ihr herlaufenden Ersitzung der Lastenfreiheit des Nießbrauches eine Ersitzung der Priorität des ersessenen Nießbrauches. Entsprechend der von der Eigentumsersitzung unabhängigen Ersitzung der Lastenfreiheit des Eigentumes (vgl. oben S. 72f. A. 132) kann aber auch die Ersitzung der Priorität eines Nießbrauches unabhängig von einer Nießbrauchsersitzung stattfinden. Wenn nämlich jemand einen Nießbrauch auf andere Weise als durch Ersitzung erworben hat, so kann er dadurch, daß er vom Erwerbe seines Nießbrauchsbesitzes an während der ganzen Ersitzungszeit auf den Rechtsanschein der Nichtexistenz anderer die Sache belastenden Rechte schutzwürdig vertraut hat, die Priorität seines Nießbrauches vor solchen Rechten ersitzen. (Vgl. hierzu Brodmann § 1033 Erl. 6.) Der Rechtsanschein der Nichtexistenz der anderen dinglichen Rechte und das schutzwürdige Vertrauen des Nießbrauchers auf diesen Rechtsanschein werden natürlich entsprechend vermutet wie bei der die Nießbrauchsersitzung begleitenden Prioritätsersitzung.

143) Wegen der Unübertragbarkeit und Unvererblichkeit des Nießbrauches nehmen Planck-Greiff u. Planck-Brodmann Erl. zu § 1033 an, daß die Vorschriften über die Anrechnung der Ersitzungszeit (§§ 943 u. 944) auf die Nießbrauchsersitzung nicht anwendbar seien. Dagegen M. Wolff a. a. O. § 115 II A. 7: „Besitzt ein gutgläubiger Eigenbesitzer eine gestohlene Sache 9 Jahre lang, und bestellt er dann einem ebenfalls Gutgläubigen einen Nießbrauch daran, so kommen diesem die 9 Jahre seines Vormannes zugute." Das Beispiel zeigt, daß die Anwendung des § 943 auf die Nießbrauchsersitzung in gewissem Sinne möglich ist. Eine Anwendbarkeit des § 944 ist aber ausgeschlossen. Wie Wolff übrigens auch Biermann § 1033.

144) Hiernach ist es begreiflich, wenn das Bürgerliche Gesetzbuch mit der Möglichkeit mehrerer Nießbrauchsrechte an derselben Sache rechnet. Vgl. Brodmann § 1032 Erl. 4 a. E.

Die Ermächtigung und der Rechtsbesitz nach dem Bürgerlichen Gesetzbuche

von Professor Dr. Paul Krückmann, Münster (Westf.)

I. Die Ermächtigung. Allgemeines[1])

Das[2]) Bürgerliche Gesetzbuch verwendet diesen Ausdruck in den §§ 37 II, 112 I, 113, 457, 783, 805, 1321, 1358 I, 2199, 2207 in dem Sinne, daß jemand befugt wird, an sich ihm nicht zustehende Handlungen im eigenen Namen vorzunehmen. Dabei macht es keinen Unterschied, daß die §§ 37 II, 1321, 1358 öffentlich-rechtlich geeigenschaftet sind[3]). Der Begriff ist derselbe.

In den §§ 370, 714, 715, 1642 II BGB.; 125, 170 HGB. werden Ermächtigung und Bevollmächtigung aufeinander gepfropft: Der Quittungsträger gilt als ermächtigt, die Leistung in Empfang zu nehmen; ein Gesellschafter gilt als ermächtigt, die anderen zu vertreten usw. Das will sagen: Er gilt als ermächtigt, eine Vollmacht auszuüben, kann aber nur im eigenen Namen ermächtigt sein. Dem Vertreter gehört die Vertretungsmacht, sie ist sein, ob sie nun Vertretungsmacht im fremden Namen ist oder nicht. Jedenfalls gebührt ihm diese Vertretungsmacht, um diesen ungenauen Ausdruck beizubehalten, als seine eigene, und was sein eigen ist, das hat er im eigenen Namen. Also hat der Quittungsträger, der Gesellschafter im eigenen Namen die Vertretungsmacht für den Gläubiger oder die anderen Gesellschafter im fremden Namen. Auch hier läuft die Ermächtigung auf etwas hinaus, was im eigenen Namen der Person zusteht[4]). Man sieht dies an dem Gegensatz zur Vollmachtsubstitution. Der Substitut hat seine Vertretungsmacht für dritte in deren Namen auch im fremden Namen, dem des Bevollmächtigten. Schwerlich hat man sich dies bei der Abfassung der §§ 370, 714, 715 BGB.; 125, 170 HGB. begrifflich restlos klargemacht, aber man hat es sprachlich richtig gefühlt und darum sind die §§ 370, 714, 715 BGB.; 125, 170 HGB. im Grunde der beste Beleg dafür, in welchem Sinne das Wort Ermächtigung zu verstehen ist.

Die angeführten Gesetzesstellen des Bürgerlichen Gesetzbuches umfassen das ganze Anwendungsgebiet der Ermächtigung nicht. Abgesehen von Bestimmungen, die in anderen Gesetzen zu finden sind (Inkassoindossament), kommen

---

[1]) Nachweise bei Ludewig, Die Ermächtigung nach bürgerlichem Rechte, S. 26 Anm. 3; Enneccerus Lehrbuch 1, 1 § 175 Sternanmerkung; Krückmann, ArchZivPrax. 108, 346ff.; Zschr. f. Ostrecht 1, 177 zu Anm. 29.

[2]) Vgl. Krückmann, Ztschr. f. Ostrecht 1, 177 Anm. 29.

[3]) Auch andere Ermächtigungen, die aber von dem Bürgerlichen Gesetzbuche nicht als solche bezeichnet werden, sind öffentlich-rechtlich geeigenschaftet, vgl. z. B. §§ 315, 385, 1221, 1235, 1639 II, 1642 II, 1669 auch 1695 II (!), 1778, 1784, 1803 III Satz 2, 1825, 1888, 1900 I BGB.; § 363 II, 373 II Satz 1 HGB.; Art. 31 EGBGB. Für uns hier unerheblich, da es nur auf das Handeln im eigenen Namen ankommt, Ludewig S. 29. Vgl. auch §§ 51, 887 III, IV. ZPO.

[4]) Insofern muß ich meine Ansicht, Zschr. f. Ostrecht 1, 177 Anm. 29, berichtigen. Ludewig a. a. O. S. 28, drückt die Ermächtigung der §§ 370, 714, 715 zu einer bloßen Vermutung herab, dann muß er auf die endgültige ipso iure-Wirkung verzichten. Aus der bloßen Vermutung ergibt ergibt sie sich nicht.

noch in Betracht, obgleich das Wort Ermächtigung in ihnen nicht gebraucht wird, die §§ 35, 107, 111, 179, 181—185, 328 II, 332, 409 II, 458, 549, 576 II, 583, 588 I Satz 2, 603, 664 I, 691, 700 I Satz 2, 709 (doppeldeutig: Vollmacht und Ermächtigung), 744, 745 III, 876, 881 II, 888, 894, 922, 927 I, 956, 957, 975, 1059, 1071, 1092, 1100 Satz 1, 1119, 1151, 1152, 1178 II, 1180 II, 1183, 1186, 1198, 1203, 1245 I, 1255 II, 1258 II, 1264 II, 1276, 1283 I, 1286, 1304—1308, 1315, 1336, 1364, 1375—1377[5]), 1379, 1380, 1387 Nr. 2, 1392, 1395—1402, 1405—1407, 1412 I, 1414, 1430, 1437, 1444, 1449, 1451, 1452, 1453, 1454, 1455, 1456, 1460, 1462, 1468 Nr. 1, 1459 Nr. 1, 1516, 1517, 1532, 1533, 1595, 1619, 1621 I, 1639, 1661, 1695 II, 1706 II, 1726—1731, 1746—1748, 1751, 1755, 1778 (?), 1803 II, III, 1847 I, 1900 I, 1917 III, 1977, 2114, 2116 II, 2117, 2118, 2120, 2206, 2229 I, 2275 II, 2282 I, II, 2290 I, II, 2291, 2296, 2347 BGB.; § 5 ErbRVO., §§ 22 II, 252 IV HGB.; ob §§ 424, 434 Satz 2 hierher gehören, ist zweifelhaft und wohl zu verneinen. Dagegen gehören noch hierher § 2 DepG.; Art. 22, 36, 50, 97 II EGBGB. Dazu die gewillkürte Prozeßstandschaft, die sich ohne besondere gesetzliche Anerkennung durchgesetzt hat, obgleich laut Ausweis der Rechtsprechung vielfach dagegen angegangen worden ist[6]). Dies ist deshalb bemerkenswert, weil die gewillkürte Prozeßstandschaft eine besonders einschneidende Form der Ermächtigung ist. Das Reichsgericht hat sie anerkannt, weil es wohl unter dem Einfluß Bekkers erkannte, daß das Vermögensrecht, das prozessual geltend gemacht werden soll, im Vermögen des Ermächtigenden verbleibt.

Man kann zur Ermächtigung auch rechnen[7]) §§, 258, 558, 598, 608, 809, 810; 825, 847 II, 858 I, 867, 869 S. 2, 1044, 1057, 1300, 1342 II, 1493, 1563, 1597 II BGB.

Allen angeführten Bestimmungen ist gemeinsam, daß sie Handlungen regeln, die von der Partei nur im eigenen Namen vorgenommen werden können. Dies genügt einstweilen.

Weniger bedeutsam sind folgende Bestimmungen, die an sich sonst in den Rahmen passen: §§ 79, 810, 1342 II, 1563, 1597 II, 1612, 1799 II, 1953 III, 1669, 2010, 2061 II, 2146 II, 2228 BGB. Anders konstruiert ist § 11 GBO. Der Voll-

---

[5]) Die Lehre, daß immer Vollmacht vorliegen müsse, (v. Tuhr, Allg. Teil II, 2 § 78 S. 216 zu Anm. 39), wird anscheinend von der Vorstellung beherrscht, a. a. O., daß Rechte, die offenkundig der Frau gehören, nur durch offene Vollmacht übertragen werden könnten. Das ist nicht notwendig, denn es fehlt an jedem Grunde, weshalb eine Ermächtigung des Mannes durch die Frau, im eigenen Namen grundbuchliche Erklärungen abzugeben, unwirksam sein solle. Die Praxis lehnt offensichtlich die Lehre v. Tuhrs ab, vgl. Nachweise bei Fischer-Henle Anm. 1—4 zu § 185 BGB.

[6]) Nachweise von Schrifttum und Rechtsprechung bei Ludewig, S. 45 Anm. 2, kürzerer Nachweis über die Rechtsprechung bei Fischer-Henle, Sternanmerkung vor § 399. Bei Ludewig noch zu vergleichen S. 12, 13, 30, 32.

[7]) Bekker, System II S. 211, 215; Regelsberger, Pand. I § 163 I wenden die Ermächtigung ausdrücklich auf die rein tatsächliche Einwirkung an. Ja verschiedene Schriftsteller, vgl. RGZ. 106, 111 und unten unter III, IV, behaupten sogar, daß in der Vermietung eines Grundstückes in Verbindung mit der Gebrauchsüberlassung eine Verfügung enthalten sei. Hier genügt der Hinweis, daß die Rechtswidrigkeit der Einwirkung auf die Sache durch eine Erlaubnis ausgeschaltet wird, die wegen ihres inneren Wesens nichts anderes sein kann als eine Ermächtigung. Jeder Mietvertrag enthält eine für die Dauer der Mietzeit unwiderrufliche Ermächtigung körperlich auf die Sache einzuwirken usw., vgl. besonders Bekker S. 215. Eine solche Ermächtigung kann auch aus anderen Gründen gegeben sein und für § 863 wichtig werden. Vgl. auch Raape, ArchZivPrax. N. F. 1, 274 und den dort zitierten Bähr; JheringsJ. 74, 237ff., 245. Gegen die Anwendung auf tatsächliche Einwirkungen Ludewig, a. a. O. S. 4, 25. Ein innerer Grund fehlt. Unrichtig ist es auch von ihm, der Ermächtigung bei Leihe, Verwahrung usw. ihre Bedeutung abzusprechen, S. 26. Auch der Dienstvertrag enthält an sich eine Ermächtigung zur körperlichen Einwirkung auf die zur pflichtmäßigen Behandlung übergebenen Sachen. Nur kann der Dienstherr jederzeit die tatsächlichen Einwirkungen untersagen (die Hausfrau reinigt das kostbare Porzellan oder Kristall selber). Dadurch wird der Dienstvertrag nicht unwirksam. Vgl. auch meine Nachweise aus Zitelmann, JheringsJ. 52, 441, Anm. 1, 448 Anm. 2. Wir kommen in anderem Zusammenhang hierauf zurück, unter III.

ständigkeit halber sei diese auf Bestimmungen verwiesen, damit ist das Interesse an ihnen aber auch erschöpft.

Ferner gehören hierher die Ermächtigungen, die in der Jagd- und Fischereipacht enthalten sind[8]), sowie die Ermächtigung, die in der patentrechtlichen Lizenzerteilung liegt[9]). Ebenso das subjektive Verlagsrecht, §§ 9 II, 42 I VerlG.

II. Die Ermächtigung als Einwirkungsmöglichkeit auf eigenes und fremdes Vermögen. Die Tragweite des § 182 BGB.

1. Aus der Gegenüberstellung von §§ 112, 113 und § 783 BGB. ergibt sich: Der ermächtigte Minderjährige erhält die Erlaubnis, Befugnis, Möglichkeit, im eigenen Namen auf sein Vermögen in einer Weise einzuwirken[10]), die ihm bisher fehlte. Selbst wenn man dies öffentlich-rechtlich ansehen will, so bleibt doch das Ergebnis des Handelns im eigenen Namen bestehen und darauf kommt es hier allein an. In § 783 wird der Anweisungsempfänger ermächtigt, die einem Dritten geschuldete Leistung im eigenen Namen entgegenzunehmen. Die Gleichartigkeit der Rechtslage erhellt daraus, daß dem Minderjährigen seine „Befugnis" ebenso wieder entzogen werden kann, wie dem Anweisungsempfänger. Für die Zwecke dieser Abhandlung ist jedoch die Ermächtigung, auf das eigene Vermögen einwirken zu können, unerheblich, es wird daher von ihr abgesehen werden. Darum soll hier auch kein Widerspruch erhoben werden, wenn jemand es ablehnen wollte, das Wort und den Begriff der zivilrechtlichen rechtsgeschäftlichen Ermächtigung trotz des Wortlautes der §§ 112, 113 anzuwenden, wo doch die beschränkte Volljährigkeitserklärung sicher keine Verbesserung ist. Abgesehen davon, daß öffentliches und privates Recht nicht auseinandergehalten werden, belastet uns diese Vorstellung mit dem Widerspruch einer widerruflichen Volljährigkeitserklärung, §§ 112 II, 113 II.

2. Eine schwere Verirrung ist die Theorie der Verpflichtungsermächtigung[11]). Eine solche kann nur dann vorliegen, wenn, wie die Vertreter dieser Lehre behaupten, der Ermächtigende den anderen ermächtigt, beispielsweise bei seinem Schneider einen Anzug zu bestellen. Dann soll der Ermächtigende auf Zahlung haften, der Ermächtigte aber Lieferung verlangen dürfen. Den Anstoß zu dieser Lehre hat der Fall RGZ. 80, 395 ff. gegeben, der aber von dem Reichsgericht unrichtig angefaßt ist[12]).

[8]) Vgl. hierzu Raape, Aneignungsüberlassung, JheringsJ. 74, 179 ff., in der Analyse verfehlt. Wir kommen besser in anderem Zusammenhange hierauf zurück.

[9]) RGZ. 76, 236; 82, 432.

[10]) Daß man dies in Ansehung von § 112 herkömmlicherweise als beschränkte Volljährigkeitserklärung auffaßt, beweist nichts. Daran ändert sich auch nichts dadurch, daß man § 113 ebenso auffaßt. In Wirklichkeit handelt es sich nicht um einen öffentlich-rechtlichen Akt, zum mindesten ist diese Vorstellung entbehrlich, m. E. sogar geradezu falsch. Das eigenartige ist nur, daß die Ermächtigung auch die Vertretungsmacht des gesetzlichen Vertreters ausschließen und bis zu einem bestimmten Grade unentziehbar sein soll. Das geht alles vorzustellen ohne Ausflug in das öffentliche, insbesondere das Vormundschaftsrichterrecht. Andernfalls müßte man die Ermächtigung der §§ 1304—1308 III Satz 1, 1336, 1364, 1595, 1746—1748, 1751, 1803, 2229, 2275, 2282, 2290 auch öffentlich-rechtlich bewerten.

[11]) Vgl. hierüber Ludewig, S. 29 f., 72 ff.; Enneccerus 1, 1 § 175 I 2b. Enneccerus bezeichnet übrigens auch solche Fälle als Verpflichtungsermächtigung, wo jemand einen anderen ermächtigt, auf seine Rechnung eine Summe zu erheben oder zu zahlen. Das sind immer Zahlungsermächtigungen oder es handelt sich um Schuldbeitritt oder einseitige Vollmacht. Sie gehören nicht unter die Verpflichtungsermächtigung. Enneccerus reiht den von dem Reichsgericht mißverstandenen Fall RGZ. 80, 395 ff. unrichtigerweise mit diesen Zahlungsermächtigungen zusammen. Die Tatbestände sind grundverschieden.

[12]) Das Reichsgericht war an die Feststellung, daß der Mietvertrag im eigenen Namen geschlossen sei, gebunden. Tatbestandlich liegt sonst in derartigen Fällen eine lediglich auf die Verpflichtung unter Verzicht auf die Gegenberechtigung beschränkte Vollmacht näher, die dann aber auch nur zum Schuldbeitritt führt.

Die Vermieterin hatte mit vorgängiger wie nachfolgender Zustimmung des Eigentümers den Mietvertrag im eigenen Namen geschlossen, so daß das Reichsgericht in wortwörtlicher Anwendung der §§ 182ff. dazu gelangte, auch den zustimmenden Eigentümer für gebunden zu erklären. Die Begründung ist in jedem Falle unrichtig. Die Wirksamkeit des Vertrages im Sinne des § 182 ist die Wirksamkeit an sich überhaupt, oder die Vollstreckbarkeit in ein bestimmtes Vermögen[13]), niemals jedoch kommt eine persönliche Verpflichtung etwa nach dem Muster der Vollmacht in Frage. Das Reichsgericht verwechselt offensichtlich zwei verschiedene Dinge, einmal die Wirksamkeit an sich und zweitens die Erstreckung der Wirkung auf Dritte. Dagegen § 182 spricht nur von der Wirkung an sich und alle dafür angeführten Gesetzesvorschriften kommen immer wieder auf dasselbe hinaus, auf die Verfügungswirkung oder die ihr gleichstehende Vollstreckungswirkung. Die Wirkung des Verpflichtungsgeschäftes kann nur bei gesetzlicher Vertretung der in ihrer Handlungsfähigkeit beschränkten Personen in Frage kommen. Diese Fälle wieder gehören nicht in diese Untersuchung. Darum kann es sich im vorliegenden Falle nur noch um zweierlei handeln. Entweder gibt die mit Zustimmung der Eigentümerin gewährte Ausübungsmöglichkeit eine auch gegen Dritte wirkende und ihnen gegenüber behauptete Rechtsstellung oder es liegt Schuldbeitritt vor. Von dem ersten ist später zu handeln, dagegen das zweite ist hier abzusprechen. Auszugehen ist davon, daß der Ermächtigende mindestens im Zweifel keine Rechte gegen die Gegenpartei des Ermächtigten erlangt, wenn man nicht ein Nebeneinander von Vollmacht und Ermächtigung unterstellen will. Der Schuldbeitritt setzt aber voraus, daß die Ermächtigung auch dazu bestimmt war, in irgendeiner Weise zur Kenntnis der Gegenpartei des Ermächtigten gebracht zu werden, also mehr als ein bloß innerer Akt zwischen Ermächtigendem und Ermächtigtem sein sollte. Also hätte dies festgestellt werden müssen. Der Streit war entstanden, weil der Eigentümer während des Mietverhältnisses an den Kläger verkauft hatte, dieser die Anwendbarkeit des § 571 bestritt, da der Eigentümer kein Vermieter gewesen sei, und nunmehr die Frage entstand, welche Rolle nach Mietrecht der frühere Eigentümer spielte. Der Kläger hatte geltend gemacht, der Verkäufer müsse an einen Mietvertrag gebunden sein, den die von ihm selbst bestellte Verwaltung, wenn auch im eigenen Namen geschlossen hatte. Das führte entweder auf die Behauptung einer Vollmacht hinaus oder auf den Durchgangsposten nach dem Muster des Kommissionsgeschäftes. Das erste war nach dem Tatbestand ausgeschlossen, das zweite kam nicht in Betracht, weil es sich nicht um einen Aktivposten. sondern um ein Passivum des Hintermannes handelte. Also auch unter dieser Betrachtung kommt nur der Schuldbeitritt in Betracht. Man wüßte sonst auch gar nicht, wozu diese Einrichtung denn da wäre, wenn sie durch die Ermächtigung einfach beiseite geschoben werden könnte. Kein Bedenken braucht es zu erregen, daß der Verkäufer nur passiv am Mietverhältnis beteiligt war, denn § 571 will ja gerade die Passivseite des Mietverhältnisses zugunsten des Mieters geltend machen. Dennoch besteht ein Unterschied. Die Miete gewährt eine Ausübungsmöglichkeit in bezug auf das Eigentum an der Sache und dadurch unterscheidet sie sich von bloßen Verpflichtungsgeschäften, die keine Ausübungsmöglichkeit geben, das macht aber auch den Schuldbeitritt entbehrlich und es kann sogar die Ermächtigung heran-

[13]) Vgl. Planck, Vorbemerkung 1 und 2 vor § 182. Das RG. a. a. O. S. 400 kann sich nicht auf die von ihm angeführten §§ 1399 II Satz 1, 1444, 1445, 1446 I, 1448 berufen. Es handelt sich dort immer um Verfügungen, nicht um Verpflichtungsgeschäfte. Ebenso in dem Beispiel Prot. 1 S. 178. Wenn dies nicht streng auseinandergehalten wird, vermengen wir unweigerlich Bevollmächtigung und Ermächtigung.

gezogen werden, aber in ganz anderem Sinne als Enneccerus und Ludewig denken. Wir kommen darauf noch zurück.

3. Eine weitere, hier nicht zu erörternde Frage ist, wann die Ermächtigung durch die Vorschriften über die Einwilligung, §§ 182 ff., gedeckt wird[14]). Es ist mir kein Zweifel, daß wir über die Engigkeit des § 182 hinausmüssen. Die von Planck in Vorbemerkung 2 aufgeführten Fälle fordern zwar sicher ihre eigene Behandlung, weil sie aus Gründen des Tatbestandes besonders angefaßt werden müssen, und dies muß in jedem Einzelfalle vorbehalten bleiben. Daraus aber folgt noch nicht der allgemeine Schluß, daß grundsätzlich einseitige, nicht empfangsbedürftige Geschäfte den §§ 182 ff. entzogen seien. Es wird immer auf den Einzelfall ankommen, ob es überhaupt physikalisch möglich ist, die §§ 182 ff. anzuwenden, nicht dagegen ist die Frage, ob es rechtlich zulässig sein darf. Doch kann auch diese Frage hier außer Betracht bleiben.

III. Die Ermächtigung als Machtverleihung

1. Ludewig[15]) verwendet für die Ermächtigung den Ausdruck Macht. Dies ist für seine Auffassung und Darstellung nicht vorteilhaft gewesen, denn er ist dadurch zu der Auffassung gedrängt worden, daß die Wirkung der Ermächtigung ein Recht sei. Allerdings verkennt er die Schwäche dieses „Rechtes" nicht und gibt zu, daß es durch Widerruf, unter allen Umständen aber dadurch erlöschen kann, daß der Ermächtigende das Recht, dessen Ausübung er dem Ermächtigten freigegeben hat, selber ausübt und somit die Ausübung durch den Ermächtigten unmöglich macht[16]). Nun wird dadurch die Ermächtigung an sich nicht nichtig, sondern nur gegenstandslos, aber diese Gegenstandslosigkeit beruht nicht auf körperlicher Vernichtung eines körperlichen Substrates, sondern auf rechtlicher Vernichtung einer Ausübungsmöglichkeit. Das reicht aus und somit erhebt sich das schwerste Bedenken, das gegen den Ausdruck Recht überhaupt erhoben werden kann, nämlich der Einwurf, daß es ihm an der Selbstbehauptungsfähigkeit aus eigener Kraft fehlt. Darüber wird zu Raapes Theorie das Nähere bemerkt werden, worauf verwiesen wird. Hier ist etwas anderes zu sagen.

Ludewig kann das Wort Recht gebrauchen, muß sich dann aber damit begnügen, daß es ein bloßes Können als solches bedeutet. Ein solches Können ist aber vielfach anerkannt, ohne daß es Ausfluß eines eigenen Rechtes des Könnenden sei. Wenn wir von Vollmacht und Ermächtigung absehen, bleibt immer noch das große Gebiet dessen übrig, was die wohl herrschende Meinung mit dem Wort Rechtsschein bezeichnet. Ich habe schon wiederholt darauf hingewiesen, daß an dem Rechtsscheine das eigentlich Entscheidende und Wichtige das rechtliche Können, die Ausübungsmöglichkeit als solche sei. Jedenfalls steckt sie darin, hat aber ein eigenes Recht nicht zur Unterlage, ist auch nicht ein eigenes Recht. Man kann doch unmöglich von dem bösgläubigen Besitzer einer fremden Sache, die er an den gutgläubigen Erwerber rechtswirksam veräußert, sagen, daß er ein Recht habe und ausübe. Wohl hat er eine zweifellose gesetzliche Ermächtigung, die ihm notgedrungen mit Rücksicht auf die Verkehrssicherheit gegeben wird, aber niemals ein echtes Recht. Hieran hat schon Regelsberger Anstoß genommen und hat weiterhin gegen die Lehre, daß der Veräußerer einer fremden Sache eine Veräußerungsmacht habe, mit der die Wirkung des gutgläubigen Rechtserwerbes erklärt werden sollte, treffend bemerkt[17]), was das für eine

---

[14]) Ludewig S. 30, Nachweise in Anm. 2 daselbst.

[15]) A. a. O. S. 4, 6, 26, 35, 56.

[16]) Ludewig S. 36, 76, 77.

[17]) Regelsberger, JheringsJ. 47, 363; vgl. aber auch S. 339 ff., insbesondere S. 356 ff., 364 ff. Krückmann, ArchZivPrax. 108, 323 ff.; JheringsJ. 57, 127 ff.

Macht sei, die vor dem bösen Glauben des Erwerbers zerschmölze wie die Butter an der Sonne. Unwiderlegt bis heute beweist Regelsbergers Argument, daß man mit dem Worte Macht nur dann richtig Ernst machen kann, wenn man die Selbstbehauptungsfähigkeit aus eigener Kraft dazu denkt. Macht ist eben deswegen Macht, weil sie sich selber schützt, sich selber genug ist, sich aus eigener Kraft behauptet. Also ist es ein Fehlgebrauch, auch solchen Personen eine Macht zuzuschreiben, denen die angebliche Macht jederzeit entzogen werden kann oder deren Macht sich nur durch eine äußerlich hinzukommende causa aufrechterhält, wie z. B. bei der Miete[18]).

2. Den Fehler Ludewigs (Macht — Recht) wiederholt Raape[19]). Allerdings mit anderer Begründung. Dafür spreche Weiterübertragbarkeit und Verzichtbarkeit. Das zwingt nicht, denn es fehlt an jedem Grunde, weshalb man auf bloße Möglichkeiten nicht sollte verzichten können, weshalb man sie nicht, falls der Betroffene einverstanden war, sollte übertragen können. Im allgemeinen wird man die Übertragbarkeit aber keineswegs so leicht nehmen dürfen. Übertragung ist hier nichts anderes, als Substitution, ob diese erlaubt ist, richtet sich durchaus nach dem Einzelfall. Man wird die Substitution im Zweifel dann als zulässig erachten dürfen, wenn (Vollmacht oder) Ermächtigung im Interesse des (Bevollmächtigten oder) Ermächtigten gegeben sind, sonst aber nicht[20]). Also hängt die Übertragbarkeit von der Bestimmung des Machtgebers ab, liegt aber nicht in dem Wesen der verliehenen Befugnis. Raape hat in Widerspruch mit sich, ArchZivPrax. N. F. 1, 275 oben, den richtigen Ausdruck „rechtliche Möglichkeit" gebraucht, das ist aber etwas ganz anderes als ein subjektives Recht. Zweifellos handelt es sich um ein Können, das entscheidet aber nicht, es bleibt der von Raape ebenso wie von Ludewig nicht genügend gewürdigte große Unterschied, ob die Befugnis des (Bevollmächtigten und des) Ermächtigten das eigentliche, am letzten Ende entscheidende und unzerstörbare Kennzeichen echten Rechtes aufweist, daß sie nicht beliebig entzogen werden kann. Gerade die „Standfestigkeit"[21]) ist es, die eine bloße Möglichkeit von einem echten Rechte unterscheidet. In der Standfestigkeit besteht der alleinige, jedenfalls der eigentlich entscheidende Wert eines jeden subjektiven Rechtes, nur die Standfestigkeit macht das subjektive Recht wertvoll und bietet den Schutz gegen die Willkür, während §§ 168 Satz 2 und 183 Satz 1 gerade der Willkür Tür und Tor öffnen. Nun ist zuzugeben, daß in der Tat zwischen der Standfestigkeit der verschiedenen Rechte Unterschiede bestehen, es ist aber demgegenüber zu betonen, daß ein Existenzminimum von unzerstörbarer Standfestigkeit sich überall nachweisen läßt, und dieses Existenzminimum von unbedingter Standfestigkeit schafft das unentziehbare Recht. Ein „Recht" jedoch, das aus seinem Begriffe heraus von vorn herein grundsätzlich zur beliebigen Widerruflichkeit, Entziehbarkeit verurteilt ist, weist auch nicht das bescheidenste Existenzminimum von Standfestigkeit auf. Man soll demgegenüber nicht auf die vielfach zulässige gesetzliche Kündigungsbefugnis verweisen. Gewiß kann unter Umständen ein Rechtsverhältnis gekündigt werden, kann eine Partei sich den Rücktritt vorbehalten, gibt es gesetzliche Kündigungsrechte mit sofortiger Wirkung. Das alles beweist nichts. Entweder handelt es sich bei den gesetzlichen Kündigungsbefugnissen um immanente Schranken eines jeden Rechtes, von denen abge-

[18]) Gedacht ist das so: Der Mieter ist ermächtigt, auf die Sache einzuwirken, s. oben S. 80 Anm. 7, diese Ermächtigung aber besteht nur durch ihre causa, den Mietvertrag, fällt ohne ihn zusammen.

[19]) ArchZivPrax. N. F. 1, 275ff.; JheringsJ. 71, 103ff.; 74,179ff., im Zweifel ist die letzte Abhandlung zitiert.

[20]) Aber es kann auch anders sein, vgl. § 549 und dazu § 596 I; dagegen § 664 I ist Ausdruck der Regel.

[21]) Ausdruck Raapes.

sehen das betreffende subjektive Recht so unentziehbar wie nur je ein Recht ist. Oder es handelt sich um Verwirkungen durch mißbilligtes Handeln, die in der Kündigung der Gegenpartei zum Ausdruck kommen (positive Vertragsverletzung), und hiergegen ist auch nichts zu sagen, wie denn auch niemand dem Pflichtteilsrecht die Natur des echten Rechtes bestritten hat, weil es wegen Verfehlungen entzogen werden kann. Oder die Partei hat, wenn der Gegner sich den Rücktritt vorbehielt, einstweilen eine Anwartschaft, die sich zu einem vollwirksamen subjektiven Rechte auswächst, wenn die Rücktrittserklärung ausbleibt. Das wichtigste aber ist: Die Partei hat z. B. bei der Miete ein umfängliches Mindestmaß von Anspruch, von echtem Recht in Ansehung der Zeit unter allen Umständen, während das darüber hinausgehende allerdings durch Kündigung abgeschnitten werden kann. Von allen diesen Dingen wissen Bevollmächtigung und Ermächtigung nichts. Raape ist selber auf die Verfügungsbefugnis des Pfandgläubigers geraten, ArchZivPrax. N. F. 1, 276, um so mehr mußte er den grundlegenden Unterschied sehen. Die Verfügungsbefugnis des Pfandgläubigers ist unentziehbar, und nur bedingt durch den Bestand der Forderung, dagegen Vollmacht und Ermächtigung bedürfen zur Unentziehbarkeit eines besonderen vorkommenden Rechtfertigungsgrundes, §§ 168 Satz 2, 183, 1748 BGB. Daß sich die Bevollmächtigung und die Ermächtigung innerhalb der hier gezogenen Grenzen hält, wird des weiteren bewiesen durch die §§ 700 I Satz 2, 588 und 956 I BGB. Wenn der Hinterleger dem Verwahrer gestattet, hinterlegte Sachen zu verbrauchen, so soll von der Aneignung an das Darlehnsrecht angewandt werden. Die Ermächtigung zur Aneignung steht und fällt mit dem Verwahrungsvertrage. Entsprechendes gilt von der Veräußerungsbefugnis des Pächters bei der Verpachtung des Inventars gemäß §§ 587 ff. Ausdrücklich ist es vorgeschrieben in § 956 I Satz 2: Ist der Eigentümer zu der Gestattung (sich Erzeugnisse oder sonstige Bestandteile der Sache aneignen zu dürfen) verpflichtet, so kann er die Ermächtigung nicht widerrufen, solange sich der andere in dem ihm überlassenen Besitze der Sache befindet.

Ganz anders da, wo echtes subjektives Recht in Frage steht, z. B. Pfandrecht an beweglichen Sachen, Nießbrauch. Der Pfandgläubiger verfügt über das fremde Recht aus eigenem Rechte, nicht aus bloßer entziehbarer Ausübungsmöglichkeit. Entsprechendes kann man von dem Nießbraucher überhaupt von Dienstbarkeitsberechtigten in gewissem Umfang sagen[22]). Mindestens gilt dies

[22]) Raape, JheringsJ. 74, 181 ff., übersieht, daß die Konkurrenz von Eigentümer und dinglich Berechtigtem (Dienstbarkeit) durch eine Rangordnung gelöst wird, die nur dann nicht zu funktionieren braucht, wenn offenbar das Vorhandene zur Befriedigung beider Teile ausreicht. Aber auch dann würde sie sich sofort zeigen, wenn die dem Eigentümer vorbehaltene Nutzung nicht ohne Störung oder Behinderung des gleichzeitig nutzenden dinglich Berechtigten ausgeübt werden kann. Ein weiterer Beobachtungsfehler ist, daß Raape dem, der berechtigt ist, nur eine gewisse Menge Torf zu stechen, das Eigentum nur perceptione zukommen lassen will. Dabei wird übersehen, daß die Dienstbarkeit ausdrücklich auf das eigene Torfstechen beschränkt ist, Eigentumserwerb durch bloße, von Dritten vorgenommene Trennung überhaupt nicht ausgemacht ist. Der Berechtigte erwirbt sicher schon durch bloße Trennung, vorausgesetzt aber, daß er sie selber bewirkt hat. Diese uslegung des § 954 ergibt sich zwingend daraus, daß der Gegenstand des Eigentumserwerbes irgendwie bestimmt sein muß, damit die Frage des Erwerbes überhaupt aufgeworfen werden kann. Diese Bestimmtheit ist ohne weiteres gegeben, wenn der Berechtigte sich sämtliche in Frage kommenden Erzeugnisse oder Bestandteile aneignen darf. Dann genügt die einfache Trennung. Ist ihm jedoch nur ein beschränktes Aneignungsrecht gegeben mit der Maßgabe, daß er selber die Trennung vornehmen müsse, dann genügt die bloße Trennung noch nicht, sondern sie muß von ihm selber vorgenommen worden sein. Nur er selber soll durch eigene Trennungshandlung die Gegenstände seines Eigentumserwerbes rechtlich spezialisieren können. Die Fassung des § 954 ist insofern allerdings nicht ganz genau, aber doch hinreichend verständlich. Weitere unrichtige Folgerungen bei Raape S. 186.

nach § 1376 BGB.; ingleichen ist die Prozeßstandschaft nach § 1380 eine Legitimation aus eigenem Rechte. Man mache auch die Probe am Konkurse. Die Ermächtigungen als solche, fallen nie in die Konkursmasse[23]), wohl aber die subjektiven Rechte, wenn sie nicht ausnahmsweise gerade durch die Eröffnung des Konkurses erlöschen, § 1419 BGB.

Dabei ist immer festzuhalten, daß die Standfestigkeit, d. h. die Selbstbehauptungsfähigkeit eine Standfestigkeit aus eigener begrifflich innewohnender zivilrechtlicher Kraft sein muß. Diese zivilrechtliche Kraft bewährt sich an und in der Klage vor dem ordentlichen Richter. Eine solche ist denkbar nur bei unwiderruflichen Ermächtigungen, muß also auf einer besonderen causa beruhen. Man vergleiche: Der auf tägliche Kündigung angenommene Arbeiter hat ohne weiteres infolge des Dienstvertrages ein unentziehbares Daseinsmindestmaß von echtem Recht, den unentziehbaren Anspruch auf den Lohn eines Tages, etwas Derartiges von gesichertem zivilrechtlichem Mindestmaß läßt sich bei Ermächtigungsverhältnissen an sich nicht nachweisen, so sehr man sonst Vollmacht und Ermächtigung tatsächlich praktisch einem subjektiven Recht annähern kann. Ein Rest bleibt immer. Es muß auch hier wie überall im Auge behalten werden, daß die auf einer besonderen causa beruhende Unwiderruflichkeit täuscht. Auch wenn jemand unwiderruflich ermächtigt wäre, so würde er doch niemals gegen den Ermächtigenden etwa auf Ausstellung oder Herausgabe der versprochenen Ermächtigungsurkunde klagen können, wenn nicht ein besonderes Verpflichtungsverhältnis bestände und die Ermächtigung im Interesse des Ermächtigten gegeben wäre. Also genügt theoretisch gesehen unter Umständen nicht einmal die bloße Unwiderruflichkeit.

Raape hat auch nicht vermocht, das durch die Einwilligung gegebene subjektive Recht scharf zu umreißen[24]). Er nennt es ein persönliches (relatives) in dem Sinne, daß es nicht gegen den Rechtsnachfolger des Verleihers wirke, es sei ein Gestaltungsrecht. Das ist unmöglich. Einmal ist durchaus nicht gesagt, daß das „Recht" nicht gegen den Rechtsnachfolger wirke oder wirken könne, denn hierauf allein kann es ankommen. Warum? Es fehlt doch jeder Grund dafür. Man unterstelle zwei verschiedene Jagdgesetze. Nach dem einen wirkt die Jagdpacht nach dem Muster der Miete gegen den neuen Grundstückseigentümer, nach dem anderen nicht. Ist dadurch das Recht der Pächter von verschiedener Struktur geworden? Das ist so wenig der Fall wie bei der Miete, die durch den Satz Kauf bricht nicht Miete in ihrem Wesen nicht geändert worden ist. Oder man unterstelle, daß das Jagdgesetz geändert wird: die Wirksamkeit gegen den neuen Grundstückseigentümer wird eingeführt oder aufgehoben mit Rückwirkung auf die bestehenden Jagdpachtverträge. Haben dadurch die Pachtrechte ihre Natur geändert? Was würde es am Nießbrauch ändern, wenn der Nießbrauch außer durch den Tod des Nießbrauchers auch durch den Eigentumswechsel beendet würde? Was würde es an der unwiderruflichen Einwilligung ändern, wenn sie mit dem Tode des Einwilligenden ipso iure erlöschen sollte?

Sodann ist es unvorstellbar, daß ein relatives Recht zur Übertragung von dinglichen Rechten ausreichen sollte. Hat der Ermächtigte nur ein relatives Recht, so bedeutet dies an sich nur, daß der Einwilligende keine Ersatzansprüche geltend machen kann, wenn der Ermächtigte von seiner Befugnis im

---

[23]) Man verstehe recht: Ermächtigung als solche. Ist dem Gemeinschuldner eine unwiderrufliche Ermächtigung in seinem eigenen Interesse gegeben, damit er als procurator in rem suam das Erhaltene auch behalte, so fällt die Ermächtigung selbstverständlich in die Konkursmasse. Wo die Grenze im einzelnen zu ziehen ist, interessiert hier nicht.

[24]) Dies hat übrigens bisher keiner gekonnt, selbst der energische Angriff Bekkers, System II S. 211, 217ff. versagte. Über ihn ist niemand hinausgekommen.

Sinne von Rechtsmöglichkeit Gebrauch macht, vgl. das später über das „Recht zu" Bemerkte. Weiter geht die relative Wirkung nicht. Wie sollte mit ihr die ipso iure-Wirkung der dinglichen Verfügung des Ermächtigten erklärt werden können? Raape muß schon mindestens eine neue und ungewöhnliche Vorstellung und Terminologie einführen, um seine Ansicht durchführen zu können, während sich doch alles viel einfacher machen läßt.

Raape[25]) beruft sich nach dem Vorgang Cosacks darauf, daß in dem Forderungsrecht das absolute Element der Verfügungsbefugnis enthalten sei. Derartiges ist nicht neu, es ist vielmehr schon seit langem anerkannt, daß beispielsweise die Feststellungsklage des Gläubigers gegenüber dem Gläubigerprätendenten etwas Absolutes insofern zum Ausdruck bringt, als nur einer der Gläubiger sein kann und alle übrigen dies anerkennen müssen. Diese längst bekannten Dinge beweisen nichts, jedenfalls nichts für Raape, denn die Wirkung dieser absoluten Elemente beschränkt sich darauf, daß einer bestimmten Person ein bestimmtes Forderungsrecht gegenüber einer anderen bestimmten Person zustehe. Raape aber will mehr, er will — bleiben wir bei dem Jagdrecht — sein relatives Aneignungsrecht, Einwirkungsrecht usw. auch unmittelbar gegen Dritte wirken lassen, wenigstens insofern, als er die begriffliche Zulässigkeit solcher absoluten Einwirkungsmöglichkeit behauptet. M. a. W., er hält es für möglich, absolute Schutzbefugnisse, sagen wir für Miete, Jagdpacht usw. aus dem Wesen eines verliehenen Rechtes zu rechtfertigen. Es ist ganz richtig, daß ganz abgesehen von dem Besitzesschutz der Mieter usw. absolut geschützt werden kann, ohne daß der Miete als eines schuldrechtlichen Verhältnisses Abbruch gegeschieht, bestritten muß nur werden, daß dies auf einer Rechtsübertragung beruht[26]). Es beruht vielmehr darauf, daß dem Mieter die Ausübungsmöglichkeit für das Eigentum übertragen wird. Wer diese hat, kann genau wie bei der Prozeßstandschaft in der gleichen absoluten Weise auftreten wie der Eigentümer selber. Wie das Gestaltungsrecht bei echter Rechtsübertragung (Mobiliarpfand, Forderungspfand) je nach dem zugrundeliegenden Recht einen verschiedenen Inhalt und Umfang hat, so hat auch das in der Ermächtigung liegende „Gestaltungsrecht" einen verschiedenen Umfang und Inhalt und verschiedene Natur. Wird die Ausübungsmöglichkeit für ein absolutes Recht übertragen, dann kann der Ermächtigte kraft der ihm zustehenden Ausübungsmöglichkeit das absolute Recht genau so absolut ausüben wie der Rechtsinhaber selber. Das ergibt sich schon ohne weiteres aus dem begrifflichen Zwange und braucht nicht erst ausdrücklich durch das Gesetz verordnet zu werden. Sowie sich die Ausübungsmöglichkeit inhaltlich und umfänglich mit dem auszuübenden Rechte deckt, also nicht beschränkt ist, nimmt die Ausübung notwendig an allen Eigenheiten des auszuübenden Rechtes teil. Dies zeigt sich ganz deutlich an der Prozeßstandschaft von Konkursverwalter, Testamentsvollstrecker, Grundstücksvertreter, verschiedener Pfleger. Man braucht nur zu fragen: Hat der Konkursverwalter, der Testamentsvollstrecker, der Grundstückspfleger usw. ein absolutes oder relatives Recht? Diese Fragestellung ist genau so un-

---

[25]) JheringsJ. 74, 246.

[26]) Vielleicht verstehe ich Raape falsch, wenn er S. 245 die Gewährung des absoluten Schutzes davon abhängig machen will, ob der Ermächtigte schon Besitzesschutz genießt. Wenn es sich nicht um ein Postulat de lege ferenda handelt, ist die Beweisführung mindestens merkwürdig. Entweder die durch die Ermächtigung gegebene Ausübungsmöglichkeit ist ihrem Wesen nach dem Begriff der sonstigen Rechte, § 823 I, einzureihen, dann ist sie als solches auch schon heute zu schützen, oder sie gehört nicht unter diesen Begriff, dann kann nur ein ausdrücklicher Gesetzesspruch sie ihm unterstellen. M. E. kann sie schon heute kraft Begriffes den absoluten Schutz beanspruchen, Raapes Schwierigkeiten, die nur aus der Verwendung seines „Rechtes" sich ergeben, bestehen für mich nicht, s. das im Texte Folgende.

richtig wie die Fragestellung um das absolute oder relative Recht des Mieters, Jagdpächters oder Fischereipächters. Kein Zweifel, daß Konkursverwalter, Testamentsvollstrecker, Grundstückspfleger usw. im eigenen Namen mit dinglicher, absoluter Klage gegen jedermann vorgehen können, und doch haben sie nicht die Spur eines dinglichen Rechtes an den streitigen Sachen. Ebenso ist kein Zweifel, daß die rechtsgeschäftlich gewährte Prozeßstandschaft mit absoluter Wirkung gegen jedermann gewährt werden kann, wenn es sich eben um ein absolutes Recht handelt, das geltend gemacht werden soll. Abermals folgt daraus: Die Ermächtigung hat genau die Wirkung wie das zur Ausübung gewährte Recht. Ist das Recht, dessen Ausübung durch eine Ermächtigung gewährt wird, absolut, dann ist der Ermächtigte, wenn seine Ermächtigung nicht von dem Ermächtigenden oder durch das Gesetz eingeschränkt ist, befugt, gegenüber jedermann das Recht auszuüben; ist das Recht nur relativ, kann es auch nur relativ ausgeübt werden. Das ist der einfache Hergang. Mit dieser Auffassung vermeidet man auch die Unerträglichkeit, daß der Dienstpflichtige, der ermächtigt ist, auf die ihm von dem Dienstherrn übergebenen Sachen einzuwirken, ein „Recht" hat. Gleiches gilt im Verhältnis von Unternehmer und Besteller. Der Unternehmer darf die Verarbeitung vornehmen, zu der er sich verpflichtet hat, aber wir wenden hierauf den Ausdruck Recht nur in dem noch zu erörternden Sinne des „Rechtes zu" an, dagegen von einem „Rechte auf" oder einem „Recht an" ist keine Rede. Raape will auf eine der beiden letzten Kategorien hinaus oder er ist sich über den Begriff seines Rechtes nicht klar. Denn wenn der Ermächtigte gegen einen Dritten klagt: Ich habe die Einwilligung, d. h. das „Recht zu"[27]), kann ihm der Gegner entgegenhalten: „Der Ermächtigende hat dir heute morgen unmittelbar vor dem Termin die Ermächtigung entzogen." Und das soll nun ein Recht gewesen sein.

3. Tatsächlich hat das Reichsgericht, ohne es zu merken, gezwungen durch die Logik der Dinge, diese Betrachtung in dem oben S. 81 f. besprochenen Falle RGZ. 80, 395 auch schon angewandt. Als es die Zustimmung der Eigentümerin zu der Vermietung durch den Geschäftsführer der Eigentümerin derart unmittelbar gegen die Eigentümerin und deren Rechtsnachfolger im Eigentum wirken ließ, konnte es sich entweder nur um Schuldbeitritt oder darum handeln, daß die von der Eigentümerin gut geheißene mietrechtliche Ausübungsmöglichkeit des Eigentums gemäß § 571 auch gegen den Rechtsnachfolger im Eigentum wirkte[28]). Es ist also die Frage, ob die mietrechtliche Übertragung der Ausübungsmöglichkeit, wenn sie mit Zustimmung des Eigentümers geschehen ist, diesen Eigentümer mietrechtlich ebenso bindet, als wenn er selber Vermieter gewesen wäre. Die Miete war auf eine bestimmte Zahl von Jahren abgeschlossen vor deren Ablauf das Grundstück veräußert wurde. Das bedang die Frage, ob die mit Zustimmung des Eigentümers durch den Vermieter gewährte Ausübungsmöglichkeit während dieser Jahre gemäß § 571 auf den Rechtsnachfolger im Eigentum überging, weil sie derart mietrechtlich geeigenschaftet war und so viel von dem Mietverhältnis in sich begriff, daß man auf sie die Vorschriften über das Mietverhältnis anwenden konnte. Das Reichsgericht hat die Frage bejaht. Das will aber sagen: Wenn der nur mittels beschränkter Vollmacht zu erklärende Schuldbeitritt außer acht gelassen wird, bleibt nichts anderes übrig als diese mietrechtliche Ermächtigung, deren mietrechtlicher Schutz noch dazu an den Besitz geknüpft wird, als mietrechtlichen Rechtsbesitz = Ausübungsmöglichkeit des Eigentums zu fassen, der schon für sich

[27]) Wie das allerdings praktisch vorkommen soll, ist nicht leicht denkbar.
[28]) Raape bestreitet dies grundsätzlich.

allein durch § 571 ergriffen wird. Da der zustimmende Eigentümer keinesfalls durch die bloße Zustimmung Mietpartei mit allen Rechten und Pflichten wird, die Pflichten ihn höchstens infolge Schuldbeitritts treffen können, dieser aber sehr unwahrscheinlich ist, der reinen Zustimmung die Gutheißung der Ausübungsmöglichkeit am besten entspricht, ergibt sich, daß das Reichsgericht die Übertragung einer absolut wirkenden Ausübungsmöglichkeit bei der Miete anerkannt hat. Insofern tastet sich Raape an das Richtige heran, auch ist ihm darin beizustimmen, daß die bloß schuldrechtliche Betrachtung als eines bloßen Forderungsrechtes des Jagdpächters unzulänglich[29]) ist. Daraus folgt aber nicht, daß nunmehr in seiner Weise mit dinglich und schuldrechtlich, absolut und relativ verfahren werden darf[30]).

Unannehmbar ist Raapes Theorie auch deshalb, weil sie in Unklarheit endet. Er wendet die Vorstellung der Teilung an (S. 231), die niemals, auch dann nicht zulässig ist, wenn sich der Jagdherr neben dem Pächter Jagdbefugnisse vorbehalten hat; er will bei Übertragung des vollen Jagdrechtes von einer Ausscheidung eines Bestandteiles, also durch qualitative Teilung, sprechen, meint jedoch, daß der Jagdberechtigte das Jagdrecht als Ganzes nicht verloren habe, sondern nur die Jagdbefugnis aus seinem Jagdrecht ausgeschieden sei (S. 257ff.). Wenn das Jagdgesetz bestimmt, daß das Jagdrecht nicht von dem Eigentume getrennt werden kann, dann hat dies von dem Ganzen wie von dem Teile und Bestandteile zu gelten. Also kann wie bei dem Nießbrauche nur durch Übertragung der Ausübungsmöglichkeit geholfen werden. Bei dem Nießbrauch ist noch niemand auf den Gedanken gekommen, es könne eine einzelne in ihm enthaltene Sonderbefugnis dem Rechte nach übertragen werden.

4. Einige Schriftsteller[31]) behaupten, man müsse Jagdrecht und Jagdausübungsrecht trennen, wogegen andere sagen, wenn dem Rechtsinhaber jede Rechtsausübung entzogen werde, dann fehle ihm eben das Recht selber. Man kann auch nicht damit helfen, daß man an Stelle von Jagdausübungsrecht die die Jagdausübungsmöglichkeit im rechtlichen Sinne, d. h. mit allen Wirkungen des Jagdrechtes, setzt. Auf die Gefahr der Wiederholung: Der Eigentümer kann das Eigentum an der verlorenen, verlegten, vergessenen Sache nicht eher übertragen, als bis er sich wieder die Ausübungsmöglichkeit für die Rechtsübertragung verschafft, also die ausübbare tatsächliche Gewalt wieder gewonnen hat[32]). Also kann sich Verfügungsrecht und Verfügungsmöglichkeit trennen.

Dennoch ist zu sagen: Wenn durch das Gesetz die Ausübungsmöglichkeit dauernd und begriffswesentlich entzogen ist, kann nicht mehr von einem Rechte gesprochen werden, der Jagdgenosse, der keinen Eigenjagdbezirk hat, ist nun einmal nicht jagdausübungsberechtigt, insofern als er nicht selber körperlich-physikalisch die Jagd ausüben darf. Diese Form der Rechtsausübung ist ihm versagt, d. h. dieses Recht ist ihm versagt. Aber sein Jagdrecht hat er darum doch, er übt es nur in anderer, der genossenschaftlichen Form der Jagdverpachtung aus. Er tauscht eine andere Art der Ausübung ein und dies wird klar, wenn man sich etwas anders ausdrückt. Der Genosse hat zwar nicht das Jagdausübungsrecht, aber die Ausübung des Jagdrechtes: Ausübung der Jagd

29) Raape, JheringsJ. 71, 137ff.; 74, 206ff.; von mir schon 1912 in ArchZivPrax. 108, 347 ausgeführt.

30) JheringsJ. 74 S. 206, 209 Anm. 1, 213ff., 218ff., 246ff.

31) Vgl. Hager Schikane und Rechtsmißbrauch 106ff., Nachweise von Freund und Feind S. 108 Anm. 3 und 4. Wolff, Sachenrecht § 80 V und Nachweise daselbst in Anm. 28.

32) Ausübbare Gewalt! Er kann theoretisch noch immer Besitzer der verlegten Sache sein, aber die ausübbare tatsächliche Gewalt in Ansehung der dinglichen Verfügung hat er regelmäßig nicht.

und Ausübung des Jagdrechtes sind eben verschieden. Wenn dem Genossen auch das erste fehlt, so hat er doch das zweite, den Anspruch auf einen Anteil am Jagdpachtzins oder dem Naturalertrag der Jagd. Das Jagdrecht würde nicht aufhören, sondern nur eine andere Form der Ausübung annehmen, wenn allgemein vorgeschrieben würde, daß alle Jagden nur von Jagdgenossenschaften ausgeübt werden könnten.

Etwas anders steht es um die Ausübung bei der Jagdpacht. Auch hier leidet die Darstellung Raapes an Unklarheit. Richtig ist, daß der Jagdherr trotz der Jagdverpachtung sein Jagdrecht behält, daß er auch eine Schutzklage gegen Dritte anstellen kann, richtig ist auch, daß der Pächter nur eine Befugnis bekommt, aber nicht eine Befugnis im Sinne echten Rechtes, sondern im Sinne der Ausübungsmöglichkeit. Unrichtig ist es, wenn Raape die Vorstellung des Ruhens bekämpft[33]), mit der eigentümlichen Begründung, daß diese Vorstellung den Sachverhalt unnötig verwickele. Wogegen zu sagen ist, daß es kaum etwas Einfacheres geben dürfte als die Gegenüberstellung von Recht und Ausübungsmöglichkeit, die durch die Verwendung des ruhenden Rechtes wiedergegeben wird.

5. Daß die schuldrechtlichen Wirkungen des Jagd- und Fischereipachtvertrages[34]) und die Ermächtigung zwar nicht gerade auseinanderfallen[35]) können, wohl aber die ersten bestehen können, wenn die zweite wegen Rechtsmangels des Ermächtigenden gegenstandslos ist, JheringsJ. 74, 190, ist natürlich kein Gegenbeweis. Dem Verpächter ist es dann einfach nicht geglückt, dem Pächter die geschuldete Ermächtigung in der Weise zu verschaffen, daß sie nicht gegenstandslos ist.

6. Es wurde schon gestreift, daß die Ermächtigung auch eingeschränkt gegeben werden kann. Die Ausübungsmöglichkeit kann in beliebigem Umfang übertragen werden und wird auch oft genug so übertragen[36]). Es kann vorliegen unbeschränkte, quantitativ oder qualitativ beschränkte Ermächtigung mit ausschließlicher Zuständigkeit des Ermächtigten (sagen wir also des Jagdpächters) oder in Konkurrenz mit dem Verpächter, ja auch in Konkurrenz mit anderen Ermächtigten (Treibjagd).

7. Man streitet über Einseitigkeit oder Vertragsmäßigkeit der Gestattung, d. h. der Ermächtigung in § 956 BGB.[37]). Die Frage ist falsch gestellt, sie ist durch §§ 182ff. einwandfrei und deutlich entschieden. Das eigentlich wichtige ist die Widerruflichkeit und die Feststellung, wann die Unwiderruflichkeit vorliegt. Jeder Jagdherr kann jederzeit die Treibjagd abbrechen, kann jedem Jagdgast die weitere Beteiligung an der Treibjagd untersagen, kann also seine Ermächtigung beliebig widerrufen. Die causa, die die Widerruflichkeit ausschließt, muß ein echter juristischer Titel sein und dessen Feststellung ist hier nicht schwieriger als anderswo. Als praktische Fingerzeige können folgende Erwägungen dienen. Einmal wird es auf die Entgeltlichkeit oder Unentgeltlichkeit ankommen, indem die Entgeltlichkeit schon ausreichend für die Unwiderruflichkeit spricht. Sodann wird es — und dies wird sich immer mit der Entgeltlichkeit decken — darauf ankommen, ob die Ermächtigung im Interesse des Ermächtigten gegeben wird. Der Streit um die Vertragsmäßigkeit oder

---

[33]) S. 253 gegen Hirsch und v. Brünneck, vgl. zu dieser Frage schon früher Krückmann, ArchZivPrax. 108, 352f. Nr. 20, 21, 22, 27.

[34]) Fügen wir hinzu: der Miete, der Leihe, aber auch des Dienst- und Werkvertrages.

[35]) Das ist insofern unmöglich, als in jedem dieser Verträge an sich die entsprechende Ermächtigung mit enthalten ist.

[36]) Vgl. Raape, JheringsJ. 74, 195ff.

[37]) Bericht bei Raape, JheringsJ. 74, 200.

Einseitigkeit der „Erlaubnis" wird in falscher Richtung geführt, man muß nach der Widerruflichkeit und der Unwiderruflichkeit fragen. Die „Erlaubnis" ist an sich einseitig, ihre Unwiderruflichkeit aber wird nur durch Vertrag erreicht (Miete, Pacht, Jagd-, Fischereipacht).

8. So bestimmt nach allem vorhergehenden es abgelehnt werden muß, als Wirkung der Ermächtigung, auch der unwiderruflichen, ein echtes Recht anzusehen, läßt sich doch sprachlich ein Zugeständnis machen. Unter einer ganz bestimmten Betrachtungsweise läßt sich wenigstens der Gebrauch des Wortes Recht rechtfertigen und hier zeigt sich wieder einmal, welchen großen Wert es hat, wenn man der Sprache seine Aufmerksamkeit widmet. Man muß eben nur wissen, was man meint, die herrschende Meinung weiß dies anscheinend bis heute nicht, sondern läßt sich nur unbewußt von dem Sprachgefühl leiten. Die Sprache freilich ist ein unbedingt zuverlässiger Führer, man muß nur auf sie hören. Sie scheidet schon seit jeher zwischen „Recht[38]) zu" und „Recht auf" und „Recht an". Das Hausmädchen hat das „Recht", das Geschirr in die Hand zu nehmen, um es zu waschen; die ihm mitgegebenen Sachen an sich zu nehmen und sie zum Handwerker zu tragen; die Küchenabfälle in den Mülleimer zu werfen; diesen zur Fortnahme für die Müllabfuhr auf die Straße zu stellen usw. Der Tischler, der den antiken Schrank wiederherstellen soll, hat das „Recht", die von Würmern zerfressene Rückwand herauszuschlagen, darf also eine Sachbeschädigung vornehmen. Solche erlaubte Sachbeschädigung ist nahezu mit allen Ausbesserungsarbeiten verbunden und die Erlaubnis gibt ein „Recht zu" ihrer Vornahme, aber nicht ein Recht auf ihre Vornahme. Der Handwerker kann so wenig wie das Dienstmädchen darauf klagen, daß ihm die Vornahme gegen den Willen des Auftraggebers gestattet werde, vielmehr kann dieser jederzeit die erteilte Erlaubnis zurücknehmen und dieses Recht, die Ermächtigung zurückzunehmen, ist im tiefsten Grunde der eigentliche Gedanke des § 649. Er ist nur in die ungeschickte Form der Kündigung gekleidet worden[39]). Da das „Recht zu" sich gegen den Willen der Gegenpartei nicht behaupten kann, ein Recht, das sich aus und durch sich selbst behaupten kann, immer ein „Recht auf" ist, ergibt sich, daß die ganze Bedeutung des „Rechtes zu" in dem Ausschluß der Rechtswidrigkeit oder in einem bloßen juristischen Können oder in beiden zusammen liegt, also in einer bloßen Ermächtigung. Nur in dieser ganz eng begrenzten Anwendung darf man der Ermächtigung zuschreiben, daß sie ein „Recht" begründe. Wenn weiter nichts gemeint ist, wäre gegen den Gebrauch des Wortes nichts einzuwenden und es träfe der Ausspruch Bekkers[40]) zu, daß sich ein etwaiger Streit nur darum drehe, ob wir wohl daran täten, das Wort im weiteren oder im engeren Sinne zu gebrauchen. Da sich noch nicht einmal die von der Sprache längst vollzogene Scheidung von „Recht zu" und „Recht auf" bei den Juristen allgemein durchgesetzt hat, wird man unbedingt an der engeren Bedeutung festhalten müssen. Der Unterschied von entziehbarer und unentziehbarer Rechts-

---

[38]) Vgl. über diesen sprachlich durchaus sicheren Unterschied Krückmann, JheringsJ. 52, 441 ff., insbesondere S. 448 ff., zu vergleichen ist der dort S. 441 Anm. 1, S. 448 Anm. 1, 2 angeführte Zitelmann, der nach dem Vorgange Bekkers durchaus zutreffend auf ein Ermächtigungsrecht hinauskommt, ein Beweis, daß diese Betrachtungsweise in der Luft liegt, vgl. ferner Krückmann, JheringsJ. 54, 107 ff.

[39]) Der Vertrag wird ja in Wirklichkeit nicht gekündigt, sondern besteht noch fort, aber infolge Widerrufes der Ermächtigung ändern sich die Ansprüche, oder richtiger, treten die Eventualansprüche des Unternehmers hervor, erlöschen die mit der Ermächtigung verbundenen Ansprüche des Bestellers. Siehe Ludewig S. 72 ff. über die Verpflichtungsermächtigung, die eine ganz verwandte Erscheinung ist.

[40]) System II S. 215 Beil. II.

stellung ist so groß, so grundlegend, rührt derart an das eigentliche Wesen jedes objektiven und subjektiven Rechtes, daß er nicht einfach durch einen ungenauen Sprachgebrauch übergangen werden darf.

Auf Sprachreinheit muß umsomehr gehalten werden, als auch noch an anderer Stelle eine Ungenauigkeit allgemein gebräuchlich ist. Man spricht von Übertragung der Ausübung, wo man doch nur sagen kann: Übertragung der Ausübungsmöglichkeit[41]). Übertragung der Ausübung ist Auftrag: du sollst, besagt aber nicht: du kannst. Man vergleiche Übertragung der Ausführung, der Besorgung, eines Geschäftes, einer Mitteilung usw. Dies alles ist Beauftragung mit einer Handlung, Übertragung der Ausübung ist daher sprachwidrig, aber auch eine gedankliche Unklarheit. Sie soll doch Übertragung eines rechtlichen Könnens sein, also muß zum Ausdruck kommen, daß ein solches Können ermöglicht werden soll. Dies kommt aber in dem Wort: Übertragung der Ausübung niemals zum Vorschein. Das anscheinend außerordentlich unentwickelte Sprachgefühl der Juristen verdeckt mit dem unklaren Ausdruck auch die Sache selbst, nämlich die Ausübungsmöglichkeit. Bedeutet die Ermächtigung nichts als Übertragung einer Ausübungsmöglichkeit, dann ist es noch ein weiterer schwerer sprachlicher Fehler, zu fragen, ob die Ermächtigung eine Verfügung sein könne. Daß diese Fragestellung ganz unmöglich ist, hätte schon das Sprachgefühl lehren können.

9. Zum Schluß noch eine weitere sprachliche Bemerkung. Man redet herkömmlicher Weise von mittelbarer und unmittelbarer Stellvertretung. Dies ist sprachlich widerspruchsvoll und wird besser ersetzt durch den Gegensatz von Bevollmächtigung (rechtsgeschäftlicher, gesetzlicher oder behördlich angeordneter) und Ermächtigung. Man läßt den irreführenden Ausdruck mittelbarer Stellvertreter am besten ganz außer dem Spiel[42]). Die Sprache weist uns auch hier einen sicheren Weg. Es wäre merkwürdig, wenn sie ohne Not zwei gleichwertige Ausdrücke geschaffen hätte, die dasselbe sagen wollen. Gewiß kann man oft eine Sache von verschiedenen Seiten betrachten und danach, je nach dem Standpunkt, verschiedene Bezeichnungsweisen wählen, wo derartiges aber nicht möglich ist, will die sprachliche Scheidung auch immer einen sachlichen Unterschied ausdrücken. Man kann auch schon bewußt mehrere technische Kunstausdrücke erfinden, die dasselbe sagen, aber, wo die Sprache nicht durch willkürliche Eingriffe gestört wird, da ist sie von einer Logik erfüllt, die immer wieder staunen macht. Sie läßt sich nicht betrügen und vollzieht im Unbewußten Scheidungen, sondert Begriffe, die erst viel später als solche erkannt und abstrakt formuliert werden.

---

[41]) Vgl. meine Bemerkungen ArchBürgR. 41, 338ff. gegen Hirsch, Übertragung der Rechtsausübung.

[42]) Praktisch ist die strenge Durchführung der Terminologie keineswegs unwichtig. Eine Partei hatte ein Interesse, ihre prozessuale Aktivlegitimation vorsorglich auch durch die Ermächtigung seitens einer nach ihrer Ansicht zwar nicht berechtigten anderen Person, die jedoch möglicherweise von dem Gericht als allein legitimiert angesehen werden konnte, zu stützen. Ich riet ihr, notfalls sich die angeblichen Rechte des Dritten abtreten zu lassen, jedenfalls aber sich zu ihrer Wahrnahme ermächtigen zu lassen, wies sie auch auf den Unterschied von Ermächtigung und Bevollmächtigung hin. In der notariellen Verhandlung wurde wegen der Kosten und Gebühren von der Abtretung abgesehen, aus der Ermächtigung aber eine Bevollmächtigung gemacht. Die gesamten Kosten waren umsonst ausgegeben, denn die prozessuale Aktivlegitimation im eigenen Namen war nicht erreicht. Sollte nur eine Ermächtigung vorgenommen werden, so hätte auch Beglaubigung der Unterschrift genügt, die nicht einmal von einem Notar vorgenommen zu werden brauchte, also von jeder siegelführenden Amtsperson zu haben war. Hieran war zum guten Teil, wenn nicht ausschließlich die Vieldeutigkeit des Wortes Ermächtigung, aber auch die Unklarheit über die Vertretung schuld. Der Notar ist nicht der einzige, bei dem ich die Verwechslung von Bevollmächtigung und Ermächtigung feststellen konnte.

IV. Die Ermächtigung als Beihilfe zur Verfügung

1. Der Streit um Ermächtigung, Einwilligung, Genehmigung, Erlaubnis (Miete, Pacht, Jagdpacht usw.) ist zugleich ein Streit um den Begriff der Verfügung[43]). Insbesondere vertritt Raape den Gedanken, daß alle diese Handlungen, durch die tatsächlich nur eine Ausübungsmöglichkeit übertragen wird, Verfügungen seien, und behauptet, JheringsJ. 74, 190, in der Literatur herrsche Klarheit darüber, daß die Aneignungsgestattung des § 956 eine Verfügung sei. Da verwechselt Raape wohl Einmütigkeit und Klarheit, denn Klarheit kann in einer Unklarheit nun einmal nicht herrschen. Raape gibt zu, daß es sich bei Zustimmung um keine „Übertragung", keine Belastung, keine qualitative Teilung handele, nimmt aber seine Behauptung zum guten Teil wieder zurück. Denn er gesteht ja dem Bevollmächtigten und Ermächtigten die Substitution also die Übertragung zu, folglich muß ihnen doch schon etwas übertragen sein, was sie weiter übertragen können. Das ist in der Tat der Fall, aber übertragen wird nicht ein unentziehbares Recht, sondern eine bloße entziehbare Möglichkeit. Wenn dies richtig erkannt worden wäre, hätte es gar nicht zu der Polemik v. Tuhr-Raape kommen können. Um die nach §§ 1445, 1821 I erforderliche Genehmigung des Vormundschaftsgerichtes zu retten, falls der Vormund nur Zustimmung zur Veräußerung gibt, kam es nach der zu jeder Richtung fehlgehenden Untersuchung darüber, ob die Zustimmung eine Verfügung sei. v. Tuhr wollte entscheiden lassen, ob eine Genehmigung, also nachträgliche Zustimmung vorliege, Raape dagegen will darauf hinaus, ob unmittelbare Stellvertretung vorliege oder nicht, will also den Unterschied zwischen handeln im eigenen und im fremden Namen zugrunde legen. Beides ist gegenstandslos. Immerhin hat v. Tuhr zwar einen Beobachtungsfehler gemacht, aber er machte ihn aus dem Gefühl für etwas Richtiges. Denn nur die nachträgliche Zustimmung zu einer vorhergehenden Verfügung schafft in der Tat einen unwiderruflichen Zustand und dieses beste Argument für das „subjektive Recht" des Ermächtigten läßt Raape sich entgehen. Die vorherige bloße Ermächtigung schafft diesen endgültigen Zustand nicht und kann schon deshalb nicht als Verfügung bezeichnet werden, wogegen anscheinend die nachträgliche Zustimmung mit v. Tuhr schon eher so bezeichnet werden könnte. Scheinbar kann man hierfür die „Standfestigkeit" der durch die Genehmigung erzeugten Wirkung anrufen. Doch ist da vor einem Beobachtungsfehler zu warnen. Diese Standfestigkeit ist doppelt. Einmal als Unwiderruflichkeit der Zustimmung, sodann als Unwiderruflichkeit der mit dieser Zustimmung durch den handelnden, den nachträglich Ermächtigten, herbeigeführten Wirkung. Da diese zweite Wirkung mit Erteilung der Zustimmung sofort eintritt, ergibt sich aus ihrem sofortigen Eintritt auch scheinbar die Unwiderruflichkeit der Zustimmung, und damit deren sofortige und standfeste Wirkung. Es liegt aber auf der Hand, daß die nachträgliche Zustimmung diese sofortige endgültige Wirkung sich nicht selber verdankt und daß es doch nur geschichtlich zufällige Gründe sind, die ihr eine scheinbar andere Wirkung geben als der vorherigen Zustimmung. Das eigentlich Entscheidende ist, daß die Genehmigung eine andere Rechtslage vorfindet als die vorherige Zustimmung und infolgedessen, ohne sich in ihrem Wesen zu verändern andere sofortige Wirkungen äußern kann, als eine Ermächtigung, die diese Rechtslage noch nicht vorfindet. Das ist doch sonst nichts Neues: die einschlagende Kugel wirkt im Sandhaufen anders als im geschlossenen mit Wasser gefüllten Gefäß. Nach der Beweisführung v. Tuhrs müßte man an-

[43]) v. Tuhr, ArchZivPrax. 117, 193 ff.; Raape ebenda N. F. 1, 257 ff. Bei beiden und in RGZ. 106, 111, nähere Nachweise. Später Raape, JheringsJ. 71, 103 ff.; 74, 190 ff.

nehmen, daß je nach dieser Wirkung es sich um verschiedenartige Geschosse handelte, bei denen die Sprengwirkung ausbleibt oder eintritt wegen der Besonderheit des Geschosses, nicht wegen der Besonderheit des getroffenen Gegenstandes. Man wird also Bevollmächtigung, Ermächtigung und Genehmigung nach wie vor gleich behandeln müssen.

2. Einen anderen Trugschluß macht Raape[44]), der in der Jagderlaubnis deshalb eine Verfügung erblickt, weil sie als Erlaubnis eines Nichtberechtigten dem Empfänger der Erlaubnis nicht die Befugnisse einer wirksamen Jagderlaubnis verschafft. Das läuft darauf hinaus, eine Eigentumsübertragung deshalb als Verfügung zu bezeichnen, weil der Nichteigentümer kein Eigentum überträgt. Man kann dieser Beweisführung eine bemerkenswerte Eigenartigkeit nicht absprechen, denn mindestens mußte doch festgehalten werden, daß vorhergehende und nachfolgende Zustimmung ihrem inneren Wesen nach gleich sind, nur auf verschiedene Rechtslagen auch verschieden wirken.

3. Die eigentliche Lösung liegt in einer anderen Fragestellung. Raape ist ebenso wie v. Tuhr durch das Urt. RGZ. 90, 395 in seine Gedankenrichtung geführt worden. Die Schadenshaftung, um deren willen von dem Reichsgericht und sodann v. Tuhr und Raape die Untersuchung angestellt[45]) ist, ob eine Verfügung vorliege, ist anders anzufassen. Es ist von der Beihilfe, § 830, auszugehen Der Verfügende kann seine Verfügungshandlung — und diese ist doch die maßgebende Handlung — nur deshalb wirksam vornehmen, weil der Zustimmende ihm dies durch seine Zustimmung ermöglicht. Einfacheres kann es nicht geben. Bevollmächtigung, Ermächtigung, Genehmigung sind nichts anderes als Mitwirkung, Beihilfe zu der Verfügung, sind aber etwas qualitativ anderes als die eigentliche Verfügung. Der Gehilfe des Mörders, der diesem das Licht hält oder der den Überfallenen festhält, tut etwas ganz anderes als der Mörder, aber trotzdem ist er an der Mordtat beteiligt. Ebenso tut der Vollmachtgeber oder der Einwilligende oder der Genehmigende etwas ganz anderes als der Verfügende, dennoch beteiligt er sich an dem Vorgang, der notwendig ist, um auf das subjektive Recht unmittelbar einzuwirken. Es genügt vollständig, daß der Ermächtigende usw. in dieser andersartigen Weise, die keine Verfügung ist, mitwirkt, wenn nur überhaupt anerkannt wird, daß seine Tätigkeit eine Mitwirkung ist. Daß wir uns hierauf beschränken müssen, ergibt sich noch aus der weiteren Erwägung, daß Bevollmächtigung und Zustimmung keinen individuellen Inhalt haben, da sie sich auf alle möglichen Geschäfte beziehen können und erst von dem Geschäfte, auf das sie sich beziehen, ihren Inhalt erhalten. Sie sind an sich inhaltsleer und ob etwas eine Verfügung ist, muß doch danach bestimmt werden, welchen Verfügungsinhalt es an sich, seinem begrifflichen Wesen nach hat. Aus dieser Unselbständigkeit ergibt sich, daß sie nicht über die Rolle der Beihilfe, Mitwirkung usw. hinauskommen. Dies ist einmal schon beinahe erkannt und anerkannt worden, bei der Eintragungsbewilligung. Aber die Theorie blieb im halben stecken und erkannte das Wesen der Beihilfe[46]) nicht. Der ganze Streit um die Verfügungsnatur ist gegenstandslos. Man kann niemals aus den Zustimmungstatbeständen (dies Wort im weitesten Sinne genommen) etwas qualitativ Gleichartiges mit der Verfügung herauslesen. Das sollte man ruhig anerkennen, der Begriff der Mitwirkung, der Beihilfe,

---

[44]) JheringsJ. 47, 190.

[45]) v. Tuhr S. 199ff., Raape S. 271ff.

[46]) Raape, JheringsJ. 71, 129 und Nachweise in Anm. 3 daselbst. Vgl. auch die Künstelei Raapes daselbst S. 130. Ebenso ist Raape, ArchZivPrax. N. F. 1, 279 auf dem Wege zur richtigen Erkenntnis, aber der letzte Schritt fehlt und das führt ihn zu den S. 294 zusammengefaßten Widersprüchen.

der Gehilfenschaft, der Beteiligung reicht vollkommen aus, um jedes vernünftige Ergebnis zu rechtfertigen, er ist ja gerade zu dem Zweck gebildet, um auch eine andersartige Beteiligung, die keine unmittelbare Ausführung der Haupttat ist, zu kennzeichnen und zu fassen. Trotz der Verschiedenartigkeit von Haupttat und Beihilfe bleibt die Beihilfe eine Beteiligung an der Haupttat, kann dann aber auch nach den Regeln für die Haupttat behandelt werden.

4. Eine andere Betrachtungsweise wäre die Verwendung der Anstiftung, denn man kann den Vollmachtgeber wie den Ermächtigenden in sehr vielen Fällen auch als Anstifter ansehen, aber damit würde man auf den Auftrag geraten, der von Bevollmächtigung und Ermächtigung zu trennen ist. Die Bevollmächtigung, Ermächtigung, Einwilligung, Genehmigung als solche kann nur mit der Beihilfe zu der Verfügung gefaßt werden. Weiteres ist nicht von Belang, hier kommt es nur auf die zweifelsfreie Folgerung an, daß weder Ermächtigung noch Genehmigung, weder vorhergehende noch nachträgliche Zustimmung eine Verfügung sind und darum die Unterstellung dieser Akte unter den Verfügungsbegriff nicht benutzt werden kann, um nachzuweisen, daß die Wirkung der Ermächtigung in der Begründung eines echten Rechtes bestehe. Das ergibt sich aus der Natur der Ermächtigung als unselbständiger Beihilfehandlung zwangsläufig. Der Streit um die Verfügungsnatur hat nur dann Sinn, wenn in der Ermächtigung eine selbständige Verfügungshandlung gesehen werden könnte, und darum durfte die Frage, ob Ermächtigung, überhaupt jedwede Zustimmung eine Verfügung sei, gar nicht aufgeworfen werden.

5. Immerhin ist den Fällen des § 956 noch etwas nachzugehen. Das Eigentum geht nach § 956 über durch Besitz an der fruchttragenden Sache oder durch Besitz an der Frucht, wenn gleichzeitig die Gestattung vorliegt. Im Grunde läuft es beide Male auf Besitzergreifung unter Einwilligung des Gebers hinaus. Die sachenrechtlich maßgebende Veränderung in der Außenwelt, die besitzrechtliche, wird ausschließlich von dem Erwerber vorgenommen, so daß § 956 mit Recht von Aneignen spricht, nicht von Übertragen. Die Auffassung des Bürgerlichen Gesetzbuches ist also die, daß der Gestattende nur Gehilfenschaft leistet. Mindestens ebenso deutlich ist dies bei der Jagd- und Fischereipacht. Der Jagd- und der Fischereiherr leisten auch hier nur Beihilfe. Sie verfügen nicht. Die Frage, ob Verfügung vorliegt, darf auch hier ebensowenig wie in allen anderen Fällen der Ermächtigung aufgeworfen werden.

Die praktisch wichtige Frage ist nun, wieweit die Ermächtigung als Beihilfe zu der Verfügung oder überhaupt der Rechtsveränderung nach dem Muster der Verfügung zu behandeln ist. Die Antwort ist sehr einfach: So weit, wie es gerecht und praktisch notwendig ist. Wir haben hierin ganz freie Hand und das erlaubt z. B. mit dem RG. in RGZ. 111, 405ff. die zeitweilig unwiderrufliche Ermächtigung dem § 2040 I zu unterwerfen.

6. Eine Sonderbehandlung beansprucht die bloße Gebrauchsüberlassung, die nicht auf Erlaubnis einer Verfügung oder verfügungsartigen Einwirkung hinausläuft[47]). Auf diese Tatbestände paßt der Beihilfebegriff nicht. Raape konstruiert das Gebrauchsrecht als Verzicht auf das Verbietungsrecht, der darum eine Verfügung sei[48]). Der Erlaubende erleide einen Verlust an seinem Rechte, dem Eigentumsanspruch auf Unterlassen[49]). Auch hier scheidet Raape an sich richtig zwischen dem schuldrechtlichen Anspruch und dem unmittel-

---

[47]) Vgl. Raape, JheringsJ. 71, 97ff., s. oben unter I S. 80 Anm. 7, 84.

[48]) S. 103, 105, 109, 136ff., 141, 154 u. a.

[49]) Hierbei spielt eine Rolle § 1004 II, worüber Scherk, JheringsJ. 67, 301ff.: „Der Anspruch ist ausgeschlossen."

baren Dürfen[50]), übertreibt dies sogar dahin, daß zwei verschiedene Rechtsgeschäfte vorliegen sollen, die diese beiden Wirkungen erzeugen[51]). Er erklärt sich gelegentlich gegen die Begriffsjurisprudenz, es scheint mir aber echte Begriffsjurisprudenz zu sein, wenn Raape wegen der Erlaubnis von Immissionen, die von keinem Duldungsversprechen begleitet seien, nunmehr da, wo Duldungsversprechen und Ermächtigung zusammen gegeben werden, gleich zu zwei verschiedenen Rechtsgeschäften greifen will. Er wird dazu genötigt, weil er in der Ermächtigung nun einmal eine Verfügung erblickt. Die Wirkung dieser Verfügung sei eine Befugnis (S. 114, 115, 137), ein Darfrecht, was offenbar im Sinne des „Rechtes zu" gemeint ist. Zugleich bemüht er sich, die Relativität nachzuweisen (S. 112ff.), die er offenbar auch darauf gründen will, daß dieses Darfrecht den Eigentumswechsel nicht überdauere (S. 121f.). Dies führt ihn folgerichtig dazu, daß der Verlust des Unterlassungsanspruches, der (der Verlust) doch immer eine Aussonderung aus dem Eigentume sein muß, nur für die Eigentumsdauer des Erlaubenden stattfinde. Es spricht schon ohne weiteres gegen eine Theorie, daß sie zu so ungewöhnlichen Mitteln greifen muß. Es ist doch eine eigenartige und allem Einfachen und Herkömmlichen widersprechende Folgerung, daß der verlorengegangene Eigentumsanspruch sich mit der Eigentumsübertragung wieder bei dem Eigentum anfinden soll. Also der Veräußerer erklärt, das so geminderte Eigentum übertragen zu wollen und überträgt ein Eigentum in vergrößertem Umfange. Das geht gegen alle herkömmlichen Kausalitätsvorstellungen, ist glücklicherweise aber auch nicht nötig. Es geht auch so, mit der Übertragung der Ausübungsmöglichkeit erklärt sich alles. Damit erklärt sich insbesondere auch die Relativität, denn niemand kann mehr Rechte ausüben, als der Erlaubende ihm auszuüben gewährt. Also wird mit dem Eigentumswechsel die Ermächtigung zwar nicht an sich nichtig, sondern geht rechtsgeschäftlich angesehen nach wie vor in Ordnung, aber sie wird gegenstandslos[52]). Damit erklärt sich weiter, daß die Erlaubnis an sich keiner vertraglichen Annahme bedarf, aber Raape darf von seinem Standpunkt aus diese Lehre nicht verfechten. Wenn ein wirklicher Rechtsverlust eintritt, der als solcher auch einen Rechtszuwachs auf der anderen Seite zur Folge hat, muß der Gegner zustimmen, und es geht gegen das innerste Wesen des bürgerlichen Rechtes, wenn Raape (S. 127) glaubt, den § 397 leichthin abtun zu können. Im Gegenteile, kaum in irgend etwas spricht sich das Wesen des bürgerlichen Rechtes deutlicher und klarer aus, denn die Gleichordnung der Menschen, von der das bürgerliche Recht ausgeht, fordert, daß niemand durch die einseitige Handlung eines anderen soll geschädigt werden können, fordert aber auch, daß niemand dem anderen rechtliche Vorteile ohne seinen Willen soll aufdrängen können. Das braucht sich kein Mensch gefallen zu lassen. Keinem Menschen kann es zugemutet werden, sich durch einseitige Erklärung eines anderen beschenken zu lassen, er kann die Vermögenszuwendung, wenn sie durch Realakt vollzogen sein sollte, zurückweisen (§ 516 II) und aus dem Geschenk eine ungerechtfertigte Bereicherung machen, so daß der Gegner niemals sagen kann: ich habe dem X ein Geschenk gemacht.

Kann denn nun die Übertragung der Ausübungsmöglichkeit bei der reinen Gebrauchsüberlassung (Gehen, Reiten, Fahren, überhaupt jegliche Leihe) eine praktische Bedeutung haben? Ja und nein. Um die Rechtswidrigkeit des Tuns gegenüber dem Erlaubenden auszuschließen, braucht man sie an sich nicht, hier reicht die Duldungspflicht aus. Wohl aber ist sie unentbehrlich für die

[50]) S. 138ff., 153.

[51]) S. 146ff., 150; in der Übernahme der Duldungspflicht sind an sich beide Wirkungen enthalten.

[52]) Richtig Raape S. 127.

absolute Wirkung gegenüber Dritten, falls die Erlaubnis auf den Eigentümer zurückgeht. Sie macht dann unabhängig von den besitzrechtlichen Behelfen, s. oben S. 87f., 89.

Das Gesamtergebnis ist demnach: Jede Zustimmung (im weitesten Sinne) ist als Zustimmung zu einer Verfügung eine Beihilfehandlung, als Zustimmung zu bloßem Gebrauch ist sie nicht einmal dies. Immer ist sie Gewährung einer Ausübungsmöglichkeit, niemals ist sie Übertragung eines echten Rechtes und hat insbesondere mit qualitativer Teilung nichts zu tun, bedeutet also auch keinen Einbruch in die Vorschriften des Sachenrechtes über die Begründung von Rechten an fremder Sache.

V. Das Verwaltungsrecht

1. Ludewig hat sich auch in der Weise zu helfen versucht, indem er das vor ihm besonders von Siber verfochtene „Verwaltungsrecht" zu Hilfe genommen hat[53]). Damit wird unnötigerweise ein der Erklärung selber sehr bedürftiger Begriff eingeführt, der sich bei näherem Zusehen als nicht genügend scharf darstellt und darum auch nicht das erklären kann, was er erklären soll. Man kann den Ergebnissen Sibers[54]) zustimmen, soweit Einzelheiten des römischen Rechtes in Betracht kommen, daraus rechtfertigt sich aber nicht die S. 91 auftauchende Zusammenfassung in einem besonderen Verwaltungsrechte. Es wird schon stimmen, daß der einfache Konsens des Kurators nur Eingriffe in das „Verwaltungsrecht" des Pflegers unschädlich machen sollte und konnte. Dies und alles andere einzelne einmal zugegeben, dennoch ein eigenes Verwaltungsrecht läßt sich selbst für das römische Recht nicht überzeugend erweisen. Was sich erweisen läßt, ist nur eine Zweckgebundenheit und Zweckbegrenztheit der Befugnisse des Tutor (a. a. O. S. 83) und des Kurator (a. a. O. S. 84). Siber selber führt die Worte „quatenus exigit negotiorum administratio" an, das ist bloße Verwaltung, aber keineswegs Verwaltungsrecht, höchstens Verwaltungspflicht. Fragt man sich, welche Befugnisse Tutor und Kurator haben, soweit sie die Verfügungsbefugnis des (kurz gesagt) Mündels ausschlossen, so kann es sich doch nur um zweierlei handeln. Entweder waren sie fiduziarische Eigentümer oder fiduziarisch mit dinglichen Verfügungsbefugnissen begabt, wie sie zweckbegrenzt ohne Fiducia beispielsweise heute der Mobiliarpfandgläubiger hat, oder ihre Stellung domini loco gab ihnen bloß die Ausübungsmöglichkeit an den bei dem Mündel verbliebenen Rechten. Beide Male unter vollem „Ausschlusse des Mündels". Hierin liegt der Unterschied von dem heutigen Pfandrechte, das dem Verpfänder alle Befugnisse läßt, die salvo iure pignoris ausgeübt werden können. Siber spricht sich über das, was er im römischen Rechte findet, nicht aus, seine Ablehnung der qualitativen Teilung (S. 92) bezieht sich augenscheinlich auf die reine Treuhand und gehört nicht hierher. Ob er glaubt, mit dem „Verwaltungsrechte" alles erklärt zu haben, ist mir nicht sicher, und so bleibt seine Meinung über das römische Recht im Dunkeln. Jedenfalls braucht man den Begriff des Verwaltungsrechtes nicht. Das Verwaltungsrecht müßte schon als etwas gedacht werden, das man auf seinem Gebiete etwa mit dem für ein anderes Gebiet geltenden Nießbrauche vergleichen könnte. Dieser ist in der Tat die einheitliche Zusammenfassung einer dogmatisch feststehenden Summe von Einzelbefugnissen, nämlich, wie das Wort sagt: Nutzungsbefugnissen. Das Verwaltungsrecht dagegen sagt nichts aus, welche Befugnisse im

---

[53]) Ludewig S. 36ff.; Nachweise S. 37 Anm. 1, 2; S. 39 Anm. 1.

[54]) JheringsJ. 67 zu S. 81 — 91, s. insbesondere die Zusammenfassung S. 91.

einzelnen dem Berechtigten zustehen. Tatsächlich stehen dem Berechtigten denn doch wohl sämtliche Verfügungsbefugnisse zu, sei es de iure, sei es de possessione (Ausübungsmöglichkeit als solche), aber beschränkt durch den Zweck, in dessen Dienst sie dem Tutor oder dem Kurator übertragen worden sind. Die diesen Personen zustehende oder richtiger obliegende Verwaltung ist also nicht die Quelle ihrer Befugnisse, sondern deren bloßer Zweck[55]). Der bloße Zweck ist aber noch niemals unmittelbare dogmatische Ursache, Quelle, erzeugende Kraft im dogmatischen Sinne gewesen. Rechtspolitisch der Anstoß zu allen Rechtsbildungen, zugleich nach Art, Umfang und Stärke rechtspolitisch der Maßstab für die dogmatischen Geschöpfe des Gesetzgebers kann der Zweck doch niemals unmittelbar selber aus eigener Kraft subjektive Befugnisse schaffen, kann also auch niemals zu ihrer dogmatischen Analyse dienen. Wenn es heißt: A hat das Vermögen des B, der Mann hat das Vermögen der Frau zu verwalten, so besagt dies an sich nichts, was der Mann nun eigentlich kann, es besagt höchstens, was er soll. Wir werden bei Behandlung des heutigen Rechtes darauf noch zurückkommen. Schon für das römische Recht muß ein eigenes Verwaltungsrecht als mindestens entbehrlich abgelehnt werden; es geht auch so und außerdem einfacher und klarer. Zweifel bestehen nur, ob die Rechtsstellung von Tutor und Kurator nach dem Vorbilde des eigenen Rechtes (Pfandgläubiger) oder der eigenen Ausübungsmöglichkeit, Ermächtigung vorzustellen ist, ob insbesondere eine Wandlung, ein Übergang von dem ersten zum zweiten stattgefunden hat. Siber hat diese Frage nicht angeschnitten, mir scheint das domini loco, personam domini sustinet, dominum esse rerum suarum vetant XII tabulae (Siber S. 83, 84) durchaus für die bloße Ermächtigung mit der Wirkung des ausschließlichen Rechtsbesitzes, d. h. der alleinigen Ausübungsmöglichkeit von Tutor und Kurator zu sprechen. Der Mündel verlor im Rechtssinne sein Vermögen an Tutor und Kurator auch nicht zum kleinsten Teile bei seinen Lebzeiten, er erlitt keine capitis deminutio, nur die tutela und die potestas hemmten ihn, entzogen ihm aber weder sein ganzes Vermögen noch seinem Vermögen ein subjektives Recht. Stellt man sich das Rechtsverhältnis etwa nach dem Muster der Nachlaßverwaltung, der Testamentsvollstreckung, des Konkurses vor, ist alles erklärt.

Eine andere für uns belanglose Frage ist, ob auch eine unmittelbare Stellvertretung neben der Ermächtigung, der Ausübungsmöglichkeit im eigenen Namen vorkommt, also gesetzliche Bevollmächtigung und Ausübungsmöglichkeit im eigenen Namen miteinander verbunden worden sind. Daß dies an sich möglich ist, kann nicht geleugnet werden. Da diese geschichtliche Frage für uns unerheblich ist, kann sie außer Betracht bleiben. Jedenfalls hat für das römische Recht, da der Mündel de iure keinerlei Rechtsverlust erlitt, die größte innere Wahrscheinlichkeit für sich, daß er nur von der Ausübung ausgeschlossen wurde. Die Ausübungsmöglichkeit ging auf Tutor oder Kurator über. Meines Erachtens kann man nicht mit Siber von einer primitiven Vorstellung des domini loco haberi reden, hat in diesen Worten vielmehr einen merkwürdig richtigen Ausdruck für den richtigen Gedanken zu sehen. Tutor und Kurator sollen behandelt werden, „als ob" sie Eigentümer seien[56]), und darin besteht gerade die Gewährung einer Ausübungsmöglichkeit.

2. Das heutige Verwaltungsrecht will Siber anscheinend, wenn ich seine

---

[55]) Vgl. über Recht, Pflicht, Zuständigkeit Siber S. 114ff.

[56]) Ich habe schon vor Jahren darauf hingewiesen, daß locus, loco in diesen Zusammenhang gehören, allerdings brachte ich damals den Rechtsbesitz noch nicht in Zusammenhang mit der Philosophie des Als ob (ArchZivPrax. 108, 335 Anm. 93).

Worte S. 92 richtig verstehe, als dingliches Recht an fremdem Gut angesehen wissen. Das führt aber geradewegs auf die von ihm verworfene qualitative Teilung hin, von der man wieder nicht sieht, wie sie Siber erscheint, ob bloß mit der Wirkung der gesamthänderischen Berechtigung oder in weiterem Umfange. Wie dem auch sei, es läßt sich schon von vornherein sagen, daß Sibers Vorstellung nicht zutrifft. Selbst wenn man das allgemeine „Verwaltungsrecht" postuliert, so bleibt doch immer noch unerklärt, wieso der Verwalter über das einzelne subjektive Recht soll verfügen können. Dies ist, wenn man von Bevollmächtigung absieht, doch nur in zweierlei Art möglich. Entweder hat der Verwalter nach Art der qualitativen Teilung an der in dem betreffenden subjektiven Recht enthaltenen, ihren immanenten Bestandteil bildenden Verfügungsbefugnis irgendeinen Anteil oder hat sie gar ganz allein, oder ihm ist zwar nicht vermittelst qualitativer Teilung konstitutiv ein Rechtsbestandteil übertragen, aber ihm ist doch wenigstens eine privatrechtliche Ausübungsmöglichkeit für die einzelne Verfügungsbefugnis gegeben worden (Ermächtigung). Privatrechtlich geht es ohne diese Vorstellung nicht. Eine echte Verfügungsbefugnis ohne eigene privatrechtliche Beteiligung — bloße Ausübungsmöglichkeit ist eigentlich nicht genug — kommt nur öffentlich-rechtlich als behördliche Befugnis vor, z. B. in der abgeschwächten Form, daß das Vormundschaftsgericht irgendwie mitwirken muß, §§ 1798, 1811, 1821, 1822, im Gegensatze zu der Mitwirkungsbefugnis des Gegenvormundes, §§ 1809, 1812, 1813, die rein privatrechtlich ist. Verflüchtigt man mit Siber den Begriff der Verfügungsbefugnis dahin, daß der Verwalter nicht auf Grund des konkreten in dem konkreten Rechte enthaltenen Verfügungsrechtes verfügt, sondern auf Grund einer allgemeinen Befugnis, als die sich Siber offenbar das Verwaltungsrecht vorstellt, so kommt man notgedrungen in das öffentliche Recht hinein. Eine solche ununterschiedene, jedes einzelne subjektive Recht ergreifende, aber an sich in Umfang und Inhalt unberührt lassende, in dem Verwaltungsrecht enthaltene Verfügungsbefugnis ist privatrechtlich unvorstellbar, wenn sich eben hinter ihr nicht die qualitative Teilung oder die bloße Ausübungsmöglichkeit versteckt. Der Verwalter muß doch irgendeine überlegene Rechtsstellung gegenüber dem Eigner haben. Wenn diese Überlegenheit sich nicht auf einen qualitativen privatrechtlichen Rechtsverlust des Eigners nach dem Muster der qualitativen Teilung oder auf ein Monopol der Ausübung zurückführen läßt, verstößt man gegen den logischen Zwang, daß dieselbe Befugnis nicht vervielfältigt werden kann. Sie ist nur einmal da und leidet eine mehrfache Beteiligung mehrerer nur in Form irgendwelcher Aufteilung, qualitativ oder quantitativ, oder ohne Aufteilung des Rechtes selber in Form der Übertragung der Ausübungsmöglichkeit. Etwas anderes ist undenkbar und würde überdies gegen den obersten Grundsatz des Privatrechtes der Gleichberechtigung aller Personen verstoßen. Liegt ein solcher Vorstoß wirklich vor, dann kann er nur öffentlich-rechtlich gerechtfertigt werden. Von einer öffentlich-rechtlichen Stellung des Vormundes, Vaters, Testamentsvollstreckers, Pflegers, Konkursverwalters kann aber nicht gesprochen werden. Siber geht so weit, daß er annimmt, ein verwaltungsberechtigter gesetzlicher Vertreter handle bei der Verwaltung nicht notwendig im fremden Namen und will dies mit den von ihm S. 97, 100ff. gebrachten Beispielen beweisen, aber diese Ansicht beruht auf einem Beobachtungsfehler. Eigene Rechte fordern immer Ausübung im eigenen Namen[57]; der Vormund handelt aber immer im Namen des Mündels, und wenn er sich die Spielerei erlaubt, im eigenen Namen zu handeln, so stimmt er als Ver-

[57]) Wie Siber selber anerkennt, S. 102f.

treter des Mündels diesem Handeln im eigenen Namen in derselben Sekunde[58]) zu. Es ist daher ein Trugschluß Sibers (S. 97) wenn er aus solchen Fällen ein eigenes, von der Vertretungsbefugnis zu trennendes Verwaltungsrecht herleiten will. Das gleiche gilt von den S. 100f. entworfenen Beispielen Sibers. Wenn der Vater mit Genehmigung des Vormundschaftsgerichtes eine eigene Schuld mit Kindesgeld bezahlt, so vollzieht er den Tilgungsakt im eigenen Namen, den Übertragungsakt — und auf ihn kommt es an — im fremden Namen, oder er bewilligt als Vertreter des Kindes sich selbst das Handeln im eigenen Namen. Hat der Vormund Bücher für den Mündel seiner eigenen Rechnung zuschreiben lassen und zahlt er sie mit Mündelgeld, liegt alles genau so. Nicht anders zu behandeln sind die von Siber S. 101 unter b konstruierten Beispiele. In allen diesen Fällen könnte höchstens aus § 181 eine Schwierigkeit hergeleitet werden, aber es liegt auf der Hand, daß auch dies nicht zutrifft. Es kann also nicht zugestanden werden, daß der Beweis Sibers geglückt sei.

Auch auf die von ihm S. 196ff., 199ff. angeführten Möglichkeiten kann sich Siber nicht berufen. Der Vormund kann unter Umständen gegen den vertretenen Vermögenseigner, ja auch gegen Dritte klagen, kann Gegenstände zu seiner Verwaltung ziehen, die ihm ungerechtfertigt von dem Eigner oder einem Dritten vorenthalten werden, kann seine Bestellungsurkunde herausfordern, kann Besitzesklagen anstellen usw. Hier ist Siber ebenfalls ein Beobachtungsfehler unterlaufen. Besitzesklagen kann der Vertreter geltend machen, weil er aus irgendeinem geschichtlichen Grunde, als den sich das Stellvertretungsverhältnis darstellt, Besitzer geworden ist. Dies beweist also nicht, denn nicht als Stellvertreter hat der Vormund die Besitzesklage, sondern als unmittelbarer Besitzer.

Daß er gegen den Eigner dessen eigene Rechte auch gegen dessen Willen geltend machen kann, hierbei natürlich „im eigenen Namen" auftreten muß, beweist ebenfalls nicht. Denn wenn er Mündelsachen, die ihm der Mündel vorenthält, wirklich einmal durch Klage in seine Verwaltung ziehen muß, stellt er doch niemals die Vindikatoria an, behauptet vielmehr ausdrücklich, daß die Sache dem Mündel gehöre und deshalb an ihn herauszugeben sei. Er kann niemals das Eigentum des Mündels zur Grundlage einer gegen den Mündel gerichteten Vindikatoria machen. Welche Klage stellt er denn an? Einfach die alte wohlbekannte actio tutelae, mit der er eine dem Mündel gegenüber dem Vormunde obliegende rein schuldrechtliche Pflicht geltend macht, die dahin geht, dem Vormunde die Führung der Vormundschaft, beispielsweise die Ausübung der unmittelbaren Vertretung bei Veräußerungsgeschäften zu ermöglichen[59]). Diese hat mit einem das Vermögen dem Vormunde unmittelbar unterwerfenden Verwaltungsrechte nichts zu tun. Umgekehrt muß gefolgert werden: Weil dem Vormunde die betreffenden Sachen usw. bisher noch nicht ausgefolgt sind, kann er sein „Verwaltungsrecht" mindestens nicht ausüben, steht es bis dahin auf dem Papier. Ein Beweis, daß der Vormund seine Befugnisse doch nur auf der Grundlage und innerhalb des Rahmens der konkreten in dem konkreten Rechte enthaltenen Befugnisse hat. Vollends wenn er gegen Dritte klagen muß, daß sie ihm Sachen herausgeben, Erklärungen abgeben, deren er zur Durch-

---

[58]) Etwas anderes ist es, wenn er den Handlungen des Minderjährigen zustimmt. v. Blume, JheringsJ. 48, 433f. polemisiert dagegen, daß der Vormund dem Mündel eine Untervollmacht gebe; derartige Spitzigkeit ist aber auch nicht nötig, wenngleich sie entgegen v. Blume von dem Gesetze keineswegs ausgeschlossen ist. v. Blume bleibt mit Recht bei der reinen Zustimmung, begründet sie nur anders mit dem Aufsichtsrechte, der Stellung des Vormundes als Vermögensverwalter oder Erzieher des Mündels. Er ist insofern ein Vorläufer Sibers.

[59]) Vgl. auf anderem Gebiete §§ 2206 II, 2208 II. Richtig hierzu Siber S. 198.

führung seiner Verwaltung bedarf, kann schon gar nicht von einer Klage kraft eigenen Verwaltungsrechtes gesprochen werden, vielmehr muß der Vormund im Namen des Mündels klagen.

Es hat der Klarheit nicht gedient, daß Siber Vormund und Gewalthaber zusammen nennt (S. 197). Der Gewalthaber hat tatsächlich ein eigenes Recht, das dem Vormunde durchaus abgeht, man darf daher nicht von einem auf den anderen schließen. Es ist ferner unscharf, wenn Siber (S. 97) nicht streng zwischen Pflichtwidrigkeit und rechtlichem Nichtkönnen unterscheidet. Das Verwaltungsrecht soll den Vormund zur Veräußerung von Mündelgut befugen, die Vertretungsmacht zum Handeln im Namen des Kindes. Da weiß man nicht, ob die Befugnis zur Veräußerung nur die Ersatzhaftung ausschließen, oder ob sie ein rechtliches Können im eigenen Namen geben soll. Als zweites ist sie in dieser Allgemeinheit unrichtig und in richtiger Zweckbegrenzung entbehrlich. Jeder Vertreter kann eben, soweit seine Vertretungsbefugnis reicht, sich selbst zum Handeln im eigenen Namen legitimieren, wenn nicht ausnahmsweise einmal infolge von sonderbaren begleitenden Umständen, die aber schwer auszudenken sind, ein Verstoß gegen § 181 gegeben ist. Aber auch diese Selbstlegitimation schafft niemals ein echtes subjektives Recht, sondern schafft nur eine bloße entziehbare Möglichkeit. Sieht man von der causa des Stellvertretungsverhältnisses ab und nur auf dieses Verhältnis selber, so kann doch kein Unterschied zwischen Stellvertretung kraft elterlicher Gewalt und kraft rechtsgeschäftlicher Bevollmächtigung sein. Nun denke man sich aber die beliebige Widerruflichkeit der rechtsgeschäftlichen Vollmacht in ihrer Wirkung auf die Selbstlegitimation zur Verfügung im eigenen Namen. Diese Selbstlegitimation zerstiebt mit dem Widerrufe der Vollmacht. Siber will ein Handeln im eigenen Namen nur dem verwaltungsberechtigten gesetzlichen Stellvertreter zugestehen, aber aus dem schon Dargelegten ergibt sich, daß dieses Handeln im eigenen Namen gar nicht auf das Verwaltungsrecht, auch nicht auf die Gesetzlichkeit der Vertretung zurückzuführen ist, sondern auf die jedem Stellvertreter innerhalb der Grenzen seiner Befugnisse zustehende Selbstlegitimation, m. a. W. auf ein technisches Kunststück, das aber auch dem bloß rechtsgeschäftlich bevollmächtigten Vertreter möglich ist und weder mit dem Verwaltungsrechte noch mit der Gesetzlichkeit etwas zu tun hat[60]).

Siber wird durch seine Lehre zu der Folgerung gedrängt, daß die Vertretungs-,,macht" des unmittelbaren Stellvertreters ein subjektives Recht sei (S. 193), und er rügt es als ,,herrschende Gepflogenheit", daß man dies unbeachtet lasse. Auch hier muß Widerspruch angemeldet werden.

Wir können hier das Problem geschützte Willensmacht oder geschütztes Interesse noch beiseite lassen, es genügt, daß man sich an den Begriff des Schutzes hält, den auch Siber offenbar nicht fallenlassen will. Wo ist die Vertretungs-,,macht" als solche geschützt? Nirgends, sie muß schon immer eine besondere causa hinter sich haben, bei der sie ihren Schutz suchen kann; aus und durch sich selbst ist sie nichts als ein vielleicht sehr vorübergehendes Können ohne eigene Beharrungskraft. Das gefährliche Wort Macht spielt hier wieder seine verhängnisvolle Rolle und verführt dazu, sogar die bloße, dem Vertreter zustehende Möglichkeit als subjektives Recht anzusehen. Der Sprachgebrauch

---

[60]) Etwas ganz anderes ist, ob jemand kraft seiner Rechtsstellung zum Handeln im eigenen Namen auf fremde Rechnung mit unmittelbarer Wirkung für das fremde Vermögen befugt ist. Das kann neben der unmittelbaren Stellvertretung und gleichzeitig mit ihr zusammen vorkommen, hat aber immer seine besondere causa. Hier handelt es sich nur darum, ob aus der unmittelbaren Stellvertretungsbefugnis als solcher geradeswegs oder nur auf dem Umwege technischer Kunstgriffe ein Handeln im eigenen Namen hervorgehen kann.

verwendet auch das Wort Befugnis für die unmittelbare Stellvertretung, aber dieses Wort ist, wie ich schon vor 15 Jahren nachgewiesen habe, doppeldeutig, indem es als Ausdruck des rechtlichen Könnens die bloße Möglichkeit und das echte subjektive Recht umfaßt[61]). Alle gesetzlichen und rechtsgeschäftlichen Vertreter haben als Stellvertreter eine Befugnis, aber niemals ein echtes subjektives Recht, denn diese Vertreter als solche können sich in ihrer Rechtsstellung nicht mit zivilrechtlichen Mitteln behaupten, die begriffswesentlich mit dieser Rechtsstellung verbunden sind (s. oben S. 86). Von dieser Selbstbehauptungsfähigkeit aus eigener zivilrechtlicher Kraft enthalten die Stellvertretungsverhältnisse als solche keine Spur. Gewiß kann der Inhaber der elterlichen Gewalt denkbarerweise unter besonders gestalteten, jedenfalls immer etwas verzwickten Verhältnissen theoretisch ein Klagerecht haben, daß seine Vertretungsbefugnis anerkannt werde, häufiger noch kann dies auch schon einmal als Vorfrage vorkommen, aber woher hat der Gewalthaber sein Klagerecht und damit sein Selbstbehauptungsrechte, aus eigener zivilrechtlicher Kraft? Doch nicht aus dem Vertretungsverhältnis als solchem, sondern aus der besonderen causa dieses Vertretungsverhältnisses, der elterlichen Gewalt. Diese und nur sie gibt ihm sein Recht, das ein echtes subjektives Recht ist. Ebenso beweist bei der rechtsgeschäftlichen Stellvertretung die künstlich auf Grund einer bestimmten causa herbeigeführte Unwiderruflichkeit nichts. Man sieht dies alles an dem Vergleiche mit dem Eigentume. Der Eigentümer wird geschützt mit Vindikatoria und Negatoria, aber auch durch alle Vorschriften, die den Übergang des Eigentumes an seine Willenserklärung binden und nur ausnahmsweise aus bewegenden Gründen (Rechtserwerb im guten Glauben, Verbindung, Vermischung, Ersitzung, Enteignung) hiervon absehen. Wo kommt derartiges bei dem Stellvertretungsverhältnis als solchem vor? Der Vormund hat keine Möglichkeit, sich zivilrechtlich gegen die Entziehung der Vormundschaft zu wehren, selbst die elterliche Gewalt entbehrt in dieser Hinsicht der materiellen zivilrechtlichen Schutzmittel, um wieviel mehr gilt dies alles von der rechtsgeschäftlich begründeten Stellvertretung. Gewiß können alle Vertreter, auch die bloß rechtsgeschäftlich Bevollmächtigten im Prozesse mit Dritten feststellen lassen, daß sie wirklich Vertretungsbefugnis haben, wenn und solange sie diese Befugnis haben. Dies kann bei einfacher Bevollmächtigung mit und ohne § 164 II praktisch werden, wenn nämlich der Gegner nicht bloß den Mangel an Offenheit rügt, auch weiter den Mangel an Vertretungsbefugnis behauptet und vorsorglich auch die §§ 179, 180 anzieht oder auf sie allein ausgeht. Ein solcher Streit ist aber etwas ganz anderes als ein Streit um die Beibehaltung der Vertretungsbefugnis, um das echte Recht des Vertreters, sich in dieser Vertreterstellung behaupten zu können[62]). Die Erkenntnis dieser Dinge wird durch das unbestimmte allgemeine Verwaltungsrecht mehr gehindert als gefördert.

Man soll nicht die Rechtsstellung des Testamentsvollstreckers, der Sachpfleger, des Konkursverwalters, überhaupt aller Sachvertreter im Gegensatze zu Personalvertretern entgegenhalten, diesen kann man nur dann ein Recht als echtes subjektives Recht zuschreiben, wenn man als Recht die irgendwie geschützte Willensmacht und nicht enger das geschützte Interesse ansieht. Diese Erweiterung des Rechtsbegriffes auf die geschützte Willensmacht empfiehlt sich

[61]) JheringsJ. 57, 128; ArchZivPrax. 108 S. 281, 322.

[62]) Der folgende Vergleich hinkt natürlich, aber der Vindikatoria würde etwa eine Klage des Vertreters gegen den Vertretenen entsprechen, in der geltend gemacht wird, daß der Vertretene gehalten sei, eine Erklärung abzugeben, daß die Vertretung fortbestehe, anerkannt werde, nicht entzogen werden könne oder dgl. Es müßte also ein auf § 894 ZPO. anzulegender Fall gegeben sein. Ein solcher wird praktisch nicht vorkommen, aber er weist auf, was dem Vertretungsverhältnisse zu einem echten Rechte fehlt (vgl. § 27 II Satz. 1 BGB.).

deshalb nicht, weil damit ganz verschiedenratige Fälle unter einen Begriff zusammengebracht werden, der ungekünstelt und einfach sich nur als geschütztes Interesse verstehen läßt und im Volke sicher auch so verstanden wird. Die Sprache hat hierüber längst entschieden, und sprachgebräuchlich läßt sich auch nur ein einziges Zugeständnis machen, das aber auch sofort die feine Unterscheidung der Sprache aufdeckt. Diese besteht in der klaren Sonderung von Recht zu, Recht an und Recht auf, s. oben S. 91, der wir Juristen uns nur einfach anzuschließen brauchen und aus Gründen der Klarheit und Einfachheit anschließen müssen. Es ist doch das mindeste, was gefordert werden muß, daß wer einmal das Wort Recht in dem unbestimmten, um nicht zu sagen verschwommenen Sinne gebraucht, doch einen deutlichen Unterschied von dem, was Recht im eigentlichen Sinne[63]) ist, macht.

Daß sich § 1793: Der Vormund hat das Recht, ... zu vertreten, hiergegen nicht anführen läßt, ist nach dem, was über das „Recht zu" gesagt ist[64]), klar. Man sehe sich auch die Ausdrucksweise der §§ 2205 ff., 2211 ff. an. Von dem Erben wird nur gesagt, daß er nicht „kann", weiter nichts. Das könnte an sich Verlust der mit jedem subjektiven Rechte verbundenen, in ihm enthaltenen Verfügungsbefugnis, kann aber ebensowohl Verlust bloß der Ausübungsmöglichkeit bedeuten. Das BGB. hat offenbar nicht so weit gehen wollen, einen Rechtsverlust nach dem Muster der qualitativen Teilung anzunehmen und wäre damit auch in Widerspruch zu dem an sich bedauerlichen Grundsatze des numerus clausus der Rechte an Grundstücken geraten. Es ist eben nicht anders als im Konkurse, man beschränkte sich mit gutem Grunde auf die Beschränkung der Ausübungsmöglichkeit, mit der sich aber auch alles erreichen läßt. Sprachlich richtig drückt sich § 1984 aus: Die Nachlaßverwaltung nimmt dem Erben „die Befugnis", den Nachlaß zu verwalten und über ihn zu verfügen.

Unerheblich ist es, ob Handlungen des Vormundes als Handlungen des Mündels gelten. Siber erklärt dies für eine überflüssige Fiktion, wie er denn überhaupt der Fiktion ablehnend gegenüberzustehen scheint: „Wir stehen am anderen Ende" und erklären diese Ausdrucksweise für eine bequeme Fiktion, genau so bequem wie das domini loco haberi der Römer. Gerade heute, nachdem Wesen, Bedeutung und Funktion der Fiktion („als ob") erkannt sind, wir also nicht mehr in sondern über ihr stehen, erscheint die Polemik gegen die fingierende Vorstellung als verspätet. Der von Siber mit § 166 versuchte Gegenbeweis zwingt schon gar nicht, denn die Frage ist, wie weit wir die Fiktion treiben wollen. Hierin gibt es begrifflich zwangsläufig keine Vorschriften, sondern volle Fiktionsfreiheit. Siber scheint davon auszugehen, daß kraft begrifflichen Zwanges die Anrechnung der Fremdhandlung restlos durchgeführt werden müßte. Dafür fehlt es an jedem Grunde. Andererseits soll man eine richtige Ansicht nicht mit unrichtigen Gründen verteidigen, und so ist es gegenstandslos, wenn versucht wird, aus § 6, 2 k KO. einen Beweis gegen die Vertretung des Gemeinschuldners durch den Verwalter zu erbringen[65]).

---

[63]) Dies alles wäre nicht geschehen, wenn man nur mehr von dem Worte Befugnis Gebrauch machen wollte, weil bei Befugnis — man denke an Beamtenbefugnisse — die Vorstellung des unentziehbaren echten Rechtes denn doch nicht allein vorherrscht. Es ist auch ein tadelnswerter Sprachgebrauch, wenn man den Besitz als Recht bezeichnet. Der Besitzer hat Befugnisse, aber keine Rechte. Keine einzige Befugnis des Besitzers hat eine zivilrechtliche Selbstbehauptungsfähigkeit aus eigener Kraft wie sie sonst jedes dingliche, aber auch jedes obligatorische Recht hat (vgl. ArchZivPrax. 108, 260 ff.)

[64]) Siber (S. 104) der in § 1793 einen Beweis für das rein fremdnützige Recht, also die geschützte Willensmacht findet, beachtet den Sprachgebrauch (Recht zu) nicht genügend. Jede über diese Dinge aufgestellte Theorie muß ihre Probe an dem Sprachgebrauche, an dem, was tatsächlich gedacht und ausgedrückt wird, bestehen.

[65]) Hierin hat Siber recht (S. 104) aber sein Verwaltungsrecht wird dadurch nicht bewiesen.

Etwas ganz anderes ist es, ob es etwa einen einheitlichen Begriff der Verwaltungshandlung gibt, hier hat Siber besseren Boden unter den Füßen, doch kann diese immer noch recht zweifelhafte Frage ununtersucht bleiben.

Es bleibt also nichts übrig, als die von Siber selber an vielen Einzelheiten nachgewiesene Summe zweier verschiedener Dinge, der rechtlichen Zuständigkeit, des rechtlichen Könnens und ferner des Ausschlusses der Rechtswidrigkeit, also der etwaigen Schadenersatzhaftung[66]).

Das Verwaltungsrecht bezeichnet nichts als eine jeweils verschiedene, größere oder geringere Bewegungsfreiheit des rechtsgeschäftlich oder gesetzlich Bevollmächtigten oder aber Ermächtigten. Diese Bewegungsfreiheit richtet sich nach dem Zwecke, dem sie zu dienen bestimmt ist. Auch hierzu hat Siber eine ganze Reihe von Einzelbestimmungen beigebracht, auf deren Darstellung bei Siber verwiesen wird. Zu ihnen sind noch folgende von Siber übersehene Fälle hinzuzufügen: Mobiliarpfandrecht, Pfandrecht an Rechten, Nießbrauch, insbesondere an Rechten, Pacht an landwirtschaftlichen Grundstücken mit und ohne Inventarpacht, aber sicher vielfach auch die Pacht an anderen Gegenständen.

Das Ergebnis ist demnach: Es kommt vor die eigene Befugnis des Rechtsinhabers als Fähigkeit sich zu verpflichten sowie als echtes Recht zu verfügen; fremdes selbstnütziges und nicht selbstnütziges echtes Verfügungsrecht (Pfandrecht, treuhänderische Verfügungsbefugnis mit und ohne qualitative Teilung); „Befugnis zu" als bloße entziehbare Möglichkeit des rechtlichen Könnens; „Befugnis zu" als Ausschluß der Rechtswidrigkeit; Recht an und auf als echtes subjektives Recht und klagbarer Anspruch. Das bloße rechtliche Können im eigenen Namen beruht auf rechtsgeschäftlicher oder behördlicher, oder gesetzlicher (Geschäftsführung ohne Auftrag) Ermächtigung als Verleihung einer bloßen Möglichkeit. Das Verwaltungsrecht ist die bloße Zweckbestimmung für die dem Verwalter zukommenden Befugnisse des Könnens, also die maß- und richtunggebende Vorschrift des sorgfältigen Handelns für Können, Dürfen und Sollen. Es ist also nur Maßstab für Umfang und Inhalt von Bevollmächtigung und Ermächtigung, es erzeugt das Können nicht, sondern begrenzt es nur (Regulator aber nicht Motor). Wie weit das im Einzelfalle geht, ist wieder nur Sache dieses Einzelfalles und der ihm immanenten Zwecke. Der Versuch, das Können aus dem Verwaltungsrechte herzuleiten, es aus ihm zu erklären, muß auch noch deshalb scheitern, weil ein Können auch außerhalb des Verwaltungsrechtes und unabhängig von ihm vorkommt. Also will das Können aus und durch sich selbst begriffen sein.

Terminologisch ist der Ausdruck Verwaltungsrecht überdies bedenklich, insofern er Verwaltung aus eigenem echten Rechte und Verwaltung aus bloßer Ausübungsmöglichkeit im fremden oder im eigenen Namen zusammenwirft. Das Wort Befugnis empfiehlt sich mehr.

VI. Zusammenfassung und Abgrenzung

1. Aus dem Vorhergehenden ergibt sich jedenfalls so viel:

Die Ermächtigung kommt vor als Erlaubnis zu körperlicher Einwirkung auf Sachen, ihre Wirkung besteht darin, daß dieser Einwirkung die Rechtswidrigkeit genommen wird. Welche weiteren Rechtswirkungen, z. B. bei Verarbeitung (§ 950 BGB.), entstehen, richtet sich nach dem Einzelfalle[67]).

---

[66]) Vgl. hierüber eingehend Siber S. 114ff., insbesondere S. 121ff.

[67]) Die Verarbeitung weist sogar auf unmittelbare Vertretung hin, vgl. Krückmann, JheringsJ. 65, 209ff., insbesondere S. 214 und Anm. 2 daselbst, S. 231 und Anm. 1 daselbst. Das will sagen: Ermächtigung, soweit die Wirkungen für den Ermächtigten, unmittelbare Vertretung, soweit die Wirkungen für den Vertretenen in Betracht kommen.

Die Ermächtigung zu körperlicher Einwirkung geht noch weiter, wenn sie durch eine besondere causa gestützt wird, z. B. durch Miete. Dann gewährt sie auch Schutz gegen etwaige Eigentums- und Besitzklagen, solange die causa dauert. Die Ermächtigung gibt aber auch die Möglichkeit, rechtliche Wirkungen herbeizuführen, unmittelbar auf das eigene oder das fremde Recht rechtlich einzuwirken. Diese Einwirkungsmöglichkeit kann entziehbar, kann aber, wenn eine besondere causa hinzukommt, unentziehbar sein. Auf Inhalt, Intensität, Umfang hat dieser Unterschied an sich keinen Einfluß.

Der Streit um die Rechtsstellung des Konkursverwalters[68]) hat eine merkwürdige Theorie gezeitigt, die Amtstheorie, die dem Konkursverwalter ein „Amt" zuschreibt und anscheinend wirklich glaubt, damit alles erklärt zu haben. Immerhin sei dieser Sprachgebrauch doch insofern angemerkt, als er eine Brücke schlägt zu der Theorie Otto Mayers, der den Beamten Rechtsbesitz an öffentlich-rechtlichen Befugnissen zuschreibt[69]). Der zivilrechtlichen Amtstheorie und der öffentlich-rechtlichen Rechtsbesitztheorie Otto Mayers liegt derselbe Gedanke zugrunde, daß es sich um entziehbare Befugnisse handelt, gegen deren Entziehung der Beamte sich nicht aus eigenem Rechte wehren kann. Die Befugnis des Beamten ist genau wie die eines jeden Ermächtigten nur eine Ausübungsbefugnis im Sinne einer Ausübungsmöglichkeit, denn unbeschadet seiner Gehaltsansprüche kann er jederzeit seiner bisherigen Funktionen enthoben werden.

Ludewig (S. 31 ff.) will die Ermächtigung auf die Überlassung der Rechtsausübung beschränken. Man kann darüber streiten, ob der Ausdruck Ermächtigung auch auf solche Fälle angewandt werden soll, die z. B. dem Vermögensinhaber selber eine ihm bis dahin fehlende Ausübungsmöglichkeit geben (§§ 112, 113) ferner ob man die öffentlich-rechtlich geeigenschafteten Ermächtigungen (s. oben S. 79 Anm. 3), hierherziehen will usw. Man wird aber um die weite Fassung des Begriffes nicht herumkommen, weil uns ein Ausdruck, der diese Fälle besonders kennzeichnet, fehlt. Man wird sich also mit Zusätzen wie vormundschaftliche Ermächtigung, gerichtliche Ermächtigung, prozessuale Ermächtigung usw. helfen müssen. Doch ist diese Frage für uns ohne Belang und scheidet hier aus. Wogegen wir uns jedoch zu wenden haben, ist die Überlassung der Rechtsausübung, weil sie immer ein hinter der Ausübung stehendes subjektives Recht voraussetzt, das ausgeübt wird. Es gibt auch auf echter Ermächtigung beruhende Ausübungsmöglichkeiten an solchen Rechten, die nicht vorhanden sind. Wenn auf Grund eines Testamentes vom 5. Mai 1905 A den Erbschein als Alleinerbe ausgestellt erhält, später aber ein Testament vom 6. Juni 1906 beigebracht wird, in dem das ältere Testament vollständig aufgehoben wird, und B, C, D als Erben eingesetzt werden, dann hat A formal doch nicht das Drittelerbrecht von B, C, D vom 6. Juni 1906 ausgeübt, sondern sein vermeintliches Alleinerbrecht vom 5. Mai 1905. Wohl aber hat er die einzelnen im Nachlasse vorhandenen Rechte ausgeübt und für die einzelnen Nachlaßschulden die Schuldnerrolle gespielt und insofern unmittelbar auf das Vermögen von B, C, D eingewirkt. Es kommt also auf die Betrachtungsweise an.

Dagegen kann man mit der Überlassung der Rechtsausübung keinesfalls auskommen, soweit der Besitz an herrenlosen Sachen in Betracht kommt. Alle

---

[68]) Sachlich hat das gleiche zu gelten von allen Pflegern, Nachlaßverwaltern, Testamentsvollstreckern, Grundstücksvertretern usw.; vgl. die Zusammenstellung bei Fischer-Henle, Sternanmerkung Abs. 3 vor § 164 BGB.; Ludewig S. 37: „gesetzliche Ermächtigung" des Konkursverwalters, S. 38 Anm. 1 ausgedehnt auf Nachlaßverwalter und Testamentsvollstrecker.

[69]) Krückmann, Zschr. f. Ostrecht 1, 181; auch ArchZivPrax. 108, 405 Nr. 45; 407 ff. zu Mayer und Jellinek.

Besitzbefugnisse sind den Eigentumsbefugnissen nachgebildet, unterscheiden sich von ihnen aber dadurch, daß ihnen die Selbstbehauptungsfähigkeit aus eigener Kraft fehlt, Denn wenn dem Besitzer der Eigentümer die Sache abfordert, ist es mit dem Besitze aus. Zum Teile genügt schon mala fides superveniens, um die Besitzwirkungen zu unterbinden (§ 955). Selbst wenn der Besitzer der herrenlosen Sache der Meinung ist, daß sie eine fremde Sache sei, erwirbt er doch Eigentum an den Früchten, kann ihm die Sache niemals auf Grund von dinglichen Ansprüchen abgenommen werden usw., kurz alle Fährlichkeiten, die sich aus dem Gegensatze von dinglichem Recht und bloßem Besitz ergeben, entfallen. Der Besitzer kann aber keine Ermächtigung haben, fremde dingliche Rechte auszuüben, ihre Ausübung kann ihm nicht überlassen werden, denn sie sind nicht da. Weil sie nicht da sind, können sie aber auch dem Besitzer nicht gefährlich werden, und theoretisch besteht die Möglichkeit, daß der Besitzer Rechte ausübt, die es nicht gibt, und daß ferner seine Rechtsstellung nahezu eigentumsgleich unangreifbar wird[70]). Dennoch fehlt theoretisch ein Letztes. Verliert der Besitzer die Sache, so kann jeder Finder sie sich aneignen, so daß der Besitzer nach fünf Minuten sich einem Eigentümer gegenüber sieht, der ihm die Sache abstreiten kann. Praktisch wird dies alles ja selten vorkommen[71]), aber es waren die Folgerungen doch einmal durchzudenken. Aus ihnen ergibt sich, daß die Ermächtigung als Überlassung der Rechtsausübung zu eng ist[72]).

3. Weiter ist noch festzustellen, daß die Ermächtigung rechtsgeschäftlich, behördlich und gesetzlich sein kann. Das erste versteht sich von selbst, das zweite wird bewiesen durch alle behördlichen Bestellungen, von Pflegern, Sachvertretern, Konkursverwaltern, Nachlaßverwaltern usw. Gesetzliche Ermächtigungen liegen überall da vor, wo das Gesetz unabhängig von einer rechtsgeschäftlichen oder behördlichen Erklärung oder Verfügung jemandem die Ausübungsmöglichkeit für Rechte oder Rechtsinhalte gibt, die ihm nicht als Recht zustehen. Das sind die typischen Anwendungsfälle, die man heute unter der Kategorie des Rechtscheines zusammenfaßt (s. oben S. 83).

VII. Die Ermächtigung und der Rechtsbesitz

1. In meinen früheren Ausführungen zum Rechtsbesitze habe ich den Rechtsbesitz als das bloß tatsächliche Haben eines Rechtes im Gegensatze zum rechtlichen Haben aufgefaßt, als bloße Ausübungsmöglichkeit im Gegensatze zur Innehabung eines Rechtes. Daraus darf man nun aber nicht folgern, daß Rechtsbesitz und Ermächtigung dasselbe[73]) seien. Ermächtigungsfälle können Rechtsbesitzfälle sein, brauchen es aber nicht zu sein.

---

[70]) Daraus kann man natürlich keinen Beweis entnehmen, daß der Besitz ein Recht sei. Das wäre dasselbe wie der Trugschluß Raapes (s. oben S. 94), denn der Besitz verdankt seine „Unangreifbarkeit" (s. das im Text Folgende) nicht sich selber, sondern zufälligen äußerlich hinzukommenden Umständen.

[71]) Aber es kommt vor. Ein Ehepaar, das auf seine alten Tage nichts mehr zu tun hatte, belustigte sich damit, daß es gebrauchte Kleidungsstücke, Hüte usw. durch das Dienstmädchen morgens in aller Frühe auf die Straße legen ließ und nun beobachtete, ob sich wohl ein vermeintlicher Dieb für diese derelinquierten Sachen finde. Der scheinbare Dieb okkupierte, obgleich er stehlen wollte.

[72]) Sprachlich ist hier noch mancherlei in Fluß. Wir wenden, obgleich sachlich nichts hindert, den Ausdruck Ermächtigung auf folgende Fälle nicht an: Einkaufs- und Verkaufskommission, wenn nicht auf den sachenrechtlichen Vorgang, sondern auf die schuldrechtlichen Wirkungen zu Lasten des Kommittenten gesehen wird. Die Haftung des Antragstellers aus seinem Antrage beruht an sich auf einer Ermächtigung des Gegners, den Antragsteller durch Annahme zu verpflichten, man spricht aber von einer Selbstbindung des Antragstellers, nicht von einer Ermächtigung des Gegners.

[73]) ArchZivPrax. 108, 347 ff. Schon damals habe ich festgestellt, daß eigene Möglichkeit weiter trägt als Rechtsbesitz und dieser nur eine Unterart der eigenen Möglichkeit ist (S. 348) und daß überwiegende Gründe gegen die Gleichstellung von Ermächtigung und Vollmacht und Rechtsbesitz zu sprechen schienen (S. 351).

2. Der Unterschied ist doppelt.

Einmal kann von Rechtsbesitz nur dann gesprochen werden, wenn ein äußerer Tatbestand, um es kurz, wenn auch ungenau zu sagen, die Ermächtigung sinnfällig, äußerlich dartut. So gewährt z. B. § 407 mehr als eine bloße Ermächtigung. Weil der Zedent dem Schuldner bisher als Gläubiger bekannt war und der Zessionar als Neugläubiger unbekannt ist, weil zwischen den beiden ersten, nicht aber zwischen den beiden letzten sich der Begründungsakt abgespielt hat oder der Erwerbsakt bekannt ist, deshalb hat der Altgläubiger die Ermächtigung des § 407. Damit ist zugleich ein Erfordernis des Besitzbegriffes erfüllt. Besitz ist tatsächliches Haben auf Grund eines tatsächlichen sinnlich wahrnehmbaren Zustandes, Ereignisses oder einer sinnlich wahrnehmbaren Veränderung der Außenwelt, kurz auf Grund eines Vorganges oder Dauerzustandes physikalischer Natur, der für die erkennbar ist, denen gegenüber der Besitz als solcher gelten und wirken soll, d. h. die ihn anerkennen sollen oder berechtigt sind, ihn als das tatsächliche Abbild des wahren Rechtes zu nehmen (Buchbesitz, Sachbesitz und Rechtserwerb im guten Glauben bei beweglichen Sachen). So kann auch der Schuldner auf Grund des früheren physikalischen Vorganges der Forderungsbegründung oder des Forderungserwerbes den Zedenten als Gläubiger behandeln. Die Ausübungsmöglichkeit ist also gewissermaßen handgreiflich, das trifft aber keineswegs für alle Ermächtigungsfälle zu. In § 783 ist nur die schriftliche Empfangsermächtigung für Geld, Wertpapiere oder andere vertretbare Sachen geregelt, die mündlichen Ermächtigungen sind überhaupt nicht geregelt und ebenso nicht die schriftlichen Ermächtigungen zur Empfangnahme von anderen als den in § 783 genannten Sachen. Die gemäß § 783 ausgestellte Urkunde gibt Rechtsbesitz, vorausgesetzt, daß sie ihre Echtheit genügend ausweist, alle anderen Ermächtigungsformen geben aber keinen Rechtsbesitz, geben zwar die innere Ausübungsmöglichkeit, aber ohne die äußere Legitimation.

In der Tat ist das am letzten Ende Entscheidende die Legitimationswirkung des Tatbestandes. Legitimation ist die von dem Rechte anerkannte sofortige, gegenwärtige und von der Gegenpartei als solche sofort anzuerkennende außerprozessuale und innerprozessuale Beweiswirkung. Legitimieren heißt, in aller Regel einen sofort wirkenden gegenwärtigen und meistens außerprozessual ausreichenden Beweis führen, d. h. einen Beweis, der von dem Gesetz als ausreichend anerkannt wird und der vermöge dieser gesetzlichen Bestimmung auch von der Gegenpartei sofort anzuerkennen ist. Mangels einer jedesmaligen ausdrücklichen Bestimmung des Gesetzes kann man nun vielfach zweifeln, ob schon volle Legitimation vorliegt oder nicht. Diese Tatfragen des Einzelfalles tun aber dem Wesen der Legitimation als Gewährung einer auch außerprozessual sofort beweisbaren Ausübungsmöglichkeit keinen Abbruch.

Das Wort Legitimation ist nun freilich mehrdeutig, es enthält den Hinweis auf das Handeln im eigenen Namen und zugleich auf den äußeren Tatbestand, wegen dessen die Ausübungsmöglichkeit gegeben wird. Wir denken typisch an die Legitimation durch Urkunden, aber auch durch irgendwelche vorhergehende mündliche Erklärungen von leichter Beweisbarkeit, jedenfalls an Legitimation durch äußere Tatbestände (Typus Inhaberpapier). Wir denken dabei diesen äußeren Tatbestand und die aus ihm folgende Ausübungsmöglichkeit in einem gleichzeitig zusammen. Die Ausübungsmöglichkeit ist an sich nur etwas Inneres, die gedachte Möglichkeit auf das Gedankengebilde, genannt subjektives Recht, einzuwirken. Die Ermächtigung ist ebenfalls an sich nur etwas Inneres und deckt sich insofern genau mit der Ausübungsmöglichkeit, Einwirkungsmöglichkeit. Dagegen ist mit Legitimation wohl schlechthin identisch der Rechtsbesitz, bei dem wir uns den äußeren, die Legitimation bewirkenden Tatbestand und die Wirkungen dieser Legitimation als Ermächtigung zusammen denken. Es ist freilich zuzugeben, daß dies nur Versuche sind, um zu analysieren, was wirklich gedacht wird, und daß Verschiedenes gedacht werden könnte. Es wird daher auch nicht etwa behauptet, daß das Denken, d. h. das Vorstellen notwendig so hätte verlaufen müssen, wie es tatsächlich geschichtlich verlaufen ist. Um absolute Denknotwendigkeiten oder absolute Denkwahrheiten handelt es sich nicht, sondern nur um geschichtliche Tatsächlichkeiten. Diese hier unterstellten geschichtlichen Tatsächlichkeiten des Denkens oder diese geschichtlich tatsächlichen Denkinhalte sind der Darstellung zugrunde gelegt.

3. Der zweite Unterschied zwischen Rechtsbesitz und Ermächtigung besteht darin, daß die Ermächtigung nur berechtigende Wirkung hat, während der Rechtsbesitz auf Aktiv- und Passivverhältnisse anwendbar ist. Dies zweite ist schon aus dem römischen Rechte bekannt, das unbedenklich von possessio libertatis, ingenuitatis und servitutis[74]) spricht, ferner einen dem SC. Macedonianum entgegenwirkenden Besitzstand anerkannte[75]), sowie anerkannte, daß durch confessio in iure ein passiver Rechtsbesitz entstand[76]). Man kann einwenden, daß ein solcher passiver Rechtsbesitz ein Widerspruch in sich selbst sei, dann erfinde man einen besseren Ausdruck. Überdies kann man zweiseitige Verhältnisse immer entgegengesetzt betrachten und aus dem Passivum für die eine Partei ein Aktivum der Gegenpartei machen.

4. Methodisch ist der Rechtsbesitz unentbehrlich und aus methodischen Gründen eine wissenschaftliche Forderung. Wenn man nach der Begründung fragt, wieso ein Rechtserwerb im guten Glauben als gerechtfertigt gedacht werden könne, werden wir aus zwingenden Gründen des Kausalzusammenhanges auf den Rechtsbesitz verwiesen[77]). Es ist kausalrechtlich unmöglich, uns dabei zu beruhigen, daß der Veräußerer keine Spur eines echten Rechtes hat, es ist auch unmöglich, diesen Rechtsmangel durch eine gesteigerte Erwerbsfähigkeit des Erwerbers zu ersetzen, es bleibt aus zwingenden Gründen nichts anderes übrig, als dem Veräußerer eine Veräußerungsmöglichkeit eigener Art zuzuschreiben, die mit seinem Besitze steht und fällt. Dann kann diese Veräußerungsmöglichkeit aber nichts anderes als eine gesetzliche Ermächtigung sein. Wenn jedoch die gesetzliche Ermächtigung darauf beruht, daß der Ermächtigte sie hat, weil und solange er Besitz hat, liegt auf der Hand, daß sie nur eine Wirkung des Besitzes sein kann, also Rechtsbesitz[78]) zu nennen ist.

Diese Betrachtungsweise ist unerläßlich aber auch in allen den Fällen, in denen der Schutz des guten Glaubens durchgeführt wird, wenn irgendwelche juristische Wirkungen bei Bestand bleiben sollen, zu denen die Gegenpartei durch eine Handlung mitwirken muß, die keine Übertragungshandlung ist. Das trifft zu gemäß § 407, aber auch bei allen Legitimationen nach Art des Erbscheines, das Inhaberpapiers usw. Auch hier fordert die Kausalität, daß der mitwirkende Scheinberechtigte eben mehr als den bloßen Rechtschein für sich aufzuweisen habe, nämlich irgendeine positive Ausübungsmöglichkeit.

5. Sprachlich streiten kann man, wo der Legitimierte offenkundig nichts

[74]) Krückmann, ArchZivPrax. 108, 344.

[75]) A. a. O. S. 341.

[76]) A. a. O. S. 357ff.

[77]) A. a. O. S. 315ff., insbesondere S. 321ff., 327ff.

[78]) Selbst ein Gegner der Rechtsbesitztheorie, Wolff (Sachenrecht § 77 IV 5), kommt schließlich doch auf den Rechtsbesitz hinaus. Er gibt zu, daß man „gestattungsfähig" sein könne ohne gestattungsberechtigt zu sein (zu §§ 955ff. BGB.), fordert dazu aber den Besitz des Gestattenden. Er leitet die Wirkung kausalrechtlich aus der Stellung des Gestattenden her, und diese gründet er wieder auf den Besitz. Was ist dies denn anderes als Rechtsbesitz? Daß die Verwendung des Begriffes der Fähigkeit, den wir sonst doch anders verstehen, keine Empfehlung dieser Umgehungstheorie ist, sei nebenbei bemerkt.

weiter als Legitimation hat, also offenkundig kein eigenes Recht hinter sich hat, z. B. bei Testamentsvollstreckern, Konkursverwaltern, überhaupt Sachvertretern. In Ansehung der Aktivlegitimation kann man sich mit der Vorstellung der Ermächtigung helfen, in Ansehung der Passivseite dagegen ist der Gebrauch des Wortes Ermächtigung wie schon bemerkt sprachlich hart. Dagegen macht das Wort Passivlegitimation keine Schwierigkeiten, doch empfiehlt es sich nicht, alle diese miteinander verwandten Erscheinungen unnötig mit verschiedenen Ausdrücken zu bezeichnen. Vielmehr wird die sachliche Synthese auch sprachlich durch das einheitliche Wort Rechtsbesitz am klarsten und einfachsten ausgedrückt.

6. Überhaupt ist das Rechtsbesitzproblem ein Problem der Synthese. Synthese ist Spitzenleistung der Methode, und darum sollte schon deshalb kein unnötiger Widerspruch dagegen erhoben werden. Synthese faßt anscheinend verschiedenartige Erscheinungen zusammen, indem sie das Gemeinsame aufdeckt. Die richtige Synthese ist aber nicht dafür verantwortlich zu machen, wenn zunächst die zusammengefaßten Einzelerscheinungen so verschieden erscheinen, daß es einen Entschluß kostet, die Synthese zu vollziehen. Die Ablehnung der Synthese aus solchen Gründen ist nur ein Beweis menschlicher Schwäche, aber keine logische Widerlegung.

Sie wird aber auch der wissenschaftlichen Wahrheit nicht gerecht. Ermächtigung ist das Haben eines Könnens, Rechtsbesitz ist in der Hauptsache ebenfalls das Haben eines Könnens, aber auf Grund eines Besitztatbestandes. Man bringt diesen Besitztatbestand um sein Recht, wenn man den Rechtsbesitz nicht anerkennt. Methodisch ein Fehler, denn methodisch darf kein notwendiges Tatbestandselement unter den Tisch fallen. Der Besitztatbestand, d. h. die äußere Verkörperung des Erwerbstatbestandes in sinnlich wahrnehmbarer Form ist aber so ziemlich das Wichtigste und Wesentlichste, was es im Rechte gibt und darüber kann man nicht einfach mit dem Worte: Ich aber sage nein, hinweggehen. Dann bleibt man den Wirklichkeiten des Lebens ihr Recht schuldig.

7. Die von mir früher aufgeführten Tatbestände des Rechtsbesitzes[79]) halte ich bis auf ganz wenige Ausnahmen fest[80]). Ich habe keine Ursache gefunden, irgend etwas an meiner Grundauffassung zu ändern. Ebenso halte ich fest an der materiellen Urteilswirkung als Verleihung von Rechtsbesitz (ZZP. 37, 1 ff.; Rechtsgang 3, 114ff.), was selbstverständlich nicht ausschließt und für mich auch nie ausgeschlossen hat, daß daneben auch die prozessuale Urteilswirkung als rechtskraftprozessuale Unbestreitbarkeit besteht. Auch hier habe ich so gut wie nichts zu ändern.

Einige neue Fälle seien hier hinzugefügt[81]).

a) Schon in meinen früheren Ausführungen ArchZivPrax. 108 S. 408, 414 hatte ich auf die Bedeutung des Rechtsbesitzes für das Strafrecht hingewiesen. Inzwischen hat das Reichsgericht, freilich ohne den bis dahin verpönten Ausdruck zu gebrauchen, gezwungen durch die Macht der Tatsachen den Rechtsbesitz auch im Strafrecht anerkannt. Der Einfachheit halber sei der Bericht eines Opponenten hierhergesetzt. Frank in seinem Kommentar[82]) berichtet: Die Theorie, daß Beamteneigenschaft durch Privatanstellung begründet werden könne, habe ,,in ihrer Durchbildung zu dem Satze geführt, daß durch die Übertragung hoheitsrechtlicher Funktionen eine Anstellung stillschweigend

---

[79]) JheringsJ. 57, 109ff.; ArchZivPrax. 108, 373ff.; Krit. Vierteljahrsschrift (III. F.) 15, 576ff.; für das römische Recht ArchZivPrax. 108, 335ff.

[80]) Beispielsweise ArchZivPrax. 108, 355 Nr. 28.

[81]) Aus dem römischen Rechte ist noch zu erwähnen Gai 3, 160; Windscheid 2, 342 Anm. 45.

[82]) Kommentar zu § 359 StGB. Bem. II gegen Ende, S. 738f.

vollzogen[83]) werde (RGSt. 39, 232; 51, 65; 52, 309; GoltdArch. 58, 28). Es kann sein, daß das Landesrecht einen solchen Standpunkt vertritt, aber es ist unrichtig, ihn als einen reichsrechtlichen aufzustellen. Dies tut das Reichsgericht auch sonst häufig, indem es die Beamtenqualität einfach auf die Zulassung zu hoheitsrechtlicher Tätigkeit stützt (von mir gesperrt. P. K.); z. B. RGSt. 55, 28 (von einem Kreiskommunalverbande der Rheinprovinz zur Bekämpfung des Schleichhandels legitimierte Personen seien Beamte). Siehe auch RGSt. 56, 366 (Angestellte eines preußischen Wohnungsamtes als Beamte). Zuweilen folgert das Reichsgericht die Beamteneigenschaft sogar aus der Erfüllung staatlicher Tätigkeit überhaupt, mag sie auch keinen hoheitsrechtlichen Charakter haben; z. B. RGSt. 51, 398 (Postaushelfer seien Beamte, weil sie bei der postalischen Verteilung der Pakete nach Ortschaften beteiligt sind)." Frank mißbilligt offenbar dies alles, die Rechtsprechung wird aber nicht zurückzuschrauben sein, sie ist einfach unvermeidlich.

Die Philosophie des Als ob hat erwiesen, daß unsere Begriffe nicht ausreichen, das Sein zu erfassen, daß schon ein Zusammenwirken mehrerer Vorstellungen nötig ist, um dem Sein gerecht zu werden. Der doktrinäre Begriffskult ist durch die Philosophie des Als ob restlos widerlegt und als das Gegenteil aller Wissenschaftlichkeit aufgewiesen worden. Darum will der gegen das Reichsgericht erhobene Vorwurf des Widerspruches nichts besagen. Widerspruchsvolle Erscheinungen müssen eben auch durch eine Theorie des Widerspruches gemeistert werden. Der praktische Widerspruch muß theoretisiert werden, nicht aber darf der theoretische Widerspruch schon ohne weiteres als Beweis gegen eine Praxis benutzt werden, die den praktischen Widersprüchen sich anpaßt.

b) Noch in einer anderen Weise hat das Reichsgericht den Rechtsbesitz an der Beamtenstellung anerkannt, und abermals waren es Ereignisse, die sich ganz und gar nicht in unser bisheriges Begriffsschema einfügen ließen, vgl. RGZ. 99, 285 (Soldatenrat); 100, 27 (Soldatenrat); 101, 360 (Mitglied der Matrosendivision); 104 S. 258, 259, 261 (Soldatenrat); 104, 347 (Soldatenrat); 104, 363 (Arbeiterrat); vermutlich auch RGZ. 106, 220 (Aktionsausschuß); 107, 273 (Eisenbahnbedienstete, die Beamtenhandlungen vornehmen). Das Reichsgericht drückt dies so aus (RGZ. 104, 261): „Entscheidend für die Annahme einer Beamteneigenschaft im Sinne des Staatshaftungsgesetzes und insoweit auch des § 839 BGB. ist vielmehr, daß der Betreffende von den Leitern des Gemeinwesens mit der Ausübung öffentlicher Gewalt als der Organtätigkeit eines Beamten betraut worden ist." Das ist Rechtsbesitz. Als die Eisenbahnbediensteten (RGZ. 107, 273) mit dem Frachtbriefduplikat fahrlässig verfuhren, indem sie eine unrichtige Beamtenhandlung vornahmen, wurden sie nicht etwa für eine Sekunde zu Beamten, sie blieben nach wie vor Nichtbeamte, aber sie übten Beamtenfunktionen aus und diese Tatsache entscheidet. Sie waren im Besitze der Ausübungsmöglichkeit für die Beamtenfunktionen und nahmen diesen Besitz wahr. Des weiteren verweise ich auf meine Ausführungen Ztschr. f. Ostrecht S. 181, 184 und die dort angezogene Lehre O. Mayers über den Rechtsbesitz der Beamten.

c) Schon früher habe ich gesagt, daß der Rechtsbesitz im öffentlichen Rechte wahrscheinlich eine noch größere Bedeutung habe als im Privatrechte[84]). Auf

[83]) Dies ist nur ein Verlegenheitsausdruck. Die „Anstellung" wird überhaupt nicht, auch nicht stillschweigend, vollzogen, sie wird nicht einmal durch Privatanstellungsvertrag vollzogen. Aber der so Angestellte wird in die Funktionen eines Beamten eingesetzt, wird nicht magistratus, sondern quasi magistratus, magistratus loco. Es ist ein Unding, jemand, weil er Beamtenfunktionen ausübt, auf 1—2 Sekunden zum Beamten zu machen. Die Ausübung der Funktion genügt.

[84]) ArchZivPrax. 108, 405.

weitere Nachweise kann ich hier nicht eingehen, sondern will nur beispielsweise einige Entscheidungen der Praxis anführen, soweit sie mir bekanntgeworden sind. OVG. 44, 27; 61, 1ff.; Entsch. des Staatsgerichtshofes RGZ. 113 Anhang; 114 Anhang S. 6.

d) Leider hat die Praxis aus ihren eigenen Grundsätzen die Folgerungen für die sogenannten Fememordprozesse nicht gezogen. Wollte man hier zu einem gerechten Ergebnisse kommen, dann mußte man vor allem berücksichtigen, daß wenigstens in dem Prozesse Fuhrmann, Klaproth, Umhofer, Schulz das Urteil des Schwurgerichtes zweifelsfrei festgestellt hatte, daß die Schwarze Reichswehr, die sog. Arbeitskommandos, von der Reichswehr gegründet und unterhalten wurden, also eine Einrichtung der Reichswehr waren und daher die Teilnehmer Soldatenbehandlung beanspruchen durften. Aus ihrer militärischen Lage heraus war die Zwangslage zu prüfen, in die sie durch die Verrätereien ungetreuer Genossen kamen. Das ist nicht geschehen.

e) Die Beschränkung des Besitzes auf körperliche Sachen ist von Theorie und Praxis inzwischen mit solcher Entschiedenheit überwunden worden, daß sie tatsächlich längst aufgegeben ist. Nur erscheint diese Erweiterung des Besitzbegriffes in eigentümlichen Gewande. Man redet nicht davon, aber man wendet den Begriff tatsächlich an und gibt ihm einen falschen Namen. Es ist dasselbe unbewußte Versteckspiel wie seinerzeit mit der clausula rebus sic stantibus. Man sagte sie theoretisch immer wieder tot, praktisch aber lebte man nach ihr. So hat man denn auch Besitz an unkörperlichen Gegenständen anerkannt, indem man unhaltbarer Weise ein Recht an ihnen unterstellte. Solche unkörperlichen Gegenstände sind:

α) Der eingerichtete Geschäftsbetrieb. Es wird gern gesagt, es bestände ein Recht[85]) an dem eingerichteten Geschäftsbetrieb oder den unkörperlichen Geschäftswerten[86]). Dieses Recht soll ein Immaterialgüterrecht sein. Es läßt sich nicht behaupten, daß mit diesem Worte eine klare Vorstellung gewonnen sei. Nur so viel ist an ihr richtig, daß Gegenstand der rechtlichen Befugnisse, um mich möglichst farblos auszudrücken, etwas Unkörperliches ist. Es kann aber nicht die Rede davon sein, daß diese rechtlichen Befugnisse irgendwie etwas mit einem durchgebildeten und vollkommenen subjektiven Recht gemeinsam hätten. Jeder Konkurrent kann den eingerichteten Gewerbebetrieb töten, er

---

[85]) Allerdings nicht immer, vgl. die Ausführungen in RGZ. 73, 256. Sie lehren, mit welchen Schwierigkeiten man sich plagen muß, wenn die richtige dogmatische Analyse fehlt. Unrichtig ist insbesondere die Ansicht (OLG. 14, 430), daß das Gesetz ein Gut dadurch, daß es dessen Verletzung unter bestimmten Voraussetzungen für jeden Dritten unter Ersatzpflicht stellte, als Rechtsgut anerkenne. Danach würde jede vorteilhafte, an sich kein Recht darstellende Vermögenslage ein Rechtsgut sein, weil ihre Beeinträchtigung unter bestimmten Voraussetzungen — wenn sie vorsätzlich und in einer gegen die guten Sitten verstoßenden Weise geschieht — jeden Dritten nach § 826 BGB. zum Schadenersatz verpflichten würde. Aus dem Umstande, daß ein tatsächlicher Zustand gegen Beeinträchtigungen bestimmter Art rechtlich geschützt ist, läßt sich nicht folgern, daß er schlechthin gegen Beeinträchtigungen jeder Art geschützt ist. Vielmehr ergibt sich, daß der Rechtsschutz gewährt wird nicht infolge einer dem Zustande als solchen innewohnenden Eigenschaft, die ihn zu einem Rechtsgute machen würde, sondern wegen der besonderen Art der sich gegen den Zustand richtenden Handlung. Was steckt dahinter? Dem praktischen Ergebnisse nach eine Ausweitung des Besitzesschutzes sowohl dem Gegenstande (Unkörperlichkeit) wie der Wirkung (Ersatz) nach. Man vergleiche die ganze weitschichtige Rechtsprechung zu § 826, sie ist im Grunde nur Gewährung einer prästatorischen Rechtsbesitzschutzklage, denn sie schützt prästatorisch das tatsächliche Haben eines wirtschaftlichen Vorteiles. An dieser Erwägung wollen Richtigkeit und Unrichtigkeit der reichsgerichtlichen Darlegungen gemessen sein. Es handelte sich um die Ausstattung einer Ware, etwas rein Besitzrechtliches. Auf den Begriff des Rechtsgutes in Zusammenhang mit dem Rechtsbesitz näher einzugehen, verbietet leider der mir zustehende Raum.

[86]) Vgl. die ausführlichen Angaben bei Hueck, Unkörperliche Geschäftswerte. Ein Beitrag zur Lehre vom Unternehmen. Dissertation Münster, woselbst S. 7ff. die Nachweise des Schrifttums zu vergleichen sind.

darf sich nur nicht durch unlautere Machenschaften ersatzpflichtig machen. Gegen lauteren Wettbewerb ist so wenig ein Kraut gewachsen, daß kein Geschäftsmann sich mit juristischen Mitteln gegen die Erdrückung durch solche lautere Konkurrenz, also rein tatsächliche Besitzmaßnahmen wehren kann. Dies alles wäre unmöglich oder doch rechtlich unzulässig, wenn das „Recht" an dem eingerichteten Gewerbebetrieb ein echtes Recht wäre. Dies wird sich an dem folgenden noch deutlicher zeigen.

β) Auch außerhalb des Geschäftsbetriebes wird das persönliche Geheimnis wichtig. Es tritt uns ja wesentlich als Geschäfts- und Betriebsgeheimnis mit seinem Schutz durch das Gesetz gegen den unlauteren Wettbewerb entgegen, wird als Erfindungsgeheimnis durch §§ 3 II 5; 10 Nr. 3 PatG.; § 4 III GebrMustG. geschützt, aber dies ist nicht sein einziges Anwendungsgebiet. In Jherings Rechtsfällen wird berichtet, daß ein Erfinder Besuch von einem Freunde erhält, den er gegen die Pflicht zum Stillschweigen in sein neues Verfahren einweiht. Der Freund kann aber nicht schweigen und berichtet am Stammtisch so viel davon, daß ein mit anwesender Fabrikant daraus alles entnehmen kann und nunmehr das Verfahren übernimmt. Die Haftung des geschwätzigen Freundes läßt sich nur aus einer Verletzung des Besitzes rechtfertigen, denn ein Eigentum an dem Geheimnis gibt es nicht. An Geheimnissen gibt es nur Besitz und nichts weiter, nur ein tatsächliches Haben ist möglich, niemals ein rechtliches Haben. Das einmal offenbarte Geheimnis kann dem Geschädigten nicht wiedergegeben werden, irgendein vindikatorischer Schutz des Geheimnisses als solchen ist unmöglich. Eine Alleinherrschaft gibt es nicht, weil jeder andere denselben Gedanken finden kann. Der Gedanke ist nur der eine und derselbe, es gibt von ihm keine Mehrheit, so daß ein mehrfaches Recht möglich wäre, also bleibt nur das tatsächliche Haben übrig. Das ist der Besitz.

γ) Vor Jahren entdeckte bei einem Umbau ein Architekt wertvolle alte Deckengemälde, erkannte ihren Wert, ließ die Decke schonend abnehmen, verschloß die Stücke und wollte die Veröffentlichung und Würdigung selber vornehmen. Ein falscher Freund bat ihn um Erlaubnis, die Gemälde sehen zu dürfen, mißbrauchte diese Erlaubnis, fertigte Lichtbilder an und veröffentlichte die Entdeckung des betrogenen Finders. Einen Schutz nach dem Urheberrecht usw. gab es nicht, der einzige Schutz bestand im Schutz des Besitzes, nicht des körperlichen Besitzes der Deckenplatten, sondern des Besitzes an dem bisher geheim gehaltenen Kunstwerk als solchen, also an dem Geheimnis. Hätte der Betrogene rechtzeitig von dem Unternehmen des anderen erfahren, mußte er eine Unterlassungsklage haben nach dem Muster der Störungsklage bei dem Sachbesitz, anders war nicht zu helfen. Ein Schaden war zu liquidieren unter dem Gesichtspunkt des „sonstigen Rechtes" = Besitz d. h. Rechtsbesitz.

δ) In das Besitzrecht gehört auch der Schutz der editio princeps, der sich bisher nur auf den Besitz stützen läßt. Ebenso der Schutz der Herausgabe von neu entdeckten Inschriften. Damit soll nun nicht gesagt sein, daß ein Schutz nach dem Muster und in dem Umfange des Urheberrechtes wünschenswert wäre, vielmehr muß nach der ersten Herausgabe für jedermann der Zugriff frei sein. Aber bis dahin ist der Entdecker zu schützen. Dies ist schon heute möglich, aber nur auf Grund des Rechtsbesitzes.

ε) In das Besitzrecht gehört auch der kaufmännische Anschriftenverkauf. Mit der Bekanntgabe von Anschriften der Interessenten wird nur ein tatsächliches Haben verschafft, zwar nicht geradezu das Haben eines Geheimnisses, aber doch das Haben von etwas Unkörperlichem. Ein klarer Beweis, daß die Beschränkung des Besitzbegriffes auf körperliche Sachen von der Wirklichkeit des Lebens längst überwunden worden ist.

ζ) Belehrend ist auch die Legitimationsaktie, worüber jetzt RGZ. 118, 330 mit seinen Nachweisungen zu vergleichen ist. Hier ging die Einweisung in den Rechtsbesitz so weit, daß der Eingewiesene nicht offen als Ermächtigter des Inhabers, sondern verdeckt als Eigenberechtigter legitimiert war. Das Verfahren der Praxis ist richtig.

4. Daß die Macht der Tatsachen schließlich doch die theoretischen Vorurteile überwindet beweist das Zugeständnis bei Wolff[87]), der einen Rechtsbesitz an einem eingetragenen nichtigen Holzungsrecht in Ansehung des Fruchterwerbes annimmt; Rechtsbesitz außerhalb des Bürgerlichen Gesetzbuches anerkennt; den Buchbesitz wenigstens als besitzähnlich gelten läßt. Wolff scheint sonst noch immer von der Ansicht auszugehen, daß das Gesetz Begriffe totschlagen oder abschaffen könnte. Rechtsbesitz ist auf der einen Seite Analyse und Terminologie, ferner Synthese. Analyse wie Synthese können nur entweder richtig oder falsch sein, können aber nie gesetzlich erlaubt oder verboten sein. Man weise nach, daß meine Analysen und meine Synthesen falsch sind, darüber läßt sich reden, aber unzulässig sind Behauptungen wie: Das Bürgerliche Gesetzbuch erkennt den Rechtsbesitz nicht an. Das Bürgerliche Gesetzbuch hat nichts anzuerkennen und nichts zu verbieten, sondern muß sich gefallen lassen, nach dem positiven Inhalt seiner Vorschriften verstanden zu werden. Ich habe selber zunächst, als ich die Synthese der verschiedenen Sachbesitzwirkungen vollzog, infolge der hergebrachten Vorurteile einen inneren Widerstand überwinden müssen, aber kein Hindernis für die Synthese der verschiedenen Wirkungen gesehen: Zerstörung, Nutzung, Schutz der Sache, Verfügung über die Sache[88]). Ebenso mußte ich mit der herkömmlichen aber irreführenden Vorstellung, die uns mit der vindikatorischen und der negatorischen Besitzklage ein echtes Recht vortäuscht, brechen, um diese als besitzrechtliche Nachbildungen der dinglichen Klagen zu erkennen, denen wegen ihrer besitzrechtlichen Natur auch nur beschränkte Wirkungen des bloßen Könnens ohne unbedingte Selbstbehauptungsfähigkeit aus eigener zivilrechtlicher Kraft zukommen. Entweder ist diese Analyse und die nachfolgende Synthese richtig oder sie ist falsch, aber ein gesetzliches Verbot kommt nicht in Frage.

5. Zum Schlusse nur noch die Bemerkung: Es ist mindestens ein eigentümliches Verfahren, den Besitz für ein Recht zu erklären, und damit nicht bloß unsere ganze Terminologie, sondern auch unsere Grundbegriffe zu verwischen, andererseits sich gegen eine Theorie zu verwahren, die diesen Radikalismus vermeidet und die Mittellinie innehält. Dieses Opfer an die Vorurteile der Motive ist es nicht wert gebracht zu werden. Insbesondere sollte heute der Nachweis der Philosophie des Als Ob gerade von den Juristen erheblich mehr gewürdigt werden, als mit der anachronistischen Bekämpfung des fiktionalen Denkens geschieht. Die Philosophie des Als Ob besagt auf das Rechtliche angewandt folgendes: Das Recht befiehlt sehr oft, um vernünftige und praktische Ergebnisse zu erzielen oder zu ermöglichen, daß Menschen, Sachen und Verhältnisse behandelt werden als ob sie etwas anderes wären als sie sind. Dieses unmittelbare behandelt werden als ob aber ist der Rechtsbesitz und darum ist es notwendig, das System nicht bloß auf dem Gegensatz von Recht und Nichtrecht aufzubauen, sondern den Rechtsbesitz dazwischen zuschieben. Auch hier bewahrheitet es sich, daß das Alles oder Nichts so ziemlich das Ungeschickteste ist, das im Rechte vorkommt.

Abgeschlossen: März 1928.

---

87) Sachenrecht § 77 Anm. 5; § 24 VI; § 33 III; 38 III; §§ 44 Anm. 3; § 45 Anm. 19.
88) Vgl. ArchZivPrax. 108, 331 f.

Ersatz der früheren Klage aus nützlicher Verwendung durch die heutige Rechtsprechung

von Professor Dr. Fritz Pringsheim, Göttingen

Nicht oft geschieht es, daß ein Gesetz einen von der Praxis, wenn auch auf unsicherer Grundlage langsam entwickelten Anspruch bewußt abschafft; wenn nicht durch Ausgestaltung anderer Hilfsmittel dem Bedürfnis, das in der Rechtsprechung hervortrat, abgeholfen wird, muß hieraus eine Lücke entstehen, die nach Ausfüllung verlangt. Wird die geschichtliche Weiterbildung durch das Gesetz plötzlich abgeschnitten, so wird die Rechtsprechung den Versuch machen müssen, den leeren Raum zu überbrücken.

So liegt es bei der Actio de in rem verso utilis, der Klage aus nützlicher Verwendung[1]). In gesunder Fortbildung des klassischen Rechtes gab die justinianische Kompilation[2]) diese Klage auch außerhalb eines Gewaltverhältnisses, ohne allerdings ihre Voraussetzungen klar abzugrenzen[3]). Während die Theorie viele Zweifel hatte und besonders die Abgrenzung gegen die condictio Schwierigkeiten machte, gab die Praxis in fortschreitender Klärung die Klage dann, wenn ein Vertrag zwar im eigenen Namen, aber in Geschäftsführung für einen anderen geschlossen und sein Gegenstand unmittelbar oder über den Geschäftsführer in das Vermögen des anderen verwendet war[4]). Das preußische Recht scheiterte in seinem Versuch einer Regelung (§ 262 II 13 ALR.) an der Unklarheit der Abgrenzung von der Bereicherungsklage. Außer dem preußischen Rechte kennen die actio de in rem verso das österreichische Allgemeine Bürgerliche Gesetzbuch § 1041 und der Code civil art. 1166. Alle drei Gesetzgebungen zeigen ihre Herkunft aus dem Naturrecht, indem sie die Verwendungsklage auf den allgemeinen vagen Billigkeitsgedanken der Bereicherung stützen, ohne sie genau zu begrenzen. Dieser gefährliche Gesichtspunkt ist dem römischen Rechte nicht fremd; aber erst in byzantinischer Zeit gewann er das Übergewicht; in der klassischen Jurisprudenz herrschte vielmehr das Bestreben, das Gebiet der Kondiktionen einzuschränken und deutlich abzugrenzen[4a]). Das Naturrecht fand deswegen für seinen allgemeinen Billigkeitsgedanken in der Kompilation nur solche Stellen als Beleg, die entweder bequeme und nicht allzu wichtig zu nehmende Begründungen einer in voller Entwickelung

---

[1]) Die Darstellung lehnt sich vielfach an die auf meine Anregung entstandene Göttinger Dissertation von Friedrich Günther an: „Der Verzicht des Bürgerlichen Gesetzbuches auf eine Klage aus nützlicher Verwendung und seine Folgen" (1927).

[2]) Lenel, ArchZivPrax. 78, 354; Joers, Römisches Recht (Enzyklopädie der Rechts- und Staatswissenschaften, Kohlrausch-Kaskel [1927] S. 188.) A. A. noch v. Tuhr, Actio de in rem verso (1895) 298 ff.

[3]) Hauptquelle C. 4, 26, 7, 3; interpoliert: Der Kläger hat an M. Geld geliehen, M. es in das Vermögen des Beklagten (B.) verwendet. Anderer Fall: Der Arzt (K.), von M. angenommen, behandelt B. Weitere Fälle bei Ewald (vgl. Anm. 7) S. 167 ff. — Der Kläger wird in diesem Aufsatze K., der Beklagte B., der Mittler M. genannt.

[4]) RG. 1, 143, 159; 4, 241; 21, 236; 40, 260; 43, 161; GruchotsBeitr. 33, 110: v. Tuhr a. a. O. 314 ff.

[4a]) Pernice, Habeo 3, 215 ff.

stehenden Lehre oder interpoliert (D. 25, 2, 25 nam iure gentium condici puto posse res ab his, qui non ex iuxta causa possident: Levy, Privatstrafe und Schadenersatz 131 Anm 4 mit Literatur) oder von den Kompilatoren aus ihrem Zusammenhange gerissen sind (D. 12. 6. 14; 23, 3, 6, 2; 50, 17, 206, auf das ius naturae gestützt[4b]); über byzantinische Verallgemeinerungen des Gedankens, daß man nicht „ex alieno damno lucrari" dürfe: Levy a. a. O. 112, 7). Das preußische und das französische Recht kennen keine condictio sine causa und benutzen deshalb die actio de in rem verso als Bereicherungsklage[5]). Aber die Rechtsprechung im preußischen Rechte vermied die drohende Verwischung der Grenzen, indem sie die Ergebnisse der gemeinrechtlichen Klärung und Abgrenzung auf das preußische Recht übertrug und so zu einer brauchbaren Feststellung des Begriffes der nützlichen Verwendung gelangte[6]). Der Gesetzgeber hätte also, auf der Praxis der obersten Gerichte zum gemeinen und preußischen Rechte weiterbauend, sehr wohl zu einer klaren Formulierung kommen können. Trotzdem hat das Bürgerliche Gesetzbuch, weil die Theorie nicht weit genug gekommen war, die gefährliche Grenzverwischung zum Anlasse genommen, die Verwendungsklage völlig abzulehnen. Denn die Motive (2, 871) fassen die Verwendungsklage nur als condictio, und als solche war sie in der Tat im Rahmen der Bereicherungsklagen des Gesetzes theoretisch nicht unterzubringen. Wie stark die Gesetzgebung unter dem Einfluß einer unfertigen Doktrin stand, wie man sehr geneigt war, zugunsten der allzu starren Begriffe das Bedürfnis des Rechtslebens zu vernachlässigen, zeigen die Motive so deutlich, daß ihr Gedankengang hier kurz wiedergegeben werden muß: „Nach den Kondiktionsgrundsätzen ließe sich der... Anspruch nicht begründen." Zwar läge ein Bedürfnis vor, „wenn der Vertreter nicht belangt werden könne bzw. zahlungsunfähig ist". Es „wäre zwar möglich, dem Dritten das Recht beizulegen, für sich die Erfüllung zu fordern. Allein eine angemessene Regelung dieses Rechtes ist mit großen Schwierigkeiten verbunden". Nachdem die Versuche des bayerischen und Dresdener Entwurfes besprochen sind, heißt es: „Hieraus ergäbe sich jedoch ein äußerst verwickeltes und unklares Verhältnis, ohne daß für den Dritten eine vollkommene Hilfe erreicht würde. Jede positive Vorschrift müßte hiernach unzweckmäßig und unzureichend ausfallen."

Wenn der Gesetzgeber ein von ihm anerkanntes Bedürfnis nicht befriedigt[6a]), ist die Rechtsprechung in einer schwierigen Lage[7]). Drei Lehren ist die Lehre von der nützlichen Verwendung benachbart; von drei Seiten aus hat deshalb die Rechtsprechung versucht, durch Ausdehnung der Nachbargebiete die Lücke

[4b]) Cuq, Manuel des Inst. Jur. de Rom. (1928) 534, 3.

[5]) Preußisches Recht: Dernburg, Pr. Privatrecht S. 876; Förster-Eccius, Pr. Privatrecht 2, 455. Französisches Recht: Colin et Capitant, Cours él. de droit civil français, 2, 414 ff.; 4. Aufl., Demogue, Sources des obligations 3, 121 ff., 218 ff. (1923).

[6]) Neueste Fassung der preußischen Klage: RG. JW. 1905 S. 80 Nr. 19: „Das preußische Recht erkannte einen Anspruch aus der nützlichen Verwendung dann an, wenn der diesem Anspruche zugrunde liegende Übergang eines Wertes aus dem Vermögen des einen Teiles in das des anderen sich nicht unmittelbar zwischen beiden vollzogen hatte, sondern durch das Rechtsgeschäft eines Dritten vermittelt worden war, sofern die Mittelsperson das für die Verwendung ursächlich gewordene Erwerbsgeschäft zwar in eigenem Namen, aber im Auftrage oder als Geschäftsführer des anderen abgeschlossen hatte."

[6a]) Anerkannt z. B. von v. Tuhr, Actio de in rem verso 334 ff., wohl auch von O. v. Gierke, Deutsches Privatrecht 3, 1006, 42.

[7]) Nicht zutreffende Würdigung bei Ewald, Wieweit ist im bürgerlichen Rechte der Gedanke der gemeinen und landrechtlichen Versionsklage verwendbar? GruchotsBeitr. 65, 150, der zuerst (S. 151) davon spricht, daß der Gesetzgeber keineswegs den Gedanken der Versionsklage überhaupt hat verbannen wollen und schließlich (S. 178) sogar eine „stillschweigende Beibehaltung des Gedankens der Versionsklage" behauptet. Sein Versuch, das Bereicherungsrecht anzuwenden, muß mißlingen (unten S. 5).

zu füllen[8]). Es handelt sich um die Lehren der Bereicherung, der Geschäftsführung ohne Auftrag und der Stellvertretung.

1. Die Bereicherung muß zur Zeit der Klage noch vorhanden sein, von der Verwendung braucht nichts mehr im Vermögen des Beklagten zu sein. Aber auch, wenn das Verwendete noch vorhanden ist, fehlt es für die Bereicherung an drei weiteren Voraussetzungen:

a) Im praktisch wichtigsten Falle ist zunächst an den Mittler geleistet und dann erst der Gegenstand in das Vermögen des B. verwendet worden. Bei mittelbarer Bereicherung lehnt aber das Reichsgericht die Anwendung des § 812 ab (RG. 69, 247; 92, 83; 99, 162). Allerdings sind gegen diese Auslegung oft Bedenken erhoben worden, und zuweilen wird eine Hilfe dadurch zu schaffen sein, daß man mit der neueren Praxis (z. B. RG. 109, 169) unmittelbaren Eigentumsübergang von K. auf B. (bei unmittelbarer Stellvertretung) und damit unmittelbare Bereicherung annimmt. Aber auch dann fehlt es meist an den weiteren Voraussetzungen.

b) Das Verhältnis zwischen K. und M. schließt die Annahme aus, daß eine Rechtlosigkeit der Vermögensverschiebung gegeben sei; denn dieses Verhältnis bildet gerade die causa für den Übergang; von einem Erlangen des B. ,,ohne rechtlichen Grund" kann also keine Rede sein. Das für die Verwendungsklage gerade entscheidende Verhältnis zwischen M. und B. bleibt für die Bereicherung außer Spiel.

c) Schließlich fehlt auch die Vermögenseinbuße des K. Selbst wenn sein Anspruch gegen M. wertlos ist, weil dieser kein Vermögen hat, liegt zwar eine wirtschaftliche Schädigung, aber keine rechtliche Einbuße vor, zumal im Vermögen des M. ja der Anspruch gegen B. vorhanden ist.

So muß die Rechtsprechung in Fällen nützlicher Verwendung oft die Anwendung der Bereicherungsregeln ablehnen. Nur selten gelingt es, mit einiger Kunst die nützliche Verwendung der Bereicherung einzuordnen: (RG. JW. 1919 S. 715) B. ist in russischer Gefangenschaft. Seine Frau M. vereinbart mit K. daß er auf B.s Grundstück Bauten ausführe. M. handelt nicht in eigenem Namen (?), aber ohne Vollmacht: Die Möglichkeit, daß K. von M. aus § 179 Vertragserfüllung verlangt, ,,nimmt der bereits erfolgten Verschiebung von Vermögensteilen aus dem Vermögen" des K. ,,in das" des B. ,,nicht die eine Voraussetzung jeden Bereicherungsanspruches bildende Eigenschaft der Unmittelbarkeit".

2. Für die Anwendung der Regeln über Geschäftsführung ohne Auftrag ist es nötig, K. als Geschäftsführer des B. zu betrachten. Das geht nur dann, wenn K. ,,für" B. gehandelt hat. Da dies bei der Verwendungsklage nicht erforderlich ist, kann die actio negotiorum contraria niemals ganz die actio de in rem verso utilis ersetzen. Wieweit sie sich decken, hängt von den Anforderungen ab, die man in subjektiver Hinsicht stellt. Wir haben für das klassische römische Recht nachzuweisen versucht, daß nach sachlichen, objektiven Regeln entschieden wurde, ob eine actio contraria zu gewähren sei oder nicht, und daß erst die Byzantiner an Stelle des klassischen Beachtens der Sachlage, der richterlichen Prüfung des objektiven Tatbestandes den animus negotia aliena gerendi, die Rücksicht auf den inneren Willen einer Partei gesetzt haben[9]). Die neuere Entwicklung zeigt das Bestreben der Theorie und der Rechtsprechung, die allzu

---

[8]) Ohne jedes Eingehen auf die dogmatischen Schwierigkeiten der Versionsklage soll hier nur die Notlage der Rechtsprechung dargelegt werden.

[9]) Partsch, Studien zur negotiorum gestio (Heid. Sitz.-Ber. 1913) 35, 37; zustimmend Arangio-Ruiz, Ist.[2] (1927) 328; Pringsheim, Animus donandi Savigny Z. Ro. Abt. 42 (Festg. f. Otto Lenel, 1921) 310, 326; a. A. Riccobono, Dal dir. rom. class., 170ff.

subjektive Auffassung einzuschränken. Zwar beruht auf ihr § 687 unseres Gesetzes. Aber sonst versucht man mit wachsender Entschiedenheit, an die Stelle des Willens, für einen anderen zu handeln, nur das Bewußtsein zu verlangen. Schon die Motive (2, 856) fordern zwar „das Bewußtsein und den Willen"; aber „dieser Wille wird sich in der Regel schon durch das bewußte Eingreifen in fremde Angelegenheiten manifestieren". Theorie und Praxis haben diese Linie weiterverfolgt. Da der Geschäftsführer häufig gar nicht Zeit hat, einen Willen zu bilden, läßt man mehr und mehr das Bewußtsein genügen. Auch dieses Bewußtsein aber muß zuweilen durch eine Vermutung ersetzt werden, die besonders bei den „objektiv fremden" Geschäften ihre Rolle spielt[10]). Eine weitere Abschwächung ergibt sich daraus, daß ein Handeln für einen bestimmten andern nicht mehr verlangt wird, sondern daß ein Handeln „für einen anderen, den es angeht" genügt[11]). Diese Richtung auf den wirklichen Interessenten, die wir noch einmal in der Untersuchung werden festzustellen haben, vermehrt das Anwendungsgebiet der actio contraria noch weiter. Trotzdem deckt dieses sich noch nicht mit dem der Verwendungsklage, weil diese nicht einmal das v e r m u t e t e Bewußtsein der Wahrnehmung fremder Interessen fordert.

3. Benachbart ist dem Gebiete dieser Klage ganz besonders das der mittelbaren Stellvertretung. Aber da für letztere ein neues Erwerbsgeschäft zwischen M. und B. üblich, für die Klage aus nützlicher Verwendung aber ausgeschlossen ist, greifen die Bereiche nicht stark übereinander. Auch enthält unser Gesetz (vielleicht mit Unrecht) keine Regelung der mittelbaren Stellvertretung. Geholfen werden kann also nur mit der Unterstellung des Geschäftes unter die Regeln der unmittelbaren Vertretung. Auch hier ist unsere Rechtsprechung geneigt, das objektive Interesse in den Vordergrund zu stellen. Aber nur für das dingliche Geschäft ist die Übereignung „an den, den es angeht" anerkannt[12]). Für das obligatorische Geschäft gilt diese allgemeine Regel nicht; hier aber greift ein anderer in der Rechtsprechung festgestellter Grundsatz ein, „daß, wer mit einem Gewerbetreibenden oder innerhalb eines Betriebes einen Vertrag eingeht, mit dem abschließen will, der in Wirklichkeit der rechtliche Inhaber des Betriebes ist, und daß es für ihn gleichgültig ist, ob die Person, mit der er verhandelt, der Inhaber selbst oder sein Vertreter ist"[13]). Auf diesem von § 164 Abs. 2 weit abführenden Wege gelingt es, dem K. einen Anspruch gegen B. zu verschaffen. In derselben Richtung wirkt die aus äußeren Umständen folgende Annahme einer Bevollmächtigung in allen Fällen, in denen jemand bevollmächtigt erscheint, ohne es zu sein[14]). Sehr deutlich tritt der wahre Bestimmungsgrund der Entscheidungen in folgenden Begründungen zutage: „Falls... die Pflanzen für das Gut verwendet werden sollten, der Handel also auf Rechnung der K. ging, so ist dem Recht und seiner Durchsetzung kaum gedient, wenn der Prozeß wegen des Kaufes zwischen Parteien geführt wird, die gar nicht die wirklichen Vertragsteile sind" (RG. JW. 1921 S. 1309); „Wollte der Kaufmann wie hier ausdrücklich betonen", daß er „für Rechnung eines anderen" abschließe, so meint er regelmäßig das Auftreten im Namen eines anderen" (RG. 97, 261). Auf solche Art werden Versionsfälle durch Anwendung

[10]) Planck-Lobe (4. Aufl.) S. 1214, § 677 Anm. 2b.

[11]) OLG. 12, 272; RG. Recht 1909 Nr. 661.

[12]) RG. 99, 208; 100, 192; 109, 167; LZ. 24, 176.

[13]) RG. 30, 78; 57, 268; 67, 148; 68, 433; JW. 1921 S. 1309.

[14]) § 56 HGB. und darauf weiterbauend z. B. OLG. 38, 43; „stillschweigende Bevollmächtigung"; Danz, Auslegung S. 54 (3. Aufl.); „objektiviertes Gestionsverhältnis"; Isay, Geschäftsführung S. 230.

der Stellvertretungsregeln gelöst. Aber das bedeutet einen Umweg; während bei der Verwendungsklage der Anspruch einfach auf der Verwendung beruht, wird heute auf die Verwendung (und andere Umstände) die Vermutung gestützt, daß unmittelbare Vertragswirkungen gewollt sind. Weil die actio de in rem verso fehlt, muß ein Wille vermutet werden.

Die schöpferische Kraft der römischen Jurisprudenz war erloschen, ehe die Klage aus nützlicher Verwendung über das Gebiet des Gewaltverhältnisses hinausgeführt war; der byzantinische Versuch, diese Schranke zu durchbrechen, hatte zu keiner klaren Formulierung geführt. Die Rechtsprechung tat das ihre, um die Aufgabe zu lösen. Aber weder sie noch die Theorie war stark genug, dem Gedanken die Aufnahme in unser Gesetz zu erzwingen. Wie so oft zeigt sich auch hier, welche gewaltige Bedeutung das Ende der klassischen römischen Zeit hat. Was sie hat unvollendet lassen müssen, ist auch heute noch nicht fertig gemacht. Ein unvollkommenes Gesetz nötigt die Praxis zu den gefährlichsten Wegen. Diese Wege kurz zu zeichnen, war die Aufgabe; sie sind Umwege.

Der Gesetzgeber hat die Rechtsprechung gezwungen, diese Umwege zu machen, um das von ihm anerkannte, aber bewußt unbefriedigt gelassene Bedürfnis des Rechtslebens zu befriedigen. Er hat mit Unrecht geglaubt, eine in der Geschichte langsam entwickelte und von der Rechtsprechung weiter ausgebildete Klage abschaffen zu müssen — und abschaffen zu können. Er hatte weder das Selbstvertrauen, eine klare Lösung der Verwendungsfälle finden zu können, noch das Vertrauen zur Rechtsprechung, daß sie jede Regelung aus eigener Kraft begrenzen und ausbauen werde. Er hat sich getäuscht; da er mit seinen Mitteln die Schwierigkeiten nicht bewältigen konnte, glaubte er, die sachliche Notwendigkeit übersehen zu können. Er hat die Rechtsprechung auf den Weg unsicherer Vermutungen, die oft Fiktionen gleichen, gedrängt, sie zu Konstruktionen gezwungen, die den wirklichen Tatbestand mehr verhüllen, als sich ihm anpassen.

Abgeschlossen: November 1928.

Sittenwidrige Erfüllungsvereitelung

von Professor Dr. Wilhelm Groh, Heidelberg

I.

1. Das Forderungsrecht als relatives Recht, das Schuldverhältnis als Beziehung zwischen Gläubiger und Schuldner des Inhaltes, daß der Gläubiger berechtigt ist, eine Leistung von dem Schuldner zu fordern, und daß dieser verpflichtet ist, die geschuldete Leistung zu erbringen, erzeugt grundsätzlich nur Rechtsbeziehungen im Innenverhältnis zwischen Gläubiger und Schuldner; ausnahmsweise aber kommt ihm darüber hinaus Wirkung nach außen ähnlich dem absoluten Rechte zu. Dementsprechend ist es notwendig, von den allgemeinen Eingriffsmöglichkeiten der Parteien des Schuldverhältnisses in die Obligation die besonderen, gesetzlich ausdrücklich vorgesehenen Möglichkeiten der Einwirkung dritter, an der Obligation nicht beteiligter Personen auf diese zu scheiden. Der Sprachgebrauch ist hier aber oft ungenau und die Vorstellung nicht selten verschwommen; darum soll hier zunächst volle Klarheit geschaffen werden.

2. Einwirkungen der Parteien des Schuldverhältnisses auf dieses können vom Gläubiger und Schuldner ausgehen. Der Gläubiger kann durch Annahme der Leistung über das Schuldverhältnis im Sinne des Forderungsrechtes verfügen, indem er es dadurch zum Erlöschen bringt; er kann durch Zession das Schuldverhältnis umwandeln, so daß ein neues Schuldverhältnis entsteht, das mit dem alten zwar nicht identisch, ihm aber regelmäßig gleich ist[1]). Der Schuldner kann durch Erfüllung das Schuldverhältnis zum Erlöschen bringen, es durch Nichterfüllung verletzen. Beide vermögen die Obligation durch Vertrag zu ändern, durch contrarius consensus, Rücktritt, Widerruf zu beenden. Von allen diesen Einwirkungsmöglichkeiten interessiert hier allein die Verletzung des Schuldverhältnisses. Kann sie nur durch den Schuldner oder auch durch den Gläubiger erfolgen? Die Antwort auf diese Frage erfordert Klarstellung des Begriffes der Forderungsverletzung. Da ist vor allem zu beachten, daß der Ausdruck Forderungsverletzung, Verletzung des Schuldverhältnisses, Verletzung einer Pflicht metaphorisch ist. Er bedeutet im Grunde nur, daß etwas nicht geschieht, was nach dem Inhalte des Schuldverhältnisses und demgemäß dem Gebote der Rechtsordnung geschehen soll. Was aber soll geschehen? Eine Leistung soll bewirkt werden. Dies besagt ein Doppeltes: Der Gläubiger soll bekommen, der Schuldner soll leisten. Der Imperativ der Rechtsordnung richtet sich aber nur an den Schuldner, nur von ihm wird etwas verlangt, nur an ihn ergeht ein Gebot. Darum kann auch nur er die Rechtspflicht zur Leistung verletzen. Der Gläubiger ist hierzu nicht imstande, da ihm als Gläubiger keine Rechtspflicht obliegt. Und umgekehrt; da der Schuldner als solcher immer nur leisten, der Gläubiger aber bekommen soll, so kann die Nichterfüllung der Schuldnerpflicht, das Ausbleiben der Leistung, das Nichtgeschehen dessen, was geschehen soll, immer nur den Gläubiger und nie den

---

[1]) Planck-Siber, Vorbem. 1 zu § 398.

Schuldner verletzen. Daraus ergibt sich aber, daß es im Innenverhältnisse nur eine Beeinträchtigung der Obligation (= des Forderungsrechtes) durch den Schuldner und gegenüber dem Gläubiger gibt und nicht eine Verletzung des Schuldverhältnisses, die den Schuldner trifft oder vom Gläubiger ausgeht.

Dies bedarf der Befestigung, führt doch Hans Albrecht Fischer[2]) einige Fälle an, in denen der Eingriff in eine Obligation eine Verletzung des Schuldners sei oder in denen diese Beeinträchtigung sogar von dem Gläubiger verursacht sein soll. Zunächst ist Fischer darin zuzustimmen, daß in der Regel der Schuldner nicht verletzt wird, daß eine Vernichtung des Schuldverhältnisses ihn nicht schädigt, da er ja als Schuldner keinen Anspruch auf Erfüllung hat oder, genauer ausgedrückt, einen solchen gar nicht haben kann. Von diesem Grundsatze gibt es keine Ausnahme; die Belege Fischers für die Möglichkeit einer Beeinträchtigung der Obligation, die eine Verletzung des Schuldners bedeuten soll, halten näherer Prüfung nicht stand. So ist die Teilzession um deswillen keine Verletzung des Schuldners, weil die Übertragbarkeit des Schuldverhältnisses regelmäßig in der Obligation liegt, mit der Begründung des Forderungsrechtes also existent wird. Man wende dagegen nicht ein, daß auch die Nichterfüllung im Gesetze vorgesehen und die Möglichkeit der Entstehung ihrer Rechtsfolgen in gleicher Weise wie die Übertragbarkeit im Schuldverhältnisse zum mindesten latent vorhanden sei, daß also ebenso wie der Schuldner mit der Zession der Gläubiger mit der Nichterfüllung rechnen müsse. Der Unterschied zwischen beiden Tatbeständen liegt vielmehr darin, daß bei der Übertragung der Forderung der Wille des Gläubigers grundsätzlich nicht gebunden ist, solange kein pactum de non cedendo abgeschlossen wurde und der Inhalt der Leistungspflicht der Übertragbarkeit nicht entgegensteht, während umgekehrt der Schuldner doch zur Erfüllung verpflichtet ist. Da macht auch die Möglichkeit des gutgläubigen Erwerbes gemäß § 405 BGB. keine Ausnahme, denn den vermeintlichen Eingriff in die Rechtsposition des Schuldners begeht bei der ausgeschlossenen, aber durch guten Glauben des Zessionars wirksam gewordenen Teilübertragung nicht der Gläubiger als solcher, nicht der Berechtigte, denn seine Berechtigung ist ja gerade insoweit durch die Vereinbarung der Unübertragbarkeit eingeschränkt, sondern dieser steht dem der Übertragbarkeit entkleideten Schuldverhältnisse fremd gegenüber, verfügt als Nichtberechtigter und nicht als Gläubiger; der sorglose Schuldner aber wird nicht getroffen, da für ihn die Obligation insoweit als übertragbar gilt.

Auch Einwirkungen auf den Leistungsgegenstand, die der Schuldner nicht zu vertreten hat, können ihn als Leistungsverpflichteten nicht verletzen, denn wenn sie völlige oder teilweise Unmöglichkeit der Leistung nach sich ziehen, so befreien sie den Schuldner von der Leistungspflicht ganz oder zum Teil. Haben sie aber Fehlerhaftigkeit des Leistungsgegenstandes vor Gefahrübergang zur Folge, so verletzen sie vielleicht den Schuldner in seiner Eigenschaft als Eigentümer des Leistungsobjektes, nicht aber in seiner Stellung als obligationsmäßig Gebundenen, da die Gewährleistungspflicht ja zum Inhalte des Schuldverhältnisses gehört[3]).

In gleicher Weise und aus ähnlichem Grunde bedeutet auch die Entstehung des Anspruches auf Herausgabe des stellvertretenden commodum bei

---

[2]) Die Rechtswidrigkeit S. 151 ff.

[3]) Die Verpflichtung geht auf Leistung der Sache, wie sie beim Vertragsschlusse oder Gefahrübergang beschaffen war, und auf Gewährleistung wegen der damals schon vorhandenen Mängel; vgl. Planck-Siber S. 196ff., 214.

nicht zu vertretender Unmöglichkeit der Leistung keine Verletzung des Schuldners: er darf den Ersatz nicht behalten, da er ja auch den Leistungsgegenstand nicht hätte behalten sollen[4]).

Für nicht richtig halte ich weiter die Meinung Fischers[5]), daß eine erhebliche Verletzung des Schuldners bei gegenseitigen Verträgen insofern möglich sei, als ihm durch Vereitelung der eigenen Leistung der Anspruch auf die Gegenleistung genommen werden kann. Zwar läßt sich nicht leugnen, daß das funktionelle Synallagma eine besondere innere Abhängigkeit des Anspruches und des Gegensanpruches bedingt, die sich vor allem bei der Nichterfüllung des Anspruches irgendwie auf den Gegenanspruch auswirkt; dazu kommt, daß das Gesetz selbst bei der Regelung dieser Tatbestände technisch notwendig von einer einseitigen Auffassung des Schuldverhältnisses ausgehen muß und die Person des Schuldners in den Vordergrund stellt, dem die obliegende Leistung unmöglich wird und der darum seinen Gegenanspruch verliert. Dies kann aber doch nicht zur Annahme einer den „Schuldner" treffenden Verletzung führen, denn es verliert den Gegenanspruch nicht der Schuldner des Anspruches, sondern der Gläubiger des Gegenanspruches. Damit dürfte dem gewichtigsten Argument Fischers der Boden entzogen und zur Genüge dargetan sein, daß Verletzung einer Obligation niemals Verletzung des Schuldners, sondern nur des Gläubigers sein kann.

Andererseits kann der Gläubiger als solcher nie die Obligation verletzen; er soll zwar bekommen, aber darin liegt doch niemals eine Pflicht des Gläubigers, „sei es auch nur eine nach Anstandsgrundsätzen[6])". Eine Rechtspflicht besteht immer nur für den Schuldner. Da, wo eine Beeinträchtigung des dem Gläubiger gebührenden Erfolges durch eine „Gläubigerhandlung" vorliegt, kann diese nur entweder in einem Verstoße gegen sein eigenes Interesse oder in einer ihm zugleich als Schuldner dem anderen Teil als Gläubiger gegenüber obliegenden Rechtspflicht bestehen. Versagt der Gläubiger als solcher in der Mitwirkung, so verstößt er gegen eigenes Interesse; er verletzt aber keine Rechtspflicht und damit auch nicht die Obligation, wenn etwa der geschuldete Leistungsgegenstand während des Annahmeverzuges durch Zufall oder gar infolge leichter Fahrlässigkeit des Schuldners untergeht und sein Forderungsrecht gemäß § 275 BGB. ersatzlos wegfällt. Ist der Gläubiger zugleich auch Schuldner der Abnahme, so kann er durch Nichtentgegennahme der Leistung als Gläubiger nur seinem eigenen Interesse zuwiderhandeln und nur als Abnahmeschuldner eine Rechtspflicht verletzen. Dieses Prinzip gilt für alle Mitwirkungshandlungen des Gläubigers bei der Erfüllung bzw. deren Vereitelung durch Ausbleiben der Gläubigerhandlung oder der Verletzung des Leistungsgegenstandes durch den Gläubiger; Mittelstufen gibt es nicht, insbesondere keine Rechtspflichten des Gläubigers.

Kann im Innenverhältnisse nur der Schuldner die Obligation verletzen und nur der Gläubiger dadurch in seinem Rechte betroffen werden, so fragt es sich, welcher Natur diese Verletzung ist. Da Schuldverletzung durch den Schuldner immer dann vorliegt, wenn seitens des Leistungsverpflichteten nicht das geschieht, was auf Grund der Rechtspflicht geschehen soll, so ist jede Schuldverletzung durch den Schuldner Nichterfüllung in des Wortes weiterer Bedeutung[7]). Sie ist stets Nichterfüllung und nur Nichterfüllung. Eine deliktische Schuldverletzung durch den Schuldner gibt es nicht. Während die Verletzung einer For-

---

[4]) Vgl. Planck-Siber S. 245.

[5]) A. a. O. S. 152.

[6]) Vgl. Planck-Siber S. 18.

[7]) Ebenso Planck-Siber S. 12 und RG. in JW. 1912 S. 135/136; vgl. auch RG. in JW. 1917 S. 104 Nr. 6 und Fischer a. a. O. S. 155 ff.

derung durch einen Dritten unter Umständen vermöge der Außenwirkung und der durch sie bedingten Umgestaltung des relativen Rechtes in ein absolutes, wie noch zu zeigen sein wird[8]), eine unerlaubte Handlung sein kann, vermag der Schuldner als solcher niemals die Forderung deliktisch zu verletzen. Das von Fischer[9]) gebildete Beispiel, daß der solvente Schuldner A die Erfüllung absichtlich unterläßt, um den Gläubiger B in Konkurs fallen zu lassen und dadurch für immer zu ruinieren, ergibt, daß der Schuldner A nicht mit dem Täter der unerlaubten Handlung A identifiziert werden darf; dies wäre vielmehr eine nach den Grundsätzen der Rechtslogik unzulässige Ausdehnung einer Personalunion. Der Schuldner A verletzt durch die Nichtzahlung seine Rechtspflicht zur Leistung, die seiner schuldrechtlichen Gebundenheit entspringt, er greift das konkrete Forderungsrecht des Gläubigers an; als Täter der unerlaubten Handlung dagegen verletzt er nicht das Gebot, rechtzeitig zu leisten, sondern den Imperativ, der ihm auferlegt, sittenwidrige vorsätzliche Vermögensschädigungen zu unterlassen. Hier liegt also keine Einwirkung des Schuldners A auf das Forderungsrecht des Gläubigers B vor, sondern der Täter der unerlaubten Handlung A unternimmt einen Angriff auf das Vermögen des B. Nicht anders ist die Rechtslage, wenn die Nichterfüllung strafbar ist und durch das Unterlassen der rechtzeitigen Erfüllung zugleich eine unerlaubte Handlung nach § 823 Abs. 2 BGB. verübt wird; man denke etwa an den früher landesrechtlich strafbaren Kontraktbruch des Gesindes, vielleicht auch an § 127d Satz 4 GewO. oder an den Vertragsbruch der Armee- oder Notstandslieferanten im Sinne des § 329 StGB.

3. Solange die Obligation als Band, als reine Relation zwischen Gläubiger und Schuldner aufgefaßt wird mit dem Inhalte, daß kraft ihrer der Schuldner verpflichtet ist, an den Gläubiger zu leisten, ist eine Nichterfüllung dieser Pflicht und damit eine Verletzung des Forderungsrechtes des Gläubigers durch eine andere Person als den Schuldner nicht möglich. Da aber das geltende Recht Fälle kennt, in denen zweifellos Personen, die außerhalb des Schuldverhältnisses stehen, irgendwie in der Lage sind, auf das Forderungsrecht einzuwirken, so muß daraus geschlossen werden und wird auch besonders in neuerer Zeit[10]) daraus gelesen, daß die Forderung nicht nur im Innenverhältnis existiert, nicht nur relatives Recht ist, sondern daß sie auch nach außen wirkt und insoweit die Natur eines absoluten Rechtes annimmt.

Mit dieser Außenwirkung ist nicht die Erscheinung zu verwechseln, die Staudinger[11]) als Wirkung des Schuldverhältnisses gegenüber dritten Personen bezeichnet, wie die Fälle des § 571 BGB., in dem bei Veräußerung des überlassenen Grundstückes der Erwerber in das Mietverhältnis eintritt, der §§ 556 Abs. 3 und 604 Abs. 4 BGB, in denen nach Ablauf des Miet- oder Leihverhältnisses der Vermieter oder Verleiher auch von dem Dritten, dem der Gebrauch der Sache überlassen ist, Rückgabe verlangen kann, oder des § 822 BGB., in dem der unentgeltlich bereicherte Dritte zur Herausgabe verpflichtet ist. In allen diesen Fällen wirkt eine bestehende Obligation nicht, wenigstens nicht direkt auf dritte Personen, sondern das Gesetz knüpft an einen bestimmten Tatbestand die Entstehung einer Obligation, die sich in ihrem Gehalte nach dem Inhalt eines anderen Schuldverhältnisses richtet; dabei wird regelmäßig die alte Obligation durch die neue nicht berührt, während andererseits die Erfüllung der neuen Schuld insoweit auch die alte Schuld zum Erlöschen bringt; oder um auch

---

[8]) Vgl. unten S. 23 ff.

[9]) A. a. O. S. 155.

[10]) Vgl. vor allem Oertmann, Kommentar zum BGB. S. 1 ff. (5. Aufl.) und die dort angeführte Literatur.

[11]) Staudinger-Werner, 2, 8/9 (9. Aufl.).

dies durch ein Beispiel zu belegen: Wenn der Mieter die Mietsache weitervermietet hat, so entsteht aus dem Mietvertrage mit der Beendigung des Mietverhältnisses der Rückforderungsanspruch des Vermieters zunächst gegen den Mieter; durch die Tatsache der Weitervermietung wird dieser Anspruch aber nicht auf den Untermieter ausgedehnt, sondern es entsteht neben diesem als obligatio ex lege ein inhaltlich gleicher Anspruch des Vermieters gegen den Untermieter[12]).

Echte Außenwirkung, die der Obligation den Charakter eines absoluten Rechtes beizulegen vermag, liegt dann vor, wenn ein Dritter in der Lage ist, auf das Schuldverhältnis dergestalt einzuwirken, daß das Recht des Gläubigers durch diese Einwirkung verletzt wird. Insoweit enthält dann die Obligation ein gegen die zur Verletzung fähigen Dritten gerichtetes generelles Verbot der Einwirkung entsprechend der negativen Seite des absoluten Rechtes. Darum ist die Befriedigung des Gläubigers durch einen Dritten (§§ 267, 268, 1142, 1224, 1249 BGB.) keine Beeinträchtigung des Forderungsrechtes im Sinne der Verletzung eines absoluten Rechtes. Zwar wirkt auch hier ein Dritter auf das Forderungsrecht ein, möglicherweise sogar gegen den Willen des Gläubigers, aber die Einwirkung ist keine Verletzung der Obligation, sie ist keinem Gebote der Rechtsordnung zuwider und erbringt nur den dem Gläubiger geschuldeten Erfolg. Diese Fälle haben also auszuscheiden. Es bleiben mithin als echte Außenwirkung, also als Tatbestände, bei denen die Möglichkeit der Verletzung des Gläubigerrechtes durch einen Dritten besteht, etwa folgende übrig: Der Zedent verfügt durch Annahme der Leistung seitens des Schuldners, dem die Abtretung unbekannt geblieben ist, über die Forderung des Zessionars und bringt diese wider dessen Willen und zu dessen Nachteil zum Erlöschen. Angriffsobjekt und Gegenstand der Verletzung ist hier das Recht des Zessionars gegen den Schuldner. Seiner Forderung kommt insoweit die Rechtsnatur eines absoluten Rechtes zu; der Zedent ist, wenn er schuldhaft gehandelt hat und ihm kein die objektive Widerrechtlichkeit ausschließender Entschuldigungsgrund zur Seite steht, nach § 823 Abs. 1 BGB. schadenersatzpflichtig, denn er hat „ein sonstiges Recht" im Sinne dieser Bestimmung verletzt (§§ 407 bis 409 BGB.). Ähnlich ist es, wenn der Schadenersatz mit befreiender Wirkung gegen den Sacheigentümer an den Sachbesitzer entrichtet werden kann (§ 851 BGB.) oder wenn der nicht berechtigte Inhaber eines Inhaberpapieres, eines Legitimationspapieres oder eines Inhaberverpflichtungs- oder Legitimationszeichens durch Annahme der ihm nicht gebührenden Leistung das Forderungsrecht des wahren Gläubigers zum Erlöschen bringt (§§ 793, 807, 808 BGB.). Auch in der Hand des durch Erbschein legitimierten Nichterben erhält die Obligation absoluten Charakter und kann durch Zession an den Gutgläubigen dem wahren Gläubiger entzogen, sein Forderungsrecht kann vernichtet werden (§ 2366 BGB.). Dagegen liegt keine Außenwirkung, wie Enneccerus[13]) meint, vor, wenn der Bevollmächtigte gegen die ihm erteilte Instruktion über eine Forderung des Vollmachtgebers verfügt. Denn die Verfügung erfolgt hier durch einen Berechtigten, und wenn auch nach der Repräsentationstheorie der Vertreter selbst handelt, so trifft doch mit Willen des Berechtigten und kraft gesetzlicher Sanktion die Wir-

[12]) Die weiteren von Staudinger a. a. O. S. 9 angeführten Möglichkeiten der Wirkung einer Obligation auf Dritte wie der Vorlegungsanspruch gegen den Sachbesitzer im Sinne des § 809 BGB. und das in der Konkursanfechtung liegende Rückforderungsrecht sind ähnlich zu beurteilen. Hier entsteht möglicherweise aus einer Obligation ein Schuldverhältnis mit neuem selbständigem Inhalte, so auf Grund eines Anspruches gegen einen Besitzer ein Recht auf Vorlegung gegen jeden Sachbesitzer oder auf Grund einer Rechtshandlung (z. B. eines Kaufvertrages, vgl. Jäger, Komm. z. KO. (5. Aufl.) S. 45 f. Anm. 30) ein Rückforderungsrecht.

[13]) Lehrbuch (15./17. Aufl.) I 2 S. 2.

kung den Vertretenen, mit anderen Worten, der Tatbestand wird so gedacht, als ob der Vertretene selbst verfügt hätte. Wenn nun der Vertreter instruktionswidrig handelte, so hat er, der für den Vertretenen auftritt, dessen Forderungsrecht, über das er verfügt, ebensowenig verletzt, wie wenn der Vertretene die Verfügung selbst vorgenommen hätte. Verletzt hat er vielmehr nur im Innenverhältnis als Schuldner aus Auftrag oder Dienstvertrag usw. die ihm obliegende Pflicht und damit ein Forderungsrecht des Vertretenen gegen ihn, nicht aber das des Vertretenen gegen einen anderen Schuldner, über das er seinem Auftrag entgegen verfügte.

4. Mit dem bisher Gesagten ist nur ein negatives Ergebnis erzielt: Es sind die Tatbestände aufgezählt, die nicht Gegenstand dieser Studie sein sollen, die aber mit dem hier zu behandelnden Problem nahe verwandt sind und darum vielfach Anlaß zu Verwechslungen und Unklarheiten gegeben haben. Erinnert sei nur an die keineswegs immer korrekte Ausdrucksweise, deren sich das Reichsgericht mehrfach bediente, wenn es Fälle zu entscheiden hatte, in denen die Erfüllung eines Forderungsrechtes durch einen Nichtschuldner vereitelt und Ansprüche gegen diesen Dritten geltend gemacht wurden. Hier pflegte es davon zu sprechen, daß „durch die Einwirkung eines Dritten das Gläubigerrecht selbst tatsächlich zerstört wird[14])", daß die Ausübung eines Rechtes nicht deshalb gegen die guten Sitten verstoße, „weil dadurch fremde vertragsmäßige Ansprüche ... verletzt würden[15])", daß, „wer sich, um einen Vermögensvorteil zu erlangen, an der Verletzung von Vertragspflichten beteiligt, die einem anderen gegenüber einem Dritten obliegen, deswegen allein noch nicht gegen die guten Sitten verstößt[16])". Ferner spricht das Reichsgericht in GruchotsBeitr. 51, 989 von einer „bewußten Verletzung" des Gläubigerrechtes durch einen Dritten, von seinem „Eingriff in das obligatorische Recht eines anderen", in JW. 1927 S. 1407 Nr. 2 von einer „Schädigung fremder obligatorischer Rechte", in 90, 350 der off. Samml. von „Zerstörung eines fremden Rechtes, auch eines persönlichen Anspruches".

An anderen Stellen dagegen ist die Ausdrucksweise des höchsten Gerichtes schärfer und es beachtet, daß es sich bei der Erfüllungsvereitelung um einen Angriff des Dritten auf das Vermögen des Gläubigers handelt und daß mit diesem eine Verletzung des Forderungsrechtes des Gläubigers durch den Schuldner einhergeht, die regelmäßig den Erfüllungsanspruch als solchen unberührt läßt, nur seine Verwirklichung verzögert oder die Leistung subjektiv, manchmal auch objektiv unmöglich macht. So spricht es in der in 78, 18 abgedruckten Entscheidung von der Verleitung des Schuldners zur Vertragsverletzung, in der in JW. 1906 S. 465 wiedergegebenen Entscheidung und den Urteilen vom 15. Nov. 1911 und 10. Dez. 1912 (RG. 78, 18 und 81, 91/92) von einem Hinarbeiten des Dritten auf eine Vertragsuntreue des Schuldners, in JW. 1926, S. 986 von einer Bestärkung des Schuldners im Vertragsbruche durch den Dritten, in GruchotsBeitr. 50, 972 von einer Vereitelung des Erwerbes des Gläubigers durch den Erwerb des Dritten usw.

Die Tatbestände, die in allen diesen Fällen dem Reichsgerichte zur Entscheidung vorlagen, lassen sich in fünf Gruppen zusammenfassen, ihre rechtliche Würdigung auf eine Formel zurückführen: Das obligatorische Recht des Gläubigers G. gegen den Schuldner S. wird durch diesen verletzt; mit dieser Nicht-

[14]) RG. 57, 355.
[15]) RG. 78, 16.
[16]) RG. 78, 17/18.

erfüllung geht ein Angriff eines Dritten D. gegen das Vermögen des Gläubigers Hand in Hand.

a) Der doppelte Verkauf[17]). S. hat eine Sache an G. verkauft. Er verkauft die gleiche Sache an D. und überträgt sie ihm zu Eigentum. S. verletzt dadurch das Forderungsrecht des G. gegen ihn, indem er eine von ihm zu vertretende subjektive Unmöglichkeit der Leistung herbeiführt. Da nach der wohl richtigen, auch vom Reichsgerichte vertretenen Ansicht[18]) der Erfüllungsanspruch des G. hier regelmäßig unberührt bleibt, besteht die Forderungsverletzung, die S. begeht zunächst in nicht rechtzeitiger Erfüllung. Für D. ist die Frage zu erwägen, ob er sich durch Abschluß des zweiten Kaufvertrages und des Erwerbes des Kaufgegenstandes eines Verstoßes gegen die guten Sitten und einer vorsätzlichen Schädigung des G. gemäß § 826 BGB. schuldig gemacht hat.

b) Ähnlich gelagert sind die Tatbestände, in denen die Erfüllung obligatorischer Ansprüche auf Eigentumsübertragung aus Kaufvertrag auf andere Weise als durch Weiterverkauf vereitelt oder erschwert wurde. So handelt ein Urteil des Reichsgerichtes vom 1. Juli 1916 (RG. 88, 366) von der Verhinderung der Ausübung eines obligatorischen Vorkaufsrechtes durch Abschluß und Erfüllung eines Tauschvertrages über das von dem Vorkaufsrecht erfaßte Grundstück, und eine Entscheidung vom 30. Okt. 1913 (RG. 83, 237) hatte über die Erschwerung eines solchen Anspruches durch Begründung eines Zurückbehaltungsrechtes zu befinden. In beiden Fällen war der Angriff des Dritten gegen das Vermögen des Gläubigers, nicht gegen sein Forderungsrecht gerichtet.

Bei dem der ersten Entscheidung zugrundeliegenden Tatbestande hatte der Gläubiger einen doppelt bedingten Anspruch auf Eigentumsübertragung an einem Grundstück. Die Erfüllung dieses Anspruches wurde dadurch unmöglich gemacht, daß der Dritte Eigentum erwarb. Der Schuldner verletzte also zunächst das Recht des Gläubigers dadurch, daß er nicht rechtzeitig erfüllte und durch die Veräußerung die Erfüllung, sei es auch nur vorübergehend, subjektiv unmöglich machte. Der Erfüllungsanspruch selbst wurde wie zu a oben[19]) gezeigt, nicht berührt. Auch mit § 162 BGB. war dem Gläubiger nicht zu helfen; zwar liegt es nahe zu sagen, der Schuldner habe durch Abschluß und Erfüllung des Tauschvertrages wider Treu und Glauben den Eintritt der einen Bedingung für die endgültige Entstehung des Anspruches auf Eigentumsübertragung gehindert, darum müßte die Bedingung als eingetreten gelten und es bedürfe nur noch der Ausübung des Gestaltungsrechtes der Vorkaufserklärung, um den Anspruch auf Eigentumsübertragung des Gläubigers gegen den Schuldner unbedingt zur Entstehung kommen zu lassen. Dem aber ist entgegenzuhalten, daß durch den Abschluß des Tauschvertrages wie durch seine Erfüllung der Eintritt der Bedingung ja gar nicht gehindert wird; es bleibt vielmehr nach wie vor der Erfüllung des Tauschvertrages die Möglichkeit, daß der Schuldner das fragliche Grundstück verkauft. Macht dann der Gläubiger von seinem Vorkaufsrechte Gebrauch, so ist der Erfüllungsanspruch des Gläubigers unbedingt entstanden und es kann sich nur um die Frage handeln, ob die Verwirklichung dieses Anspruches noch möglich ist. Auch hier bleibt der Dritte, der vielleicht selbst zur Vereitelung der Erfüllung angestiftet hat, völlig außerhalb der Obligation; sein Verhalten kann nur nach den Vorschriften über unerlaubte Handlungen, also nur nach § 826 BGB. beurteilt werden.

Ebenso ist die Rechtslage im zweiten Falle. Die Begründung eines Zurück-

---

[17]) RG. 103, 420; 108, 58; JW. 1926 S. 986; GruchotsBeitr. 58, 990.

[18]) Vgl. Planck-Siber S. 240ff.

[19]) Vgl. oben S. 125.

haltungsrechtes für den Dritten durch den Schuldner bewirkte Unmöglichkeit der Leistung. Dieser Eingriff in die Obligation ging allein vom Schuldner aus; der Dritte unternahm höchstens einen Angriff gegen das Vermögen des Gläubigers, nicht gegen sein Forderungsrecht.

c) Die dritte Gruppe der hier zu erörternden Tatbestände umfaßt die Vereitelung oder Verschlechterung der Erfüllung obligatorischer Ansprüche auf Einräumung begrenzter Rechte an Grundstücken, so des Anspruches auf Bestellung einer Grunddienstbarkeit durch Veräußerung des Grundstückes an den Dritten (RG. in GruchotsBeitr. 50, 972), die Verschlechterung des Ranges einer versprochenen Hypothek durch Bewilligung einer dieser in Aussicht gestellten Hypothek im Range vorgehenden Hypothek für den Dritten (RG. in GruchotsBeitr. 51, 989), die Vereitelung einer Verpflichtung zur Vorrangseinräumung durch Zession der beschwerten Hypothek an die Ehefrau des Schuldners (RG. 95, 160); auch hier ein Zusammenwirken des Schuldners, der sich der Erfüllung zu entziehen sucht, mit dem Dritten, der seinerseits das Vermögen des Gläubigers angreift.

d) Nicht anders steht es im Grunde genommen mit der vierten Gruppe. Hier wird in einem langfristigen Gebrauchsüberlassungsvertrage durch Zusammenarbeiten von Schuldner und Dritten ein außerordentliches Kündigungsrecht des Dritten dem Gläubiger gegenüber begründet, um diesen aus dem Gebrauche zu entsetzen und die ihm überlassene Sache anderweit vorteilhafter zu verwenden. So hat nach dem Tatbestande, welcher der in JW. 1927 S. 1407 Nr. 2 veröffentlichten Entscheidung des Reichsgerichtes zugrunde liegt, der Vermieter als Schuldner der Gebrauchsüberlassung im Einverständnisse mit dem Gläubiger einer das vermietete Grundstück belastenden Hypothek mit dem Dritten vereinbart, daß dieser in der vom Hypothekengläubiger betriebenen Zwangsvollstreckung das vermietete Grundstück erwerben solle, um so das außerordentliche Kündigungsrecht des § 57 ZVG. zu gewinnen, das Recht des Gläubigers und Mieters zu beenden und die Sache zu eigenem Nutzen vorteilhafter als bisher verwerten zu können. Der Schuldner und Vermieter verpflichtete sich dabei, alles zu unterlassen, was den Erwerb des Dritten hindern oder erschweren könnte, auch keine Mittel aufzuwenden, weder eigene noch fremde, um die Zwangsversteigerung hintanzuhalten. Die rechtliche Bewertung der Handlungsweise des Dritten ist hier einfach; sie stellt einen Angriff auf das Vermögen des Mieters dar und erfüllt möglicherweise den Tatbestand des § 826 BGB. Schwieriger ist das Verhalten des Schuldners zu beurteilen. Er war aus dem Mietvertrage verpflichtet, dem Mieter den Gebrauch der vermieteten Sache während der Dauer der Mietzeit zu gewähren. Diese positive Pflicht hat er auch erfüllt. Aber wie bei jeder Pflicht zu positivem Tun ist auch hier an die sekundäre Pflicht, ein Andershandeln zu unterlassen, als die Kehrseite der positiven Pflicht[20]) zu denken. Kraft ihrer war der Schuldner verpflichtet, Handlungen zu unterlassen, die die positive Leistung unmöglich machen. Diese sekundäre Unterlassungspflicht hat hier der Schuldner verletzt und, wenn das Reichsgericht in der bekannten Plenarentscheidung vom 24. Jan. 1910 (RG. 72, 393) leugnet, daß diese negative Seite der Verpflichtung zum positiven Tun Inhalt der Leistung sei und erklärt, daß sie darum keinen klagbaren und nach § 890 ZPO. vollstreckbaren Anspruch auf Unterlassung des mit der Verpflichtung zum Tun Unvereinbaren auslösen könne, so kann andererseits doch nicht bestritten wer-

---

[20]) Vgl. Staudinger-Werner a. a. O. zu § 241 Bem. 5; Oertmann, Komm. zu § 241 Bem. 2c; KommRGR. zu § 241 Bem. 2.

den, daß die Verletzung solcher sekundärer Unterlassungspflichten den Schuldner haftbar machen kann, sei es, daß man in ihr eine sog. positive Vertragsverletzung erblickt, sei es, daß man richtiger und genauer mit Siber[21]) von endgültiger Nichterfüllung einer Nebenverpflichtung spricht. Auch hier treffen also, wie in den bisher erörterten Gruppen, Nichterfüllung seitens des Schuldners und Vermögensangriff durch den Dritten zusammen.

Ähnlich gelagert ist der in RG. 90, 350 behandelte Fall, in dem ein obligatorisches Aussandungs- und Auskiesungsrecht und das damit verbundene Ablösungsrecht gemäß § 268 BGB. durch komplottmäßiges Zusammenwirken der Gläubiger der das Grundstück belastenden Hypotheken zu beseitigen versucht wurde. Der Schuldner blieb allerdings dabei aus dem Spiele, so daß keine Verletzung der Forderung stattfand, sondern nur ein Angriff auf das Vermögen des Gläubigers verübt wurde. Es liegt also, strenggenommen, keine Erfüllungsvereitelung in dem hier gemeinten Sinne vor, weil der Vertragsbruch des Schuldners fehlte.

e) Die letzte Gruppe bilden Fälle der Verleitung des Schuldners zum Bruche des Arbeitsvertrages durch einen Dritten. Als Typ dieser Gruppe sei der Tatbestand angeführt, der dem in RG. 81, 86 abgedruckten Urteile zugrunde liegt, in dem ein Handlungsgehilfe einem Wettbewerbsverbote zuwider in eine Konkurrenzfirma eintrat, die versprochen hatte, die durch Verletzung des Wettbewerbsverbotes verwirkte Vertragsstrafe zu zahlen.

Interessant an diesem Urteile sind die Ausführungen des Reichsgerichtes zu der Frage, ob der Angestellte, der entgegen der Wettbewerbsklausel in fremde Dienste trat, überhaupt einen Vertragsbruch begangen habe. Sie wurden dadurch veranlaßt, daß das Berufungsgericht das Vorhandensein des Vertragsbruches leugnete und deshalb ein sittenwidriges Handeln des Dritten (der Konkurrenzfirma) ablehnte. Nach § 75 Abs. 2 HGB. alter Fassung war ein Anspruch des Prinzipals auf Erfüllung der in der Wettbewerbsklausel versprochenen Unterlassung des Eintrittes in einen Konkurrenzbetrieb dann ausgeschlossen, wenn der Handlungsgehilfe für den Fall, daß er die in der Vereinbarung übernommene Verpflichtung nicht erfüllte, eine Strafe versprochen hatte, so wie es jetzt § 75 c Abs. 2 nur noch bei nicht bezahlter Karenzzeit vorsieht. Aber man darf daraus nicht schließen, wie es der Berufungsrichter und mit ihm offenbar auch das Reichsgericht tut, daß „ein Vertragsbruch in dem gewöhnlichen, strengen Sinne" nicht vorliege, weil es dem Angestellten frei gelassen sei, sich der Erfüllung der übernommenen Verpflichtung dadurch zu entziehen, daß er den Anspruch auf Zahlung der Strafe entstehen und fällig werden lasse. Vertragsbruch ist die im Sozialrechte wohl besonders häufig gebrauchte Bezeichnung der Vertragsverletzung, oft eine solche besonders schwerer Art, aber sie ist auch hier nichts Eigenartiges, sondern nur Nichterfüllung einer Verpflichtung[22]). Eine Verpflichtung zum Nichteintritt in das Konkurrenzunternehmen ist aber nach dem klaren Wortlaute des § 75 HGB. alter Fassung wie des § 75c Abs. 2 neuer Fassung HGB. durch die Wettbewerbsabrede begründet worden und damit auch ein Anspruch auf Erfüllung dieser Verpflichtung. Wenn es aber dann im Gesetze weiter heißt, daß trotz der Verpflichtung zum Nichteintritt in das Konkurrenzunternehmen der Anspruch auf Erfüllung ausgeschlossen sei, so kann dies nur bedeuten, daß hier kein klagbarer Anspruch auf Erfüllung verliehen ist. Da ein Gebot der Rechtsordnung an den Schuldner zum Unterlassen vorliegt, und zwar ein Gebot, dessen Erfüllung nicht durch Gewährung der unmittelbaren

[21]) Planck-Siber S. 183ff.

[22]) Vgl. Groh, Koalitionsrecht S. 93ff.; Kaskel, Arbeitsrecht (3. Aufl.) S. 390.

Klagbarkeit, sondern nur durch die Entstehung einer Ersatzverbindlichkeit sanktioniert ist, so liegt hier ein sog. unklagbarer Anspruch vor[23]). Es bestand also eine Pflicht zum Unterlassen und dann ist auch „das Loskaufen durch Zahlung der Vertragsstrafe" Nichterfüllung der Unterlassungspflicht und die Handlung des hierzu anstiftenden Dritten Verleitung zum Vertragsbruche[24]). Im übrigen macht aber das Reichsgericht die Haftung des Dritten von der Frage der Vertragsverletzung durch den Angestellten nicht unbedingt abhängig, sondern würdigt sie richtig als selbständigen Angriff des Dritten gegen das Vermögen des Geschädigten.

II.

Gemeinsam ist allen diesen Tatbeständen also, daß durch das zwischen Schuldner und Dritten vereinbarte Rechtsgeschäft unmittelbar oder mittelbar derselbe Gegenstand oder dasselbe wirtschaftliche Gut getroffen wird, das auf Grund der vom Schuldner verletzten Obligation dem Gläubiger zugute kommen soll. Dies ist zweifelsfrei in den Fällen des doppelten Verkaufes, der Vereitelung des Vorkaufsrechtes und des Hypothekenranges sowie bei der konkurrenzverbotswidrigen Sicherung der Arbeitskraft. Es gilt aber auch für die Vereitelung der Grunddienstbarkeit als beschränkten dinglichen Rechtes durch Zuwendung des dieses mitumfassenden Vollrechtes, d. h. des Eigentumes an den Dritten oder die Vernichtung des obligatorischen Gebrauchs- oder Nutzungsrechtes durch den außerordentlichen Erwerb des zur Kündigung berechtigenden Eigentumes.

Dagegen sind hier nicht diejenigen Fälle erörtert, in denen diese Kongruenz der Schuldgegenstände nicht vorliegt, wie etwa bei der Vereitelung der Erfüllung von Ansprüchen auf Geldleistungen durch Übertragung des Vermögens an Dritte. Bei ihnen wird ja im Gegensatze zu den hier behandelten Fällen die Leistung nicht unmöglich, und es handelt sich nicht um Erfüllungs-, sondern um Vollstreckungsvereitelung (vgl. z. B. den im RG. 74, 224 erörterten Fall, in dem der geschiedene und für schuldig erklärte Ehemann den Unterhaltsanspruch der Ehefrau durch Veräußerung seines Vermögens an den mit diesem Zwecke vertrauten und zu seiner Förderung bereiten Dritten zu vereiteln versuchte).

Das Problem der Untersuchung bildet die Gestaltung der Haftung des Dritten dem Gläubiger gegenüber. Es kann nach dem eingangs Ausgeführten weder Haftung aus Nichterfüllung sein, denn der Dritte ist nicht Schuldner, noch deliktische Verletzung der Forderung, da keine sog. echte Außenwirkung der Obligation vorliegt. Es bleibt daher nur die Anwendung des § 826 BGB. übrig, und es ist zu prüfen, ob eine sittenwidrige Handlung vorliegt, ob eine vorsätzliche Schädigung gegeben ist, welche Ersatzansprüche der Gläubiger gegen den Dritten geltend machen kann, und schließlich, soweit bei gegenseitigen Verträgen Leistungen des Schuldners an den Gläubiger oder des Dritten an den Schuldner in Frage kommen, ob diese für die Rechtsbeziehungen zwischen Gläubiger und Dritten von Bedeutung werden können.

a) Es soll nicht Aufgabe dieser Studie sein, den Begriff des Verstoßes gegen die guten Sitten einer umfassenden Betrachtung zu unterziehen. Über ihn ist schon so viel und eingehend gehandelt, daß in dem hier gezogenen Rahmen grundsätzlich Neues kaum gesagt werden kann. Dagegen ist es interessant und

[23]) Es handelt sich also um Unklagbarkeit kraft Gesetzes im Sinne Reichels (Jahrb. f. Dogm. 59, Sonderdruck S. 16ff.), den dieser allerdings nicht erwähnt.

[24]) Ebenso RG. in JW. 1907 S. 325 Nr. 10.

scheint für diese Arbeit zweckmäßig, an den gegebenen einzelnen Tatbeständen die Ausfüllung dieses Blankettbegriffes[25]) durch die Rechtsprechung des Reichsgerichtes festzustellen und so zu versuchen, für ein bestimmt umrissenes Gebiet die Grenzen der Rechtsmoral allgemeiner, über den Einzelfall hinausgehend, festzulegen, ohne daß damit allerdings einem gerade hier so gefährlichen Präjudizienkult das Wort geredet werden soll.

Charakteristisch ist ganz allgemein den zur Untersuchung stehenden Tatbeständen, daß ein Gläubigerrecht von einem Dritten irgendwie mißachtet wird. Diese Nichtberücksichtigung eines fremden obligatorischen Rechtes besteht dann zum mindesten darin, daß der Dritte dieses Recht zwar kennt, aber trotz dieser seiner Kenntnis mit dem Schuldner ein Rechtsgeschäft abschließt, das geeignet ist, die Erfüllung der Verpflichtung des Schuldners zu erschweren oder zu vereiteln. Dabei steht das Reichsgericht offenbar grundsätzlich auf dem Standpunkte, daß das „Bewußtsein" des Dritten, „sein Rechtserwerb könne die Schädigung eines anderen obligatorisch Berechtigten" zur Folge haben, oder die Nichtbeachtung eines dem Dritten bekannten persönlichen Rechtes des Gläubigers[26]) oder die „Beteiligung an der Verletzung von Vertragspflichten, die einem anderen gegenüber einem Dritten obliegen[27])", nicht an sich gegen die guten Sitten verstoßen oder arglistig sind, ein Prinzip, das im preußischen Eigentumserwerbsgesetze vom 5. Mai 1872[28]) in § 4 ausdrücklich ausgesprochen war[29]).

Dabei müssen aber, worauf schon RG. 83, 240 richtig hinweist, die beiden Tatbestandselemente des § 826 BGB., der Vorsatz der Schädigung und der Verstoß gegen die guten Sitten, scharf auseinandergehalten werden. Vorsätzliche Schädigung ist nach der herrschenden Meinung[30]) und der ständigen Rechtsprechung des Reichsgerichtes[31]) schon immer dann gegeben, wenn die Vorstellung von dem schädigenden Erfolg im Täter vorhanden, und dieser für den Fall seines Eintrittes gebilligt wird; dolus eventualis genügt. Dagegen soll ein Verstoß gegen die guten Sitten in dem hier zur Beurteilung stehenden Verhalten nur dann zu erblicken sein, wenn Schuldner und Dritter „komplottmäßig" „zur Umgehung und Beschädigung fremder obligatorischer Rechte" zusammenwirken[32]). Es genügt also, um einen Verstoß gegen die guten Sitten anzunehmen, nicht das Bewußtsein des Dritten, daß das obligatorische Recht des Gläubigers als Folge des zwischen dem Schuldner und dem Dritten vereinbarten Rechtsgeschäftes in seiner Erfüllung erschwert oder vereitelt wird, sondern es muß hinzutreten, daß dieser Erfolg auch vom Dritten beabsichtigt ist. Dabei unterscheidet das Reichsgericht nicht in allen Entscheidungen mit der nötigen Schärfe zwischen der Einstellung des Schuldners zur Rechtsverletzung und des Dritten zur erstrebten Erfüllungsvereitelung. Wenn es z. B. (RG. 62, 139; 83, 240; JW. 1926 S. 986) von einem „planmäßigen" oder „komplottmäßigen Zusammenwirken" des Dritten mit dem Schuldner spricht, so liegt bei der Gleichbewertung der Gesinnung dieser beiden Personen der Schluß nahe, daß nicht nur der Dritte, sondern auch der Schuld-

---

[25]) Vgl. Fischer a. a. O. S. 82.

[26]) RG. 83, 239.

[27]) RG. 78, 17 und JW. 1906 S. 465.

[28]) GS. 1872 S. 433.

[29]) Vgl. auch RG. 62, 138.

[30]) Staudinger (7./8. Aufl.) S. 1732; Enneccerus a. a. O. I 2 S. 658; Oertmann a. a. O. zu § 826 Bem. 2a in Verbindung mit Bem. 1a zu § 276.

[31]) RG. 56, 73; 57, 241; 58, 214; 62, 139; 68, 431; 76, 313, 79, 55; 83, 240; 90, 106 u. a. m. vgl. KommRGR zu § 826 Bem. 3.

[32]) RG. 62, 139; 81, 91; 83, 240; 88, 366; JW. 1926 S. 986; 1927 S. 1407; GruchotsBeitr. 50, 972; 51, 989.

ner die Absicht der Erfüllungsvereitelung haben müsse, daß also von einer Haftung des Dritten aus § 826 BGB. wegen vorsätzlicher, sittenwidriger Schädigung nur dann gesprochen werden könne, wenn auch der Schuldner neben der Nichterfüllung contra bonos mores handle. Aber dieser Schluß wäre verkehrt, er scheint nicht der wahren Ansicht des Reichsgerichtes zu entsprechen, das in den genannten Entscheidungen entweder nicht klar genug zwischen den Handlungen des Schuldners und des Dritten geschieden oder doch diese notwendige Scheidung nicht genügend zum Ausdrucke gebracht hat. Wesentlich exakter mutet darum das Urteil vom 10. Dez. 1912[33]) an, das ganz klar trennt zwischen der Handlung des Dritten, die „zielbewußt und planmäßig" auf den Vertragsbruch durch den Schuldner hinwirkt und darum gegen die guten Sitten verstößt, und der Handlung des Schuldners, die dies nicht notwendig zu tun braucht und im gegebenen Falle — das Reichsgericht läßt diese Frage offen — vielleicht auch nicht tut, weil sich der schuldnerische Angestellte von seiner in der Wettbewerbsklausel begründeten Unterlassungspflicht durch Entstehenlassen des Anspruches auf Vertragsstrafe gemäß § 75 Abs. 2 HGB. alter Fassung freikaufen konnte. Auch das in JW. 1927 S. 1407 wiedergegebene Urteil des Reichsgerichtes scheidet zwischen der Handlung des Dritten und der des Schuldners und vergleicht den „stärkeren Erfolgswillen", also das subjektive Moment, bei dem Dritten, mit der „stärkeren Rechtsverletzung" durch den Schuldner, dem objektiven Moment, um allerdings dann daraus den Schluß zu ziehen, daß beiden in gleichem Maße ein Verstoß gegen die guten Sitten zur Last fällt und der zwischen ihnen geschlossene Vertrag nach § 138 BGB. nichtig ist. Besonders lehrreich ist aber in dieser Beziehung die JW. 1907 S. 325 Nr. 10 wiedergegebene Entscheidung des Reichsgerichtes, wo in der Anstiftung zur Verletzung des Konkurrenzverbotes eine sittenwidrige Handlung des Dritten erblickt wurde, während dem die Wettbewerbsunterlassungspflicht verletzenden Schuldner kein Verstoß gegen die guten Sitten zur Last gelegt wurde, weil ihn die Lösungsbefugnis des § 75 Abs. 2 HGB. alter Fassung in gewissem Sinne entschuldigte.

Für die Praxis kommt es aber in der Regel gar nicht darauf an, ob dem Schuldner auch ein Verstoß gegen die guten Sitten zur Last fällt, denn einmal haftet er zumeist schon wegen Nichterfüllung und zwar im gleichen Umfange wie wegen Deliktes. Nur ausnahmsweise z. B. bei beschränkter vertraglicher Haftpflicht würde die deliktische Haftung weitergehen, sofern eine solche Begrenzung nicht schon auf Grund von § 276 Abs. 2 BGB. hinfällig wäre[34]). Zumeist wird es aber dem Gläubiger darauf ankommen, die Leistung, nicht Schadenersatz wegen Nichterfüllung zu bekommen, und da ist der gegebene Weg der, sich auf Grund von § 826 an den Dritten halten zu können. Hierfür aber genügt, wie gezeigt, neben dem Nachweise des Schadens das Bewußtsein und die Billigung des schädigenden Erfolges durch den Dritten sowie sein planmäßiges Hinwirken auf die Vertragsverletzung durch den Schuldner.

Auf das Verhalten des Schuldners kommt es für die Beurteilung des Anspruches des Gläubigers gegen den Dritten grundsätzlich nicht an; er rechnete vielleicht damit, dem Gläubiger sei an der Erfüllung nicht allzuviel gelegen und etwa auch mit der Vertragsstrafe gedient oder er habe nicht das Interesse an der Erfüllung, daß er nicht auch den Schuldner freigäbe usw., kurz alles Möglichkeiten, in denen wohl eine Nichterfüllung, aber kein sittenwidriges Handeln auf seiten des Schuldners vorzuliegen braucht und doch ein Anspruch des Gläubigers gegen den Dritten aus § 826 gegeben sein kann.

---

[33]) RG. 81, 90/91.

[34]) Vgl. Fischer a. a. O. S. 155.

b) Kann man nach dem Gesagten als allgemeinen Grundsatz die These aufstellen, daß regelmäßig das bewußte, planmäßige Hinarbeiten auf die Vertragsverletzung eines anderen ein Verstoß gegen die guten Sitten sei, so ist es dennoch notwendig zu prüfen, ob nicht ausnahmsweise ein solches Verhalten entschuldbar und darum vielleicht nicht sittenwidrig ist. An solchen wirklichen oder vermeintlichen Rechtfertigungsgründen für das Verhalten des Dritten standen in den hier in Frage kommenden Entscheidungen vornehmlich folgende zur Erörterung:

α) Kann die Ausübung eines Rechtes überhaupt sittenwidrig sein? Diese Frage ist vielfach vom Reichsgericht[35]) geprüft und bejaht worden. Es handelte sich dabei stets um den von dem Dritten vorgebrachten Entschuldigungsgrund, daß er selbst einen Anspruch auf den Rechtserwerb gehabt habe, der die Erfüllung zum Nachteile des Gläubigers vereitelte. Wenn dieser Einwand geltend gemacht und geprüft wurde, so wurde dabei immer unterstellt, daß das zwischen dem Schuldner und dem Dritten abgeschlossene Rechtsgeschäft trotz der sittenwidrigen Handlungsweise des Dritten wirksam zustande gekommen ist. Dem soll hier zunächst gefolgt und erst später[36]) diese Möglichkeit einer eingehenderen Prüfung unterzogen werden. Wird also die Frage aufgeworfen, ob eine Rechtsausübung ein Verstoß gegen die guten Sitten sein kann, so bedeutet das vor allem, daß von dem Gesamtverhalten des Dritten besonderes Gewicht auf die Geltendmachung des als gültig unterstellten obligatorischen Erwerbsanspruches gegen den Schuldner gelegt wird. Die Sittenwidrigkeit der Handlungsweise des Dritten ergibt sich allerdings aus seinem ganzen Gebaren; seine Absicht ist Rechtserwerb zum Nachteile des Gläubigers. Der Weg, der ihn dahin bringt, führt über die Geltendmachung eines Anspruches, eines „formalen" Rechtes, wie das Reichsgericht in ständig wiederkehrender Ausdrucksweise zu sagen pflegt. Der Anspruch selbst gründet sich auf das Eingehen einer Obligation, zu deren Abschluß der Dritte den Schuldner veranlaßt. Alles dies zusammen, Einwirkung auf den Schuldner zur Herbeiführung seiner schuldrechtlichen Gebundenheit dem Dritten gegenüber und Geltendmachung des dadurch für diesen erwachsenen Anspruches, beides mit dem Ziele, in Nichtbeachtung der obligatorischen Rechte des Gläubigers den erstrebten Rechtserwerb zu machen, bedeuten erst die „subjektive Moralwidrigkeit"[37]). Diese so getrennten Tatbestandselemente der Begründung und der Geltendmachung des Anspruches liegen aber auf verschiedenen Gebieten. Jene ist Betätigung in der Sphäre der „allgemeinen Freiheit"[38]), diese Ausübung eines Rechtes. Das Verhältnis beider zu § 826 ist aber nicht das gleiche. Selbst wenn man nicht so weit gehen will, wie Hans Albrecht Fischer[39]), der die Anwendung des § 826 BGB. auf Ausübung eines Rechtes nur im Rahmen des § 226 BGB. zuläßt, sondern mit der herrschenden Meinung[40]) annimmt, daß § 826 BGB. über § 226 BGB. hinausgeht und auch vorsätzliche Schädigungen durch nicht schikanöse Rechtsausübung umfaßt, so wird man doch nicht umhin können, für beide Tatbestände einen verschiedenen Maßstab hinsichtlich der Bewertung ihrer Moralität anzulegen. Handelt es sich um Betätigung in der allgemeinen Freiheit, so wird ein nicht billigenswertes Verhalten des Schädigers eher einen Verstoß gegen die guten Sitten bedeuten, als wenn das gleiche äußere

---

35) RG. 48, 124; 51, 383; 55, 372; 56, 177; 58, 214 usw.
36) Vgl. unten 2 S. 134 ff.
37) Vgl. Fischer a. a. O. S. 146.
38) Vgl. RG. 58, 217.
39) A. a. O. S. 142 ff.
40) Vgl. Staudinger a. a. O. zu § 826 Bem. 6 und dortige Nachweise.

Verhalten zugleich Ausübung eines Rechtes ist, denn dann müssen immer ganz besondere Gründe vorliegen, um die Rechtsausübung als sittenwidrig erscheinen zu lassen[41]). Dabei gibt allerdings die strenge Grenze der Fischerschen Lehre einen untrüglichen Maßstab ab. Doch ist zu beachten, daß die Unterscheidung zwischen der in der allgemeinen Freiheitssphäre liegenden und der eine Rechtsausübung enthaltenden Betätigung ohne Bedeutung ist, wenn beide in so engem innerem Zusammenhange stehen wie bei den hier behandelten Fällen, wo die Betätigung in der allgemeinen Freiheitssphäre die notwendige Voraussetzung für die Möglichkeit der Rechtsausübung ist. Und so ist es wohl auch zu erklären, daß das Reichsgericht in allen den hier in Frage kommenden Entscheidungen diese grundsätzlich notwendige, doppelte Betrachtung nicht vornahm, sondern das Gesamtverhalten beurteilte und sich zumeist mit dem Hinweise darauf begnügte, daß nach ständiger Rechtsprechung auch die Ausübung eines formalen Rechtes sittenwidrig sein könnte[42]).

β) Die „Zusammenfassung von Beweggrund, Inhalt und Zweck"[43]) der zwischen dem Dritten und dem Schuldner getroffenen Vereinbarung soll ergeben, ob ein Verstoß gegen die guten Sitten vorliegt oder nicht. Es soll also das gesamte Verhalten dieser Personen gewürdigt und ein Gesamturteil über sie gebildet werden. Es ist nicht notwendig, daß alle ihre Motive mißbilligenswert sind, sondern es ist durchaus denkbar, daß nebenbei auch „löbliche Zwecke"[44]) verfolgt werden, wie in dem Falle der Vereitelung des Vorkaufsrechtes durch Abschluß und Erfüllung eines Tauschvertrages zwischen Schuldner und Dritten, der (eine Stadtgemeinde) durch diesen Rechtserwerb auch die Absicht zu verwirklichen suchte, „den gemeinen Nutzen durch die Beschaffung guten Trinkwassers zu fördern". Allein die Mittel, die zur Erreichung dieses an sich zu begrüßenden Strebens angewandt wurden, waren nach der durchaus richtigen Ansicht des Reichsgerichtes derart unlauter und sittenwidrig, daß sie auch nicht durch den Zweck geheiligt werden konnten.

γ) Im Gegensatze zu dieser Überwindung der Berechtigung des Zieles durch die Sittenwidrigkeit der Mittel hat das Reichsgericht[45]) in einer anderen Entscheidung einen Verstoß gegen die guten Sitten u. a. um deswillen nicht angenommen, weil die Möglichkeit bestand, daß der Dritte der Meinung war, „ein besseres, weil älteres Recht auf die gekauften Möbel zu haben" als der Gläubiger und weil er „darum in Verfolgung dieses vermeintlichen Rechtes gehandelt" haben könnte. Der Tatbestand war der: Die Ehefrau des Dritten hatte mit dem Schuldner über den Erwerb von Möbeln von dieser verhandelt und es waren ihr die Möbel „unter Handschlag fest zugesagt worden"; am 1. Juni verkaufte der Schuldner die Möbel zum Preise von 20000 M. an den Gläubiger, von dem er auch eine Anzahlung entgegennahm; am 2. Juni veräußerte er sie an den Dritten, der ihm den höheren Preis von 24600 M. bot, und zwar, sowohl in Kenntnis der Verhandlungen seiner Ehefrau wie des Vertrages zwischen Schuldner und Gläubiger. Bedenken kann dabei auch nicht die Tatsache erregen, daß der Dritte trotz seines angeblichen Glaubens an sein gutes Recht dem Schuldner mehr geboten hatte als der Gläubiger, denn er erwarb für diesen höheren Preis auch noch ein Kinderzimmer und eine Kücheneinrichtung, die dem Gläubiger nicht verkauft waren und deren Wert das Mehrgebot zum mindesten erreichte.

---

[41]) Vgl. RG. in JW. 1927 S. 1407.
[42]) Vgl. RG. 62, 139; 88, 366; JW. 1926 S. 986; GruchotsBeitr. 50, 972; 51, 989.
[43]) RG. in JW. 1927 S. 1407.
[44]) RG. 88, 365.
[45]) RG. 103, 421.

δ) Schließlich hatte das Reichsgericht noch Gelegenheit zu prüfen, ob etwa die Sittenwidrigkeit des Verhaltens des Schuldners oder des Dritten dadurch ausgeschlossen wird, daß der schädigende Erfolg auch ohne Zutun dieser beiden eingetreten wäre, oder wenn er durch den Gläubiger hätte verhindert werden können. Ein Verstoß gegen die guten Sitten liegt immer nur dann vor, wenn mindestens seitens des Dritten planmäßig auf die Erfüllungsvereitelung hingearbeitet wird, wenn bei ihm die Absicht der Verhinderung des Rechtserwerbes oder des Rechtsgenusses durch den Gläubiger besteht. Dann aber ist weiter zu prüfen, ob das Verhalten des Dritten oder des Schuldners dadurch wenigstens teilweise gerechtfertigt wird, daß beide eigentlich durch ihre Vereinbarung, die die Erfüllungsvereitelung bezweckte, „nur einem ohnehin unabwendbaren Verlaufe der Dinge freie Bahn[46]" lassen, oder vielleicht um deswillen eine mildere Beurteilung verdient, weil der Gläubiger sich des gegen ihn gerichteten Angriffes erwehren kann, also nicht so stark gefährdet ist wie bei einem Angriff auf seinen Erfüllungsanspruch, dem er machtlos gegenübersteht. Mit diesem Problem hatte sich das Reichsgericht in dem zu I 4d dargestellten Falle zu befassen. Allerdings handelte es sich dabei nicht um die Feststellung eines Anspruches des Gläubigers gegen den Dritten aus § 826 BGB., sondern um die Frage, ob die mit dem Ziele der Erfüllungsvereitelung getroffene Vereinbarung zwischen Schuldner und Dritten nach § 138 Abs. 1 BGB. nichtig ist. Zwar hat in dem zur Entscheidung stehenden Falle der Schuldner die Zwangsversteigerung des Grundstückes für unvermeidbar gehalten, da er die Hypothekenzinsen nicht zahlen konnte und offenbar — klar ergibt dies das Urteil nicht — vorläufig auch keine Möglichkeit sah, die hierzu erforderlichen Mittel sonstwie aufzubringen. Aus diesem subjektiven Moment heraus glaubte das Berufungsgericht eine Unlauterkeit des Verhaltens der Vertragschließenden ablehnen zu müssen; es war augenscheinlich der Ansicht, daß der fragliche Vertrag zwischen Schuldner und Dritten nichts weiter enthielte als die resignierte Feststellung der Unvermeidbarkeit der Zwangsvollstreckung und einer Regelung der Rechtsbeziehungen zwischen Schuldner und Dritten in Ansehung dieser unumstößlichen Tatsache. Mit Recht hat aber das Reichsgericht hierin keine genügende Entschuldigung für das Verhalten der Beteiligten erblickt, denn, so führt es aus, es besteht ein wesentlicher Unterschied dazwischen, „ob ein als unvermeidbar angesehener Verlauf widerwillig ertragen oder aber, wie hier im Berufungsurteile festgestellt ist, diese Entwicklung in den Willensentschluß aufgenommen und die Verpflichtung eingegangen wird, alles zu unterlassen, was sie hindern oder erschweren könne; keine Mittel aufzuwenden, weder eigene noch fremde, um die Zwangsversteigerung hintanzuhalten". Dem kann nur zugestimmt werden. Denn wenn die Zwangsversteigerung wirklich für den Schuldner unumstößlich feststand, so war die Vereinbarung mit dem Dritten überflüssig, wenn sie nicht etwas mehr erzielen wollte, als auch ohne sie eintrat. Der Vertrag zwischen Schuldner und Dritten läßt vielmehr darauf schließen, daß man an die Möglichkeiten, die dem Eigentümer unmittelbar oder mittelbar zur Verfügung stehen, um auf das Versteigerungsverfahren oder sein Ergebnis einzuwirken, gedacht hat. Diese sollten eben ausgeschlossen werden, und es sollte der Schuldner, auch wenn er wider Erwarten zu den erforderlichen Mitteln käme, von diesen zur Abwendung der Zwangsversteigerung keinen Gebrauch machen dürfen Daß solche Möglichkeiten im konkreten Falle nicht von der Hand zu weisen waren, ergab der weitere Verlauf der Dinge: Später setzte sich der Schuldner mit dem Gläubiger in Verbindung,

[46]) RG. in JW. 1927 S. 1407.

und dieser machte von seinem Befriedigungsrechte zur Abwendung der Zwangsvollstreckung gemäß § 268 BGB. gegenüber dem Hypothekengläubiger Gebrauch. Daraus ergibt sich ohne Bedenken, daß Schuldner und Dritter gegen die guten Sitten verstoßen haben, denn ihre Vereinbarung war dem ganzen Zwecke nach nicht so sehr eine Sicherung des Zwangsversteigerungsverfahrens zugunsten des Dritten, als vielmehr im wirtschaftlichen Endergebnisse die Verabredung eines Kaufvertrages, der die Miete bricht.

Einen zweiten Grund, das Verhalten von Schuldner und Dritten milde zu beurteilen, erblickte das Berufungsgericht in dem „objektiven Moment", daß dem Gläubiger ja ein ius offerendi gemäß § 268 BGB. zur Seite stand, mit dem er den Angriff hätte abwehren können, daß dieser also für ihn nicht allzu gefährlich war und er wenigstens der versuchten Erfüllungsvereitelung wirksam vorbeugen konnte, mit anderen Worten, daß dem Tatbestande die „objektive Moralwidrigkeit[47])" gefehlt habe. Tatsächlich hat ja auch der Gläubiger von seinem Lösungsrechte Gebrauch gemacht. Diesen Ausführungen des Tatrichters ist aber das Reichsgericht zwiefach mit guten Gründen begegnet. Zunächst weist es darauf hin, daß diese Mittel der Gegenwehr nicht von durchschlagender Kraft zu sein brauchten, da ja durch eine Veränderung der Versteigerungsbedingungen das Befriedigungsrecht des Gläubigers hätte ausgeschlossen werden können. Aber abgesehen davon, sei die Abwehr des Angriffes für den Gläubiger gar nicht so leicht, wie das auf den ersten Blick erscheine; denn wenn er von seinem Lösungsrechte Gebrauch machte, um die Zwangsversteigerung zu verhindern, so bedeutete das für ihn unter Umständen einen erheblichen Aufwand, da die Gegenwehr „nur mit großen, durch keine Verpflichtung begründeten Geldopfern durchführbar war".

Beide Erwägungen, die das Reichsgericht hinsichtlich des subjektiven und des objektiven Momentes anstellt, scheinen zunächst in einem gewissen Widerspruche zu stehen. Einmal sagt das oberste Gericht, daß eine Sittenwidrigkeit um deswillen vorliege, weil die Möglichkeit des Eingriffs in die Zwangsversteigerung ausgeschlossen worden sei; zum zweiten stellt es aber fest, daß der Verstoß gegen die guten Sitten nicht deshalb abgelehnt werden dürfe, weil die Möglichkeit dieses Eingriffes bestand. Diese Unvereinbarkeit der Gedanken besteht aber nur scheinbar, denn in der ersten Feststellung ist an die Möglichkeit eines unmittelbaren oder mittelbaren Eingriffes durch den Schuldner gedacht, die im Wege des Vertrages zwischen Schuldner und Dritten zu verhindern erstrebt wurde; in der zweiten handelt es sich dagegen um einen Eingriff des Gläubigers in die Zwangsversteigerung, dem gemäß § 59 ZVG. hätte begegnet werden können.

2. Gegen die Anwendung des § 826 auf Fälle, wie sie hier behandelt wurden, hat sich in eingehenden Ausführungen Fischer[48]) gewandt. Er findet in ihr einen Verstoß „gegen die elementarsten Grundregeln unseres Rechtes, bei dem reine Dinglichkeitsgrundsätze auf obligatorische Rechte" übertragen würden, mit dem „eine strenge Prioritätsfolge der obligatorischen Rechte, nur gemildert durch gutgläubigen Erwerb eines späteren Rechtes in Unkenntnis bestehender früherer" eingeführt würde. Er sieht in diesem Wege die Rückkehr zum ius ad rem und glaubt, daß zum Schutze obligatorischer Rechte § 136 BGB. allgemein und bei Grundstücksrechten die Vormerkung genüge. Aber Fischer bleibt nicht völlig konsequent, wie man nach seinen scharfen Angriffen gegen

[47]) Vgl. Fischer a. a. O. S. 146.
[48]) A. a. O. S. 156—162.

die Meinung des Reichsgerichtes erwarten sollte, und er lehnt nicht jede Anwendung des § 826 ab. Er will ihn vielmehr zulassen, wenn der freie Wettbewerb, für den er sich grundsätzlich einsetzt, in groben Mißbrauch ausartet, wenn Schädigungsabsicht oder ein anderes unsauberes Motiv vorliegt. Damit stößt er aber m. E. wieder alles das um, was er in strenger Folgerung aus der verschiedenen Behandlung obligatorischer und dinglicher Rechte aufgebaut hatte, und kommt im Grunde genommen doch nur wieder zu dem Satze, den das Reichsgericht immer betonte, daß nämlich die Mißachtung eines fremden obligatorischen Rechtes nicht ohne weiteres, sondern nur bei dem Hinzukommen besonderer Qualifikationsmomente gegen die guten Sitten verstößt.

Steht es aber fest, daß solche erschwerenden Umstände und damit ein Verstoß gegen die guten Sitten gegeben sind, so fragt es sich weiter, welchen Einfluß dies auf das von dem Schuldner mit dem Dritten abgeschlossene Rechtsgeschäft ausübt. Während Fischer[49]) der Ansicht ist, daß das zwischen dem Schuldner und dem Dritten abgeschlossene Rechtsgeschäft immer gegen die guten Sitten verstoße und nichtig sei, wenn wirklich einmal ausnahmsweise in der Forderungsmißachtung eine Verletzung der Rechtsmoral liege, hat das Reichsgericht bald die Sittenwidrigkeit dieses Rechtsgeschäftes auch bei Annahme des § 826 im Verhältnisse zwischen Gläubiger und Dritten verneint (so z. B. in JW. 1926 S. 986), bald bejaht (so JW. 1927, S. 1407). Dieser Entscheidung ist auch unbedenklich zuzustimmen; sie stellt mit Recht und ausdrücklich einen Verstoß gegen die guten Sitten fest, „bei dem beide Parteien in gleichem Maße beteiligt waren“. Jenes Urteil dagegen unterliegt nicht unerheblichen Zweifeln. Es führt aus, daß bei dem doppelten Verkauf eines Grundstückes in dem zweiten Kaufvertrage zwischen Schuldner und Dritten zwar bewußt das Recht des Gläubigers aus dem ersten Kaufvertrage verletzt worden wäre, daß dies aber nicht genüge, um das ganze Rechtsgeschäft als sittenwidrig und nichtig zu bezeichnen. Nur dann wäre die Unsittlichkeit und Nichtigkeit des zweiten Kaufvertrages gegeben gewesen, wenn der Dritte „als Käufer mit dem Erwerbe des Grundstückes kein eigenes wirtschaftliches Interesse verfolgt, sondern ausschließlich den Willen gehabt hätte“, den Schuldner „im Vertragsbruche zu stärken und ihm dazu behilflich zu sein, dem Erstkäufer das Grundstück zu entziehen. Denn bei dieser Unterstellung würde dem Kaufvertrag ein selbständiger Inhalt, abgesehen von der vorsätzlichen Schädigung, fehlen, und er danach seinem Inhalt und seinem Zwecke nach sittenwidrig sein“. Es stellt dann weiterhin fest, daß trotzdem § 826 anzuwenden sei, denn dieser verlange nur einen Verstoß gegen die guten Sitten und den Vorsatz der Schädigung, dagegen erfordere er nicht, „daß der Zweck eines Rechtsgeschäftes (richtiger wohl: einer Handlung!) „in der Schädigung eines Dritten sich erschöpft“, wie dies die Anwendung von § 138 BGB. verlange. Damit verkennt aber das Urteil das Verhältnis der §§ 826 und 138 BGB. Richtig ist, daß § 826 BGB. nur eine Schadenersatzpflicht begründet und keine Nichtigkeit. Unlogisch ist es aber, daraus den Schluß zu ziehen, daß diese Bestimmung nun entsprechend ihren milderen Voraussetzungen (Nur-Schädigung bei § 138, Auch-Schädigung bei § 826) auch in ihren Wirkungen weniger weit reiche. Es wird dabei übersehen, daß sich § 826 gar nicht allein auf Rechtsgeschäfte bezieht, sondern an jedes vorsätzlich und sittenwidrig schädigende Verhalten eine Ersatzpflicht knüpft. Da aber nur Rechtsgeschäfte nichtig sein können, § 826 BGB. aber weit über den Begriff der rechtsgeschäftlichen Betätigung hinausgeht, so konnte er doch unmöglich als Rechtsfolge eines

---

[49]) A. a. O. S. 158.

Verstoßes gegen seine Norm Nichtigkeit anordnen. §§ 826 und 138 BGB. sind vielmehr insoweit durchaus unvergleichbare Größen, denn jene Bestimmung spricht nur aus, wann eine Vermögensschädigung, die in irgendeinem Verhalten, sei es einer Willenserklärung, sei es einer sonstigen juristisch erheblichen Handlung besteht, ersatzpflichtig macht; § 138 dagegen befaßt sich nur mit der Wirksamkeit von Rechtsgeschäften und knüpft an die Sittenwidrigkeit einer Willenserklärung Nichtigkeit. Eines haben aber beide Bestimmungen gemeinsam: der Eintritt der von ihnen angeordneten Rechtsfolgen setzt einen Verstoß gegen die guten Sitten voraus. Da aber der Begriff der guten Sitten ein, wenn auch „nicht fest fixierter", so doch „bestimmter" Begriff[50]) ist, kann er wohl im einen Lebenstatbestand gefunden, im anderen nicht erblickt werden; er kann aber nicht in derselben Rechtsordnung, geschweige denn in demselben Gesetzbuche verschieden zu verstehen sein, etwa einmal als das Anstandsgefühl aller billig und gerecht Denkenden, das andere Mal als das Anstandsgefühl aller besonders billig und gerecht Denkenden. Wenn also ein Verstoß gegen die guten Sitten festgestellt ist, so liegt Sittenwidrigkeit ebenso im Sinne des § 826 wie des § 138 BGB. vor.

Der Fehler oder vielleicht nur die Unklarheit der Beweisführung des Reichsgerichtes liegt darin, daß es nicht genügend betont, daß es sich hier nicht um irgendein Rechtsgeschäft handelt, das gegen die guten Sitten verstößt, sondern um einen Vertrag. Er bedarf nämlich in dieser Beziehung einer besonderen Betrachtung. Bei einem einseitigen Rechtsgeschäft, etwa einer Kündigung, in der ein Verstoß gegen die guten Sitten zu erblicken wäre, weil sie schädigen soll, könnte man doch nicht nach dem hier von dem Reichsgericht eingeschlagenen Wege sagen: Verfolgt die Kündigung Schädigungszweck und erstrebt sie daneben noch andere Vorteile, so kann sie nach § 826 BGB. schadenersatzpflichtig machen, ohne nach § 138 BGB. nichtig zu sein; verfolgt sie dagegen nur Schädigung des Gegners, so ist sie nichtig. Richtig wäre vielmehr, festzustellen, ob die Kündigung gegen die guten Sitten verstößt. Ist man der Meinung, daß allein eine Kündigung, die nur Schädigungszwecke verfolgt, unsittlich ist, und wird dieser Tatbestand festgestellt, so ist die Kündigung nach § 138 BGB. nichtig und die Handlungsweise verpflichtet den Kündigenden zum Ersatz etwa entstandenen Schadens, da ja auch die Voraussetzungen von § 826 BGB. gegeben sind. Ist man dagegen der Ansicht, daß kein Verstoß gegen die guten Sitten vorlag, weil noch andere Motive außer der Schädigungsabsicht den Kündigenden zu seinem Vorgehen veranlaßten, so ist die Kündigung wirksam, aber es fehlt dann auch eine Voraussetzung für die Anwendung des § 826 BGB., die Sittenwidrigkeit. Es wäre nicht möglich zu sagen, daß die Kündigung zwar gültig sei, aber ihre Vornahme zum Schadenersatz nach § 826 BGB. verpflichte.

Die Frage ist vielmehr ganz anders zu stellen; sie hat nicht zu lauten, ob ein Rechtsgeschäft des Schuldners oder Dritten nichtig ist, wenn ein Verstoß gegen § 826 festgestellt wird, sondern es ist zu prüfen, welchen Einfluß eine sittenwidrige Handlungsweise des Schuldners oder des Dritten dem Gläubiger gegenüber auf den zwischen ihnen geschlossenen Vertrag ausübt. Da aber ist zu sagen, daß nach der Ansicht des Reichsgerichtes[51]) Nichtigkeit eines Vertrages nach § 138 BGB. grundsätzlich nur dann anzunehmen ist, wenn beiden Parteien ein Verstoß gegen die guten Sitten zur Last fällt. Ausnahmsweise genügt auch nur das sittenwidrige Verhalten einer Partei, sofern nur von diesem der

[50]) Vgl. Fischer a. a. O. S. 82.
[51]) RG. 99, 107; vgl. auch Staudinger-Riezler zu § 138 Bem. I 3 g.

andere Vertragsbeteiligte betroffen wird (vgl. RG. 99, 107, 118, 362) oder wenn das Geschäft auch ohne Rücksicht auf den Beweggrund schon seinem Gegenstand und Inhalte nach einen Verstoß gegen die guten Sitten enthält (vgl. RG. 93, 30; 98, 79; 99, 107). Regelmäßig wird beiden Parteien in gleicher Weise sittenwidriges Handeln vorzuwerfen sein (vgl. RG. in JW. 1927 S. 1407); doch ist dies nicht notwendig. Es ist auch denkbar, daß nur das Verhalten des einen Teiles contra bonos mores ist, wenn etwa der Dritte den geschäftsungewandten, wenig energischen Schuldner zur Nichterfüllung bestimmt. Und dann fragt es sich, ob der Vertrag zwischen Schuldner und Dritten, weil mit ihm ein Verstoß gegen die guten Sitten verbunden ist, seinem Gegenstand und Inhalte nach sittenwidrig wird. Dies ist im allgemeinen zu verneinen; zumeist wird es vielmehr so sein, daß gerade dann, wenn die Verleitung zum Vertragsbruche, also der Einfluß des Dritten auf den Schuldner, den Ausschlag für die Nichterfüllung durch den Schuldner gab, der dem Schuldner vielleicht nützlichere zweite Vertrag durch die unsittlichen Motive des Dritten und seine geistige oder wirtschaftliche Überlegenheit allein nicht zum sittenwidrigen wird. Es ist aber ebensogut möglich, daß die Umstände, insbesondere die vom Dritten angewandten Mittel, vermöge deren der Schuldner vielleicht übertölpelt wurde, den Vertrag seinem ganzen Inhalte nach als unsittlich erscheinen lassen und nach § 138 nichtig machen.

Als Ergebnis ist somit festzuhalten, daß der zwischen Dritten und dem Schuldner abgeschlossene Vertrag nicht notwendig unwirksam sein muß. Beide Möglichkeiten, seine Gültigkeit und seine Nichtigkeit, sind aber, wie noch zu zeigen sein wird[52]), von Bedeutung für die Ansprüche des Gläubigers gegen den Schuldner oder den Dritten.

Bedarf der obligatorische Vertrag zwischen Schuldner und Drittem der Erfüllung durch ein abstraktes Rechtsgeschäft, so taucht — und auch dies ist für die Sicherung des Gläubigers erheblich — die Frage auf, ob die Nichtigkeit des Kausalgeschäftes hier vielleicht die Gültigkeit der Verfügung berührt. Wenn man auch in dieser Beziehung an der mit der Rechtsprechung des Reichsgerichtes (RG. 63, 184; 68, 100; 75, 14; 109, 201; 111, 239) in Einklang stehenden Ansicht von Ludwig Mitteis[53]) festhalten sollte, wonach die Sittenwidrigkeit der causa regelmäßig nicht derart in den Inhalt einer Verfügung einzugreifen vermag, daß diese als Ganzes sittenwidrig ist, so darf doch nicht unbeachtet bleiben, daß dies nur die Regel ist, die nicht ohne Ausnahme bleibt. So wird ja z. B. die Sittenwidrigkeit und Nichtigkeit des abstrakten Rechtsgeschäftes bei den sog. langgestreckten Verfügungen[54]) oder auch dann angenommen, wenn gerade in der Erfüllung, der Übereignung z. B. zu Sicherungszwecken der Verstoß gegen die guten Sitten liegt, weil „der Eigentumsübergang unbekannt bleiben und die wirtschaftlichen Verhältnisse unverändert erscheinen“ sollten[55]). Gerade der hier ausgesprochene Gedanke läßt sich vielleicht für die in dieser Arbeit erörterten Tatbestände verwerten, denn es ist ja eben die Verfügung, die die Erfüllung vereitelt. Zu ähnlichem Ergebnisse, der Nichtigkeit des abstrakten Verfügungsgeschäftes, auf nicht minder bedenklichem Wege käme man, wollte man in dem sittenwidrigen (= rechtswidrigen) zugleich ein verbotenes Verhalten im Sinne des § 134 BGB. erblicken[56]).

---

[52]) Vgl. unten Nr. 3 u. 4.

[53]) Festschrift der Leipziger Juristenfakultät für Wach zum 16. Nov. 1915 S. 15ff., insbesondere S. 37.

[54]) Vgl. Staudinger-Riezler S. 581 zu § 138 Bem. I, 8; Ludwig Mitteis a. a. O. S. 39.

[55]) RG. in Warn. Erg.-Bd. 1913 Nr. 129.

[56]) Vgl. zu diesem Problem: Fischer a. a. O. S. 88ff.

3. a) Der Gläubiger hat gegen den Schuldner den Erfüllungsanspruch, sofern man diesen auch bei subjektiv unmöglicher Leistung zuerkennen will, und Ansprüche auf Schadenersatz wegen Nichterfüllung. Die letzteren interessieren hier ebensowenig wie der nicht realisierbare Erfüllungsanspruch, der, solange der Dritte nicht zur Rückgabe des Erlangten bereit ist, den Gläubiger nur zu dem Wege des § 283 BGB führt. Daneben hat der Gläubiger unter Umständen Ansprüche gegen den Schuldner aus unerlaubter Handlung, die aber, wie gezeigt[57]), regelmäßig praktisch bedeutungslos sind.

b) Auch mit § 281 BGB. kann, wenn man sich der neuerdings erfreulicherweise auch vom Reichsgerichte[58]) gebilligten Lehre von Fritz Schulz[59]) über den Eingriffserwerb anschließt, dem Gläubiger unter Umständen geholfen werden. Zwar ist ihm mit der Abtretung des Anspruches auf das Entgelt nicht gedient, wenn der zwischen Schuldner und Drittem abgeschlossene Vertrag gültig ist. Verstößt dagegen das obligatorische Rechtsgeschäft zwischen dem Schuldner und dem Dritten gegen die guten Sitten, und ist es demgemäß nichtig, so fällt unter den Begriff des Eingriffserwerbes auch der Erwerb des Anspruches des Schuldners aus ungerechtfertigter Bereicherung gegen den Dritten, denn ihn hat der Schuldner in gleicher Weise erlangt wie den Anspruch auf das Entgelt. Nimmt man dagegen an, daß auch das Verfügungsgeschäft zwischen Schuldner und Drittem nichtig sei, so wäre es ein Fehlschluß, dem Gläubiger nach § 281 BGB. die Abtretung des Herausgabeanspruches oder Berichtigungsanspruches des Schuldners gegen den Dritten aus §§ 985, 894 BGB. zuzusprechen, da es an einer Voraussetzung der Anwendung des § 281, nämlich der Unmöglichkeit der Leistung fehlt. Diese Erwägungen haben naturgemäß nur für diejenigen Tatbestandsgruppen Bedeutung, bei denen der zwischen Schuldner und Drittem abgeschlossene sittenwidrige Vertrag durch ein gültiges Verfügungsgeschäft erfüllt wurde, wie bei dem doppelten Verkauf und der Vereitelung des Vorkaufsrechtes, der Dienstbarkeit oder des Hypothekenranges.

4. Gegen den Dritten hat der Gläubiger nur Ansprüche aus unerlaubter Handlung; er hat ihm Schadenersatz zu leisten, also „den Zustand herzustellen, der bestehen würde, wenn der zum Ersatze verpflichtete Umstand nicht eingetreten wäre". Was hiernach der Gläubiger vom Dritten verlangen kann, ist in den in Frage kommenden Urteilen des Reichsgerichtes nicht einheitlich zum Ausdrucke gekommen. So führt noch der 6. Zivilsenat in einer Entsch. v. 23. Jan. 1922[60]) aus, daß der bei einem doppelten Verkaufe dem Gläubiger entstehende Vermögensschaden durch Zahlung des Unterschiedes ausgeglichen werde, der sich im Vermögen des Gläubigers durch den Vertragsbruch gegen den Zustand vor diesem herausgestellt hat. Einen unmittelbaren Anspruch des Gläubigers gegen den Dritten auf Herausgabe der verkauften Sachen hat das Reichsgericht hier ausdrücklich abgelehnt, da diese „ihm lediglich vom Verkäufer persönlich geschuldet" würden.

Diese Entscheidung verkennt den Begriff der Naturalrestitution und steht auch schon mit der älteren Judikatur des Reichsgerichtes nicht im Einklange. So drückte ein höchstrichterliches Urt. v. 17. Febr. 1906 (GruchotsBeitr. 50, 972) treffend den Sinn von § 249 BGB. dahin aus, daß der Geschädigte nicht Wiederherstellung[61]), sondern Herstellung desjenigen Zustandes fordern könne,

---

[57]) Vgl. oben S. 130.

[58]) RG. 91, 280; 92, 369; 105, 84.

[59]) ArchZivPrax. 105, 1—485.

[60]) RG. 103, 420.

[61]) Im Gegensatze hierzu spricht eine Entsch. v. 23. Juni 1917 (RG. 90, 350) nur von einem Recht auf Wiederherstellung.

der beim Nichteintritte des zum Schadenersatze verpflichteten Umstandes bestehen würde, daß er also auch etwas verlangen dürfe, „was vorher noch nicht dagewesen ist, vorausgesetzt, daß er es bei normalem Verlaufe der Dinge ohne das störende Eingreifen des Beschädigers erlangt haben würde". Es erklärt hiernach den Dritten, der durch Erwerb des Eigentumes vom Schuldner auf die Nichterfüllung des obligatorischen Anspruches des Gläubigers auf Bestellung einer Grunddienstbarkeit hinarbeitete, für verpflichtet, die Eintragung der Dienstbarkeit zu bewilligen.

Völlig richtig hat auch der 5. Zivilsenat in einem Urt. v. 8. März 1919 (RG. 95, 163) den Begriff der Naturalrestitution festgelegt. Er führt aus, daß das Gesetz nicht die Herstellung genau des nämlichen Zustandes verlange, der zuvor bestanden hat; vielmehr könne der Geschädigte unter Umständen auch etwas fordern, was nicht die Wiederherstellung des ehemaligen Zustandes bedeute, da es genüge, wenn der Geschädigte wirtschaftlich so gestellt wird, wie er ohne die unerlaubte Handlung dagestanden hätte. Es findet sich damit also in Übereinstimmung mit der ständigen Rechtsprechung des Reichsgerichtes, die stets das Moment der Wirtschaftlichkeit bei der Anwendung der §§ 249—251 BGB. in Betracht zieht und dem Geschädigten vor allem „wirtschaftliche Wiederherstellung" zukommen lassen will (vgl. z. B. RG. 76, 148; 77, 101; 89, 99; 91, 213). Dieser Einsicht folgend, hat dann die fragliche Entscheidung einen Anspruch des Gläubigers auf Rangabtretung gegen den Dritten anerkannt, nachdem der Schuldner, welcher dem Gläubiger versprochen hatte, einer von dem Gläubiger aufzunehmenden Baugeldhypothek den Vorrang einzuräumen, im Einverständnisse mit dem Dritten diesem, seiner Ehefrau, die Hypothek zur Vereitelung der Rangrücktrittsschuld abgetreten hatte. Ebenso erklärt für den Fall des doppelten Verkaufes eines Grundstückes ein Urt. des 5. ZS. v. 29. Juni 1925 (JW. 1926 S. 1986) die Ansicht des Berufungsgerichtes für irrig, das meinte, daß ein unmittelbares Recht auf Eigentumsübertragung dem Gläubiger gegen den Dritten nicht zustehe. Es folgert vielmehr aus der Tatsache, daß dem Gläubiger ein rechtsgültiger Anspruch auf Eigentumsübertragung gegen den Schuldner zugestanden habe, daß der Dritte als jetzt Eingetragener auf Grund des § 826 in Verbindung mit § 249 verpflichtet sei, zur Beschaffung des Eigentumes an den Gläubiger „mitzuwirken". Wie diese Mitwirkung zu vollziehen sei, läßt die Entscheidung offen. Sie weist nur darauf hin, daß in dem Urt. des RG. v. 15. Jan. 1924 (JW. 1924 S. 811 = RG. 108, 59) dem Gläubiger ein unmittelbarer Anspruch gegen den Dritten auf Auflassung zuerkannt sei, hält es aber auch für möglich, daß der Schuldner auflasse und der eingetragene Dritte ähnlich wie in § 888 BGB. seine Genehmigung erteile. Dieser letzte Ausweg ist aber wie die in ihm enthaltene Parallele bedenklich. Allerdings geht dabei das Reichsgericht von der auch vom Kommentar der Reichsgerichtsgeräte vertretenen Meinung aus, wonach der Schuldner des vorgemerkten Anspruches als Nichtberechtigter verfüge. Es verkennt aber wohl damit den Begriff der Unwirksamkeit in § 883 BGB., denn durch sie soll gerade dem Schuldner ermöglicht werden, so zu verfügen, als ob das Grundstück ihm noch in demselben Umfange gehöre wie zur Zeit der Vormerkung, eine Befugnis des Schuldners, die er „über den Kopf des Dritterwerbers hinweg" hat; „dessen Zustimmung, die ihm § 888 zur Pflicht macht, ist nur ein der Grundbuchverfassung (§ 19 GBO.) angepaßtes, kein materiell-rechtliches Erfordernis der Anspruchserfüllung[62])". Zutreffend dagegen wäre die Parallele des Reichsgerichtes, wenn man etwa in § 826 eine Art Veräußerungsverbot erblicken dürfte.

---

[62]) Rosenberg, Komm. z. BGB. (Sachenrecht) S. 313.

Jedenfalls ist dem obersten Gerichtshofe darin zuzustimmen, daß er den Weg der doppelten Auflassung vom Dritten über den Schuldner an den Gläubiger verwirft. Diesem Bedürfnisse der Wirtschaftlichkeit und Rechtspraktibilität wird aber nur die Zuerkennung eines unmittelbaren Auflassungsanspruches des Gläubigers gegen den Dritten gerecht[63]), denn es soll ja, wie Rosenberg[64]) treffend bemerkt, nicht derselbe, sondern ein gleichartiger und wirtschaftlich gleichwertiger Zustand herbeigeführt werden. Die Vorschrift des § 249 stellt eben „nicht schlechthin auf die frühere Rechtslage, sondern auf die Entwicklung der Dinge ab, die ohne das schadenbringende Ereignis nach Erfahrungsgrundsätzen aller Wahrscheinlichkeit nach stattgefunden hätten[65])". Ausdrücklich ausgesprochen ist dieser Grundsatz übrigens in § 252 BGB., der insofern einen für die Naturalrestitution allgemeingültigen Gedanken enthält.

Diese Erkenntnis auf die hier betrachteten Tatbestände angewandt, ergibt, daß, wie das Reichsgericht ja auch vielfach ausgesprochen hat, der Gläubiger bei doppeltem Verkauf oder Vereitelung des Vorkaufrechtes durch § 826 gegen den Dritten einen unmittelbaren Anspruch auf Eigentumsübertragung erwirbt; bei Vereitelung des Anspruches bei Bestellung einer Grunddienstbarkeit oder auf Vorrangseinräumung wird ihm ein Recht gegen den Dritten auf Bestellung der Grunddienstbarkeit oder Rangänderung verschafft, bei Vereitelung der Unterlassungspflicht auf Grund der Wettbewerbsklausel ein Anspruch gegen den Dritten auf Nichtbeschäftigung des Schuldners, bei der Begründung des Kündigungsrechtes aus § 57 ZVG. fällt dieses Recht dem Gläubiger gegenüber weg, er hat auch dem Dritten gegenüber ein Recht auf Gebrauchsüberlassung für die ganze ihm vom Schuldner zugesagte Zeit.

4. a) Im Anschluß an das Urteil des Reichsgerichtes (RG. 108, 58) gibt Rosenberg in JW. 1924 S. 811 zu erwägen, ob der Dritte bei doppeltem Verkaufe die Mitwirkung bei der Eigentumsübertragung an der Kaufsache so lange verweigern darf, bis der Gläubiger den Kaufpreis an den Schuldner entrichtet habe; er konnte natürlich im Rahmen seiner kurzen kritischen Besprechung des Urteiles diese nicht zum Tatbestande gehörige Frage nicht lösen und beschränkte sich darauf, seine Zweifel an dem Erfolge solchen Vorbringens als einer exceptio ex iure tertii anzudeuten. Es kann auch hier nicht der Ort sein, über diese Einrede selbst näher zu handeln. Nur soviel sei gesagt: Selbst wer so weit geht, wie die Untersuchung von Rappaport[66]) und die These der Postglossatoren von der prinzipiellen Unzulässigkeit dieser Einrede in den Satz auflöst, daß wohl nicht Einreden, die Rechte, sondern solche die Tatsachen vorbringen, stets zulässig und bei entsprechender Verknüpfung der in Frage kommenden Rechtsverhältnisse auch möglich seien, wird hier dem Dritten die Einrede des nicht erfüllten Vertrages versagen müssen. Rappaport nimmt zwar eine solche die Einrede ermöglichende kausale Verknüpfung zweier Rechtsverhältnisse z. B. auch dann an, wenn jemand „einen Schadenersatzanspruch auf die Behauptung stützt, daß der Beklagte für schuldhaftes Handeln einen Anspruch des Klägers gegen einen Dritten vereitelt habe"; der Kläger müsse sich dann „gefallen lassen, daß Beklagter ihm die Einrede entgegenhalte, die dem angeblich vereitelten Anspruch entgegenstanden[67])". Das Beispiel, das Rappaport aber zum Beweise der Richtigkeit seiner Meinung anführt, kann diese Behauptung nicht stützen. Er verweist auf die Klage des Zedenten

[63]) RG. 108, 58.
[64]) JW. 1924 S. 811.
[65]) RG. 108, 59; vgl. auch RG. 111, 304.
[66]) Rappaport, Die Einrede aus fremdem Rechtsverhältnisse (1904).
[67]) Rappaport a. a. O. S. 257.

gegen den fiduziarischen Zessionar auf Ersatz für den durch schlechte Prozeßführung herbeigeführten Forderungsverlust. Hier soll der Zessionar die Einreden des debitor cessus gegen den Zedenten vorbringen können. Rappaport übersieht auch dabei selbst nicht, daß der Zessionar dann „eigentlich..... damit nur die Unvermeidlichkeit des Prozeßverlustes und seine eigene sich daraus ergebende Schuldlosigkeit" dartut, glaubt aber gleichwohl, daß hier „alle Kriterien einer wirklichen Einrede aus dem Rechte des Dritten" vorliegen. In Wahrheit aber leugnet der Zessionar nur den Klagegrund, er bestreitet entweder sein Verschulden oder behauptet, daß dem Kläger kein Schaden entstanden sei, weil seine Klage gegen den Schuldner ohne Erfolg gewesen wäre. Ganz anders liegt aber hier die Sache. Der Dritte ist zur Eigentumsübertragung aus unerlaubter Handlung als Naturalrestituent verpflichtet. Der Schuldner hat einen Anspruch auf Zahlung des Kaufpreises, bis zu dessen Erfüllung ihm die Einrede des nicht erfüllten Vertrages gegen den die Eigentumsübertragung begehrenden Gläubiger zugestanden hätte. Es liegt nun kein Anlaß vor, dieses Erfüllungsdruckmittel dem Schuldner zu belassen. Schuldner und Dritter haben planmäßig auf Erfüllungsvereitelung hingewirkt; der Schuldner hat damit zu erkennen gegeben, daß er auf seinen Kaufpreisanspruch gegen den Gläubiger geringeren Wert legt; soll ihm dieser da in der Person des Dritten gesichert bleiben? Auch die Handlungsweise des Dritten ist zu mißbilligen, ist unsittlich und bezweckt Schädigung des Gläubigers. Liegt da ein Grund vor, dem Dritten ein Leistungsverweigerungsrecht gegenüber dem Erfüllung begehrenden Gläubiger einzuräumen? Wenn der Gläubiger durch Versagen der Einrede hier vielleicht besser gestellt wird, als er dem Schuldner gegenüber dastand, so ist das weiter nichts als ein billiger Ausgleich für die ihn unter Umständen erheblich benachteiligende Vereitelung des Erfüllungsanspruches gegen den Schuldner. Beide Fragen sind also zu verneinen.

b) Weiterhin gibt Rosenberg in seiner Anmerkung zu RG. 108, 58 in JW. 1924 S. 811 zu bedenken, ob etwa der Dritte Zahlung des Kaufpreises oder Abtretung des Kaufpreisanspruches an sich verlangen kann. Er weist darauf hin, daß in dem in RG. 103, 420 entschiedenen Fall in der Berufungsinstanz der Gläubiger Eigentumsverschaffung durch den Dritten gegen Zahlung des Kaufpreises an diesen begehrt und daß das Oberlandesgericht offenbar dementsprechend verurteilt hat. Zweifelhaft bleibt aber aus welchem Grunde. Rosenberg denkt an analoge Anwendung von § 281 BGB. Dies würde ich für höchst bedenklich halten, ließe sich diese Analogie doch nur so rechtfertigen: Der Schuldner war verpflichtet, dem Dritten auf Grund des zwischen ihnen bestehenden Kaufvertrages Eigentum zu verschaffen. Dieser Verpflichtung ist er wohl nachgekommen, aber die Eigentumsverschaffung war nicht von Bestand. Der Dritte mußte die Sache dem Gläubiger übereignen. Infolge dieses Umstandes, d. h. der Erfüllung des zwischen Gläubiger und Schuldner bestehenden Kaufvertrages ist der Gegenanspruch des Schuldners gegen den Käufer endgültig gerettet worden, indem das Unvermögen des Schuldners zur Leistung durch die Eigentumsverschaffung innerhalb der Erfüllungszeit zur vorübergehenden subjektiven Unmöglichkeit mit ihren begrenzten Unmöglichkeitswirkungen wurde. Allerdings könnte man überhaupt zweifelhaft sein, ob hier von einem Unvermögen gesprochen werden darf. Ist doch das Charakteristische dieser Tatbestände dies, daß die Unmöglichkeit der Leistung durch den Schuldner den Anspruch des Gläubigers gegen den Dritten und damit den Erfüllungsanspruch im Sinne des Bekommensollens, wenn auch nicht des Leistensollens, neu begründet. Aber sei dem, wie es sei. Für die Analogie des § 281 scheint mir kein Raum. Einmal ist es bedenklich, das Nichtbehaltendürfen nach Erfüllung der Unmöglichkeit der Leistung gleichzusetzen. Weiter geht doch die Tendenz des § 281 nur dahin, daß derjenige, der den geschuldeten Gegenstand nicht behalten durfte, auch den Ersatz dafür nicht soll behalten können. Die Anwendung des § 281 würde aber dann zu der Groteske führen, daß dem Dritten ein Ersatz zugewandt wird für einen Gegenstand, den auch er nicht behalten, sondern an den Gläubiger weitergeben mußte. Schließlich dürfte auch kein praktisches oder billiges Bedürfnis für die Analogie gegeben sein, da kein schutzwürdiges Interesse vorliegt. Zwar ist § 281 auch anwendbar, wenn der Gläubiger (d. i. hier der Dritte) selbst die Unmöglichkeit verschuldet hat, aber es besteht keine Notwendigkeit, etwa dem zum Vertragsbruche verleitenden Dritten besondere Vergünstigungen seiner Rechtsposition zu verschaffen. Warum sollte man ihm gegen den Mittäter, dessen Verhalten vielleicht weniger zu mißbilligen ist, dem vielleicht gar kein Verstoß gegen die guten Sitten zur Last fällt, einen Anspruch verleihen? Richtig und zweckmäßig ist es vielmehr, in diesen Fällen dem Schuldner, der, wenn auch durch den Dritten, erfüllt, den Anspruch auf den Kaufpreis gegen den Gläubiger zu belassen, ohne ihm eine Pflicht zur Abtretung an den leistenden Dritten aufzuerlegen. Für das Rechtsverhältnis zwischen Drittem und Schuldner ist aber allein der zwischen ihnen getätigte Kaufvertrag grundsätzlich entscheidend. Der Schuldner hat ihn durch Eigentumsübertragung an den Dritten erfüllt. Hat auch dieser den Kaufpreis entrichtet, so ist das Schuldverhältnis als Organismus wie die zwischen ihnen bestehenden Einzelverbindlichkeiten erloschen. Hat der Dritte noch nicht gezahlt, so besteht der Anspruch des Schuldners gegen ihn auf Leistung des vereinbarten Kaufpreises nach wie vor zu Recht. Eine Einrede aus § 812 Abs. 1 Satz 2 steht dem Dritten nicht zu, weil es an dem vereinbarten, über den normalen Erfolg des Rechtsgeschäftes hinausgehenden Zweck, der nicht erreicht wird, fehlt. Sollte man aber einen solchen besonderen Zweck in der nicht erreichten Erfüllungsvereitelung erblicken wollen, so wird man ebenfalls diese Bestimmung nicht anwenden können, „da der bezweckte Erfolg eine unsittliche Tat gewesen wäre[68])". Die Vorschrift des § 812 Abs. 1 Satz 1 ist nicht anwendbar, da es sich allenfalls nur um eine indirekte, wenn überhaupt ungerechtfertigte Bereicherung handelt; möglicherweise würde dann auch die Rückforderung an § 817 Satz 2 scheitern. Die von Rosenberg[69]) vorgeschlagene Analogie zu § 440 Abs. 2 BGB. scheint allein einen Ausweg zu zeigen. Vielleicht läßt sich aber auch sagen: Ebenso wie die Leistung des Dritten Erfüllung für den Schuldner wirkt, bedeutet die Entrichtung des Kaufpreises seitens des Dritten Tilgung der Kaufpreisschuld des ersten Vertrages, mit der dann zugleich die Forderung aus dem zweiten Vertrag erlischt. Haben also weder G. noch D. gezahlt, so besteht ein Anspruch des S. gegen G. und D. auf Zahlung des Kaufpreises aus jedem Kaufvertrage. Es befreit dann aber die Leistung des G. den D. und die Erfüllung durch D. den G., soweit sich die Verbindlichkeiten der Höhe der geschuldeten Summe nach decken. Ist etwa die Schuld des D. höher als die des G., so bleibt, wenn G. seine geringere Leistung an S. erbringt, eine Restforderung S. gegen G. bestehen. Haben aber G. und D. gezahlt, so ist doppelt erfüllt und die zuletzt bewirkte Leistung Zahlung einer Nichtschuld. Letzten Endes findet dann ein Ausgleich nach Bereicherungsvorschriften zwischen G. und D. statt; denn stets ist nach dieser Konstruktion der „Identität" der Kaufpreisforderungen D. Dritter im Sinne des § 267 BGB., der für den Schuldner G. „ohne rechtlichen Grund" die Leistung bewirkt.

Abgeschlossen: März 1928.

---

[68]) Vgl. dazu auch RG. 78, 48.

[69]) JW. 1924 S. 811.

Das Wesen des schuldrechtlichen Grundes (§ 812 BGB.) und dessen Bedeutung für die Systematik des Privatrechts

von Professor Dr. Erich Jung, Marburg

I.

Das Reichsgericht behandelt in Bd. 65 der Zivilsachen, S. 17ff., die Frage, welche unbenannten Schuldverträge noch für unser Rechtsleben in Betracht kommen; also solche klagbaren schuldbegründenden Vereinbarungen, die überhaupt nicht oder wenigstens nicht deckend und restlos unter eine der im siebenten Abschnitt des zweiten Buches unseres Bürgerlichen Gesetzbuches gegebenen besonderen Schuldvertragsformen unterzubringen sind. Gemäß dem das Recht der Schuldverhältnisse beherrschenden Grundsatze der Vertragsfreiheit können solche unbenannten Schuldverträge im Rechtsverkehr vorkommen; wenn auch begreiflicherweise der vorhandene Formenvorrat, als der Niederschlag einer mehr als tausendjährigen Erfahrung, für die dem Richter vorkommenden Schuldverhältnisse regelmäßig ausreichen wird. Unser Gesetzgeber ist in der grundsätzlichen Durchgliederung und begrifflichen Vereinfachung dieser Formen etwas zu vorsichtig gewesen; er zeigte eine weitgehende Scheu, von der Überlieferung und von den altbekannten Formen abzugehen. Er wollte ja freilich grundsätzlich durch das Bürgerliche Gesetzbuch nur eine möglichst schonende Vereinheitlichung des in Deutschland geltenden bürgerlichen Rechtes, nicht dessen eingreifende Neu- und Umgestaltung erreichen. Aber ein grundsätzlicheres Systematisieren hätte an sich auch nur die Fassung, die Begriffsformung, zu betreffen brauchen; inhaltlich konnte es genau so erhalterisch sein als dieses unmittelbare Anknüpfen an geschichtlich überlieferte Fassungen, das man gewählt hat und das dann vielfach der schärferen begrifflichen Durcharbeitung hinderlich war. Bei der Eigentümerhypothek hat der Gesetzgeber bewußt darauf verzichtet, seine positiv-rechtliche Zulassung und Ausgestaltung der sog. Eigentümerhypothek auch auf eine befriedigende begriffliche Formel zu bringen; das sollte der Wissenschaft und Rechtsanwendung überlassen bleiben. Die bisherigen recht umfangreichen Versuche in dieser Richtung — wie Wiederaufleben des Eigentums, Wertparzelle usw. — befriedigen aber alle nicht. M. E. ist eine völlig befriedigende Lösung in folgender Richtung möglich. Man wendet gewöhnlich gegen die gesetzliche Bezeichnung: Eigentümerhypothek oder Eigentümergrundschuld ein, daß der Eigentümerhypothekar eben doch nicht die Zwangsvollstreckung betreiben könne; deshalb glaubt man sich zu Konstruktionen wie Wiederaufleben des Eigentums usw. gezwungen. Also man hält offenbar die Befugnis zum Betreiben der

Zwangsvollstreckung für einen notwendigen Begriffsbestandteil des Pfandrechtes (man braucht unbedingt einen gemeinsamen Ausdruck für Fahrnispfand und Hypothek, wenn auch unser Gesetzgeber ihn vermeidet). Das ist aber falsch; dabei wird der Begriff des Pfandrechtes zu eng begrenzt. Denn die Möglichkeit, die Zwangsvollstreckung zu betreiben, fehlt auch dem nichtbesitzenden nachstehenden Pfandgläubiger (§ 1232 Satz 1). Und selbst der vorstehende Nichtbesitzende ist mindestens nicht mehr unbedingt maßgebend für den Eintritt des Verkaufes (§ 1232 Abs. 2). Und auch bei Liegenschaftspfand kann der nachstehende Hypothekargläubiger die Zwangsversteigerung nicht durchsetzen, wenn das geringste Gebot nicht erreicht wird. Also ist die Befugnis, die Zwangsveräußerung durchzusetzen, nicht wesentlicher Bestandteil des Pfandrechtes. Dessen Wesen besteht vielmehr im folgenden. Eine Sache haben heißt sie in nut und gelde haben. Dementsprechend ergreifen alle beschränkten Rechte an der Sache entweder die Gebrauchsbefugnisse (so die Servituten) oder die Verwertungsbefugnisse des Eigentümers; so das Vorkaufsrecht; dieses nur in einer ganz bestimmten Richtung; sehr viel eingreifender das Pfandrecht. Das Pfandrecht ist die Befugnis, bei der Veräußerung einer Sache als Pfand, also bei einer gemäß §§ 1234—1240 BGB., beziehentlich gemäß §§ 814 ff. ZPO. oder gemäß dem Zwangsversteigerungsgesetz erfolgenden Veräußerung an einer bestimmten Stelle auf eine bestimmte Summe vom Erlös, falls dieser so weit reicht, zu greifen; bei einer Veräußerung als Pfand; also dann nicht, wenn der Eigentümer die belastete Sache veräußert, ohne daß die Pfandrechte dadurch berührt werden. „Auf eine bestimmte Geldsumme"; daher ist der Ausdruck Wertparzelle nicht zutreffend, weil man dabei den Sachwert als solchen sich denken muß. Die Frage der Aufwertung von Hypotheken wäre zwar erleichtert, wenn man folgendermaßen hätte sagen können: daß damals ein Drittel des Hauskaufpreises als Hypothek stehenblieb, bedeutet, daß ein Drittel des jetzigen Hauswertes noch unbezahlt ist, noch beim Verkäufer ist und nun in der jetzigen Währung bezahlt werden muß. Diese Beweisführung scheitert m. E. daran, daß die Hypothek eben nicht eine „Parzelle" des Sachwertes darstellt, sondern ihrem Wesen nach allerdings immer nur einen Summenanspruch in Geld darstellt, nämlich einen Teil des Erlöses bei der Zwangsversteigerung, der notwendig in Geld gezahlt werden muß. Das Recht, bei der Pfandveräußerung auf den Erlös zu greifen, ist nun aber tatsächlich ein eigenes und besonderes Recht neben dem Eigentum. Es fließt keineswegs aus der allgemeinen Verwertungsbefugnis des Eigentümers an eigenen Sachen, das ja übrigens auch an der hypothekbelasteten Sache völlig uneingeschränkt und nur im Preise gedrückt besteht. Jenes Recht kann daher selbständig neben dem Eigentumsrechte bestehen und begründet werden. Das Reichsgericht hat in einer Entscheidung, Bd. 63, S. 168, wo nach beiderseits unsittlichem Kaufvertrage über ein Bordell der danach eingetragene Eigentümer der Klage aus der Hypothek den Einwand der Unsittlichkeit entgegensetzte und Löschung der Hypothek verlangte, diesen letzteren Anspruch, der sich als Rückforderung der wegen Nichtigkeit des Kaufvertrages grundlosen Hypothekeinräumung darstellte, zurückgewiesen. Beide Beteiligte hatten gegen die guten Sitten verstoßen. Die Rückforderung ist in solchen Fällen nach § 817 ausgeschlossen, wenn sie vollzogen ist; nicht aber, wenn sie erst „in der Eingehung einer Verbindlichkeit bestand"; welche Ausdrucksweise des Gesetzes das Reichsgericht an dieser Stelle als „etwas undeutlich" bezeichnet, m. E. sehr mit Recht. Das Reichsgericht hat aber die Rückforderung, hier die Löschung der Hypothek für die zweifellos nichtige Kaufzinsforderung, versagt, weil durch die Bestellung des dinglichen Rechtes der Hypothek die

Vermögensverschiebung auf sachenrechtlichem Gebiete schon bewirkt sei. Diese Auffassung des Reichsgerichtes ist offenbar stark beeinflußt durch das anderenfalls unausweichliche, „für das Gerechtigkeitsgefühl unerträgliche Ergebnis", daß der Bordellkäufer das Haus glatt behielte, aber die Restkaufhypothek wegen Unsittlichkeit tilgen ließe. Diese Erwägung war offenbar ausschlaggebend; die Begründung aber ist recht gezwungen und muß insbesondere, da die Forderung zweifellos nichtig ist und beide Beteiligte noch die ursprünglichen Vertragsparteien sind, mit den §§ 1163 Abs. 1, 1137 BGB. recht gewaltsam umgehen. Das Reichsgericht hat auch später (RG. 68, 103; 71, 434) seinen Standpunkt in dieser Frage bewußt geändert. Mit Hilfe der oben gegebenen Begriffsbestimmung des Pfandrechtes, die mit der Abstraktheit oder Losgelöstheit von der Forderung wirklich Ernst macht, wäre die Entscheidung in Bd. 63, also daß der Bordellkäufer trotz der zweifellosen Nichtigkeit der Forderung doch nicht die Löschung der Restkaufhypothek verlangen kann, sehr einfach zu begründen; nämlich weil der Wert schon geleistet ist, die schon vollzogene Leistung aber wegen Unsittlichkeit auch des Leistenden nicht zurückgefordert werden kann nach § 817 BGB.

Die Pfändung der Eigentümerhypothek macht Schwierigkeiten; ist dabei ein Drittschuldner vorhanden oder nicht; die herrschende Meinung bejaht es. Von der oben formulierten Auffassung der Eigentümerhypothek her ist es glatt zu verneinen. In der Zwangsvollstreckung treten die Ansprüche überhaupt am einfachsten, man möchte sagen, ganz phrasenlos und nicht durch Konstruktionen verhüllt auf. Der einzelne erwachsene Anspruch aus dem dinglichen Recht, etwa auf Herausgabe einer Sache, sieht dem bloß obligatorischen zum Verwechseln ähnlich in der Zwangsvollstreckung, wenn der Gegner nicht in Konkurs fällt. Der durchsetzbare, einzelne Anspruch ist aber das Wesentliche, die eigentliche Tatsache des Rechtslebens; die Bezeichnung des durch die Ansprüche zu schützenden Rechtsgutes als absolutes Recht ist allerdings zunächst „nur ein terminologisches Hilfsmittel" (Schloßmann). (Nicht sehr überzeugend ist m. E. die Polemik bei Windscheid-Kipp, Pandekten I § 38, gegen Schloßmanns und Pflügers Angriffe auf den Begriff des dinglichen Rechtes, die teilweise zutreffen.) Dieses Recht, bei einer Pfandveräußerung auf den Erlös zu greifen, ist nun aber allerdings ein besonderes Recht neben dem Eigentum, das keineswegs aus der allgemeinen Verwertungsbefugnis des Eigentümers fließt und daher selbständig neben dem Eigentumsrechte bestehen kann und begründet werden kann.

An unzutreffende theoretische Lehrmeinungen des Gesetzgebers ist man naturgemäß nicht gebunden. So steht im § 167 Abs. 2 der unzutreffende, d. h. mit den positiven Vorschriften §§ 170—172 nicht vereinbare Satz, daß die Erklärung der Bevollmächtigung gegenüber dem zu Bevollmächtigenden ebenso wirksam sei wie die dem Dritten zugegangene Bevollmächtigungserklärung. So sind die Schwierigkeiten des § 414 (vgl. v. Blume) praktisch m. E. sehr einfach lösbar und beruhen nur auf der mangelhaften begrifflichen Durchbildung, daß Schuldeintritt (befreiende Schuldübernahme) und Erfüllungsübernahme nicht richtig auseinandergehalten sind; § 415 Satz 1 sagt lediglich: der nach § 414 zum befreienden Schuldeintritte notwendige Vertrag zwischen dem Gläubiger und dem Dritten kann auch in der vereinfachten Weise zustande kommen, daß die zustande gekommene bloße Erfüllungsübernahme von einem der Beteiligten dem Gläubiger mitgeteilt und daraufhin von diesem genehmigt wird. Überflüssig sind der Satz 3 des Abs. 1 § 415 — daß bis zur Genehmigung durch den Gläubiger eben nur eine Erfüllungsübernahme vorliegt, also ein Vertrag zwischen diesen beiden Schuldnern — sowie der Satz 1 des Abs. 2 —, daß ohne Genehmigung des Gläubigers der Schuldeintritt nicht erfolgt ist. Daß die zustande gekommene Erfüllungsübernahme durch die Nichtgenehmigung seitens des Gläubigers im Zweifel nicht berührt wird, sagt, ebenfalls kaum unbedingt nötigerweise, der letzte Absatz des § 415 noch einmal ausdrücklich. Ein Bedürfnis nach dieser besonderen Aussprache bestände nur dann, wenn etwa die zwischen dem alten und dem neuen Schuldner vereinbarte „Schuldübernahme" so abgefaßt wäre, daß man sie nur als Bereitschaft des neuen Schuldners zum Eintritte nach außen, nicht aber auch inter partes als Erfüllungsübernahme auffassen könnte. Daß die Parteien so vereinbart haben, scheint mir kaum denkbar.

Es ist auch ein Fehler der Fassung, sicher mindestens eine Unschönheit, daß der erste Satz vom Kauf in Abs. 1 des § 433 über die Verpflichtung des Verkäufers einer Sache nichts sagt, was man nicht auch aus dem gleich darauf folgenden etwas allgemeineren Satz über die Pflichten des Verkäufers eines Rechtes restlos ersehen könnte; weil der Verkäufer einer Sache (erster Satz) nun, nach unserem geltenden Rechte, abweichend vom römischen, allemal der Verkäufer eines Rechtes (zweiter Satz), nämlich des Eigentums an der Sache, ist. Unser Gesetzgeber hätte bei der Aufstellung der einzelnen Schuldvertragsformen ruhig diese etwas grundsätzlicher nach ihren wirklich wesentlichen Merkmalen gestalten und vereinfachen können; dadurch wären, trotz Verminderung der Zahl der Formen, die Fälle der gemischten, d. h. der in den gesetzlichen Katalog nicht einfach eingliederbaren Schuldverträge und die Fälle völlig „unbenannter" Vertragsschuldverhältnisse vermindert worden. Mit Recht sagt Ernst Rabel[1]), daß diese Vielzahl der Formen im Grunde noch Nachwirkung des geschlossenen römischen Aktionensystems ist; „die Lehre von den Rechtshandlungen und das Problem der gemischten Verträge vermochte noch das deutsche Bürgerliche Gesetzbuch nicht zu bewältigen; es bleibt bei den bloß vermehrten und umgebildeten Vertragstypen stehen".

Ich habe in JheringsJ. 69, 30ff. (1919) eine grundsätzlichere Gliederung der Schuldverhältnisse versucht. In folgender Weise: Ob die Verschaffung, die den Gegenstand jedes Forderungsrechtes bildet, endgültige Übertragung eines Wertes, z. B. des verschenkten, des verkauften Gegenstandes, bezweckt oder nur zeitweilige Überlassung, also mit dem für diese Gruppe von Schuldverträgen wesentlichen Kennzeichen, daß eine spätere Rückgabepflicht, z. B. des Mieters, Entleihers, Darlehnsnehmers entsteht; oder schließlich drittens, ob das Indienststellen des Willens des Verschaffenden — also Arbeitsleistung (operae), Arbeitserfolg (opus) oder bloßes unterlassendes Zu-Willen-Sein — den Gegenstand der Verschaffung bildet. Daß schon an diesem Punkte die Stoffgliederung unseres Gesetzbuches irgendwie mangelhaft ist, wird allein schon durch folgende Tatsache genügend erwiesen. Unser Gesetzgeber muß den Rechtssatz, daß Veränderung und Verschlechterung durch ordnungsmäßigen Gebrauch den Stammwert und nicht den Gebrauchsberechtigten belasten, in gleichlautender Form an drei verschiedenen Stellen aussprechen, nämlich für den Mieter, Leiher und Nießbraucher (§§ 548, 602, 1050). Daß man die dingliche Nutzungsbefugnis an fremder Sache, den Nießbrauch, so grundsätzlich trennte von der bloß schuldrechtlichen des Mieters, Pächters, Leihers, ist ganz offenbar ein romanistisches Überlebsel, ein Rudiment aus dem ersten Entwurfe. Denn in unserem geltenden Rechte des Bürgerlichen Gesetzbuches

[1]) In „Grundzüge des römischen Privatrechtes" in Holtzendorff-Kohlers Enzyklopädie der Rechtswissenschaft, 7. Aufl., S. 405 (1915).

hat der besitzende Pächter usw. ja tatsächlich eine dingliche Machtstellung; er erwirbt nach § 956 das Eigentum an den Früchten ebenfalls, wie der Nießbraucher, sofort mit der Trennung; sein Fruchtziehungsrecht ist durch § 21 Abs. 3 ZVG. gegenüber der Beschlagnahme des Grundstückes durch die Gläubiger des Verpächters besonders gesichert; nach § 571 wirkt das Recht des Mieters, Pächters auch gegen den neuen Eigentümer des Grundstückes. Und auch der besitzende Leiher oder Mieter einer beweglichen Sache hat, da die Sache in diesem Falle regelmäßig nur durch Vindikationszession veräußert werden kann, ebenfalls ein auch gegen Dritte wirkendes, also dingliches Recht (BGB. 986 Abs. 2). Darin, daß er trotzdem die ganz grundsätzliche Unterscheidung zwischen dinglichem und persönlichem Nutzungsrechte festhielt, machte unser Gesetzgeber ausnahmsweise — vgl. die obenerwähnten umgekehrten Fälle — zuviel in Theorie und Systematisierenwollen.

Jene Dreiteilung der Schuldverträge oder „Sonderverbindungen zu bestimmtem sozialem Zusammenwirken" (Stammler) nach dem Verschaffungsgegenstande — wie Rudolf v. Jhering[2]) sagen würde, nach dem substantiellen Moment — kurz gesagt also die Dreiteilung: ob die Leistung auf Sache, Sachnutzung oder Dienste geht, erfährt eine weitere Spaltung, Zweiteilung jeder Gruppe (daraus dann im ganzen sechs Gruppen) — durch den rechtlich besonders für die Schärfe der Haftung des Verschaffenden wesentlichen Umstand, ob die Verschaffungspflicht entgeltlich oder unentgeltlich übernommen wurde. Diese Sechsteilung ergibt nun eine erschöpfende Einteilung der schuldrechtlichen Grundgeschäfte; der Forderungsrechte also, die aus Rechtsgeschäft entstehen.

II.

Außerhalb dieser Einteilung stehen noch die beiden gesetzlichen Forderungsrechte: das erste will rückgängig machen den Erwerb aus fremdem Vermögen, der sich ohne rechtliche Veränderung der zwischen diesen beiden Vermögensinhabern bestehenden, bloß obligatorischen Beziehungen vollzogen hat (§§ 812ff.), die „rechtlose" Erlangung eines fremden Wertes, wie das RG. 75, 147 treffend sagt. Das zweite aus Gesetz unmittelbar entstehende Forderungsrecht beruht auf dem rechtswidrigen Eingriff in fremdes Vermögen; es geht auf Ersatz des Schadens, der durch Kränkung eines für einen anderen geschützten Ausschlußrechtes oder Rechtsgutes (§§ 823ff.) entstanden ist. In diesem, dem außervertraglichen Schadenersatz, sind, durch die Schadenersatzandrohung für den Fall der ganz in der Vergangenheit liegenden, daher durch den Erfüllungszwang, wie Störungs-, Unterlassungsklage, nicht mehr wirksam bekämpfbaren Verletzung, ebenso alle absolut geschützten Rechtsgüter zusammengefaßt, wie mit den Ansprüchen aus rechtloser Bereicherung alle schuldrechtlichen Grundgeschäfte zusammenfassend sanktioniert sind, indem nämlich die Wertbewegung nicht bestehen bleiben soll, die sich ohne solche Grundlage, ohne ein rechtswirksames Grundgeschäft vollzogen hat.

In der allgemeinen Unterlassungsklage, die das Reichsgericht zunächst aus § 824 BGB. gegen drohende Schädigung durch Klatsch gegeben hat, dann aber ganz allgemein gegen jede noch drohende Handlungsweise, die nach der Ausführung Schadenersatzpflicht entstehen ließe, sehe ich einen weiteren Beweis für die Richtigkeit meiner grundsätzlichen Auffassung über das Wesen des außervertraglichen Schadenersatzanspruches. Ich habe früher ausgeführt, daß eine scharfe Grenze zwischen allwirksamen Rechten und bloßen allwirksam ge-

[2]) Geist des römischen Rechtes § 60.

schützten Rechtsgütern sich tatsächlich nicht ziehen läßt; daß auch bei jenen der geschützte Genuß oder das Rechtsgut das Wesentliche ist. Man hebt zwar aus dem Kreise der Rechtsgüter wohl diejenigen als Rechte besonders hervor, bei denen der Genußgegenstand, also z. B. die ausschließliche Beherrschung eines Raumteiles oder der Gebrauch meines Namens nur für mich, sich besonders einfach bezeichnen läßt und daher die an sich ja genußleeren und nur verneinenden, nämlich nur zum Schutze gegen Störung dieses Genusses gegebenen Gebots- und Verbotsbefugnisse den eigentlichen Genußgegenstand immerhin schon leidlich zutreffend erkennen lassen; während bei inhaltreicheren Rechtsgütern wie Freiheit, Gesundheit, Leben, Ehre es von vornherein aussichtslos erscheinen mußte, sie lediglich durch die Ausschlußbefugnisse bezeichnen zu wollen, die als Schadenersatzzwang und Strafzwang zu ihrem Schutze gegeben sind. Bei diesen Rechtsgütern ist der Zwang durch Klage überdem auch überall nur mittelbar und nachträglich als „Beweggrund" für künftighin, kaum je als noch gegenwärtig oder vorbeugend wirksamer Zwang zur Durchführung dieses Genusses möglich. Die erste und vollkommenste Form des Rechtszwanges, der noch zeitig genug kommende Zwang, das fremde Rechtsgut zu achten und nicht zu verletzen, die Störungsklage, tritt hier, also etwa bei Freiheit, Gesundheit, Leben, völlig zurück; weil hier eine noch drohende Rechtsgüterkränkung stets Notwehrlage, d. h. eigenmächtig ausübbaren Erfüllungszwang verschafft. Aber auch bei jenen einfacher zu umschreibenden Rechtsgütern — wie beispielsweise Eigentum, Urheberrecht, Jagdrecht — ist das zugrunde liegende Rechtsgut, der geschützte Genuß, das Wesentliche; also der ungestörte Genuß meines Landgutes, bei dem mein Eigentum vielleicht nie einen Anspruch aus dem Eigentum hat entstehen lassen, weil nie jemand meinen ausschließlichen Genuß des Gutes beschränkt oder bestritten hat. Auch das Urheberrecht bezeichnen wir als Recht; sein rechtlicher Inhalt ist, wie Paul Laband einmal zutreffend gesagt hat, eine Beschränkung der Gewerbefreiheit aller anderen; wie mein Eigentumsrecht eine räumliche Beschränkung aller anderen bedeutet; wie das Jagdrecht eine Beschränkung aller anderen in der freien Aneignung bedeutet. In Bd. 73 der Entscheidungen des Reichsgerichtes in Zivilsachen ist, wie übrigens jetzt schon mehrfach, ausgesprochen, daß „ein eingerichteter und ausgeübter Gewerbebetrieb unter den Begriff eines ‚sonstigen Rechtes' nach § 823 Abs. 1 BGB. gebracht werden könne"; „aus denselben Gründen, aus denen auch ein durch die Übergabe der Mietsache und den ausgeübten Besitz des Mieters verkörpertes und durch den Besitz dann für jedermann erkennbares Mietrecht den „sonstigen Rechten' des genannten Abs. 1 zugezählt worden ist" (RG. 59, 326). Diese m. E. unzutreffende Ausführung gibt eine gute Erläuterung zu dem oben Gesagten. Der Vergleich dieses Gewerbebetriebes mit der Rechtstellung des Mieters paßt sicher nicht. Dieser hat ja unzweifelhaft ein gegen Dritte geschütztes Recht oder Rechtsgut; die da angezogene frühere Entscheidung aus Bd. 59 hebt das dafür Kennzeichnende richtig hervor: „mit der Übergabe der Mietsache entwächst das Recht des Mieters dem reinen Obligationenrechte[3])". „Es bestehen nicht mehr bloß zwischen den obligatorisch Verbundenen Rechte und Pflichten, sondern jedermann hat das durch den Besitz erkennbare Mietrecht zu achten." Der eingerichtete Gewerbebetrieb wäre ein sonstiges Recht erst dann, wenn er für den Berechtigten eine Beschränkung der Gewerbefreiheit anderer enthielte; wie Zwangs- und Bannrechte, ausschließliche Aneignungsrechte, Monopole dinglich wirken; auch, was vielfach verkannt

[3]) Die Stellung des besitzenden Mieters ist „eine quasidingliche", so RG. zu § 571 BGB.

wird, die Rechte auf unmittelbaren Fruchtanfall (§§ 954—957 BGB.). Solange ein Handeln nur als gegen die guten Sitten verstoßend gemäß § 826 BGB. einen Schadenersatzanspruch auslöst, läßt sich ein gegen alle Außenstehenden geschütztes Recht oder Rechtsgut m. E. (anders RG.) nicht herstellen; denn nach § 826 genügt der bloß mittelbare Vermögensschaden; es braucht kein Eingriff in ein identifizierbares Rechtsgut vorzuliegen, d. h., nach der hier vertretenen Grundauffassung vom Wesen des außervertraglichen Schadenersatzes, kein Verhalten, das man vorher notabwehren oder durch Unterlassungsklage hätte verbieten können. Selbst das Gesetz gegen den unlauteren Wettbewerb, das ja eine noch vor unseren Augen sich vollziehende gesetzliche Erweiterung des „ethischen Minimums" und insofern eine bemerkenswerte Erscheinung darstellt (indem es eine bisherige bloße Anstandspflicht allgemein zur Rechtspflicht machte)[4]), schuf doch noch kein allwirksam geschütztes Recht dieses Gewerbebetriebes, weil es den Grundsatz des freien Wettbewerbes doch bestehen läßt und nur einen verhältnismäßig engen Kreis von Wettbewerbshandlungen, die unlauteren, verbietet. Das wäre erst anders, wenn, wie es in China sein soll, überhaupt das Werben von Kunden im bisherigen Kundenkreise eines anderen Gewerbetreibenden als rechtlich unzulässig gälte.

Recht und Rechtsgut haben, im Gegensatze zu dem erst durch Leistung eines anderen erreichbaren Genuß, dem Forderungsrechte, das Gemeinsame, daß sie in einem Zustande, in einer Ruhelage des Genusses durch den Berechtigten verwirklichbar sind und daher bei Angriffen eine Notwehrlage des Berechtigten ergeben können.

Ich glaube den dem Schadenersatze zugrunde liegenden allgemeineren Gedanken auf eine einfachere Formel gebracht zu haben[5]).

„Wer einem anderen schuldhaft einen Vermögenschaden verursacht[5a]) hat durch eine Handlungsweise, die der Beschädigte als gegenwärtige oder drohende mit Notwehrhandlung beantworten oder durch Unterlassungsklage verbieten konnte, hat den Schaden zu ersetzen."

Handlungen, die den Tatbestand eines Verbrechens oder eines Vergehens ausmachen oder sonst gegen allgemein zum Schutze bestimmter Personen erlassene, wenn auch nicht mit Strafe versehene Verbote verstoßen, kann man vielleicht der Deutlichkeit halber ebenfalls, wie unser Gesetz es in § 823 Abs. 2 tut, noch einmal besonders nennen, obwohl, wie die Erfahrung gezeigt hat, der Begriff des Schutzgesetzes, soweit er über den Kreis der strafrechtlichen Normen hinausgeht, der Rechtsanwendung recht erhebliche Schwierigkeiten macht. Die Fälle, wo der Verstoß gegen ein Schutzgesetz (§ 823 Abs. 2) wirklich über den Kreis der Schadenersatztatbestände des Abs. 1 hinausgeht, weil kein Eingriff in ein Recht oder Rechtsgut vorliegt — also z. B. bei Vermögensbeschädigung durch Betrug, Meineid oder Falscheid — lassen sich regelmäßig auch als vorsätzliche und sittenwidrige Vermögensbeschädigung auffassen und also nach § 826 be-

[4]) Wie seinerzeit die Rechtsschöpfung des Urheberrechtes; vgl. N. W. Karamsin, Reisebriefe aus Deutschland, der unter dem 16. Juni 1789, also bevor es ein Urheberrecht gab, aus Leipzig schreibt: „Als ehrlos gelten unter den Buchhändlern jene, welche in ihren Druckereien fremde Bücher nachdrucken und dadurch denen, welche die Manuskripte von den Verfassern gekauft haben, Abbruch tun. Deutschland, wo der Buchhandel von großer Bedeutung ist, braucht ein strenges und besonderes Gesetz für denselben."

[5]) Vgl. Erich Jung, Delikt und Schadenverursachung (1897) sowie Rechtswidrige Schädigung fremden Vermögens, JheringsJ. 69, 119ff. (1919).

[5a]) Den Zusatz „widerrechtlich" hat man bei dieser Fassung nicht nötig; denn bei besonderer Befugnis zu dem Eingriff, wie Züchtigungsrecht, Notwehrlage des Eingreifenden, hat der Bedrohte eben keine Abwehrbefugnis.

gründen[6]). Die Widerrechtlichkeit ist, wie gesagt, in meiner Definition schon enthalten; das der Schuld würde bei neuer gesetzgeberischer Behandlung mit umgekehrter Beweislast aufzunehmen sein; also der Schädiger müßte nachweisen, sein Handeln sei ausnahmsweise schuldlos und daher nicht zum Ersatze verpflichtend; er habe z. B. die Rechtsgüterverletzung vorgenommen in einer übermächtigen Notstandslage für Leib oder Leben; die seine Handlungsweise zwar nicht zu einer berechtigten, aber zu einer schuldlosen macht.

Daß man, wenn die Schadenverursachung durch objektiv verbotenen Eingriff erwiesen ist, zur Begründung des Schadenanspruches nicht mehr den Schuldbeweis verlangt, sondern nur umgekehrt den Entschuldungsbeweis offenließe, entspricht tatsächlich einer ausgesprochenen Entwickelungsrichtung unseres praktischen Rechtslebens; schon die levissima culpa des aquilischen Schadenersatzrechtes bedeutet tatsächlich vielfach eine Schuldfiktion. Im übrigen braucht man zur Erläuterung jener Entwickelungsrichtung nur auf die Ausbildung der sog. bloßen Gefährdungshaftung überhaupt zu verweisen und auf die berühmt gewordenen Sätze aus den Entscheidungsgründen österreichischer Gerichte, denen eine positive Grundlage, entsprechend unserem preußischen Eisenbahngesetze von 1838 und dem späteren Haftpflichtgesetze, fehlte und die doch zur Bejahung der Schadenersatzpflicht kommen wollten: „Der Betrieb einer Eisenbahn bedeutet immer eine Fahrlässigkeit"; „da der Bahnwärter in dem einen Falle die Schranke nicht geschlossen hat, ist der Beweis erbracht, daß er nicht sorgfältig genug ausgewählt war". In unserer oberstrichterlichen Rechtsprechung findet die oben behauptete Entwickelungsrichtung des Schadenersatzrechtes wohl ihren deutlichsten Ausdruck in dem lediglich auf Spruchrecht beruhenden Rechtssatze, daß bei entzogener Eigentumsstörungsklage, z. B. wegen § 26 GO., der Schädiger „auch ohne Nachweis seines Verschuldens für den Schaden verantwortlich sei" (vgl. RG. 98, 347). Man muß diesen Satz, der schon RG. 17, 104 von 1887, dann, nach dem Inkrafttreten des Bürgerlichen Gesetzbuches in RG. 47, 99, Urt. v. 29. Nov. 1900, zum Ausdruck gekommen ist, auch sicher schon als Gewohnheitsrecht ansehen.

Die Art, wie die Rechtsprechung den Entschuldigungsbeweis des beklagten Anstellenden (§ 831 Abs. 1 Satz 2) erschwert und wie sie umgekehrt den Beweis des Verschuldens gemäß § 823 für den Kläger leicht macht, um zu einer Bejahung der Schadenersatzpflicht zu kommen (was in anderen Fällen auch durch eine Überspannung des Begriffes von ursächlichem Zusammenhang erreicht wird[7])), wird vielleicht in absehbarer Zeit dazu führen, daß der Satz des § 278, qui facit per alium, facit per se, gewohnheitsrechtlich auch für außer vertragliche Schadenzufügung gilt; und daß die Schuld des Schädigers bei Schadenverursachung durch Rechtsgüterverletzung zunächst vermutet wird.

Der § 826 oder die besondere Ersatzpflicht aus bloßer Vermögensbeschädigung läßt sich allerdings auch bei meiner allgemeinen Fassung des Schadenersatz-

---

[6]) Im Bürgerlichen Gesetzbuch ist bekanntlich nur der Notstandseingriff gegenüber fremden Sachenrechten erwähnt, aber nicht die Notstandsverletzung von Personen; vgl. Oertmann, Kommentar Anm. 5 zu § 228. Auch wenn man auf dem Standpunkte steht, daß die Notstandshandlung nur straflos nicht rechtmäßig ist, kann doch die zivilrechtliche Schadenersatzpflicht ausgeschlossen sein, weil es an der Schuld fehlt. Damit, mit der Prüfung dieser Frage, hat der Richter auch den nötigen Spielraum, um die richtige Grenze zwischen ersatzpflichtigen und ersatzfreien Notstandshandlungen zu ziehen. Die im Verkehr erforderliche Sorgfalt hat derjenige nicht verletzt und ist daher auch nicht ersatzpflichtig, der in einer übermächtigen Notlage so gehandelt hat, wie jeder, auch der anständigste Mensch, in seiner Lage gehandelt haben würde. Er ist daher nicht ersatzpflichtig, auch wenn er zu seiner Rettung lebenswichtige Rechtsgüter der anderen Seite verletzen mußte.

[7]) Vgl. mein Privatrechtliches Wesen des Geldes 3 (1926), Über ursächlichen Zusammenhang S. 51ff.

grundsatzes nicht entbehren; also der Satz: wer einem anderen Vermögenschaden verursacht durch eine Handlungsweise, die einer offenbaren Anstandsrücksicht widersprach, hat den Schaden zu ersetzen; „dem Anstandsgefühl aller billig und gerecht Denkenden", wie das RG. in 48, 124 einmal sich ausdrückt.

Man kann vielleicht mit Oertmann der Meinung sein, daß die Gerichte von dem § 826 einen etwas sehr weit gehenden Gebrauch machen, zuweilen auch das Reichsgericht, indem es z. B. gegen ein rechtskräftiges Urteil noch den sachlichen Einwand des zugrunde liegenden wucherischen Darlehens zuließ, weil die öffentliche Zustellung, gegen den damals in Südwestafrika befindlichen Darlehensnehmer nur erschlichen gewesen sei, um den Einwand des Wuchers zu benehmen (RG. 61, 359; abgelehnt § 826, sicher mit Recht, in RG. 67, 152, gegen den, der ein einwandfrei erlangtes, rechtskräftiges, sachlich unzutreffendes, aber nicht restituiertes Urteil geltend macht); indem es einer zweifellos bestehenden und richtig gekündigten Hypothek die Durchführung versagte, da das in einer Reihe von einzelnen als einzelne aber rechtmäßigen Rechtsakten sich bekundende planmäßige Vorgehen des Berechtigten gegen den Verpflichteten, um diesen zur Zwangsversteigerung zu zwingen, ein vorsätzliches, gegen die guten Sitten verstoßendes Schädigen bedeute; oder indem es dem Hauseigentümer einer Straße, in dem ein Bordell aufgemacht wurde, einen Schadenersatzanspruch aus § 826 wegen des geminderten Miet- und Verkaufswertes seines Hauses gegen den Bordellinhaber gewährte; obwohl doch dessen sittenwidriges Verhalten offenbar auf einem ganz anderen Gebiete lag, d. h. nicht diesem Hauseigentümer gegenüber bestand. Aber selbst wenn man solche einzelnen Anwendungen für zu weitgehend halten möchte, ist doch im ganzen m. E. der Gebrauch, den das Reichsgericht von dem § 826 gemacht hat, ein sehr erfreulicher. Das Reichsgericht hat damit, rechtschöpferisch, gegen die ausdrücklich geäußerte Absicht der Motive, wenn auch vielleicht nicht gegen den Wortlaut des Gesetzes, die allgemeine Klage und Einrede der Arglist wiederhergestellt, ohne die eine gesunde Rechtsanwendung nicht bestehen kann. „Die Exceptio doli ist von Gottes Gnaden", sagte v. Eck einmal kurz nach dem Inkrafttreten des Bürgerlichen Gesetzbuches, als man glaubte, man müsse ohne sie auskommen[8]).

Der § 826 läßt sich wie gesagt nicht mehr unter den oben umschriebenen Grundsatz des § 823 bringen. Sein Sinn ist ebenfalls (vgl. oben S. 149) der, daß er das Rechtsgebiet oder das „ethische Minimum" (Schopenhauer, Jellinek) erweitert, indem er eine nur allgemein sittlich angreifliche Handlungsweise vom einzelnen Falle aus mit Schadenersatzzwang beantwortet, wenn diese sittlich anstößige Handlungsweise jemandem einen besonderen Vermögenschaden verursacht hat. Infolgedessen wird man auch hier, eben weil das Schaden verursachende Handeln nicht gegen eine allgemeines Rechtsverbot verstößt, nicht eine vorbeugende Unterlassungsklage zulassen dürfen[9]). Hier muß allerdings

---

[8]) Kühne prätorische, aber m. E. doch sehr erfreuliche Rechtsschöpfung des Reichsgerichtes war die Schaffung eines neuen Urheberrechtes für den ersten Veranstalter einer phonographischen Aufnahme (RG. 73, 294ff.) mit Hilfe des § 826. Das Reichsgericht nennt seine Rechtsschöpfung freilich nicht so, sondern es bezeichnet das Verhalten des Nachdruckers der Platten als zwar formell berechtigt, aber gegen die guten Sitten des anständigen Geschäftsverkehrs. Indem das Reichsgericht aber aus der verletzten Anstandspflicht eine Verbietungsbefugnis herleitet, macht es die bisherige bloße Anstandspflicht zur Rechtspflicht.

[9]) So, m. E. richtig, Oertmann, Kommentar zu § 826 Anm. 6. — „Der § 826 BGB. gewährt ja nicht etwa allgemein einen Anspruch auf Unterlassung von Handlungen, die gegen die guten Sitten verstoßen"; so RG. 67, 152. Später ist das Reichsgericht darin allerdings weitergegangen, entsprechend der fortschreitenden Allgemeinentwicklung der negatorischen Klage, die es zunächst, später aber nicht mehr, letzteres m. E. mit Recht, versagen wollte, wenn das verbotene Verhalten schon unter eine allgemeine strafrechtliche Norm fiel.

die geschehene Schädigung abgewartet werden, ehe man sie rechtlich behandeln kann; das steht aber hier durchaus in Einklang mit dem oben entwickelten Grundsatze des außervertraglichen Schadenersatzes[10]).

Seit der Ausbildung der allgemeinen Unterlassungsklage durch das Reichsgericht ist nun die Art des Rechtsschutzes für Recht und Rechtsgut eine völlig gleiche, indem auch bei diesen, den bloßen Rechtsgütern, zuerst an der Hand von § 824, die Erfüllungsklage deutlich hervortritt, die bisher durch das augenfälligere Notwehr- oder Selbsthilferecht etwas zurückgedrängt war, verhüllt schien; verhüllt insofern, als man sich, seit den Zeiten des bevormundenden Polizeistaates, der das Notwehrrecht fast völlig verneinte[11]), Rechtsschutz nur in staatlicher Form vorstellen konnte. Das war aber falsch. Die Selbsthilfe zu Verteidigungszwecken ist uns noch uneingeschränkt in der uralten Form der völligen Friedloswerdung des Rechtsbrechers gegeben, indem der Bedrohte dabei, anders als im zivilrechtlichen Notstande gegenüber Sachenrechten (§§ 228, 904 BGB.), auch die höchsten Rechtsgüter des Angreifers zu verletzen befugt ist, wenn dies zur Verteidigung des angegriffenen, wenn auch als solchen viel leichter wiegenden Rechtsgutes notwendig ist. Trotzdem ist, was vielfach verkannt wird, die Notwehr der Art nach nichts anderes als die Zwangsvollstreckung, nämlich gebilligte, weil zur Unrechtsabwehr erfolgende Gewaltausübung gegen einen Genossen der gleichen Friedensgemeinschaft; der grundlegende Begriff, das Artmerkmal des Rechtslebens gegenüber verwandten Lebensgebieten, wie Sittlichkeit, äußere Sitte. Wie der Rechtsschutz aller anderen absoluten Rechtsgüter ist auch der des Eigentumsrechtes abwehrender Art; alle Ansprüche aus dem Eigentume, ob § 985 oder 1004, sind im Grunde negatorisch; d. h. sie wollen eine eingetretene Störung des mir gesicherten Herrschaftsgebietes verhindern; nicht wie die Forderungsrechte mir einen Genuß verschaffen, der mir bisher nicht zustand, durch die Leistung eines anderen, der irgendwie zu solcher Genußverschaffung in der Lage ist. Daß die Klage auf Herausgabe eines mir gehörigen, von einem anderen besessenen Grundstückes sich nicht grundsätzlich, sondern nur nach dem Umfange der zu beseitigenden Störungen von der besonders so genannten Eigentumsstörungsklage oder Negatoria unterscheidet, leuchtet schon ein, wenn man nur den Ausdruck Räumungsklage für die Vindikation des Grundstückes gebraucht.

Daß man bei den absoluten Rechten das Recht, d. h. die zum Schutze des Genusses gegebenen Zwangsbefugnisse an Stelle des eigentlichen geschützten Gutes nennt, ist genau dasselbe Verfahren, nur umgekehrt, wie wenn man die Sache nennt, wo man eigentlich das Eigentumsrecht bezeichnen will oder wenigstens juristisch genau nennen sollte, wie z. B. im Satz 1 des Abs. 1 des

---

[10]) Vgl. übrigens RG. 86, 194: „Diese Ausführungen sind nicht frei von Rechtsirrtum. Zwar ist die grundsätzliche Anerkennung einer Einrede der Arglist für das Recht des Bürgerlichen Gesetzbuches vom Reichsgerichte wiederholt gebilligt worden (vgl. RG. 58 S. 356, 429; 71, 435). Dabei darf aber nicht so weit gegangen werden, wie der Berufungsrichter geht, indem er die Einrede für bestimmt und geeignet erklärt, jeder „unbilligen" Rechtsverfolgung entgegengesetzt zu werden. Das würde dazu führen, an Stelle des objektiven Rechtes und der durch dieses geschaffenen subjektiven Rechte mehr oder weniger bestimmte und gerechtfertigte Billigkeitserwägungen zu setzen."

[11]) Vgl. den bemerkenswerten Fall Exner im Neuen Pitaval, 5. Teil (1844), in dem ein für unsere Auffassung ganz zweifelloser Fall von Notwehr gegen einen Einbrecher noch im Jahre 1805 zunächst als Totschlag verfolgt wurde, wenn auch schließlich doch Freisprechung erfolgte. — Man glaubte übrigens damals (a. a. O. S. 306) die steigende Kriminalität auf die, auch in einem anderen Pitavalfalle bezeugte „Milde der preußischen Kriminalstrafen im Verhältnisse zu den Nachbarländern" zurückführen zu müssen. Friedrich der Große hat bekanntlich als erster unter den Regierungen der Kulturstaaten, früher als Österreich, Frankreich, England, sofort nach seinem Regierungsantritte, die Folter abgeschafft, obwohl viele seiner Rechtsgelehrten das widerrieten.

§ 433 BGB. (vgl. oben)[12]). Übrigens decken sich ja auch vielfach inhaltlich die allgemeinen Verbote zum Schutze des Rechtsgutes, wie z. B. gegen vorsätzliche Sachbeschädigung, gegen Gewahrsamsbruch mit den einzelnen Verbotsbefugnissen aus dem Zustandsrechte; nur daß eben diese allgemeinen Verbote lediglich wegen der Strafdrohung besonders ausgesprochen werden und diese gröbste Form des Rechtszwanges, neben Erfüllungszwang und Ersatzzwang, nur bei schwereren Rechtsverneinungen angezeigt erscheint.

Schulz-Schäffer stellt in seinem Buche: „Das subjektive Recht im Gebiet der unerlaubten Handlung", 1915, eine Lehre auf über das Wesen des außervertraglichen Schadensersatzanspruchs, die im Grundsätzlichen durchaus übereinkommt mit der hier vertretenen; nämlich daß zwischen den absoluten Rechten und den nach außen, wenn auch nur durch einzelne strafrechtliche Vorschriften geschützten Rechtsgütern ein grundsätzlicher Unterschied nicht besteht und daß die Rechtsordnung das durch die Bereitstellung des Schadensersatzes geschützte Interesse zur „Imperativpotenz" mache (S. 112). Diese Aufstellung ist nun seit dem Erscheinen des Schulz-Schäfferschen Buchs (1915) sehr wesentlich bestätigt worden durch die reichsgerichtliche und, man kann wohl auch schon sagen, durch die gewohnheitsrechtliche Weiterbildung der Unterlassungsklage; das Bürgerliche Gesetzbuch hat ja (vgl. oben S. 147) das nach dem Gesetzeswortlaut nur durch Schadenersatzklage für den Fall der Verletzung geschützte Rechtsgut durch die nun in allen solchen Lagen gegen die drohende Verletzung bereitgestellte Unterlassungsklage zur „Imperativpotenz" erhoben.

Ein Anspruch auf Ersatz des Schadens, den der Anlieger einer öffentlichen Straße dadurch erleidet, daß die Stadtgemeinde den Boden erhöht oder das Verkehrsnetz geändert hat, läßt sich aus den allgemeinen Grundsätzen über den außervertraglichen Schadenersatz nicht begründen, weil das den Schaden verursachende Verhalten der Gemeinde eben in keiner Weise gegen Zustandsrechte des Geschädigten oder gegen allgemeine Verbotsgesetze verstieß. Da man aber häufig die Verweigerung eines Ersatzes in solchen Fällen als eine unerträgliche Härte empfand — auch in der „Billigkeitsordnung" ist richtig, was Grotius und Schopenhauer von der Rechtsordnung sagen, daß die Härte, die Unbilligkeit, wie im Rechtsleben das friedenstörende und mit Gewalt beantwortete Unrecht, die eigentliche und tatsächliche Lebenserscheinung ist — erstellte man ein servitutenähnliches Anliegerrecht, ganz ohne geltend-rechtliche Unterlage, nur um die Schadenersatzpflicht der Stadt bejahen zu können.

Also: alle allwirksam geschützten Rechtsgüter, deren Schutz durch Erfüllungszwang bei einer Reihe von einzelnen Rechten besonders geregelt ist — durch Vindicatio, Negatoria beim Eigentum, besonders anschaulich bei den Urheberrechten, wo alle drei Arten des Rechtszwanges, Erfüllungszwang, Ersatzzwang, Strafe nebeneinander auftreten — marschieren in dem Titel über sog. unerlaubte Handlungen noch einmal geschlossen auf und werden in diesem Titel zusammenfassend noch einmal dadurch gesichert, daß die geschehene Zuwiderhandlung, die eben vollzogen ist und der also deshalb weder durch Notwehr noch durch Erfüllungszwang mehr wirksam begegnet werden kann, durch Schadenersatz dann wenigstens wirtschaftlich ausgeglichen werden soll, wenn sie einen Vermögensschaden verursacht hatte.

[12]) Windscheid-Kipp, Lehrbuch des Pandektenrechtes, 8. Aufl.: „Ein sehr gewöhnlicher, im Leben entstandener, aber vom Rechte festgehaltener Sprachgebrauch nennt statt des Eigentumsrechtes die Sache, an welcher es stattfindet. Man sagt von einem Vermögen, daß es aus Grundstücken, beweglichen Sachen bestehe, obgleich eine Sache nur insofern Bestandteil unseres Vermögens wirklich ist, als sie sich in unserem Eigentumsrechte befindet. Man spricht von dem Haben, Erwerben usw. einer Sache und meint damit das Haben, Erwerben usw. des Eigentumsrechtes an derselben."

III.

Der Rechtsbehelf aus §§ 812ff., auf Rückgängigmachung einer rechtlosen Vermögensbewegung, ist nun das genaue systematische Gegenstück zum außervertraglichen Schadenersatze, d. h. dem zusammenfassenden Sicherungsmittel gegen geschehene Rechtsgüterverletzung. Nämlich in der Weise: Forderungsrechte sind Rechte der Güterbewegung; jede Güterbewegung, d. h. jeder Übergang eines feststellbaren Einzelwertes aus einem Vermögen in ein anderes soll eine solche schuldrechtliche, forderungsrechtliche Unterlage haben. Darum muß die Bewegung rückgängig gemacht werden, wo sie sich ohne diese schuldrechtliche Unterlage vollzogen hat. Dies kann geschehen „in sonstiger Weise", wenn nämlich die Vorschriften über die Zustandsrechte, die zunächst die Ruhelage der Genußgüter zu schützen bestimmt sind, oder reine Tatsachen, wie Mundraub, ausnahmsweise die Bewegung eines feststellbaren Einzelwertes aus einem Vermögen in ein anderes Vermögen berbeiführen welche Bewegung dann allemal und selbstverständlich der schuldrechtlichen Unterlage entbehrt. Das ist z. B. der Fall, wenn die wünschenswerte Einheitlichkeit der Rechtslage an der zusammengesetzten Sache oder der Verarbeitungsgedanke zur Einverleibung eines Rechtes durch das stärkere Zustandsrecht eines anderen führen (§§ 946, 947 Abs. 2, 950 BGB.). Auch die einmal entstandene Forderung bildet als diese Anwartschaft einen selbständigen Wert, der der Übertragung, der Verpfändung zugänglich ist und deshalb auch für Dritte in Betracht kommt als Vermögensbestandteil des Gläubigers. Das Reichsgericht spricht sogar einmal vom Eigentum an der Forderung. Dieser Wert kann nun ebenfalls Veränderungen erleiden, die eine Vermögensbewegung ohne schuldrechtliche Unterlage bedeuten; daß die Zahlung an den nichtberechtigten, aber zu wirksamer Zahlungsmöglichkeit zugunsten des Schuldners ausgewiesenen Scheingläubiger den dem Berechtigten zustehenden Wert ohne schuldrechtlichen Grund einem anderen verschafft (vgl. §§ 793, 808, 893, 407, 2367). Dieser Satz, daß das Sicheinverleiben, Verbrauchen einer fremden Forderung, einfach als Erlangen von „etwas", und zwar „auf sonstige Weise", d. h. nicht durch Leistung des Benachteiligten bedeutet, spricht der § 816 Abs. 2 besonders aus; nur der Deutlichkeit halber; denn es ist an sich im Grundsatz des § 812 gegeben; wenn ich, ohne Gläubiger zu sein, die fremde Forderung verzehre, so ist deren Wert, wenn auch mit causa aus dem Vermögen des Leistenden herausgegangen, doch ohne causa in mein Vermögen gekommen[13]).

Dieses Verbrauchen fremder Werte steht systematisch genau gleich dem Sicheinverleiben fremder Sachen durch Verbindung, Verarbeitung usw. (vgl. oben). Deshalb ist das wirksame Verfügen eines Unberechtigten über fremde Werte, also in der eben genannten Weise das wirksame Einziehen fremder Forderungen, aber auch wirksames Veräußern fremder Sachwerte usw., lediglich eine Anwendung des Grundgedankens der rechtlosen Bereicherung. Das Reichsgericht bezeichnet in RG. 92, 83 „die Vorschriften §§ 816, 822 als Ausnahmen von dem sonst das Bereicherungsrecht beherrschenden Grundsatze, daß nämlich die Vermögensverschiebung sich unmittelbar zwischen dem Kondiktionskläger und seinem Gegner vollzogen haben müsse". Die Bestimmung des § 822, wo-

---

[13]) Daß man übrigens den Grundsatz des selbständigen Verfügungsgeschäftes oder abstrakten dinglichen Vertrages, der wegen der notwendigen Offenkundigkeit der sachenrechtlichen Lage im Sachenrechte seinen guten Sinn hat, auch auf Forderungsübertragung und Forderungserlaß erstreckte, war m. E. gesetzgeberisch falsch. Wenn man einen Erlaß als schuldrechtlich unbegründet nach § 812 Abs. 2 kondiziert, wie muß der Klagantrag lauten?

nach die unentgeltlich weitergegebene Bereicherung von einem Dritten herausverlangt werden kann und die entsprechende Bestimmung über die unentgeltlich vorgenommene wirksame Verfügung (§ 816 Abs. 1 Satz 2) sind allerdings unzweifelhaft Ausnahmen; nicht aber die Bestimmung § 816 Satz 1 und § 816 Abs 2. In RG. 73, 177 ist übrigens richtig nur § 822 als Ansnahme angeführt; dagegen ist in RG. 92, 83 wieder § 816 zusammen mit § 822 als Ausnahme bezeichnet von dem hier übrigens sehr scharf formulierten Grundsatze[14]), daß „die Vermögensverschiebung sich unmittelbar zwischen dem Kondiktionskläger und seinem Gegner vollzogen haben müsse" (vgl. auch RG. 94, 192; desgl. RG. 97, 65). Nur durch diese grundsätzliche Fassung, verbunden mit einer schärferen Umgrenzung des „sine causa", wie ich es vorschlage (vgl. unten), wird man verhüten können, daß die ungerechtfertigte Bereicherung als verschwommener Billigkeitsbehelf verwendet wird. An letzteren Gebrauch klingt noch stark an die Ausdrucksweise des RG. 86, 348, wo dieses von „den Billigkeitsrücksichten" spricht, „auf welchen die durch den Bereicherungsanspruch vom Gesetz erstrebte Ausgleichung von Vermögensverschiebungen beruht, die auf Grund formalen Rechtes eingetreten sind". Die alte scholastische „Distinktion", daß etwas angeblich zwar formal begründet, aber sachlich unbegründet sein soll, bedeutet immer einen Bankrott der Theorie[14a]); nein; die Veränderung der dinglichen oder sonst zustandsrechtlichen Lage bzw. der Untergang oder teilweise Untergang der einem anderen rechtlich zustehenden Genußmöglichkeit durch Verzehren, Verbrauchen ist rechtlich begründet, formell und materiell. Aber die durch diese Zustandsänderung herbeigeführte Wertbewegung — Übergang eines erkennbaren Einzelwertes aus einem bestimmten Vermögenskreis in einen anderen — soll rückgängig gemacht werden, weil zur Bewirkung solcher Vermögensbewegungen die Forderungsrechte bestimmt sind und weil es dieser Wertbewegung an der forderungsrechtlichen Qualifizierung fehlte. Der Grundsatz des § 816, daß der unberechtigt, aber wirksam über einen fremden Wert Verfügende die Bereicherung herausgeben soll, ist nur eine Anwendung des Grundgedankens des § 812, und es wäre, wie schon gesagt, der Abs. 2 bei richtiger allgemeinerer Fassung des Grundgedankens gar nicht nötig gewesen. Denn das wirksame Einziehen einer fremden Forderung für sich ist ebenso ein unmittelbares Verbrauchen des fremden Wertes wie das wirksame Veräußern einer fremden Sache oder wie das Verzehren fremder Nahrungsmittel. Wenn der Schuldner nach der Abtretung, der debitor cessus, noch an den alten Gläubiger zahlt und damit, wenn er nichts von der Abtretung weiß, seine Schuld wirksam tilgt, so hat sich eben der alte Gläubiger einen fremden Wert einverleibt und ist rechtlos bereichert zu Lasten des neuen Gläubigers. Zu dieser Rechtslage steht es nicht in Widerspruch, wenn das Reichsgericht, übrigens im Gegensatze zu einer ausdrücklichen Äußerung der Motive, in RG. 83, 187 dem so gezahlt habenden debitor cessus die Befugnis geben will, später, nach Aufhellung der Sachlage, das Indebitum zurückzufordern. Ob der durchschlagende Grund hierfür wirklich der ist, den das Reichsgericht anführt, in Abweichung auch von dem betreffenden Oberlandesgerichte, nämlich daß der

---

[14]) Vgl. auch RG. 99, 166: daß die Bereicherungsansprüche „nur dazu dienen, unmittelbar vollzogene Vermögensverschiebungen auszugleichen".

[14a]) In „Wirtschaft und Recht", Beilage zur „Deutschen Allgemeinen Zeitung" vom 1. Sept. 1928, schreibt Dr. Alexander Elster in einem Aufsatz: „Ungerechtfertigte Bereicherung als objektive Rechtsverletzung": „Von ungerechtfertigter Bereicherung im besonderen Sinne aber spricht man ja nur dann, wenn der Empfänger aus gewissen rechtlichen Gründen glauben durfte, ihm komme das Empfangene rechtlich zu. Es muß also neben dem mangelnden Rechtsgrund" ein anderer vorhandener Rechtsgrund stehen, und dieser macht das Problem aus." Nach dem oben Ausgeführten läßt sich das jetzt viel einfacher sagen.

debitor cessus ja ein in Unkenntnis der geschehenen Zession erteiltes vertragsmäßiges Schuldanerkenntnis ebenfalls zurückfordern könne, was freilich zweifellos ist, mag dahingestellt bleiben; und ebenso, ob nicht die Ansicht des Oberlandesgerichtes und der Motive gewisse praktische Vorzüge hat; nämlich daß der debitor cessus nicht kondizieren könne, wenn er in Unkenntnis der geschehenen Zession und deshalb, wenn er nur will, mit tilgender, ihn befreiender Wirkung gezahlt hat. Das Reichsgericht will ihm also trotzdem die condictio indebiti geben; und man kann ja freilich sagen, wie bei aller Ausweis-, Legitimationswirkung, der Gegner kann mit befreiender Wirkung zahlen, aber er hätte nicht vom anderen gezwungen werden können, und deshalb braucht er sich auch nicht auf die tilgende Wirkung zu berufen, sondern kann seinerseits zurückfordern und die Zahlung an den richtigen Gläubiger vorziehen. Ganz unzweifelhaft ist es mir wie gesagt nicht, ob nicht die Motive und das Oberlandesgericht Stuttgart, die beide anderer Meinung sind, die richtigere Meinung vertreten als das Reichsgericht. Diese Auseinandersetzung war für das Grundsätzliche der folgenden Ausführungen wesentlich; obwohl es auf diese einzelne Meinungsverschiedenheit nicht ankommt. Aber eine wichtige Folgerung hat meine Auffassung bezüglich des „durch die Verfügung Erlangten". Die herrschende Meinung ist die, daß, wer nach § 816 unberechtigt verfügt hat, herausgeben müsse, was er auch nur mittelbar durch die Verfügung erlangt, nämlich als die gegen die Hingabe der fremden Sache vereinbarte Gegenleistung; also das ganze lucrum ex negotiatione. „Sind die übergegangenen Vermögenswerte nicht mehr in Natur vorhanden, so treten an ihre Stelle die Werte, die infolge vorgenommener Umsatzgeschäfte daraus erlöst oder aus sonstigen Gründen Surrogate der ursprünglichen Leistung geworden sind (§ 818 Abs. 1); wobei wiederum der wirtschaftliche Gesamterfolg aller in diesen Rahmen fallenden Vermögensveränderungen in Betracht kommt" (RG. 72, 362). Das ist nun m. E. ganz sicher falsch. Erstens um deswillen, weil der § 687 Abs. 2 dann völlig überflüssig wäre. Nach diesem Paragraphen kann ich den, der wissentlich mein Geschäft unbefugt führt, also nur den Bösgläubigen, als Geschäftsführer wider Willen in Anspruch nehmen und so ihm allerdings den ganzen Gewinn abnehmen. Die Bestimmung wäre überflüssig, wenn schon der § 816 dazu genügte, das lucrum ex negotiatione herauszufordern, wie die herrschende Meinung will. Zweitens führt dieser Grundsatz zu unerträglichen Folgerungen; wenn dem, der eine fremde Sache veräußert hat, ohne von der Fremdheit zu wissen und dabei vielleicht infolge seiner besonderen Geschäftstüchtigkeit oder durch geschickte Konjunkturbenutzung einen großen Gewinn gemacht hat, den der Berechtigte niemals gemacht haben könnte, dieser Gewinn aus der Geschäftstätigkeit nun einfach abgenommen würde. Im Urt. v. 27. Mai 1910 (RG. 73, 424ff.) versagt das Reichsgericht dem Prinzipal gegenüber dem Handlungsgehilfen, der erwiesenermaßen unberechtigt aus dem Dienste ausgeschieden ist und eine offene Handelsgesellschaft in wettbewerbendem Betriebe begründet hat, das Eintrittsrecht aus § 61 HGB. und verweist ihn auf den Schadenersatzanspruch gegenüber dem vertragsbrüchigen Handlungsgehilfen; obwohl der Wortlaut des Gesetzes die Frage mindestens zweifelhaft läßt und das Reichsgericht selbst zur Unterstützung seiner Ansicht sogar offene Erwägungen lediglich gesetzgeberischer Natur heranzieht, indem es bezweifelt, ob die Aufrechterhaltung dieses Eintrittsrechtes noch geboten gewesen sei, nachdem nach dem Bürgerlichen Gesetzbuche es nun sicher sei, daß auch entgangener Gewinn als Schaden eingeklagt werden könne. „Der Ausnahmecharakter der Bestimmung und die darin gegen den wirtschaftlich Schwächeren enthaltene Härte zwingt vielmehr zu einer vorsichtigen und einschränkenden Anwendung"; ... man dürfe ihr nicht „eine Auslegung geben, die in unerträglicher Weise den Handlungsgehilfen auf längere Zeit um die Früchte seiner Tätigkeit bringen und dem Prinzipal einen Gewinn zuführen würde, den er selbst nicht hätte erzielen können". Die derzeit übliche Anwendung des § 816, daß der unberechtigt Verfügthabende die durch seine Vereinbarung erzielte Gegenleistung seines Gegenübers dem dabei ganz unbeteiligten Verfügungsberechtigten herausgeben muß, erreicht nun aber genau dasselbe wie das Eintrittsrecht, welches das Reichsgericht in dem erwähnten Urteile, m. E. mit Recht, wenn auch in ziemlich freier Auslegung des Gesetzes, als eine einzuschränkende Ausnahmebestimmung ansieht.

Das obligatorische Geschäft, das der wirksam verfügende Unberechtigte über den Gegenstand dieser Verfügung abgeschlossen hat und was er bei dieser Vereinbarung als Gegenleistung erzielt hat, geht, außer in dem Sonderfall des ungetreuen Gestors (§ 687 Abs. 2; s. oben), den Eigentümer der Sache bzw. den sonst Berechtigten gar nichts an; ebenso wie umgekehrt das Reichsgericht dem Bereicherungsbeklagten, der eine fremde Sache verarbeitet und so sich einverleibt hat, mit Recht versagt, daß er den beim Erwerbe der Sache gezahlten Preis von der Bereicherung abziehe (RG. 106, 7). Drittens aber scheint mir — was freilich nun schon eine deduktive Verwendung des von mir behaupteten Grundprinzips ist — das Erlangte um deswillen nur gerade in dem Fürsichverbrauchen, in dem Veräußern dieses Wertes für eigene Rechnung zu bestehen, weil nur auf diese Weise unmittelbarer Übergang des erkennbaren Einzelwertes aus dem Vermögen des Benachteiligten in das Vermögen des Bereicherten herzustellen ist. Denn die Gegenleistung des Dritten fließt doch unzweifelhaft aus dessen Vermögen in das des Bereicherten.

Das substanzverzehrende und daher den Rechtsuntergang herbeiführende Verbrauchen eines Gegenstandes steht dem rechtswirksamen Verfügen durchaus gleich; wie ja übrigens auch der § 92 BGB. bei der Begriffsbestimmung der Verbrauchssache die bestimmungsgemäß zur Veräußerung zu verwendende Sache grundsätzlich der eigentlichen Verbrauchssache gleichsetzt.

Das Reichsgericht (RG. 90, 139) gibt gegen den schuldlosen und daher nicht schadenersatzpflichtigen Verletzer eines Kunsturheberrechtes einen Bereicherungsanspruch: „Die Beklagte hat Vorteile durch den Vertrieb des Erika-Musters der Klägerin erlangt, und zwar ohne rechtlichen Grund auf Kosten der Klägerin, weil die Beklagte zur Verwertung des Musters nicht berechtigt war und durch diese Verwertung die Möglichkeit, das Muster abzusetzen, zum Nachteile der Klägerin beeinflußte[15])."

Die unmittelbare Bewegung eines Wertes aus dem Vermögen des Benachteiligten in das des Bevorteilten ist hier allerdings vorhanden, obwohl auf den ersten Blick dieser Wert, durch die Veräußerungsverträge über den Nachdruck des Musters, von Dritten herzustammen scheint. Der Bereicherte hat aber tatsächlich das Monopol wirksam beeinträchtigt; mindestens über einen Teil davon wirksam verfügt, durch Verbrauchen; genau wie beim Verzehren fremder Verbrauchssachen[16]).

[15]) In der berühmten Rundfunkentscheidung (RG. 113, 424) sieht das Kammergericht in der urheberrechtlich unbefugten Rundfunkübermittelung ebenfalls einen Bereicherungstatbestand; das Reichsgericht lehnt das ab, aber immerhin mit Zweifeln und mit dem besonderen Grunde, daß die Verletzung des Urheberrechtes in den Gesetzen von 1901, 1910 ausschließlich geregelt sei.

[16]) Vgl. das auch sonst bemerkenswerte Urteil in RG. 117, 195 in Sachen der J. G. Farbenindustrie gegen das Deutsche Reich. England erzwingt, daß die englischen Lizenznehmer nur 25% ihrer Lizenzgebühren an die J. G. Farben, 75% aber an die englische Regierung zahlen, zur angeblichen Gutschrift für das Deutsche Reich. Ein Bereicherungstatbestand wäre wohl gegeben gewesen, aber es wurde auf Unzulässigkeit des Rechtsweges erkannt. Das Reichsgericht sagt dabei, „daß das Verfahren der englischen Regierung mit dem Wortlaut und dem Sinn des Dawes-Planes in

Das Reichsgericht wendet § 816 auch dann an, wenn die Verfügung zunächst noch nicht wirksam war, z. B. wegen Gestohlenheit der Sache; es macht zwar dazu noch den Umweg über § 185 Abs. 2, indem es in der Klagerhebung eine nachträgliche Genehmigung des Berechtigten sieht, durch die die zunächst unwirksame Verfügung des Unberechtigten nun wirksam werde (vgl. RG. 106, 44). Mir scheint noch näher zu liegen eine Ausdehnung des § 816 auf die rechtsähnliche Lage[17]), daß die Verfügung zwar noch nicht rechtlich, aber doch tatsächlich dem Berechtigten die Vindikation entzieht, weil es nach Lage der Sache aussichtslos ist, daß dieser den Passivlegitimierten auftreibt. Das ist auch nicht zu hart gegen die Beklagten; denn er gewinnt nun ja auch, durch die Genehmigung, die in der Klagerhebung liegt, daß er von der drohenden Eviktionshaftung gegenüber seinem Käufer frei wird, seinem Verkäufer gegenüber aber nun solche erwirbt. Dazu bedarf es allerdings ebenfalls wieder einer Ausdehnung, nämlich des § 440 Abs. 2, die aber das betreffende Urteil (RG. 115, 34) auch anstandslos vornimmt; nämlich daß man das Abkondizieren des Wertes der Sache dem Abvindizieren der Sache gleichsetzt.

Das teilweise Verbrauchen, Unwirksammachen eines Monopols fällt also durchaus noch unter den allgemeinen Grundsatz: Übergang eines identifizierbaren Wertes ohne schuldrechtliche, bewegungsrechtliche Unterlage. Dieser Fall erläutert aber auch zugleich noch einmal das Wesen des zu schützenden Rechtsgutes bei den ausschließlichen Rechten nichtdinglicher Art; und daß dieses Rechtsgut etwas anderes ist als die zu dessen Schutze gegebenen Verbote (vgl. oben S. 148). Das Wesentliche am Urheberrechte für den Berechtigten bleibt natürlich dies, daß er allein das Werk vervielfältigen und verkaufen kann; daß er das gleiche anderen verbieten kann, bietet ihm an sich keinerlei Genuß, sondern soll nur verhindern, daß ihm jener Genuß entzogen oder beeinträchtigt wird.

Einfacher als die Tatbestände der Bereicherung „auf sonstige Weise" liegen die, die sich „durch Leistung" des Benachteiligten an den Bereicherten vollziehen; des Benachteiligten an den Bereicherten; wenn die Wertbewegung zwar durch Leistung, also als gewollte Vermögensbewegung, sich vollzog, aber durch Leistung des wirklichen Schuldners an einen durch Rechtsschein ausgewiesenen Gläubiger (vgl. oben) oder durch Tilgung einer bestehenden Schuld an den wahren Gläubiger oder den ausreichend ausgewiesenen Scheingläubiger, aber durch einen Nichtschuldner (vgl. sofort unten), liegt tatsächlich ein Bereicherungstatbestand auf sonstige Weise vor; denn die dabei vollzogene Leistung vollzieht sich nicht unmittelbar zwischen Bereichertem und Benachteiligtem.

In der gemeinrechtlichen Lehre teilte man üblicherweise die Schuldgrundgeschäfte oder causae in folgender Weise ein; man unterschied causa solvendi, credendi, donandi[18]). Einfacher und systematisch richtiger teilt man so ein; jede gewollt vorgenommene Zuwendung will entweder auf ein schon zwischen diesen Beteiligten bestehendes obligatorisches Band einwirken, vor allem Schuld tilgen (causa solvendi); oder es soll durch diese Zuwendung eine obligatorische Be-

---

Widerspruch steht ...", aber „als Mittel diene, um der deutschen Industrie das Wiederauftreten auf dem englischen Markte möglichst zu erschweren. Dabei spielt wohl auch die in England geläufige Anschauung mit, daß die Konfiszierung von Privateigentum eine statthafte Kriegsmaßnahme sei. Das sind alles Dinge, die sich mit dem Begriff eines Friedensvertrages schwer vereinigen lassen."

[17]) Wie ich in meiner Schrift: Die Bereicherungsansprüche und der Mangel des rechtlichen Grundes S. 51 (1902) vorgeschlagen habe; noch ohne damals Entscheidungen dafür anführen zu können.

[18]) Vgl. die in der vorigen Anmerkung angeführte Schrift, § 10, S. 56ff. (1902), ferner JheringsJ. 69, 165 (1919).

ziehung erst geknüpft werden (causa credendi, donandi, zusammengefaßt obligandi). Es ist m. E. nicht notwendig, noch von weiteren „mit der Leistung bezweckten Erfolgen" etwa im Sinne von Voraussetzung oder causa data, causa non secuta zu reden. Denn die Rückforderung kann immer nur begründet werden auf den Ausfall der mit der Zuwendung typisch verbundenen Einwirkung auf die besonderen rechtlichen Beziehungen dieser Beteiligten, d. h. auf zwischen ihnen bestehende oder zu begründende schuldrechtliche Beziehungen. Will ich einen besonderen atypischen Zweck derart mit der Zuwendung rechtlich verbinden, daß sein Ausfall Rückforderung begründen soll, so muß ich diesen Leistungszweck irgendwie der Leistung besonders rechtlich einfügen; was übrigens nicht als ausdrückliche Bedingung zu geschehen braucht, sondern was allerdings — das war der richtige Grundgedanke an Windscheids nur allzu weit ausgedehnter „Voraussetzung"[19]) — auch stillschweigend sich ergeben kann, nur irgendwie dem Gegner erkennbar sein muß; z. B. Zuwendung als Heiratsgut für die geplante, dann aber nicht zustande gekommene Ehe. Diese Schranke muß man ziehen, daß nämlich nur das Verfehlen des mit der Leistung rechtlich verbundenen Leistungszweckes, nicht aber das Nichterreichen tatsächlicher, insbesondere wirtschaftlicher weiterer Zwecke Kondiktionsgrundlage ergibt; sonst würde man auch das Ausbleiben der Gegenleistung beim gegenseitigen Vertrage als „Nichteintritt des mit einer Leistung bezweckten Erfolges" (§ 815 BGB.) ansehen können; was zweifellos falsch wäre; wie sich schon aus den besonderen Bestimmungen der §§ 323ff. BGB. ergibt, was aber trotzdem vom Reichsgerichte doch mehrere Male noch besonders hervorgehoben werden mußte gegen gegenteilige Auffassung.

Das Wesen der obligatorischen causa oder des Leistungszweckes tritt besonders deutlich hervor bei der Anweisung, bei der bekanntlich drei Beteiligte vorhanden sind und bei der die Zahlung zwischen Anweisungsvorweiser und Angewiesenem oder Akzeptanten zwischen diesen beiden nun einmal wirklich abstrakt ist, weil der Zahlungsempfänger sie auf sein Valutaverhältnis, der Zahlende sie auf sein Deckungsverhältnis bezieht. Die Reichsgerichtsentscheidung über die Postanweisung in RG. 60, 24, die mehrfach besprochen worden ist[20]), stellt m. E. geradezu einen Schulfall dar, um den obligatorischen Grund der Leistung zu erläutern, und zugleich auch das Wesen der Anweisung. Die Post hatte auf Grund einer von einem betrügerischen Postbeamten ohne Einzahlung abgesendeten Postanweisung an einen Bankier gezahlt, dem der Postbeamte etwas schuldete, und wollte nun den Betrag, da von dem Postbeamten nichts zu holen war, von dem Bankier als ohne Grund gezahlten wiederhaben. Das Reichsgericht hat m. E. mit Recht (anderer Meinung Stampe) die Sache abgewiesen. Die Post war freilich nicht schuldig zu zahlen, weil das Deckungsverhältnis, ihr Vertrag mit dem Einzahlenden, der durch die Einzahlung das Deckungsverhältnis schaffen soll, nicht geschlossen war. Sie hat zwar auch im eigenen Namen gezahlt; aber indem sie die Postanweisung zustellte, hat die Post doch ihre Zahlung ausdrücklich als für Rechnung jenes Postbeamten geschehen bezeichnet, der dem Bankier diesen Betrag schuldete, und

---

[19]) RG. 66, 132 lehnt die Kategorie der Voraussetzung zu § 812 ab: „. . . muß hinzutreten, daß der geeinte Wille der Kontrahenten, der rechtsgeschäftliche Wille, das Verhältnis in irgendeine Art von Abhängigkeit von ihnen gesetzt hat, sei es in Gestalt einer aufschiebenden oder auflösenden Bedingung, sei es durch Festsetzung bloß obligatorischer Rechtsfolgen." — Windscheids Lehre von der Voraussetzung hat ja neuerdings eine gewisse Wiederauferstehung erlebt in der tatsächlich auch dogmatisch schärferen Lehre von der Geschäftsgrundlage, die Windscheids Schwiegersohn zuerst aufgestellt hat.

[20]) U. a. von Ernst Stampe im ArchZivPrax. 107, 288 und von mir in JheringsJ. 70, 208.

damit ist diese tatsächlich bestehende Forderung getilgt worden. Neubecker hatte seinerzeit zwar m. E. durchaus recht, daß das Abstraktmachen einer Leistung mindestens im wesentlichen, also wenn man auch Rümelins einzelne Ausstellungen daran zugibt, nur ein Verschieben der Beweislast bedeutet; also daß es abstrakte Schuldverhältnisse im Grunde nicht gibt. Abstrakte Zahlungen gibt es aber allerdings, nämlich zwischen Anweisungsvorweiser und dem zahlenden Angewiesenen; oder auch bei Einzahlung an die Bank auf Gutschrift auf das Bankkonto jemandes. Bei solchen Zahlungen haben Zahlender und Empfänger zwei unterschiedene Kausalverhältnisse im Auge, zwischen ihnen selber aber besteht kein Kausalverhältnis. Rückforderbar ist eine solche Zahlung wegen Mangel der causa nur dann, wenn beide Kausalverhältnisse, das Valutaverhältnis und das Deckungsverhältnis, fehlen; dann allerdings kann, wie v. Tuhr einmal richtig ausgeführt hat, auch dieser abstrakte Zahler wegen Mangel des rechtlichen Grundes zurückfordern. Das Reichsgericht führt in der besprochenen Entscheidung meine Schrift über die Bereicherungsansprüche an (RG. 60, 29); im selben Bande noch einmal S. 241 bei Rückforderung eines zu Unrecht als Masseschuld ausgezahlten Betrages, sonst nirgends soweit ich sehe. Aber ich finde auch keine Entscheidung, die im grundsätzlichen Widerspruche zu meiner Auffassung vom Bereicherungsanspruche steht, abgesehen vom lucrum ex negotiatione (vgl. oben). Ernst Zitelmann schreibt in der kurz vor seinem Tode erschienenen Selbstdarstellung in: Die Rechtswissenschaft der Gegenwart in Selbstdarstellungen (1924) „in einem umfangreichen, aber nie gedruckten Buche über die Kondiktionen habe sich ihm herausgestellt, daß das sine causa lediglich bedeute, die Leistung des einen an den anderen sei ohne wirksame rechtsgeschäftliche causa erfolgt". Das klingt zwar zunächst wie ein Zirkel, aber wenn man das letzte erläutert durch: ohne rechtliche Wirkung auf die persönlichen Beziehungen dieser beiden Beteiligten — Gegensatz zustandsrechtliche Wirkung oder Änderung der Vermögenszugehörigkeit eines Wertes — so kommt es mit dem überein, wie ich (zuerst in der Schrift von 1902, dann schärfer 1919), das Wesen des rechtlichen Grundes zu kennzeichnen versucht habe[21]).

Ich hatte als eine weitere Gruppe von Bereicherungstatbeständen auf sonstige Weise genannt das rechtswirksame Getroffenwerden von fremden Passivis. Das bezeichnet nun allerdings eine Gruppe von Fällen, die gewisse Schwierigkeiten bietet (vgl. den eben berichteten Postanweisungsfall). Im gemeinen Rechte hieß es: nunquam repetitio est ab eo, qui suum recepit; aber auch dieser Satz ist insofern etwas tautologisch, als es sich ja gerade fragt, ist es suum, wenn der Gläubiger von B bezahlt bekommt, was der A ihm schuldet. Es wird die Meinung verteidigt, daß der B zwar von A zurückfordern könne, weil er diesen ohne rechtlichen Grund von einem Passivum befreit habe; aber er könne auch nach seiner Wahl (vgl. die gutgläubige Zahlung an den früheren Gläubiger, § 407 BGB.) von dem Gläubiger zurückfordern, der dann natürlich seine Forderung gegen den A wiedererhalte. Das ist in dieser allgemeinen Form sicher nicht richtig. Die Meinung geht offenbar von der Vorstellung aus, daß eine Forderung durch die Persönlichkeit des Schuldners individualisiert, identifiziert werde, und das ist auch im allgemeinen richtig. Aber man kann ein individuelles Schuldverhältnis auch in anderer Weise identifizieren, durch die Person des Gläubigers und die Bezeichnung des Entstehungsgrundes. Der § 267 unseres Bürgerlichen Gesetzbuches sagt es doch ausdrücklich, daß ein Unbeteiligter

[21]) Zitelmann drückte mir kurz nach dem Erscheinen meines Buches (1902) mündlich bei einem zufälligen Zusammentreffen sehr lebhaft seine Zustimmung aus; leider kam es dann nie zu einer näheren mündlichen Aussprache, die wir damals ins Auge faßten.

fremde Schuld wirksam tilgen kann; wenn der Gläubiger annimmt, selbst gegen den Willen des Schuldners (Abs. 2); selbstverständlich ohne daß im Namen und mit Vollmacht des Schuldners gezahlt würde; denn von diesem Falle brauchte das Gesetz nicht besonders zu reden. Ist nun bei der Zahlung durch einen anderen das Schuldverhältnis in dieser Weise identifiziert worden, durch den richtigen Gläubiger und die Bezeichnung der Gegenleistung — z. B. der Werkbesteller des zu bauenden Hauses hat irrtümlich die Dachdeckerrechnung bezahlt, die den Unternehmer anging —, so kann er m. E. zwar die Erklärung wegen Irrtum anfechten, aber ohne solche Anfechtung kann er nicht von dem Empfänger, der suum recepit, kondizieren, sondern nur von dem Bauunternehmer, den er, der Zahlende, von einem Passivum entlastet hat ohne schuldrechtlichen Grund (vgl. oben S. 155 unten).

Die Festlegung, Identifizierung des einzelnen Schuldverhältnisses bei der vom Nichtschuldner und daher insoweit grundlos gezahlten aber einem anderen gegenüber bestehenden Forderung des Empfängers kann sich auch aus anderen Umständen der Zahlung ergeben, nicht nur aus der Bezeichnung der Gegenleistung, für die die Zahlung gemacht wurde. Die Frau, die während einer kleinen Reise des Mannes die Geschäfte besorgt, ohne besonders bevollmächtigt zu sein, zahlt einen auf den Mann bezogenen und von diesem anscheinend akzeptierten Wechsel. Als der Mann zurückkommt, stellt sich seine Unterschrift als gefälscht heraus. Er fordert seine Zahlung von dem Wechselgläubiger zurück gegen Rückgabe des Wechsels, dessen Protestfrist jetzt aber abgelaufen ist. Aus diesem letzteren Grunde weigert sich der Wechselgläubiger zurückzuzahlen unter Berufung auf § 818, Wegfall der Bereicherung; zwar hat dieser Wechselgläubiger noch den Anspruch gegen seinen Indossanten aus dem Valutaverhältnis und auch noch den wechselmäßigen Bereicherungsanspruch aus Art. 83 WO., nämlich gegen den Aussteller des Wechsels und vermutlichen Fälscher des Akzeptes. Aber von diesem ist nichts zu holen, und der Wechselgläubiger macht glaubhaft geltend, er hätte diesen Wechsel nie genommen, wenn nicht unter den früheren Indossanten eine angesehene Bank gewesen wäre, deren wechselmäßige Verbindlichkeit aber jetzt erloschen sei. Er sei deshalb durch die an sich grundlose Zahlung des gefälschten Akzeptes nicht mehr bereichert, weil er dafür seine Regreßansprüche verloren habe; dieser Verlust stehe in unmittelbarem Zusammenhange mit der grundlos empfangenen Zahlung, weil diese sich eben auf den Wechsel bezogen habe und vom Empfänger nur habe auf diesen bezogen werden können. Ich halte diese Ausführungen des Beklagten für richtig, so hart es auf den ersten Blick scheint, daß die Zahlung auf gefälschte Unterschrift hin nicht glatt soll zurückgefordert werden und eintretendenfalls, wenn von dem Fälscher nichts herauszubekommen ist, den Zahlenden endgültig belasten soll, der doch überhaupt nicht in dem Wechselnexus zu stehen scheint. Dieser letztere Anschein ist aber — und das ist ausschlaggebend — unrichtig; der auf den schließlichen Zahler gezogene Wechsel konnte ja auch ohne vorgängiges Akzept gezahlt werden; daß der Wechsel mit gefälschtem Akzept protestiert werden muß ist anerkannt. Indem die Frau den Wechsel freiwillig zahlte, hat sie ihre Zahlung auf diesen Wechsel bezogen, und wenn nun der Empfänger seinen Wechselregreß verliert, weil er infolge dieser freiwilligen Zahlung zu spät von der Fälschung erfuhr, so steht dieser Verlust in unmittelbarem Zusammenhange mit der grundlosen Zahlung und bedeutet deshalb einen Wegfall der Bereicherung im Sinne von § 818 Abs. 3 BGB. Ein Gericht nahm Wegfall der Bereicherung an, als ebenfalls ein anderer als der eigentliche Schuldner die in bestimmter Weise identifizierte Schuld eines anderen gezahlt hatte, zur Zeit der späteren Rückforderung des indebite Gezahlten die Forderung gegen den eigentlichen Schuldner aber verjährt war, weil der Gläubiger nach der Zahlung sich nicht mehr um diese gekümmert und sie hatte verjähren lassen (das Kammergericht allerdings in diesem Fall anderer Meinung).

In RG. 104, 103 (Entsch. v. 22. Febr. 1922) sagt das Reichsgericht: „Das dingliche Erfüllungsgeschäft ist vom Bürgerlichen Gesetzbuche zu einem gegenüber dem ihm zugrunde liegenden schuldrechtlichen Geschäfte selbständigen Geschäft ausgestaltet in der Weise, daß es die bestimmte dingliche Rechtswirkung hervorbringt, auch wenn der schuldrechtliche Bestimmungsgrund (die causa) nicht besteht oder weggefallen ist (§§ 873, 929, 398 BGB.), und daß der Ausgleich der dadurch eingetretenen ungerechtfertigten Vermögensverschiebung im Wege des schuldrechtlichen Bereicherungsanspruches (§§ 812 ff.) zu erfolgen hat." Darin ist der in diesen Ausführungen behauptete einheitliche Grundsatz der Bereicherungstatbestände der §§ 812ff. klar ausgesprochen und die Formel bedarf nur einer kleinen Erweiterung, damit sie, die zunächst nur von Bereicherungsfällen „durch Leistung" redet, auch die, wie schon zu sagen war, auf den ersten Blick etwas schwieriger liegenden Fälle der Bereicherung „auf sonstige Weise" umfaßt. Der angeführte Satz des Reichsgerichtes spricht besonders von dinglichen Erfüllungsgeschäften; aber die Lage ist durchaus die gleiche, wenn sich die dingliche, allgemeiner die zustandsrechtliche Veränderung in der Weise vollzieht, daß meine Sache mit einer anderen, die eine Hauptsache darstellt, sich untrennbar vermischt; daß mein Rohstoff durch Verarbeitung untergeht beziehentlich in einer wesensanderen Sache, nova species, einer neuen *οὐσία* verschwindet; wenn mein Futter im Magen eines fremden Pferdes verschwindet, was man zur Not auch noch als Verbindung auffassen könnte; aber auch wenn ein anderer mein Essen verzehrt oder meine Forderung wirksam verbraucht, weil er ausgewiesener Scheingläubiger ist; oder wenn meine Werte dadurch für mich verschwinden, daß ich sie auf die Schuld eines anderen gezahlt habe, aber ich von diesem wegen genügender Identifizierung der bestehenden Forderung nicht zurückfordern kann und so das fremde Passivum meine Aktivwerte verzehrt hat. In allen diesen Fällen, nicht nur bei Leistungen wegen der abstrakten Gültigkeit des dinglichen Leistungsgeschäftes, waren es die Vorschriften über Zustandsrechte[22]) oder die zum Schutze der Vermögenszugehörigkeit gegebenen Rechtsbefehle, die die Bewegung eines erkennbaren Wertträgers aus einem bestimmten Vermögen in ein anderes bestimmtes Vermögen bewirkt haben. Dieser Vorgang entbehrt der schuldrechtlichen Unterlage und soll deshalb schuldrechtlich, inter partes, rückgängig gemacht werden. Daß auch die einmal entstandene Forderung als diese Aussicht auf Leistung einen solchen zustandsrechtlichen Vermögenswert darstellt, braucht nicht mehr näher ausgeführt zu werden; dieser Wert kann bekanntlich als solcher gepfändet werden und seine Übertragung, sein Erlaß sind anerkannterweise Verfügung, d. h. unmittelbare Verminderung des Aktivvermögens.

Daß auch die ohne schuldrechtlichen Grund erfolgte Novation oder rechtsgeschäftliche Schaffung eines abstrakten, selbständig einklagbaren Leistungsanspruches rückforderbar ist und ebenso die ohne Schuldgrund erfolgte rechtsgeschäftliche Vernichtung eines Leistungsanspruches, bestimmt ausdrücklich

---

22) RG. 97, 43; schon die Fassung des Antrages verbiete es, in ihm einen Bereicherungsanspruch zu sehen; denn dieser Antrag gehe „nicht auf Rückgängigmachen einer kraft Rechtens eingetretenen Vermögensverschiebung, sondern auf Feststellung, daß eine solche überhaupt nicht eingetreten sei".

der § 812 Abs. 2[23]); ein solches Rechtsgeschäft soll „als Leistung gelten". Es wäre nicht nur einfacher, sondern auch richtiger gewesen, zu sagen, rückforderbar wegen rechtlichenMangels des Grundes ist auch ein ohne schuldrechtliche Grundlage geschaffener besonderer Rechtstitel. Ebenso wie es im § 1923 Abs. 2 richtiger gewesen wäre, einfach zu sagen, die später lebend geborene Leibesfrucht kann als solche erben. Das Reichsgericht hat ja inzwischen mit seinem neuen Grundsatze, Hypothek auch für die künftige Nachkommenschaft jemandes eintragen zu lassen, ohnedies den § 1 BGB., daß die Rechtsfähigkeit erst mit der Geburt beginne, schon erheblich gebogen.

Der § 812 Abs. 2 ist m. E. auszudehnen auf bloße Beweispapiere, Quittungen. Daß das „etwas erlangen" auch in der bloßen Besitzerstellung bestehen kann, ist anerkannt.

Nicht ganz einfach liegen zuweilen die Fälle der Bereicherung, wenn bei einer Zwangsvollstreckung fremde Werte, an denen vorher ein die Veräußerung hinderndes Recht bestand, wirksam veräußert worden sind und der Betrag in die Masse geflossen ist. Gegen die Masse selbst besteht dann unzweifelhaft ein Bereicherungsanspruch aus § 816; aber vielfach kommt der Benachteiligte erst dazu, wenn die Masse schon verteilt ist, und versucht dann von den Gläubigern etwas herauszubekommen, die nun für ihre Forderung im Konkurs ihres Schuldners vielleicht erheblich mehr Prozente bekommen haben als ohne jene unberechtigte, aber wirksame Verfügung zugunsten der Masse. Dieser Bereicherungsanspruch gegen den einzelnen Gläubiger ist m. E. abzulehnen, weil kein unmittelbarer Vermögensübergang vorliegt; oder auch, weil die Gläubiger durch den Konkursverwalter lediglich ihre Forderung von ihrem richtigen Schuldner bezahlt bekommen haben und daher diese Vermögensbewegung obligatorisch begründet ist.

Ich habe früher einmal in der Juristen-Zeitung einen Bereicherungsanspruch gegen die Masse für den Fall begründen zu können geglaubt, wenn der Eigentumsvorbehalt des Maschinenlieferanten durch Einbauen unwirksam geworden ist und später nun die Hypothekargläubiger oder der Konkursverwalter das Grundstück versteigern lassen, wobei dann selbstverständlich der Wert der Maschine in die Masse fließt. Ich halte das nicht mehr aufrecht, aber ich erwähne meine Begründung hier, weil sie den Grundgedanken dieser Ausführungen noch einmal zu erläutern geeignet ist. Ich folgerte so. Vor der Beschlagnahme hatte der Maschinenlieferant auch nach dem Einbauen noch seinen Anspruch auf Rückgabe der Maschine, solange der Preis noch nicht gezahlt war; nämlich gegen den Käufer, der, indem er auf den Eigentumsvorbehalt bei der Lieferung einging, sich dazu verpflichtet hatte. Daß die Maschine mit dem Einbauen wesentlicher Bestandteil geworden war, hatte praktische Bedeutung, wie alle Dinglichkeit, erst dann, wenn Dritte ins Spiel kamen. Dieser

---

[23]) Daß unser Gesetzgeber noch vielfach solche Ausdrucksweise wählte, diese Anerkennung usw. gelte als Leistung, die Leibesfrucht gelte als schon früher geboren, die Ware gelte als genehmigt (HGB. § 377 Abs. 2), wenn die sofortige Mängelanzeige unterbleibt, ist offenbar ein Überlebsel oder Rudiment aus den Zeiten des Formularprozesses und prätorischer Rechtsergänzung durch fikticische Formeln. Denn sonst gilt keineswegs die Schaffung eines neuen oder abstrakten Rechtstitels als Leistung. So ist Erfüllung der zwar nicht klagbaren, aber erfüllbaren Spiel- und Wettschuld oder der Forderung auf den Heiratsmäkellohn nur die wirkliche Leistung, nicht aber der dafür gegebene Schuldschein; und selbst der Wechsel, wenn er noch nicht in weitere Hand übergegangen ist, bleibt kondizierbar. — Bei der sofortigen Mängelrüge beziehentlich bei deren Verspätung hat man (OLG. Hamburg) aus dieser Ausdrucksweise des § 377 HGB. die Folgerung gezogen, daß diese fingierte Genehmigung auch dingliche Einigung bedeute, was das Reichsgericht, sicher mit Recht, als irrig bezeichnet (108, 27).

letztere Satz, der vielleicht auf den Augenblick befremdet, ist m. E. unzweifelhaft richtig; man braucht sich dazu nur zu vergegenwärtigen, daß der dingliche Anspruch auf Herausgabe der Sache und der obligatorische auf Lieferung und Eigentumsübertragung dieser gekauften Sache gegenüber dem solventen Gegner völlig gleichwirksam sind; wie sie ja auch in der Zwangsvollstreckung durch den Gerichtsvollzieher völlig gleich aussehen (vgl. § 883 ZPO.); in der Zwangsvollstreckung treten nämlich die Ansprüche phrasenlos auf, d. h. das Gewand der bloßen Konstruktion fällt ab (vgl. oben S. 145). Ist das nun richtig, also daß der Maschinenlieferant seinen Herausgabeanspruch erst mit der Beschlagnahme oder Konkurseröffnung[24]) verliert, dann ließe sich, weil erst dann Dritte ins Spiel kommen, der unmittelbare Wertübergang aus dem Vermögen des Maschinenlieferanten in die Masse herstellen und damit der Bereicherungsanspruch. Wir betrachten zwar den Gemeinschuldner nach der Konkurseröffnung und den verhypothezierten Grundeigentümer nach der Beschlagnahme noch als die Subjekte dieser Vermögenswerte; aber tatsächlich ist doch, da sie nicht mehr verfügen können über diese Werte, eine gewisse Änderung in der Zuständigkeit dieser Vermögenswerte eingetreten. Ich halte, wie schon gesagt, die eben verteidigte Auffassung nicht mehr aufrecht; ich berichte sie hier nur zur Erläuterung des unmittelbaren Wertüberganges beim Bereicherungstatbestand.

IV.

Es wurde oben schon darauf hingewiesen, daß sich für sämtliche Forderungsrechte, Bewegungsrechte, Ansprüche auf Leistung (Verschaffung), die am Schlusse des sie behandelnden zweiten Buches unseres BGB. im § 812 noch einmal geschlossen auftreten, eine erschöpfende Sechsteilung ergibt; erstens nach der Art der Willensvereinigung, ob entgeltlich oder unentgeltlich; zweitens nach dem Gegenstande; kurz gesagt: ob Sache, Sachnutzung oder Dienste geleistet werden sollen. Daß die letztere Zusammenfassung der Leistungsgegenstände eine zutreffende und erschöpfende ist, ergibt sich noch aus folgendem. Rudolf von Jhering bezeichnet im „Zweck im Recht" Tausch und Vergesellschaftung als die Grundschemata des Verkehrs, genauer des entgeltlichen Verkehrs; beim Tausch erfolgt die „Sonderverbindung zu bestimmtem sozialen Zusammenwirken" (Stammler) derart, daß der einzelne nur deshalb dem anderen dient, weil er nur durch diese seine Leistung an den anderen die Gegenleistung bekommt, die er begehrt. Das soziale Zusammenwirken der beiden vollzieht sich also in dem kurzen Akt des Austauschens. Die soziale Verbindung zwischen den Gesellschaftern dagegen ist erstens eine länger dauernde und zweitens eine innigere, sozial erziehlichere; sie erwarten sich die Gegenseitigkeit, d. h. den Eigengewinn aus dieser Verbindung durch das gemeinsame Zweckverfolgen und durch die Gemeinsamkeit des Gewinnes. Die drei Formen des Leistungsgegenstandes begegnen uns nun aber auch hier, wo der Typ nur nach der Art der Willensbindung, nicht wie bei der Unterscheidung von Kauf, Miete, Dienstvertrag, die alle drei unter das Austauschschema fallen, nach dem Gegenstande gebildet ist; und als solche möglichen Gegenstände der Verschaffung erscheinen auch hier, bei der Gesellschaft, die drei, Arbeit, Gebrauchsüberlassung, volle Wertübertragung. Bei der Auseinander-

[24]) In der ersten Auflage des Endemannschen Lehrbuches war noch die Meinung verteidigt, daß auch eine besonders, obligatorisch versprochene Herausnahme eines wesentlichen Bestandteiles, z. B. des noch in das Haus verbauten kostbar geschnitzten Balkens, der einem Kunsthändler verkauft ist, wegen § 93 BGB. nicht durch Klage erzwungen werden könne und unwirksam sei; das ist aber sicher nicht richtig.

setzung der Gesellschaft nämlich werden ausdrücklich erwähnt Dienste (§ 733 Abs. 2 Satz 3), für die kein Ersatz verlangt werden kann; zweitens Gebrauchsüberlassungen, Gegenstände, die zurückzugeben sind, soweit sie noch vorhanden sind (§ 732), aber nicht bezüglich des gemachten Gebrauches zu vergüten sind (§ 733 Abs. 2 Satz 3); und drittens Einlagen, die zu vergüten sind, soweit die Aktiva reichen (§ 733 Abs. 2 Satz 1 u. 2).

Gemeinschaft und Gesellschaft teilt Kosack im Lehrbuche nicht zu den Schuldverhältnissen, sondern zum Personenrecht ein, und das ist systematisch richtig. Denn sie stellen die Anfänge sozialer Gruppenbildungen dar, welche Gebilde dann privatrechtlich in der selbständigen Gruppe oder der juristischen Person (Körperschaft) gipfeln. Auch die Gemeinschaft gehört schon hierher, wenigstens die deutsch-rechtliche und die unseres bürgerlichen Rechtes. Denn der für die Überstimmten und die Sondernachfolger bindende Mehrheitsbeschluß der Gemeinder (§§ 745, 746) ist ohne Zweifel rein individualistisch nicht mehr zu erklären; er bezeichnet vielmehr die erste und einfachste Erscheinungsform sozialer Gewalt[25]); der „Vereinsgewalt", wie das Reichsgericht mit Recht einmal sagt, die nur dem Grade und Umfange nach, nicht der Art nach von öffentlicher Gewalt sich unterscheidet. Rudolf von Jhering bezeichnet, wie schon erwähnt, m. E. zutreffenderweise, Austausch und Vergesellschaftung als die Grundformen der entgeltlichen „Sonderverbindung zu bestimmtem sozialen Zusammenwirken" (Stammler); Sonderverbindung will sagen: bewußt, durch Vereinbarung, erst geschaffene menschliche Verbindung; im Gegensatze zu den Verbänden, in die man hineingeboren wird, wie Familie, Staat, Tausch und Gesellschaft sind natürlich beide Vertrag; und zwar gegenseitiger Vertrag, auch die Gesellschaft. Wenn man sich das klarmacht und zugleich die grundsätzliche Gegensätzlichkeit der privatrechtlichen Verbindungsform „Vertrag" gegenüber dem „Beschluß", d. h. dem verbandsrechtlichen und öffentlich-rechtlichen Mittel, eine Mehrheit von Willen zur Einheit zu bringen, dann braucht man m. E. keine weitere Rechtsfigur der „Vereinbarung" (Binding) oder des „Gesamtaktes" (Kuntze). Für Binding war bekanntlich die Entstehung des Norddeutschen Bundes aus den Verträgen der Gründerstaaten der Anlaß zu seinen Betrachtungen und zu jener besonderen Aufstellung. Es ist richtig, daß bei jeder Vergesellschaftung, d. h. Zusammenschluß zu irgendwelcher gemeinsamen Zweckverfolgung, etwas Neues entsteht, nämlich ein Gemeinwillen, der keineswegs nur die Summe der Teilwillen ist. Das „Mysterium" solcher Tat, wie Binding geradezu sagt, tritt zwar besonders hervor, wenn das Neue eine selbständige privatrechtliche oder völkerrechtliche Person ist. Aber es ist erkennbar vorhanden schon bei der gewöhnlichen Gesellschaft, nämlich in der teilweisen Selbständigkeit des Vermögens; und selbst schon bei der gewöhnlichen Gemeinschaft unseres Bürgerlichen Gesetzbuches; nämlich in der dabei gegebenen Möglichkeit des auch für die Überstimmten und die Sondernachfolger bindenden Mehrheitsbeschlusses, der, wie schon zu sagen war, nichts anderes ist als soziale Gewalt, also ein neuer Gemeinwille; hier nur in der anfänglichsten und einfachsten Form, die wir kennen. Wenn Binding sagt, der Vertrag verpflichte die Beteiligten zu Handlungen verschiedenen Inhaltes, während die Vereinbarung zu gemeinsamer Handlung gleicher Richtung verpflichte, so hat er beim Vertrag offenbar nur die Form des Austausches im Auge. Das ist aber zu eng; denn Vergesellschaftung ist auch Vertrag. Ich glaube also, daß man mit den beiden Begriffen Ver-

---

[25]) Vgl. Erich Jung, Heerbann und Gerichtsbann, Über das Wesen der öffentlichen Gewalt, Berlin, Stilke, 1926.

trag und Beschluß auskommt; „Vertrag" unter Gleichgeordneten, die also nur durch Vereinbarung eines bestimmten Zusammenwirkens zur Verbindung und Willensbindung kommen; und zwar entweder durch Austauschen oder durch Vergesellschaftung; „Beschluß" immer mit Befehlskraft, als Ausdruck eines Unterordnungs- oder auch Mitgliedschaftsverhältnisses. Vgl. zu der ganzen Frage neuerdings die aufschlußreiche Kritik an jener Aufstellung von G. A. Walz, Die „Vereinbarung" als Rechtsfigur des öffentlichen Rechtes, ArchÖffR. N. F. 14 Heft 2.

Meines Wissens hat zuerst Otto von Gierke den Begriff Verbandsrecht oder Sozialrecht aufgestellt, der jener richtigeren Eingliederung der Rechtssätze über Gemeinschaft und Gesellschaft, wie sie Kosack vornimmt, zugrunde liegt. Sozialrecht, Verbandsrecht bedeutet die Summe jener Rechtssätze, die das Verhältnis des Einzelnen, seine Mitgliedschaft zu einer sozialen Gruppe unterhalb der souveränen Gruppenbildung, dem Staat, und die die Verfassung dieser nichtsouveränen Gruppe regeln[26]). Das Verbandsrecht schiebt sich also in der Gesamtgliederung der Rechtsordnung zwischen das Privatrecht im engeren Sinne oder das jus inter singulos — im wesentlichen die Rechtssätze über Mein und Dein und über Verträge — einerseits, und die Rechtssätze über die öffentliche Gewalt, Verfassungs- und Verwaltungsrecht, andererseits ein. Der Mangel an Systematik hat gerade an dieser Stelle hemmend gewirkt. Eine Folge davon ist, daß die staatlich und gesellschaftlich sehr wichtigen Fragen des Vereinsrechtes — vgl. Gerhard Alexander Leists Vereinsherrschaft und Vereinsfreiheit — noch sehr vernachlässigt sind; z. B. die Frage der Vermögensnachfolge beim Rechtsfähigwerden eines bisher noch nicht rechtsfähigen Vereins; das selbsttätige Anwachsen des Gesellschaftsanteiles im Falle des § 738 BGB., das individualistisch schlechthin nicht, sondern nur sozialrechtlich zu erklären ist. Das Mehrheitsprinzip muß, entgegen dem Gesellschaftsrecht, unter dem der nichtrechtsfähige Verein steht, wie Oertmann mit Recht sagt, auch ohne statutarische Satzung gelten, weil es „notwendiges Lebensprinzip des Vereins" ist. Man hat bei dem zwingend gesicherten freien Austritt aus dem Verein (§ 39) leider unterlassen, etwas dem Anspruch auf Erstattung der Einlagen bei der Gesellschaft (§ 733 Abs. 2) Ähnliches zu statuieren; einen Anspruch auf irgendwelche Vergütung für die in jahrelangen Vereinsbeiträgen gemachten Aufwendungen und für die dafür erworbenen Rechte auf gewisse Vereinsleistungen. Dadurch, daß diese beim Austritt schlechthin geopfert werden müssen, ist das Austrittsrecht vielfach tatsächlich illusorisch gemacht und damit die Macht der Mehrheit, d. h. der Führer, über die andersdenkende Minderheit, z. B. bei den Gewerkschaften, aufs äußerste verstärkt. Das alles sind sehr wichtige Fragen, deren auffällige Vernachlässigung in Rechtsleben und Rechtslehre durch die mangelnde systematische Klarheit wesentlich veranlaßt ist.

Wenn man neben den oben betrachteten sechs Gruppen von Schuldverträgen nun noch eine besondere Gruppe bildet für diejenigen Schuldverhältnisse, die eigentlich in den allgemeinen und nicht in den besonderen Teil des zweiten Buches des Bürgerlichen Gesetzbuches gehören — nämlich Verträge, die nur das Leistungsgeschäft betreffen, also ein bestehendes Grundgeschäft (Güterbewegungsvorgang) schon voraussetzen, die man etwa abgeleitete Schuldverträge oder pacta adjecta nennen könnte, wie z. B. Bürgschaft, Schuldversprechen, Schuldanerkenntnis — dann sind alle einzelnen Forde-

[26]) Es ist m. E. systematisch richtig, wie unter anderen jetzt Richard Schmidt in seiner Einführung in die Rechtswissenschaft verfährt, befehlende und organisierende Rechtssätze grundsätzlich zu unterscheiden.

rungsrechte beziehentlich Schuldverhältnisse des Bürgerlichen Gesetzbuches aus Rechtsgeschäften schon untergebracht. Die beiden gesetzlichen Schuldverhältnisse wurden oben schon systematisiert[27]). Die Schuldverhältnisse aus Rechtsgeschäften sind alle als Schuldverhältnisse aus Verträgen aufzufassen. Geschäftsführung ohne Auftrag setzt zwar keine wirklich zustande gekommene Willenseinigung voraus; keine aktuelle, aber doch eine potentielle; indem nämlich dabei doch ein Verhalten des Geschäftsführers verlangt wird, das dem wirklichen oder mutmaßlichen Willen des anderen Teiles bei der Übernahme und bei der Führung der Geschäfte entspricht, ist das Verhältnis so vertragsähnlich, daß hier einmal wirklich das Arbeiten mit quasi, also der Quasi-Kontrakt als Aushilfsbegriff, erlaubt sein muß; — während sonst allerdings solche Begriffsbildung — Quasidelikt — nur einen Namen, eine Verlegenheitsauskunft bedeutet. Für die Inhaberschuldverschreibung und für die Auslobung ist es ebenfalls keineswegs nötig, eine besondere Ausnahme zu machen — weil diese angeblich nicht aus Vertrag entständen — und etwa bei der Inhaberschuldverschreibung von Kreation zu sprechen. Es liegt vielmehr bei der Inhaberschuldverschreibung einfach so, daß Verpflichtungsgrund allerdings der Begebungsvertrag ist; nur daß Mängel des ursprünglichen Begebungsvertrages (§ 794 Abs. 1) einem gutgläubigen Nehmer, aber auch nur dem Gutgläubigen (vgl. § 796), nicht sollen schaden können; sowie nach der Herstellung der Urkunde eingetretene Veränderungen in der Person des Ausstellers; § 794 Abs. 2; vgl. § 130 Abs. 2, der dasselbe sagt; also ist die Bestimmung keineswegs so auffällig und unregelmäßig und kann daher nicht die weittragenden Folgerungen ergeben, die die Kreationstheorie ihr entnehmen will[28]). Man sagt doch auch nicht, an der Inhaberschuldverschreibung bestehe kein dingliches Recht, kein Eigentum; obwohl tatsächlich das Wesentliche des Eigentumsrechtes hier fehlt, nämlich daß aus der bloßen Tatsache des Nichtbesitzes eines früheren Eigentümers für diesen ein Herausgabeanspruch gegen den besitzenden Nichteigentümer entsteht. Dieses Kennzeichen des Eigentumes fehlt tatsächlich bei dem Inhaberpapier; denn nach § 935 Abs. 2 kann auch das gestohlene Inhaberpapier vom Drittbesitzer nicht vindiziert werden, wenn er gutgläubig ist. Der Herausgabeanspruch verlangt also beim Inhaberpapier zur Passivlegitimation allemal einen persönlichen Grund, nämlich Bösgläubigkeit; also besteht kein rechtes Eigentum am Inhaberpapier; die Dinglichkeit des Eigentumes am Inhaberpapier äußert sich tatsächlich nur noch im Konkurse des bösgläubigen Inhabers, indem man Aussonderung hätte, und gegen den gutgläubigen Erben des bösgläubigen Erblassers. Auch von der Auslobung hat man keineswegs nötig, zu sagen, sie entstehe durch das einseitige Versprechen; man kommt vielmehr auch hier zu einem normalen Vertragsschlusse, nur mit einer Besonderheit, die über die Abnormität eines Vertragsschlusses gemäß § 151, das ist ohne Zugangsbedürftigkeit der Annahmeerklärung, keineswegs

---

27) Die beiden gesetzlichen Schuldverhältnisse: der 23. Titel: Vorlegung von Sachen würde richtiger im Sachenrechte stehen als eine gesetzliche Eigentumsbeschränkung.

28) Die herrschende Meinuug hält es auch bei § 370, Überbringen einer Quittung, für gleichgültig, wie der Überbringer die Quittung in die Hände bekommen hat; will also die echte Quittung auch mindestens nach § 794 Abs. 1 behandeln, folgerichtigerweise auch nach § 794 Abs. 2; der sich ja hier schon aus § 130 Abs. 2 ergäbe, daß für die persönlichen Voraussetzungen der Wirksamkeit einer Erklärung nicht das Zugehen, sondern die Abgabe der maßgebende Zeitpunkt sein soll. Ich bin allerdings, abweichend von der herrschenden Ansicht, der Meinung, daß man in analoger Ausdehnung des § 172 über die Vollmachtsurkunde Aushändigung der Quittung an den Überbringer verlangen muß, damit dieser als ermächtigt gelte; besondere Härten daraus gegenüber dem Zahler lassen sich in anderer Weise heilen; z. B. bei nachlässiger Aufbewahrung der Quittung aus der Verpflichtung des Gegners zur Vertragssorgfalt.

hinausgeht und auch nicht über die Besonderheit des Vertragsschlusses, daß man, wie doch vielfach nötig ist, ein reines Passivsein als wirksame Annahmeerklärung genug sein läßt. Bei der Auslobung liegt es einfach folgendermaßen: indem der, der die Handlung vorgenommen hat, die versprochene Belohnung verlangt, nimmt er ja doch die Offerte des Auslobenden an; die Besonderheit der Auslobung besteht also nur darin, daß die Offerte noch einen längeren Zeitraum hindurch wirksam angenommen werden kann. Der Anspruch der Stiftung gegen den Stifter auf Ausantwortung des zugesicherten Vermögens, der vielfach auch als angeblich durch einseitiges Versprechen entstehendes Schuldverhältnis angeführt wird, gehört überhaupt nicht hierher in das Schuldrecht, sondern ist ein besonderes sozialrechtliches Verhältnis, systematisch vergleichbar dem mit der Geburt entstehenden Unterhaltsanspruche des Kindes oder auch dem Anspruche der eingetragenen Aktiengesellschaft gegen die Gründergesellschaft.

Die scharfe Haftung des Wirtes für die eingebrachten Sachen erfordert bekanntlich keineswegs notwendig einen wirksam zustande gekommenen Gastaufnahmevertrag; trotzdem ist sie m. E. auf diesen Vertrag zurückzuführen (so Langen); nicht auf die einseitige Erklärung des Verpflichteten, Gäste aufnehmen zu wollen. Man braucht auch nicht, wie viele (so auch Oertmann), von einer gesetzlichen Haftung infolge der Einbringung zu sprechen, sondern die Sache liegt auch hier viel einfacher m. E.; nämlich so, daß diese Haftung aus dem Gastaufnahmevertrag entsteht, aber etwaige Mängel dieses Vertragsschlusses dem Gaste nicht entgegengehalten werden können; d. h. der Wirt haftet schon aus der bloß tatsächlichen Einbringung.

Eine grundsätzlichere Gliederung des Rechtsstoffes im Bürgerlichen Gesetzbuche wäre nicht nur formal und gesetzestechnisch, sondern auch für die sachliche Lösung der damals gestellten gesetzgeberischen Aufgaben von Vorteil gewesen, wie ich in dem früher angeführten Aufsatz in Jherings J. 1919 und in „Privatrechtliches Wesen des Geldes" S. 62, Gesetzesauslegung aus dem inneren Zusammenhang, etwas näher ausgeführt habe. Die Verfasser des Bürgerlichen Gesetzbuches sind sozusagen auf einer gewissen Zwischenstufe stehengeblieben; nämlich Zwischenstufe zwischen dem Verfahren eines Rechtsgelehrten, der sich die Aufgabe stellt, etwa wie Eike v. Repgow, geltendes Recht in lehrhafter Form auszusprechen; und dem eines Gesetzgebers, der sich die Aufgabe stellt, neue Rechtssätze selbständig und in einer möglichst scharfen begrifflichen Form zu setzen. Daß unser Gesetzgeber einen einheitlichen Sachbegriff für bewegliche Sachen und Liegenschaften aufstellte, läßt sich nur geschichtlich rechtfertigen als eine Anlehnung an das römische Recht; tatsächlich hat ja doch unser Gesetz, sehr erfreulicher Weise, aus dem deutschen Rechte die grundsätzliche Unterschiedenheit von Fahrnisrecht und Liegenschaftsrecht übernommen; die bekanntlich das römische Recht nicht hatte, mit dem Ergebnisse, daß der Boden völlig zur Ware wurde[29]). Auch daß die Haftung für Mängel der Sache beim Kaufe so grundsätzlich ist verschieden von der Haftung für Mängel im Recht und in so engem Anschluß an die ädilizischen Rechtsmittel getroffen wurde, läßt sich doch höchstens geschichtlich rechtfertigen und nicht gesetzgeberisch;

---

[29]) Max Weber, Römische Agrargeschichte S. 99: „Die Hauptfolge . . . aber war, daß in Rom der Immobilienhandel in einem Maße konzentriert werden konnte, wie dies vorher und nachher nie wieder an irgendeinem Orte der Fall gewesen ist . . . machten Rom zur Immobilienbörse der Welt." In unserer geltenden Rechtsordnung bieten freilich, trotzdem sie die römisch-rechtliche Übertragung des Mobiliarsachenrechtes auf die Liegenschaft grundsätzlich abgelehnt hat, die Hypothek und besonders die Aktie doch ebenfalls die Mittel, den Grund und Boden zu mobilisieren und zu zentralisieren.

auch wenn man die Bestimmungen über die Mängelhaftung nicht so scharf beurteilt wie Kosack, der dazu bemerkt (Lehrb., 5. Aufl., § 127 a. E.), man werde „ob man will oder nicht, zu der Vermutung gedrängt, daß die Begabung der Verfasser des Bürgerlichen Gesetzbuches auf einem anderen Gebiet als dem der Gesetzgebung gelegen haben muß". Aber es ist sicher ein Mangel an Folgerichtigkeit, daß man im § 459 in Anlehnung an die geschichtlich überlieferte Ausdrucksweise von Übergang der Gefahr auf den Käufer sprach, im § 323 aber gegenüber derselben nur allgemeiner für alle gegenseitigen Verträge zu behandelnden Frage eine ganz andere Ausdrucksweise wählte, die auf das Grundsätzlichere auszugehen sucht und daher begrifflicher und abstrakter redet, freilich, ohne daß die so entstandene Fassung die Schwere und Umständlichkeit zu vermeiden imstande gewesen wäre, die die Fassung des ersten Entwurfes so vielfach gezeigt hat, vielleicht durch den Einfluß Windscheids.

V.

Die Rechtsschöpfungen des Reichsgerichtes zum Bürgerlichen Gesetzbuche in dem bisher verflossenen Vierteljahrhundert seiner Geltung sind m. E. durchweg [30]) fruchtbar und erfreulich. Ihre grundsätzliche Zusammenstellung und dogmatische Formulierung, etwa durch eine ständige Gesetzgebungskommission, wie Savigny sie plante, wäre eine dankbare Aufgabe. Einige dieser Rechtsschöpfungen wie die hier mehrfach erwähnte allgemeine Unterlassungsklage, die Schadenersatzpflicht bei positiver Vertragsverletzung, die Zulassung der kumulativen Schuldübernahme, der Ausschluß der Irrtumsanfechtung neben der Mängelrüge, die Schadenersatzpflicht ohne Schuld bei entzogener Negatoria, die allgemeine Klage und Einrede der Arglist sind auch sicher schon zu Gewohnheitsrecht erwachsen. Ich habe in meiner Schrift „Das privatrechtliche Wesen des Geldes" (1926) darauf hingewiesen, daß die Wendung „hieran ist festzuhalten", gebraucht von rechtlichen Auffassungen, die in der Rechtsprechung aufgetreten sind, aber nicht im Gesetze stehen, schon zu einer feststehenden wird in reichsgerichtlichen Urteilen; vgl. u. a. RG. 108, 280. Diese kennzeichnende Wendung sehe ich als die beginnende Kristallbildung an; und der erste Anstoß dazu liegt schon dann vor, wenn eine, selbst erst ein einziges Mal oberstrichterlich ausgesprochene neue Auffassung bekannt geworden ist, so daß sich nun in einem späteren Rechtsstreit die eine Seite auf jene ihr günstige neue Auffassung beruft. Das ist sehr kennzeichnend vorgekommen in der berühmten Meinungsverschiedenheit zwischen dem hanseatischen Oberlandesgericht und dem Reichsgericht, ob eine Hypothek eingetragen werden könne für die künftige Nachkommenschaft jemandes. Sofort nach dem Bekanntwerden des in RG. 61, 255 abgedruckten ersten Urteiles des Reichsgerichtes in jenem Sinne berief sich die eine Partei in dem neuen Rechtsstreite RG. 65, 278 auf jene frühere Entscheidung und verlangte, daß sie nun auch nach jenem Grundsatze judiziert werde. Quod quisque novi iuris in alterum statuerit, ut ipse eodem iure utatur, ist zwar für das prätorische Edikt gesagt, aber der Gedanke trägt natürlich weiter; ut praetores ex edictis suis perpetuis ius dicerent . . . qui varie ius dicere assueverant [31]). Zwar ist unzweifelhaft nach un-

---

[30]) Die weite Ausdehnung der Haftung für Culpa in contrahendo, daß, nach einem allzu lakonischen Telegrammwechsel, der nicht zum Vertragsschlusse geführt hat, weil beide Teile den Gegner für den Kauflustigen hielten, während beide verkaufen wollten, der Schadenersatz leisten soll, der einige Zeit vorher eine gedruckte Preisliste des anderen mit Verkaufsangeboten bezüglich derselben Ware erhalten hatte, scheint mir nicht ganz unbedenklich.

[31]) Cic. in Verr.: Itaque L. Piso multos codices complevit earum rerum, in quibus ita intercessit, quod iste aliter atque ut edixerat decrevisset.

serem Gerichtsverfassungsrechte der Richter nicht an die in früher ergangenen Urteilen auch der obersten Gerichte sich äußernde Rechtsauffassung gebunden; das geht am deutlichsten, wenn es überhaupt zweifelhaft wäre, aus § 136 des Gerichtsverfassungsgesetzes (in der Fassung von 1924) durch Umkehrschluß hervor, wonach in gewissen, verhältnismäßig engbegrenzten Fällen beim Reichsgerichte zum Abweichen von einer früheren Entscheidung eine Entscheidung der Vereinigten Zivilsenate oder Strafsenate oder des Plenums erforderlich ist. Trotzdem gebraucht das Oberlandesgericht Bamberg einmal die Wendung, „es habe sich angesichts der ständigen Rechtsprechung des Reichsgerichtes nicht für befugt gehalten" zu einer sachlichen Nachprüfung eines Vereinsbeschlusses, die ein Mitglied ausschloß. Solange jene reichsgerichtliche Auffassung noch nicht zu Gewohnheitsrecht erwachsen ist, war das Oberlandesgericht Bamberg unzweifelhaft zu einer Abweichung befugt[32]). Aber: vor einer schwierigen Rechtsfrage, also einer Frage, die, — was höchst „unwissenschaftlich" ist und im Gegensatze steht zu dem, was in allen anderen Wissenschaften gilt, bei denen man seinen Zweifel eingestehen darf, ja muß — bei Strafe der Rechtsverweigerung mit bestimmtem Ja oder Nein beantwortet werden muß, wird sehr begreiflicherweise einem gewissenhaften Richter allein schon die Tatsache einen gewissen Eindruck machen, daß sich in jenem Rechtsstreite die eine Partei für ihre Auffassung auf jene Entscheidung berufen kann. Diese Seite wird regelmäßig auch sofort heilig überzeugt sein von der Richtigkeit des neuen Grundsatzes und es als sachliche Kränkung empfinden, wenn von ihm abgewichen wird. Umgekehrt wird auch ein gewissenhafter Gegner sich sagen müssen, daß der andere das jenem Grundsatz entsprechende Verhalten immerhin eher voraussetzen konnte als das ihm Widersprechende; und die Enttäuschung jener Erwartung wird leicht schon als die sachliche Kränkung oder als Unrecht erscheinen, auch wenn man vor dem Bekanntwerden jenes Urteils nicht so geurteilt hätte. In jeder schwierigen Rechtslage wird solche Erwägung sowohl auf den Richter wie auf den gewissenhaften Gegner einer gewissen Eindruckskraft nicht ermangeln. Wie Lazarsfeld, „Das Problem der Jurisprudenz" einmal richtig hervorhebt, ist aber jede kontradiktorisch verhandelbare und in Instanzen gehende Rechtsfrage eine zweifelhafte und bezeichnet schon ein gewisses Versagen der überlieferten Rechtsnormen, der schon vorhandenen sozialen Erfahrungen. Jede einzelne Entscheidung und jeder geltende Rechtssatz unterfallen natürlich dem allgemeinsten Begriffe von Erscheinung des Rechtslebens; nämlich Abwehrmaßregel gegen friedensgefährdende Kränkung. Die Besonderheit oder auch die Machtverstärkung, die ein Rechtssatz mit dem Positivwerden erlangt, glaube ich[33]) in folgender Weise bezeichnen zu können. Ist ein Rechtssatz in einer bestimmten geschichtlichen Rechtsgemeinschaft bei den Rechtsgenossen bekannt, so können diese erwarten, daß die Gegenpartner dementsprechend sich verhalten werden, und die Enttäuschung dieser

[32]) Der neue Codex Juris Canonici von 1917 macht den bemerkenswerten Versuch, in canon 27, 28, eine ganz bestimmte Zeitdauer der Übung als Kennzeichen aufzustellen für das Entstandensein von Gewohnheitsrecht; gemäß einer älteren kanonistischen Auffassung. Aber das ist sicher auch nicht empfehlenswert und wirkt im einzelnen willkürlich; soll etwa die positive Vertragsverletzung ausgerechnet am 1. Jan. 1940, nicht früher nicht später, zu Gewohnheitsrecht erwachsen sein. Überhaupt geht auch eine solche Reglementierung der Rechtsentstehung über die Macht eines Gesetzgebers hinaus, wie unser Gesetzgeber erfreulicherweise erkannt hat, im Gegensatze zum ersten Entwurfe des Bürgerlichen Gesetzbuches, der die Entstehung von Gewohnheitsrecht verbieten zu können glaubte.

[33]) Zuerst in „Problem des natürlichen Rechtes" (1912); dann in „Rechtsregel und Rechtsgewissen" im ArchZivPrax. 1919; vgl. dort S. 25 auch die im wesentlichen zustimmenden Äußerungen dazu von v. Laun und Radbruch. Vgl. dazu auch Carl Schmitt, Gesetz und Urteil (1912).

Erwartung wird als Sachkränkung empfunden von dem Beteiligten und von den unbeteiligten Genossen, auch wenn das betreffende Verhalten vor dem geschichtlichen Bekanntwerden dieses Satzes nicht als friedenstörende Sachkränkung, also nicht als Unrecht aufgefaßt worden wäre. Mit anderen Worten: die Abweichung von dem Gewöhnlichen, von dem regelmäßigen, erwarteten Verhalten wird zur sachlichen Kränkung des Gegenübers, zur Rechtsverletzung, welcher Begriffsbestandteil von vornherein offenbar noch keineswegs in dem Abweichen von einem üblichen Verhalten liegt. Freilich, wenn von möglichst vielen Genossen im Verkehr die gleiche Übung befolgt wird, so erleichtert dies das engere Zusammenleben in der Gruppe in großem Maße, weil man dann das Handeln des Gegenüber besser voraussehen und sich darauf einstellen kann; was Bernard Shaw einmal sehr anschaulich erläutert: in Deutschland weiche man rechts, in England links aus; aber jede dieser beiden Regeln, obwohl sie entgegengesetzt lauten, erfüllen ihren Zweck, weil sie allgemein befolgt werden und weil man das vorher weiß. Auf diesem Wege erst wird das Übliche zum Richtigen, das Ungewöhnliche zum Unrecht. Sowohl Griechen als Deutsche[34]) ließen ihren Begriff Sittlichkeit, der dann natürlich eine viel tiefere Bedeutung gewinnt als bloße Regelgemäßheit, doch von dieser ursprünglichen Bedeutung ausgehen; sowohl Ethos wie Sitte bedeuten ursprünglich nur das übliche, das allgemeine Handeln. So große Wirkung hat das Positivwerden, das Bekanntsein — nicht etwa Anerkanntsein —, daß, auch wenn im einzelnen Falle das Billigkeitsempfinden des Urteilenden sehr deutlich zugunsten der Gegenseite spräche, doch diese zurücktreten muß, weil die Abweichung von der bekannten Regel eine größere Härte und Unbilligkeit für die andere Seite bedeuten würde, die sich auf die bekannte Regel beruft und ihre Befolgung erwarten darf. Die positiv gewordene Regel braucht nun nicht mehr — das ist gerade der rechtstechnische Fortschritt des geformten Rechtes im Verhältnisse zum Gewissensrechte, Billigkeitsrechte usw. — auf das Anerkanntsein, auf die Bindung im Gemüte der Rechtsgenossen abzustellen, sondern nur auf das Bekanntsein, auf das Aufgetretensein zu einem gegebenen geschichtlichen Zeitpunkt in einer geschichtlich gegebenen Gemeinschaft. Diese Auffassung der Positivität gibt erst deren eigentliche Geltungsgrundlage; sie enthält eine Bestärkung gegenüber der positivistischen Lehre, indem sie zeigt, daß im normalen Rechtsleben das geformte positive Recht zugleich auch das billige, das „wahre", das „gerechte" Recht ist. Aber freilich ergibt diese Auffassung auch eine Grenze für die Herrschaft der Regel oder der schon vorhandenen Begriffe, der schon geformten sozialen Erfahrungen über die Abwehr friedenstörender Kränkung unter den Genossen. Alles geformte, regelhafte Recht ist abgeleiteter, begrifflich sekundärer Art gegenüber dem obersten Begriffe von Unrecht gleich Abwehr friedengefährdender Kränkungen; d. h. solchen Verhaltens, das die Gefahr berechtigter Selbsthilfe unter den Genossen, von Notwehrakten, bringt. Unrecht in diesem Sinne wird zunächst immer am einzelnen Falle, an der bei Unterlassung einer bestimmten Reaktion drohenden einzelnen Härte, Unbilligkeit, Nichtzumutbarkeit erkannt. Es war sehr lehrreich, daß zur Zeit des Versagens der über-

---

[34]) Also die beiden für die europäische Gesittungsform wichtigsten Völker. Vgl. Leo Spitzer, Die Wandlung unserers Spanienbildes im letzten Jahrhundert; Mitteilungen des Universitätsbundes Marburg (Mai 1927), Ortega y Gasset: „Griechenland und Germanentum sind die Pole einer Welt deren Prinzip die geistige Auseinandersetzung ist." — Ganz ähnlich einmal Heinrich Heine. Vgl. Theodor Sternberg, Allgemeine Rechtslehre S. 70: „Die Rechtsgeschichte der zivilisierten Welt aber ist romanisch-germanische Rechtsgeschichte"; die geistigen Grundlagen ihrer Kultur haben die Römer aber aus dem Hellenentum und dem Hellenismus.

lieferten Regeln, in der Inflation, der Begriff der Nichtzumutbarkeit eine so große Rolle spielte. Daß das einzelne Ergebnis, dessen Härte, Unbilligkeit — nicht das Recht, sondern das Unrecht, wie Grotius und Schopenhauer richtig erkannt haben — die erste Quelle alles Rechtes und aller Billigkeit ist, wird sehr anschaulich erläutert durch die sog. ,,Natur der Sache". Die geschichtliche Schule der Rechtswissenschaft ließ die sog. Natur der Sache als Rechtserkenntnisquelle ruhig zu, obwohl sie angeblich das Naturrecht mit Stumpf und Stiel ausgerottet hatte. Die Natur der Sache ist selbstverständlich auch unpositives, ,,natürliches" Recht; aber freilich in der Gestalt, in der das Gewissensrecht, Billigkeitsrecht, Vernunftrecht usw. niemals entbehrt werden kann im Rechtsleben; die Natur dieser Sache, das ist die am einzelnen Ergebnis einleuchtende nicht zumutbare und deshalb rechtlich zu behandelnde Härte.

Wir sind nun heute sehr erfreulicherweise von jener Einseitigkeit der geschichtlichen Schule frei; oder von dem sog. Positivismus, den übrigens nicht die geschichtliche Schule, sondern erst Bergbohm (in ,,Jurisprudenz und Rechtsphilosophie") wirklich folgerichtig formuliert hat, womit er, von den Lücken her, endgültig widerlegt werden konnte; was freilich nicht die Absicht Bergbohms war.

Der Art. 2 EGBGB. sagt, Gesetz im Sinne des Bürgerlichen Gesetzbuches und dieses Gesetzes ist jede Rechtsnorm. Da bei dem Erlasse dieses Satzes alles alte Gewohnheitsrecht durch das Kodifikationsprinzip grundsätzlich beseitigt war, bedeutet dieser Satz eine grundsätzliche Anerkennung des ungeschriebenen Rechtes, d. h. daß der Richter, der ja immer einen bestimmten Bescheid finden muß, bei Strafe des déni des justice, die Grundlage seiner Entscheidung auch aus anderen Quellen als dem Gesetz, aus Billigkeit, Vernunftrecht usw. im Bedarfsfalle finden muß; aus dem Rechtsgewissen, wie ich mir zu prägen erlaubt habe, weil das alleinig Kennzeichnende bei allen diesen so verschiedenartig bezeichneten Rechtsquellen neben und vielleicht sogar über dem geschriebenen Recht allemal nur das ist, daß der Richter den Bescheid ohne Anlehnung an bestimmte überlieferte Regeln, also aus sich heraus, finden muß.

Auch der Art. 30 EGBGB. bedeutet eine Absage an den „Positivismus"; nämlich gemäß diesem Paragraphen soll der Richter, trotz unserer grundsätzlichen Anerkennung fremder Rechtsordnungen, doch in allen wichtigen Fällen eine Überprüfung der fremden positiven Vorschrift an unserem Recht vornehmen, und zwar am ungeschriebenen Rechte; denn ,,die guten Sitten oder der Zweck eines deutschen Gesetzes" sind bekanntlich nirgendwo kodifiziert oder positiv ausgesprochen.

Das Reichsgericht selbst aber hat jetzt in vielen Fällen schon, m. E. höchst erfreulicherweise, seinen Beruf zu rechtschöpferischer Rechtsfindung ausgesprochen. So spricht es in RG. 63, 187 davon, daß ein Ergebnis dem Rechtsgefühle unerträglich sei; in RG. 65, 21, daß es, das Reichsgericht, für eine bestimmte positiv rechtliche Vorschrift einen inneren Grund nicht finden könne; wenn es auch in diesem Falle eine Korrektur nicht vornimmt. Es läßt in RG. 73, 298, in dem schon erwähnten Grammophonurteil, einfach eine Anstandspflicht zur Rechtspflicht werden; es findet in RG. 97 den bis dahin schärfsten Ausdruck in diesem Sinne, indem es einfach sagt, der Grundsatz des § 618 vom Dienstvertrage müsse vom ,,Richter selbstschöpferisch in das öffentliche Recht eingeführt werden". Es spricht in RG. 108, 89 einfach aus, daß der Richter nach den Grundsätzen der Billigkeit zu verfahren habe; es erkennt in RG. 62, 88 bezüglich des Straßenanliegerrechtes einfach an, daß es „irgendwelche gesetzlichen Bestimmungen, denen die Begrenzung der Pflichten des Straßeneigentümers gegenüber den Straßenanliegern entnommen werden könnte, nicht gäbe; es müsse auf die beiderseitigen wirtschaftlichen Beziehungen und Bedürfnisse zurückgegangen werden."

Aber mehr noch als in theoretischer Aussprache kommt die Abkehr vom Positivismus und Historismus in den Taten unseres obersten Gerichtshofes zum Ausdruck, entsprechend dem Primat des Willens vor der Erkenntnis oder auch gemäß dem von Wilhelm Wundt formulierten ethischen Gesetze der Heterogonie der Zwecke. Und ich glaube, es ist nun an der Zeit, daß man den Grundsatz, nach dem man handelt, sich auch theoretisch klarzumachen sucht und offen ausspricht. Ludwig Kuhlenbeck spricht einmal[35]) von der „heutzutage noch überwiegend scholastischen Jurisprudenz". Die Lehre von der „logischen Geschlossenheit" des Rechtes, daß alle im Rechtsleben erforderlichen Rechtsbescheide durch die Unterstellung des einzelnen Tatbestandes unter die überlieferten Rechtssätze und Rechtsbegriffe zu gewinnen seien, stellte allerdings genau die Meinung dar, die die scholastische Zeit kennzeichnete, nämlich daß alle notwendigen Erkenntnisse durch Deduktion aus den schon vorhandenen obersten Wahrheiten zu gewinnen seien. Rhabanus Maurus schreibt einmal, die Exegese sei die Königin aller Wissenschaften und die ganze Mathematik habe nur den Zweck, die in der Zahlenmystik der Bibel vorhandenen Wahrheiten herauszubekommen; die Offenbarung habe ja den Menschen alle notwendigen Wahrheiten vermittelt und es handle sich nur darum, durch richtige Wortauslegung, Erläuterung diese Wahrheiten herauszubekommen. Genau dasselbe behauptete im Grunde die Bergbohmsche Lehre von der logischen Geschlossenheit und Vollkommenheit des positiven Rechtes.

Es handelt sich darum, offen anzuerkennen, daß auch im Rechtsleben das deduktive Verfahren, nämlich das Folgern aus schon bekannten Regeln und Begriffen, nur einen Teil der notwendigen Erkenntnisse liefern kann; daß das Rechtsleben ohne induktives Verfahren nicht auskommen kann; worunter zu verstehen ist die Erkenntnis des Rechtes oder der Notwendigkeit, friedensgefährdendes Unrecht abzuwehren, am einzelnen Falle. Jene irrige Meinung von der ausschließlichen Deduktive hat dazu geführt, daß ein großer Teil unserer theoretischen Ausführungen und dogmatischen Auseinandersetzungen tatsächlich unfruchtbar ist, d. h. die Kenntnis von der notwendigen Abwehr friedenstörenden Unrechtes nicht fördert. Jene Meinung, daß jeder einzelne Rechtsbescheid aus den vorhandenen positiven Regeln abgeleitet werden könne und müsse, hat weiter dazu geführt, daß auch ein großer Teil der Urteilsbegründungen wirkungslos bleibt; nur daß der Richter eben immer einen Entschluß, eine Tat finden muß, d. h. daß infolge davon der Primat des Willens vor der Erkenntnis bei ihm zur Geltung kommt; daß dieser Zwang, den der Richter vor dem Theoretiker voraus hat, regelmäßig zu Ergebnissen führt, die als solche fruchtbar und lehrreich sind, auch wenn es die Gründe nicht sind. Tatsächlich sind auch die neuen Gedanken zum bürgerlichen Rechte seit 1900 vorwiegend in der Praxis aufgetreten. Zwar steht auch die Rechtsanwendung noch durchaus unter dem Drucke des Dogmas von der ausschließlichen Deduktive; oder auch der „Allgesetzlichkeit"; oder auch „der logischen Geschlossenheit" und Lückenlosigkeit des überlieferten Rechtes. Aber unter jenem wohltätigen Zwange, handeln zu müssen bei Strafe der Rechtsverweigerung, tritt, wie schon erwähnt, auf unserem Gebiete jenes von Wilhelm

[35]) Giordano Bruno, Gesammelte Werke Bd. 6 S. XXIX.

Wundt formulierte Gesetz der sittlichen Entwickelung so viel deutlicher zutage als vielleicht auf irgendeinem anderen geistigen Gebiete; daß, wie Rudolf von Jhering es einmal ausdrückt, in sittlichen Dingen die Tat stets der Erkenntnis voraus ist[36]).

Die notwendige Verbesserung der Lehre von der Rechtsgewinnung oder der Rechtsquellenlehre ist sehr einfach und ich glaube sehr einwandfrei zu formulieren; daß nämlich neben dem deduktiven Verfahren zur Beantwortung der Frage nach Recht oder Unrecht im einzelnen Falle, das überall da gegeben und am Platze ist, wo für die Lösung des vorliegenden Einzelfalles eine geformte Erfahrung, nämlich ein geltender Rechtssatz oder Rechtsbegriff, schon vorliegt, doch in sehr vielen Fällen — im Grunde schon in allen den Fällen, bei denen kontradiktorische Verhandlung über die Rechtsfrage möglich ist — eine induktive Rechtsgewinnung eintreten muß; nämlich überall da, wo entweder wegen der Neuheit dieser Reibungsmöglichkeit (vgl. Elektrizitätsdiebstahl, Luftschiffahrt, Vervielfältigen durch Rundfunk, phonographische Aufnahme usw.) eine soziale Erfahrung, ein Rechtssatz noch nicht vorliegt; oder auch, wo, was sogar die schwierigeren und wichtigeren Bedarfsfälle für induktive Rechtsgewinnung sind, die ethischen Grundlagen sich ändern, der Ausschlag des Rechtsgewissens ein anderer wird; so in der Auffassung des Arbeitsvertrages; oder auch wie die sog. Gefährdungshaftung, d. h. Verantwortlichkeit des Unternehmers auch ohne Schuld, für die durch sein Unternehmen und in seinem Interesse (Merkel) heraufbeschworene besondere Betriebsgefahr, auch ohne gesetzliche Unterlage — so in Österreich und besonders in Frankreich, einfach aus dem par la faute duquel des Code civil — durch die Rechtsanwendung geschaffen wurde; oder wenn unser Reichsgericht, in scharfer Abkehr von dem kümmerlichen Satze der Pandekten, daß es ganz natürlich sei, wenn beim Kaufen und Verkaufen die Beteiligten sich zu übervorteilen (se circumvenire) strebten, ein arglistiges Verhalten des Verkäufers eines Grundstückes schon darin sah, daß er dem Käufer des Hauses nicht Mitteilung gemacht hatte von einem früher einmal gehegten, aber nach Sachverständigenurteil für unbegründet gehaltenen Schwammverdacht.

Durch induktive Rechtsgewinnung; und zwar genau im gewöhnlichen Sinne von Induktion, nämlich Beobachtung des einzelnen Falles daraufhin, ob nicht die Zusprechung dieser Klage für den Beklagten oder umgekehrt die Abweisung für den Kläger eine friedensgefährdende Härte, eine nicht zumutbare Kränkung bedeute.

Man wird sofort einwenden, wenn ich aus meinem Rechtsempfinden, Rechtsgewissen heraus ein einzelnes Handeln für unrecht, für unbillig erkläre oder aus meinem Geschmacksempfinden heraus ein Kunstwerk für schön oder häßlich, so sei das auch nur ein Urteil aus Begriffen, indem jenes Handeln meinem Allgemeinbegriff von Recht oder Unrecht, jener Eindruck meinem Allgemeinbegriff von Schön oder Häßlich unterfalle. Das ist aber eine Selbsttäuschung. Es ist wiederum, und zwar in sehr kennzeichnender Weise jene scholastische Meinung, daß man die Oberbegriffe zu deduktiver Findung aller einzelnen benötigten Urteile schon alle besitze. Wer kann wirklich seinen obersten Begriff von Recht und Unrecht, seinen obersten Begriff von Schön oder Häßlich derart definieren und in Worte fassen, daß er nun durch Unterstellung eines einzelnen Handelns oder eines einzelnen Eindruckes eine bestimmte Aussage gewönne. Nein; es handelt sich vielmehr um eine ganz richtige Induktion, freilich um eine Induktion durch Selbstwahrnehmung, nicht durch Sinneswahrneh-

[36]) Vgl. auch Theodor Sternberg, Allgemeine Rechtslehre, 1. Aufl., S. 46, 128.

mung. „Die Sinneswahrnehmung ist die Methode der Naturwissenschaften, die Selbstwahrnehmung die Methode der Geisteswissenschaften[37])."

Wenn ich etwas schön oder häßlich finde — d. h. wenn mir eine Wahrnehmung schon lediglich als dieser Eindruck und ohne irgendwelche Beziehung zu meinen Lebensabsichten Freude schenkt oder umgekehrt mir Mißbehagen weckt als solcher —; wenn ich ein geschehenes eigenes Handeln billige oder mißbillige, lediglich als dieses Handeln — d. h. wenn es mich freut, so gehandelt zu haben, obwohl ich Schaden davon hatte, oder wenn es mich reut, obwohl es mir genutzt hat —; mit anderen Worten, wenn ich geschmackliche oder sittliche Werturteile fälle, so heißt das nichts anderes, als daß ich durch Selbstbeobachtung jene eben geschilderten Bewußtseinstatsachen feststelle; und ebenso liegt es bei jenem Urteil über die einzelne untragbare Härte, das ich aus dem Ausschlag meines Rechtsgewissens gewinne und nicht durch Subsumtion des Tatbestandes unter einen schon vorher bekannten Allgemeinsatz. Aus jenen einzelnen Induktionen wird sich dann freilich, wenn sie sich wiederholen und konstant erfolgen, ein Allgemeinsatz herauskristallisieren, der dann auch deduktive Verwendung zuläßt.

Sehr häufig ist das einzelne, induktiv durch Selbstwahrnehmung gefundene Ergebnis durchaus überzeugend und einleuchtend, ohne daß ein allgemeiner Satz oder Begriff angegeben werden könnte, aus der es sich deduktiv begründen ließe. Der Versuch wird natürlich regelmäßig gemacht und dann sehr vielfach eine viel zu weitgehende Verallgemeinerung aus dem zutreffenden Einzelergebnisse gezogen. Das ist eine geradezu typische Erscheinung. Selbst die Römer, die gerade in der Gestaltung und Herauskristallisierung der begrifflichen Elemente des Einzelfalles Meister sind, machen dabei häufig viel zu weitgehende Verallgemeinerungen; man denke an den bekannten Satz, es sei gegen die natürliche Billigkeit, wenn der eine zum Schaden des anderen reicher werde, welcher Vorgang für sich allein selbstverständlich niemals Grundlage einer Kondiktion sein dürfte. Wenn z. B. einer eine Erfindung macht, die durch überlegenen Wettbewerb einen anderen zum Konkurs bringt, so kann doch dieser daraus keinen Bereicherungsanspruch herleiten. Jener falsche Allgemeinsatz ist Mitursache gewesen, daß der Bereicherungsanspruch sich zeitweilig zu einem verschwommenen Billigkeitsbehelfe zu verflüchtigen drohte. Der Kanon: wer schweigt, scheint zuzustimmen, ist in dieser Form bekanntlich viel zu allgemein, wenn er auch in sehr häufigen Einzelfällen zutrifft, aber eben aus besonderen Umständen (ubi loqui debuit). Das Reichsgericht sagt einmal von der mündlich im Haushalte des Empfängers an nichtvertretungsbefugte Hausangehörige bestellten Willenserklärung, sie sei so gut zugegangen, wie wenn ein entsprechender Brief in den Briefkasten geworfen sei. Das ist nun sicher in dieser allgemeinen Form unrichtig. Die Unrichtigkeit würde auch sofort einleuchten, wenn die Reibung bzw. der Widerstreit der Belange, einmal anders läge; wenn z. B. der Hausangehörige die Erklärung entstellt oder ganz vergißt, so muß das auf Gefahr des Erklärenden sein, der diese mangelhafte Art des Zugehens gewählt hat, den Hausangehörigen des anderen als Übermittler, als Empfangsvermittler oder Boten benutzt hat. In jenem Falle RG. 60, 78 wollte aber gerade der Erklärende das spätere Wirksamwerden, weil dann ein Widerruf noch rechtzeitig gekommen wäre, während der Empfänger das Wirksamwerden der ihm gegenüber abgegebenen Erklärung mit dem Zeitpunkte der mündlichen Bestellung im Haushalt wünschte. Die Entscheidung des Reichsgerichtes

[37]) Erich Becher, Geisteswissenschaften und Naturwissenschaften, besprochen von Otto Schlunke, Grundwissenschaft 4, 275 (1923).

ist deshalb m. E. als solche sicher richtig, aber nicht jener Allgemeinsatz; ich glaube (ArchZivPrax. 117 Heft 1) die richtige allgemeine Begründung geben zu können, die diesen Fall so entscheidet wie das Reichsgericht, ohne jene zu weitgehende Verallgemeinerung nötig zu haben; nämlich, es liegt Erklärung an vertretungsbereite, aber nicht vertretungsbefugte Mittelspersonen vor, die der Empfänger, wenn er will, genehmigen kann, womit ihr Wirksamwerden gemäß § 184 BGB. auf die Zeit der mündlichen Bestellung zurückbezogen wird. In dem bekannten Falle des RG. 83, der Schenkung des Geistlichen, der aber vor dem Tode erst an eine nicht vertretungsbefugte Mittelsperson, nicht an den eigentlichen Schenknehmer übergeben hatte, ist meiner Meinung nach das Urteil des Oberlandesgerichtes Karlsruhe, das die Schenkung für vollzogen hielt und die Klage der Erbin abwies, überzeugender begründet als die Zusprechung der Klage durch das Reichsgericht. Dessen mehr gefühlsmäßiger Grund für die Zusprechung der Klage war anscheinend der ganz besondere Umstand dieses Einzelfalles, daß diese etwas anzweifelbare Schenkung auf den Todesfall, die man geheimzuhalten versucht hatte, an die tote Hand ging. In der oben (S. 2) besprochenen Entscheidung, die entgegen dem sonstigen Standpunkte des Reichsgerichtes die Restkaufhypothek aus dem nichtigen Bordellkaufe bestehen ließ, war offenbar und sehr begreiflicherweise die Erwägung ausschlaggebend, daß es dem Richter aufs höchste widerstreben mußte, dem gerissenen Bordellkäufer, der das Haus behielt, ohne den Kaufpreis zu zahlen, auch noch die Hypothek zu löschen; das ist sehr begreiflich, wie schon gesagt, aber nur aus „der Natur dieser Sache" und konnte vom RG. noch nicht auf eine zutreffende Verallgemeinerung gebracht werden; ebenso wie die Bejahung der Schadenersatzpflicht von Anwohnern der Gasse gegen den Bordellinhaber, weil der Mietwert der Häuser dieser Gasse durch die Eröffnung des Bordellbetriebes gesunken sei; aus § 826 läßt sich dieser Anspruch, so gerecht er in diesem Falle sein mag, wie schon gesagt, m. E. nicht herleiten, wie dort versucht wurde; denn der Verstoß gegen die guten Sitten liegt doch auf einem ganz anderen Gebiete und nicht gegenüber den Hauseigentümern dieser Gasse vor.

Die bisher geltende Rechtsquellenlehre zwang freilich den Richter, daß er das deduktive Verfahren stets bis zur äußersten Möglichkeit oder Unmöglichkeit vorzutäuschen sucht. „Daß er die alte Rechtsformel und Rechtsphraseologie dehnte und streckte, um damit das Neue, Widersprechende, gar nicht zu Bedeckende zuzudecken" (Thomas Carlyle, Die französische Revolution, 3. Teil 2. Buch 5. Kapitel). Soviel hat aber nun die Rechtsquellenbewegung und die freirechtliche Bewegung erwiesen, wie ungeheuer viel Selbsttäuschung in diesem Verfahren steckte, wie unwahr — wenn auch selbstverständlich nicht subjektiv unwahr — es tatsächlich im Grunde war. La fiction était, de croire, non pas à proprement parler que la loi suffisait à tout — tout le monde sait qu'il n'est aucune loi codifiée qui puisse embrasser et prévoir tout l'ensemble des rapports juridiques — mais que la jurisprudence, et également la doctrine, en interprétant la loi, ne faisaient que tirer les solutions logiques qu'eût acceptées le lègislateur, sagt Francois Geny, Méthode d'interprétation et sources en droit privè positif; ein Werk, das die Rechtsquellenbewegung recht eigentlich in Gang gebracht hat[38]).

[38]) In dem kleinen Schriftenverzeichnisse, das Hermann U. Kantorowicz seiner unter dem Decknamen Gnaeus Flavius, Der Kampf um die Rechtswissenschaft, erschienenen kleinen Streitschrift vorausgeschickt hat, ist Genys Buch von 1899 neben einer anderen Veröffentlichung aus dem gleichen Jahre die älteste Nummer. Dann kommt meine Schrift über die logische Geschlossenheit des Rechtes von 1900, die Kantorowicz schon an dritter Stelle anführt. Die an der betreffenden Stelle ebenfalls in erster Linie angeführte „Interessen-Jurisprudenz" (Heck, Müller-Erzbach) ist m. E. in diesem Zusammenhange nicht so wesentlich gewesen; denn dabei

Sehr vieles von unseren dogmatischen Ausführungen in Monographien ist deshalb im Grunde unfruchtbar; weniger in den Lehrbüchern des geltenden Rechtes, bei denen ein ähnlicher, wenn auch nicht ganz so wirksamer Zwang zur Entschließung wohltätig wirkt wie beim einzelnen Urteile (vgl. oben). Sowie eine Folgerung erst auf umständliche Weise und mit der Möglichkeit entgegengesetzter Meinungen unter Fachgelehrten und unter verschiedenen Gerichten im Rechtszuge gewonnen werden muß, liegt tatsächlich schon nicht mehr eine Entscheidung gemäß der positiven Regel vor; denn dem positiven Rechte ist (vgl. oben) wesentlich, ja es liegt sein besonderer Geltungsgrund und seine Machtverstärkung gegenüber dem Billigkeitsrechte gerade darin, daß jene Regel, jener Satz allgemein bekannt ist, so daß er die Erwartung der Rechtsgenossen vom Verhalten des Gegenübers bestimmt. Alles was darüber hinausgeht, also was auf schwierigerem Wege der Folgerung, deshalb regelmäßig mit bestrittenem und bestreitbarem Ergebnis, erst aus der Regel gewonnen wird, bedeutet schon eine Überbeanspruchung der Regel und deshalb Formalismus, Wortkultus.

Das Kammergericht hat bei einer Rangänderung im Grundbuche, als Vortretender und Zurücktretender ein und dieselbe Person waren, die Eintragung für zulässig erklärt, da die Einigung in dem Willen dieses Berechtigten gegeben sei und nicht notwendig zwei verschiedene Personen erfordere. Die Eintragung einer Grunddienstbarkeit hat es bei Identität von Eigentümer des herrschenden und dienenden Grundstückes abgelehnt, weil es an der erforderlichen Einigung fehle. Diese Unterscheidung wird ganz sicher dem Beteiligten im zweiten Falle, der Gartenstadtgesellschaft, die vor der Parzellierung ihres Geländes den Charakter der Villenvorstadt durch gegenseitige Grunddienstbarkeiten sichern wollte, nicht eingeleuchtet haben und als eine unbegreifliche Spitzfindigkeit erschienen sein. Tatsächlich war ja auch sicher nicht dieser logische Grund ausschlaggebend für die Entscheidung des Kammergerichtes, sondern die an sich sehr verständliche Erwägung, daß man, um dauernde Belastungen des Eigentums auf das erforderliche äußerste Maß zu beschränken, den Interessengegensatz bei der Begründung nicht entbehren wollte. Diesen Grund gab man aber nicht an, weil er nicht unmittelbar im Gesetze steht, und nahm dafür den doch sicher schwereren Nachteil in Kauf, daß diese Gründe niemanden überzeugten. — „Der Betrieb einer Eisenbahn bedeutet immer eine Fahrlässigkeit", sagte ein österreichisches Gericht (vgl. oben), um die Schadenersatzpflicht der Bahn, zu der man Schuld brauchte, bejahen zu können; „daß der noch so zuverlässige Bahnwärter in diesem einen Falle die Schranke nicht geschlossen hatte, genügt, um die Fahrlässigkeit des Unternehmers bei der Auswahl darzutun". Ausführungen, die in dieser auch tatsächlich sehr angreifbaren Logik gewiß niemand überzeugten, ja womöglich Zweifel an der Ehrlichkeit der Urteiler entstehen ließen, während tatsächlich gerade solche Urteile den Verantwortungsmut des Richters erweisen, der nun aber doch sicher besser auch offen zugegeben hätte: ich verurteile die Bahn zum Schadenersatze, weil dessen Versagung eine unerträgliche Härte für den anderen Teil wäre, dessen Haus durch Funkenflug aus der Lokomotive abgebrannt ist. — Das Reichsgericht hat gegen das Oberlandesgericht Hamburg für zulässig erklärt, daß eine Hypothek für die noch ungeborenen Kinder jemandes eingetragen werde.

---

spielt eine ähnliche Selbsttäuschung mit wie bei der Natur der Sache. Man gesteht sich noch nicht ein das ethische Werten, das man dabei vornimmt; da im Rechtsstreite doch stets die Interessen sich unmittelbar entgegengesetzt gegenüberstehen und man daher immer diese bewerten, d. h. das Interesse der anständigen Leute denen der Spitzbuben vorziehen muß; was zu betonen keineswegs eine Selbstverständlichkeit bedeutet.

Es begründet diese Zulässigkeit damit, daß man doch auch einem Ungeborenen etwas vermachen könne und auch noch Ungeborene zum Erben einsetzen könne. Diese logische Begründung ist aber ganz sicher unzureichend. Denn in diesen beiden Fällen liegt wegen der obligatorischen Natur des später entstehenden Vermächtnisanspruches und bei der Erbeinsetzung des noch Ungeborenen wegen der dann eintretenden Vorerbschaft des gesetzlichen Erben die eigentliche Schwierigkeit jenes ersten Falles nicht vor; nämlich daß ein jetzt schon bestehendes Recht auf ein nicht existentes Subjekt bezogen werden sollte. Auch in diesem Falle wäre es doch richtiger gewesen, zu sagen, wir erweitern den etwas zu eng geratenen Satz 1 des BGB. dahin, daß im Falle eines deutlichen Bedürfnisses einzelne Rechte, mindestens Sicherungsrechte, bloße Rangvorbehalte auch auf künftig erst bestehende Rechtssubjekte bezogen werden können.

Wie schon gesagt, trifft aber der Vorwurf, daß die positive Regel überspannt, der überlieferte Rechtsbegriff über seinen analytisch faßbaren Inhalt hinaus gepreßt wird und daß die so aufgebauten umfangreichen Begründungen keine sind, d. h. niemanden überzeugen, noch in höherem Maße als für die Urteile auf unsere dogmatischen Ausführungen in Lehrbüchern und in Monographien zu. Dieser Satz klingt vielleicht etwas aufreizend; aber er ist keineswegs neu. Auch abgesehen von den Kreisen außerhalb des Faches — über den Wortkultus und über die Silbenstecherei der Juristen könnte man ja aus dem Schrifttum aller Zeiten und Völker und gar erst recht aus dem täglichen Leben und aus dem Volksmunde eine unerschöpfliche Blütenlese und von jedem gewünschten Schärfegrade zusammenstellen — sind solche Urteile über „die Wertlosigkeit der Jurisprudenz als Wissenschaft" (v. Kirchmann) auch von Männern des Faches in der schärfsten Weise ausgesprochen worden. Aber freilich hat man die Folgerungen daraus nicht gezogen; was teilweise zu erklären ist als Rückstand der ausgesprochenen Abneigung der geschichtlichen Schule der Rechtswissenschaft gegen grundsätzliche Erörterungen. Georg Jellinek sagt einmal[39]): „Juristische Dialektik kann das Gegebene leicht mit gleicher logischer Schärfe selbst aus entgegengesetzten Prinzipien deduzieren." Vernichtender als mit diesen Worten kann man über juristische Dialektik nicht urteilen; und es wäre schlechthin zum Verzweifeln, wenn der Satz wahr wäre, wenn er nicht, glücklicherweise, sehr übertrieben wäre. Denn er trifft natürlich nur das „überspannte Deduzieren", d. h. die Begriffsjurisprudenz, die viel mehr aus dem Begriffe herausholen will als drinsteckt. Die gesunde juristische Folgerung — daß wegen der bestehenden Rechtsregel, nach der er anderenfalls doch schließlich gezwungen würde, der Entleiher lieber zurückgibt und der Schuldner lieber freiwillig zahlt — ist vielmehr das wichtigste und bedeutsamste Ergebnis unserer jahrtausendelangen Arbeit am geformten Rechte. „Die Regel des Rechtes", sagt Lothar Bucher, der große Mitarbeiter des Fürsten Bismarck, „beherrscht nicht nur im Falle des Konfliktes, wo seine Herrschaft am deutlichsten in die Augen fällt, die Beziehungen der Menschen zueinander, sondern viel mächtiger noch in gewohnheitsmäßiger Unterwerfung[40])". Und der Schöpfer der vorbildlichen österreichischen Zivilprozeßordnung, Minister Franz Klein, sagt einmal, weit wichtiger als die Hunderte von Rechtsfindungen der Richter seien die Millionen von Rechtsfindungen der Laien im Verkehr; nämlich in dem Entschlusse, zu zahlen oder zu weigern. Also die Friedewirkung der bestehenden positiven Rechtsordnung beruht auch auf juristischer Dialektik, glücklicherweise für diese. Deshalb ist unser oben vielleicht

[39]) Angeführt bei Sternberg, Allgemeine Rechtslehre.

[40]) Lothar Bucher, Kleine Schriften S. 81.

etwas aufreizender Satz längst nicht so radikal und vernichtend als der Satz von Jellinek; denn unser Satz trifft nur die Überspannungen der Dialektik, die sich regelmäßig nur bei Fachjuristen finden; er läßt bestehen die Wirkung der Regel unter den Laien, die regelmäßig nur den einfachen und naheliegenden und deshalb fruchtbaren Gebrauch von der Regel machen. Otto Mayer spricht (Die Entschädigungspflicht des Staates nach Billigkeitsrecht) glatt von „den Zufallsprodukten der juristischen Konstruktionskunst"; er setzt sogar hinzu: „wir wollen diese nicht verachten". Er scheint sich also gar nicht bewußt zu sein, ein wie vernichtendes Urteil er mit der ersten Bezeichnung über diese ganze Verfahrensart gefällt hat. Die Entscheidung über Recht oder Unrecht vom Zufall abhängig! Auch Conrad Hellwig sagt einmal ganz offen, man könne regelmäßig bei einigermaßen schwierigen Rechtsfragen zwei entgegengesetzte Meinungen mit äußerlich einwandfreien und gleich überzeugenden Gründen versehen. Das ist übrigens ebenfalls, und ebenfalls glücklicherweise, ungeheuer übertrieben; „regelmäßig das Entgegengesetzte mit gleich überzeugenden Gründen"!?

Rudolf Leonhard hat einmal gesagt, die Rechtswissenschaft müsse „ihre antiquarisch-philologische Grundrichtung beibehalten." Dieser Historismus ist im Grunde ebenso vernichtend als die oben angeführten Sätze ebenfalls berühmter Rechtslehrer. Der Satz Rudolf Leonhards verneint, wenn auch von einem etwas anderen Ausgangspunkte her, jegliches ethische Werten bei der Rechtsfindung, und indem er alles auf Auslegung der überlieferten Rechtstexte stellt — etwas anderes kann das antiquarisch-philologisch ja nicht heißen —, führt er ebenfalls zum reinen Scholastizismus oder zu der Auffassung des Hrabanus Maurus, die Exegese sei die Königin aller Wissenschaften, weil ja alle der Menschheit notwendigen Erkenntnisse schon in der überlieferten Offenbarung vorhanden seien. Auch Leonhard Nelsons „Rechtswissenschaft ohne Recht" ist im Grunde viel radikaler als die Auffassung, die hier in meinen Ausführungen als Schlußergebnis herausspringen soll aus einer Betrachtung, die im wesentlichen der oberstrichterlichen Rechtsprechung gewidmet war und die fruchtbaren und neuen Gedanken dieser richterlichen Rechtschöpfung nach einigen Richtungen zu fassen und zu formulieren suchte. Und dieses Ergebnis bedeutet überdem nur die theoretische Anerkennung eines doch längst geübten tatsächlichen Verhaltens. Wenn jene Aussprüche Otto Mayers, Georg Jellineks, Conrad Hellwigs, Leonhard Nelsons Revolution bedeuten, freilich ohne daß die umstürzenden Folgerungen auch gezogen werden, so bedeutet das hier Vorgetragene höchstens Reform; und die praktischen Folgerungen daraus werden tatsächlich im wesentlichen überall schon gezogen, wenn auch allerdings häufig noch mit gewissen Verhüllungen und halben Verkleidungen.

Abgeschlossen: Oktober 1928.

Die Ehe in der Rechtsprechung des Reichsgerichtes

von Professor Dr. Heinrich Mitteis, Heidelberg

Wer es unternimmt, die Erscheinung unseres Eherechtes im Spiegel der reichsgerichtlichen Rechtsprechung zu betrachten, sieht sich vor eine Aufgabe von unverkennbar großer Schwierigkeit gestellt. Aber in dieser Schwierigkeit liegen zugleich die Momente, die dem Unterfangen seine innere Rechtfertigung geben. Denn so sorgfältig und umfassend das Gesetz seine eherechtlichen Normen formuliert, so tief es in dem geschichtlichen Rechtsstoff nach den Schätzen bewährter Überlieferung gegraben hat, nirgends so klar wie im Eherecht erweist es sich als ein ohnmächtiger Versuch, das reiche Leben einer so komplizierten Gemeinschaft, wie unsere Ehe sie darstellt, in die Totenstarre von Gesetzestafeln zu bannen, nirgends so klar wie hier enthüllt sich das Utopische des Gedankens von der erschöpfenden Vollständigkeit des Gesetzesinhaltes. Immer neue Bildungen erzeugt der Strom des Lebens aus dem steten Wandel der Zeit heraus, die sich neben die typischen Formen stellen, auf die das Gesetz abgehoben hat. Mit dieser Erkenntnis begreift sich zugleich von selbst die überragende Rolle, die einer so autoritären und repräsentativen Rechtsprechung, wie unser Reichsgericht sie auszuüben in der Lage ist, zufallen mußte, wo es galt, und noch heute gilt, dem toten Buchstaben des Gesetzes etwas vom ewigen Geiste der Rechtsidee einzuhauchen. Man wird wohl ohne Übertreibung sagen können, daß hier einer der Schwerpunkte seines Wirkens liegt. Und dies bestimmt auch die Gestaltung unserer Arbeit. Von Punkt zu Punkt fortschreitend zu zeigen, wo überall das Reichsgericht den großen Kontrapunkt zu der linearen Melodik des Gesetzestextes geschaffen hat, das hieße eine Monographie des Eherechtes auf der Grundlage seiner Entscheidungen schreiben und würde den gegebenen Rahmen weit überschreiten. Zudem würde den Bearbeiter aber noch der Vorwurf treffen, einen Versuch mit untauglichen Mitteln unternommen zu haben. Denn die bunte Mannigfaltigkeit der eherechtlichen Tatbestände läßt es ganz besonders bedauerlich erscheinen, daß wir noch nicht zu einem geschlosseneren und umfassenderen System der Urteilspublikation gelangt sind; und wenn heute die wissenschaftliche, insbesondere die monographische Behandlung des Familienrechtes in Deutschland gegenüber der Pflege anderer Rechtsmaterien und der Leistung anderer Länder ganz auffallend zurückgeblieben ist, so liegt wohl auch darin ein Grund, daß der kleine Bruchteil höchstrichterlicher Urteile, der dem Forscher heute im Druck zugänglich gemacht wird und dessen Auswahl nicht immer frei von Zufälligkeiten ist[1]), eben längst nicht genügend tatsächliches Material liefert[2]). Ob diesem

[1]) Vgl. David, Das Präjudiz S. 21ff. (1925).

[2]) Das gilt natürlich genau so für die Rechtsprechung der Unterinstanzen. Erst durch deren vermehrte Berücksichtigung könnte z. B. ermittelt werden, inwieweit sich im deutschen Eherechte noch regionale Verschiedenheiten erhalten haben, die auf die frühere Rechtsungleichheit, auf konfessionelle Zusammensetzung der Kammern und Senate usw. zurückzuführen sind. Welche Bedeutung diesen Imponderabilien besonders in den — hoffentlich endgültig überwundenen — Zeiten der Revisionssperre zukommt, braucht nicht erst hervorgehoben zu werden.

Zustande freilich abgeholfen werden kann, solange dieser in seiner Bedeutung noch längst nicht genügend erkannte Zweig der Rechtspflege im wesentlichen privater Initiative überlassen ist, bleibe dahingestellt.

Für uns kann es sich daher nur darum handeln, an den markantesten Punkten unseres großen Stoffgebietes Ausschau zu halten nach der vigens disciplina der reichsgerichtlichen Rechtsprechung. Das sind diejenigen, wo das Reichsgericht entweder einen Oberbau allgemeiner Leitsätze über der kasuistischen Einzelregelung des Gesetzes zu errichten als gebieterische Notwendigkeit empfunden hat, oder wo die elastische Formel des Gesetzes umgekehrt darauf angewiesen ist, aus der Rechtsprechung ihre Konkretisierung, ihr Maß und ihre Begrenzung zu erfahren. An allen diesen Stellen geht die Tätigkeit des Richters ins Schöpferische über und entfaltet sich die Rechtsprechung zum unentbehrlichen Ferment für das Verständnis des objektiven Rechtes; ihnen folgt daher die Linie unserer Darstellung. Daß dabei ein gewisser Subjektivismus der Auslese walten muß, erscheint begreiflich; manche Einzelheit, die dem Kommentator wichtig erscheint, mußte um der Abrundung willen geopfert werden; verliert doch den bildhaften Gesamteindruck, wer, um einzelnes deutlich zu sehen, allzu nahe hinzutritt.

I.

Überschaut man die Reihe der Urteile aus den 50 Jahren, deren Ablauf den Anlaß unseres Unterfangens bildet, so tritt die Zäsur, als welche sich die Schaffung des Bürgerlichen Gesetzbuches darstellt, prägnant hervor. Man hat den Eindruck, daß die Urteile aus der Zeit vor 1900 schon jetzt unverdienter Vergessenheit anheimgefallen sind. Wenn sie auch zur Interpretation unseres geltenden Rechtes nur noch in beschränktem Umfange verwendet werden können, wenn sie auch vielfach nur noch historisches Material darstellen[3]), so darf diese Festschrift doch nicht verabsäumen, ihrer Bedeutung für die Rechtsentwicklung des ausgehenden 19. Jahrhunderts die gebührende Würdigung zuteil werden zu lassen. Keinesfalls darf der Hinweis darauf unterbleiben, daß die Rechtsprechung aus den ersten Jahren des Reichsgerichtes auch auf die Schaffung des Bürgerlichen Gesetzbuches nicht ohne Einfluß geblieben ist Sind freilich die Stellen nicht allzu zahlreich, in denen der Redaktor der Motive zum Familienrecht sich ausdrücklich auf reichsgerichtliche Entscheide bezog, so ist es doch unverkennbar, daß die Leitsätze, die das Reichsgericht damals schon über gewisse Fragen von großer Bedeutung formuliert hatte, nicht ohne Eindruck auf ihn geblieben sind und ihm gelegentlich Anregungen gegeben haben, die dann bis ins fertige Gesetz hinein nachgewirkt haben. Es wird sich im Laufe unserer Darstellung mehrfach Gelegenheit finden, auf diesen Punkt zurückzukommen. Aber ganz abgesehen davon ist es auch heute noch von Wert, sich mit diesen älteren Entscheidungen zu befassen; bilden sie doch eine unschätzbare Fundgrube für die Rechtsgeschichte des 19. Jahrhunderts, die heute allmählich anfängt, eine terra incognita zu werden, da diejenigen immer seltener werden, die sie noch aus eigener Anschauung kannten, andererseits aber die geschichtliche Betrachtung dieser jüngsten Vergangenheit nur erst ganz zaghaft eingesetzt hat. Der Gegenwartsjurist wird vielleicht mit Staunen sehen, welche ungeheure Arbeitsleistung dazu gehörte, aus der indigesta moles der Partikularrechte, des gemeinen und des kanonischen Rechtes, die damals mit den protestantischen Eheordnungen zusammen den juristischen Rohstoff formten, die Leitsätze für die Anwendung des materiellen Rechtes heraus-

[3]) Das gilt besonders für die zahlreichen Entscheidungen zu § 77 Abs. 2 PStG. Siehe unten zu 4.

zudestillieren, die als Oberbau für den bereits vereinheitlichten Reichszivilprozeß gewonnen werden mußten; er wird mit Interesse beobachten, welche Schwierigkeiten sich der praktischen Handhabung des lückenhaften und aus kämpferischem Geiste heraus geborenen Personenstandsgesetzes entgegenstellten. Man betrachte z. B. den Apparat, der in RGZ. 5, 177ff. aufgeboten werden muß, um die heute im Gesetz entschiedene Frage zu lösen, ob neben dem Irrtum auch noch der Betrug als selbständiger Eheanfechtungsgrund anzusprechen sei[4]). Es ist eine wissenschaftliche Untersuchung erforderlich, die nicht nur die Dekretalenglosse und den Catechismus Romanus, sondern auch die gesamte schwer faßbare Doktrin des protestantischen Kirchenrechtes vor dem Leser ausbreitet. Und so ist es in zahlreichen anderen Fällen (vgl. etwa RGZ. 8, 184; 9, 219; 26, 171 usw.). In RGZ. 16, 149 wird durch eine rechtshistorische Erörterung dargetan, daß die preußische Vormundschaftsordnung von 1875 wirklich nur die Alters- und nicht etwa auch die Geschlechtsvormundschaft und Ehevogtei habe regeln wollen[5]). Dabei erscheint besonders auffallend, daß dem genannten Gesetz die Absicht unterlegt wird, das Vormundschaftsrecht „im spezifisch römischen bzw. im Sinne des neueren deutschen Rechtes" zu regeln.

Von den einzelnen Urteilen vor 1900 sollen im folgenden nur solche in Auswahl besprochen werden, die, obwohl Gegenstände des heute nicht mehr geltenden Rechtes betreffend, doch in irgendwelcher Richtung von entwicklungsgeschichtlichem Interesse sind; einzelne Entscheidungen, die in heute noch aktuelle Fragen eingreifen, sollen später im Zusammenhange mit diesen Erwähnung finden.

1. Interkonfessionelles Eherecht galt in Mischehen. Hier erhoben sich besondere Schwierigkeiten bei der Frage der Kollisionsnorm im Scheidungsrecht. Nach Verwerfung der mannigfachen vertretenen Ansichten, wonach entweder die lex fori oder das Recht des Klägers, oder das des Beklagten, oder des Ehemannes, oder des Trauungsortes maßgebend für das ganze Streitverhältnis sein sollte, kommt das Reichsgericht zum Ergebnis, daß jeder Ehegatte Scheidung nach den für seine Konfession maßgebenden Normen verlangen könne (RGZ. 12, 236).

2. Zahlreiche Entscheidungen betreffen das deutsche interpartikulare Eherecht. Hier wird als Grundsatz aufgestellt, daß für die Eheanfechtung und alle mit der Gültigkeit der Ehe zusammenhängenden Fragen das Recht des ersten Ehedomizils Anwendung leidet (RGZ. 27, 229; ebenso für die persönlichen Wirkungen der Ehe RGZ. 6, 394). Anders bei der Ehescheidung, die, da sie „streng positiven Rechtsnormen" unterworfen ist[6]), stets nur nach der lex fori beurteilt werden darf (RGZ. 9, 191; 16, 138 u. a. m.).

3. Dem Privatfürstenrecht gehören an RGZ. 2, 145ff.; 12, 417ff.; 18, 198ff. Die erste dieser Entscheidungen behandelt auf breiter rechtsgeschichtlicher Basis den Begriff der Mißheirat (vgl. auch RGZ. 32, 150ff.); die zweite ist sehr wichtig für die Frage, inwieweit ein Landesherr in Ehesachen seinen eigenen

---

4) Schon damals klagte man, daß die Urteile den Tatbestand zugunsten einer möglichst vollständigen Mitteilung der Entscheidungsgründe zu sehr unterdrückten. Vgl. Degenkolb, AZPr. 63, 137 (1880).

5) Dazu Gierke, Jahrb. f. Dogm. 35, 145 (1894). Dieser rügt die Auffassung des Reichsgerichtes, wonach im älteren deutschen Rechte die Munt des Ehemannes auf die Handlungsfähigkeit der Frau nicht eingewirkt habe, billigt andererseits den in RGZ. 4, 372 und 15, 253 vertretenen Standpunkt, wonach die im Allgemeinen Preußischen Landrecht ausgesprochenen Beschränkungen der Ehefrau in ihrer Handlungsfähigkeit auf die alte Munt, nicht auf das eheliche Güterrecht zurückzuführen sind.

6) Die Lehre von der Statutenkollision bei streng positiven Rechtsnormen geht auf Savigny zurück, vgl. System des heutigen römischen Rechts 8, 33ff., insbesondere S. 337.

Gerichten unterworfen war oder sich ihnen freiwillig unterwerfen konnte (Eheirrung des Großherzogs Ludwig IV. von Hessen); die dritte betrifft den Einfluß der Mißheirat auf das Erb- und Thronfolgerecht[7]).

4. Nach § 77 II PStG. mußte der deutsche Richter, wenn vor Inkrafttreten dieses Gesetzes auf dauernde Trennung von Tisch und Bett erkannt worden war oder zu erkennen gewesen sein würde, nunmehr auf Scheidung erkennen. Das Reichsgericht wendet diese Bestimmung auch an, wenn nach einem ausländischen Gesetz auf die dort allein zulässige separatio zu entscheiden gewesen wäre (RGZ. 3, 27ff.). Diese Entscheidung wurde kritisiert von Otto Bähr (Jahrb. f. Dogm. 21, 389f. [1884]). In der Tat hätte eine solche nur relativ wirksame Ehescheidung Deutschland zum Dorado der Scheidungslustigen machen können, auf die Gefahr hin, daß diese in ihrem Heimatsstaat als Bigamisten bestraft worden wären. Trotz Bährs Kritik hat das Reichsgericht seine Ansicht aufrechterhalten in RGZ. 11, 29 und 32, 18. Erst unter der Herrschaft des Bürgerlichen Gesetzbuches ist es durch Plenarentscheidung (RGZ. 55, 345ff.) davon abgerückt. Freilich ist der Ehegatte aus einem Lande, das nur die separatio perpetua kennt, in Deutschland jetzt der Klagmöglichkeit völlig beraubt, da auch die Aufhebung der ehelichen Gemeinschaft des Bürgerlichen Gesetzbuches jener nicht entspricht (Art. 17 IV EGBGB.). Daher bezeichnete Kohler (Lehrb. d. BürgR. 1, 52 A. 2) jene Plenarentscheidung als unrichtig, ebenso Friedberg (Lehrb. d. KirchenR. § 158 A. 46).

5. Als Beweis dafür, daß zwischen zwei verstorbenen Personen eine Ehe bestanden habe, läßt RGZ. 11, 425 Indizien nach freier richterlicher Beweiswürdigung zu. So auch noch für das geltende Recht JW. 1902 S. 361. Ein solcher Indizienbeweis könnte heute wieder, besonders angesichts der unsicheren Beurkundungsverhältnisse in Sowjetrußland, praktisch werden.

6. Wiederholt hat sich das Reichsgericht mit der dem römischen Kaiserrecht entnommenen Unwirksamkeit der Eheschenkung zu befassen gehabt. Dabei ist der Begriff der Unentgeltlichkeit besonders eingehend geprüft in RGZ. 33, 165ff. Der Ehemann hatte auf Wunsch der Frau an das gemeinsam bewohnte Haus eine Veranda und einen Weinkeller anbauen lassen; nach seinem Tode will die Frau den dazu geleisteten Beitrag von den Erben als nichtige Eheschenkung kondizieren. Das Reichsgericht weist ab, da die „Entgeltlichkeit" der Zuwendung nicht unbedingt in einem juristisch faßbaren obligatorischen Vertrage zu wurzeln brauche. Die Entscheidung wurde gebilligt von Schröder, Jahrb. f. Dogm. 35, 254 und Eck, ebenda S. 310, der an einen Innominatrealkontrakt mit beiderseitiger Verpflichtung (do ut facias) denkt. Für das geltende Recht ist das Urteil insofern wichtig, als darin der Keim für die bekannte Auffassung der Mitgift als unter Umständen entgeltliche Zuwendung zu liegen scheint (vgl. RGZ. 62, 273; Oertmann, Entgeltliche Geschäfte 1912 S. 76ff.). In diesem Zusammenhang erscheinen bedeutsam auch die Entscheidungen, die eine donatio divortii causa als unzulässig verwerfen. So RGZ. 5, 153; SeuffA. 37 Nr. 320 im Anschluß an Oberappellationsgericht Dresden SeuffA. 35, 198. Als Begründung wird einmal angeführt, daß eine solche Schenkung nur bei gleichzeitiger Anerkennung einer einverständlichen Scheidung (divortium bona gratia) Sinn habe, diese dem geltenden gemeinen Rechte aber nicht mehr bekannt sei, ferner aber auch, daß eine solche Schenkung, als auf Erleichterung

[7]) Rechtssprachlich ist zu bemerken, daß nur hochfürstliche Personen als „Herr Kläger" und „Frau Beklagte" bezeichnet zu werden Anspruch hatten. Die Rechtssprache des Reichsgerichtes war also ständisch gefärbt. Ein bedauerlicher Nachklang davon ist, daß noch heute zwischen „Dame" und „Frauensperson" unterschieden wird (vgl. JW. 1927 S. 2124 einer-, JW. 1928 S. 403 andererseits). — Vgl. zur Sache selbst H. Rehm, Modernes Fürstenrecht S. 177ff. (1904).

der Scheidung berechnet, überhaupt gegen die guten Sitten verstoße. Hier taucht zum ersten Male das Problem der Sittenwidrigkeit scheidungserleichternder Verträge auf, das uns noch an anderer Stelle beschäftigen wird (vgl. unten V 4e).

7. Die römischen Scheidungsstrafen hat das Reichsgericht prinzipiell als im geltenden Recht nicht mehr begründet erkannt (RGZ. 11, 201; 26, 171; SeuffA. 39 Nr. 310; 43 Nr. 28). Andererseits ist es aber auch niemals zur Anerkennung eines Unterhaltsanspruches des unschuldig geschiedenen Ehegatten gelangt (ablehnend RGZ. 8, 184; 12, 192; 26, 193). Dagegen hatte schon Dernburg, Pandekten III § 26 Note 8 protestiert, und es ist ein Glück, daß sich die Motive hier nicht der gemeinrechtlichen Praxis, sondern dem französischen und sächsischen Recht angeschlossen haben.

Diese kleine Auslese mag genügen, um einen Begriff von der Problematik des älteren Rechtszustandes und die Verdienste der reichsgerichtlichen Rechtsprechung um deren Bewältigung zu geben. Und nun wenden wir uns den Gedankenkreisen des geltenden Rechtes, und zwar zunächst des persönlichen Eherechtes, zu.

II.

Auf dem Gebiete des Verlöbnisrechtes fand das Reichsgericht bei seiner Errichtung einen recht buntscheckigen Rechtszustand vor. Auf weite Strecken hin war die Judikatur angewiesen auf unsichere, in ihrer Tragweite vielfach bestrittene Sätze des kanonischen Rechtes. Um so lohnender mußte die Aufgabe erscheinen, aus dem Rohstoff die juristische Struktur des Verlöbnisrechtes herauszuformen. Auch heute gibt das Bürgerliche Gesetzbuch, wie bei eindringenderem Studium erkannt wird, nur eine Rahmenregelung. Daher ist auch heute noch die höchstrichterliche Rechtsprechung auf diesem Gebiete besonders wichtig.

Der Kernpunkt ist nun, früher wie jetzt, die Frage nach der juristischen Natur des Verlöbnisses. Und hier ist es festzustellen, daß das Reichsgericht vom ersten Augenblick an die Vertragstheorie für maßgebend erklärt hat. Die grundlegenden Entscheidungen RGZ. 20, 333; 23, 177 und 29, 98 sprechen es mit voller Deutlichkeit aus, daß das Verlöbnis ein Vertrag ist, in dem zwei Personen verschiedenen Geschlechtes einander die Ehe versprechen. Dadurch wird das selbst wieder „Verlöbnis" genannte rechtliche Verhältnis begründet, ferner aber treten die Wirkungen eines pactum de contrahendo ein, freilich nicht zur Schließung eines obligatorischen Vertrages verpflichtend, wohl aber zur Eingehung des rein familienrechtlichen Vertrages der Eheschließung[8]). Es ist also sehr wichtig für die Interpretation des Bürgerlichen Gesetzbuches, daß dieses bei seinem Inkrafttreten bereits mit einer ganz präzise festgelegten Judikatur zu rechnen hatte; dadurch gewinnt es einen besonderen Sinn, daß man die Entscheidung über die Natur des Verlöbnisses der Wissenschaft überlassen wollte. Fragen wir nun, ob das Reichsgericht seinem damaligen Standpunkte treu geblieben ist, so machen wir die überraschende Entdeckung, daß man es nicht mehr so unbedingt und nicht mehr in dem früheren Sinne als Kronzeugen für die Vertragstheorie aufrufen darf. Wohl betrachtet das Reichsgericht heute noch das Verlöbnis als ein Vertragsgebilde, aber es charakterisiert es inhaltlich nicht mehr als „Eheversprechen". Dieses wird zwar noch erfordert[9]), aber nur noch als konstitutives Merkmal des Vertragstatbestandes, nicht mehr als Ver-

---

[8]) Vgl. zum Ganzen Stobbe-Lehmann, Deutsches Privatrecht 4, 21 ff.

[9]) Vgl. RG. in Recht 1917 Nr. 1271 ff.

tragsinhalt. Nur „als Handlung" ist das Verlöbnis gegenseitiges Eheversprechen, sagt RGZ. 61, 270. Aber die Verpflichtung aus dem Vertrage geht nicht auf die Ehe. Das kommt zwar in der angezogenen Entscheidung nicht recht zum Ausdruck, mit voller Deutlichkeit aber in RGZ. 80, 90. Freilich, so wird ausgeführt, sei der § 1227 des Entwurfes mit seiner Leugnung der Eheverpflichtung nur abgeschwächt übernommen worden, dies erkläre sich aber daraus, daß die im Verlöbnis liegende sittliche Pflicht zur Heirat nicht dem Zweifel preisgegeben werden sollte. Der Grundsatz des Entwurfes, daß aus dem Verlöbnis keine Rechtspflicht und kein Zwang entspringe, daß die Freiheit der Willensbestimmung bei der Eheschließung nicht beeinträchtigt werden sollte, sei auch im Bürgerlichen Gesetzbuch aufrechterhalten. Beweis: Der Verlobte sei ja gar nicht gebunden, er habe ja „Rücktrittsfreiheit"! Also kann sich die Vertragsnatur des Verlöbnisses auch nur in dem Brautstande, der auch seinerseits ein Vertragsverhältnis ist, auswirken. Ein Vertrag auf Eheschließung ist es aber eigentlich nicht.

Dies ist auch heute noch die im Reichsgericht maßgebende Ansicht. Denn RGZ. 98, 14 wiederholt sie; RGZ. 105, 245, wo die Frage nach der Gültigkeit mehrfacher und bedingter Verlobung erörtert wird, drückt sich etwas diplomatisch aus, indem sie nicht von Eheversprechen, sondern nur von „Treugelöbnis" spricht.

Wie steht es aber in Wirklichkeit mit der Rücktrittsfreiheit, die doch juristisch nichts anderes bedeuten könnte als ein einseitig gewährtes Rücktrittsrecht? Ist ein solches wirklich daraus zu folgern, daß jeder, auch der unberechtigte Rücktritt, das Verlöbnis löst? Dieser Annahme liegt doch wohl eine aus dem Doppelsinne des Wortes Verlöbnis erklärliche Ungenauigkeit zugrunde. Was durch den Rücktritt gelöst, d. h. offenbar ex tunc beendet wird, ist vielmehr nur der Brautstand. Im übrigen hinterläßt der Rücktritt aus illegalem Grunde Residuen des früheren Verpflichtungsverhältnisses, das nur einen Inhaltswandel erfährt. Nur der berechtigte Rücktritt kann also Ausdruck eines gesetzlichen Rücktrittsrechtes sein, das etwa in § 455 BGB. seine schuldrechtliche Parallele findet. Der unberechtigte Rücktritt kann nicht wohl gut etwas anderes sein als Vertragsverletzung. Daher erzeugt er auch die bekannten Schadenersatzansprüche, die bei anderer Auffassung niemand, auch nicht das Reichsgericht, einwandfrei zu rechtfertigen vermag. Das gilt insbesondere von der weitverbreiteten Ansicht[10]), nach der es sich um das „negative Vertragsinteresse" handelt. Wenn diesem Ausdruck überhaupt noch ein präziser Sinn zukommen soll[11]), so darf er für nichts anderes verwendet werden als zur Bezeichnung eines Vertrauensinteresses; um das getäuschte Vertrauen auf die Gültigkeit des Verlöbnisses handelt es sich aber zweifellos gerade nicht, denn der Rücktritt stellt diese keineswegs in Frage, sondern um einen Schaden, der eben im Zusammenhange mit der Nichterfüllung entstanden ist, insofern, als die in Erwartung der Eheschließung gemachten Aufwendungen durch das Unterbleiben dieser vertragsmäßig geschuldeten Leistung nunmehr sinnlos werden. Freilich mußte das Gesetz bei Gewährung solcher Erfüllungsansprüche diese zugleich auf das genaueste umgrenzen; das eigentliche („primäre") Erfüllungsinteresse liegt ja außerhalb des Rahmens jeder Berechnung, und eine unpräzisere Formulierung hätte uferlosen Ersatzansprüchen nach Muster des englischen breach of promise Raum gegeben, was man begreiflicherweise vermeiden

---

[10]) Vgl. Lit. bei Staudinger-Engelmann Anm. 2a zu § 1298.

[11]) Über den prekären Wert dieser Unterscheidung handelt vorzüglich Tore Almén, Das skandinavische Kaufrecht, deutsche Ausgabe von Neubecker 1, 377ff. Dazu Stoll, AZPr. 1926 S. 187.

wollte. Die in § 1298 ff. geordneten Ansprüche sind also Schadenersatzansprüche wegen Nichterfüllung; das durch sie geschützte Interesse kann man vielleicht als „sekundäres Erfüllungsinteresse" bezeichnen.

Mit diesen Formulierungen bewegen wir uns allerdings schon jenseits der Vertragstheorie in der reichsgerichtlichen Auffassung. Als sicher darf aber das eine bezeichnet werden, daß nämlich unser oberstes Gericht die „Tatsächlichkeitstheorie" ablehnt. Daß diese sich trotzdem immer noch hervorwagt[12]), ist wohl lediglich auf einen Spezialfall zurückzuführen, bei dessen Behandlung die „Vertragstheorie" Schiffbruch zu leiden scheint, auf den Fall der ohne Zustimmung des gesetzlichen Vertreters verlobten Minderjährigen nämlich. Die Lage erinnert an die Situation im Wertpapierrecht: Auch dort war die „Kreationstheorie" so lange unbestritten herrschend, bis es gelang, der „Vertragstheorie" eine solche Schmiegsamkeit abzugewinnen, daß man mit ihr jedem praktischen Bedürfnisse gerecht zu werden vermochte. In unserem Falle muß dies auch gelingen. Nichts nötigt dazu, das Verlöbnis in allen seinen Rechtsbeziehungen den starren Normen des Allgemeinen Teiles zu unterstellen. Man muß sich nur darüber klar sein, daß diese Regeln aus einer Zeit stammen, wo die Wissenschaft erst die allerersten Anfänge einer Theorie der Persönlichkeitsrechte entwickelt hatte und daß der Allgemeine Teil unseres Gesetzbuches daher nirgendwo Gelegenheit nimmt, seine Formulierungen mit Rücksicht auf diese abzuwandeln. Daß nun aber das Verlöbnis zu der Sonderkategorie der personenrechtlichen Rechtsgeschäfte gehört, wird niemand bestreiten wollen. Auch das Reichsgericht gibt uns einen Fingerzeig in dieser Richtung, indem es wenigstens beim Rücktritt vom Verlöbnis von einem „höchstpersönlichen" Rechtsgeschäfte spricht und dabei die Vorschriften der §§ 107 ff. ausschaltet (vgl. RGZ. 98, 15). Warum also auf halbem Wege stehenbleiben? Freilich ließen alle diese Fragen sich nur in größerem Zusammenhange behandeln. Aber vielleicht kommt unsere Wissenschaft doch noch einmal zur Anerkennung „personenrechtlicher" Verfügungen, in dem Sinne, daß Rechtsgeschäfte, die eine unmittelbare Einwirkung auf die Persönlichkeitssphäre enthalten, ebenso ihre Sondernormen zugewiesen erhalten wie die Verfügungen des Vermögensrechtes. Schon z. B. bei der Behandlung des ärztlichen Operationsrechtes scheint mir ein unabweisbares Bedürfnis dazu zu bestehen. In solchen Fällen müßte stets die natürliche Willensfähigkeit entscheiden — hier bei der Verlobung also die Einsicht in das Wesen der Ehe — und diese dürfte nicht an den Schematismus von Altersgrenzen gebunden werden. So allein würde man dem Wesen des Verlöbnisses als eines vorwiegend sittlichen Verhältnisses gerecht, die das Reichsgericht so oft betont hat — allerdings vorwiegend in strafrechtlichen und strafprozessualen Entscheidungen[13]), die m. E. in unserer Frage viel richtiger werten. Schon um den Dualismus zu beseitigen, daß ein Minderjähriger in den Augen des Strafrichters gültig verlobt sein kann, während der Zivilrichter mit dem Reichsgericht Nichtigkeit annimmt, müßte eine Schwenkung der Rechtsprechung erfolgen.

Die einzelnen Entscheidungen über den Rücktritt vom Verlöbnis selbst können nicht in extenso besprochen werden. Ein näheres Eingehen empfiehlt sich nur noch auf die Frage, inwieweit unter Umständen ein über § 1298 hinausreichender Schadenersatzanspruch denkbar wäre. In der Literatur hat man sich mehrfach[14]) auf eine Entscheidung von 1917 berufen[15]), um zu begründen,

---

[12]) Zuletzt bei H. Lehmann, Familienrecht S. 25 f. (1926).

[13]) RGSt. 10, 117; 14, 7; 24, 155; 35, 49 u. a. m.

[14]) M. Wolff, Familienrecht S. 26 Anm. 18; Warneyer, Komm. II S. 503 Anm. 14 u. a. m.

[15]) WarnRspr. 1918 Nr. 76 = LZ. 1917 S. 867 Nr. 13. Vgl. LZ. 1925 Sp. 594 Nr. 5.

daß jeder grundlos zurücktretende Partner auch allen weiteren Schaden, z. B. den durch Erkrankung verursachten ersetzen müsse. Aber das Reichsgericht beschränkt sich in der angeführten Entscheidung doch mit Recht darauf, dem oben S. 185 f. angedeuteten Grundgedanken des sekundären Erfüllungsinteresses seinen vollen Inhalt abzugewinnen, ohne sich auch nur um Haaresbreite davon zu entfernen. Es läßt daher auch nur den Verdienstentgang erstattungsfähig sein, der auf der Berufsaufgabe beruht, also auf einer in Erwartung der Ehe getroffenen Maßnahme; dann allerdings auch, soweit dieser Verdienstentgang durch Dazwischentreten einer Erkrankung sich gesteigert hat. Daß aber die Kurkosten ersetzt werden müßten oder ein Verdienstentgang durch Krankheit, der ohne vorherige Berufsaufgabe eingetreten wäre, davon steht in der Entscheidung nichts. Es wäre auch unbillig, wollte man jeden ohne wichtigen Grund im Sinne des Gesetzes Zurücktretenden so hart anfassen, auch wenn seine Motive vielleicht die ehrenhaftesten sind[16]). Auch das von Wolff gebrauchte argumentum a fortiori aus § 1300 scheint mir unannehmbar. Man wird solchen Schadenersatz wohl auf den Fall deliktischen Verhaltens, also echten Verlöbnisbruches, zu beschränken haben.

Auf die Rechtsprechung des Reichsgerichtes zu § 1300, insbesondere auf die umsichtige und genau abwägende Herausarbeitung des Bescholtenheitsbegriffes[17]), kann nur im Vorübergehen hingewiesen werden. Von dem Rest des Verlöbnisrechtes interessiert hier noch besonders eine jüngere Entscheidung[18]), die sich mit der Rückgabe der Brautgeschenke (§ 1301) beschäftigt. Hier hat das Reichsgericht in aller erwünschten Deutlichkeit festgestellt, daß derjenige, der ohne wichtigen Grund zurücktritt, nicht notwendig zugleich im Sinne des § 815 gegen Treu und Glauben verstößt. Trotzdem die Anwendbarkeit dieser Bestimmung prinzipiell bejaht wird, und trotz der im übrigen bestehenden Schadenersatzpflicht aus § 1298 kann also der Fall so liegen, daß ein dergestalt Zurücktretender den Anspruch auf Geschenkrückgabe behält. Die an dieser Entscheidung geübte Kritik[19]) halte ich für verfehlt; nicht darauf kann es ankommen, ob der verlassene Verlobte anständig handelt, wenn er, mag der Fall im übrigen liegen, wie er will, die Brautgeschenke zurückbehält, sondern darauf, ob der andere ihn zur Herausgabe zwingen können soll, und das verhindert § 1301 durch Anziehung des § 815 mit gutem Grunde, aber nur, wenn wirklich ein Verstoß gegen Treu und Glauben vorliegen sollte.

III.

Wenden wir uns nunmehr der Eheschließung selbst zu, so ist zunächst festzustellen, daß die eigentliche Trauung dank ihrer Ausgestaltung als Verwaltungsakt höchst eigener Prägung nur sehr selten Gegenstand der reichsgerichtlichen Kognition gewesen ist[20]). Es wird sich also im folgenden wesentlich um

---

[16]) Warneyer (Komm. S. 504 Anm. 17) will sich auf die Entscheidung in WarnRspr. 1914 Nr. 163 berufen dafür, daß die Überzeugung, die Ehe werde nicht glücklich werden, einen wichtigen Grund im Sinne des Gesetzes bilden könne. Aber das läßt sich aus der Entscheidung nicht entnehmen. Das Reichsgericht nimmt zu der beiläufigen Bemerkung der Vorinstanz, es liege kein Anhalt dafür vor, anzunehmen, daß die Ehe unglücklich geworden wäre, überhaupt keine deutliche Stellung.

[17]) RGZ. 52, 46; 98, 13; JW. 1906 S. 425; 1910 S. 942 u. a. m.

[18]) JW. 1925 S. 2110 = GruchotsBeitr. 67, 660.

[19]) Jakobi in JW. a. a. O.

[20]) Nur zwei Entscheidungen gehören hierher: Einmal RGZ. 48, 191, wo der selbstverständliche Satz aufgestellt wird, daß die Eheschließung niemals in die Form eines Prozeßvergleiches gekleidet werden könne, und RGZ. 99, 68, wo es (in anderem Zusammenhange) heißt: „Am ehesten wäre der Fall des § 925 hinsichtlich des Formerfordernisses dem Falle der Eheschließung gemäß § 1317 BGB. vergleichbar. Danach wird die Ehe dadurch abgeschlossen, daß die Verlobten vor einem

die inneren Mängel der Eheschließung handeln, um die bedeutsame Lehre von Nichtigkeit und Anfechtbarkeit der Ehe.

1. Hierbei tritt zunächst die grundsätzlich wichtige Frage nach der rechtlichen Natur dieser Ehemängel in den Vordergrund. Bekanntlich besteht eine immer noch ungelöste Disharmonie zwischen Wissenschaft und Praxis in der Auffassung der Ehenichtigkeit. Die letztere vertritt den aus dem kanonischen Recht abgeleiteten Standpunkt, daß es sich nur um eine prozessuale Hemmung der Berufung auf die Ehenichtigkeit handle, die an sich von Anfang an bestehe, aber vor Feststellung durch gerichtliches Urteil bei stehender Ehe nicht geltend gemacht werden könne. Diese Auffassung, die freilich durch die rein prozessuale Fassung des § 1329 nahegelegt wird, findet sich auch jetzt noch in den an der Praxis orientierten Kommentaren von Planck-Unzner (4. Aufl. S. 57), Staudinger-Engelmann (9. Aufl. S. 92) sowie der Reichsgerichtsräte (6. Aufl. S. 35). Das Reichsgericht selbst hat sich zu ihr unzweideutig bekannt, schon in JW. 1903 Beil. 111 Nr. 245, dann in dem bekannten Urteil über die Nachzahlung von Versorgungsgebühren an die Witwe eines Offiziers, die in nichtiger zweiter Ehe gelebt hatte, RGZ. 88, 326, wo es heißt: „Die Nichtigkeit besteht von Anfang an und wird durch das sie aussprechende Urteil nur festgestellt, nicht erst begründet ... Bis zur Nichtigkeitserklärung wird daher die Ehe als gültig behandelt. Dann aber kann die von Anfang an begründete Nichtigkeit unbeschränkt mit der gleichen Wirkung geltend gemacht werden, wie wenn die Ehe nicht geschlossen worden wäre." In ganz ähnlichen Wendungen hatte sich derselbe 3. Zivilsenat schon in JW. 1913 S. 739 zu einem gleichgelagerten Falle geäußert; aber auch das Urteil des 4. ZS. (E. 104, 246) läßt trotz knapper Fassung des Proömiums der Urteilsgründe erkennen, daß prinzipielle Differenzen in der Auffassung der beiden Senate nicht bestehen. Eine Würdigung der von fast allen Rechtslehrern heute vertretenen abweichenden Ansicht hat das Reichsgericht demnach bis jetzt nicht für nötig erachtet. Und doch ist die wissenschaftliche Unhaltbarkeit jener prozessualen Konstruktion schon seit 1899 von Autoritäten konstatiert worden, denen auch das Reichsgericht sonst gern Gehör schenkte (vgl. Langheineken, Urteilsanspruch S. 244 ff. [1899]; Hellwig, Anspruch und Klagerecht S. 472 [1901]; Zitelmann in der Festschrift für E. J. Bekker S. 143 ff. [1907]; v. Tuhr, Allg. Teil 2, 296 u. a. m., für alle: M. Wolff, Familienrecht § 26 II). Daß die „nichtige" Ehe in der Rechtsauffassung unseres bürgerlichen Rechtes eine „vernichtbare" Ehe ist, die durch Gestaltungsakt vernichtet werden kann, und zwar entweder durch rechtsgestaltenden Richterspruch oder durch eine rechtsgestaltende Naturtatsache (Auflösung durch Tod) oder Verwaltungsakt (Wiederverheiratung im Falle des § 1348) — das dürfte heute doch wohl zum gesicherten Bestande unserer zivilistischen Wissenschaft gehören. Nur so lassen sich die sog. „Heilungsvorschriften" der §§ 1324 II, 1325 II, 1328 II richtig deuten, ohne daß man mit der Annahme subsidiärer Eheschließungsformen zu operieren braucht. — Natürlich hat die ganze Kontroverse auf die praktische Lösung des einzelnen Falles keinen großen Einfluß, da ja alle Rückwirkungsnormen im Gesetz enthalten sind. Aber trotzdem ist sie nicht so unbedeutend, wie z. B. Planck-Unzner es hinstellt[21]). Denn es handelt sich schließlich

Standesbeamten persönlich und bei gleichzeitiger Anwesenheit erklären, die Ehe miteinander eingehen zu wollen. Auch hier soll also die bloße Erklärung zum Zustandekommen des Rechtserfolges ausreichen, ohne daß es dazu noch ihrer Beurkundung bedürfte."

[21]) Hingewiesen sei auf die Frage, ob Bestätigung einer Ehebruchsehe noch nach Auflösung möglich ist. Hier kommt man nur vom Standpunkte der Wissenschaft aus zu einem vernünftigen Ergebnis (vgl. Wolff a. a. O. § 26 II a. E.).

doch darum, endlich einmal einen brauchbaren Nichtigkeitsbegriff zu gewinnen, der von dem romanistisch-scholastischen Begriffsschema losgelöst ist und die Mangelhaftigkeit sozialer Tatbestände in einer Form zur Liquidation bringt, die ihrem Wesen gemäß ist und infolgedessen ganz anders orientiert sein muß als der Nichtigkeitsbegriff des Verkehrs- oder Individualrechtes. Man darf die Fälle der Ehenichtigkeit und -Anfechtbarkeit eben nicht isoliert betrachten, sondern muß andere Dauertatbestände (Aktiengesellschaft, Patenterteilung) zum Vergleiche heranziehen. Dann sieht man sofort, daß die Reaktion der Rechtsordnung auf Konstitutionsfehler solcher Rechtsfiguren, auf denen die Interessen zahlreicher und unbestimmter Dritter zu ruhen pflegen, immer nur in einer Paralysierung, niemals in einer Negierung des Tatbestandes bestehen kann; daß die Vernichtung stets nur zu einer Liquidation unter möglichster Schonung aller Drittinteressen führen darf. Dann erledigt sich auch die ungesunde Fiktion der Gültigkeit der Ehe bis zur Vernichtung und macht einer wirklichen, wenn auch gebrechlichen Gültigkeit Platz. Zugleich sind die aufgezählten, als gleichgelagert bezeichneten Fälle auch solche, in denen von Anfang an ein Staatsakt irgendeine, wenn auch nicht konstitutive, so doch substantielle Rolle gespielt hat. Damit bejahen wir aber die Ausrichtung des hier postulierten Nichtigkeitsbegriffes auf das öffentliche Recht, in dem das Problem des fehlerhaften Staatsaktes erst in neuester Zeit eine so reiche Förderung erfahren hat. Es wäre von höchster Bedeutung, einen Nichtigkeitsbegriff zu finden, der im privaten wie im öffentlichen Recht gleichmäßig auf Anerkennung rechnen könnte. Und es wäre durchaus nicht bedeutungslos, wenn unser oberster Gerichtshof bei sich bietender Gelegenheit diesem fundamentalen gedanklichen Fortbildungsprozeß gegenüber zur Stellungnahme schreiten würde.

2. Konnten wir über diesen Kernpunkt verhältnismäßig rasch hinweggehen, so wird uns um so eingehender die Lehre von den einzelnen Gründen der Ehenichtigkeit und -Anfechtbarkeit beschäftigen. Dabei ist wieder zu beobachten, daß die Nichtigkeitsgründe wegen ihrer starren Natur der richterlichen Nachprüfung in weiterem Umfange entzogen sind als die Anfechtungsgründe. Nur zweierlei verdient Erwähnung:

a) Bei der Vernichtbarkeit nach § 1325 hat das Reichsgericht die fast selbstverständliche Interpretation vorgenommen, daß eine im Zustande vorübergehender Bewußtseinsstörung vollzogene Trauung nur dann nichtig sein kann, wenn die freie Willensbestimmung eines der Verlobten ausgeschlossen war. Das fügt sich zwanglos in den Rahmen der Rechtsprechung zu § 105 II ein. Vgl. RGZ. 74, 111 und 103, 399, dazu Oertmann, Komm. z. BGB. I³ S. 344 (1927).

b) Das Eheverbot des Ehebruches ist bekanntlich davon abhängig, daß der Ehebruch in dem Urteil, das die frühere Ehe schied, als Grund der Scheidung festgestellt worden ist (§ 1312). In der Auslegung dieser Bestimmung hat das Reichsgericht mehrfach geschwankt. Hierbei entstehen nämlich zwei Fragen, die in der Rechtsprechung und Literatur nicht immer reinlich geschieden werden.

Erstens: Hat der Kläger, wenn die Ehe wegen Ehebruches geschieden wird, einen im Zivilprozesse verfolgbaren Anspruch darauf, daß außer dem die Entscheidung tragenden Ehebruche noch andere Ehebrüche festgestellt werden? Diese Frage ist wohl unbedenklich zu verneinen. Der Kläger hat hier alles zugesprochen erhalten, was er begehrte; ein schutzwürdiges Interesse daran, daß das Scheidungsurteil dem Beklagten mehr als eine Eheschließung im Sinne des § 1312 unmöglich mache, hat er nicht, das wäre ja bloße Schikane. Das scheint mir aus RGZ. 55, 245 und den dort angezogenen älteren Entscheidungen RGZ. 27, 195; 45, 321 deutlich zu folgen. Hingegen läge wohl ein gravamen vor, wenn die Bezeichnung überhaupt unterblieben wäre, GruchotsBeitr. 55, 1074 (1911). Diese Rechtsprechung ist auch durch neuere Entscheidungen nicht abgeändert worden.

Ganz anders liegt es bei der zweiten Frage: Kann, wenn aus §§ 1565 und 1568 nebeneinander geklagt ist, eine Partei sich beschwert fühlen, wenn nur aus einem der beiden Gründe geschieden wurde? Die Frage wurde früher unterschiedslos verneint; das Reichsgericht stellte das Prinzip der „Gleichwertigkeit" dieser Scheidungsgründe auf in dem Sinne, daß in den privatrechtlichen Wirkungen überhaupt kein Unterschied bestehe. Denn Eheverbot und Strafantragsrecht lägen auf dem Gebiete des öffentlichen Rechtes. Weder habe also der Kläger ein subjektives Recht darauf, die Scheidung gerade wegen Ehebruches zu erlangen, noch der Beklagte, diese von sich abzuwenden. (So dem Sinne nach RGZ. 55, 246 und ständig, insbesondere JW. 1911 S. 718; 1912 S. 466; GruchotsBeitr. 49, 367; zuletzt noch JW. 1920 S. 379.) Aber schon das letztgenannte Urteil deutete die Möglichkeit von Zweifeln an (ebenso übrigens RGZ. 96, 222) und eine auf prinzipielle Erwägungen gestützte Anmerkung Krückmanns verstärkte diese sehr erheblich. Das mag wohl der Grund gewesen sein, weswegen der 4. ZS. in der Entsch. RGZ. 110, 45 von 1925 energisch von seiner früheren Rechtsprechung abrückte, und zwar zunächst für den Fall, daß das Gericht zuungunsten des schuldigen Teiles auf § 1565 und nicht auf § 1568 zugekommen war. Denn seine Rechtslage werde dadurch freilich ungünstiger gestaltet und es könne nicht darauf ankommen, daß diese Benachteiligung sich vorwiegend auf dem Gebiete des öffentlichen Rechtes geltend mache; dann zumindest habe das Eheverbot des § 1312 „privatrechtliche Auswirkungen[22])". Konsequentermaßen muß es jetzt auch als reformatio in peius angesehen werden, wenn die zweite Instanz, nachdem die erste aus 1568 geschieden hatte, zur Scheidung aus 1565 übergeht[23]). Diese Folgerung zieht der 2. ZS. in RGZ. 115, 194. Er bezeichnet das Vorgehen des Kammergerichtes geradezu als einen Verstoß gegen § 536 ZPO.

Der umgekehrte Fall bildet den Tatbestand der ausführlichen Entsch. des 4. ZS. in RGZ. 115, 1 ff. Dort hatte der Scheidungskläger ein obsiegendes Urteil aus § 1568 erlangt und betrachtete als es eine Benachteiligung, daß nicht wegen Ehebruches geschieden worden sei. Der Senat mußte nun dazu Stellung nehmen, ob er das schon in RGZ. 110, 46 aufgegebene Gleichwertigkeitsprinzip auch für diesen Fall über Bord werfen wolle. Dazu kann er sich aber nicht generell entschließen. „Denn ob der Scheidungskläger beschwert ist, ist zum Teil nach anderen Gesichtspunkten und Gesetzen zu beurteilen als beim Scheidungsbeklagten." Und zwar liegt das daran, daß der Kläger ja die Gestaltung der Klage in der Hand hat. Macht er die Gründe der §§ 1565 und 1568 nebeneinander geltend, so „behandelt er sie als gleichwertig, auch wenn sie tätsachlich nicht gleichwertig sind". Es muß dann dem Richter freistehen, aus dem Klagegrunde zu entscheiden, der zuerst spruchreif wird, ja, nach § 300 ZPO.

---

[22]) Welche, darüber enthält sich der Senat der Äußerung. Aus RGZ. 115, 3 ist vielleicht zu ergänzen, daß die Beeinflussung der Unterhaltspflicht durch die Wiederverheiratungsmöglichkeit (§ 1579) gemeint sein soll.

[23]) In allen Fällen ist vorausgesetzt, daß alternativ aus beiden Scheidungsgründen geklagt ist. Daß eine Substitution eines vom Kläger überhaupt nicht angezogenen Scheidungsgrundes unstatthaft ist, ergibt sich schon aus allgemeinen zivilprozessualen Grundsätzen. Nur dann ist das Gericht frei in seiner Begründung, wenn auf Scheidung schlechthin geklagt ist (WarnRspr. 1909 Nr. 413) — ein im Anwaltsprozesse wohl unwahrscheinlicher Fall. Vgl. zum Ganzen KommRGR. (6. Aufl.) Anm. 1 zu § 1565, und neuestens RG. in JW. 1928 S. 3039 mit Anm. Wieruszowski.

ist das sogar seine Pflicht[23a]). Aber der Kläger kann dies ihm unerwünschte Ergebnis dadurch vermeiden, daß er den Ehebruch zum Hauptantrag und die Zerrüttung zum bloßen Eventualantrag macht. In letzterem Falle ist der Richter gehindert, auf § 1568 zuzukommen, ehe die Ehebruchsfrage erledigt ist; denn die Stellung des Eventualantrages hatte dann in erster Linie nur den Zweck, die Präklusion aus § 616 ZPO. zu hindern. Zugleich dokumentiert der Kläger damit sein Interesse an Eheverbot und Strafantragsrecht, auf dessen Dringlichkeit schon wegen der Kinder bereits Krückmann a. a. O. hingewiesen hatte. Das Reichsgericht folgt hier Ausführungen, die Friedrich Stein (wohl im Anschluß an Hellwig) in seinem Kommentar (zu § 615 II 5 ZPO.) gegen das Reichsgericht gerichtet hatte. Für die Gestaltung der Klagschrift durch den Scheidungsanwalt ist dieser Frontwechsel des Reichsgerichtes jedenfalls von größter Bedeutung.

3. Von den Fällen der Anfechtbarkeit hat bisher der des § 1332 die geringste Rolle gespielt, und man glaubte ihn schon in das Gebiet des Romans verweisen zu dürfen. Neuerdings hat das Reichsgericht eine sehr besprechenswerte Entscheidung dazu geliefert (JW. 1925 S. 1639 = GruchotsBeitr. 68, 322; 4. ZS.). Ein katholischer Feldgrauer ist in Rußland vor dem katholischen Geistlichen mit einer gleichfalls katholischen Russin nach tridentinischem Rechte gültig getraut worden; die Ehe war nach dem Rechte des Ortes zugleich eine bürgerlich-rechtlich gültige. Nun ficht er die Ehe an, da er geglaubt habe, daß es sich um eine lediglich kirchliche Zeremonie gehandelt habe und die Ziviltrauung vor einem Konsul oder in Deutschland nachgeholt werden müsse. Das BG. hat die Klage abgewiesen, weil der Kläger immerhin den Willen zum Ausdruck gebracht habe, eine gültige Ehe einzugehen und nur durch Gesetzesunkenntnis an der Einsicht gehindert worden sei, daß dies bereits geschehen sei. Diese Entscheidung befriedigt das Rechtsgefühl, mag man sich die Begründung auch schärfer denken können. Das Reichsgericht glaubt sie nicht billigen zu können. Denn da § 1332 in dem Abschnitt über bürgerliche Ehe stehe, so sei jeder Irrtum darüber, daß die Ehe nach deutschem bürgerlichen Recht gültig sei, beachtlich, und eine etwaige kirchliche Zeremonie könne gar nicht in Betracht kommen. Der Umstand, daß der Ehegatte weiß, daß die Ehe nach kirchlichem oder ausländischem Rechte gültig ist, kann die Anfechtbarkeit nicht beseitigen. Daher Rückverweisung zur Prüfung, ob ein solcher Irrtum wirklich vorlag. Dabei wird aber dem Unterrichter die weitere Feststellung zur Pflicht gemacht, ob der Kläger nicht etwa wenigstens geglaubt hat, eine für ihn gültige Ehe zu schließen. „Die Unterlassung der Prüfung der Gültigkeit der Eheschließung sowie etwaige Zweifel, ob die kirchliche Trauung in Rußland nach deutschem Rechte gültig sein werde, würden zur Anfechtung nicht ausreichen, die Ehe würde also in diesem Falle gültig sein, wenn der Kläger erst später von der vollen Rechtswirksamkeit der Ehe Kenntnis erlangt hätte." Der letzte Satz ist einigermaßen rätselhaft, und zwar kommt das von einer Ungenauigkeit des sprachlichen Ausdruckes. Denn nicht darauf kommt es an, ob die Ehe nach deutschem Recht in Deutschland oder Rußland gültig ist, sondern ob die bekannte Regel des internationalen Privatrechtes „locus regit actum" ihr diese Gültigkeit vermittelt. Irrte der Kläger darüber, daß sie in Deutschland nach internationalem Privatrecht gültig war, so soll er anfechten können, nicht hingegen — das dürfte der einzige logische Gegensatz sein — wenn er sie für in Rußland ungültig hielt. Aber ganz abgesehen von dieser Unklarheit: ist der Rechtsstandpunkt des Reichsgerichtes

[23a]) Vgl. Recht 1928 Nr. 2266 mit Zitaten.

nicht geradezu eine Prämie auf illoyales Verhalten? Der Kläger soll anfechten können, wenn er zwar wußte, daß er eine für seine Frau als Russin gültige Ehe einging, aber erst hinterher zu seinem Schrecken gewahr wurde, daß er auch in Deutschland nach Art. 11 I 2 EGBGB. gültig verheiratet war! Muß man nicht sagen, daß dies gegen das oberste Rechtsgebot des konsequenten Handelns verstößt, daß hierin ein venire contra factum proprium läge, wie es schlimmer nicht gedacht werden könnte? Die Entscheidung ist weder der Fassung noch dem Inhalte nach glücklich zu nennen[24]).

4. Ganz anders liegt es bei den Entscheidungen über die Frage der Anfechtung wegen persönlicher Eigenschaften (§ 1333). Hier hat sich das Reichsgericht ein unbestreitbar großes Verdienst erworben, indem es dem vagen und vieldeutigen Gesetzeswortlaut eine Interpretation gegeben hat, die ihn überhaupt erst für die Praxis brauchbar gemacht hat. Bekanntlich hat sich diese Norm für die weitaus häufigsten Fälle der Eheanfechtung im Schmelzprozesse der Gesetzgebung mehrfach gewandelt und erst in der Reichstagskommission die heutige Fassung erhalten, die uns zu der scharfen Unterscheidung zwischen persönlichen „Eigenschaften" und außerpersönlichen „Verhältnissen" zwingt. Eine Frage von fast metaphysischer Tragweite: Was ist der Mensch eigentlich? Welche Eigenschaften machen sein innerstes Wesen aus? Das Reichsgericht hat sich der Aufgabe nicht entzogen, eine generalisierende Begriffsbestimmung zu geben. Wir lesen in RGZ. 52, 310: „Als persönlich muß eine Eigenschaft gelten, wenn sie einer Person, und zwar nicht bloß als etwas außer ihr liegendes, mehr oder weniger Vorübergehendes und Zufälliges, sondern dergestalt wesentlich zukommt, daß sie als Ausfluß und Betätigung ihres eigentlichen Wesens, als ein integrierender Bestandteil ihrer Individualität erscheint." Diese Definition ist mehrfach wiederholt worden (RGZ. 95, 289; 104, 335). Man wird sich aber des Eindruckes nicht erwehren können, daß es bei dieser allgemeinen Fassung nur unvollkommen gelingen wird, aller Zweifelsfragen Herr zu werden. Es ist also doch unerläßlich, sich an der Hand einer bis in alle Einzelheiten ausgeführten Übersicht über die oberstrichterliche Rechtsprechung ein Bild von dem gegenwärtigen Stande der Dinge zu verschaffen. Dabei soll so verfahren werden, daß in jedem einzelnen Falle nicht bloß die objektive Behandlung der persönlichen Eigenschaft, sondern auch die der subjektiven Erheblichkeit und endlich die Frage nach den vermögensrechtlichen Folgewirkungen der Anfechtung (§§ 1345 ff.) geprüft wird. Denn daß aus diesen vielfach ein Prinzip für die Prozeßgestaltung gewonnen wird, sie also nur in diesem Zusammenhange ihre volle praktische Tragweite enthüllen können, läßt sich leicht dartun und tritt nur infolge der dem Gesetz angepaßten Systematik unserer Darstellungen meist nicht genügend hervor. Aus demselben Grunde erklärt es sich, daß die Frage nach der Irrtums- und Täuschungsanfechtung in der Regel in einem Zuge gestellt und beantwortet werden muß.

Mustert man die Reihe der für die Anfechtung in Betracht kommenden Eigenschaften, so müssen unter ihnen die körperlichen Fehler und unter diesen wieder die ausgesprochenen Krankheitszustände begreiflicherweise durchaus in erster Reihe stehen[25]). Denn bei ihnen ergeben sich besondere Schwierig-

[24]) Zum selben ablehnenden Ergebnisse kommt auf Grund etwas doktrinärer Erwägungen Jakobi, JW. 1925 S. 2447.

[25]) Über die Bedeutung des Irrtums über das Alter der Frau äußert sich der 2. ZS. in JW. 1928 S. 896 (= WarnRspr. 1928 S. 85). Der Fall war sehr extrem gelagert, insofern, als ein 35 jähriger Mann eine Frau geheiratet hatte, die er für 40 hielt, die in Wirklichkeit aber 44 Jahre alt war. Daß gerade in dieser kritischen Lebensphase dem Alter eine besondere Bedeutung zukommt, ist zugegeben; ob das aber zur Anfechtung ausreicht, ist mit Manigk a. a. O. zu bezweifeln. Keinesfalls kommt der Entscheidung eine prinzipielle Bedeutung zu.

keiten aus der notwendigen Stellungnahme des Richters zu medizinischen, insbesondere psychiatrischen Grenzfragen, die ja auch für den medizinischen Sachverständigen von höchster Bedeutung sind und sogar eine eigene ärztliche Literatur auf den Plan gerufen haben. Dabei sollen die einzelnen Krankheitsbilder in der Reihenfolge vorgeführt werden, die sich aus ihrer spezifisch eherechtlichen Bedeutung ergibt. Vorweg ist ganz allgemein zu bemerken, daß jedes körperliche oder seelische Leiden, um als persönliche Eigenschaft gewertet zu werden, den Charakter der Unheilbarkeit an sich tragen muß. Als vorübergehendes kann es höchstens als Grundlage für die Täuschungsanfechtung in Frage kommen. Diesen prinzipiellen Satz hat das Reichsgericht allerdings nicht in einer veröffentlichten, sondern nur in einer durch den Kommentar der Reichsgerichtsräte ihrem Hauptinhalte nach mitgeteilten Entscheidung (IV 64/20 v. 1. Juli 1920) ausgesprochen[26]). Folgerichtig muß dasselbe von der bloßen Disposition zu körperlicher oder geistiger Erkrankung gelten, selbst wenn während der Ehe akute Störungen auftreten (so schon RGZ. 27, 160, besonders aber RGZ. 73, 134: bloße Veranlagung zu geistiger Erkrankung keine „Eigenschaft" im Sinne des § 1333). In der Linie dieser Rechtsprechung liegt auch die neueste hier einschlägige Entsch. des 4. ZS. WarnRspr. 1926 S. 124. Ein Fanatiker der Rassetheorie hatte Anfechtungsklage wegen Irrtums und Täuschung erhoben, als er erfuhr, daß in der Familie seiner Frau mehrfach Selbstmorde infolge geistiger Störungen vorgekommen seien. Als genügender Grund für die Irrtumsanfechtung scheint dies von keiner Instanz gewertet worden zu sein; die Täuschungsanfechtung ist vom Berufungsgericht abgelehnt worden, weil die Frau gutgläubig gewesen sei und auch eine falsche Auskunft ihrer Mutter nicht notwendig als arglistige Täuschung erkannt haben müsse (§ 1334 I 2). Das Reichsgericht läßt dies dahingestellt, wertet vielmehr das ganze Vorbringen des Klägers nur im Zusammenhange der gleichzeitig erhobenen Scheidungsklage und kommt zur Zurückverweisung mit ausdrücklicher Auflage der Prüfung auch nach der Richtung der Anfechtbarkeit hin. Danach scheint das Reichsgericht die subjektive Erheblichkeit des Irrtums jedenfalls für gegeben erachtet zu haben. Gerade in diesem Punkte wird man aber vorsichtig sein müssen: nicht jede phantastische Vorstellung, die die populäre Literatur über Vererbung und Eugenik in den Köpfen Halbgebildeter erzeugt hat, wird bei verständiger Würdigung des Wesens der Ehe die Klage tragen können. Andererseits wird freilich die Verbreitung der Kenntnisse über die biologischen Grundlagen der Ehe und Fortpflanzung zu einer weitergehenden Offenbarungspflicht führen, als man vielleicht bisher annehmen konnte.

5. Die einzelnen Krankheitszustände.

a) Bei Impotenz ist zunächst zu scheiden zwischen organischer und funktioneller. Ein Reichsgerichtsurteil über erstere ist nicht publiziert; sie dürfte wohl stets, wenn zur Zeit der Eheschließung als unheilbar gegeben, Anfechtungsgrund sein, wobei zu beachten ist, daß selbst Offenbarung die Klage nicht ausschließen würde, wenn festzustellen wäre, daß der Frau die Bedeutung dieser Krankheit für die Ehe erst in deren Verlaufe völlig klar geworden ist[27]). Bei funktioneller Impotenz ist zunächst das Alter der Ehegatten zu berücksichtigen (WarnRspr. 9, 218). Bei jüngeren Männern stellt auch teilweise Impotenz, wenn bei Eheschluß schon als unheilbare vorhanden, eine persönliche Eigenschaft dar, da der Verkehr dann gerade etwas Unnatürliches, für die Frau unter Umständen Gesundheitsschädliches haben wird (Recht 1915 Nr.

[26]) Wie wenig er bekanntgeworden ist, zeigt die Anm. v. Bluhmes in JW. 1927 S. 1191.

[27]) Vgl. Heller, Arzt und Eherecht (1927) S. 70.

229). Darauf, ob relative oder absolute Impotenz vorliegt, kommt nichts an (WarnRspr. 1916 Nr. 84). Häufig kennt der Mann seinen Zustand, verschweigt ihn aber, da er hofft, in der Ehe geheilt zu werden. Dann liegt zwar Anfechtbarkeit vor, aber weder arglistige Täuschung noch Bösgläubigkeit des Mannes im Sinne des § 1346 Satz 2. Das diesen Satz aussprechende Urteil des OLG. Dresden (OLGRspr. 38, 243) ist im Kommentar der Reichsgerichtsräte (Anm. 4 zu § 1345) ausdrücklich angeführt.

b) Beiwohnungsunfähigkeit der Frau, auch sie entstanden entweder organisch durch anatomische Veränderungen oder funktionell durch nervöse Angstzustände, ist als persönliche Eigenschaft anerkannt (RGZ. 67, 57; WarnRspr. 1912; Nr. 32 u. ö. Jur. Rundsch. 1925 Nr. 1113,). Ein anderer Fall, wo Vaginismus resultierte aus hochgradiger Neurasthenie, deren Krankheitsbild beherrscht war durch die Furcht vor Schwängerung, findet sich in WarnRspr. 1924 Nr. 127. Hier ist auch gesagt, daß der Mann rechtzeitig anficht, wenn er sich erst durch das Gutachten medizinischer Sachverständiger über Art und Schwere des Leidens vergewissert hat. Über Lebensgefahr bei Schwangerschaft vgl. JW. 1922 S. 162.

c) Berühmt ist die Frage nach der Natur der Fortpflanzungsfähigkeit als persönlicher Eigenschaft. Hier, so liest man vielfach, habe das Reichsgericht eine Schwenkung vollzogen. Nach anfänglichen Urteilen, in denen es die Klage deswegen abgelehnt hatte (besonders JW. 1906 S. 389) habe es dann, vielleicht unter dem Eindrucke der Schrift von Gaupp in AZPr. 104, 383 ff., die Anfechtung zugelassen (RGZ. 94, 123; JW. 1922 S. 162; Recht 1923 Nr. 746; JW. 1927 S. 1191; 1928 S. 896). Dem gegenüber ist festzustellen, daß das Reichsgericht von Anfang an einen einheitlichen Standpunkt in dieser Frage bewahrt hat. Für die landrechtliche Zeit war ja der Weg klar vorgezeichnet; nachdem ALR. II § 1 den Hauptzweck der Ehe in die Erzeugung und Erziehung von Kindern verlegt hatte, mußte jedes Gericht wegen „Impotenz" des Mannes, wie man die Zeugungsunfähigkeit früher irreführend nannte, zur Verurteilung gelangen. Auch in der zitierten Entscheidung von 1906 sagt das Reichsgericht nur, daß „nicht unter allen Umständen" eine persönliche Eigenschaft vorliege, nicht z. B. wenn betagte Personen überhaupt nicht mehr auf Nachkommenschaft rechnen konnten. Normalerweise gehöre aber nach wie vor die Kindererzeugung zum Zweck und sittlichen Wesen der Ehe. Daher kann der in diesem Punkte enttäuschte Ehegatte anfechten. Dabei muß die Unfruchtbarkeit schon im Momente der Eheschließung vorliegen oder wenigstens eine solche krankhafte Störung vorhanden sein, die nach den der medizinischen Wissenschaft bekannten Kausalgesetzen durch ihre Weiterentwicklung zu einer Sterilität führen mußte. Eine sterilisierende Operation ist dem nach Ansicht des Reichsgerichtes nur dann gleichzustellen, wenn die Indikationen dazu nach dem Stande der Wissenschaft mit Sicherheit gegeben waren. So lag es aber nicht in dem Falle JW. 1927 S. 1191; hier hatte der Arzt ein Myom durch Totalexstirpation der Gebärmutter beseitigt, während Sachverständige bezeugten, daß Myome auch unter Erhaltung der Konzeptionsfähigkeit zerstört werden können. Traf den Arzt auch kein direktes Verschulden, so war sein Vorgehen doch objektiv unsachgemäß gewesen, und da es nicht auf das Verhalten des Arztes ankommen kann, ob ein Anfechtungsgrund bestehen soll oder nicht, mußte das Reichsgericht zur Zurückverweisung kommen.

Aber jede Rechtsprechung ist unbefriedigend, die von dem jeweiligen Stande der medizinischen Wissenschaft abhängig gemacht werden muß. Und auch sonst lassen sich Bedenken dagegen nicht unterdrücken. Die geschichtsfreundliche Einstellung des Reichsgerichtes wird ihm hier zum Verhängnis: man hätte sich beizeiten vom alten landrechtlichen und kanonischen Rechtszustande frei machen sollen. Unser Gesetz unterläßt mit gutem Grunde die nähere Bestimmung des Wesens der Ehe, und so dürfen auch wir nichts anderes dazurechnen, als was sich aus dem Gemeinschaftsverhältnis der Gatten unmittelbar ergibt. Die Ausführungen Gaupps, die kinderlose Ehe bedeute für die Frau stets ein großes Unglück, da sie in ihr zur Verkümmerung verdammt sei, nicht das „erbärmliche Behagen zu Zweien", wie es Nietzsche einst genannt habe, sondern Fortpflanzung sei der höchste Zweck der Ehe, die Gerichte dürften das Recht auf Geschlechtsgenuß nicht höher stellen als das Recht auf Fortpflanzung und legitime Nachkommen, tragen nur dazu bei, den für die juristische Betrachtung maßgebenden Gesichtspunkt völlig zu verschieben. Rassenbiologische Forderungen dürfen nicht dazu führen, die kinderlose Ehe zu einer Ehe minderen Rechtes zu degradieren. Und daß die Bedrohung mit einer Anfechtungsklage für den betroffenen Teil (man darf ihn nicht den „schuldigen" Teil nennen, wie es Gaupp tut) einen schweren seelischen Schock bedeuten kann, muß doch auch ins Gewicht fallen. So ist es begreiflich, wenn die Rechtsprechung des Reichsgerichtes nicht überall Beifall findet, und wenn schon mehrfach anders lautende Instanzentscheidungen ergangen sind. So hat das OLG. Kiel in gleichen Fällen die Anfechtungsklage abgewiesen, WarnJahrb. 1926 S. 351, vorher schon SeuffArch. 72 Nr. 160. Ebenso entscheidet das schweizerische Bundesgericht, Heller a. a. O. S. 77.

Andererseits ist allerdings auch wieder weitestgehende Aufklärungspflicht in dieser Hinsicht anzunehmen. In der Regel wird schon in der Verlobungszeit von den Kindern gesprochen. Wenn dann einer der Ehegatten seinen ihm bekannten Zustand verschweigt, so handelt er arglistig und setzt sich der Täuschungsanfechtung aus, natürlich nicht wegen der Unfähigkeit als solcher, sondern wegen der Unaufrichtigkeit, die einen Charakterfehler darstellt. Zum Wesen der Ehe gehört, wenn schon nicht die Fruchtbarkeit, so doch wenigstens die vollste Offenheit über diesen Punkt.

d) Zu den Krankheitszuständen gehört auch die sexuelle Perversität, die von der Literatur meist unter den sittlichen Defekten abgehandelt wird. Bezüglich der Päderastie ist zu unterscheiden eine völlig abgeklungene, weit zurückliegende Periode sowie einzelne perverse Betätigungen, sog. Situationsparhedonien einerseits und eine solche Triebhaftigkeit, daß die Handlungen zu einer förmlichen Kette zusammengeschlossen erscheinen, andererseits. Nur im letzteren Falle kann man den Beklagten einen „Päderasten" im eigentlichen Sinne des Wortes nennen, und nur dann stellt sein Defekt eine persönliche Eigenschaft dar. So auch im Prinzip RGZ. 95, 289. Für verfehlt halte ich die ältere Entsch. 52, 310, wo es darauf hinauskommt, daß die nachwirkende sittliche Bescholtenheit des einstigen Päderasten einen Anfechtungsgrund abgeben soll. Das Reichsgericht ist vielleicht noch nicht energisch genug davon abgerückt, der ältere Standpunkt spukt noch in WarnRspr. 17 Nr. 43, wonach der bloße Verdacht verbotenen Verkehrs genügen soll. Alle diese Dinge müssen streng werturteilsfrei behandelt werden; der Standpunkt der Strafgesetzgebung sollte die Ziviljustiz nicht binden. Außerdem ist die Möglichkeit nicht zu unterschätzen, daß dergestalt Leidende in der Ehe geheilt werden[28]). Verschweigen sie ihr Leiden in dieser Hoffnung, so ist zumindest die Täuschungsanfechtung niemals gegeben.

e) Das wichtigste Kapitel bilden die Geschlechtskrankheiten. Da sich

[28]) So Heller a. a. O. S. 80 gegen Gaupp. Über die Ehen sexuell Perverser jetzt zusammenfassend Moll bei Marcuse, Die Ehe (1927) S. 525 ff.

die Reichsgerichtsurteile sämtlich auf Anfechtung wegen Syphilis beziehen, soll im folgenden von dieser allein gesprochen werden. Vom medizinischen Standpunkt aus wäre ein zur Zeit der Eheschließung bestehender Tripper genau so als Eheanfechtungsgrund zu werten (Heller a. a. O. S. 96 mit U. von Untergerichten). Bei Syphilis war schon vor Einführung des Salvarsans eine völlige Heilung nicht ausgeschlossen (Gaupp). Immerhin ist die Gefahr weitgehender Folgewirkungen auch für die forensische Behandlung durchaus in Betracht zu ziehen. Das Reichsgericht läßt nun die Anfechtung wegen Syphilis als persönlicher Eigenschaft stets dann zu, wenn zur Zeit der Eheschließung irgendwelche Symptome bestanden, auf die spätere Nachwirkungen mit Sicherheit zurückgeführt werden können. Ob dies der Fall war, wird sich oft erst durch eine späte Prognose ex post feststellen lassen. So liegt der Fall in RGZ. 103, 324 (akute Erkrankung 1890, Eheschließung 1897, Anfechtung führt noch 1914 zum Ziele). Dabei kommt es nach der jetzigen Auffassung des Reichsgerichtes nicht mehr hauptsächlich auf die Ansteckungsgefahr für den gesunden Partner oder die Gefahr der Übertragung auf die Kinder an. Es genügt, wenn die Erkrankung noch geeignet ist, im Kranken selbst irgendwelche Folgeerscheinungen auftreten zu lassen. Es werden also alle „relativ" Geheilten ohne Rücksicht auf das Stadium der Heilung der Anfechtung unterworfen, während die „absolut" Geheilten ihr völlig entrückt sind. Die Gruppe der letzteren wird aber immer klein bleiben, da es schon genügen muß, daß die Lebenserwartung durch die überstandene Krankheit herabgemindert wird (Anfechtung nach dem Tode möglich, § 1341). Unter diesen Umständen ist auch mit einer sehr großen Spannweite der Anfechtungsfrist zu rechnen. Gerade bei Geschlechtskrankheiten wird die volle Aufklärung durch Sachverständigengutachten oft erst spät erfolgen und dem Kläger, besonders wenn es die Frau ist, der Einwand zu Gebote stehen, sie habe selbst eine ihr geoffenbarte Krankheit nicht in ihrer vollen Tragweite zu übersehen vermocht. Selbstverständlich ist das Anfechtungsrecht aber genau so zu geben, wenn sich der Gesunde von dem Zustande des anderen Partners überhaupt keine Vorstellung gebildet, diesen also stillschweigend für gesund gehalten hatte. Denn unbewußtes Nichtkennen eines Umstandes steht dem Irrtum gleich, wenn dieser auch für gewöhnlich in der Vorstellung von etwas Falschem besteht. Diese einfache Wahrheit bildet den Hauptinhalt einer Entscheidung aus neuerer Zeit (JW. 1927 S. 1192).

Die Hauptschwierigkeiten des ganzen Problems scheinen mir auf dem Gebiete der vermögensrechtlichen Auseinandersetzung zu liegen, also in der Liquidation der vernichteten Ehe. Denn oft wird die Erhebung der Anfechtungsklage überhaupt mehr oder weniger davon abhängen, ob der Anfechtungsberechtigte oder sein Gegner oder keiner von beiden für die Zukunft Pflichten, insbesondere die Alimentationspflicht, aufgebürdet bekommt. Bekanntlich bestimmt § 1345 grundsätzlich, daß nach Vernichtung der Ehe derjenige Ehegatte, dem der Nichtigkeitsgrund bekannt war, dem Gutgläubigen Unterhalt zu gewähren habe. Gerade bei der Irrtumsanfechtung gilt das Gegenteil: hier muß der Anfechtende dem Anfechtungsgegner eine Art „negatives Interesse" leisten, d. h. ihn alimentieren, außer wenn dieser sein Recht durch Kenntnis oder vorwerfbare Unkenntnis des Irrtums verwirkt hatte (§ 1346 Satz 2). Wie würde sich das auswirken in dem häufigen Falle, daß ein Mann, der vor der Eheschließung einen Arzt konsultiert hat, von diesem aufgeklärt worden ist, er habe eine Geschlechtskrankheit überstanden, zugleich aber die Versicherung erhält, nach menschlichem Ermessen seien alle Erscheinungen erloschen, er könne ruhig heiraten? RGZ. 78, 369 behandelt einen solchen Fall, in dem es hinterher doch zur Eheanfechtung kam. Die Vorinstanzen hatten entschieden, daß der Mann auf Grund der ärztlichen Auskunft für gutgläubig zu erachten war, und hatten zu seinen Gunsten § 1346 Satz 2 BGB. angewandt. Danach hätten die Frau alle Pflichten einer im Scheidungsverfahren für schuldig erklärten Frau getroffen. Das Reichsgericht verweist zurück[29]): es hält die Anwendung der angezogenen Gesetzesstelle für rechtsirrig; denn jedenfalls habe der Mann den Anfechtungsgrund gekannt; ob er der Heiratserlaubnis des Arztes habe trauen dürfen, spiele der klaren Vorschrift des § 1345 gegenüber keine Rolle. „Es kam nicht darauf an, ob er der ärztlichen Auskunft vertrauen durfte, sondern ob er ihr wirklich vertraut hat." Ergebnis: Der Mann muß die Frau alimentieren! Eine solche Rechtsprechung muß dazu führen, daß allen relativ und bis zum höchsten Grade der Wahrscheinlichkeit Geheilten der Weg zur Ehe versperrt und das Vertrauen in den Wert der ärztlichen Eheberatung nahezu vernichtet wird. Das ist aber nicht ohne weiteres als bevölkerungspolitisch erwünschter Zustand hinzustellen. Und weiter: Auf diese Weise steht jeder schlechter, der einen gewissenhaften Arzt befragt hat, als wer einen Pfuscher zuzog, der vielleicht nicht einmal die richtige Diagnose fand! Endlich: Erhält die anfechtende Frau noch dazu einen Alimentationsanspruch, so liegt die Gefahr nahe, daß sie die Anfechtungsmöglichkeiten ausnutzt, um sich einer unharmonischen Ehe zu entziehen; in harmonischen Ehen kommen nämlich Anfechtungen aus diesem Grunde nach dem Zeugnisse Hellers fast nie vor. Heller spricht direkt von einer „Anfechtungsseuche". Das Richtige dürfte wohl in der Mitte liegen: Ein Mann, der so handelt, kennt zwar den Anfechtungsgrund nach den Regeln der strengen Logik, aber nach der Regel des Lebens braucht er mit der Anfechtungsmöglichkeit eben doch nicht zu rechnen, nachdem der ärztliche Bescheid so günstig gelautet hatte; daher kann er auch nicht als schlechtgläubig im Sinne des § 1345 angesehen werden. Andererseits weiß er allerdings auch, daß sich die Frau in einem Irrtum über eine wesentliche Eigenschaft seiner Person befindet, mag sich dieser auch nicht zu einem Anfechtungsgrund verdichten. Daher ist er auch nicht „gutgläubig" im Sinne des § 1346 Satz 2. Ergebnis: Keiner braucht den anderen zu alimentieren, es bewendet bei den Nichtigkeitsfolgen.

Es hat in solchen Fällen auch keinen Zweck, mit der Offenbarungspflicht zu operieren. Auch das Reichsgericht verneint anscheinend, daß eine Aufklärungspflicht in dem Sinne bestände, daß bei Unterlassen der Aufklärung eine arglistige Täuschung unter allen Umständen festgestellt werden müßte. Mit Recht. Denn die Gefahr ist groß, daß der einstmals Erkrankte, auch wenn er absolut ausgeheilt ist, und von einem Anfechtungsgrund überhaupt keine Rede mehr ist, durch unvorsichtige Äußerungen des fürsorglich aufgeklärten Partners in eine unhaltbare Lage gebracht, ja in seiner sozialen Stellung aufs schwerste gefährdet wird. Eine erschütternde Illustration zu dem Gesagten bietet das Urteil WarnRspr. 1913 Nr. 148.

f) Über die Geisteskrankheiten im eigentlichen Sinne braucht hier nicht gesprochen zu werden. Daß manisch depressives oder zirkuläres Irresein (Paranoia), Dementia praecox und progressive Paralyse zur Anfechtung führen können, ist so sicher, daß es auch ohne ausdrückliche Bestätigung durch das Reichsgericht angenommen werden kann. Bekannt ist das Urteil im Recht 1908 Nr. 1212 über die Chorea (Veitstanz). Das Reichsgericht spricht hier von einer dauernden Störung auf intellektuellem Gebiet, die den Partner um so eher von der Eingehung der Ehe abhalten konnte, als Wiederkehr der Anfälle, Schä-

---

[29]) Heller a. a. O. S. 103 irrt, wenn er glaubt, das Reichsgericht habe sich den Vorinstanzen angeschlossen.

digung der Nachkommenschaft, Verschlimmerung des Leidens durch die Ehe zu erwarten waren. Wichtig ist ferner die Behandlung der Epilepsie als persönliche Eigenschaft. Im E. I war sie ausdrücklich als Anfechtungsgrund angeführt. Das Reichsgericht wertet sie in LZ. 1918 S. 913 relativ: Es kommt auf die Häufigkeit und Heftigkeit der Anfälle sowie Gefährdung des Nachwuchses an. Sehr große Schwierigkeiten bereitete der Rechtsprechung stets die Hysterie. Hier tritt die Neigung zutage, bloße Minderwertigkeit oder Disposition zu geistiger Erkrankung anzunehmen, die ebensowenig persönliche Eigenschaft wäre wie eine völlig überstandene (exogene) Psychose (vgl. Recht 1908 S. 1212; WarnRspr. 1912 Nr. 348). Dazu kommt man, wenn man nur auf die hysterischen Symptome sieht, die gerade zur Zeit der Eheschließung feststellbar waren. Schon Gaupp a. a. O. S. 384 bezweifelte, daß es auf diese Weise gelingen werde, die Hysterie forensisch zu fassen, er rechnet sie zu den „fragwürdigen Fällen". Da meist auch Ehescheidung mangels Verschuldens ausgeschlossen ist, ist damit die Psychopathenehe sanktioniert. Neuerdings geht das Reichsgericht erfreulicherweise mehr auf die Würdigung des Gesamtbildes der Hysterie und ihrer Auswirkung auf die Persönlichkeit des Kranken ein. In Recht 1918 Nr. 1345 = JW. 1918 S. 686 mit Anm. Straßmann spricht es von einem klar umrissenen Krankheitsbilde, das an der Grenze der Geisteskrankheiten stehe, eine besondere Entartung der geistigen Persönlichkeit darstelle und sich zeitweise zu wirklichen, wenn auch vorübergehenden Zuständen von Geisteskrankheit und Bewußtlosigkeit steigere . . . Die Beklagte werde durch ihre Natur gewissermaßen zwangsläufig zu Konflikten gedrängt . . . Einzelne Erscheinungsformen der Krankheit könnten zeitweise beseitigt werden, die hysterische Konstitution bleibe; sie könne als eine persönliche Eigenschaft angesehen werden. Hier sind also alle Symptome auf eine konstitutionelle Grundursache zurückgeführt. Ähnlich Recht 1920 Nr. 2862; JW. 1922 S. 119. Bei Neurasthenie sind die hereditären Formen und die mit „Anfälligkeit" verbundene Schwäche, die zeitweise zur Leitung des Hauswesens und zur Mitarbeit im Geschäft unfähig macht, als persönliche Eigenschaften anerkannt (WarnRspr. 1924 Nr. 127; JW. 1922 S. 162). Hingegen berechtigt nicht jede charakterliche Anomalie zur Anfechtung, auch wenn sie sich während der Ehe zu krankhafter Entartung des Gefühlslebens steigert (GruchotsBeitr. 68, 324).

g) Von rein körperlichen Erkrankungen spielt vor allem die unheilbare Lungen- und Knochentuberkulose eine große Rolle. Sie ist als persönliche Eigenschaft anerkannt (WarnRspr. 1915 Nr. 22; 1917 Nr. 210), nicht jedoch die ererbte Disposition dazu (JW. 1915 S. 140).

6. Kurz fassen können wir uns betreffs der sittlichen Mängel. Daß bei der Frau Mangel der Virginität Anfechtungsgrund ist, nicht als körperliche Eigenschaft, wie Hölder wollte, sondern als sittliche (RGZ. 48, 157; Gruchots Beitr. 45, 835 u. a. m.), liegt tief im Physiologischen begründet und rechtfertigt nicht den Vorwurf doppelter Moral, der gelegentlich[30]) gegen die Rechtsprechung erhoben wird. Übrigens hat das Reichsgericht stets jede Prinzipienreiterei vermieden und auf die Tatsachen des Einzelfalles abgestellt[31]). Anschauungen der beteiligten Volkskreise sowie ein allgemeiner Wandel in der Beurteilung solcher Fragen können sehr wohl auf die Entscheidung Einfluß ge-

[30]) So von Marianne Weber, Ehefrau und Mutter S. 559.

[31]) In diesem Zusammenhange gibt das Reichsgericht eine Wertung der „wilden Ehe" (LZ. 1927 Sp. 389). Sie charakterisiert sich dadurch, daß sie sich in voller Öffentlichkeit abspielt, daß sich die Kenntnis von diesem Treiben der Öffentlichkeit geradezu aufdrängt und die Allgemeinheit in ihrem sittlichen Empfinden schwer verletzt wird.

winnen. Beispiele für vorsichtig abwägende Begründungen geben JW. 1912 S. 244; 1914 S, 646; 1927 S. 2124. Die letztere Entscheidung ist nur insofern angreifbar, als sie es zu sehr darauf ankommen läßt, ob der Mann mit vorehelichen Verfehlungen der Frau rechnen konnte und somit der objektive Tatbestand des Irrtums (dazu RGZ. 85, 324) nicht erfüllt war; richtiger wäre gewesen, auf die subjektive Erheblichkeit abzustellen[32]). Daß das Geborenhaben eine persönliche Eigenschaft ist, behauptet RGZ. 104, 335, wohl zu Unrecht; sollte die Mutterschaft wirklich eine Veränderung im Charakter der Frau herbeiführen, so doch höchstens eine der Ehe günstige. Sehr eigenartig liegt der Fall in JW. 1927 S. 1192, wo ein Mann anficht, weil die Braut nicht, wie er geglaubt hatte, von ihm schwanger war. Das Reichsgericht verneint mit Recht, daß Schwangerschaft eine persönliche Eigenschaft sei. Auf die Frage der subjektiven Erheblichkeit braucht es daher nicht einzugehen[33]). Frühere Abtreibungsversuche und vollendete Abtreibungen der Frau gelten stets als Anfechtungsgrund; dabei ist die strafrechtliche Rechtsprechung über den Versuch mit untauglichen Mitteln auch für die Zivilsenate maßgebend geworden; vgl. Entsch. v. 4. Febr. 1924 in KommRGR. mit RGSt. 34, 207; 47, 65.

Hiermit wäre das Ehenichtigkeitsrecht, weit entfernt von erschöpfender Darstellung, wenigstens in den Hauptzügen erledigt. Auf zwei Punkte muß nur noch ganz kurz eingegangen werden: auf die vielumstrittene Bestätigung des § 1337 und auf den Beginn der in § 1339 geordneten Anfechtungsfrist.

a) Bei der Bestätigung spielt die Hauptrolle die Frage, in welchem Maße sich der Bestätigende seines Anfechtungsrechtes bewußt gewesen sein mußte, damit seiner Willenserklärung die Wirkung einer Preisgabe jenes Rechtes beigelegt werden kann. Für die Täuschungsanfechtung hatte der 5. Zivilsenat schon am 20. Mai 1908 (RGZ. 68, 401) den Grundsatz aufgestellt, daß mit der Kenntnis der die Anfechtung begründenden Tatsache die Kenntnis der Anfechtbarkeit des durch sie beeinflußten Rechtsgeschäftes ohne weiteres gegeben sei; und der 4. Zivilsenat hatte bald darauf (RGZ. 69, 410) diese Auffassung ins Eherecht und auf die Irrtumsanfechtung übertragen. Der zur Eheanfechtung berechtigende Irrtum sei immer von so schwerwiegender Art, daß, wer immer eine Ehe eingehe, sich bei seiner Entdeckung zumindest dessen bewußt sein müsse, es bestehe nach der Rechtsordnung irgendein Mittel, mittels dessen er sich von der Fessel einer unter solchen Umständen eingegangenen Ehe zu befreien vermöge. Dies genüge aber, um eine genügende Kenntnis des Anfechtungsrechtes festzustellen. Die Entsch. v. 20. April 1925, IV 584/24, hält diesen Grundsatz aufrecht (vgl. KommRGR. S. 49).

b) Bei der Anfechtungsfrist kommt es hauptsächlich ebenfalls darauf an, wann die sie in Lauf setzende Kenntnis vom Anfechtungsgrund angenommen werden kann. Diese Frage wird besonders bedeutsam, wenn man erwägt, daß vielfach, besonders bei Ehen mit einer psychisch defekten Person, wo § 1568 nach dem heutigen Rechtszustande noch versagt, die Anfechtung das einzige Mittel zur Liquidation eines zerrütteten Verhältnisses ist. Das setzt freilich

---

[32]) So auch die Anmerkung Wieruszowski. Das Reichsgericht hat überhaupt die Tendenz, das objektive Moment in den Vordergrund zu schieben und das subjektive nur „einschränkend" wirken zu lassen. Vgl. JW. 1922 S. 163 Nr. 6.

[33]) Die Anmerkung v. Bluhmes dazu trifft den Kern der Sache nicht. Unsympathisch berührt, daß er die Ehe mit dem Kauf einer Kuh vergleicht. In der Anmerkung zur vorhergehenden Entscheidung in derselben Nummer der Juristischen Wochenschrift vergleicht Henle die Eheschließung mit dem Kauf eines Hundes. Man glaubt sich in die Zeit der angelsächsischen Königsgesetze zurückversetzt.

voraus, daß das Anfechtungsrecht möglichst lange gewährt und nicht bloß eine äußerliche Kenntnis vom Anfechtungsgrund, sondern geradezu dessen Erfassen in seiner ganzen Tragweite erfordert wird. Bei Beobachtung dieses Gesichtspunktes könnte die Rechtsprechung vielfach helfend eingreifen, wo Scheidung ausgeschlossen ist. Die Tendenz der reichsgerichtlichen Judikatur geht aber in neuester Zeit eher nach der umgekehrten Richtung. Zwar hält das Reichsgericht immer daran fest, daß eine wirkliche Kenntnis zu fordern sei, bloßes Kennenmüssen also keineswegs genüge (Entsch. v. 26. April 1923, IV 462/22; v. 30. April 1923, IV 536/22 in KommRGR. S. 51). Andererseits soll es aber nicht voller Gewißheit bedürfen, um die Anfechtungsfrist in Lauf zu setzen, es sollen Anhaltspunkte genügen, die bei gewissenhafter Erwägung zur gesetzmäßigen Geltendmachung der Anfechtung hätten ausreichen können (LZ. 1927 S. 167). In JW. 1928 S. 896 (LZ. 1928 Sp. 399) ist dieser Gedanke noch weiter geführt: Der Irrtum soll schon entdeckt sein, wenn nur Anhaltspunkte vorhanden sind, die einen über die bloße Vermutung hinausgehenden Schluß gestatten. Man wird sich mit dieser weitgehenden Formulierung nicht ohne weiteres einverstanden erklären können. Denn sie kann im Effekt eben doch dazu führen, das bloße Kennenmüssen dem Kennen gleichzustellen, und, wenn die Untergerichte sie schematisch anwenden, wird dem Anfechtungsberechtigten in einem Zeitpunkte, wo er die Lage vielleicht doch noch nicht klar zu sehen vermag, eine ganz unerträgliche Last der Entschließung aufgebürdet. Vor der Gewissensfrage, ob eine Ehe angefochten werden soll oder nicht, muß aber, wie Endemann a. a. O. richtig bemerkt, die Sorge um die möglichst rasche Beendigung des Schwebezustandes zurücktreten.

IV.

Über das Wesen der Ehe sich zu äußern hatte das Reichsgericht ex professo keine Veranlassung. Definitionen zu geben, wo das Gesetz selbst mit Recht sich jeder Definition enthält, kann nicht Aufgabe der Rechtsprechung sein. Aber aus gelegentlichen Äußerungen ist doch zu entnehmen, welch hohe Auffassung von dem sittlichen Wesen der Ehe die Haltung unseres obersten Gerichtshofes bestimmt. Besonders charakteristisch sind die Ausführungen in RGZ. 71, 86, wo die Ehe als ein vorwiegend sittliches Verhältnis bezeichnet wird, dessen natürliches Band die Grundlage der Gesellschaft und des Staates als organisierter Gesellschaft sei. In WarnRspr. 1926 S. 312 wird die Ehe als „die Grundlage der Organisation der bürgerlichen Gesellschaft" bezeichnet. Das Reichsgericht bewegt sich also durchaus in den Denkbahnen Gottlieb Plancks und der sozusagen offiziell von der Jurisprudenz am Ende des 19. Jahrhunderts rezipierten Soziologie. Diese Grundeinstellung des Reichsgerichtes gibt die Tragfläche für alle seine Einzelentscheidungen ab. Dies muß sich vor allem bei der Prüfung bewähren, in welchen Tatbeständen ein Mißbrauch des ehelichen Verhältnisses zu finden und wann dieser als Einwand der Herstellungsklage gegenüber zuzulassen sei. Dabei tritt immer wieder ein Leitmotiv auf, daß nämlich in jedem Ehestreite die Ehe in ihrer Totalität im Prozesse befangen sei. Das Gericht ist kein Eheaufsichtsorgan, das um Entscheidung über einzelne Reibungen und Meinungsverschiedenheiten des ehelichen Lebens angegangen werden könnte; Verhaltungsmaßregeln zu geben ist nicht seine Sache. Prozeß und materielles Recht gehen hier durchaus konform: Wie es in jenem nur eine bestimmte Zahl angebbarer Rechtsschutzziele, so gibt es in diesem nur Ansprüche, die ihre Wurzel in der Totalität, in der Substanz des ehelichen Verhältnisses haben. Daher sollen sie auch nur in der besonders gearteten, mit allen Garantien erschöpfender Sachkognition ausgerüsteten

Form des Eheprozesses geltend gemacht werden können[34]). Das ist der Sinn der gemeinsamen Bezeichnung aller Ansprüche als dem dritten Titel als „Herstellungsansprüche". Eine andere Frage ist freilich, inwieweit einzelne Pflichten in Klage und Urteilstenor speziell angegeben werden sollen. RGZ. 97, 287 läßt dies grundsätzlich zu, während RGZ. 51, 182 die Spezialisierung in die Gründe verwiesen hatte.

Dieselbe Entscheidung (97, 287) stellt nun auch den Begriff und die Tragweite der bekannten Bestimmungen über den Mißbrauch der ehelichen Gemeinschaftsrechte (§§ 1353 II, 1354 II) in helles Licht. Nicht nur eine Rechtswidrigkeit[35]) liegt vor, die der Frau, wenn der Mann sein Entscheidungsrecht mißbraucht, das Recht des passiven Widerstandes und eine Einrede gegen die Herstellungsklage gibt, sondern auch eine Pflichtverletzung, die sie berechtigt, ihrerseits mit der Herstellungsklage auf Abänderung der Entscheidung zu dringen. Mißbrauch ist aber grundsätzlich jede egoistische, nicht auf dem Boden des Gemeinschaftsgedankens erwachsene Entscheidung in gemeinschaftlichen Angelegenheiten. Mißbrauch ist insbesondere jedes Verlangen nach Fortsetzung der ehelichen oder auch der häuslichen Gemeinschaft, wenn diese nach Lage der Sache dem anderen Partner nicht zugemutet werden durfte (WarnRspr. 1920 Nr. 79 u. ö.). So besonders, wenn ein Ehegatte geschlechtskrank (JW. 1905 S. 722; 1907 S. 48) oder auch nur einer Geschlechtskrankheit verdächtig ist (LZ. 1923 S. 277), gleichgültig, ob dies dem verweigernden Partner beim Eheschluß bekannt war oder nicht (JW. 1914 S. 41); ferner wenn der Mann sich weigert, der Frau eine geeignete Wohnung zu beschaffen (WarnRspr. 1910 Nr. 451; 1920 Nr. 113); endlich kann die Berufung auf Mißbrauch schon dann gestattet sein, wenn der Partner durch einen förmlichen Hang zur Untreue oder fortgesetzten Beziehungen zu dritten Personen dem Beklagten schwere Kränkungen zugefügt hat (RGZ. 103, 349; LZ. 1922 S. 118; 1923 S. 394). Schließlich liegt Mißbrauch etwa auch dann vor, wenn der Mann sich weigert, eine Hilfskraft im Hause anzustellen oder grundlos darauf besteht, die Geschäfte des häuslichen Wirkungskreises selbst abzuschließen oder unter Ausschaltung der Frau von den erwachsenen Töchtern besorgen zu lassen (Recht 1927 S. 499).

Aus der oben geschilderten Grundauffassung erklärt es sich auch, daß RGZ. 72, 128 die Schadenersatzklage gegen den Dritten, mit dem der Partner die Ehe gebrochen, abweist. Es wird ausgeführt, daß im Verhältnis der Ehegatten weder § 823 II mit StGB. § 171 zutreffe — denn das Strafgesetz will nicht wirtschaftliche Interessen schützen — noch § 823 I, denn wenn auch das Recht aus der ehelichen Gemeinschaft ein absolutes ist, so fügt seine Verletzung doch unmittelbar niemandem einen materiellen Schaden zu, da die pekuniären, aus der Ehe fließenden Vorteile nicht in deren sittlichem Wesen begründet sind. Will der verletzte Teil auf sie verzichten, so mag er sich scheiden lassen; stehen sie ihm höher als seine Gattenrechte, so muß er auf Scheidung verzichten. Scheidung plus Schadenersatz würde auf Schei-

---

[34]) Dies ist der innere Grund, weshalb das Reichsgericht in 71, 86 eine Unterlassungsklage gegen den Ehebrecher für unzulässig erklärt hat. Dem Ehegatten gegenüber hat der Verletzte nur das Recht, auf Scheidung zu klagen oder, wenn er dies nicht will, muß er sein Verhalten so einrichten, daß die Ehe dabei bestehen kann. Wegen des Dritten trifft derselbe Grund zu wie beim Schadenersatzanspruch, s. unten S. 202.

[35]) Der Ehegatte verläßt den Boden des Rechtes, sowie er Mißbrauch begeht. Wie sich das strafrechtlich auswirkt, zeigt die Entscheidung des 1. Strafsenates in JW. 1927 S. 1209: Blutschänderischer Verkehr ist nach § 173 StGB. strafbar, auch wenn zwischen Ehegatten einer (vernichtbaren) Ehe vollzogen, und zwar ohne Rücksicht darauf, ob man diese für gültig oder für nichtig hält, da jedenfalls § 1353 II BGB. die Rechtswidrigkeit statuiert. Fraglich ist nur, ob Irrtum hierüber nicht doch zu berücksichtigen gewesen wäre (so Anmerkung Mittermayer).

dungsstrafe hinauskommen. Daß aber der Dritte frei ausgeht, ruht auf einer Art Akzessoritätsprinzip, wonach der Teilnehmer nicht härter angefaßt werden darf als der Haupttäter[36]).

Die übrige Judikatur zu diesem Titel kann nur noch mit einem Blicke überschaut werden. Erwähnenswert erscheint der Standpunkt, daß mit der Herstellungsklage gerade nicht Herstellung der Hausgemeinschaft, sondern Aufsuchen einer Heilanstalt gefordert werden könne[37]). Hinzuweisen ist ferner auf die Behandlung der Schlüsselgewalt. Die scharfe Spaltung des Lebensvorganges in ein Innenverhältnis, die Geschäftsführung, für die alle Direktiven des Mannes bindend sind, und ein Außenverhältnis, die Vertretung, die sich nur nach dem äußerlich erkennbaren Zuschnitt des Haushaltes richtet, ist in RGZ. 61, 78 restlos klargestellt und seitdem eiserner Bestand auch der Wissenschaft geworden. Wichtig ist auch die Rechtsprechung über die Unterhaltspflicht der Ehegatten; erst durch das Reichsgericht (RGZ. 62, 405; JW. 1905 S. 203; 1923 S. 292, 685) ist die ungenaue Fassung des § 1361 für die Praxis brauchbar gestaltet worden. Viel angefochten ist hingegen die Ansicht des Reichsgerichtes in RGZ. 97, 286, daß die Unterhaltsansprüche, auch wenn sie auf reine Geldleistungen gehen (Haushaltsgeld), nur mit der Herstellungsklage verfolgbar, sonach gemäß § 888 II ZPO. unvollstreckbar seien (vgl. Lit. bei Staudinger-Engelmann, Anm. 8 zu § 1360, Stein-Jonas III 5 vor § 606). Endlich sei kurz der Entscheidungen (84, 49; 99, 152) gedacht, in denen das Verhältnis der sog. praesumptio Muciana des § 1362 zu der Eigentumsvermutung aus § 1006 erörtert wird. Einen sehr lehrreichen Anwendungsfall des dort ausgesprochenen Prinzips enthält neuestens die Entscheidung in JW. 1928 S. 897.

V.

Die große Bedeutung, die der Rechtsprechung des Reichsgerichtes auf dem Gebiete des Ehescheidungsrechtes zukommt, hängt in erster Linie mit der beherrschenden Rolle zusammen, die den relativen Scheidungsgründen heute zufällt. Kann man sie bei den absoluten Scheidungsgründen nur als eine Art illustrativer Begleitung bezeichnen, so rückt sie bei den relativen zur Dominante auf, da hier dem richterlichen Ermessen der denkbar weiteste Spielraum gelassen ist. So war es im Grunde schon vor dem Bürgerlichen Gesetzbuche, obwohl oder gerade weil der Begriff der relativen Scheidungsgründe noch nicht klar erarbeitet war; ja man kann sagen, daß die frühere Rechtsprechung des Reichsgerichtes und der anderen Obergerichte wesentlich dazu beigetragen hat, daß der Prozeß, kraft dessen sich im gemeinen Rechte der Tatbestand der Desertion immer mehr in Richtung auf Erfassung der verschiedensten Ehewidrigkeiten ausweitete, zu einem gewissen Abschlusse gelangte und zugleich die Möglichkeit eines reibungslosen Überganges aus dem Scheidungsrechte der naturrechtlichen Kodifikationen, des Preußischen Allgemeinen und des Badischen Landrechtes, in den neuen Reichsrechtszustand geschaffen wurde. Aber auch die schon zu größerer Konsistenz gediehenen Scheidungstatbestände, die in unsere absoluten übergegangen sind, wurden erst in der Judikatur endgültig juristisch geformt. So hat das Reichsgericht definitiv den vollendeten vom ver-

[36]) Ähnlich auch M. Wolff, Lehrb. § 31 A. 9.

[37]) Das Reichsgericht hat seinen schon in RGZ. 51, 182 und 59, 256 begründeten Standpunkt in RGZ. 95, 330 aufrechterhalten, trotz der gegen die älteren Entscheidungen erhobenen Bedenken von Laband (DJZ. 1903 S. 69; Endemann, Lehrb. § 169 A. 15, und v. Seeler, Glossen zur Praxis des Reichsgerichtes S. 103ff. [1908]). Allerdings hat es die etwas unzarte Verwendung schuldrechtlicher Analogien in den älteren Entscheidungen später vermieden. Jedenfalls ist das Verlangen nur dann kein Mißbrauch, wenn die Gewähr für Fortsetzung der Gemeinschaft mit dem Erkrankten nach dessen Rückkehr gegeben ist.

suchten[38]) Ehebruche geschieden (grundlegend RGZ. 9, 189) und die Bedeutung der Zustimmung als anspruchsvernichtende Einwendung herausgearbeitet (GruchotsBeitr. 29, 917); auch für die bösliche Verlassung wurden die Voraussetzungen jetzt gültig festgelegt (RGZ. 15, 202; 18, 231; 20, 208; GruchotsBeitr. 30, 251). Es ist kein Zufall, daß gerade im Scheidungsrechte die Motive die reichsgerichtliche Judikatur ausgiebig heranzogen — wurden sie doch von der zeitgenössischen Wissenschaft an den entscheidendsten Stellen im Stiche gelassen.

Will man den heutigen Standpunkt des Reichsgerichtes generell kennzeichnen, so kann man sagen, daß es nirgends von der strengen Linie abgewichen ist, die ihm der Geist der Motive und des fertigen Gesetzeswerkes vorgezeichnet hatten — einer Anschauung, die von der prinzipiellen Unauflöslichkeit der Ehe als einem hohen, wenn auch praktisch nicht mehr durchführbaren Ideal ausging und die Scheidung als eine ultima ratio nur eintreten lassen wollte, wenn durch schwere Schuld eines Teiles eine völlige Zerreißung des Ehebandes eingetreten war (Mot. 4, 563ff.). Nirgends hat sich das Reichsgericht von Zeitströmungen beeinflussen lassen, im Gegenteil, es wird sich zeigen, daß seine Rechtsprechung in der Nachkriegszeit die materiellen Voraussetzungen der Scheidung eher schärfer als vorher gestaltet hat. Inwieweit dies freilich in bewußter Reaktion gegen Auflösungstendenzen geschehen ist, läßt sich von außen her schwer beurteilen. Gerade während zweier sehr kritischer Jahre ist überdies das Reichsgericht infolge der Revisionssperre durch die Verordnung vom 15. Jan. 1924 zum Schweigen verurteilt gewesen[39]).

1. Gehen wir nunmehr auf die einzelnen Scheidungsgründe ein, so können wir uns bezüglich der absoluten mit einem flüchtigen Überblick begnügen. Beim Ehebruch ist die Rechtsprechung über Begriff, Feststellbarkeit, Versuch und Vollendung, Zurechenbarkeit und Teilnahme so klar, daß es nur des Hinweises darauf bedarf. Einige Worte sind zur Frage der Zustimmung zu sagen. Hier hält das Reichsgericht daran fest, daß die bloße Kenntnis des Verletzten nicht genügt, sich vielmehr in einem zustimmenden Verhalten dokumentiert haben muß, das freilich dem Täter nicht zur Kenntnis gebracht worden zu sein braucht (RGZ. 85, 204; WarnRspr. 1917 S. 179; LZ. 1920, S. 438). Man würde also besser von einem aus konkludentem Verhalten zu folgerndem „Einverständnis" sprechen. Für die Ernstlichkeit der Zustimmung entscheidet immer nur der wahre Sachverhalt, nicht die Auffassung des Täters, der sich auf seinen guten Glauben ebensowenig berufen kann wie auf eine Zustimmung, die er nicht für ernstlich gehalten hat (Recht 1908 Nr. 709; WarnRspr. 1915 Nr. 174; Recht 1923 Nr. 355, WarnRspr. 1927 Nr. 33). Bekannt ist die Rechtsprechung über die sog. Eventualzustimmung, also der Fall der Anstiftung eines Dritten mit dem dolus eventualis, es möge zum Ehebruche kommen (GruchotsBeitr. 62, 121; WarnRspr. 1921 Nr. 16; LZ. 18, 215). Das Reichsgericht lehnt hier die Scheidung ab; anders wenn der Verletzte durch sein Verhalten einen bloßen Anlaß zum Ehebruche gegeben hat, der nur befördernder Umstand, nicht wirkende Ursache geworden ist, so schon RGZ. 43, 345[40]).

[38]) Vgl. auch SeuffA. 39, 171 und RGZ. 27, 156 (das kanonische Recht erfordert stets divisio carnis).

[39]) In LZ. 1923 Sp. 555 hat das Reichsgericht ausgesprochen, daß vielfach gerade dem sittlich und recht denkenden Menschen der Bestand der Ehe das höhere Gut ist gegenüber der Scheidung, die er ablehnt, so schwer er auch die Kränkungen des anderen Teiles als ehezerrüttend empfinden mag. Darüber kann man auch anders denken.

[40]) Daß zum Ehebruche stets Vorsatz erfordert wird, fahrlässige Unkenntnis einer bestehenden Ehe also zur Scheidung nicht ausreicht, sagt WarnRspr. 1915 S. 144; JW. 1928 S. 900.

Für die Lebensnachstellung mag es bei der Erwähnung der beiden RGZ. 100, 115 (Totschlagsversuch) und 112, 32 (gleichzeitiger Selbstmordversuch des Täters schließt das Verschulden nicht aus) sein Bewenden haben. Daß bloße Vorbereitungshandlungen jenseits des strafbaren Versuches Lebensnachstellung sein können, dafern sich nur aus ihnen ein ernster Entschluß der Tötung entnehmen läßt, betont neuerdings JW. 1928 S. 788. Weit mehr Arbeit hat das Reichsgericht am Scheidungsgrunde der böslichen Verlassung getan. Hier war zunächst die Frage nach der Berechnung der Jahresfrist bei der Quasidesertion zu entscheiden. Das Reichsgericht hat eine Schwenkung vollzogen: Nachdem es anfangs (RGZ. 60, 194) deren Ablauf bei Klaganstellung für unerläßlich erklärt hatte, da ja in dieser die Aufgabe des Herstellungswillens liege, ist es später zunächst dazu übergegangen, in der Klagerhebung nur das letzte Mittel eben dieser Herstellung zu erblicken (4. Zivilsenat 447/08 und dann RGZ. 72, 322). Diese etwas gekünstelte Begründung wurde dann in RGZ. 83, 62 fallengelassen; es soll jetzt genügen, wenn die Urteilsvoraussetzungen zur Zeit der letzten Tatsachenverhandlung gegeben sind. Dabei bleibt es freilich Tatfrage, ob nicht der Wille, die Gemeinschaft nicht wieder herzustellen, aus den Umständen entnommen werden muß (WarnRspr. 1922 Nr. 72). Bloße Androhung der Scheidungsklage schadet hingegen niemals (LZ. 1923 S. 167). Überhaupt legt das Reichsgericht auf die Ernstlichkeit des Herstellungsverlangens entscheidendes Gewicht, hält diese allerdings prima facie für gegeben (vgl. RGZ. 107, 333; LZ. 1922 S. 291). Dem Beklagten stünde also stets der Nachweis offen, daß der Kläger schon die Herstellungsklage nicht ernstlich erhoben habe; damit ist die Erschleichung einer einverständlichen Scheidung zumindest prekär gestaltet. Andererseits muß auch die Rückkehr des Beklagten vom ernsten Herstellungswillen getragen sein; eine vorübergehende Rückkehr, noch dazu vor Rechtskraft des Herstellungsurteiles, wurde nicht als genügend angesehen (RGZ. 107, 332). Dasselbe Urteil spricht sich auch darüber aus, daß der Beklagte sich auf seinen guten Glauben, die Herstellung verweigern zu dürfen, berufen darf (so schon LZ. 1915 S. 1305; 1918 S. 691; neuerdings Recht 1928 S. 11; RGZ. 118, 191). Freilich darf sich dieser Verdacht nicht auf Gründe stützen, die schon zur Abweisung der Herstellungsklage hätten verwandt werden können (§ 616 ZPO.; vgl. JW. 1912 S. 75; WarnRspr. 1914 Nr. 141), auch nicht erst nach Ablauf der Jahresfrist aufgetaucht sein, bona fides superveniens wird nicht berücksichtigt (RGZ. 81, 296; LZ. 1922 S. 365; Recht 1928 S. 141).

2. Hiermit sind wir bei dem Universalinstrument unseres Scheidungsrechtes, dem § 1568, angelangt. Unmöglich, die Fülle der Entscheidungen, in denen unser Reichsgericht, mit den feinsten Maßstäben messend, etwa den Kreis des „schweren Verschuldens" zu umschreiben versucht hat, vor dem Leser auszubreiten. Vielleicht gelingt es aber, ihm einen Begriff von der Bedeutung der Rechtsprechung auf diesem Gebiete zu geben, wenn wir sie von einem Zentralpunkte, einer besonders wichtigen Entscheidung neueren Datums her aufrollen.

Diese findet sich in SeuffA. 1924, 78 Nr. 90. Die Beklagte hat den Kläger durch den Vorwurf, er stamme von Bettelleuten ab, schwer beleidigt. Auf dessen Scheidungsklage hin hat sie Widerklage wegen vorhergegangener Ehebrüche des Klägers erhoben. Das Berufungsgericht hat diese eigenen Verfehlungen des Klägers nur im Hinblick auf die Widerklage gewertet. Das Reichsgericht rügt, daß nicht geprüft ist, ob nicht die Klage hätte abgewiesen werden müssen. „Denn wie in der Rechtsprechung des Reichsgerichtes feststeht, können eigene Verfehlungen des Klägers für den Tatbestand des § 1568 nach drei Richtungen erheblich sein. Sie können das ehewidrige Verhalten des beklagten Ehegatten wenigstens so weit entschuldigen, daß ihm die Eigenschaft einer schweren Pflichtverletzung genommen wird; sie können der Annahme entgegenstehen, daß jenes ehewidrige Verhalten vom klagenden Ehegatten als ehezerrüttend empfunden worden sei; und sie können vor allem dazu führen, daß dem Ehegatten, der selbst die ehelichen Pflichten schwer verletzt hat, nach den sittlichen Anforderungen der Ehe zuzumuten ist, über die Verfehlungen des anderen Ehegatten hinwegzusehen und die Ehe mit ihm fortzusetzen . . ."

Es ist höchst dankenswert, daß das Reichsgericht selbst in so mustergültiger Weise das Grundprinzip seiner Rechtsprechung formuliert hat. Denn das ist in der Tat der Kernpunkt: Es ist viel weniger wichtig zu wissen, was alles als schwere Verfehlung angesehen werden kann, wann die Ehe zerrüttet oder unzumutbar ist, als die Gründe zu kennen, die Zerrüttung und Zumutbarkeit ausschließen oder die Schwere der Verfehlung unter das Maß der Scheidungsreife herabdrücken. In der Präzisierung dieser Negative liegt die eigentliche Bedeutung der Praxis bei der Handhabung des § 1568. Im einzelnen ist zu sagen:

a) Über den Begriff der Zerrüttung hat das Reichsgericht sich eingehend ausgesprochen in RGZ. 103, 326f. Danach ist Zerrüttung eine Einwirkung auf das subjektive eheliche Empfinden des Verletzten; daß die eheliche Gesinnung beider Teile erloschen sei, wird nicht erfordert; andererseits hindert es die Scheidung nicht, wenn auch der Kläger zur Zerrüttung beigetragen hat, wenn nur das Verschulden des Beklagten die Zerrüttung noch gesteigert, vertieft, dem Kläger die Rückkehr zur ehelichen Gesinnung verlegt hat (s. auch LZ. 1915 S. 35; 1919 S. 968; 1920 S. 236). Erst wenn die Verfehlungen des Beklagten überhaupt nicht mehr als Kränkungen empfunden werden, ist die Zerrüttung ausgeschlossen. Konaequent verneint das Reichsgericht die Scheidungsmöglichkeit, wenn der Kläger infolge geistiger Erkrankung völlig abgestumpft ist. Dies ist doch wohl eine bedenkliche Übertreibung des subjektiven Prinzips, und der Standpunkt des Landgerichtes und der Revision, daß in einem solchen Falle vom normal empfindenden Gatten auszugehen sei, war vorzuziehen. Denn wenn auch der Vormund für Trennung der Gatten sorgen und den Geisteskranken wenigstens vor körperlichen Mißhandlungen schützen kann, so bleiben doch die Möglichkeiten zu schwerer Schädigung durch Verleumdung, schlechte Vermögensverwaltung usw. bestehen. Daß der Geisteskranke unter Umständen nach § 612 ZPO. gegen seinen Willen geschieden werden könnte, trifft bei den absoluten Scheidungsgründen genau so zu und ist außerdem erträglich, da er ja nach Genesung seinen Peiniger wieder heiraten könnte. — Sehr anerkennenswert ist das Bestreben des Reichsgerichtes, das Zerrüttungsprinzip von dem fatalen Beigeschmack unsozialen Empfindens frei zu halten. So hat es in JW. 1916 S. 1192 ein Urteil des OLG. Kolmar aufgehoben, nach dem die Frau eines Schäfers einen Straßenraub nicht als zerrüttend hätte empfinden können; auch eine Kutschersfrau braucht sich Treuwidrigkeiten nicht zumuten zu lassen (GruchotsBeitr. 64, 232; ähnlicher Tendenz die im Kommentar der Reichsgerichtsräte zitierten Entscheidungen IV 37/17 und IV 356/23).

b) In der Zumutungsfrage ist das Reichsgericht einen eigenen Weg gegangen. Das Prinzip selbst hat es schon lange vor dem Bürgerlichen Gesetzbuche aufgestellt (zuerst in RGZ. 4, 380, auch in Mot. 4, 594 erwähnt). Es hat auch stets daran festgehalten, daß die Zumutungsfrage eine revisible Rechtsfrage sei (WarnRspr. 15 Nr. 88; 24 Nr. 159). Was bedeutet aber Zumutbarkeit? Hier führt nun das Reichsgericht den objektiven Maßstab ein, den es in der Zerrüttungsfrage vermissen läßt. Es kommt nicht darauf an, ob der Kläger die Fortsetzung der Ehe als subjektiv untragbar empfindet, sondern daß nach dem sittlichen Wesen der Ehe eine Aufrechterhaltung nicht verlangt werden kann. Also aus einer höheren Ordnung als dem Willen der Gatten ist die Entscheidung zu entnehmen (WarnRspr. 1909 Nr. 304; 1915 Nr. 88; 1920 Nr. 166 u. a. m.). In JW. 1905 S. 496 spricht das Reichsgericht sogar von einer „abstrakten" Abwägung des beiderseitigen Verhaltens. Das bedeutet, daß bei beiderseitgen Verfehlungen geprüft werden muß, inwieweit die Verfehlungen des Klägers die Unzumutbarkeit beseitigen. Diese Frage hat das Reichsgericht früher nur dann bejaht, wenn zwischen den einzelnen Verfehlungen beider Teile ein ursächlicher Zusammenhang zu finden war, etwa Schläge durch Schläge provoziert worden waren. Es mußten seiner Ansicht nach „gleiche oder ähnliche" Verfehlungen vorliegen. Wenn auch das Bürgerliche Gesetzbuch das frühere Kompensationsprinzip abgelehnt habe, so seien diese doch für die Zumutungsfrage von tatsächlicher Bedeutung. Das alles ist in zahlreichen Entscheidungen ausgeführt, die bei Tunica-Goldschmidt, Ehescheidungsrecht (§ 5ff.) 2. Aufl. 1926 registriert sind.

Während des Krieges und nachher ist das Reichsgericht nun dazu übergegangen, den ursächlichen Zusammenhang immer mehr auszudehnen. In WarnRspr. 1917 Nr. 211, JW. 1920 S. 437 heißt es, daß ein „weniger enger" Zusammenhang genüge; sogar frühere, schon verziehene Verfehlungen können die Zumutbarkeit herbeiführen, auf die eine Mitschuld nicht mehr gegründet werden könnte. Und in JW. 1923 S. 372 wird vollends das beiderseitige Gesamtverhalten der Ehegatten gewertet und die Verursachung nur noch für einen Umstand von besonderer Bedeutung, aber nicht mehr für ausschlaggebend erklärt. Vielleicht ist diese Wendung aus dem unbewußten Wunsche entstanden, noch mehr von der mechanischen Anwendung des Kompensationsprinzips abzurücken. Finden wir doch auf anderen Gebieten genau dasselbe Bestreben, Lebensverhältnisse in ihrer ganzen Verflochtenheit zu erfassen, z. B. bei der Konnexität (§ 273 BGB.). An sich ist diese Richtung gewiß zu begrüßen; aber im Ehescheidungsrechte kann sie nicht ohne Bedenken hingenommen werden. Schon in JW. 1905 S. 706ff. wies Felix Seligsohn auf die fragwürdige Psychologie hin, die dieser versteckten Kompensation zugrunde liegt. Als ob jeder, der sich zu Kränkungen hinreißen läßt, selbst gegen Kränkungen des Gegners völlig unempfindlich geworden wäre! Erwidert der Gekränkte also die Beleidigung, so ist ihm die Fortsetzung zumutbar; schweigt er darauf, so könnte das Gericht zu dem Schlusse kommen, daß solch vollkommene Fühllosigkeit die Ehe nicht zerrüttet erscheinen läßt! Das alles dient nur dazu, die Partner „in ewigem Schmutze zusammenzufesseln". Auch M. Wolff[41]) sagt mit richtigerer Psychologie: Nicht daß die Ehe dem Kläger zumutbar, sondern daß sie auch ihm unzumutbar geworden sei, müsse das Gericht folgern. Die jetzige Judikatur bewirkt in der Tat, daß die Ehe, je scheidungsreifer sie objektiv wird, um so schwerer geschieden werden kann, daß die Prozeßchancen um so schwerer berechenbar werden. Der gegenwärtige Sturmlauf gegen das Verschuldensprinzip übersieht, daß auch im Zumutungsprinzip ein Angriffspunkt liegt. Und

[41]) Lehrb. § 34, Text zu Anm. 36. Vgl. auch Rosenberg in JW. 1925 S. 335 und „Ehescheidung und Eheanfechtung" S. 11ff. (1926). Übrigens hat das Reichsgericht in JW. 1918 S. 171 einen ganz ähnlichen Standpunkt eingenommen. Dazu eine treffende Anmerkung von Neubecker. Auch in JW. 1923 S. 983 belehrt das Reichsgericht das Kammergericht, daß sich der verletzte Ehegatte „nicht allzu viel" zumuten lassen müsse. Aus reicherem Material würde man wahrscheinlich beweisen können, daß die Instanzgerichte päpstlicher sind als der Papst. Ähnlich Frommhold in JW. 1923 S. 372.

diesen würde die Reformbewegung verlieren, wenn das Reichsgericht sich entschließen könnte, in der Zumutungsfrage zu einer anderen Interessenabwägung zu kommen[41a]).

c) Was die Verschuldensfrage selbst angeht, so ist der Judikatur bei ihr durch den Wortlaut des Gesetzes eine viel gebundenere Marschroute vorgeschrieben. So ist die Ehe des Trinkers nicht scheidbar, wenn seine alkoholischen Neigungen sich zu Krankheitszuständen gesteigert haben (JW. 1914 S 592); auch Psychosen hysterischer Provenienz entschuldigen, freilich erst, wenn die Hysterie dem Kranken die Möglichkeit der Selbstbeherrschung und des Zusammennehmens geraubt hat (JW. 1924 S. 44). Immerhin also die Tendenz, auch in solchen Fällen an den Willen zu appellieren und Verständnis für die schwierige Lage des Angegriffenen, der, da eheliche Gemeinschaft in solchen Fällen oft Mißbrauch sein dürfte, in schwerste Konflikte gedrängt werden kann[42]). Daß auch Hingabe an religiöse Skrupeln Verschulden im Sinne des Bürgerlichen Gesetzbuches sein kann, sagt JW. 1924 S. 45.

d) Was eine „schwere Verletzung der ehelichen Pflichten" sei, hat das Reichsgericht in WarnRspr. 1914 S. 312 grundsatzmäßig festgelegt. Danach ist es eine solche, die unter gewöhnlichen Verhältnissen auch bei einem von rechter ehelicher Gesinnung erfüllten Ehegatten eine völlige Entfremdung herbeigeführt hätte und geeignet wäre, ihm die Fortsetzung der Ehe zur unerträglichen Last zu machen. Wann das vorliegt, ist unter Würdigung des Gesamtverhaltens aus dem sittlichen Wesen der Ehe heraus zu beantworten. Darin liegt auch die Revisibilität; es wird nicht die Tatfrage der Verfehlung als solche nachgeprüft, sondern die Würdigung des Wesens der Ehe durch den Vorderrichter[43]). Schon hiermit ist gegeben, daß für die Schwere der Verschuldung ein gleitender Maßstab anzuwenden ist; nicht bloß eigene Verfehlungen des Klägers können die Tat in milderem Lichte erscheinen lassen — so Mißhandlung der Frau aus Zorn über einen Ehebruch (SeuffA. 78, 151 ff.) — auch ein nicht ehewidriges Verhalten des anderen Ehegatten, ja selbst Tatsachen, für deren Eintritt er in keiner Weise verantwortlich gemacht werden kann, können diese Wirkung haben — so hochgradige Reizbarkeit des Täters, besonders wenn sie in schuldhaftem vorehelichem Verhalten des Gegners ihren Grund hat (JW. 1915 S. 95).

Über die einzelnen schweren Verfehlungen nur noch wenige Worte. Daß nicht mehr Strafen, sondern die bestraften entehrenden Delikte Scheidungsgrund sind, sagen die Entscheidungen WarnRspr. 1912 Nr. 363 und JW. 1928 S. 903. Daher kann auch nicht geschieden werden wegen eines vor der Ehe begangenen, in der Ehe bestraften Verbrechens (RGZ. 51, 341). Die Verurteilung zu einer Zuchthausstrafe rechtfertigt regelmäßig die Scheidung (SeuffA. 73, 87). Interessant ist die Rechtsprechung über die Scheidung aus religiösen Gründen. Der aus Gewissensbedenken vollzogene Bruch des vor der Trauung gegebenen ehrenwörtlichen Versprechens, zur mosaischen Religion des Klägers überzutreten, rechtfertigt die Scheidungsklage nicht (JW. 1917 S. 765; dazu Anm. Kahl); wohl aber kann ein Religionswechsel aus lediglich materiellen Gründen ein ehrloses oder unsittliches Verhalten darstellen (LZ. 1921 S. 340). Der Bruch des Versprechens, ein Kind in einer bestimmten Religion erziehen zu lassen, bedeutet eine schwere Verfehlung; ebenso liegt es aber auch, wenn der Beklagte, ohne daß eine Vereinbarung getroffen wurde, das Kind gegen den Willen des

---

41a) Etwas einschränkend wohl schon RG. JW. 1928 S. 3039.

42) Dazu Heller, Arzt und Eherecht S. 49ff.

43) Vgl. JW. 1928 S. 903.

Klägers in einer Religion erziehen läßt, der keiner der Eltern angehört (Warn-Rspr. 1926 S. 272[44])[45]).

3. Mit der Scheidung wegen Geisteskrankheit hat sich das Reichsgericht, wie schon vor dem Bürgerlichen Gesetzbuche[46]), so auch unter seiner Herrschaft mehrfach zu beschäftigen gehabt. Mit der Bedeutung des Ausdruckes „geistige Gemeinschaft" befassen sich die RGZ. 97, 340 und 98, 296. Danach gehört zur geistigen Gemeinschaft „das auf der verständnisvollen Neigung und dem Vertrauen zum anderen Ehegatten beruhende Bewußtsein beider Ehegatten von der Ehe als einem auf sittlichen Rechten und Pflichten fußenden Lebensverhältnisse, die daraus sich ergebende Anteilnahme an dem, was das geistige Leben rechter Ehegatten erfüllt, namentlich an dem körperlichen und geistigen Wohle des anderen Ehegatten und der Kinder, und die Betätigung dieser Anteilnahme nicht in bloßen Gefühlsäußerungen, sondern in Handlungen, die sich als Ausfluß gemeinsamen Fühlens und Denkens darstellen". Keineswegs genügt, daß das eheliche Zusammenleben durch die Krankheit gestört oder unmöglich gemacht ist; auch zwischen getrennt lebenden Ehegatten kann eine geistige Gemeinschaft bestehen, und solange Aussicht auf deren Wiederherstellung vorhanden ist, wozu keineswegs völlige Heilung gehört, ist für die Klage kein Raum; insbesondere dann nicht, wenn der Kläger die Neurose der Beklagten durch Untreue selbst verschuldet und noch nicht alles getan hat, um den Grund zur Eifersucht zu beseitigen (RGZ. 100, 106). Zu der Behauptung der Revision, auf die vom Kläger selbst mitverursachte Geisteskrankheit könne, da diese als absoluter Scheidungsgrund ausgestaltet sei, § 1565 Satz 2 analog angewandt werden, hat das Reichsgericht nicht prinzipiell Stellung genommen.

4. Aus dem Reste des Scheidungsrechtes können nur noch einzelne Fragen herausgegriffen werden.

a) Über das Wesen der Verzeihung spricht sich das Reichsgericht ausführlich aus in RGZ. 96, 269 (später nochmals in 105, 107). Es bringt die Frage der Verzeihung in engsten Zusammenhang mit der Zumutungsfrage, und zwar auch bei den absoluten Scheidungsgründen. Denn auch bei ihnen sei der eigentliche und innerste Grund für den Scheidungsanspruch eben der, daß dem anderen Ehegatten die Fortsetzung der Ehe nicht zugemutet werden könne; daher sei dem Scheidungsanspruche die Grundlage entzogen, wenn sich aus dem gesamten Verhalten des verletzten Ehegatten die Annahme rechtfertige, daß er die Ehe als nicht mehr durch das Verschulden des anderen Teiles zerrüttet empfinde. Das Reichsgericht bezieht sich dabei auf die Begründung in den Motiven (4, 602). Es ist richtig, daß dort auf den Fortfall der Zerrüttung abgestellt ist, zugleich aber auch, daß ein gewisser Widerspruch zu der Begründung vorliegt, die für die Einführung der absoluten Scheidungsgründe gegeben ist, insbesondere des Ehebruches, wo gesagt ist, daß diese zwar nicht unbedingt in jedem Falle die Zerrüttung der Ehe zur Folge haben, aber die Verletzung der ehelichen Pflichten eine objektiv so schwere und unmittelbare sei, daß es auf den Nachweis der Zerrüttung eben nicht mehr ankommen könne (S. 575). Das ist ja auch heute noch der charakteristischste Zug bei den absoluten Schei-

---

[44]) Eine sehr ausführliche Entscheidung über die Frage, inwiefern in der nicht genügend überprüften Aufstellung von Prozeßbehauptungen eine schwere Verfehlung liegen kann, bringt JW. 1928 S. 903. Der strenge Standpunkt des Reichsgerichts bedeutet aber doch, namentlich mit Rücksicht auf § 616 ZPO., eine beträchtliche Hemmung erschöpfenden Parteivorbringens. Auch die Ausführungen über die Bedeutung des Nebeneinanders homosexueller und heterosexueller Verhältnisse müßten fachmännisch überprüft werden.

[45]) Frühere Judikatur über Strafen als Scheidungsgrund: RGZ. 1, 324; 8, 159; 9, 189; 13, 196 (wo der im Text ausgeführte heutige Gesichtspunkt schon durchbricht); 15, 313; 27, 156; 34, 310.

[46]) RGZ. 7, 154; 16, 234; 30, 184.

dungsgründen, daß sie einen mit fast völliger Sicherheit durchsetzbaren Scheidungsanspruch gewähren und bei gelungenem Nachweise der objektiven Scheidungstatsachen jede richterliche Bewertung ausgeschlossen ist. Daher ist es auch nicht korrekt, den Wegfall des Scheidungsanspruches durch Verzeihung mit dem Erlöschen der Zerrüttung zu motivieren. Konkludente Handlungen sind nicht daraufhin zu werten, sondern es ist lediglich danach zu forschen, ob sich aus ihnen der Wille entnehmen läßt, trotz Kenntnis der Ehewidrigkeit die Ehe fortzusetzen. Höchstens als Motiv, nicht aber als Erklärungsinhalt, wären die Gefühlsregungen zu behandeln, auf denen die Äußerung des Verzeihungswillens beruht. Vom förmlichen Verzicht[47]) unterscheidet sich die Verzeihung also nur dadurch, daß ihr der rechtsgeschäftliche Charakter fehlt, weswegen die Vorschriften über Willensmängel auf sie unanwendbar sind (RG. in LZ. 1915 S. 36).

b) Bei der Berechnung der sechsmonatigen Frist a tempore scientiae für die Erhebung der Scheidungsklage ergeben sich besondere Schwierigkeiten für den Fall der Widerklage. Das Reichsgericht läßt nämlich nicht zu, daß die in § 1572 geordnete Perpetuierung der Scheidungsgründe auch auf die Widerklage erstreckt werde (RGZ. 57, 192; JW. 1910 S. 475). Dies bringt den Beklagten unter Umständen in eine höchst prekäre Lage, da er mit Rücksicht auf den bekannten prozessualen Grundsatz von der Unteilbarkeit der Entscheidung in Ehesachen (vgl. z. B. RGZ. 116, 220) auf die widerklagweise Geltendmachung seines Scheidungsanspruches angewiesen ist (§ 614 ZPO.). Läuft also die Frist vor dem ersten Termin zur mündlichen Verhandlung, in dem Widerklage erhoben werden kann (§ 281 ZPO.), ab, so ist er praktisch rechtlos; und daß die Hilfe, die das Reichsgericht ihm mittels des § 203 BGB. angedeihen lassen will, ungenügend ist, hat schon Heinsheimer in JW. 1911 S. 790 unter Geltendmachung weiterer sachlicher Bedenken dargetan.

c) Zu § 1574 ist auf die bekannte ausdehnende Interpretation des Reichsgerichtes hinzuweisen, wonach es genügt, wenn die Scheidungsgründe beider Teile sich eine Zeitlang unverjährt und unverziehen gegenübergestanden haben (vgl. RGZ. 70, 334ff.; 104, 86). Hierin liegt eine Analogie zur schuldrechtlichen „Aufrechnungslage". Daß sich § 1574 III auf die nach § 616 ZPO. präkludierten Scheidungsgründe nicht mit erstreckt (so RG. in JW. 1910 S. 477; WarnRspr. 13 Nr. 101) ist in der Literatur bestritten (vgl. M. Wolff, Lehrb. § 35 Anm. 13; Stein-Jonas zu § 616 II a. E.).

d) Erwähnenswert erscheint endlich die benigna interpretatio, die das Reichsgericht dem Unterhaltsanspruch der unschuldig geschiedenen Frau hat angedeihen lassen. Nach dem Wortlaute von § 1579 müßte sie in Konkurrenz mit Kindern oder einer zweiten Frau den Stamm ihres Vermögens aufbrauchen, ehe sie vom Manne weiteren Unterhalt fordern könnte. RGZ. 97, 277 mildert diese Härte; ein Raubbau an ihrem Vermögen ist der Frau schlechterdings nicht zuzumuten; eine feste Norm ist überhaupt nicht aufzustellen, sondern der Billigkeitsregelung im einzelnen Falle zu überlassen, inwieweit die Frau den Mann in Anspruch nehmen kann. Hierbei kann es die Billigkeit auch verlangen, daß sie sich ihren Arbeitserwerb anrechnen läßt, auch wenn Arbeit unter den Lebensverhältnissen der Eheleute nicht üblich war (RGZ. 101, 209); das wird bei zunehmender Berufstätigkeit der Frauen immer wichtiger werden.

e) Über die Wirksamkeit von Scheidungsverträgen, d. h. Verträgen über Modalitäten und Folgen der Scheidung, lassen sich aus der Praxis des Reichsgerichtes feste Grundsätze ableiten. Den Grundsatz, daß Verträge wegen Sittenwidrigkeit nichtig sind, wenn sie Erleichterung oder Ermöglichung der Schei-

---

[47]) Vgl. RG. in JW. 1927 S. 844 mit Zitaten.

dung bezwecken, hat das Reichsgericht wiederholt aufgestellt (WarnRspr. 1912 Nr. 22; 1922 Nr. 64 u. a. m.[48])). Aber nicht jeder mit der Scheidung zusammenhängende Vertrag unterfällt ohne weiteres dieser Kategorie. Nichtig ist es jedenfalls, wenn ein gar nicht bestehender Scheidungsgrund konstruiert oder fingiert wird (LZ. 1924 S. 737), wobei nichts darauf ankommt, ob ein anderer Scheidungsgrund effektiv gegeben war (WarnRspr. 1920 Nr. 4; ein Arzt hatte mit seiner Frau vereinbart, daß statt eines in der Sprechstunde begangenen ein anderer, ad hoc zu begehender Ehebruch die Klage tragen sollte). Anders, wenn die Parteien bei bestehendem Ehescheidungsgrund einen Vertrag schließen, lediglich um ihre beiderseitigen Verpflichtungen in anderer, zweckmäßigerer Weise zu ordnen als das Gesetz, oder um das Verfahren zu vereinfachen und zu beschleunigen (vgl. JW. 1913 S. 128; 1916 S. 573; Recht 1924 Nr. 1519; WarnRspr. 1926 Nr. 82). Es ist also stets darauf abzustellen, ob der eine Teil zur Scheidung berechtigt und auch gewillt war; wenn ihm dann der andere durch vertragsmäßige Zusicherungen die materiellen Grundlagen seines Vorgehens liefert, so ist das zulässig, denn es handeln ja nicht beide Teile sittenwidrig (WarnRspr. 1917 Nr. 172). Dieser letztere Umstand fällt aber nach ständiger Rechtsprechung dann nicht in Betracht, wenn die Sittenwidrigkeit des Handelns sich gerade gegen den Vertragspartner richtet (vgl. RGZ. 93, 30). So lag es in dem besonders krassen Falle RGZ. 108, 213: Der Mann hatte mit der Frau einen anscheinend für sie nicht ungünstigen Unterhaltsvertrag geschlossen in der Berechnung, daß seine Klage abgewiesen, die Frau aber durch sein Verhalten gezwungen werden würde, gegen ihn erfolgreich Widerklage zu erheben. Verwandt mit diesem sind die Fälle der glatten „Erkaufung" der Scheidungsbereitschaft. Im ganzen kann man sagen, daß das Reichsgericht diesen Scheidungsverträgen nicht unfreundlich gegenübersteht und sie gerechter und feiner abwägend beurteilt, als es die Untergerichte anfangs taten. Damit hat es einen Rechtsgedanken vorbereiten und vertiefen helfen, dem zweifellos noch eine große Zukunft beschieden ist.

VI.

Das eheliche Güterrecht, einer der Kulminationspunkte juristischer Technik im Bürgerlichen Gesetzbuche, bietet natürlich eine Fundgrube dogmatisch höchst interessanter Reichsgerichtsurteile. Und doch hat man das Gefühl, daß in diesem Teile des Familienrechtes die Bedeutung der Rechtsprechung etwas zurücktritt; es handelt sich nicht mehr um die Erfassung so wesenhafter Züge wie im persönlichen Eherechte, vielmehr sind es nur einzelne Linien, die unter dem Scheinwerfer der Rechtsprechung deutlicher ins Profil treten. Sie alle der Reihe nach vorzuführen würde ermüdend wirken und den noch zur Verfügung stehenden Raum bei weitem überschreiten. Es muß also wieder eine gewisse Auswahl getroffen werden, und diese soll sich dem Gedanken unterordnen, zu zeigen, wo die Rechtsprechung des Reichsgerichtes in wirtschafts- oder sozialpolitische Fragenkomplexe einzugreifen Gelegenheit hatte, da deren Würdigung im Gesetz über dem Ausbau der technisch-formalen Seite doch wohl zu kurz gekommen ist.

1. Das trifft nun gleich bei der Eingangspforte zur Materie des gesetzlichen Güterstandes, bei der Lehre vom Vorbehaltsgut, zu. Denn in den meisten vertraglosen Ehen ist die Frage, inwieweit das Gesetz der Frau eine Sicherung vor allzu weit gespannten Nutzungsrechten des Mannes gewährt oder deren vertragsmäßige Schaffung ermöglicht, von entscheidender Bedeutung und im

---

[48]) Über Rechtsmittelverzicht jetzt RGZ. 118, 171 mit zahlreichen Zitaten.

Gesetz nicht ganz eindeutig gelöst. Besonders kontrovers erscheint die Stellung eines von der Ehefrau selbständig betriebenen Erwerbsgeschäftes. Zunächst handelte es sich darum, Begriff und Umfang dieser Erscheinung festzustellen. Das Reichsgericht rechnet zu einem selbständig betriebenen Erwerbsgeschäft auch die Stellung der Ehefrau als Gesellschafterin einer offenen Handelsgesellschaft (RGZ. 87, 102); ferner ist zu beachten die Entscheidung in LZ. 1922 S. 650, in der es sich um ein Erwerbsgeschäft handelt, das nach außen hin im Namen des Mannes, nach innen aber auf Rechnung der Frau geführt wird; auch dieses fällt nach Ansicht des Reichsgerichtes unter die Kategorie des § 1367, da es wesentlich darauf ankomme, daß der Geschäftsbetrieb „dem Manne gegenüber" selbständig sei. Das Erwerbsgeschäft selbst ist, wie das Reichsgericht durch Gegenschluß aus § 1367 folgert. eingebrachtes Gut. Freilich hatte es schon bei einer früheren Gelegenheit, in RGZ. 59, 29, den Satz geprägt, den Bedürfnissen des Verkehrs und den Erfordernissen der Billigkeit würde es entsprechen, wenn alles das als Vorbehaltsgut betrachtet würde, was der Mann der Frau zu selbständigem Betriebe eines Erwerbsgeschäftes überlassen hätte; aber schon damals konnte es sich zu einer entsprechenden Uminterpretation des Gesetzestextes nicht entschließen und verwies auf das Auskunftsmittel des Ehevertrages. Daß die Kautelarjurisprudenz sich diesen Hinweis zunutze gemacht hat, scheint mir aus der Seltenheit der Fälle zu folgern, in denen sich Streitigkeiten dieser Art erheben. Es wäre aber sehr zu begrüßen, wenn das Reichsgericht für den Fall, daß es wiederum zum Spruche käme, sich der von der Wissenschaft[49]) inzwischen herausgearbeiteten Unterscheidung von Geschäftsvermögen und Unternehmen bedienen möchte. Dabei wäre am besten davon auszugehen, daß der Begriff des Unternehmens als eines idealen Komplexes von Sachen, Rechten und Chancen, dem Bürgerlichen Gesetzbuche noch völlig fremd war, dieses also unter einem Erwerbsgeschäfte lediglich die einzelnen Gegenstände des Geschäftsvermögens meinen konnte und die Rechtslage des Unternehmens als solchen überhaupt nicht regeln wollte, so daß es sich um Ausfüllung einer Gesetzeslücke handelt.

Hingegen liegt kein selbständiger Geschäftsbetrieb der Frau vor, wenn der Mann das Geschäft auf Grund seines Verwaltungsrechtes selbst führt. Das kann er freilich nur kraft freiwilliger Überlassung durch die Frau tun; denn ein Recht auf Übertragung des Unternehmens hat er nicht. RGZ. 59, 25 spricht aus, daß die in §§ 22ff. HGB. geregelten Übertragungsvorgänge nur auf Grund gütlicher Übereinkunft denkbar sind, daß ferner die dem Manne kraft Gesetzes zustehenden Rechte das Erwerbsgeschäft schon um deswillen nicht ergreifen, weil eben der Nießbrauch an einem Inbegriff von Sachen und Rechten nur in Form des Vermögensnießbrauches geregelt, im übrigen aber dem Bürgerlichen Gesetzbuche fremd sei. Freilich gibt das Gesetz dem Manne das Recht, das eingebrachte Gut in Besitz zu nehmen und über die verbrauchbaren Sachen zu verfügen (§§ 1373, 1376) sowie ferner, der Frau den Geschäftsbetrieb kraft seines Entscheidungsrechtes zu verbieten. Aber jenes Rechtes begibt er sich, wenn er dem Geschäftsbetriebe der Frau, wenn auch nur stillschweigend, zustimmt, und das Recht, diese Zustimmung aus § 1354 zu widerrufen, findet seine Grenze an barer Willkür und egoistischer Handhabung, die einen Rechtsmißbrauch darstellt (RGZ. 84, 47). Durch diese Rechtsprechung kann man die Interessen der selbständig erwerbstätigen Frau als trotz des verfehlten Ausgangspunktes genügend geschützt bezeichnen.

2. Von großer Bedeutung für viele Ehen wird ferner die Frage werden, ob

---

[49]) Vgl. M. Wolff in Berl. Festg. f. Gierke 2, 120 (1911); Lehrb. § 46 I 1.

schon vor Eheschließung eine Zweckzuwendung von Vermögensgegenständen zu Vorbehaltsgut im Sinne des § 1369 vollzogen werden kann. In dieser Frage hat das Reichsgericht eine Schwenkung vollzogen, die nicht nur rein sachlich, sondern auch um der Motivierung willen zu den interessantesten Vorgängen auf unserem Gebiete gehört. In RGZ. 65, 369 hatte der 4. Zivilsenat, noch ganz im Banne älterer Auslegungsmethoden, vor allem Wortlaut und Entstehungsgeschichte zur Verneinung der gestellten Frage aufgerufen, aber auch einseitig vom Standpunkte des Mannesrechtes aus die ratio legis darin gesucht, daß dieser übersehen können müsse, worauf sich seine Verwaltung und Nutznießung erstrecke und davor geschützt werden müsse, daß die Frau nachträglich, vielleicht noch nach Jahren, mit der Behauptung hervorträte, daß gewisse Gegenstände kraft einer früheren Bestimmung zum Vorbehaltsgute gerechnet werden müßten. In der neueren RGZ. 106, 381 ist die Argumentation aus Wortlaut und Entstehungsgeschichte als nicht beweiskräftig beiseite geschoben. Aber auch die ratio legis wird völlig anders gewertet, denn „jedenfalls entspricht es nicht dem heutigen Rechtsempfinden, die Rechte des Mannes derart in den Vordergrund zu stellen". Der Hinweis der älteren Entscheidung, daß die Frau ja jederzeit durch einen Ehevertrag denselben Effekt erzielen könne wie durch eine vorherige Zweckzuwendung von dritter Seite, wird viel lebenskundiger mit dem Hinweis auf die Hemmungen widerlegt, der die Frau bei dem Begehren nach Abschluß eines Ehevertrages unterliegt, während sie sich vielleicht die Fürsorge Dritter gern zunutze machen würde. Selten läßt sich die zeitliche Aufeinanderfolge zweier ganz verschiedener Rechtsfindungsmethoden so klar zeigen wie hier, wo geradezu ein Musterbeispiel für die Einwirkung soziologischer und psychologischer Motivationen gegeben wird. Vielleicht würde von diesem geläuterten Standpunkt aus der 4. Zivilsenat auch zu einer anderen Stellungnahme kommen als seinerzeit der 3. in RGZ. 90, 68, wo die Behauptung der Frau, ein ihr gebührendes Schmerzensgeld fließe in das Vorbehaltsgut, zurückgewiesen wurde. Freilich läßt sich keine dafür ohne weiteres passende Gesetzesstelle ausfindig machen; aber die Sonderstellung der Persönlichkeitsgüter, die zur Zeit der Schaffung des Bürgerlichen Gesetzbuches ebenfalls noch nicht in das Blickfeld der Gesetzgebung eingetreten waren, erheischt es gebieterisch, daß der Katalog der Gegenstände, die kraft Gesetzes zum Vorbehaltsgute gehören, durch Zurückführung der Einzelfälle auf ein höheres Prinzip berichtigt und erweitert werde[50]).

3. Wirtschaftlich wichtig ist auch die Frage, inwieweit die Frau aus ihrem Vorbehaltsgute zur Tragung der ehelichen Lasten beisteuern muß. Als ehelichen Aufwand faßt RGZ. 67, 1ff. jeden durch den Bestand der Ehe verursachten Aufwand auf, nicht nur den aus der tatsächlichen Ausübung der ehelichen Lebensgemeinschaft entstandenen; also muß die Frau den Beitrag auch leisten, wenn die Ehegatten aus einem sie rechtfertigenden Grunde in Trennung leben. Auch in diesem Falle darf die Frau den für ihren und der Kinder Unterhalt bestimmten Betrag nur in den Schranken des § 1428 zurückhalten. Die ganze Lehre ist auch für die Gütertrennung von Bedeutung.

4. Einen versicherungsrechtlich interessanten Fall bringt RGZ. 76, 134. Es handelt sich dort um die Frage, ob die Frau dadurch, daß der Mann eingebrachte Sachen im eigenen Namen und auf eigene Rechnung unter Versicherung gebracht hat, Gläubigerin der Entschädigungsforderung geworden ist.

---

[50]) Vgl. Opet, JW. 1917 S. 711; M. Wolff, Lehrb. § 46 Anm. 35. Anders liegt es in RGZ. 96, 97 deshalb, weil dort das Ehepaar in Errungenschaftsgemeinschaft lebte, und bei dieser kein gesetzliches Vorbehaltsgut besteht, wohl aber die unübertragbaren Gegenstände ausdrücklich dem eingebrachten Gute zugewiesen werden (§ 1522).

Die Frage wurde vom Reichsgericht aus § 1381 BGB. bejaht, was nicht unwidersprochen geblieben ist. M. Wolff, Lehrb. § 50 Anm. 3 bekämpft die Begründung, Josef, LZ. 1912 S. 839 auch das Ergebnis des Reichsgerichtes. Allerdings ist zuzugeben, daß die Begründung des Urteils mit der Erwägung, daß das Vorhandensein eingebrachter Sachen notwendige Voraussetzung für ihre Versicherung bilde, und deswegen ein Erwerb „mit Mitteln des eingebrachten Gutes" vorliege, nicht gerade glücklich zu nennen ist. Von einem solchen wäre höchstens zu sprechen, wenn die Prämien aus der Substanz des eingebrachten Gutes bezahlt worden wären, was wohl unwahrscheinlich ist. Trotzdem ist die Subsumption unter § 1381 haltbar, wenn man auf den vom Reichsgerichte selbst herangezogenen Leitgedanken des Gesetzes sieht, daß die Frau vor Benachteiligung durch die Verwaltungstätigkeit des Mannes geschützt werden sollte[51]). Damit entfällt auch die nicht unbedenkliche Hilfskonstruktion des Reichsgerichtes, wonach der Mann nach § 1374 verpflichtet war, die Ansprüche aus dem Versicherungsvertrage auf die Frau überzuleiten und diese Verpflichtung nach § 181 durch irgendeine zur Kenntlichmachung seines Erfüllungswillens taugliche Handlung erfüllt haben konnte.

5. An die wichtige Weiterbildung, die sich an den Gedanken des § 1381 in der RGZ. 100, 190 angeschlossen hat, und die ganz neue Wege in der Lehre von der Eigentumsübertragung eröffnete, kann hier nur im Vorübergehen erinnert werden.

6. Die Durchmusterung der Entscheidungen, die über das Verfügungsrecht der Frau im gesetzlichen Güterstand ergangen sind, bietet für unsere Zwecke nur geringe Ausbeute, da es sich meist um Einzelausführungen rein dogmatischer Art zu den verwickelten und unpraktischen Bestimmungen der §§ 1396ff. BGB. handelt. Indes kann hier schon ein Problem von größerer wirtschaftlicher Tragweite besprochen werden, das ist die bekannte Frage, wie es mit der Gültigkeit der Restkaufgeldhypothek steht, die ein Verfügungsbeschränkter (hier die Frau) bei dem ihm gestatteten (anders § 1821 Ziff. 4) Erwerb eines Grundstückes bestellt. Bekanntlich kehrt dieselbe Fragestellung wieder bei der Belastung eines für das Gesamtgut erworbenen Grundstückes durch den Mann in einem der Gemeinschaftsgüterstände, beim Inhaber der elterlichen Gewalt (§ 1643) und beim Prokuristen. Schon seit der RGZ. 69, 177 steht es fest, daß für das Reichsgericht der Charakter des ganzen, im Zusammenhange gesehenen Geschäftes als eines unteilbaren wirtschaftlichen Vorganges von überwiegendem Erwerbscharakter über die formalistischen Bedenken, die sich wesentlich doch nur aus dem Mechanismus unserer Grundbucheinrichtung erklären lassen[52]), den Sieg davongetragen hat, und es ist sehr zu begrüßen, daß das Reichsgericht sich nicht durch den verschiedentlich in der Literatur und in Entscheidungen unterer Instanzen erhobenen Widerspruch hat beeinflussen lassen, sondern in RGZ. 108, 362 nochmals seinen Standpunkt eingehend dargelegt hat. Ich halte demgegenüber die Bedenken Kipps (Lehrb. II § 80 Anm. 27), der es auch für wirtschaftlich bedenklich erklärt, dem Erwerbe eines Grundstückes mit vorhandenen Mitteln die Belastung mit einer Restkaufgeldschuld von unsicherer Aufbringungsmöglichkeit gleichzustellen, nicht für durchschlagend, da derselbe Grund ja auch bei der Übernahme von Hypotheken unter Anrechnung auf den Kaufpreis zutreffen müßte; diese aber hält Kipp unter ausdrücklicher

---

[51]) Die abweichende Lösung Wolffs (Analogie zu § 1046, zustimmend Lehmann, Familienrecht S. 101) halte ich deswegen nicht für glücklich, weil § 1383 nur für den Erwerb der Nutzungen auf Nießbrauchsrecht verweist, die Entschädigungssumme aber schwerlich als Nutzung aufgefaßt werden kann. Vgl. Nußbaum, Nießbrauchsrecht S. 53.

[52]) Vgl. Titze in Ehrenbergs Handbuch des Handelsrechtes II 2 S. 915.

Billigung der Entsch. RGZ. 110, 173 für durchaus zulässig. Das ist besonders deshalb wichtig, weil die übernommene Belastung ja auch eine vom Veräußerer ad hoc errichtete Eigentümergrundschuld sein könnte, wodurch eine strengere Interpretation a priori illusorisch gemacht werden könnte. Es ist daher anzunehmen, daß sich nunmehr bald eine communis opinio im Sinne der reichsgerichtlichen Auffassung bilden wird.

7. Auch bei der allgemeinen Gütergemeinschaft und den anderen Gemeinschaftsgüterständen betreffen die reichsgerichtlichen Entscheidungen keinen eigentlichen Kardinalpunkt. Die Grundlinie des ganzen Gütergemeinschaftssystemes wurde schon in der Zeit vor dem Bürgerlichen Gesetzbuche gezeichnet, als unter früherem Rechte die Frage zur Entscheidung kam, ob die Gütergemeinschaft als Alleineigentum des Mannes oder als Miteigentum der Eheleute nach Bruchteilen oder endlich als Gesamthandseigentum des Ehepaares aufzufassen sei. Bekanntlich hat sich schon RGZ. 1, 396 für die letztere Alternative entschieden und damit die in Deutschland historisch gewordene Form der Gütergemeinschaft aufgenommen und für das Bürgerliche Gesetzbuch bereitgestellt (vgl. das Zitat in Mot. 4, 332). Ganz in der Linie dieser Grundauffassung liegen noch heute Entscheidungen, wie der die grundbuchmäßige Erscheinungsform der Gütergemeinschaft behandelnde Beschluß des 5. ZS. in 84, 71 oder das Urteil desselben Senates in 105, 20, wo der Mann als Besitzmittler der Gesamthand bezeichnet wird. Eine Reihe wichtiger Entscheidungen betrifft die für den Ehemann in den §§ 1444ff. ausgesprochenen Verfügungs- und Verpflichtungsbeschränkungen; zum Teil sind sie bereits beim gesetzlichen Güterstande erwähnt worden[53]). In RGZ. 99, 121 verneint das Reichsgericht billigenswert die Anwendbarkeit des § 1445 auf die Verkäuferhaftung des Mannes wegen arglistigen Verschweigens (§ 463 Satz 2); wenn diese Arglist auch in ihren Folgen den Vertragsansprüchen gleichgestellt sei, so würde doch die Anwendung des § 1445 dem Käufer jede Möglichkeit entziehen, Schadenersatz zu erlangen, da außervertragliche Ansprüche meist nicht in Betracht kommen. In RGZ. 111, 185 ist die Frage geprüft, ob der Mann der Einwilligung der Frau auch bedarf, wenn er über ein von ihm angekauftes Grundstück, noch ehe es Gesamtgut geworden ist, eine bindende Kaufofferte abgibt. Die Frage ist wohl mit Recht aus der ratio legis heraus verneint und zugleich festgestellt worden, daß mit der Annahme der Offerte eine Gesamtgutsverbindlichkeit entsteht, selbst wenn der Mann inzwischen für die Gesamthand erworben hat. Die übrigen Entscheidungen des Gütergemeinschaftsrechtes betreffen überwiegend die Auseinandersetzung der Gesamthand oder die fortgesetzte Gütergemeinschaft, liegen also derart an der Peripherie unseres Themas, daß dieser Abschnitt mit einem kurzen Hinweis auf sie abgeschlossen werden kann.

Fassen wir zum Schlusse nochmals die Eindrücke kurz zusammen, die die Durchwanderung des Eherechtes an Hand der reichsgerichtlichen Judikatur hinterlassen hat. Man wird wohl feststellen müssen, daß das Reichsgericht seiner doppelten Aufgabe als Hüter alter, in der Gegenwart doppelt wertvoller Überlieferung und zugleich als vorsichtiger Wegbereiter neuer Rechtsgedanken, wo diese unabweisbar Anerkennung heischten, im vollsten Maße gerecht geworden ist. Wenn auch hier und da die Kritik am Werke ist, so entspringt sie doch niemals mangelndem Vertrauen oder eitlem Besserwissenwollen, sondern der Freude an berechtigtem geistigem Wettbewerbe, den niemand weniger wird

---

[53]) Nach einer Entscheidung des 4. ZS. in JW. 1927 S. 1192 könnte der Ehevertrag dem Manne Grundstücksverfügungen gestatten. § 1445 wird also als Dispositivnorm aufgefaßt. Auf unentgeltliche Verfügungen (§ 1446) dürfte sie nicht zutreffen. So auch v. Bluhme a. a. O.

missen wollen als die höchsten Richter des Reiches. Wenn schon die Prozeßordnung keine Rechtsmittel mehr gegen das reichsgerichtliche Urteil kennt, so gibt es doch immer noch die Instanz der wissenschaftlichen Nachprüfung. Aber diese Berufung an das Forum der Wissenschaft richtet sich immer nur gegen die Ansicht, niemals, wie die germanische Urteilschelte, gegen die Absicht der Urteilsfinder. Denn daß diese stets auf das „richtige Recht" zielte, wird niemand bezweifeln können.

Abgeschlossen: Dezember 1928.

Der Übergang des Pflichtlebens des Erblassers auf den Erben

von Professor Dr. Gustav Boehmer, Halle

A
Das Problem

In meinem Pfingsten 1927 erschienenen Buche „Erbfolge und Erbenhaftung" habe ich die Auffassung vertreten (s. bes. S. 25—31, 62—65, 97—105), daß die „Erbfolge" unseres heutigen deutschen Rechtes sich nicht darin erschöpft, daß das „Vermögen" des Erblassers als „Ganzes auf eine oder mehrere Personen (Erben) übergeht" (§ 1922). Vielmehr habe ich darzutun versucht, daß, wenn man die Gesamtheit der über das ganze Recht verstreuten gesetzlichen Bestimmungen zusammenfaßt, die an den Tod eines Menschen rechtliche Wirkungen zugunsten oder zu Lasten seiner „Erben" knüpfen, die Erbfolge als ein umfassender Eintritt eines oder mehrerer neuer Rechts- und Pflichtträger in die gesamte Rechtsstellung des Verstorbenen erscheint, soweit diese nicht an die individuelle Person des Subjektes gebunden war und daher mit dem Tode untergeht, und daß man daher auch heute noch von einer „Fortsetzung des Rechtslebens" des Erblassers durch andere Personen sprechen kann. Dabei habe ich gemäß dem Zwecke jener Arbeit das Hauptgewicht auf den Nachweis gelegt, daß nicht nur die Rechte, Anwartschaften und vorteilhaften „Rechtslagen" des Erblassers, die in Wahrheit nichts anderes sind als die begünstigenden Bestandteile der für ihn „geltenden" konkreten Rechtsnormen, sondern auch deren „passiver", belastender und verpflichtender Inhalt, also die mannigfaltigen rechtlichen Gebundenheiten, die für das soziale Verhalten des Verstorbenen richtunggebend waren, — mochten sie im übrigen bei seinem Tode schon aktuelle Pflichten oder nur potentielle Bindungen, d. h. Situationen sein, aus denen Pflichten, Lasten oder sonstige rechtliche Nachteile erwachsen können —, auf die Erben übertragen und nunmehr zu Normen ihres Rechtslebens werden. Insbesondere habe ich mich bemüht darzulegen, daß nur diese „personalistische" Auffassung der Erbfolge eine rechtsphilosophisch wie rechtsdogmatisch befriedigende Erklärung dafür zu bieten vermag, daß kraft Gesetzes zunächst jeder Erbe, sei er Allein- oder Miterbe, völlig unabhängig davon, ob und wieviel aktives Vermögen des Erblassers vorhanden und wie hoch der Anteil des einzelnen Erben am Nachlasse ist, für die Nachlaßverbindlichkeiten „persönlich" als „Gesamtschuldner haftet", d. h. aber sowohl zu voller

Leistung verpflichtet ist und auf sie gemahnt und verklagt werden kann, als auch, soweit er nicht freiwillig leistet, der Vollstreckung in sein gesamtes Vermögen, auch das sog. Eigenvermögen, das er außer dem Nachlasse oder Nachlaßanteile hat, unterworfen ist.

Aber von einer solchen „Fortsetzung des Pflichtlebens" des Erblassers, als einer Übertragung der für sein Verhalten geltenden verpflichtenden und belastenden konkreten Rechtsnormen auf die Personen der Erben, konnte nur unter einer allgemeineren Voraussetzung gesprochen werden: nämlich der, daß die „Verbindlichkeiten" des Erblassers, für die die Erben „haften", und die sonstigen aktuellen und potentiellen Bindungen und Pflichtlagen, in die sie eintreten, wirklich rechtliche Situationen sind, die die Person des Gebundenen ergreifen und ihr ein bestimmtes Tunsollen, Unterlassensollen, Duldensollen, Leidensollen gegenüber den durch die betreffenden Rechtsnormen Begünstigten, den „Berechtigten", auferlegen. Faßt man dagegen alle Verpflichtungen und Bindungslagen nur als Unterworfenheit unter die staatliche Zwangsausübung auf, versteht man unter „Haftung für Verbindlichkeiten" nur das „actione teneri" in dem Sinne, daß der Schuldner der Klage, dem Urteile und der Vollstreckung ausgesetzt ist (so jetzt wieder Binder in seiner Abhandlung „Zur Lehre von Schuld und Haftung" in JheringsJ. 77, 1ff.; 78, 163ff.), oder gar in dem noch engeren Sinne, daß seine Vermögensgüter dem Zugriffsrechte des Gläubigers unterliegen, so kann natürlich auch die Pflichtstellung des Erben nur auf diesen Inhalt beschränkt werden. Insbesondere habe ich dargelegt, daß, wenn die Obligation des heutigen Rechtes tatsächlich nichts anderes wäre als „Vermögenshaftung", sich daraus die notwendige Konsequenz ergeben würde, daß, je nachdem ob man diese Haftung als „Belastung" der Vermögensgüter mit dem Zugriffsrechte des Gläubigers oder im „geldwirtschaftlichen" Sinne als wertmäßig-rechnerische Verminderung der Aktiva faßt, die Haftung der Erben schon kraft Gesetzes eine gegenständlich beschränkte Nachlaßhaftung oder eine durch den Nachlaßwert „umfanglich" begrenzte persönliche Haftung sein müßte (s. S. 63—65, 97) — ein Resultat, das der positiven Regelung des Bürgerlichen Gesetzbuches kraß widerspricht.

Die hiernach auf das berühmte Problem „Schuld oder Haftung?" zurückführende Frage hat aber einen noch tieferen, rechtsphilosophischen Hintergrund, den in jener Schrift zu beleuchten die mir auferlegte Kürze verbot. Sie ist nämlich nur ein Teilstück der allgemeineren Frage, was überhaupt unter rechtlichen „Pflichten" zu verstehen ist, ob es innerhalb des Normenkomplexes, den wir Recht nennen, überhaupt Pflichten im Sinne eines Sichverhaltensollens gibt. Denn von einer Fortsetzung des „Pflichtlebens" des Erblassers kann man natürlich nur dann sprechen, wenn ein solches überhaupt bestand. In der Tat ist aber der Begriff der „Rechtspflicht" in der heutigen deutschen Rechtswissenschaft wieder stark gefährdet. Wer wie Kelsen (besonders in seinem Werke „Der soziologische und der juristische Staatsbegriff") das Verhältnis der rechtlichen „Ordnungsgedanken" zu der Wirklichkeit des sozialen Lebens darauf reduziert, daß die Rechtsnormen, soweit sie die „Untertanen" betreffen, lediglich kognitiv-komparative „Deutungsschemata" für ihr Verhalten seien, die sie darüber unterrichten sollen, wie sie staatlichen Zwang vermeiden können, und nur in den diese staatliche Zwangsausübung selbst regelnden Prozeß- und Verwaltungsvorschriften „volitive" Befehlsnormen erblicken will, — oder wer, was im Endeffekte genau dasselbe besagt, wie Binder (so jetzt in aller Deutlichkeit in „Der Adressat der Rechtsnorm und seine Verpflichtung", in „Zur Lehre von Schuld und Haftung", JheringsJ. Bd. 77 u. 78, und besonders in breiter historischer und dogmatischer Durchführung in

„Prozeß und Recht") die rechtliche Gebundenheit der Menschen an die Rechtsnormen als „die Subsumierbarkeit ihrer Handlungen unter das Gesetz" (Normadressat S. 11) bezeichnet, in den gesamten Vorschriften des Zivil- und Strafrechtes daher nur an den Richter und die Behörden adressierte „Entscheidungsnormen" sehen und dementsprechend den imperativ-volitiven Inhalt des Rechtes auf die „Rechtsschutz- und Strafbefehle" an die Beamten, auf die Regelung des „staatlichen Zwangsapparates" beschränken will (Normadressat S. 8, 15, 55, 58, 59, 62, 64, 65, 69 usw.) —, der kann freilich, wenn er nicht den Pflichtbegriff völlig verflüchtigen will, von rechtlichen Pflichten nicht sprechen und muß konsequenterweise in dem Satze endigen: das Recht verpflichtet die Untertanen rechtlich zu nichts! Denn eine „Pflicht" ist nur dort vorhanden, wo ein „Sollen" an den Menschen herantritt, d. h. aber ein gedankliches Verhaltensbild, das nicht nur ein kognitives Deutungsschema oder ein axiologischer Vergleichsmaßstab für sein tatsächliches Verhalten sein will, sondern mit dem Anspruche auf „Gehorsam" sich an seinen Willen wendet und eine Verwirklichung des Normgedankens von ihm verlangt. Nur wenn die Rechtsnormen, — mögen sie im übrigen in der Form abstrakter genereller Gesetzesregeln oder in der immer enger werdenden Form eines der vielfachen „Konkretisierungsstadien" bis hinab zum einzelnen Rechtsgeschäfte auftreten, mögen sie ihrem Ursprunge nach auf Versprechen, Beschluß oder Befehl[1]) beruhen —, allgemein diesen „volitiven" Inhalt haben, kann man die durch sie begründeten potentiellen oder aktuellen Bindungen zum Tun, Unterlassen oder Dulden „Pflichten" nennen. Daher ist man auch nur unter dieser grundsätzlichen Voraussetzung berechtigt, die „Verbindlichkeiten" des Erblassers, für die der Erbe kraft des Erbfalles „haftet", und die sonstigen Bindungen des Verstorbenen, in die er kraft des Erbfalles eintritt, als ein an seinen Willen gerichtetes „Sollen" zu betrachten und die Übertragung dieser den Erblasser benachteiligenden konkreten Verhaltensnormen auf die Person des Erben als eine „Fortsetzung des Pflichtlebens" zu bezeichnen. Wenn ich in meiner Schrift „Erbfolge und Erbenhaftung" diese Auffassung von dem rechtlichen Charakter der Verbindlichkeit sowohl wie der Erbfolge vertreten habe, so bedeutete diese „personalistische" Formung nicht etwa einen Rückfall in primitive Rechtsanschauungen längst vergangener Zeiten, in denen die „Schuld" eine „Verhaftung" der ganzen Persönlichkeit war, noch etwa das absurde Unterfangen, dem „Mystizismus" einer „erbrechtlichen Seelenwanderung", einer „transzendenten Vererbungslehre im juristischen Gewande" (Endemann, Lehrb. III 1 S. 9, 15, 31, 33, 70—71), einer Fiktion „privatrechtlicher Unsterblichkeit der Person" (Sohm, Institutionen S. 681), wie er unter dem Einflusse der Identitäts- oder Repräsentationsidee die Vorstellung römischer und gemeinrechtlicher Juristen beherrschte, eine Wiederauferstehung zu bereiten, sondern sie wollte lediglich dazu beitragen, dem Begriffe der sozialethischen Pflicht, der unter dem Einflusse der Materialisierung des rechtswissenschaftlichen Denkens immer mehr hinter den der Machtgewährung und Machtdurchsetzung durch Zwang zurückgedrängt worden war, wieder die ihm gebührende Stellung im Rechte zu verschaffen. Dieser Versuch soll in der vorliegenden Abhandlung in den wichtigsten Punkten etwas vertieft und verbreitert werden. Freilich kann zu der grundsätzlichen rechtsphilosophischen Frage auch hier nur andeutungsweise Stellung genommen werden, da die Arbeit wesentlich rechtsdogmatischen Zwecken gewidmet ist. Eine eingehendere Auseinandersetzung mit den philosophischen Richtungen, die zu jener „Entpflichtung" des Rechtes geführt haben, hoffe ich demnächst in einer besonderen Schrift vorlegen zu können.

[1]) Das sind m. E. die drei möglichen Entstehungsformen für alle „Rechtswirkungen".

B
Der Begriff der Rechtspflicht

Die Ausschaltung der Pflicht aus dem Begriffe des Rechtes steht und fällt mit zwei Fragen. In erster Linie handelt es sich darum, ob die Rechtsnormen ihrem wesentlichen, die Untertanen betreffenden Inhalte nach nur kognitiv-axiologischen oder auch volitiven Charakter besitzen, ob sie nur Bewertungsnormen oder auch Bestimmungsnormen sind. Bejaht man ihre Volitivität, d. h. gibt man zu, daß sie an den menschlichen Willen gerichtete Verhaltensregeln sind, die Verwirklichung ihres gedanklichen Inhaltes durch entsprechendes tatsächliches Tun, Unterlassen oder Dulden verlangen, so ist damit die „Pflicht" im Sinne eines wirklichen „Sollens" als Hauptinhalt des Rechtes anerkannt, — sofern man nicht, was die zweite Frage ist, den Begriff der Pflicht auf solche Bindungen beschränken will, die von dem Normadressaten eine rein „autonome", aus innerer Einsicht in die Richtigkeit und den Wert des Norminhaltes entspringende Selbstunterwerfung fordern, was dazu führen würde, daß es nur sittliche Pflichten geben kann. Beide Fragen sind streng zu trennen.

I.

Die Auffassung, daß die Normen des Rechtes, soweit sie das soziale Verhalten der Untertanen „regeln" und nicht ausschließlich die amtliche Tätigkeit der staatlichen Organe betreffen, also das gesamte Gebiet des Privat- und Strafrechtes, aber auch die zahlreichen Vorschriften des öffentlichen Rechtes, die Privatpersonen Rechte gewähren oder Pflichten auferlegen, nicht Verhaltensnormen für das „Volk" seien, sondern nur Entscheidungs- und Anwendungsnormen für die mit der Ausführung der Gesetze betrauten Beamten, wird heute wieder mit besonderer Schärfe von zwei in der Rechtsphilosophie führenden Namen vertreten: von Kelsen und von Binder, — freilich mit durchaus verschiedener Begründung und trotz zum Teil entgegengesetzter philosophischer Grundeinstellung. Für Kelsen (s. bes. Staatsbegriff S. 75—105 und passim) ist die Ablehnung einer die Rechtsunterworfenen bindenden Rechtspflicht eine notwendige Folge seines rein ideologischen Rechtsbegriffes, der sich wiederum auf der völligen „Irrealität" seines Sollensbegriffes aufbaut. Alles „Sollen" hat eine „logisch isolierte", „spezifische Eigengesetzlichkeit" und ist als solches vom „Sein" begrifflich völlig getrennt. Daher ist auch das Recht nichts als ein „ideologisches Deutungsschema", ein logisches „Sinngefüge", seine „Geltung" der lediglich komparative „Bedeutungswert" seines gedanklichen Inhaltes für das „korrespondierende", „parallel laufende", aber von ihm logisch geschiedene kausalgesetzliche „Sein". In dieser Vergleichsfunktion für menschliches Verhalten erschöpft sich der Zweck des Rechtes. Es erhebt weder den Anspruch, die Rechtsunterworfenen zu einem seinen gedanklichen Bildern entsprechenden tatsächlichen Verhalten zu motivieren, noch besitzt es, als System rein ideeller, irrealer Potenzen, die Kraft zu solcher Motivation. Die „soziale Gebundenheit" an das Recht ist erst eine Folge des psychischen „Normerlebens" in den Seelen der Individuen, aber dieser seelische Niederschlag des rechtlichen Normbildes, dieses „Denken, Fühlen, Wollen der Norm", liegt jenseits des Normativen in der Ebene des empirischen Seins und ist daher dem Begriffe des Rechtes nicht immanent (Staatsbegriff S. 80—81). Wenn das Recht zu dem Menschen sagt: „Du sollst", so heißt das nicht, daß es seinen Willen bestimmen will, daß es ihm „befiehlt", sich dem normativen Gedanken entsprechend zu verhalten, sondern lediglich, daß es ihm in seinem eigenen Interesse dieses Verhalten anheimstellt, wenn er staatliche Zwangshandlungen vermeiden will. Und erst in der Normierung dieses staatlichen Zwangsapparates, für dessen Tätigwerden das Verhalten der Untertanen nur tatbestandliche Voraussetzungen bildet, besteht der eigentlich „imperative", „volitive" Inhalt des Rechtes. Denn da Staat und Recht für Kelsen identisch sind, — nämlich ein Komplex von Ordnungsideen —, so kann das Recht nur gedankliche Bilder des Verhaltens staatlicher oder doch vom Staate delegierter „Organe" enthalten. Das gesamte Gemeinschaftsleben der Menschen, das sich außerhalb dieser Staatstätigkeit abspielt, ist nicht Gegenstand der befehlenden „Soll"seite, sondern nur der bedingenden „Wenn"seite der Rechtsnormen. Und wenn das Recht einen solchen „Lebensplan" für das Sozialverhalten der Untertanen entwirft, so geschieht das einmal ihnen gegenüber nur zu dem Zwecke, um sie darüber zu unterrichten, was sie zu tun und zu lassen haben, um staatlichen Zwang zu vermeiden, daneben vielleicht auch, um ihnen eine Kontrolle über die „Rechtmäßigkeit" der obrigkeitlichen Zwangshandlungen zu ermöglichen, — ferner aber, und das ist der eigentliche Rechtszweck, gegenüber den Staatsorganen, die die ausschließlichen Adressaten der rechtlichen Imperative sind, um ihnen Erkenntnismaßstäbe dafür zu liefern, unter welchen Voraussetzungen sie die vom Staate „angedrohten" oder auch „verheißenen" „Rechtskonkretisierungsakte": Urteil, Verfügung, Strafverhängung, Exekution, usw. vornehmen sollen.

Zu genau dem gleichen Ergebnis aber führt die Rechtslehre Binders. Sein Ausgangspunkt ist freilich kein logischer, sondern ein ethischer. Indem er aus der Kantschen Unterscheidung von „Moralität" und „Legalität" die Folge zieht, daß ein „Sollen" im Sinne eines volitiven, Verwirklichung fordernden und für das menschliche Verhalten verbindlichen Normgedankens nur aus autonomer Gewissensbindung und nicht aus heteronomer Befehlsunterworfenheit entspringen könne, will er den Pflichtbegriff als einen ausschließlich sittlichen gelten lassen. Darauf basiert seine berühmte, trotz zweimaliger Korrektur (einmal Rechtsphilosophie S. 747f., sodann Normadressat S. 3f.) im Grundgedanken unveränderte Behauptung, daß die Pflicht zum Rechtsgehorsam und damit alles rechtliche Sollen nicht auf dem Rechte beruhe, sondern auf der Sittlichkeit, nicht durch das Recht, sondern gegenüber dem Rechte bestehe, und daß es daher „Rechtspflichten" nicht geben könne (Rechtsphilosophie S. 745ff., Normadressat S. 73ff., Schuld und Haftung I S. 84ff., 147f., II S. 188ff.). Ob die begriffliche Unterscheidung zwischen Recht und Sittlichkeit, die die sittlichen Normen als ausschließlich „autonom", die rechtlichen Normen als ausschließlich „heteronom" kennzeichnen will, berechtigt ist, kann ich hier nicht erörtern, da es den Rahmen dieser Abhandlung überschreiten würde. Aber selbst wenn es richtig wäre, daß es dem Begriffe der Rechtsnorm eigentümlich ist, keine innere Gewissenbindung zu verlangen, sondern sich mit äußerer Unterwerfung, gleichgültig aus welchen inneren Motiven, zu begnügen, so besteht einmal, wie schon Somló, Juristische Grundlehre S. 430ff., treffend bemerkt hat, nicht der geringste terminologische Grund, einer solchen durch die „Belastung" mit Rechtsnormen geschaffenen Bindung zu äußerem Verhalten den Namen „Pflicht" zu versagen; — ferner aber ist es völlig unerfindlich, wie Binder aus der „Legalität" der Rechtsnormen folgern will, daß die größten und wichtigsten Gebiete des Rechtes, die unmittelbar das Sozialverhalten der Untertanen betreffen, ihre Aufgabe darin erschöpfen, Entscheidungs- und Anwendungsregeln für die Behörden, insbesondere für die Richter zu sein, ohne zugleich als volitiv-imperative Verhaltensnormen den Untertanen selbst gegenüberzutreten[2]). Denn aus der bloßen Legalität des Rechtes ergibt sich lediglich, daß es keine innere Gewissensbindung, keine Befolgung aus freier Überzeugung von dem Werte seiner normativen Ideen verlangt, sondern sich mit „äußerem" Gehorsam begnügt. Daß damit aber auch sein imperativer Charakter zerstört, daß „legale" Befehle keine Anforderung mehr an den Willen der Unterworfenen sein sollen, ihr tatsächliches Verhalten nach dem Muster des gedanklichen Normbildes zu gestalten, sondern nur noch kognitive Vergleichsmaßstäbe für die richterliche Beurteilung dieses Verhaltens, — ist ein Gedankensprung, dem ich nicht zu folgen vermag. Vielmehr ist diese Verneinung der Volitivität der materiellen Rechtsnormen ein völlig neuer selbständiger Gedanke, der weder mit der Anerkennung ihrer bloßen Legalität identisch ist noch aus dieser mit logischer Notwendigkeit folgt. Er beruht vielmehr, genau so wie die Kelsensche Lehre vom „Deutungsschema", auf der Auffassung, daß die Normen des Rechtes, soweit sie das Verhalten der Untertanen betreffen, als solche überhaupt keine „Befehle" und „Verheißungen", keine Pflichtbegründungen und Rechtsgewährungen sind, sondern nur unselbständige Bestandteile der ausschließlich an die staatlichen Organe gerichteten und ihnen die Rechtsanwendung vorschreibenden Rechtsnormen: also auch hier wie bei Kelsen nichts als tatbestandliche Voraussetzungen, an die sich erst die wahren Rechtsimperative, die „Rechtschutzbefehle" an die Staatsorgane anknüpfen. So sagt Binder (Normadressat S. 15) ganz unzweideutig für das Zivilrecht: „Die Norm, ‚welche den Darlehensempfänger verpflichtet, das Empfangene zurückzuerstatten' . . ., gibt es nicht; daß der Darlehensempfänger verpflichtet sei, das Empfangene zurückzuerstatten, ist ein Urteil, das wir, die Beurteiler der Sachlage, abgeben, und in dem wir die logische Konsequenz aus der Tatsache ziehen, daß die Rechtsnorm dem Richter befiehlt, auf Grund des Darlehenstatbestandes den Beklagten zur Leistung zu verurteilen. Die Verpflichtung — sofern man diesen Ausdruck überhaupt anwenden zu können meint, wogegen gewisse Bedenken bestehen — ist nicht die Voraussetzung, sondern die Folge des Urteilsbefehles des Gesetzes." Also nicht der § 607 BGB. „verpflichtet" den Darlehensempfänger zur Rückzahlung, sondern er ist nur die tatbestandliche Bedingung für den an den Richter ergehenden Rechtsbefehl, durch seinen „Urteilsbefehl" erst die Verpflichtung zu begründen! Und ebenso sagt er S. 8 ganz allgemein: „Die Norm ist der Rechtsschutzbefehl oder das Rechtsschutzversprechen oder wie man sonst sagen mag: und zwar nicht etwa bloß in der Konsequenz, sondern in ihrem unmittelbaren, eigentlichsten Wesen: das ganze Bürgerliche Gesetzbuch enthält überhaupt nichts anderes als an abstrakte Tatbestände geknüpfte Rechtsschutzbefehle, und es muß sie enthalten, da auf andere Weise Rechte nicht bestehen, nicht gedacht werden können und diese Rechtsschutzbefehle an anderer Stelle nicht zu finden sind. Nur in der Konsequenz dieser Rechtsschutzbefehle gewährt das Gesetz seine subjektiven Rechte: diese sind ja nichts anderes als die in jenen Befehlen begründeten Klagrechte, nur von einem besonderen Gesichtspunkte aus betrachtet. Und nur in der Konsequenz verpflichtet es die Rechtsgenossen, die sich ihm entsprechend verhalten sollen." Und ebenso S. 57/58 für das Strafrecht: „Der Befehl des Gesetzes" ist nur für den Richter „verbindlich, während er es für den Verbrecher überhaupt nicht war, vielmehr sich die Bedeutung des Strafgesetzes für diesen darauf beschränkt, daß er mit seiner Ausführung rechnen muß und

[2]) Wenn Binder, Normadressat S. 3/4, Schuld und Haftung I S. 84ff. und Prozeß und Recht S. 105, behauptet, daß auch nach seiner Auffassung das Recht den Untertanen „befehle", so widerspricht diesem formellen Zugeständnis an die herrschende Lehre der gesamte übrige Inhalt seiner Schriften. Das wird die weitere Ausführung zeigen.

danach sein Verhalten bestimmen kann"; und S. 59: „Denn wie das subjektive Privatrecht nur in der Subsumierbarkeit eines Tatbestandes unter eine Urteilsnorm besteht, so auch das subjektive Strafrecht; die Pflicht, diese Subsumtion zu vollziehen, erwächst dem Richter ... aus dem Strafgesetz, das der allgemeinen Amtspflicht erst den besonderen Inhalt gibt." Und wiederum ganz allgemein S. 62: „Das, was das Recht zum Rechte macht, ist doch der Zusammenhang des Gesetzes mit dem staatlichen Zwangsapparat; nur in ihm und durch ihn ist Recht, und nur in ihm und durch ihn sind Rechte." Und S. 69: „Das ‚Verpflichtetsein durch die staatliche Norm' ist nicht die logische Voraussetzung für Verurteilung und Vollstreckung, sondern es ist nur ein anderer Ausdruck für das Verurteilt- und Vollstrecktwerdensollen: ich weiß mich im Rechtssinne verpflichtet, insofern ich weiß, daß mein Verhalten Prozeß, Urteil und Vollstreckung nach sich zu ziehen geeignet ist." Und ebenso „Prozeß und Recht" S. 10/11 u. 12, wo er die Windscheidsche Lehre von der römischen „actio" zu allgemeiner dogmatischer Gültigkeit erhebt: „die Rechtsordnung gibt dadurch Rechte, daß sie gerichtliche Verfolgung bewilligt"; „die Klage ist das Prius, das Recht das Posterius, die Klage das Erzeugende, das Recht das Erzeugte". Dementsprechend stellt er dann S. 12 u. 104/105 die allgemeine These auf, deren dogmatischer Rechtfertigung das ganze Buch gewidmet ist: „das Recht ist Recht nur durch die Rechtsschutzmittel, also durch die Klage" (S. 12); „ich behaupte, daß, wie das funktionelle Wesen alles Rechtes eine äußerlich durchsetzbare Macht ist, auch das Wesen des Privatrechtes Macht sein muß; daß diese Macht in der staatlichen Rechtsschutzorganisation besteht, so daß der Privatrechtsanspruch gegen den Schuldner und Beklagten zusammenfällt mit dem Rechte an den Staat auf Rechtsschutz, so daß Recht und Rechtsschutz nicht verschiedene, auf verschiedenen Rechtsordnungen beruhende Einrichtungen, sondern dasselbe Ding sind, nur von verschiedenen Gesichtspunkten betrachtet" (S. 104/105).

Mit anderen Worten: das gesamte materielle Recht, das die Untertanen betrifft, ist nichts als ein System von Entscheidungs- oder Anwendungsnormen, die sich an den Richter und die sonstigen staatlichen Ausführungsorgane wenden. Die Untertanen sind nicht in dem Sinne an das Gesetz „gebunden", daß es „zu ihnen spricht" und ihnen ein bestimmtes Verhalten als „Pflicht" auferlegt, sondern nur in dem Sinne, daß es „auf sie und ihre Handlungen anwendbar ist". „Die rechtliche Gebundenheit der Menschen besteht in der Subsumierbarkeit ihrer Handlungen unter das Gesetz" (S. 11/12). Deutlicher kann es nicht gesagt werden.

Wenn Binder daher seit seinem letzten Meinungswechsel, den er „Normadressat" S. 3f., „Schuld und Haftung" I S. 84ff. bekanntgibt und „Prozeß und Recht" S. 105 bestätigt, behauptet, daß nach seiner in diesen Schriften dargelegten Auffassung das materielle Recht neben seiner Hauptfunktion, Entscheidungsnormen für die Beamten zu liefern, sich auch an die Untertanen wende und auch für sie volitiv-imperative Verhaltensnormen gebe, so muß ich gestehen, daß ich mich vergeblich bemüht habe, dies aus dem Inhalte seiner Schriften herauszulesen. Denn Verhaltensregeln, die an den ihnen „Unterworfenen" nur zu dem Zwecke und mit dem Anspruche herantreten, ihn darüber zu unterrichten, nach welchen gedanklichen Maßstäben sein Verhalten gegebenenfalls vom Richter beurteilt und „gerichtet" werden wird, sind weder volitiv noch imperativ. „Norm" als Wertungsmaßstab, als „Richtmaß" für menschliches Verhalten, und Norm als „Vorschrift", d. h. als Willenssatz, der beansprucht, daß der Unterworfene „sich danach richtet", d. h. sein Verhalten nach dem Muster des gedanklichen Normenbildes gestaltet, sind durchaus verschiedene Dinge. Im ersteren Sinne ist „Norm", ihrer ursprünglichen Wortbedeutung entsprechend, nur der Obersatz für ein kognitiv-axiologisches Urteil, im zweiten Fall ist sie ein volitiver Sollenssatz. Freilich ist es nicht richtig, daß Sollensnormen nur aus rein heteronomen „Befehlen" entspringen können, vielmehr sind auch die beiden — unter sich wiederum verschiedenen — autonom-heteronomen Mischformen des „Versprechens" und des „Beschlusses" „Quellen" rechtlichen Sollens. Aber auch diese beiden Erscheinungsformen der Verhaltensnormen sind ihrem Ursprunge nach volitiv und ihrem Geltungssinne nach imperativ. Das kann an dieser Stelle nicht näher dargelegt werden. Jedenfalls erscheint es mir unbedingt geboten, über diese Grundbegriffe völlige Klarheit zu gewinnen, wenn man den Begriff der „Rechtspflicht" kritisch untersuchen will. Nur auf eins möchte ich noch hinweisen. Wenn Binder (Prozeß und Recht S. 105/106) den vorwiegenden Entscheidungsnormcharakter des materiellen Rechtes damit zu rechtfertigen sucht, daß der einzelne Rechtssatz für den einzelnen Menschen im einzelnen Falle selbstherrliche Geltung, unabhängig von seinem Gehorsam, habe, und daß höchstens der Geltungsgrund der Rechtsordnung in ihrer Gesamtheit auf der „Unterwerfung" der Untertanen beruhe, so ist der letzte Satz zweifellos richtig: denn die geheimnisvolle „logische Ursprungshypothese", auf die Kelsen alle Rechtsgeltung zurückführt, ist in der Tat nichts anderes als die höchst empirische Tatsache der massenpsychologischen „Duldung" der normsetzenden Gewalt. Aber wie daraus folgen soll, daß die Rechtsnormen „in erster Linie und wesentlich Entscheidungsnormen" sind (Normadressat S. 85), ist mir unerfindlich. Das dürfte doch wohl auf nichts anderem beruhen als auf einer „Verwechslung" — die Binder der herrschenden Auffassung so energisch vorwirft (Prozeß und Recht S. 106) — zwischen dem Geltungsgrunde und dem Geltungssinne des Rechtes, was zwei durchaus verschiedene Dinge sind: denn aus dem heteronomen Geltungsgrunde der einzelnen Norm für den einzelnen Menschen ergibt sich nicht das mindeste für den inhaltlichen Geltungssinn des Rechtes, d. h. für die Frage, ob die Rechtsnormen kognitive Wertungsmaßstäbe oder volitive Verhaltensregeln sind. Im übrigen ist es gerade dem „Befehle" eigentümlich, daß seine „Verbindlichkeit" von dem Gehorsam des Befehlsunterworfenen völlig unabhängig ist. Diese erkenntnistheoretischen und logischen Grundfragen der Rechtswissenschaft sind von Somló („Juristische Grundlehre") in überaus scharfsinniger Weise behandelt worden.

Im Ergebnisse also stimmen Kelsen und Binder völlig überein. Die Beziehung, in der die normativen Ideen des Rechtes zu der Wirklichkeit des Gemeinschaftslebens stehen, sind, soweit sie das Verhalten der Untertanen regeln, nichts anderes als kognitive Vergleichsmaßstäbe, „Erkenntnisgründe", „Deutungsschemata", die ihnen lediglich erkennbar machen, wie sie sich verhalten können und in ihrem eigenen Interesse zu verhalten haben, um staatliche Zwangshandlungen zu vermeiden; aber im übrigen richten sie sich ausschließlich als Anwendungsnormen an die mit der Ausführung der Gesetze betrauten Organe, damit sie an diesen „Richtmaßen" das tatsächliche Verhalten der Menschen messen und danach feststellen können, ob es dem rechtlichen Normenbilde entspricht oder nicht, — um dann auf dieser „Erkenntnis"-grundlage erst den eigentlichen Rechtsinhalt, die staatliche Zwangsdrohung oder Schutzhandlung, zu realisieren. In dieser kognitiv-komparativen Funktion erschöpft sich die Aufgabe des materiellen Rechtes. Seine Normen sind Obersätze für die richterlichen „Werturteile" und tatbestandliche Voraussetzungen für die richterlichen „Willensakte", die in den konkreten „Urteils-

und Strafbefehlen" zum Ausdrucke kommen. Sie sind daher nur „fragmentarische" (Kelsen S. 89) Bestandteile der eigentlichen, die staatlichen Amtshandlungen normierenden Rechtsbefehle. Aber sie haben nicht auch daneben eine selbständige, von der Regelung der staatlichen Tätigkeit unabhängige Existenz. Sie sind nicht auch volitive Verhaltensnormen, die an die Untertanen mit dem Anspruche auf Verwirklichung ihres gedanklichen Verhaltensbildes herantreten; mit anderen Worten: sie begründen für die Untertanen keine „Pflichten". Nur dann, wenn man mit Kelsen sich entschließt, — worin Binder ihm leider jetzt folgt, wenn er seinen des wahren Sollenscharakters beraubten Begriff des rechtlichen „Sollens" als „Rechtspflicht" bezeichnen will (Normadressat S. 3f., Schuld und Haftung I S. 86f.) —, schon dann von Rechtspflichten zu sprechen, wenn dem Menschen ein bestimmtes Verhalten „anheimgegeben" wird, um „staatlichen Zwang zu vermeiden" (s. Kelsen, Hauptprobleme S. 207ff., 348ff., Staatsbegriff S. 82ff., 88f. und passim), kann man in dieser verflüchtigten Form einer Pflicht „gegen sich selbst" den Begriff der Rechtspflicht aufrechterhalten. Aber das ändert nichts daran, daß das, was die allgemeine Meinung unter Pflichten versteht, aus dem Rechte entfernt ist.

Aber auch für diese seltsame Auffassung muß doch wohl ein einziger Rechtssatz übrigbleiben, der wirklich den volitiv-imperativen Charakter hat, den man sonst grundsätzlich für alle Rechtsnormen zu vindizieren pflegt: nämlich der „Befehl" des Staates oder meinetwegen auch des Rechtes an die Richter und sonstigen Beamten, das Recht „anzuwenden". Dieser für Kelsen und Binder wesentliche Normeninhalt, der ausspricht, daß, wenn die von den Regeln des materiellen Rechtes „betroffenen" Individuen durch ihr Verhalten bestimmte Tatbestände geschaffen haben, der Staat durch seine Beamten bestimmte letztlich in äußeren Zwang mündende Handlungen vornehmen wird, muß doch wohl mehr als ein bloßes „Deutungsschema" sein, aus dem die Staatsorgane „erkennen können", welche Zwangs- oder Schutzhandlungen für diesen Fall vorgesehen sind. Hier muß doch zum mindesten, wenn nicht das ganze Gebäude unseres Rechtsstaates einstürzen soll, ein wirkliches „Sollen", eine wahre „Pflicht" im Sinne eines von den Normadressaten geforderten, ihrem Willen auferlegten Verhaltens vorliegen. Wollte man meinen, daß auch diese beamtenrechtlichen Normen nur ein ideelles „Ordnungsbild" schaffen, dessen Verwirklichung den Staatsorganen anheimgegeben wird, um Zwang zu vermeiden, so würde diese Auffassung ja noch insoweit logisch möglich sein, als die Rechtsanwendung und Gesetzesausführung tatsächlich durch das Beamtenstraf- und Disziplinarrecht „garantiert" ist. Aber es ist eine selbstverständliche Tatsache, daß auch bei dem bestorganisierten Rechtsstaatsysteme schließlich einmal die übergeordnete Instanz aufhört, und daß gerade für die Tätigkeit der höchsten Spitzen der Staatsleitung eine rechtlich normierte Zwangsreaktion fehlt. Soll hier auch das „Recht" aufhören, oder soll nicht vielmehr gerade das bloße sanktionslose „Sollen", das bei dem mit dem Wachsen der Macht gesteigerten Pflichtgefühl, auf das zu vertrauen das Volk berechtigt zu sein glaubt, ausreichende Gewähr für die Rechtsbefolgung bietet, den einzigen Inhalt der rechtlichen Normen ausmachen? In der Tat läßt denn auch Binder, — während das bei Kelsen im Dunkeln bleibt, — keinen Zweifel daran, daß die „Anwendung" des Rechtes den Beamten vom Staate „befohlen" sei, — wenngleich er auch hier es ablehnt und bei seinem eigenartigen Pflichtbegriffe ablehnen muß, daß aus solchen Befehlen „Pflichten" im eigentlichen Sinne entspringen, da konsequenterweise heteronome Normen auch für Beamte keine Pflichten begründen können, vielmehr auch für sie die Pflicht zur Rechtsanwendung nur sittlicher Art sein kann (so ausdrücklich Rechtsphilosophie S. 747f.). Aber damit ist ja, wie oben schon dargelegt, der volitiv-imperative Charakter der Rechtsnormen noch nicht verneint. Und diesen Inhalt nimmt Binder ganz zweifellos für die Anwendungsanweisungen des Staates an die Beamten in Anspruch. Denn wenn er immer wieder mit besonderem Nachdrucke betont, daß die Rechtsnormen keine „hypothetischen Urteile", daß sie nicht „kognitiv", sondern „volitiv" seien (so z. B. Normadressat S. 6 N. 3, Rechtsphilosophie S. 711f., 875ff., 908f.), und daß das gesamte Recht ausschließlich aus „Befehlen", „Imperativen" bestehe (Normadressat S. 64f., Schuld und Haftung I S. 84, Rechtsnorm und Rechtspflicht S. 15ff., Rechtsphilosophie S. 708ff.), so kann diese Imperativität und Volitivität bei seiner Rechtsauffassung, wenn man sie konsequent zu Ende denkt und sich nicht in einen unheilbaren Widerspruch verwickeln will, ausschließlich in den Rechtsanwendungsbefehlen an die Beamten liegen. Denn da der Inhalt der Binderschen Lehre, trotz seines formellen Protestes (Normadressat S. 3f., Schuld und Haftung I S. 84ff.), klar ergibt, daß das Recht dem „Volke" nichts befiehlt, so können die Befehlsadressaten nur die staatlichen Organe sein. Befohlen werden kann ihnen aber natürlich nicht das in den „Entscheidungsnormen" des materiellen Rechtes geregelte Verhalten selbst, — das kann, soweit sie auch ihrerseits danach zu leben und sich danach zu richten haben, für sie genau so wenig imperativ sein wie für jeden Staatsbürger —, sondern einzig und allein die ihnen auferlegte amtliche Tätigkeit. Und diese besteht lediglich darin, daß sie das fremde Verhalten der Parteien, Angeklagten, Antragsteller und Antragsgegner nach diesen Normen zu beurteilen und zu richten haben. Das bedeutet aber nichts anderes, als daß sie den ihrer Entscheidung unterliegenden konkreten Tatbestand an den in den Regeln des materiellen Rechtes entworfenen abstrakten Verhaltensbildern messen und auf dieser Erkenntnisgrundlage die in abstracto ausgesprochene Rechtsfolge konkretisieren sollen. Wo dieser Rechtsbefehl an die staatlichen Organe „steht", ob in der Staatsverfassung oder in dem „Rechtsgeschäfte der Anstellung" (wie Binding Normen I S. 16 m. E. mit Recht meint), oder ob er implicite in den Normen des materiellen Rechtes mitenthalten ist (wie Binder Normadressat S. 53f., 59 m. E. fehlgehend will), oder ob er schließlich nirgends ausgesprochen, sondern in dem Rechtsstaatprinzip der modernen Welt ohne weiteres gegeben ist, — ist eine nebensächliche Frage. Aber auch wenn er im materiellen Rechte steckte, „das der allgemeinen Amtspflicht erst ihren besonderen Inhalt gibt" (Normadressat S. 59), so besteht sein Befehlsinhalt keinesfalls in dem im Zivil- und Strafrecht geregelten menschlichen Verhalten, sondern einzig und allein in dem an die Beamten gerichteten Imperativ, an die dort normierten Tatbestände einen konkreten „Rechtsschutzbefehl" oder „Strafbefehl" oder sonstigen „Urteilsbefehl" zu knüpfen. Diese Tätigkeit des Richtens und Urteilens besteht aber mit Notwendigkeit zunächst einmal — das ist ja gerade der Sinn der Rechtsanwendung im Gegensatz zu freier Rechtsschöpfung des „salomonischen" Richters — in einer rein kognitiven vergleichenden Denktätigkeit des Richters, nämlich in der „Subsumtion" des konkreten Tatbestandes unter den mehr oder weniger abstrakten der Rechtsnorm —, mag diese im übrigen Gesetz, Verordnung, Verfügung, Tarifvertrag oder Vereinssatzung sein. „Befohlen" wird dem Richter daher zunächst immer eine wertfreie, rein erkenntnismäßige Tätigkeit, eine durch Feststellung des konkreten Tatbestandes, Auslegung des gedanklichen Norminhaltes und Vergleich beider miteinander zu erzielende kognitive Schlußfolgerung: das „Erkenntnis", daß sich aus dem konkreten Tatbestande die ausgesprochene konkrete Rechtsfolge ergebe, die ja auch nach dem Sprachgebrauche unserer Urteile nicht als Recht verordnet, sondern „für Recht erkannt" wird. Aber nach Binders Auffassung liegt in dem Urteile, auch wenn es ein gewöhnliches Leistungsurteil ist, weit mehr. Indem es „die abstrakte Sollnorm des Gesetzes in eine konkrete Sollnorm verwandelt" (Schuld und Haftung I S. 151), stellt es nicht etwa, — wie es der herrschenden Lehre entspricht —, nur deklarativ fest, daß schon kraft Gesetzes eine zivilrechtliche Pflicht des zur Leistung Verurteilten oder „ein Recht oder ein Anspruch des Staates auf Strafe" bestanden hat, sondern es begründet vielmehr erst durch konstitutiven Willensakt, durch Rechtsbefehl, diese Rechtsfolge. Denn „die Verpflichtung" des Schuldners, zu leisten, ist „nicht die Voraussetzung, sondern die Folge des Urteilsbefehles"; und nur durch die Strafurteile und „ihre Ausführung besteht das Recht oder der Anspruch des Staates auf Strafe" (Normadressat S. 15/16, 59). Es vollzieht sich also, und das ist der entscheidende Punkt, nach Binders Auffassung durch das richterliche Urteil eine doppelte Umwandlung der gesetzlichen Norm: einmal wird ihr abstrakter Gedankeninhalt konkretisiert; aber zweitens — und das ist das Wesentliche — wird sie aus einem komparativen „Deutungsschema", einer „Entscheidungsnorm", die das entworfene Verhaltensbild den Untertanen nur zur Kenntnis bringen und ihnen ein dementsprechendes Verhalten anheimgeben wollte, zu einer volitiven Befehlsnorm, die von dem Verurteilten eine Verwirklichung des nunmehr konkretisierten Verhaltensbildes verlangt und ihn, wenn er diesem Verlangen nicht freiwillig nachkommt, der staatlichen Zwangsanwendung, der Vollstreckung, die „Ziel und Krone" des Urteiles ist, unterwirft (Normadressat S. 59, ähnlich Schuld und Haftung I S. 152f.). Durch den Zauberstab des Richterspruches wird das, was bisher höchstens unverbindlicher Rat des Gesetzes war, zum autoritären Befehle, hinter dem unmittelbar die staatliche Zwangsandrohung als eigentlicher Rechtsinhalt steht!

Es erhellt, daß diese Konsequenz unsere hergebrachte Auffassung über das Verhältnis von Gesetzesausführung zum Gesetzesinhalt und über die Bedeutung der richterlichen Tätigkeit vollkommen umstürzen würde. So richtig es auf der einen Seite ist, daß das Urteil den mehr oder weniger abstrakten und potentiellen Rechtsbefehl des Gesetzes durch den aktuellen Rechtsbefehl des staatlichen Organes konkretisiert und dadurch verstärkt, so verfehlt ist es auf der anderen Seite, erst in dieser „Anwendung" der Gesetzesnorm den eigentlichen rechtlichen Imperativ zu erblicken, durch den erst ein Sollen des „Verpflichteten" begründet wird. Vielmehr ist der richterliche Urteilsbefehl nur eine konkretisierende Wiederholung und Befestigung des schon in den gesetzlichen Normen enthaltenen Imperatives, und nur bei den Rechtsgestaltungsurteilen und -beschlüssen wirkt er, als letztes Glied des im übrigen gesetzlich normierten Rechtsbefehles, konstitutiv für die konkrete Rechtsfolge. Wäre das nicht der Fall, so ergäben sich zwei eigenartige, aber unvermeidliche Konsequenzen. Einmal würde in der Tat alles Recht erst mit dem Verfahren, dem Prozesse beginnen („Das Recht wird immer erst lebendig (?), wenn Streit entsteht", Normadressat S. 11/12) und zum eigentlichen Ziele nur die obrigkeitliche Urteils- und Vollstreckungstätigkeit haben, — eine Folgerung, gegen die Binder an anderen Stellen vergeblich sich zu sträuben versucht (Normadressat S. 3/4, Schuld und Haftung I S. 85/86, Rechtsphilosophie S. 745ff.). Ferner aber würde überall dort, wo als Folge gesetzlich normierter Tatbestände nicht staatliche Zwangshandlungen, weder Urteil noch Vollstreckung, vorgesehen sind, sondern entweder andere Reaktionsfolgen oder gar keine, von einer rechtlichen Regelung, einem rechtlichen Sollen, einer rechtlichen Pflicht nicht gesprochen werden können. Beide Konsequenzen sind nicht nur ungeheuerlich und revoltierend, sondern — jedenfalls für unser geltendes Recht — nachweislich falsch.

II.

Wenn es richtig wäre, daß das materielle Recht von den Untertanen ein normentsprechendes Verhalten nicht fordert und ihnen nicht als „Pflicht" auferlegt, sondern nur als „Muster" zur Verfügung stellt, nach dem sie sich richten können und in ihrem eigenen Interesse zu richten haben, wenn sie staatliche Zwangsausübungen vermeiden wollen, so könnte folgerechterweise der Staat mit seinen Zwangshandlungen immer erst in Reaktion auf ein schon vollendetes, dem normativen Bilde nicht entsprechendes Verhalten in Tätigkeit treten. Dagegen wäre es mit diesem Rechtsbegriffe nicht vereinbar, wenn das Recht auch die Befugnis zu Präventivmaßnahmen gegen erst bevorstehendes „Unrecht" statuierte, sei es unmittelbar zugunsten des Staates, sei es mittelbar zugunsten der in ihren Interessen gefährdeten Untertanen. Und doch ist dies in mannigfacher Weise der Fall. Niemand wird bestreiten wollen, daß dem Staate das Recht zusteht, vorbeugende Schutzmaßnahmen gegen Verbrechen jeder Art, Mord und Totschlag, Betteln und Vagabondieren, Fahnenflucht und Steuerflucht, zu ergreifen, die Aufforderung und das Anerbieten zur Begehung strafbarer Handlungen zu verbieten (§ 97 StGB.), ja sogar die Untertanen zu verpflichten, von dem ihnen bekannten Vorhaben gewisser Verbrechen der Behörde oder der bedrohten Person „zur rechten Zeit", d. h. solange „die Verhütung des Verbrechens möglich ist", Anzeige zu machen (§ 139 StGB.). Wie soll das erklärt werden, wenn ein „Anspruch" des Staates immer erst auf „Duldung" der durch Begehung des Verbrechens verwirkten Strafe, nicht schon auf Unterlassung strafbarer Handlungen bestände, wenn also nicht jene primären Strafrechtsnormen im Sinne Bindings existierten, die Binder (Normadressat S. 55ff.) so energisch bekämpft? Wenn die Strafgesetze, wie Binder es will, nichts anderes enthielten als eine Anweisung an Staatsanwalt und Richter, auf das schon vollzogene Verbrechen die „Entscheidungsnorm" des betreffenden Paragraphen zur Anwendung zu bringen, und wenn erst der richterliche Strafbefehl die Pflicht zur Duldung der Strafvollstreckung begründete, so wären alle Präventivmaßnahmen nicht Ausübung staatlicher Befugnisse, nicht Verwirklichung eines staatlichen Anspruches auf Unterlassung strafbarer Handlungen, sondern außerhalb des Rechtes stehende Akte. Und ebenso ist es im Zivilrecht. Wenn tatsächlich (Normadressat S. 8) das ganze BGB. aus nichts anderem bestände als aus „Rechtsschutzbefehlen", und wenn die „subjektiven Rechte", die es „gewährt", nichts anderes wären als die „in jenen Befehlen begründeten Klagrechte", so ergäbe sich die unablehnbare Konsequenz, daß immer erst dann ein Recht entstände, wenn die Klagreife eingetreten ist, d. h. wenn eine schon vollendete Verletzung vorliegt, die die staatliche Reaktion des Urteiles und der Vollstreckung „auslöst". Wie soll damit die unbestreitbare Tatsache vereint werden, daß schon bei drohender Verletzung absoluter Rechte vorbeugende Notwehr und Sachwehr (§§ 227, 228 BGB.), bei Gefährdung von „Anprüchen" die Sicherungsselbsthilfe des § 229, in zahlreichen Fällen der Rechtsgefährdung die Unterlassungsklage, ja sogar bei weder urteils- noch vollstreckungsreifen Ansprüchen Arrest und einstweilige Verfügung zur Sicherung ihrer künftigen Durchführung zulässig sind? Alle diese Rechtseinrichtungen schwebten in der Luft, wenn nicht schon eine Pflicht der Rechtsgenossen bestände, Rechtsverletzungen zu unterlassen und sich der Erfüllung von Ansprüchen nicht zu entziehen. Gewiß gibt es Fälle von „Verpflichtungen", bei denen der Schuldner nicht zur Herstellung eines Erfolges verbunden ist, sondern erst dann, wenn dieser nicht eintritt, Schadensersatz zu leisten hat: das sind jene von mir in „Erbfolge und Erbenhaftung" S. 73f. erwähnten anomalen Verbindlichkeiten, die nur in der sog. „Einstandspflicht", nicht auch in der primären Erfüllungspflicht bestehen, und von denen auch Binder (Schuld und Haftung II S. 177f.) einige Fälle aufführt. Für den normalen Typ der „Verbindlichkeit" aber ist es nicht richtig, wenn er ebenda S. 179 und 219 behauptet, daß die privatrechtlichen „Diligenzpflichten" des Schuldners immer nur darauf gehen, den durch Verzug oder Unmöglickeit entstandenen Schaden auszugleichen, nicht aber schon darauf, „die zur Vermeidung des Verzuges oder der Unmöglichkeit erforderlichen Maßregeln" vorzunehmen. Vielmehr hat jeder Schuldner, dessen Schuld nicht ausnahmsweise von vornherein nur jenen sekundären Einstandsinhalt hat, die Pflicht, sich die Leistungsfähigkeit zu erhalten, und diese Pflicht löst nicht erst, wenn durch ihre Verletzung Schaden entstanden ist, eine Ersatzpflicht aus, sondern berechtigt den Gläubiger, sobald mangelnde Diligenz oder Vermögensminderung des Schuldners den geschuldeten Erfolg gefährden, auf dem Wege der einstweiligen Verfügung oder des Arrestes Sicherstellung dieses Erfolges zu erreichen. Wie soll das erklärt werden, wenn nicht eine „Pflicht" zur „Sorgfalt", d. h. zur Erhaltung der Leistungsfähigkeit bestände? Es ist auch völlig verfehlt, wenn Binder (ebenda S. 178f., 221ff.) die „Haftung" für Rechtsmängel wie für Sachmängel stets nur dahin auffassen will, daß der Schuldner zum Schadensersatz verpflichtet sei oder sich Wandlung oder Minderung gefallen lassen müsse. Vielmehr ist er bei Rechtsmängeln stets, bei Sachmängeln jedenfalls bei Miete und Pacht (§§ 537, 538) und beim Werkvertrage (§§ 633, 634) und kraft ausdrücklicher oder schlüssiger Vereinbarung auch beim Kaufe zur Beseitigung des Mangels verpflichtet, und erst wenn diese fehlschlägt oder verzögert wird, tritt die sekundäre Einstandsfolge in Kraft. Ebenso ist es unrichtig, wenn Binder (ebenda S. 180) fahrlässiges Handeln des Schuldners deshalb nicht als „Pflichtverletzung" gelten lassen will, weil das Gesetz von der „im Verkehre erforderlichen Sorgfalt" spreche. Der Gesetzgeber macht eben hier, wie so oft, die Anforderungen des Verkehrslebens zum Maßstabe des rechtlich Gebotenen: er fordert vom Schuldner die Sorgfalt, die nach Lage des konkreten Falles „dem derzeitigen Stande der Erfahrung und der regelmäßigen tatsächlichen Übung entspricht" (Planck-Siber Komm. II 1 S. 221 oben), und macht damit das dieser Sorgfalt entsprechende Verhalten zur Rechtspflicht. Und ebenso legt § 254 dem Geschädigten in seinem Verhältnis zum Schädiger die rechtliche Pflicht auf, schuldhafte Mitwirkungshandlungen, die den Schaden fördern oder vergrößern könnten, zu unterlassen sowie mögliche Abwendungs- oder Minderungsmaßnahmen vorzunehmen.

Alles das beweist, daß es nicht zutreffend ist, daß das Recht erst mit den staatlichen Reaktionsfolgen beginnt, und daß bis dahin keine Rechtspflicht im Sinne eines vom Gesetze geforderten Verhaltens besteht.

Aber auch die zweite Konsequenz der Binderschen Auffassung widerspricht dem geltenden Rechte. Es gibt eine Reihe von Pflichten, die im Sinne Kelsens und Binders „sanktionslos", d. h. weder durch Klage noch durch Vollstreckung noch durch sonstige staatliche Zwangsmittel gesichert sind, dessenungeachtet aber zweifellos den Charakter von Rechtspflichten haben. Ich will mich in dieser Abhandlung nicht auf das Gebiet des öffentlichen Rechtes begeben, obwohl gerade hier die meisten Fälle von Rechtsnormen zu finden sind, bei denen jede staatliche Zwangssanktion fehlt (s. aber die

Bem. oben S. 224), sondern mich auf das Privatrecht beschränken. Auch hier will ich, um nicht oft Gesagtes zu wiederholen, nur zwei Erscheinungen erwähnen.

Einmal die zahlreichen Fälle im Privatrecht, wo die Reaktionsfolgen eines normwidrigen Verhaltens weder in Klage noch in Vollstreckung, sondern in rein privaten „Sanktionen" bestehen, und zwar in solchen, die ihrerseits keinen Zwang zur Verwirklichung des normmäßigen Verhaltens ausüben. So überall dort, wo an ein vertragswidriges Verhalten oder an mangelhafte Leistung, durch die aber ein Schaden des Berechtigkten nicht entstanden ist, lediglich die Befugnis des Verletzten geknüpft ist, das Rechtsverhältnis durch Kündigung, Rücktritt oder Wandlung zu lösen, nicht aber auch auf Erfüllung oder Beseitigung des Mangels zu klagen: so in den Fällen des § 326, wo, da der Erfüllungsanspruch erloschen ist, nur das Rücktrittsrecht übrigbleibt, — des § 626, wo gleichfalls, selbst wenn schlechte Leistungen des Dienstpflichtigen der Kündigungsgrund sind, kein Anspruch auf Nachleistung ordentlicher Dienste, sondern nur das Kündigungsrecht gegeben ist, — der §§ 634 I 3 und II und 636, wo der Besteller weder Beseitigung des Mangels noch Herstellung des Werkes verlangen, sondern nur wandeln kann, — des § 459 i. V. m. § 462, die gleichfalls nur ein Wandlungsrecht, keinen Beseitigungsanspruch gewähren. In allen diesen Fällen, nicht nur bei der Kündigung, sondern auch bei Rücktritt und Wandlung, soweit noch von keiner Seite eine Leistung erfolgt ist, besteht die Rechtsfolge lediglich in der Befugnis zur Aufhebung des Rechtsverhältnisses, d. h. aber zur Vernichtung der rechtlichen Bindung der Parteien, ohne daß irgendeine staatliche Zwangshandlung zur Durchführung dieser Sanktionsfolge erforderlich und möglich wäre. Obwohl hier also jede staatliche Reaktion fehlt, wird niemand auf den Gedanken kommen, deshalb das Verhalten des Schuldners nicht als rechtswidrig zu betrachten und nicht genau so von einer Verletzung gesetzlicher oder vertraglicher Pflichten zu sprechen, als wenn eine Klage auf Erfüllung oder auf Beseitigung gegeben wäre.

Ferner gehören hierher alle jene Tatbestände, wo jede Sanktion, selbst solche privater Art, fehlt und trotzdem die Anerkennung einer Rechtspflicht unablehnbar ist. Freilich darf man nicht überall dort, wo eine freiwillige Leistung als „Erfüllung einer Verbindlichkeit" bezeichnet wird, ohne weiteres auf den rechtlich-normativen Charakter der Verpflichtung schließen. Insbesondere macht die bloße Versagung der Rückforderung eine Leistung noch nicht zu einer rechtlich gesollten, wie § 814 beweist. Und daher halte ich mit Binder die sog. Naturalobligationen des heutigen Rechtes nicht für rechtliche Verbindlichkeiten, — nicht aber deshalb, weil ihnen die Klagbarkeit versagt ist, sondern lediglich aus dem Grunde, weil auch die freiwillige Leistung nicht als eine rechtliche Pflichterfüllung behandelt wird. Denn das wäre nur dann der Fall, wenn sie unter dem Banne der sog. Einstandspflicht stände, d. h. wenn bei mangelhafter Erfüllung, z. B. mit falschem oder entwertetem Gelde oder mit schlechter Ware, irgendwelche Reaktionsfolgen einträten, wie es im Gegensatze dazu bei jenen schon oben erwähnten Verbindlichkeiten geschieht, lie zwar auch keine klagbare Pflicht zur Erfüllung, aber eine Einstandspflicht begründen, z. B. beim Mäkler- und Trödelvertrag und bei den Verwaltungspflichten des Nachlaßpflegers, Nachlaßverwalters, Testamentsvollstreckers, Konkursverwalters, Zwangsverwalters (vgl. Erbfolge und Erbenhaftung S. 73f.). Ob und wieweit heute Klagbarkeit und Vollstreckbarkeit ein Kriterium der Rechtspflicht sind, muß vielmehr von Fall zu Fall je nach der Art des Rechtsverhältnisses untersucht werden. Es gibt zweifellos Rechtsgebiete, bei denen der staatliche Zwang durch Urteil und Vollstreckung das empirisch so Normale geworden ist, daß er auch zum normativen Kriterium wird, und daß aus einer Gewährung dieser Sanktionen mit derselben Sicherheit auf eine rechtliche Verbindlichkeit der primären Norm geschlossen werden kann, wie umgekehrt aus ihrer Versagung auf das Gegenteil. So ist es heute nicht nur ausnahmslos beim Strafrecht, sondern auch auf denjenigen Gebieten des Privatrechtes, die es mit den rechtlichen Formen des Vermögensgenusses und des Güterverkehres zu tun haben. Hier ist die Garantie durch staatliche Hilfe so regelmäßig, und die Fälle, wo eine Klage oder eine Vollstreckung nicht gegeben sind, werden als Ausnahmen so deutlich hervorgehoben, daß aus dem Fehlen dieser Sanktionen grundsätzlich geschlossen werden kann, daß die „Verbindlichkeit" keine rechtliche ist. Anders ist es aber auf dem Gebiete des Familienrechtes. Zwar hat der Staat sicherlich auch an dem geregelten Sozialleben dieser seiner kleinsten „Ordnungszellen" ein besonderes Interesse und sucht daher auch hier mit seinem Zwangsapparate die „Ordnungsideen" des Rechtes zu verwirklichen. Und daß dies überwiegend in Formen geschieht, die dem Takte des Beamten und der Berücksichtigung der konkreten Individualitäten weit mehr Spielraum gewähren (freiwillige Gerichtsbarkeit) als in dem nüchternen geschäftsmäßigen Verkehrsrechte der bürgerlichen Gesellschaft, tut dem Zwangscharakter der staatlichen Tätigkeit keinen Abbruch. Aber andererseits gibt es zweifellos zahlreiche familienrechtliche Pflichten, deren sozialethischer, teils auf Vertrauen, teils auf persönlicher Autorität gegründeter Inhalt staatliche Eingriffe, insbesondere Zwangsanwendungen unmöglich macht. Es wäre aber durchaus verfehlt, aus solchem Fehlen der Zwangsmittel auf eine Nichtrechtlichkeit dieser Pflichten schließen zu wollen und zu meinen, daß erst in den seltenen extremen Fällen, in denen der Mißbrauch eigenen Rechtes oder die Mißachtung des Rechtes des anderen eine so grobe Pflichtverletzung darstellt, daß die staatlichen Behörden, sei es von Amts wegen, sei es auf Anruf, einzuschreiten befugt sind, die Sphäre des Rechtlichen und der Rechtspflicht beginne. Und auch wenn schließlich staatlicher Zwang eingreift, so läuft er in der Regel nicht mehr auf eine Verwirklichung des Pflichtinhaltes, sondern nur auf eine Entziehung oder Beschränkung des mit der Pflicht verbundenen Rechtes hinaus.

Alle diese Tatsachen führen somit zu der Erkenntnis, daß die Lehre Kelsens und Binders verfehlt ist. Der eigentlich volitiv-imperative Rechtsinhalt erschöpft sich nicht in den Rechtsschutzbefehlen und Strafanweisungen an die staatlichen Organe. Das soziale Verhalten der Untertanen ist nicht nur tatbestandliche Voraussetzung für die Entstehung der rechtlichen Pflicht der Beamten, diese Rechtsschutz- und Strafbefehle zur Ausführung zu bringen Und nicht erst die Konkretisierung der Gesetzesnormen durch Urteil, Beschluß, Verfügung begründet, als konstitutiver Willensakt, eine Rechtspflicht des Betroffenen, die staatliche Vollzugshandlung zu dulden. Das würde das gesamte große Gebiet des materiellen Rechtes zu kognitiven „Deutungsschemata" degradieren, die sich in erster Linie als Entscheidungs- und Anwendungsnormen an die Beamten wenden und nur in nebensächlicher und nicht wesentlicher Funktion auch die Untertanen darüber unterrichten sollen, durch welches Verhalten sie die staatliche Urteils- und Vollstreckungstätigkeit vermeiden können. Vielmehr muß man unverrückbar an der althergebrachten Auffassung festhalten, daß schon die Normen des materiellen Rechtes volitiv-imperative Verhaltensregeln für das Gemeinschaftsleben des Volkes sind und als solche ein wirkliches „Sollen", wahre Rechtspflichten begründen. Freilich macht diese — für Binder veraltete — Lehre jene Zweiteilung des Rechtes unvermeidlich, die er so leidenschaftlich bekämpft und aus der Rechtswissenschaft zu verbannen sucht: den Unterschied zwischen den „primären" Normen, die unmittelbar das „friedliche" Sozialleben der Menschen sowohl untereinander wie in ihrem Verhältnisse zum Staate regeln und sich daher an Bürger und Staat als Normadressaten wenden, und den „sekundären" Sanktionsnormen, die die zur Aufrechterhaltung dieser „Friedensordnung" gegen verletzende und zum Teil auch schon gegen gefährdende Handlungen von Untertanen oder Staatsorganen erforderliche staatliche Zwangstätigkeit reglementieren. Dieser „Rechtsdualismus", die Trennung des materiellen Rechtes als einer „Friedensordnung" von dem Verfahrensrechte als einer „Streitordnung", bleibt freilich bestehen. Aber das scheint mir besser zu sein als ein „Rechtsmonismus", der in gewaltsamer Vereinfachung die vielgestaltigen Normen unseres modernen Rechtsstaatsystemes in ein einheitliches Zwangskleid zu pressen versucht, das für den größten und wichtigsten Teil unserer Rechtsordnung nicht paßt und ihn zu einem untergeordneten und unselbständigen Bestandteile des allbeherrschenden Verfahrensrechtes degradiert. Das Hauptbedenken, das Binder — wie vor ihm schon viele — gegen die hier vertretene Auffassung ins Feld führt, nämlich daß sie es unerklärlich lasse, daß die materiellen Rechtsnormen auch die Unzurechnungsfähigen binden (s. bes. Normadressat S. 65/78), ist einmal in der Form, in der es gewöhnlich vorgebracht wird, stark übertrieben, da bei weitem nicht alle Rechtsnormen für Willensunfähige „gelten"; und auch in dem beschränkten Umfange, in dem dies der Fall ist, widerspricht diese Tatsache nicht unserer Rechtsauffassung. Und ebenso ist es mit der Ausnahmeerscheinung der Rückwirkung von Gesetzen (Normadressat S. 78ff.), die nichts anderes ist als ein Niederschlag der gebieterischen Einsicht der Gegenwart, daß Vergangenes bisher in so hohem Maße falsch beurteilt worden sei, daß das dadurch entstandene „Unrecht" wieder gutgemacht werden müsse. Leider muß ich es mir versagen, an dieser Stelle auf diese beiden Probleme näher einzugehen, da es den Rahmen der Abhandlung weit überschreiten würde.

C
Der Begriff der Verbindlichkeit

I.

Für unsere Untersuchung ergibt sich aus den bisherigen Ausführungen das Resultat, daß der Begriff der materiellrechtlichen Pflicht in dem hergebrachten Sinne eines wahren willensbindenden „Sollens" unentbehrlich und Grundlage unserer ganzen Rechtsordnung ist. Damit ist das erste Hindernis, das sich der Auffassung der „Verbindlichkeit" als einer rechtlichen Pflicht entgegenstellte, beseitigt. Auch die schuldrechtlichen und die sonstigen nach ihrem Muster behandelten privatrechtlichen Pflichten erschöpfen ihren Inhalt nicht darin, daß der Schuldner „der Klage und Vollstreckung des Gläubigers ausgesetzt ist" (Binder, Schuld und Haftung I S. 88), daß er in diesem eigenartigen Binderschen Sinne „haftet". Denn daß die „Haftung", wenn man ihr nicht jeden privatrechtlichen Inhalt rauben will, nicht „in dem an die Tatbestände des Schuldrechtes angeknüpften Rechtsschutz durch Klage und Vollstreckung bestehen" kann (ebenda), d. h. in nichts anderem als in der Unterworfenheit des Schuldners unter den staatlichen Leistungsbefehl und die staatliche Exekutionsgewalt, bedarf keiner Widerlegung mehr. Aber eine ganz andere Frage ist es, was denn ihr privatrechtlicher Sollensinhalt ist, den der Gläubiger geltend macht, wenn er den freiwillig nicht leistenden Schuldner verklagt, und wenn er auf Grund des Urteiles oder sonstigen Titels die Zwangsvollstreckung gegen ihn betreibt. Ich habe in „Erbfolge und Erbenhaftung" (S. 65—78, bes. S. 68ff., 75ff.) darzulegen versucht, daß, wenn man den gesamten Inhalt einer Verbindlichkeit in seine Komponenten zerlegt, sich bei dem Normaltyp der Obligation zwei Bestandteile ergeben, die sich sowohl in der Rollenverteilung des „Hauptakteurs", dem die Verwirklichung des mit der Obligation erstrebten Erfolges zufällt, wie in der inhaltlichen Ausgestaltung der dazu erforderlichen Handlungen unterscheiden: die „Schuld" im Sinne des „Leistensollens" der Schuldnerperson, die ihrerseits meist wieder einen doppelstufigen, primären und sekundären Inhalt hat: Erfüllungspflicht und Einstandspflicht —, und die „Haftung" in dem technischen Sinne der Unterworfenheit des Schuldnervermögens, ausnahmsweise auch noch der Schuldnerperson unter das Zwangsbefriedigungsrecht des Gläubigers. Wenn man in der Rechtssprache sowohl der Gesetze wie der Wissenschaft häufig auch den Schuldinhalt als „Haftung" bezeichnet, so ist das nur unter der Voraussetzung zutreffend, daß man alle rechtlichen Sanktionsmittel, die die Herbeiführung des Schulderfolges sichern sollen, gleichgültig welchen rechtlichen Inhalt sie haben, unter dem Namen „Haftung" zusammenfassen und aus der Gemeinsamkeit ihres Zweckes, für die Befriedigung des Bedürfnisses des Gläubigers rechtliche Garantien zu schaffen, die Gemeinsamkeit des rechtstechnischen Ausdruckes rechtfertigen zu können glaubt. In diesem Sinne verstanden, umfaßt dann aber die Haftung „für" den Schulderfolg den gesamten Rechtsinhalt der Verbindlichkeit, nicht nur die Erfüllungs- und Einstandspflicht des Schuldners, sondern auch seine Unterworfenheit unter das Zugriffsrecht des Gläubigers. Ich halte es darum nicht für glücklich, den Ausdruck „Haftung für", wie Krückmann (JheringsJ. 59 S. 33ff.) es will, auf die Einstandspflicht zu beschränken, d. h. auf die Verpflichtung des Schuldners, die Folgen der Nichterfüllung, Schlechterfüllung, Zuspäterfüllung auf sich zu nehmen. Insbesondere aber kann ich ihm darin nicht folgen, daß er als Oberbegriff der eigentlichen Leistungspflicht des Schuldners den neuen Begriff der „Haftung auf" einführen will. Denn unter diesem Ausdrucke will er alles zusammenfassen, was geeignet ist, die Schuld zum Erlöschen zu bringen: also im Hinblick auf § 267 auch „die gleichwertige Handlung eines Dritten" (S. 63, 30); im Hinblick auf §§ 378 und 389 auch die Hinterlegung und Aufrechnung (S. 63); im Hinblick auf die schuldtilgende Wirkung der Zwangsbefriedigung auch die Vollstreckung; alle diese Tatbestände sollen nur um deswillen, weil sie den Untergang der Schuld herbeiführen, „Erfüllung" der Verbindlichkeit sein (S. 63 und passim). Das ist nichts anderes als eine Verwechslung des normativen Inhaltes der Obligation, der nur das, aber auch alles das in sich schließt, was die Rechtsordnung zur Sicherung des mit der Verbindlichkeit erstrebten Erfolges als „Sollen" des Schuldners statuiert, — also sowohl die primäre Leistungspflicht, wie die sekundäre Einstandspflicht, wie die Unterwerfung unter das Zugriffsrecht des Gläubigers, — mit denjenigen Handlungen oder Ereignissen, die geeignet sind, den Schulderfolg oder einen gleichwertigen Ersatz zu realisieren, und die daher auch dann, wenn sie keine Verwirklichung des Sollinhaltes der Obligation sind, diese zum Erlöschen bringen, da ihr Zweck, der Schulderfolg, eben auf anderem Wege erreicht ist. Jedenfalls erscheint es mir als ein ebenso müßiges wie gefährliches Spiel mit Worten, wenn man dem Ausdrucke „Haftung", der doch sicherlich eine rechtliche Bindung und damit ein rechtliches „Sollen" bezeichnet, einen Inhalt gibt, der zu einem erheblichen Teile kein Sollen mehr ist, sondern teils noch ein „Können", ein „Gestaltungsrecht", wie die Befugnis zur Aufrechnung und Hinterlegung, teils nur noch eine tatbestandliche „Möglichkeit", wie die Leistung eines nichtablösungsberechtigten Dritten (§ 267 im Gegensatze zu § 268) oder gar die Herstellung des Schulderfolges durch ein Naturereignis (s. dazu noch unten S. 246).

Wohl aber gehört nach unserer Auffassung zu dem normativen Sollensinhalte der Verbindlichkeit auch die „Haftung" in dem jetzt von der Wissenschaft überwiegend angenommenen Sinne der Vollstreckungsunterworfenheit. Auch sie bildet, da sie dem Schuldner die Pflicht auferlegt, die Einwirkung des Gläubigers auf sein Vermögen oder ausnahmsweise auch noch auf seine Person zu „dulden", d. h. ihr keinen Widerstand entgegenzusetzen, einen zwar nicht begriffsnotwendigen (s. § 888 II ZPO.), aber regelmäßigen potentiellen Rechtsinhalt der privatrechtlichen Verbindlichkeit und darf als solcher nicht identifiziert werden mit dem publizistischen Rechtsschutzanspruche gegen den Staat auf Vornahme der Vollstreckungshandlungen, der nur das regelmäßige Mittel zur Verwirklichung des privatrechtlichen Haftungsinhaltes ist. Dieser Vollstreckungsanspruch verhält sich somit zu der „Haftung" genau so wie das „Klagerecht" zu der „Schuld". Ebenso wie diese in der Klage geltend gemacht und im Urteil festgestellt wird, so wird in dem Vollstreckensbegehren des Gläubigers die Haftung ausgeübt (s. dazu Näheres in meiner „Erbfolge und Erbenhaftung" S. 74ff., 77; in gleichem Sinne v. Tuhr Allg. T. I S. 109/110; anders natürlich wieder Binder in „Schuld und Haftung" II S. 183f.).

Es ist nun für den gesamten rechtlichen Charakter der Verbindlichkeit und damit auch für die Frage, ob eine Rechtsnachfolge in sie möglich und wie eine solche zu „konstruieren" ist, entscheidend, welcher von diesen beiden Bestandteilen ihres rechtlichen Inhaltes der prävalierende ist: die Schuld oder die Haftung. Zwar haben beide zum Inhalte ein privatrechtliches Sollen des Schuldners: die Schuld, alles das zu tun oder zu unterlassen oder zu dulden, was nach dem Inhalte der Obligation zur Verwirklichung des Schulderfolges ihm obliegt; die Haftung, sich die gleichfalls auf Realisierung dieses Erfolges gerichteten Zwangshandlungen des Gläubigers gefallen zu lassen. Aber dieses Sollen ist inhaltlich durchaus verschieden. Die Schuld richtet sich gegen die Person des Schuldners und verlangt von ihm, durch eigenes freiwilliges Verhalten den Schulderfolg ganz oder zum Teil herbeizuführen oder, wie bei den Duldungspflichten, dem Gläubiger die dazu erforderliche Einwirkung auf seine Rechtsgüter zu gestatten. Die Haftung dagegen richtet sich, abgesehen von den immer seltener werdenden Fällen, in denen als Willensbeugemittel zur Erzwingung der Leistung, also zur Realisierung des Schuldinhaltes, oder als Strafe für Urteilsungehorsam noch heute persönliche Freiheitsentziehung statthaft ist, gegen das Schuldnervermögen und schreitet über seine Person selbstherrlich hinweg: sein Sollen beschränkt sich darauf, jede Störung und Beeinträchtigung der Befriedigungshandlungen des Gläubigers zu unterlassen, die Entziehung und meist auch die Verwertung der gepfändeten Gegenstände seines Vermögens zu „dulden" oder besser zu „leiden" (so auch v. Tuhr I S. 110/111, gegen den Binder, Schuld und Haftung II S. 183/184, zu Unrecht polemisiert). Die Schuld ist somit Gebundenheit der Schuldnerperson zu normgemäßem Verhalten; die Haftung ist regelmäßig Unterworfenheit des Schuldnervermögens unter das Zwangsbefriedigungsrecht des Gläubigers.

Der Unterschied dieser beiden Rechtsinhalte der Obligation, des Leistensollens und des Haftensollens, liegt aber nicht nur darin, daß jenes eine Gebundenheit des Schuldners zu freiwilliger Erfolgsverwirklichung, dieses eine solche zu unfreiwilliger Duldung der Zwangsverwirklichung ist, sondern auch darin, daß die Handlungen, zu denen einerseits kraft der Schuld der Schuldner verpflichtet, andererseits kraft der Haftung der Gläubiger berechtigt ist, einen mehr oder weniger abweichenden Inhalt haben. Das verkennt auch Binder durchaus nicht; da aber für ihn der eigentliche Rechtsinhalt der Obligation sich in der Haftung erschöpft, so muß er konsequenterweise, in Überwindung des von ihm bekämpften „Rechtsdualismus", den ganzen Schuldinhalt aus dem Begriffe der Verbindlichkeit entfernen und ihm den rechtlichen Sollenscharakter nehmen (s. Schuld und Haftung II S. 212—219). Für unsere Auffassung dagegen liegt gerade in der Verschiedenheit dieser doppelten rechtlichen Sanktion des Schulderfolges die charakteristische Eigenart der Obligation.

Die Abweichung des Haftungsinhaltes vom Schuldinhalte ist freilich nicht immer gleich stark. Am geringsten ist sie dort, wo die Zwangsbefriedigung des Gläubigers durch „Wegnahme" der geschuldeten individuell oder generell bezeichneten Gegenstände erfolgt (§§ 815, 883, 885 ZPO.; § 229 BGB.): hier wird die Handlung des Schuldners unmittelbar durch den Zwangsakt des staatlichen Organes oder des Gläubigers ersetzt: Eigentum oder Besitz an den weggenommenen Gegenständen gehen mit der „Ablieferung" (§ 815 I) oder mit der „Übergabe" (§§ 883 I, 884) an den Gläubiger oder mit dessen Besitzeinweisung (§ 885 I) genau so auf ihn über, als wenn der Schuldner die Leistungshandlung vollzogen hätte. Hier beschränkt sich also der Unterschied darauf, daß an die Stelle der positiven Handlungspflicht des Schuldners eine rein negative Duldungspflicht tritt. Aber in allen sonstigen Fällen erfolgt die Verwirklichung der Haftung in der Form von Handlungen, die vorzunehmen oder zu dulden der Schuldner seinerseits kraft des Inhaltes des Leistensollens nicht verpflichtet war. Denn wenn er es sich gefallen lassen muß, daß zur Befriedigung von Geldschulden ihm andere Vermögensgegenstände, Sachen, Forderungen, Ansprüche, Pfandrechte und sonstige Vermögensrechte, entzogen und zugunsten des Gläubigers ihrer Substanz oder ihrer Nutzung nach verwertet oder diesem an Zahlungs Statt überwiesen werden (§§ 803—871 ZPO.), so war er als Leistungsschuldner weder zu eigener Vornahme noch zur Duldung solcher Vermögensminderungen verpflichtet. Und ebensowenig braucht ein Schuldner, der vertretbare Handlungen zu leisten hat, nach materiellem Rechte zu dulden, daß der Gläubiger die Handlung auf seine Kosten selbst vornimmt oder durch einen Dritten vornehmen läßt, — von seltenen Ausnahmen, wie §§ 538 II und 633 III BGB., abgesehen —, während § 887 ZPO. dem vollstreckenden Gläubiger diese Befugnis allgemein gibt und ihm nötigenfalls sogar Gewaltanwendung erlaubt (§ 892). Aber auch dort, wo die Vollstreckungsmaßnahmen ausschließlich dem Zwecke dienen, den Schuldner durch Mittel psychischen Willensbeugezwanges (§§ 888 I, 889 II) oder durch unmittelbare physische Gewaltanwendung (§§ 890 mit 892) zu eigenem normgemäßem Verhalten, also zur Verwirklichung der Erfüllungspflicht, zu veranlassen, oder wo sie, wie in § 890, in erster Linie Strafreaktionen auf Zuwiderhandlungen sind, also die Funktion einer besonderen, der Vertragsstrafe ähnelnden sekundären Einstandsfolge haben, daneben aber auch die künftige Erfüllung der primären Leistungspflicht mittelbar erzwingen wollen, — ist die Duldung solcher Zwangs- oder Reaktionsmaßregeln niemals gesetzlicher Inhalt der materiellen Schuldpflicht, insbesondere auch dann nicht, wenn diese ihrerseits schon auf Duldung einer Handlung des Gläubigers gerichtet ist. Für Binder löst sich freilich diese Divergenz auch hier sehr einfach dadurch, daß nach seiner Auffassung ja diese „Haftung" des Schuldners „mit seiner Person — Haft — oder mit seinem Vermögen — Geldstrafe —" der einzige Rechtsinhalt der Obligation ist: „Die Annahme einer neben dieser Haftung bestehenden Verpflichtung zur Unterlassung bzw. Duldung ist jedenfalls durch die Sachlage nicht gefordert!"

(Schuld und Haftung II S. 219). Für uns bleibt der „Dualismus" bestehen, daß alle diese Formen der Haftungsverwirklichung, wenngleich sie endschließlich denselben Erfolg erstreben wie die nicht erzwungene Leistung des Schuldners, nämlich Befriedigung des Interesses des Gläubigers, ihrem Inhalte nach über das, was das Leistensollen dem Schuldner gebietet, hinausgehen. Auch in den Sonderfällen, in denen es dem Gläubiger gestattet ist, ohne die Leistungspflicht gerichtlich geltend zu machen und feststellen zu lassen, zu sofortiger Selbstvollstreckung zu greifen, sind die Handlungen, die diesem Zwecke dienen, durch den rechtlichen Inhalt der „Schuld" nicht gedeckt. Soweit freilich der Gläubiger eine Sache oder eine Person, die der Schuldner herauszugeben hat, wegnimmt oder wegführt, oder soweit er bei Duldungsansprüchen den Widerstand des Schuldners beseitigt (§ 229 BGB.), ersetzt oder erzwingt er nur an Stelle des staatlichen Organes die vom Schuldner zu bewirkende Handlung. Aber wenn er zur Durchführung solcher Selbsthilfe andere Sachen zerstört oder beschädigt oder zur Sicherung einer Vermögensvollstreckung den fluchtverdächtigen Schuldner festnimmt, so sind das Eingriffe, die zu dulden der Inhalt der Leistungspflicht dem Schuldner sicherlich nicht auferlegt. Und nicht anders steht es bei der Aufrechnung: die Vernichtung der Gegenforderung des Schuldners, die der Gläubiger durch die Aufrechnung herbeiführt, ist nicht die Leistung, zu der der Schuldner verpflichtet war, sondern ein ihm aufgezwungener Ersatz, die Entziehung eines anderen Vermögensstückes. Selbst wenn er auch seinerseits hätte aufrechnen können, d. h. wenn auch seine Gegenforderung fällig war (§ 387), so war er doch zu solcher Aufopferung eines anderen Vermögensgegenstandes niemals verpflichtet, sondern nur berechtigt. Denn die Aufrechnung ist, von der Schuldnerseite aus betrachtet, als datio in solutum nur Ausübung eines selbständigen, neben dem Schuldinhalte einhergehenden Gestaltungsrechtes, nicht Erfüllung einer in der Obligation mitenthaltenen Pflicht.

Somit ist der Haftungsinhalt der Verbindlichkeit im Verhältnis zum Schuldinhalte eigenartig ausgestaltet: sowohl was die Person desjenigen betrifft, in dessen Hände das Gesetz die Hauptverwirklichung des Obligationserfolges legt, wie in der Art und dem Inhalte der auf dieses Ziel gerichteten Handlungen. Daher ist es eine für den rechtlichen Charakter der Verbindlichkeit entscheidende Frage, welcher ihrer beiden Rechtsinhalte, die Schuld oder die Haftung, der wesentliche und maßgebende ist: steht, wie Binder es will, die Haftung im Vordergrunde und ist die Schuld nur ein Mittel zu ihrer Verstärkung? oder macht umgekehrt diese den primären und begriffswesentlichen Inhalt der Verbindlichkeit aus, und ist die Haftung ihr nur als sekundärer und nicht begriffsnotwendiger Bestandteil zugeordnet, der im Dienste der Schuld steht und erst dann, wenn die Motivationskraft der Leistungspflicht versagt, in Wirksamkeit tritt? Im ersten Falle wäre das Leistensollen nichts anderes als eine Reflexwirkung des „Druckes, den die Haftung", d. h. die dem Schuldner drohende Macht des Gläubigers, den Schulderfolg auf dem Wege des Zwanges zu verwirklichen, „auf den Willen des Haftenden ausübt" (Binder, Schuld und Haftung II S. 186), nur eine „Kehrseite" der Haftung (ebenda I S. 182), die als solche in dieser „mitenthalten" ist (II S. 188) und erst und allein in ihr „zum rechtlichen Ausdruck kommt" (II S. 186). Aber „das eigentümlich Rechtliche bei diesem Verhältnis" wäre „nicht das Leistensollen, sondern die Haftung, die auch ohne das psychische Zwangsmoment funktioniert"; „die Verpflichtung selbst ohne die Haftung" wäre „ein wesenloses Etwas" (II S. 186/187). Daraus ergäbe sich dann die notwendige Konsequenz, daß eine Verwirklichung des „eigentlichen" Rechtsinhaltes der Verbindlichkeit immer nur der Vollzug der Haftung, die Zwangsausübung gegen den Schuldner wäre, insbesondere die gewaltsame Entziehung und meist auch Verwertung der zur Herstellung des Erfolges erforderlichen Vermögensgegenstände. Dagegen könnte die freiwillige Leistung des Schuldners keine andere rechtliche Bedeutung haben als die, die Haftungsvollziehung abzuwenden, die Haftung zu „lösen" (I S. 180) und erst als Reflexwirkung dieses primären und eigentlichen Rechtserfolgs auch die sog. Leistungspflicht aufzuheben (II S. 190); niemals aber könnte sie eine „bloße Reaktion auf das Leistensollen" sein (II S. 190), da dieses ja keine eigentliche Rechtspflicht, sondern nur ein Mittel zur Sanktionierung der Haftung ist. Während nach der herrschenden Auffassung die Leistung nur um des Leistensollens willen geschieht, und nur weil dieses durch sie verwirklicht und damit „erfüllt" wird, auch das zweite und subsidiäre Sanktionsmittel, die Haftung, gegenstandslos wird, ist nach Binder das Verhältnis gerade umgekehrt: weil die Leistung die Haftung „ablöst" und damit aufhebt, wird als Folge davon auch die im Dienste der Haftung stehende Leistungspflicht überflüssig und gegenstandslos. Die wahre „Erfüllung" der Obligation aber, im Sinne einer Verwirklichung ihres Rechtsinhaltes, beschränkt sich auf die sog. „Zwangserfüllung", die Zwangswegnahme der geschuldeten Gegenstände und ihre Ablieferung an den Gläubiger oder die auf Grund der Beschlagnahme und Zwangsverwertung anderer Vermögensgüter des Schuldners erfolgende Überführung des Erlöses in das Vermögen des Gläubigers.

Es bedarf keines Beweises, daß das rechtliche Formenbild, das durch diese Verabsolutierung der Haftung zum Hauptinhalte der Verbindlichkeit entsteht, nichts anderes ist als ein getreues Abbild der dinglichen Sachhaftung, wie sie uns in den Pfandrechten entgegentritt. Denn bei ihnen ist nicht der Belastete zur Leistung verpflichtet, sondern nur der haftende Gegenstand dem Verwertungsrechte des Gläubigers unterworfen; aber der Schuldner hat die Gestaltungsbefugnis zur Ablösung, und durch ihre Ausübung wird zwar das Pfandrecht nicht „befriedigt", sein Inhalt nicht verwirklicht, da dies nur durch Eigenverwertung des Gläubigers geschehen kann, aber es wird „gegenstandslos" und erlischt daher oder geht auf den Pfandeigentümer über. Und so ist es denn vom Standpunkte Binders aus durchaus folgerecht, wenn er in der Tat die Pfandrechte, — soweit ihnen nicht in dem Besitz des Pfandgläubigers ein letztes „Überbleibsel" von „Dinglichkeit" geblieben sei (Schuld und Haftung I S. 176), — zu den Forderungsrechten zählt und den einzigen (!) Unterschied von den gewöhnlichen Obligationen darin erblicken will, daß „der Gegenstand der Haftung anders normiert" sei: bei den Pfandrechten „beschränkte", bei den sonstigen Forderungsrechten „unbeschränkte Haftung" (I S. 180). Der „traurige Rest der actio hypothecaria in rem", das „rudimentäre Institut" der „Devastationsklage des modernen Hypothekengläubigers" aus §§ 1133, 1134 habe „mit dem wesentlichen Inhalte der Hypothek nichts zu tun"! (I S. 176). Daß die „Dinglichkeit" aller Pfandrechte — außer dieser unmittelbaren potentiellen Rechtswirkung gegen jeden Dritten — in drei anderen begriffswesentlichen Momenten liegt: erstens darin, daß der aktuelle Rechtsgegner nicht, wie bei den persönlichen Forderungsrechten, die durch den Entstehungstatbestand bestimmte individuelle Person des Schuldners (s. unten S. 241 ff.), sondern der jeweilige Eigentümer des Pfandgegenstandes ist, die Pfandrechte also gegenstandsgebunden, nicht personengebunden sind —, zweitens darin, daß sie, gleichfalls im Gegensatz zu den Forderungsrechten, mit dem Untergange oder der Erschöpfung der Haftungsobjekte rechtlich erlöschen —, drittens darin, daß sie im Range, d. h. in der Reihenfolge der Verwertungsbefriedigung aus den Pfandgegenständen allen Nichtpfandgläubigern vorgehen und unter sich nach der Priorität ihrer Entstehung ranggestuft sind, während bei den Forderungsrechten keine Rangordnung existiert, sondern Prävention entscheidet, — alles das ignoriert Binder als unwesentlich. So ist denn in der Tat seine „Konstruktion" der Pfandrechte (I S. 175—185) das bei aller Originalität Seltsamste, was über dieses leidige Rechtsgebiet seit langem produziert worden ist.

In Wahrheit sind damit die Grundbegriffe unseres Zivilrechts auf den Kopf gestellt. Wie auf der einen Seite die Dinglichkeit eines Rechtes weder „ausschließlich in dem Recht zum Besitze begründet ist", „weil diesem Rechte allein die Richtung gegen jedermann wesentlich ist" (I S. 176), noch etwa in dem ausschließlichen „Darfinhalt" (I S. 130f.), — denn es gibt, wie ich schon „Erbfolge und Erbenhaftung" S. 69 dargelegt habe, eine Reihe von dinglichen Rechten mit überwiegendem „Sollinhalte" —, so gewähren auf der anderen Seite zahlreiche Forderungsrechte ein Recht zum Besitze und haben wichtige Typen von Obligationen zum Hauptinhalte ein „Dürfen" des Gläubigers und ein „Duldensollen" des Schuldners (s. Erbfolge und Erbenhaftung S. 69). Und darum sind auch die Pfandrechte nicht dingliche Rechte nur insoweit, als sie zum Besitze berechtigen„ und nicht deshalb, weil sie ein Verwertendürfen des Berechtigten enthalten, sondern einzig und allein wegen ihrer soeben gekennzeichneten vierfachen Eigenart, insbesondere der Gegenstandsgebundenheit des aktuellen Rechtsgegners und des potentiellen Rechtsschutzes gegen jeden Dritten. Das Forderungsrecht ist aber in der rechtlichen Begriffsformung, wie wir sie nun einmal haben, ein personenbindendes und personengebundenes Recht, das zum Hauptinhalte ein Leisten- (Tun-, Unterlassen-, Dulden-) Sollen des Schuldners und erst zum sekundären und eventuellen Inhalte ein Zwangsbefriedigungsrecht des Gläubigers hat. Und darum ist „Erfüllung" auch nicht Lösung der Haftung, sondern Verwirklichung der Leistungspflicht, und erst als Folge dieser Realisierung des primären Sollinhaltes tritt dann auch eine Aufhebung der Haftung ein, weil diese als zweites und subsidiäres Sanktionsmittel überflüssig wird, wenn schon das erste, die Leistungspflicht, den mit der Obligation erstrebten Erfolg herbeiführt. Und auf der anderen Seite ist die Zwangsbefriedigung des Gläubigers nicht Durchführung des primären Schuldinhaltes, sondern nur Verwirklichung des sekundären Haftungsinhaltes der Obligation und als solche nicht „Erfüllung" der Leistungspflicht, sondern ein Ersatz dieser Erfüllung durch Zwangsherstellung des geschuldeten Erfolges. Daß das immer noch so oft verkannt wird und daher der Begriff der „Erfüllung" Gegenstand eines nicht endenwollenden Streites ist, hat seinen Grund vor allem darin, daß man den doppelten Rechtsinhalt der normalen Obligation nicht durchschaut oder in Abrede stellt. Entweder beschränkt man in einseitiger Betonung des personenbindenden Sollens den gesamten Inhalt der Verbindlichkeit auf die Leistungspflicht und kann dann natürlich die Zwangsbefriedigung gar nicht mehr als Inhaltsverwirklichung betrachten (so z. B. Sohm bei Grünhut 4 S. 470; 5 S. 3) —, oder aber man sieht in der Haftung den wesentlichen Obligationsinhalt und muß dann konsequenterweise die freiwillige Leistung ganz aus dem Erfüllungsbegriffe ausschalten. In Wahrheit sind sowohl diese wie die Zwangsbefriedigung Inhaltsverwirklichung der Obligation, aber zweier verschiedener und nicht gleichrangiger Bestandteile: die Leistung realisiert die Schuld, das Leistensollen der Schuldnerperson, die Zwangsdurchführung verwirklicht die Haftung, die Unterworfenheit des Schuldnervermögens unter das Zugriffsrecht des Gläubigers. Es ist nun in der Tat nicht mehr als eine terminologische Frage, ob man den Ausdruck „Erfüllung" nur dann anwenden zu können glaubt, wenn der primäre und begriffswesentliche Inhaltsteil der Obligation verwirklicht wird, oder ob man ihn auch auf die Realisierung des sekundären und nicht absolut notwendigen Bestandteiles ausdehnen will: je nachdem ist „Erfüllung" nur freiwillige Leistung oder umfaßt sie auch die Zwangsbefriedigung. Aber auch im letzteren Falle muß man sich darüber klar sein, daß die beiden Rechtsinhalte der Obligation weder in ihrer potentiellen Bindungswirkung noch in ihrer aktuellen Durchführung dieselbe Bedeutung und denselben „Rang" haben, — nicht nur ihrer soziologischen Wirksamkeit nach, was hier nicht näher zu erörtern ist (s. dazu Erbfolge und Erbenhaftung S. 94—96), sondern auch für die normative Struktur der Verbindlichkeit. Die Leistungspflicht ist, als erstes und vornehmstes Sanktionsmittel des erstrebten Erfolges, stets der Hauptinhalt, in seltenen Fällen sogar der einzige Inhalt der Obligation: auf ihre Verwirklichung durch freie Erfüllungshandlung des Schuldners zielt in erster Linie die rechtliche Norm. Nur als subsidiäres und erst beim Versagen freiwilliger Realisierung der Erfüllungs- oder Einstandspflicht eingreifendes Sicherungsmittel ist dem Leistensollen das Haftensollen zugeordnet, und seine Durchführung ist, — sofern sie nicht ausnahmsweise auf dem Wege der Willensbeugung zur Leistung durch den Schuldner führt (so auch v. Tuhr I S. 111 N. 62a), — nicht Verwirklichung der Leistungspflicht, sondern Ersatz der Leistung durch Zwangsherstellung des gleichen oder doch eines ähnlichen, wenn oft auch nicht gleichwertigen Erfolges. Und daß auch sie die Leistungspflicht aufhebt, — wie es ja auch sonstige gesetzliche „Erfüllungssurrogate", wie Aufrechnung und unwiderrufliche Hinterlegung, tun —, bedeutet nicht, daß sie deren Inhalt verwirklicht, sondern daß mangels solcher Verwirklichung an Stelle der primären Sanktion, die versagt hat, die sekundäre Sanktion in Funktion tritt und, soweit sie dem Gläubiger den Schulderfolg oder einen Ersatz verschafft, durch diese „Zweckerreichung" die Leistungspflicht gegenstandslos macht. Daß diese aber bis zur tatsächlichen Vollendung der Zwangsbefriedigung der primäre und eigentlich geschuldete Inhalt der Obligation bleibt, zeigt sich darin, daß der Schuldner auch nach dem Pfändungsbeschlag bis zum vollen Abschluß des Vollstreckungsverfahrens noch zur Leistung berechtigt bleibt und durch die freiwillige Leistungsbewirkung den Vollzug der Haftung überflüssig und daher unzulässig macht: s. § 775 Ziff. 4 u. 5 ZPO.

Alle diese Erwägungen zwingen zu dem Schlusse, daß der erste und wesentliche Inhalt der Verbindlichkeit nicht die „Haftung", sondern die „Schuld" ist. Aber es kommt noch ein zweiter Grund hinzu, der die Richtigkeit dieser Auffassung, d. h. ihre Übereinstimmung mit der positiven Regelung unseres Rechtes beweist. Die Haftung richtet sich, wie schon oben S. 233 ausgeführt wurde, heute nur noch in seltenen Ausnahmefällen gegen die Person des Schuldners, in der Regel ausschließlich gegen sein Vermögen. Wäre daher die Haftung der eigentliche Inhalt der Obligation, so müßte diese in ihrem rechtlichen Bestande von den Vermögensgütern des Schuldners abhängig und mit deren rechtlichen Schicksalen verknüpft sein. Gerade diese Frage des Verhältnisses der Verbindlichkeiten einer Person zu ihrem „Vermögen" ist nicht nur für die Erkenntnis des begrifflichen Wesens der Obligation, sondern insbesondere auch für die „juristische Konstruktion" der Haftung des Erben für die Schulden des Erblassers von grundlegender Bedeutung. Es wird gezeigt werden, daß auch in diesem Punkte die Haftungstheorie unbrauchbar ist und zu Konsequenzen führt, die unserem positiven Rechte widersprechen. Die heutige „Verbindlichkeit" ist in ihrer Entstehung wie in ihrem Fortbestehen, in ihrem Inhalte wie in ihrem Umfange, in ihrem Übergange wie in ihrem Untergange nicht an das Vermögen, sondern an die Person des Schuldners gebunden. Dieser personalistische Charakter der Obligation ist der zweite Beweisgrund, der die Unhaltbarkeit der Lehre: Verbindlichkeit = Haftung dartun wird.

II.

Die materialistische Auffassung, die den Schwerpunkt der schuldrechtlichen Verbindlichkeit in die Vermögenshaftung verlegt und daher auch die Grenze zwischen rechtlichen Verpflichtungen einerseits und konventionellen und sittlichen Bindungen andererseits dort zieht, wo das zu befriedigende Interesse nicht einmal mittelbar mehr „geldwert" ist, seine Verletzung daher keinen Schadensersatzanspruch auslösen kann, tritt in zwei Spielarten auf. Die eine betrachtet die Beziehung, in die die „Haftung" die Verbindlichkeit zum Vermögen des Schuldners setzt, vom Standpunkte der haftenden Objekte aus und denkt sie in gegenständlicher Form. Dann erscheint aber das potentielle Zugriffsrecht des Gläubigers als „Belastung" des Schuldnervermögens. Die schuldrechtliche Haftung „verstrickt" das Gesamtvermögen in ähnlicher Weise wie die Pfandhaftung den einzelnen Pfandgegenstand[3]). Als belastende Rechte Dritter sind somit die Verbindlichkeiten zwar nicht „Bestandteile" des Schuldnervermögens, sondern stehen als selbständige Beschwerungen den aktiven Gütern, die allein das Vermögen bilden, abgesondert gegenüber; aber durch die pfandartige Verhaftung dieser Güter sind sie doch wiederum mit ihnen rechtlich „verknüpft" (so z. B. Enneccerus, Lehrbuch I § 124 1, 2; Kipp, Erbrecht § 1 III; Dernburg, BürgR. I § 103 VI 2; Binder, Rechtsstellung des Erben I S. 7ff.). Die zweite Auffassung will die Haftung „geldwirtschaftlich", wertmäßig begreifen. Sie stellt die Schulden einer Person als „Passiva" neben die Vermögensrechte als „Aktiva" und bestimmt das Verhältnis beider zueinander als das einer bilanzmäßigen „Deckung". So bekommen die Verbindlichkeiten den Charakter von „rechnerischen Abzugsposten" und als solche von „immanenten negativen Vermögensbestandteilen", die mit den Vermögensrechten zu einer rechtlichen „Einheit" verschmolzen sind (so Endemann, Lehrbuch III 1, S. 16ff.; Planck, Erl. 2 zu § 1922; Leonhard, Allg. T. § 47; Crome, BürgR. I § 31 unter 1; Strohal, Erbrecht I S. 14ff.). Und es ist nunmehr nur noch ein Schritt weiter in dieser Gedankenrichtung, wenn man sie zu einem „Gegenstück" der Forderungen stempelt und — wie diese als „Bekommensollen" des Gläubigers, als „Anwartschaft" auf einen Vermögenszuwachs — als entsprechendes „Haftensollen" des Schuldners, als „Anwartschaft" auf eine Vermögensverminderung völlig von den Personen der Verbundenen loslöst, zu sachartigen Vermögenswerten „verdinglicht" (s. Erbfolge und Erbenhaftung S. 69ff., 71; Binder, Schuld und Haftung II S. 164ff.) und damit auch dem rechtsgeschäftlichen Einzelverkehre nach Analogie der Forderungszession unterwirft, — eine Ungeheuerlichkeit, die Binder a. a. O. S. 166 mit Recht ablehnt, freilich ohne die zutreffenden Konsequenzen daraus zu ziehen, und die ich bereits in meiner Dissertation „Die Konstruktion der befreienden Schuldübernahme" (Greifswald 1907) S. 69ff. als Ausgeburt einer weltfremden Begriffsjurisprudenz gekennzeichnet habe.

So die beiden — sich bekämpfenden — herrschenden Lehrmeinungen. In Wahrheit sind beide falsch und nur Nuancierungen der gleichen fehlgehenden Grundauffassung von dem Begriffe der Verbindlichkeit. Denn sie führen, folgerecht zu Ende gedacht, beide zu Konsequenzen, die dem positiven Rechte widersprechen. Einmal verkennen sie, daß es auch rechtliche Verbindlichkeiten gibt, bei denen weder die Erfüllungspflicht noch die Einstandspflicht eine Vermögenshaftung begründet. Das habe ich in „Erbfolge und Erbenhaftung"

---

[3]) So drückt sich auch Endemann, Lehrbuch III, 2 S. 835 unter 3b, aus, obwohl er III, 1 S. 16ff. die Auffassung der Vermögensbelastung entschieden ablehnt und zutreffend darlegt (S. 19 a. E.), daß sich aus ihr bei der Erbfolge immer nur eine gegenständliche Haftung des Nachlasses, keinesfalls auch eine persönliche Schuldhaftung des Erben erklären lasse.

S. 95f. dargelegt und kann darauf verweisen. Wie solche Leistungspflichten als „Belastungen" oder als „negative Bestandteile" des Vermögens gedacht werden sollen, ist unerfindlich. Aber auch für den Normaltyp der Verbindlichkeit mit Vermögenshaftung treffen diese Vorstellungen nicht zu.

Macht man mit der Konstruktion der pfandartigen Belastung Ernst, so ergibt sich folgendes: 1. Die Haftung und damit auch die Verbindlichkeit könnte nur so lange bestehen, als der Haftbetroffene Vermögensgüter besitzt. Sollte er völlig vermögenslos werden und jede Aussicht auf künftigen Vermögenserwerb verlieren, so müßte damit die Verbindlichkeit rechtlich erlöschen. Dies würde aber zweifellos dann eintreten, wenn mit seinem Tode sein Vermögen abgeschlossen und nicht mehr entwickelungsfähig ist: stirbt er ohne jedes aktive Vermögensstück, z. B. in der Strafanstalt, im Irrenhause, in öffentlicher oder privater Verpflegung, so müßten seine Schulden untergehen. 2. Die Haftung und mit ihr die Verbindlichkeit müßte als Belastung der aktiven Vermögensgüter notwendig auf deren Erwerber übergehen und damit für den bisherigen Vermögensinhaber endigen. 3. Sie könnte dann aber nur als Beschwerung des übernommenen Vermögens fortbestehen, für die der Erwerber daher ipso jure nur mit diesem, nicht auch mit seinen sonstigen Vermögensgütern haften würde.

Denkt man die Auffassung des rechnerischen negativen Vermögensbestandteiles zu Ende, so ergibt sich folgendes: 1. Die Verbindlichkeiten könnten immer nur bis zur Höhe der „Wertdeckung" bestehen, die sie in den aktiven Vermögensgegenständen finden, würden also in ihrem rechtlichen Umfange durch den jeweiligen Bestand des Aktivvermögens begrenzt sein. 2. Aber selbst wenn man, was freilich nicht mehr folgerecht wäre, diese Auffassung dahin abschwächte, daß die Schwankungen der Vermögensgüter so lange ohne Einfluß auf den Umfang der Verbindlichkeiten sind, als das Vermögen in der Hand des ursprünglichen Schuldners verbleibt, so müßte ihre Begrenzung durch den Wert der Aktiva doch von dem Augenblicke an aktuell werden, in dem diese auf einen anderen Vermögensträger übergehen. Denn damit wäre dasjenige Vermögen, das ihre Wertdeckung bildet, abgeschlossen und auf eine konstante Größe fixiert: und diese müßte folgerechterweise auch die Gesamthöhe der Passiva endgültig bestimmen. Der Erwerber könnte daher leistungspflichtiger Schuldner nur bis zum Betrage des Wertes werden, den die erworbenen Gegenstände zur Zeit des Überganges haben.

Das erste Bild ist das der pfandartigen Sondervermögenshaftung, wie sie ausnahmsweise auch unser Recht kennt: so insbesondere auch bei der Haftung des Erben nach Beendigung des Nachlaßkonkurses und als Folge der Vollstreckungspreisgabe (§§ 1989, 1973, 1990, 1992, s. Erbfolge und Erbenhaftung S. 64/65, 88, 148, 163, 172ff., 186); ferner in den Fällen der schlichten Vermögensübernahme des § 419 und der nach seinem Muster gestalteten Tatbestände der §§ 1480, 1498, 1504, wenn der Erwerber sich auf die beschränkte Haftung beruft (s. Erbfolge und Erbenhaftung S. 98—100). Aber es ist sicherlich nicht das Bild der normalen „persönlichen Haftung" des Schuldners, wie sie gesetzlich auch den Erben trifft und unverändert bestehen bleibt, sofern er nicht seine Haftung auf gegenständliche Nachlaßhaftung beschränkt, oder wenn er das Beschränkungsrecht verwirkt.

Das zweite Bild ist das jener Sonderform der „rechnerisch beschränkten Haftung" oder besser „beschränkten Schuld"[4]), die auf den Wert eines

[4]) Daß diese Form der sog. „Haftungsbeschränkung" in Wahrheit eine Beschränkung des Schuldinhaltes, nicht des Haftungsinhaltes ist, habe ich in „Erbfolge und Erbenhaftung" S. 78f. dargelegt und gegen Binder verteidigt.

Vermögens oder Sondervermögens abgestellt ist, wie sie gleichfalls unser Recht in Ausnahmefällen kennt, so z. B. bei der Festsetzung des Umfanges der Pflichtteilslasten (§ 2311) und in einigen sonstigen Fällen, die ich in „Erbfolge und Erbenhaftung" S. 80f. erwähnt habe. Aber es ist wiederum sicherlich nicht das Bild der gewöhnlichen persönlichen Haftung des Schuldners und damit auch nicht das der gesetzlichen Haftung des Erben.

Nach der hier vertretenen Auffassung, die allein der positiven Regelung unseres Privatrechtes gerecht wird, ist dagegen die Verbindlichkeit ihrem wesentlichen, für ihre rechtliche Behandlung maßgebenden Rechtsinhalte nach nicht Vermögenshaftung, mag man diese gegenständlich oder wertmäßig denken, sondern Leistungspflicht der Schuldnerperson und als solche in ihrer Entstehung und ihrem Umfange, in ihrem Übergange und ihrem Untergange nicht an das Vermögen, sondern an die Person des Schuldners geknüpft. Nur solange und soweit die Leistungspflicht besteht, ist ihr als „Akzessorium" auch die potentielle Haftung des Gesamtvermögens des Schuldners zugeordnet. Die Haftung steht im Dienste der Schuld und ist von ihr persönlich, inhaltlich und umfanglich abhängig. Die Schuld ist der primäre, die Haftung der sekundäre Rechtsinhalt der Verbindlichkeit. Daraus folgt aber für unser Problem, daß nur dann, wenn die Leistungspflicht ihren Träger wechselt, damit normalerweise für den neuen Schuldner auch eine Haftung seines gesamten Vermögens verbunden ist, und zwar gleichgültig, ob und wieviel aktive Vermögensgüter er von dem bisherigen Schuldner gleichzeitig erwirbt. Auch wenn dies nicht der Fall ist, so tritt er dessenungeachtet in die Schuld als personenbindendes Leistensollen ein, und dieses bleibt inhaltlich, d. h. nach Gegenstand, Art, Zeit und Rechtsgrund der Leistungspflicht, unverändert, obwohl das haftende Vermögen ein völlig anderes geworden ist. Vollzieht sich aber der Schuldübergang innerhalb einer Gesamtsukzession in die Rechtstellung des Vorgängers und gehen daher mit ihr auch die Vermögensrechte auf den Nachfolger über, so haftet dieser zwar nunmehr auch mit den erworbenen Gegenständen, — aber nicht deswegen, weil sie schon bisher in den Händen des Vorgängers hafteten und diese Haftung mit sich führen, sondern weil sie Bestandteile des Vermögens desjenigen geworden sind, den jetzt die Leistungspflicht trifft, und der daher mit seinem ganzen Vermögen, auch mit dem neu erworbenen, für die Leistung haftet. Es ist also gerade umgekehrt, als wie jene Auffassungen es wollen: nicht das Vermögen trägt die „Haftung" und als deren „Ausfluß" die Schuld mit sich; sondern die Leistungspflicht zieht, wenn ein neuer Schuldner in sie eintritt, auch die Haftung seines ganzen Vermögens nach sich: sowohl desjenigen, das er schon hat, wie desjenigen, das er gleichzeitig erwirbt, wie desjenigen, das er später erwerben sollte. Dieser personengebundene und personenbestimmte Charakter der Verbindlichkeit oder, was dasselbe ist, der „Haftung für die Verbindlichkeit" (s. Erbfolge und Erbenhaftung S. 71) ist nunmehr kurz darzulegen.

III.

Die Unabhängigkeit der rechtlichen Existenz der Verbindlichkeit von dem Vermögenssubstrate, auf das sie sich bezieht, zeigt sich in erster Linie darin, daß die Person desjenigen, der Subjekt der Leistungspflicht und dessen Vermögen daher Objekt der Haftung ist, grundsätzlich nicht durch seine dingliche Rechtsbeziehung zu irgendwelchen Vermögensgütern bestimmt wird, sondern für den Urschuldner durch den persönlichen Entstehungstatbestand der Leistungspflicht, für den Schuldnachfolger durch den persönlichen Sukzessionstatbestand. Dieser „subjektiv-persönliche" Charakter der schuldrechtlichen Verbindlichkeit ist bekanntlich das Hauptkriterium, das sie von den „dinglichen" Pflichten unterscheidet, die zwar ihrem Leistungsinhalte nach den obligatorischen völlig gleich sein können und es oft sind und daher auch insoweit nach deren Muster behandelt werden, bei denen aber die Verpflichtung nur ein „passiver Bestandteil" oder ein „passives Akzessorium" der dinglichen Rechtsstellung und als solches mit dieser untrennbar verbunden ist. Dieser Unterschied ist für die Sukzession des Erben in die Pflichten des Erblassers von großer Bedeutung, wie ich „Erbfolge und Erbenhaftung" S. 109—111 dargelegt habe. Für die „persönliche Verbindlichkeit" ist es bei der grundsätzlich romanistischen Struktur unserer Obligation wesentlich, daß ihre Entstehung und ihr Fortbestehen, ihr Übergang und ihr Untergang unabhängig davon sind, ob der Schuldner zu dem individuellen Leistungsgegenstande oder zu der generell bezeichneten Leistungsquelle in einer rechtlichen Beziehung steht, die sie als Bestandteile seines Vermögens erscheinen läßt. Wenn jemand auf Grund Rechtsgeschäftes oder Deliktes oder ungerechtfertigter Bereicherung oder unbeauftragter Geschäftsführung oder gesetzlicher Unterhaltspflicht oder aus sonstigen Rechtsgründen eine Leistung schuldet, — wobei es im übrigen gleichgültig ist, ob die Leistung in der Übertragung oder Belastung eines Gegenstandes oder in der Gewährung seines Gebrauches und seiner Nutzung oder in der Unterlassung eigener Verwendung oder schließlich in der Duldung irgendwelcher Einwirkung des Gläubigers besteht —, so sind die Person des Schuldners und damit die Entstehung seiner Leistungspflicht nicht dadurch bedingt, daß der individuelle Gegenstand oder die Gattung, aus der geleistet werden soll, zu seinem Vermögen gehören. Und ebenso bleibt der Verpflichtete regelmäßig — mit seltenen Ausnahmen — Schuldner auch dann, wenn der Gegenstand nach der Entstehung der Schuld aus seinem Vermögen in das eines anderen übergeht. Das bedarf für Schuldverhältnisse, die aus Rechtsgeschäften entspringen, keines langen Beweises. Der Verkäufer, Vermieter, Verpächter, der Schenkungs- und Darlehensversprecher und ebenso derjenige, der die Bestellung eines Pfandrechtes, Nießbrauches, einer Dienstbarkeit verspricht, oder der einen Gegenstand durch Auslobung als Belohnung aussetzt, wird zur Leistung verpflichtet, auch wenn das individuelle Schuldobjekt ihm nicht gehört, oder wenn er Gattungsgegenstände dieser Art überhaupt nicht in seinem Vermögen hat, — es sei denn, daß das Geschäft ausnahmsweise gegen § 134 oder § 138 verstößt und daher nichtig ist. Daraus folgt, daß er sowohl primär zur Verschaffung des Gegenstandes verpflichtet wird, wie sekundär die Einstandsfolgen auf sich nehmen muß, wenn er nicht erfüllen kann, sofern nicht Kenntnis des Gläubigers diese „Haftung für die Leistung" ausschließt (§§ 439, 445, 541 mit 539). Was ihn zum Schuldner macht und den Inhalt und Umfang seiner Schuld bestimmt, ist nicht die Tatsache, daß die schuldbezogenen Gegenstände zu seinem Vermögen gehören, sondern einzig und allein der Umstand, daß er durch sein rechtlich sanktioniertes Versprechen seine Person zu dem Verhalten verbunden hat, das dadurch zum Inhalte einer „Rechtspflicht" für ihn geworden ist. Wäre die Verbindlichkeit ihrem wesentlichen Inhalte nach „Haftung", d. h. pfandartige Unterworfenheit des Vermögens unter das Zugriffsrecht des Gläubigers, und erst als „Annex" oder „Ausfluß" oder „Kehrseite" dieser passiven Vermögensbindung ein Leistensollen der Schuldnerperson, so wäre es eine unvollziehbare Vorstellung, daß jemand durch rechtlich wirksames Versprechen Gegenstände, die nicht zu seinem Vermögen gehören, schuldrechtlich „verstricken" könnte. Denn eine „Haftung" der Schuldobjekte begründet der Schuldner sicherlich nicht, wenn er fremde Gegenstände verkauft, vermietet, zum Pfande verspricht usw. Wollte der Gläubiger auf Grund eines

Urteiles, das den Schuldner zur Leistung verurteilt, versuchen, durch Zwangsvollstreckung nach §§ 883—885 ZPO. sich selbst den geschuldeten Erfolg zu verschaffen, so würde er sich an dem Rechte des Dritten stoßen, dem jene Gegenstände gehören: dieser könnte ihm nach § 771 ZPO. entgegentreten und die Durchführung seiner Zwangsbefriedigung verhindern, gleichgültig ob die Verpflichtung des Schuldners in Rechtsübertragung oder Gebrauchsgewährung bestand (vgl. Stein-Jonas, Komm. z. ZPO. II S. 832 Erl. I 1 u. II zu § 883 und S. 547 Erl. II 2 zu § 771). Aber daß ungeachtet dieser Nichtvollstreckbarkeit die primäre Erfüllungspflicht rechtsverbindlich ist und bleibt, zeigt sich darin, daß sie gerade in solchem Falle ihrer Nichterfüllung die Einstandspflicht des Schuldners erzeugt, die nur eine inhaltliche Änderung der ursprünglichen Leistungspflicht ist, und daß nunmehr für die Verwirklichung der Einstandsfolgen das ganze Vermögen des Schuldners haftet.

Und ebenso wird an der Person und an dem Inhalte der Verbindlichkeit grundsätzlich dadurch nichts geändert, daß nach ihrer Entstehung der schuldbezogene Gegenstand aus dem Vermögen des Schuldners ganz oder zum Teil in das eines Dritten übergeht: die Leistungspflicht bleibt bei dem bisherigen Schuldner und wandert nicht etwa mit ihrem Gegenstande in den Pflichtbereich des Erwerbers hinüber. Auch das ist mit der Haftungstheorie nicht vereinbar. Denn wäre das Zugriffsrecht des Gläubigers auf die Vermögenssubstrate der Obligation wesentlicher Inhalt der Verbindlichkeit, so müßte diese auch als „Last" auf ihren Gegenständen „haften" und daher notwendig denjenigen treffen, der Eigentümer oder sonstiger Rechtsinhaber des Haftobjektes wird: denn nur er kann zur „Duldung" des Haftungsvollzuges verpflichtet sein. Aber solche „obligationes in rem scriptae" bilden heute eine seltene und anomale Ausnahme. Auch der gesetzliche Eintritt des Erwerbers eines Grundstückes in die Vermieter- und Verpächterstellung nach §§ 571 ff. BGB. und des Erwerbers einer Sache in die Rechts- und Pflichtstellung des Versicherungsnehmers bei der Sachschadensversicherung nach § 69 VVG. ist zwar eine Sukzession des neuen Eigentümers des schuldbezogenen Gegenstandes in den „Schuldorganismus" des Miet-, Pacht-, Versicherungsverhältnisses, nicht auch in die schon entstandenen Einzelansprüche und Einzelverpflichtungen des bisherigen Eigentümers, — aber er beschränkt sich auf den Fall der freiwilligen Veräußerung unter Lebenden und findet nicht auch in den Fällen der Universalsukzession, insbesondere der Erbfolge, statt, wie ich in „Erbfolge und Erbenhaftung" S. 108 näher dargelegt habe. Von diesen Ausnahmefällen abgesehen ist es aber auf die Pflichtstellung des Schuldners ohne Einfluß, wenn der Schuldgegenstand nach Entstehung der Verbindlichkeit rechtliche Veränderungen erleidet, die ihn dem Vermögen des Schuldners ganz oder zum Teil entziehen. So bleibt er zu voller Leistung verpflichtet, auch wenn er selbst oder ein Verfügungsberechtigter oder Bevollmächtigter den Gegenstand an einen Dritten veräußert, verpfändet, vermietet, verleiht oder wenn ein anderer Gläubiger das Schuldobjekt pfändet und zu seiner Befriedigung verwertet. Nur wenn die Leistungsunfähigkeit, die durch solche Umstände herbeigeführt wird, ausnahmsweise von ihm nicht zu vertreten ist, oder wenn bei Gattungsschulden die Leistung dadurch unzumutbar werden sollte, wird er insoweit von seiner Pflicht entbunden (§§ 275, 279). Aber diese Befreiung tritt nicht deshalb ein, weil der Schuldgegenstand in das Eigentum oder den Besitz eines anderen übergegangen ist, oder weil bei Gattungsschulden die generellen Leistungsmittel dem Schuldnervermögen entzogen sind, sondern lediglich aus dem Grunde, weil er gegen die personenbindende Pflicht, sich die Leistungsfähigkeit zu erhalten, nicht verstoßen hat und daher die von ihm nicht mehr erfüllbare Norm, die ihm die Leistungspflicht auferlegt, für ihn ihre Verbindlichkeit verliert. Das entscheidende Moment für den vollen oder teilweisen Untergang der Verbindlichkeit ist also nicht die Entfernung des Schuldobjektes aus seinem Vermögen oder bei Gattungsschulden die Unzulänglichkelt seiner Leistungsmittel, sondern die sozialethische Unzurechenbarkeit des Versagens seiner Leistungskraft, d. h. seiner Fähigkeit, der konkreten Verhaltensnorm entsprechend zu handeln. Bei Geldschulden führt daher die rigorose Auffassung, die unser materialistisches Zeitalter beherrscht, daß Mangel an Zahlungsmitteln niemals entschuldigt, zu der Konsequenz, daß sie auch durch endgültigen, unwiederbringlichen Verlust nicht nur aller Vermögensmittel, sondern sogar der Erwerbsfähigkeit nicht erlöschen. Nur freiwilliger Verzicht des Gläubigers oder Zwangsvergleich im Konkurse setzen ihnen ein Ende, letzterer freilich immer noch den schwachen Rest einer ,,Naturalschuld" zurücklassend. Daß auch diese Unabhängigkeit des rechtlichen Fortbestehens der Verbindlichkeit von der Zugehörigkeit der schuldbezogenen Gegenstände zum Vermögen des Schuldners und von der generellen Leistungsfähigkeit seiner Vermögensmittel mit der Haftungstheorie nicht erklärt werden kann, ist einleuchtend. Ein pfandartiges Zugriffsrecht könnte bei Individualschulden den Schuldner nur so lange belasten, als die Schuldobjekte ihm gehören, und bei Gattungs- und Geldschulden nur so lange, als sein Vermögen nicht völlig und endgültig erschöpft ist.

Das Gleiche gilt aber auch für Verbindlichkeiten, die nicht aus rechtsgeschäftlichem Verkehr entspringen. Wenn jemand als unbeauftragter Geschäftsführer im eigenen Namen für den Geschäftsherrn einen Gegenstand erwirbt, der dem Veräußerer nicht gehört, und den der gestor mangels guten Glaubens oder, weil der Redlichkeitsschutz nicht eingreift, nicht erwirbt, so ist er, obwohl der Gegenstand nicht Bestandteil seines Vermögens geworden ist, dennoch dem Geschäftsherrn in gleicher Weise zur Verschaffung des Rechtes verpflichtet wie ein Verkäufer. Auch die zahlreichen Fälle, in denen jemand zur Rückgabe empfangener individueller Gegenstände oder zu ihrer Herausgabe an einen Dritten verpflichtet ist, wie z. B. der Entleiher, Verwahrer, Mieter, Pächter, Werkunternehmer, Beauftragter, Geschäftsführer ohne Auftrag, Kommissionär, Spediteur, Lagerhalter, Frachtführer usw., — soweit diese zur Ausführung ihrer Schuldtätigkeit Sachen erhalten oder in Besitz genommen haben, — und ebenso der ungerechtfertigt Bereicherte und der Deliktsschuldner, die einzelne Gegenstände ohne rechtlichen Grund oder durch unerlaubte Handlung erlangt haben, — bilden nur scheinbar eine Ausnahme von diesem Grundsatze. Denn wenn hier die Verpflichtung zur Rückgabe oder Herausgabe nur für denjenigen entsteht, der den Besitz oder das Eigentum oder das sonstige Recht erlangt hat, so bedeutet das nicht eine rechtliche Verknüpfung der Verbindlichkeit mit dem schuldbezogenen Vermögensgegenstande, sondern ist lediglich eine durch den Inhalt der Leistungspflicht gegebene Voraussetzung für ihre Entstehung. Das zeigt sich darin, daß einerseits der Schuldner von seiner Verpflichtung nicht dadurch befreit wird, daß der zurück- oder herauszugebende Gegenstand in den Besitz oder das Eigentum eines Dritten gelangt, und daß andererseits dieser mit dem Erwerbe des Gegenstandes nicht etwa in die Verpflichtung des Schuldners eintritt. Vielmehr bleibt ersterer, sofern nicht ausnahmsweise § 275 II vorliegt, schuldrechtlich gebunden und ist gegebenenfalls zum Schadensersatze verpflichtet. Nur beim Bereicherungsanspruche ist diese Einstandspflicht dahin abgeschwächt, daß sie erst mit der Rechtshängigkeit (§ 818 IV) oder der Bösgläubigkeit des Bereicherten (§ 819) beginnt und nur im Falle des § 820 von Anfang an besteht. Aber auch die gewöhnliche Ausgleichungspflicht des Bereicherten ist nicht gegenstandsgebunden in dem Sinne, daß sie mit dem Verluste des erlangten Vermögensgutes notwendig erlischt: vielmehr tritt dann an dessen Stelle der „Ersatz" des § 818 I oder, falls ein solcher nicht vorliegt, der „Wert" (§ 818 III), freilich mit der Beschränkung (Abs. II), daß auch diese Ersatzbereicherung noch fortdauern muß. Und auf der anderen Seite haftet die Herausgabepflicht nicht etwa auf dem Gegenstande und geht mit ihm in den Rechtsbereich des weiteren Erwerbers über. Auch die Ausnahmebestimmung des § 822, die nur für den Fall gilt, daß der Empfänger selbst von seiner Verpflichtung freigeworden ist, bedeutet nicht, daß die Ausgleichungspflicht auf den Erwerber des Schuldgegenstandes übergeht, sondern schafft eine neue originäre Bereicherungsschuld, die auf dem auch in §§ 816 I 2 und 993 wiederkehrenden Gedanken beruht, daß ein unentgeltlicher Erwerb nicht auf Kosten eines endgültigen Rechtsverlustes des bisher Berechtigten erfolgen soll. Die Leistungspflicht hängt somit auch hier nicht am Schuldobjekte. Grundsatz bleibt auch hier wie bei dem normalen Typ der Verbindlichkeit, daß nicht derjenige in die Schuld nachfolgt, der den schuldverstrickten Gegenstand erwirbt, sondern lediglich derjenige, auf den durch Schuldsukzession die willensbindende Leistungspflicht übergeht. Das gilt auch für die Bereicherungsschuld. Eine Schuldnachfolge ist auch hier nur durch Schuldübernahme nach § 414 oder § 415 möglich, und diese ist wiederum völlig unabhängig davon, ob der Übernehmer gleichzeitig auch den Gegenstand der Bereicherung erwirbt. Auch hier zieht weder der Schuldgegenstand die Schuld noch die Schuld den Schuldgegenstand nach sich. Geht freilich eine Bereicherungsschuld durch Erbfolge über, so kann, da der Erbe in die gesamte Pflichtstellung des Erblassers sukzediert und diese in gleicher Weise fortsetzt, wie es der Erblasser getan hätte, seine Herausgabepflicht sich dadurch mindern oder wegfallen, daß die Bereicherung bei ihm schwindet oder verlorengeht, wie sie sich umgekehrt nach § 818 I bei ihm auch mehren kann. Davon wird unten noch die Rede sein (s. S. 255).

Auch die Verpflichtungen aus unerlaubter Handlung haben diesen Charakter persönlicher Verbindlichkeiten. Zwar hat das moderne Recht mit der fortschreitenden Anerkennung der sog. Gefährdungshaftung eine Reihe von Tatbeständen geschaffen, bei denen der jeweilige Sacheigentümer oder Rechtsinhaber, wie der Tierhalter, der Jagdberechtigte, der Hausbesitzer, der Eisenbahn- oder Betriebsunternehmer, der Kraftfahrzeug- und Luftfahrzeughalter, als solcher für die Schädigungen verantwortlich ist, die von dem „gefährlichen Unternehmen" ausgehen, dessen Herr er ist. Insoweit ist hier in der Tat die Verbindlichkeit mit einem bestimmten Vermögensgegenstande verknüpft. Aber einmal ist dieser Gegenstand nicht das Schuldobjekt selbst, sondern nur das Substrat, das den Schaden verursacht — denn eine Pflicht zur noxae deditio gibt es nicht mehr —, und ferner gilt diese Gegenstandsgebundenheit der Schadensersatzpflicht nur für die Entstehung der Schuld, nicht auch für ihr Fortbestehen und ihren Übergang. Wer auf Grund seiner dinglich-rechtlichen Beziehung zu jenem Gegenstande schadensersatzpflichtig geworden ist, bleibt es auch dann, wenn das Objekt seinen Träger wechselt: nur die potentielle Verantwortlichkeit für künftige Schäden, nicht auch die schon entstandene Schadensersatzpflicht geht mit dem Erwerbe des Gegenstandes auf den Nachfolger über. Das ist insbesondere für die Haftung des Erben von Bedeutung: die bereits in der Person des Erblassers entstandenen oder doch begründeten Ersatzpflichten gehen auf ihn als persönlichen Pflichtnachfolger über, gleichgültig ob er den Gegenstand erwirbt und in die gleiche Beziehung zu ihm tritt wie der Erblasser; dagegen ist seine Haftung für künftige Schädigungen davon abhängig, daß er gleichfalls „Halter" oder „Unternehmer" wird; dadurch wird der rechtliche Charakter seiner Schadensersatzpflicht (Nachlaßverbindlichkeit oder Eigenschuld) maßgebend bestimmt, wie ich in „Erbfolge und Erbenhaftung" S. 124f. dargelegt habe (s. auch unten S. 255/256).

Die grundsätzliche Unabhängigkeit des wesentlichen Rechtsinhaltes der Verbindlichkeit vom Schuldnervermögen zeigt sich schließlich noch darin, daß es auch für ihre rechtswirksame Erfüllung gleichgültig ist, ob die Leistungsmittel aus dem Vermögen des Schuldners oder dem eines Dritten geschöpft werden. Nicht nur das Leistensollen als Pflicht, sondern auch das Leisten als Pflichterfüllung ist nicht an das Schuldnervermögen gebunden. Auch wenn der individuelle Leistungsgegenstand dem Schuldner nicht gehört, oder wenn die generellen Leistungsmittel einem fremden Vermögen entstammen, wird, sofern nur dem Gläubiger dadurch der geschuldete Erfolg verschafft wird (§ 362), die Leistungspflicht erfüllt und damit die Verbindlichkeit getilgt. Leistet der Schuldner fremde Sachen oder fremdes Geld und wird der Gläubiger auf Grund der Vorschriften über den Schutz des guten Glaubens Eigentümer, so ist mit der Herstellung des Schulderfolges das Leistensollen ebenso verwirklicht, als wenn der Schuldner aus seinem eigenen Vermögen geleistet hätte. Auch diese Tatsache ist mit der Auffassung, daß der Hauptinhalt der Obligation Haftung des Schuldnervermögens sei, schwer vereinbar. Denn von einer Verwirklichung dieser Haftung kann man zweifellos nicht mehr sprechen, wenn der Schulderfolg mit den Mitteln eines der Haftung nicht unterworfenen Vermögens realisiert wird. Dagegen ist es nach der hier vertretenen Auffassung selbstverständlich, daß, sobald der Schuldner das ihm durch die Leistungspflicht auferlegte Verhalten vollzieht, die Verbindlichkeit erlischt, gleichgültig, aus wessen Vermögen die Leistungsmittel stammen. Aber auch die Bestimmung des § 267, daß die Leistung eines Dritten grundsätzlich schuldtilgend wirkt, sofern sie nur dem Gläubiger den Schulderfolg verschafft (§ 362), kann mit der Haftungslehre nicht erklärt werden. Denn daß der Haftungsinhalt der Verbindlichkeit sich nicht auf einen Dritten und sein Vermögen erstreckt, erscheint mir selbstverständlich. Das wäre nur dann rechtlich denkbar, wenn man neben die Leistungspflicht des Schuldners und die Haftung seines Vermögens noch jenen eigentümlichen Begriff der „Haftung auf die Leistung" stellt, den, wie oben S. 232 schon erwähnt wurde, Krückmann in JheringsJ. S. 33ff., bes. S. 63 so energisch verficht, und der nach ihm alles das enthalten soll, was geeignet ist, das Interesse des Gläubigers zu befriedigen. Damit wird aber, wie wir oben schon betont haben, nicht mehr erreicht als eine Verflüchtigung des Begriffes der Verbindlichkeit zu einem bloßen „Bekommensollen" des Gläubigers, das nicht durch bestimmte rechtliche Sanktionsmittel gesichert, sondern nur darauf gerichtet ist, daß sein Interesse auf irgendeinem Wege, gleichgültig wie, befriedigt wird. Auch nach unserer Auffassung ist freilich die Leistung eines Dritten keine wahre „Erfüllung" der Verbindlichkeit, da sie nicht nur nicht den Haftungsinhalt, die Zugriffsunterworfenheit des Schuldnervermögens, sondern ebensowenig den Schuldinhalt, das Leistensollen der Schuldnerperson, verwirklicht. Sondern sie fällt, ebenso wie die Herbeiführung des Schulderfolges durch irgendein „glückliches" Ereignis, das dem Schuldner das zur Pflichterfüllung erforderliche Handeln „abnimmt", — wie z. B. die Tätigkeit eines Tieres, das die zu überbringende Sache dem Gläubiger zuträgt, oder der Einsturz des abzureißenden Gebäudes, oder das Zusammenschweißen der zu verbindenden Metallbänder durch Blitzschlag (von dem eine Zeitung kürzlich berichtete)[5] —, unter die

[5]) Will übrigens Krückmann behaupten, daß der Schuldner auch „darauf haftet", daß Tiere, Erdbeben, Blitzschlag oder sonstige gnädige Naturereignisse den Schulderfolg herbeiführen? Konsequent wäre das.

Kategorie der sog. „Zweckerreichung", die die Verbindlichkeit zwar nicht erfüllt, aber sie trotzdem deswegen tilgt, weil der mit ihr bezweckte Erfolg auf anderem Wege realisiert ist und dadurch diejenigen Mittel, die das Gesetz nach dem Inhalte der Verbindlichkeit zur Sicherung und Herbeiführung dieses Erfolges vorgesehen hat, überflüssig und gegenstandslos werden.

D
Der Begriff der Erbfolge
I.

Es ist somit dargetan, daß die Auffassungen, die in der „Verbindlichkeit" unseres heutigen Rechtes ausschließlich oder vorwiegend eine Haftung des Vermögens des Schuldners erblicken wollen, mit unserem positiven Rechte nicht vereinbar sind. Vielmehr ist der Inhalt der normalen Verbindlichkeit aus Schuld und Haftung zusammengesetzt, und von diesen beiden Komponenten ist die Schuld der primäre und begriffsnotwendige Rechtsinhalt, auf dem die Entstehung und das Fortbestehen, der Übergang und der Untergang der Verbindlichkeit ruhen, und dem die Haftung nur als sekundäres und subsidiäres Sanktionsmittel zugeordnet ist. Damit ist die erste logische Voraussetzung dafür geschaffen, die „Haftung des Erben für die Nachlaßverbindlichkeiten", soweit diese Erblasserschulden sind, als einen Eintritt in die willensbindenden Leistungspflichten des Verstorbenen, als eine echte „Schuld"nachfolge, d. h. eine Übertragung der konkreten Verhaltensnormen, die bisher für den Erblasser galten, auf die Person des Erben, nicht nur als eine Fortdauer der Haftung des „Vermögens" des Erblassers zu betrachten. Aber diese Auffassung verlangt noch eine zweite Beweisführung: nämlich daß die Erbfolge wirklich eine solche umfassende Universalsukzession in die gesamte, durch eine andere Person fortsetzbare rechtliche Stellung des bisherigen Rechts- und Pflichtträgers und nicht nur eine schlichte Vermögensübernahme ist. Denn aus einem bloßen Übergange des „Vermögens" des Erblassers ließe sich neben einer Reihe sonstiger erbrechtlicher Wirkungen, die ich in „Erbfolge und Erbenhaftung" S. 29f., 124f. kurz zusammengestellt habe, niemals eine Rechtsfolge erklären, die, wenn man ihren Inhalt wissenschaftlich analysiert, in nichts anderem besteht als in einer Übertragung des Komplexes konkreter Normen, die bislang dem Erblasser ein Tun-, Unterlassen- oder Duldensollen auferlegten, auf eine oder mehrere andere Personen. Es ist sowohl rechtsphilosophisch wie rechtsdogmatisch ein unmögliches Unternehmen, den Begriff des „Vermögens" so weit zu spannen, daß er auch persönliche Verhaltenspflichten und Bindungslagen mitumgreift. Das geschieht aber dann, wenn man in der Vorschrift des § 1922 einen erschöpfenden Ausdruck für die Gesamtheit der rechtlichen Wirkungen erblickt, den wir unter dem Sammelnamen „Erbfolge" zusammenfassen, und die zahlreichen über das ganze private und öffentliche Recht verstreuten Einzelbestimmungen, die an den Tod eines Menschen rechtliche Vorteile oder Nachteile für diejenigen knüpfen, die nach den Regeln des bürgerlichen Rechtes „Erben" werden, nur als deklaratorische Ausführungsvorschriften betrachtet, die der allgemeinen Sammelnorm des § 1922 einen spezielleren Inhalt geben und daher eigentlich schon in ihr mitenthalten sind. Daß eine solche gedankliche Stoffordnung schon vom gesetzestechnischen Standpunkte aus eine eigenartige Methode wäre, — zu der unter anderem § 276 ein Analogon bieten würde, wenn er tatsächlich schon eine allgemeine Einstandspflicht des Schuldners auf Schadensersatz begründete, die dann durch die §§ 280—292,

325 u. 326 usw. spezialisiert und exemplifiziert würde, — ist ein zwar nicht ausschlaggebendes, aber unterstützendes Gegenargument. Entscheidend ist aber der sachliche Grund, daß der primäre und begriffsnotwendige Inhalt dessen, was wir „Verbindlichkeit" nennen, und ebenso vielfacher sonstiger Gebundenheiten, in die der Erbe kraft ausdrücklicher Sondervorschriften sukzediert, keinesfalls als „Bestandteil" des Komplexes rechtlicher Verhältnisse und Beziehungen „konstruiert" werden kann, den wir als „Vermögen" zu bezeichnen pflegen. Vielmehr kann von dem rechtlichen Gesamtinhalte der Verbindlichkeit nur der sekundäre, subsidiäre und nicht begriffsnotwendige Bestandteil, der die „Haftung" ausmacht, als zu dem „Vermögen" des Schuldners gehörig angesehen werden. Das gilt sowohl dann, wenn man unter „Haftung", was allein zutreffend ist — abgesehen von den Ausnahmefällen der Personalvollstreckung der §§ 888 I, 889 II, 890 ZPO. —, die „gegenständliche" potentielle Unterworfenheit der geldwerten Rechte und Rechtsgüter des Schuldners unter das Zugriffsrecht des Gläubigers versteht, wie dann, wenn man die „Haftung" in dem verschwommenen, juristisch nicht korrekten Sinne einer wertmäßigen, rechnerisch gedachten Minderung der Vermögensaktiva faßt, eine Vorstellung, die zwar, soweit es sich um Sach- und Geldschulden handelt, wirtschaftlich brauchbar sein mag, aber den wahren rechtlichen Inhalt der Haftung im Dunkeln läßt. Im ersteren Falle ist die Haftung tatsächlich eine die Vermögensgegenstände des Schuldners zwar nicht schon pfandartig verstrickende, aber doch immerhin potentiell der Pfändung und Entziehung aussetzende „Belastung" des Vermögens, im zweiten Falle kann man sie in rechtlich freilich wenig scharfer und schwer faßbarer Ausdrucksweise als „immanenten negativen Vermögensbestandteil" bezeichnen, — aber in beiden Fällen umgreift der Begriff der „Haftung" immer nur jenen potentiellen Teilinhalt der Verbindlichkeit, der die Vermögensrechte des Schuldners der Verminderung zugunsten des Gläubigers aussetzt, niemals auch die Leistungspflicht der Schuldnerperson. Wenn auch diese immer noch als „Vermögenslast" oder als „Vermögenspassivum" bezeichnet wird, so beruht das m. E. auf jener Verflüchtigung, Entpersönlichung und Verdinglichung der persönlichen Verhaltenspflichten, die schon oben erörtert und in ihrer rechtsphilosophischen wie rechtsdogmatischen Unhaltbarkeit beleuchtet worden ist. Die Leistungspflicht des Schuldners zur „Vermögenlast" machen, heißt nichts anderes als ihren eigentlichen Pflichtgehalt streichen und sie aus einer persönlichen Gebundenheit zu freiem Verhalten in eine Unterwerfung unter das Zwangsrecht des Gläubigers denaturieren. Sie als „negativen Bestandteil" dem Vermögen einordnen, heißt ihren zwar häufigen, aber durchaus nicht notwendigen Erfolg, die Verminderung der Vermögensgüter des Schuldners durch die tatsächliche Leistung, vorwegdenken und schon im Pflichtstadium zum eigentlichen Inhalte der Verbindlichkeit machen, — ungeachtet der Tatsache, daß selbst bei Sach- und Geldschulden die Obligation gar nicht auf eine Leistung aus dem Vermögen des Schuldners gerichtet zu sein braucht, was oben S. 242 dargelegt worden ist, und daß bei den Pflichten zum persönlichen Tun, Unterlassen oder Dulden jede Beziehung zu Vermögensgütern des Schuldners fehlen kann, ohne daß ihnen dadurch der Charakter rechtlicher Verbindlichkeiten geraubt würde.

So gehen denn auch in der Tat die Versuche, die Verbindlichkeiten einer Person sei es als Vermögenslasten, sei es als negative Vermögensbestandteile nachzuweisen, nicht über teils falsche oder doch schiefe, teils dunkle und unklare Analogien hinaus. Die „pfandartige Last", die das Vermögen des Schuldners „verstrickt", paßt als Vergleich wohl für die „Haftung", aber sicherlich nicht für die „Schuld". Der „negative Vermögensbestandteil" gibt als gedankliches Bild, das die wirtschaftliche Funktion auf die rechtliche Struktur überträgt, wohl noch den Normalfall der Sach- und Geldschuld wieder, da diese in der Regel den Schuldner unmittelbar oder mittelbar mit Vermögensopfern belastet, aber sicherlich nicht mehr die vielfachen Fälle der anderen Leistungspflichten. Verpflichtungen zu persönlichem Tun oder Unterlassen, die lediglich die Person, nicht einmal mittelbar das Vermögen ergreifen, und die, wie wir sehen werden (s. unten S. 253), zum Teile sehr wohl der Vererbung unterliegen, können, so weit man den Vermögensbegriff auch dehnen mag, ebensowenig als rechnerische Abzugsposten wie als Lasten des Vermögens betrachtet werden, auch nicht vom Standpunkte sozialökonomischer, die rechtlichen Formen ignorierender Wertung aus. Es ist deshalb für die Frage, ob ein Vermögensübergang auch die Verbindlichkeiten des bisherigen Vermögensinhabers als willensbindende Leistungspflichten auf den Vermögenserwerber hinübertragen kann, auch völlig gleichgültig, ob man den Begriff des „Vermögens", als Gegenstand der Universalsukzession, im „subjektiven" oder im „objektiven" Sinne faßt, d. h. ob man als „Sammelzentrum", das aus der Vielheit der einzelnen Vermögensgegenstände die Einheit eines „Vermögens" macht, die subjektive Identität ihres Rechtsträgers oder die objektive Identität ihres Rechtszweckes ansieht. Denn abgesehen davon, daß m. E. eine rein „objektive", von der Person des Trägers losgelöste „rechtliche Beziehung" von „Vermögensrechten zueinander" (Endemann, Lehrbuch III, 1 S. 15 ff., bes. S. 17) eine für die rechtlichen Funktionen der Vermögensgüter niemals zutreffende Vorstellung ist, weil alle rechtlichen Verhältnisse, in die Vermögenswerte verstrickt sind, eines außerhalb dieses gegenständlichen Substrats liegenden menschlichen Beziehungspunktes bedürfen, auch bei den sog. unpersönlichen Zweckvermögen, — ist weder der subjektive noch der objektive Vermögensbegriff imstande, auch die persönlichen Leistungspflichten des Vermögensträgers in sich aufzunehmen und auf den Erwerber des Vermögens zu übertragen. Und zwar darum, weil die personenbindenden Verhaltensnormen, die den primären Rechtsinhalt aller Leistungspflichten bilden, weder Lasten noch Bestandteile eines „Vermögens" sein können, gleichgültig, ob man die Vermögenseinheit auf die Subjekt- oder die Zweckeinheit zurückführt.

Aus einem bloßen Übergange einer, gleichviel durch welchen Beziehungspunkt, zusammengeballten Masse von Vermögensgegenständen läßt sich somit niemals die Rechtswirkung herleiten, daß der Vermögenserwerber auch in alle durch ein neues Pflichtsubjekt fortsetzbaren, nicht „höchstpersönlichen" Pflichten und Gebundenheiten des Vorgängers eintritt. Vielmehr kann das Vermögen nur diejenigen rechtlichen Bestandteile der „Verbindlichkeiten" mit sich führen, die diese Haftungsbeziehung zu den aktiven Vermögensgegenständen enthalten, nämlich deren Unterworfenheit unter das Zugriffsrecht der Gläubiger. Im übrigen ist selbst diese Wirkung nicht rechtsnotwendig. Denn ob mit dem Übergange eines Gesamtvermögens oder generellen Vermögensteiles (Sondervermögens) die Haftung der zu dem Vermögen gehörigen Gegenstände für die Verbindlichkeiten des bisherigen Vermögensinhabers fortdauert, oder ob selbst diese gegenständlich beschränkte Haftungsbelastung entfällt, ist eine Frage des positiven Rechtes, die je nach dem Zwecke, den die Rechtsordnung mit dem Vermögensübergange verfolgt, verschieden geregelt ist. Es gibt einerseits Fälle, in denen ausschließlich ein Erwerb der Aktivrechte erfolgt und die Schulden den Erwerber gar nicht belasten, nicht einmal mit ihrem Haftungsinhalte: so z. B. beim Anfall des Vermögens einer aufgelösten juristischen Person an andere Personen als den Fiskus (§§ 45 u. 88 i. V. m. 51) und bei der Übernahme eines Handelsgeschäftes ohne Firma (§ 25 III HGB.).

Das sind freilich Ausnahmen. Im allgemeinen gilt die in § 419 BGB. statuierte Regel, daß die Schulden auf dem übergehenden Vermögen „haften" bleiben, aber eben nur mit demjenigen Rechtsinhalte, der sich auf die Vermögensgüter bezieht und diese der rechtlichen „Herrschaft" des Gläubigers unterwirft, d. h. mit dem spezifischen Haftungsinhalte: die „Haftung" des Erwerbers für die Schulden des Vorgängers ist grundsätzlich nur eine gegenständlich beschränkte Haftung mit den erworbenen Vermögensgütern, nicht auch eine persönliche Leistungspflicht, die als solche dann auch eine Haftung des gesamten sonstigen Vermögens des Erwerbers nach sich ziehen würde: die „Schulden" des Vorgängers werden in der Person des Nachfolgers zu „Haftungen" abgeschwächt[6]). Nur für diese Fälle ist denn auch die berühmte Charakteristik des Reichsgerichtes in RG. 69, 288 und 85, 169 passend, daß „da, wo die Vermögensmasse geblieben ist, die die natürliche Unterlage des einem Schuldner gewährten Kredites bildete, auch die Befriedigung von den Gläubigern soll gesucht werden können". Aber es wäre durchaus fehlgehend, wie ich schon in „Erbfolge und Erbenhaftung" S. 98—105 nachdrücklich betont und näher dargelegt habe, aus dieser zutreffenden Wertung der schlichten Vermögensübernahme des § 419 und ähnlicher Fälle den Schluß ziehen zu wollen, daß sie auf alle Tatbestände paßt, in denen sich der Übergang eines Vermögens oder einer Sondervermögensmasse — gleichgültig im übrigen, ob in den Formen der Singular- oder der Universalsukzession — auf einen oder mehrere neue Träger oder Mitträger vollzieht. Vielmehr ist stets zu prüfen, ob es sich wirklich nur um die Übernahme eines Komplexes von Vermögensgütern handelt und der Zweck der ganzen Transaktion sich in dieser erschöpft, oder aber ob der Vermögensübergang nur ein Teilstück eines umfassenderen Sukzessionsvorganges ist, der die gesamte nicht höchstpersönliche Rechts- und Pflichtstellung einer Person, sei es ihres ganzen „Rechtslebens" wie bei der Erbfolge, dem Anfall des Vermögens einer juristischen Person an den Fiskus (§§ 46, 88), der Verstaatlichung sowie der Fusion einer Aktiengesellschaft (§§ 304 V, 305, 306 I HGB.), sei es eines generell begrenzten Teilbezirkes ihres Rechtsbereiches wie z. B. in den Fällen des Erbschaftskaufes (§§ 2371 ff.) und der Übernahme eines Handelsgeschäftes mit der Firma (§ 25 I HGB.), auf einen oder mehrere neue Rechts- und Pflichtsubjekte überträgt oder diese als mitberechtigte und mitverpflichtete Teilhaber in das Rechtsleben des anderen hineinzieht, wie es z. B. bei der Aufnahme eines Gesellschafters oder eines Kommanditisten in das Geschäft eines Einzelkaufmannes (§ 28 HGB.) oder einer Handelsgesellschaft (§§ 130, 173) oder bei dem Eintritte des Ehemannes in die verantwortliche Stellung des Verwalters des Frauengutes geschieht. In allen Fällen dieser zweiten Art ist die Nachfolge oder Aufnahme des neuen Subjektes nicht etwa nur, wie bei der schlichten Vermögensübernahme, mit einer Forthaftung des bisher schon haftbelasteten Vermögens, sondern mit einer unbeschränkten und meist auch unbeschränkbaren persönlichen Neuhaftung des Nachfolgers verknüpft, sei es für alle Schulden, die in dem Rechtsbereiche, in den er eintritt, entstanden sind und künftig entstehen, sei es wie bei der Ehe doch für gewisse Verbindlichkeiten (vgl. §§ 1388, 1459 II, 1549, 1530 II). Und diese Wirkung ist unabhängig davon, welchen Bestand das Aktivvermögen des bisherigen

[6]) In gleichem Sinne v. Tuhr, Allg. Teil I S. 325: „In allen Fällen, in den das Aktivvermögen als Ganzes auf ein anderes Subjekt übergeht, bleibt die Haftung in dem oben § 4 VI dargelegten Sinne" (d. h. als Unterworfenheit der Vermögensgüter unter das Zugriffsrecht der Gläubiger) „bestehen. Dagegen gibt es keine allgemeine Regel dafür, ob für das neue Subjekt des Aktivvermögens aus den Schulden seines Vorgängers eine Verpflichtung entsteht, und ob für diese Verpflichtung das eigene Vermögen des neuen Subjektes haftet."

Rechtsträgers hat: selbst wenn es gleich Null sein sollte, wird der Eintretende dennoch in vollem Umfange verpflichtet. Der Erwerb der Herrschaft oder Mitherrschaft über aktive Vermögensgüter ist somit hier nur eine begrifflich nicht notwendige und auch de facto bisweilen fehlende Begleiterscheinung dieses umfassenderen Eintrittes oder Miteintrittes in die Rechts- und Pflichtstellung des bisherigen Alleinträgers, — für die das aktive Vermögen, falls solches überhaupt vorhanden ist, nur die materielle Grundlage bildet. Das alles habe ich in „Erbfolge und Erbenhaftung" S. 101—105 eingehender ausgeführt und muß hier darauf verweisen.

Daß man diese beiden Gruppen von Tatbeständen — schlichte Vermögensübernahme und wirkliche Gesamtnachfolge — meist nicht mit der genügenden Schärfe unterscheidet, ist die Quelle mancher Irrtümer und insbesondere einer fehlgehenden Beurteilung der erbrechtlichen Universalsukzession geworden. Indem man den § 1922 für einen erschöpfenden Ausdruck der gesamten Wirkungen der Erbfolge ansieht, diese mithin als einen bloßen Vermögenserwerb betrachtet und überdies auf die anscheinend gleiche Gestaltung der Haftungsbeschränkung in §§ 419, 1480, 1498, 1504 einerseits und §§ 1990, 1991 anderseits hinweist, will man die bloße Übernahme eines Vermögens (§ 419) und die Aufteilung eines Gesamtgutes (§§ 1480, 1498, 1504) unter Lebenden der Erbfolge gleichstellen. Aber man übersieht dabei einmal, daß die Beschränkung der Haftung auf die erworbenen Vermögensgegenstände in jenen Fällen die Regel ist, keiner weiteren Voraussetzung bedarf, durch private Erklärung herbeigeführt wird, nicht verwirkt werden kann und endgültig ist, während sie bei der Erbfolge unzweideutig als Ausnahme hinter den Grundsatz der §§ 1967 und 2058 gestellt ist, nur bei Dürftigkeit des Nachlasses in der Form der privaten Vollstreckungspreisgabe bewirkt werden kann, sonst aber der amtlichen Nachlaßliquidation bedarf, daß sie dann aber mit der Beendigung des Liquidationsverfahrens aufhört und wieder der normalen persönlichen Haftung Platz macht und nur in den Fällen der §§ 1973, 1989, 1990, 1992 endgültig ist, schließlich daß sie in allen Fällen durch Inventarsäumnis (§ 1994) oder Inventaruntreue (§ 2005 I) oder Verweigerung der Inventarbeeidigung (§ 2006 III) oder vorzeitige Nachlaßteilung unter die Miterben (§ 2062) ganz oder zum Teil verwirkt wird und daher in praxi, besonders in dem Normalfalle einer Mehrheit von Erben, nur allzu leicht verloren werden kann. Aber abgesehen von diesen nicht unerheblichen Verschiedenheiten in der Gestaltung der Haftungsbeschränkung verkennt jene Auffassung vor allem, daß weder der § 1922 allein noch zusammen mit den §§ 1967 und 2058 die gesetzliche Pflichtstellung des Erben erschöpfend zum Ausdrucke bringt, sondern nur in Verbindung mit einer Reihe von Einzelvorschriften unserer Gesetze, die an den Tod eines Menschen Rechtswirkungen zu Lasten seiner „Erben" knüpfen: und zwar nicht nur, was uns hier nicht interessiert, ihnen neu entstehende Pflichten und Bindungen auferlegen, wie besonders die Haftung für die Erbfall- und Nachlaßkostenschulden, sondern sie in Bindungslagen und nachteilige rechtliche Situationen, in denen sich schon der Erblasser befand, kraft Gesetzes eintreten lassen und mit allen sich daraus entwickelnden Folgen beschweren. Ordnet man aber alle diese Einzelwirkungen zusammen, so ergibt sich als rechtliches Gesamtbild eine wirkliche „Fortsetzung des Pflichtlebens des Erblassers durch den Erben". Dies wird in folgender Gedankenentwicklung gezeigt werden:

1. Der Erbe wird als leistungspflichtiger Schuldner auch aus solchen Rechtsverhältnissen des Erblassers verpflichtet, die ihrem Inhalte nach gar keine Beziehung zu Vermögensgütern haben, sondern rein persönliche Verhaltenspflichten begründen.

2. Aber auch diejenigen Verbindlichkeiten des Erblassers, die Vermögensleistungen zum Gegenstande haben, treffen den Erben als leistungspflichtigen Schuldner völlig unabhängig davon, ob bei Individualschulden der schuldbezogene Gegenstand zum Nachlasse gehört, und ob bei Gattungs- und Geldschulden die Aktiva des Nachlasses zu ihrer Befriedigung ausreichen oder vielleicht gar völlig fehlen. Insbesondere ist bei Miterben die kraft Gesetzes sowohl unbeschränkte wie gesamtschuldnerische Leistungspflicht jedes Erben auch dann gegeben, wenn sein Nachlaßanteil nur ein winziger Bruchteil des Nachlasses ist, und wenn er bei der Teilung nur geringfügige Gegenstände oder gar nichts erhält.

3. Die Pflichtnachfolge des Erben umfaßt nicht nur die vom Erblasser herrührenden Einzelverbindlichkeiten, sondern auch dessen gesamte Pflichtstellung in Dauerschuldverhältnissen und sonstigen pflichtbelasteten Situationen. Sie erstreckt sich schließlich auch auf die Bindungslagen, in denen der Verstorbene sich infolge begonnener, aber noch nicht vollendeter pflichtbegründender Tatbestände befand: sie werden uns besonders interessieren (s. S. 262 ff.). Und zwar gehen alle diese Gebundenheiten auf die Erben mit demselben Inhalte und in demselben Entwicklungszustande über, der beim Tode zu Lasten des Erblassers bestand. Daher sind die Erben auch zu allen positiven und negativen Handlungen verpflichtet, die zur Fortsetzung dieser Dauerverhältnisse wie zur Abwicklung und Vollendung von Rechtslagen erforderlich sind, die sich aus noch nicht abgeschlossenem rechtsgeschäftlichen oder prozessualen Verkehre des Erblassers ergeben. In allen solchen Fällen ist somit der Zeitpunkt zu bestimmen, in dem sich der endgültige Übergang von dem noch nachwirkenden „Rechtsleben“ des Erblassers zu dem des Erben vollzieht und die aus solchen Rechtsverhältnissen und Rechtslagen künftig entstehenden Verpflichtungen von nun an reine Eigenverbindlichkeiten des Erben werden. Das ist deshalb von Bedeutung, weil alle noch „vom Erblasser herrührenden Schulden“ (§ 1967 II) zwar gesetzlich volle Leistungspflichten des Erben werden, aber in der Regel durch amtliche Nachlaßliquidation oder ausnahmsweise durch private Vollstreckungspreisgabe zu gegenständlichen Nachlaßlasten abgeschwächt werden können. Diese Möglichkeit der Umwandlung aus persönlicher Schuld in gegenständliche Nachlaßhaftung ist die kriterielle Eigenart, durch die sich die sog. „Nachlaßverbindlichkeiten“ von den Eigenschulden des Erben unterscheiden. Wann im Einzelfalle sich aus der Fortsetzung der Pflichtverhältnisse des Erblassers gewöhnliche Eigenverbindlichkeiten des Erben entwickeln, die von der Nachlaßliquidation und der Vollstreckungspreisgabe nicht mehr betroffen werden, kann oft zweifelhaft sein. Jedenfalls entsteht hier häufig ein Übergangszustand, der „zwischen zwei Rechtsleben“ liegt und den in dieser Zeit entstehenden Einzelpflichten des Erben einen Doppelcharakter verleiht: einerseits führt ihr rechtlicher Ursprung noch auf das Rechtsleben des Erblassers zurück, und dementsprechend werden sie insoweit als Nachlaßverbindlichkeiten behandelt, als die Gläubiger im Falle einer amtlichen Liquidation an der Sonderbefriedigung aus dem Nachlasse teilzunehmen berechtigt sind; anderseits aber haben sie auch schon in eigenem Verhalten des Erben ihren Schuldgrund, da dieser selbsttätig an ihrer Entstehung mitgewirkt hat, und demzufolge müssen sie auch eine von der Haftungsbeschränkung nicht mehr betroffene persönliche Haftung des Erben begründen. Diese Zwittererscheinung von Verbindlichkeiten, die zwar an der privilegierten Sonderbefriedigung aus dem Nachlasse teilhaben, gleichzeitig aber doch persönliche Schulden des Erben sind, und die daher durch solidarische Doppelhaftung des Nachlasses und des Erbenvermögens gesichert werden, — ich habe deshalb für sie in „Erbfolge und

Erbenhaftung" S. 114 den Namen „Nachlaß-Erbenschulden" vorgeschlagen und sie S. 112—125 näher behandelt —, sind für die Fortsetzung der Pflichtstellung des Erblassers und deren allmählichen Übergang in den eigenen Pflichtbereich des Erben besonders charakteristisch (s. unten S. 264—267).

II.

Daß der Erbe auch heute noch in eine Reihe von Verbindlichkeiten eintritt, deren Schulderfolg selbst bei weitester Spannung des Vermögensbegriffes jeder Beziehung zu den wirtschaftlichen Gütern des Nachlasses ermangelt, zeigt ein Blick in das geltende Recht. So können Pflichten zu persönlichen Handlungen, an denen ein geldwertes Interesse des Gläubigers nicht besteht, deren Nichterfüllung also auch keine Schadensersatzpflicht auslösen kann, auf den Erben übergehen, so namentlich Geschäftsbesorgungspflichten, die nicht auf die individuelle Person des Geschäftsführers abgestellt sind und deshalb mit seinem Tode nicht erlöschen (§§ 673, 675). Ebenso ist es möglich, daß der Erbe durch Unterlassungspflichten des Erblassers, auch wenn sie weder für den Gläubiger aktiven noch für den Schuldner passiven Vermögenswert besitzen, sondern lediglich ideelle Interessen rein persönlicher, z. B. künstlerischer Art befriedigen sollen, wie sie namentlich im Nachbarrechte auch in schuldrechtlicher Form vorkommen, in gleicher Weise gebunden wird wie der Verstorbene. Auch Verpflichtungen zur Vorlegung von Sachen, zur Erteilung von Auskunft und zur Rechnungslegung können im Rahmen vererblicher Pflichtverhältnisse auf den Erben übergehen. Wird z. B. eine Ehe durch den Tod des Mannes aufgelöst oder wird sein Verwaltungs- und Nutznießungsrecht durch seine Todeserklärung (§ 1420) oder durch seinen Konkurs (§ 1419) oder durch rechtskräftiges Aufhebungsurteil (§ 1418) beendigt und stirbt er in den letzten beiden Fällen kurz darauf, so trifft seine Erben nicht nur die Verpflichtung zur Herausgabe des eingebrachten Gutes, sondern auch die zur Rechenschaftsablegung nach § 1421 und damit auch zur Vorlegung eines Bestandsverzeichnisses nach § 260 I und zur Bilanzaufstellung nach § 259 I, gegebenenfalls auch zur Leistung des Offenbarungseides nach §§ 260 II und 250 II (so auch Planck IV, Erl. 8 zu § 1521). Alle solche Handlungspflichten binden aber lediglich die Person des Schuldners, nicht auch sein Vermögen; ihr Übergang auf den Erben kann daher aus der Auffassung, daß das Vermögen des Erblassers auch dessen Verbindlichkeiten, sei es als Lasten, sei es als negative Bestandteile, mit sich trage, nicht erklärt werden. Das zeigt sich am deutlichsten darin, daß auch dann, wenn der Erbe eine beschränkte Nachlaßhaftung herbeiführt, diese Verpflichtungen unverändert bestehenbleiben: denn eine „Befriedigung aus dem Nachlaß" ist nur bei Vermögensleistungen denkbar. Der Klage des Gläubigers auf die geschuldete Handlung die Beschränkbarkeit der Haftung entgegenzusetzen, hat somit nur insoweit Zweck und Sinn, als der Erbe damit rechnen muß, daß der Gläubiger zur Erzwingung der Leistung oder des Offenbarungseides nach §§ 888 I, 889 II, 890 ZPO. Geldstrafe erwirken und dadurch mittelbar das Vermögen des Erben in Anspruch nehmen wird, nicht dagegen, soweit er die Vollstreckung gegen die Person des Erben richtet. Wenn aber der Erbe selbst inhaftiert wird, so wird man das schwerlich auf die „haftungs"übertragende Funktion des Vermögensüberganges zurückführen wollen.

III.

Aber auch bei der großen Masse der Verbindlichkeiten, die Vermögensleistungen zum Gegenstande haben, ist die Schuldnachfolge des Erben von dem Übergange der aktiven Nachlaßgüter auf ihn rechtlich nicht abhängig. Was ihn zum leistungspflichtigen Schuldner aller dieser Verbindlichkeiten macht, ist weder bei Individualschulden der Umstand, daß er die schuldbezogenen Gegenstände erwirbt, noch bei Gattungs- und Geldschulden, daß überhaupt positive Nachlaßgüter auf ihn übergehen, sondern einzig und allein die pflichtübertragende Wirkung der Erbfolge. Sofern nur der Erblasser rechtswirksam zur Leistung verpflichtet war, tritt der Erbe in diese Pflichtstellung ein, auch wenn bei Stückschulden die schuldverstrickten Gegenstände dem Erblasser nicht gehörten und daher auch vom Erben dinglich nicht erworben werden, und wenn bei Gattungs- und Geldschulden der Nachlaß keine zureichenden Leistungsmittel besitzt. Hatte z. B. der Erblasser über fremde Vermögensgegenstände gültige Kauf-, Miet-, Pacht-, Schenkungs-, Leihverträge abgeschlossen, so bleibt der Erbe aus ihnen verpflichtet und muß, wenn er nicht erfüllen kann, die Einstandsfolgen genau so auf sich nehmen wie der Erblasser, wenn er weiter gelebt hätte. Diese Objektgelöstheit erstreckt sich hier insbesondere auch auf Miet- und Pachtverträge über Grundstücke und auf Schadensversicherungsverträge über Sachen, in denen der Erblasser die Rolle des Vermieters oder Verpächters oder Versicherungsnehmers innehatte. Während im Rechtsverkehr unter Lebenden der Erwerber des Miet- oder Pachtgrundstückes oder der Versicherungssache nur dann in die Rechts- und Pflichtstellung des Veräußerers einrückt, wenn er Eigentümer der Sache wird (§ 571, VVG. § 69), also dann nicht, wenn der Veräußerer nur sog. Bucheigentümer des Grundstückes und der Erwerber bösgläubig war[7]) oder wenn die versicherte Mobilie einem Dritten gehörte und diesem abhanden gekommen war, so ist der Eintritt des Erben in diese Rechtsverhältnisse unabhängig davon, ob er kraft der Erbfolge auch das Eigentum der Miet-, Pacht-, Versicherungssache erwirbt. Maßgebend ist vielmehr allein, daß ein gültiges Miet-, Pacht-, Versicherungsverhältnis zwischen dem Erblasser und dem Vertragsgegner bestand. Dies ist aber auch dann der Fall, wenn der Erblasser nicht Eigentümer des Grundstücks oder der versicherten Sache war, sofern nicht ein Verstoß gegen §§ 134 und 138 vorlag. Mit dem Tode des Erblassers wird also in solchen Fällen der Erbe zwar nicht Eigentümer der Sache, selbst wenn er den Verstorbenen für den Eigentümer hielt, aber er tritt dessenungeachtet nicht nur in die beim Tode schon entstandenen Einzelansprüche und -pflichten des Erblassers, sondern auch in dessen gesamte Rechts- und Pflichtstellung als Vermieter, Verpächter, Versicherungsnehmer mit allen sich künftig aus diesen Schuldorganismen entwickelnden Rechten und Pflichten ein. Denn die Sukzession in das Schuldverhältnis erfolgt hier nicht, wie es unter Lebenden nach § 571 und VVG. § 69 der Fall ist, nur dann, wenn der Nachfolger, und nur deshalb, weil dieser das Eigentum an dem schuldbezogenen Gegenstand erwirbt, sondern einzig und allein aus dem Grunde, weil er alle Rechts- und Pflichtverhältnisse, in denen der Erblasser sich befand, als Erbe, d. h. kraft der

[7]) Mit der Frage der „Dinglichkeit" des Miet- und Pachtrechtes hat dieser Tatbestand garnichts zu tun, wie Oertmann, Kommentar S. 607 unter 4b, seltsamerweise annimmt. Die Dinglichkeit hat nur für die Frage Bedeutung, ob durch den Mietvertrag zwischen einem Bucheigentümer und einem gutgläubigen Mieter der wahre Eigentümer gebunden wird. Das ist zweifellos zu verneinen. Auch bei Grundstücken wird aus dem Mietvertrage lediglich der Bucheigentümer berechtigt und verpflichtet, von einer Anwendung des § 571, der einen ganz anderen Tatbestand enthält, kann keine Rede sein. Hat aber der Bucheigentümer die Rechtsstellung des Vermieters, so tritt der von ihm das Grundstück Erwerbende selbstverständlich dann, aber auch nur dann in den Mietvertrag ein, wenn er — nach § 892, nicht nach § 832, wie Oertmann versehentlich schreibt, — Eigentümer des Grundstücks wird. Das wäre aber genau so, wenn das Mietrecht dinglich wäre: auch dann würde es nur gegen den jeweiligen Eigentümer wirken, d. h. gegen den Erwerber des Grundstückes immer nur dann, wenn er tatsächlich Eigentümer wird.

rechts- und pflichtübertragenden Funktion der Gesamtnachfolge fortsetzt. Und dafür ist es eben auch hier völlig gleichgültig, ob der Schuldgegenstand seinerseits zum Nachlasse gehört und daher in das Eigentum des Erben fällt. Sollte dagegen das Grundstück oder die versicherte Sache einem Dritten als Vermächtnis ausgesetzt sein, und sollte der Erbe, obwohl er nach § 2169 in der Regel dazu nicht verpflichtet ist, in Unkenntnis seines Nichteigentumes dem Legatar das Grundstück auflassen oder die versicherte Mobilie übergeben, so würde dieser seinerseits nur dann in den Miet-, Pacht-, Versicherungsvertrag eintreten, wenn er kraft guten Glaubens nach §§ 892 oder 932 das Eigentum erwirbt, da nunmehr ein wirklicher Fall des § 571 und des § 69 VVG. — Veräußerung unter Lebenden — vorliegt.

Der Grundsatz, daß nicht der Erwerb der schuldbezogenen Gegenstände, sondern die pflichtübertragende Kraft der Erbfolge den Erben zum Schuldner der Verbindlichkeiten des Erblassers macht, wird auch durch die schon oben S. 244f., erörterten Erscheinungen nicht durchbrochen, bei denen eine Pflicht zur Herausgabe oder Rückgabe bestimmter Gegenstände nur dann entsteht und in gewissen Fällen auch nur dann bestehenbleibt, wenn und solange der Schuldner das Eigentum oder den Besitz der betreffenden Sache oder das sonstige herauszugebende Recht innehat. Der Erbe kann in solchen Fällen natürlich nicht zu mehr verpflichtet werden, als der Erblasser es war, denn er tritt in dessen Pflichtstellung ein und setzt sie genau so fort, als wenn der Verstorbene weiter gelebt hätte. Daher ist die primäre Herausgabe- oder Rückgabepflicht des Erben dadurch bedingt, daß der schuldbezogene Gegenstand kraft der Erbfolge auf ihn übergeht. Das ist aber stets der Fall, wenn dieser beim Erbfalle sich im Vermögen des Erblassers befand, auch dann, wenn nur der Besitz herauszugeben war: § 857. Die Verpflichtung ist nunmehr eine solche des Erben, und zwar mit demselben rechtlichen Inhalte, den sie beim Erblasser hatte. Er wird daher wie dieser nur dadurch von ihr befreit, daß er zur Herausgabe schuldlos außerstande wird (§ 275). Insbesondere kommt es bei Bereicherungspflichten für den Umfang der Ausgleichungspflicht des Erben gemäß § 818 III u. IV auf den Zeitpunkt der Klageerhebung an. Hatte sich daher die Bereicherung des Nachlasses vor der Klageerhebung verringert, so mindert sich damit auch die Ausgleichungspflicht des Erben in gleicher Weise, wie wenn dies beim Erblasser eingetreten wäre: denn da die Bereicherungsschuld eine umfanglich veränderliche Wertschuld ist (so mit Recht Stoll in JW. 1927 S. 1810ff.), so ist sie auch nach ihrem Übergange auf den Erben, der die Pflichtlage des Erblassers fortsetzt, solchen Schwankungen unterworfen.

Ebenso ist es eine notwendige Konsequenz der Universalsukzession, daß in den Fällen, in denen die Entstehung schuldrechtlicher Pflichten an den Besitz oder das Eigentum zwar nicht des Schuldobjektes selbst, wohl aber anderer Sachen oder an das Innehaben gewisser Rechte oder an den Betrieb bestimmter Gewerbe geknüpft ist, der Erbe in diese Pflichtlagen nur dann eintritt, wenn er, und nur deshalb, weil er die pflichtbelastete Rechtsstellung fortführt. So ist er bei steuer- und zollpflichtigen Gegenständen zur Entrichtung der künftig fällig werdenden Abgaben nur um deswillen verpflichtet, weil er jene Objekte durch den Erbfall erwirbt, und diese Pflicht hört für die Zukunft auf, wenn die Gegenstände durch Erbteilung einem anderen Erben zu Alleineigentum überwiesen, oder wenn sie einem Vermächtnisnehmer übertragen werden. Ebenso trifft ihn die potentielle Gefährdungshaftung des Tierhalters, Jagdberechtigten, Gebäudebesitzers aus §§ 833, 835—838, des Unternehmers eines haftpflichtigen Betriebes nach Reichshaftpflichtgesetz, des Kraft- und Luftfahrzeughalters nur deshalb, weil er als Erbe oder Miterbe auch in die Einzelrechtsstellung sukzediert, die mit dieser Haftung belastet ist. Soweit dagegen schon vor dem Erbfalle Steuer-, Zoll- oder Schadensersatzpflichten aus diesen Situationen entstanden oder doch begründet waren, sind sie gewöhnliche Erblasserschulden, die auf den Erben als solchen übergehen, gleichgültig, ob er tatsächlich die abgabepflichtigen Gegenstände oder das gefährdende „Unternehmen" erwirbt und wie lange er es fortsetzt. Wie sich in solchen Fällen der allmähliche Übergang aus der Rechtssphäre des Erblassers in den eigenen rechtlichen Lebensbereich des Erben vollzieht, d. h. wie die aus solchen Rechtslagen entspringenden Einzelverbindlichkeiten aus reinen Erblasserschulden zunächst Nachlaßerbenschulden und sodann reine Eigenschulden des Erben werden, habe ich in „Erbfolge und Erbenhaftung" S. 124f. dargelegt.

Abgesehen von diesen seltenen Erscheinungen, bei denen die Pflichtbelastung des Erben an den Erwerb einzelner Sachen oder Rechte geknüpft ist, ist es aber gerade das Kriterium, das die wahren „vom Erblasser herrührenden" persönlichen Verbindlichkeiten kennzeichnet, daß ihr Übergang auf den Erben von dem dinglichen Erwerbe der schuldbezogenen Gegenstände unabhängig ist. Damit treten sie in Gegensatz zu den „dinglichen" Leistungspflichten, die sich aus dem Eigentum, aus sonstigen dinglichen Rechten oder aus dem Besitz ergeben, und die nichts anderes als Inhaltsstücke oder „Ausflüsse" dieser dinglichen Rechtsstellungen sind. Daß diese sachgebundenen Pflichten keine Nachlaßverbindlichkeiten im Sinne des § 1967 sind, da bei ihnen der Erbe nicht kraft der pflichtübertragenden Funktion der Gesamtnachfolge, sondern nur kraft des Erwerbes des Einzelrechtes, an dem jene Pflichten als „passive Akzessorien" hängen, leistungspflichtiger Schuldner wird, daß andererseits aber die sekundären Schadens- und Nutzungsersatzpflichten, die sich aus solchen dinglichen Rechtsverhältnissen entwickeln können, wiederum persönliche Verbindlichkeiten sind, die somit, wenn sie schon für den Erblasser entstanden waren, stets auf den Erben übergehen, gleichgültig ob er auch die dingliche Rechtsstellung erwirbt oder behält, — alles das habe ich gleichfalls bereits in „Erbfolge und Erbenhaftung" S. 109—111 erörtert und kann daher darauf verweisen.

Wichtiger für den Begriff der Erbfolge als diese rechtliche Gelöstheit der Verbindlichkeiten von den individuellen Vermögensgegenständen, auf die sie sich beziehen, ist aber ihre Unabhängigkeit vom Gesamtvermögen des Erblassers, vom Nachlaß. Denn weder die Auffassung, die die Schulden als „pfandartige Belastungen" betrachtet, noch die Lehrmeinung, die sie zu „negativen rechnerischen Vermögensbestandteilen" macht, will damit eine Verknüpfung der Verbindlichkeiten mit einzelnen Vermögensrechten behaupten, durch die sie an diese gekettet und deren rechtlichem Schicksale unterworfen würden. Sondern für beide Auffassungen „hängt die Schuld nicht an der Einzelsache, sondern am ganzen Vermögen (Endemann, Lehrbuch III, S. 17 a. E.), für jene als selbständige den Vermögensrechten gegenüberstehende Last, für diese als „immanenter" mit den Vermögensrechten zu einer „rechtlichen Einheit" verschmolzener „negativer Vermögensbestandteil". Aber beide Lehren vermögen der Pflichtstellung des Erben, wie sie nun einmal im Bürgerlichen Gesetzbuch geregelt ist, und wie wir sie, trotz aller berechtigten Kritik (s. dazu die rechtspolitische Wertung in Erbfolge und Erbenhaftung S. 53 bis 62), hinnehmen müssen, nicht gerecht zu werden. Denn da heute niemand mehr ernstlich bestreitet — auch Binder hat jetzt in seinem „Erbrecht" S. 42—43 (s. auch seine Bemerkung zum Urteile des RG. V. v. 2. Okt. 1926 in JW. 1927 S. 1197) seine frühere Stellung aufgegeben —, daß die „Haftung des Erben für die Nachlaßverbindlichkeiten" in ihrer grundsätzlichen gesetzlichen

Gestaltung weder eine gegenständlich beschränkte Nachlaßhaftung noch eine rechnerisch auf den Nachlaßwert beschränkte persönliche Haftung, sondern eine normale unbeschränkte persönliche Haftung ist, so besteht der Inhalt dieser Pflichtstellung, neben der Haftung für die Erbfallschulden und die Nachlaßkostenschulden, in erster Linie eben in einer wahren und vollen Schuldnachfolge in die Leistungspflichten des Erblassers, soweit diese nur nach heutiger Rechtsauffassung der Übertragung auf ein anderes Pflichtsubjekt fähig sind. Und diese Wirkung tritt, das ist das ausschlaggebende Moment, völlig unabhängig von der Frage ein, wie viele und wie wertvolle aktive Nachlaßgüter vorhanden sind. Selbst wenn solche ausnahmsweise völlig fehlen sollten, — wie es bei Menschen, die in Strafanstalten, Irrenhäusern, Verpflegungsanstalten oder auf der Landstraße sterben, durchaus möglich ist, — oder wenn sie im Verhältnis zu den hinterlassenen Verbindlichkeiten noch so geringfügig sein sollten, wird der Erbe zur Erfüllung aller Schulden des Erblassers verpflichtet. Insbesondere aber trifft in dem tatsächlich die Regel bildenden Falle, daß nicht ein Erbe, sondern mehrere Erben vorhanden sind, jeden von ihnen diese gesamtschuldnerische Leistungspflicht, auch wenn der Erbteil des einzelnen noch so gering ist und er bei der Erbteilung de facto gar nichts erhält. Und diese rigorose Haftung der Miterben ist sogar, wenn sie den Nachlaß, wie es in praxi meist geschieht, geteilt haben, ohne eine jener rechtstechnischen Maßnahmen getroffen zu haben, die die §§ 2060 und 2061 rechtskundigen Erben zur Verfügung stellen, für alle vor der Teilung nicht bezahlten Nachlaßschulden im Normalfalle des Lebens unabänderlich: sowohl was die Haftung „für" anbetrifft, d. h. die gesamtschuldnerische Leistungspflicht in Höhe des vollen Betrages, nicht nur eines erbteilmäßigen Teilbetrages jeder Nachlaßschuld, wie was die Haftung „mit" anbetrifft, d. h. die Vollstreckungsunterworfenheit des ganzen Vermögens jedes Miterben. Denn eine Schuldteilung findet nur in den Fällen der §§ 2060, 2061 statt, und eine Haftungsbeschränkung auf die bei der Erbteilung erhaltenen Gegenstände ist, da Nachlaßverwaltung nicht mehr zulässig ist (§ 2062), nur noch in den Ausnahmefällen möglich, daß der Gesamtnachlaß schon vor der Teilung überschuldet oder dürftig war: nur dann ist noch jetzt ein „postumer" Nachlaßkonkurs (§ 216 II KO.) oder eine Vollstreckungspreisgabe (§ 1990) statthaft (s. dazu Erbfolge und Erbenhaftung S. 192f.); und selbst dann können die Vorteile der Haftungsbeschränkung dem einzelnen Erben nur allzuleicht auf Grund seiner Verantwortlichkeit aus §§ 1978, 1979, 1991 I und besonders 1980 wieder entzogen oder doch geschmälert werden.

Ich behaupte nun, daß diese Wirkung persönlicher und gesamtschuldnerischer Haftung jedes Erben weder mit der Lehre, die die Verbindlichkeiten als Belastungen der Vermögensaktiva, noch mit der, die sie als negative Vermögensbestandteile auffaßt, ausreichend erklärt werden kann. Daß aus einer „Belastung" der dem Schuldner gehörigen Sachen und Vermögensrechte immer nur eine Haftung dieser Gegenstände, d. h. deren Unterworfenheit unter das Zugriffsrecht des Gläubigers, niemals aber eine persönliche Leistungspflicht des Schuldners, und daß dementsprechend aus einem Vermögensübergange stets nur eine Fortdauer dieser Haftung, nicht aber auch eine persönliche und gesamtschuldnerische Leistungspflicht aller Erben und damit eine Haftung ihrer gesamten Vermögensgüter hergeleitet werden kann, ist so selbstverständlich, daß sich jedes weitere Wort darüber erübrigt. Aber auch die Einbeziehung der Verbindlichkeiten in das Vermögen des Schuldners als „negative Bestandteile" führt zu keiner logisch befriedigenden Lösung, weder zu einer zutreffenden Erklärung ihres primären und begriffswesentlichen Rechtsinhaltes, des

Leistensollens, noch zu einer einwandfreien „juristischen Konstruktion" des Überganges dieser Leistungspflichten auf die Erben. Das ist sicherlich dann der Fall, wenn man diese Auffassung mit denselben Mängeln beschwert wie die Belastungstheorie: nämlich wenn man die rechtliche Beziehung, die sowohl die aktiven Vermögensgüter des Schuldners miteinander verknüpfe wie sie mit seinen Schulden zu einer „rechtlichen Einheit" verschmelzen lasse, in der „Haftung" der Vermögensrechte für die Verbindlichkeiten des Subjekts dieser Rechte erblickt (so Endemann, Lehrbuch III, S. 15ff.). Denn der Begriff der „Haftung" in der Funktion, in der er hier auftritt, nämlich als Haftung von Vermögensgegenständen, bedeutet doch, rechtlich analysiert, nichts anderes als die potentielle Bindung, der diese Vermögensgegenstände durch das Zugriffsrecht der Gläubiger unterworfen sind. Geht nun aber ein durch diese „Verflechtung" von Rechten und Pflichten zu einer „Einheit" zusammengefaßtes „Vermögen" auf einen neuen Träger über, so frage ich vergebens nach dem zureichenden rechtlichen Grunde für eine Wirkung, die, von dem Leistensollen der Person des Nachfolgers ganz abgesehen, sein schon vorhandenes und künftiges Vermögen in diese „Haftungseinheit" hineinzieht. Daß dies aus der „objektiven", durch den gemeinsamen Haftungszweck gegebenen „Vermögenseinheit" des Nachlasses folgen soll, vermag ich nicht einzusehen. Im Gegenteil ist es logisch nur dann verständlich, wenn man der Erbfolge die Kraft beilegt, diese „objektive Haftungseinheit" zu sprengen. Denn nur wenn der Nachlaß von der subjektiven „Attraktionskraft" des neuen Vermögensherrn erfaßt, in sein Vermögen hineingezogen und mit diesem zu einer neuen Einheit verschmolzen wird, ist es begreiflich, daß einerseits das Eigenvermögen des Erben von der Haftung für die Nachlaßschulden ergriffen wird, andererseits aber auch — eine Wirkung, die meist übersehen, wird, — die Eigengläubiger des Erben sofort nach endgültigem Erbschaftserwerbe auf den Nachlaß greifen können, ohne den Nachlaßgläubigern irgendwie nachgesetzt zu sein. Daß bei einer Mehrheit von Erben bis zur Nachlaßteilung jeder Gläubiger, gleichgültig ob Nachlaß- oder Erbengläubiger, der nur einen vollstreckbaren Titel gegen einen Miterben hat, lediglich dessen Nachlaßanteil pfänden kann, nicht auch einzelne Nachlaßgegenstände, ist keine Durchbrechung dieses Prinzipes, sondern erklärt sich aus dem Gesamthandsbau des Miterbennachlasses. Die Verschmelzung mit dem Eigenvermögen des einzelnen Erben ergreift hier nicht den Nachlaß als solchen, sondern nur den Nachlaßanteil: was das bedeutet, habe ich in „Erbfolge und Erbenhaftung" S. 40—46 dargelegt. Wenn daher Endemann es als den „wesentlichsten Zweck aller Erbfolgeordnungen" bezeichnet, „den Nachlaß als Haftungsganzes für die Befriedigung der Gläubiger des Erblassers zu erhalten" (III, 1 S. 16), und diesen Zweck auf die allgemeine Aufgabe jedes Vermögens zurückführt, „Haftungseinheit" zu sein: „Das die Einheit des Vermögens wie des Nachlasses begründende Moment liegt in der Schuldenhaftung: sie erzeugt wirtschaftlich und rechtlich die Attraktivkraft, mit der alle Rechte des Subjektes zusammengezogen werden, um insgesamt der Haftung und Zwangsvollstreckung seitens der Gläubiger zu unterstehen", III, 1 S. 16/17 — so paßt diese Charakteristik des Vermögens im allgemeinen wie des Nachlasses im besonderen zwar Wort für Wort auf alle jene Ausnahmeerscheinungen, in denen ein Vermögenskomplex von den sonstigen Vermögensgegenständen des Subjektes abgetrennt und als Sondervermögen durch Verfügungsbeschränkungen des Inhabers und durch Vollstreckungssperre gegenüber seinen sonstigen Gläubigern in seinem rechtlichen und tatsächlichen Bestande zugunsten der Sondervermögensgläubiger erhalten wird, paßt also auch vortrefflich auf den Nachlaß von dem Augenblick an, in dem er durch amtliche

Liquidation, Verwaltung oder Konkurs, zum Sondervermögen wird, das der Verfügung des Erben entzogen und für die Vollstreckung der Erbengläubiger gesperrt ist, — aber sie paßt ganz sicherlich weder auf das „Vermögen" in seiner normalen Struktur noch insbesondere auf den Nachlaß, solange er nicht durch formelle Separation vom Erbenvermögen gesondert ist. In Wahrheit „verschmilzt" der Nachlaß unmittelbar nach der Annahme des Alleinerben mit seinem sonstigen Vermögen zu einer „rechtlichen Einheit", und darum werden auch die beiden bis zur Annahme noch selbständigen, rechtlich gesonderten Bestandteile, Nachlaß und Erbenvermögen (s. bes. § 778 I u. II ZPO.), von nun an unterschiedslos der Haftung für alle Schulden des Erben, sowohl für seine eigenen schon bestehenden und künftigen, wie für die von dem Verstorbenen ererbten, unterworfen. Aber diese Haftungsverschmelzung ist eben nur daraus erklärlich, daß die Verbindlichkeiten des Erblassers genau so persönliche Leistungspflichten des Erben werden wie seine Eigenschulden: aus diesem Grunde allein haftet auch für jene wie für diese alles, was „Vermögen" des Erben ist, gleichgültig, ob er es beim Erbfalle schon hatte, oder ob er es erst durch die Erbfolge erlangt, oder ob er es später hinzuerwirbt. Die wechselseitige Haftungserstreckung, die den Nachlaßverbindlichkeiten das Erbenvermögen und den Erbenverbindlichkeiten den Nachlaß unterwirft, ist eine notwendige Folge der Tatsache, daß der Erbe für beide Gruppen von Verbindlichkeiten unterschiedslos leistungspflichtiger Schuldner ist, und daß daher auch alles, was ihm gehört, unterschiedslos für diese Verbindlichkeiten haftet. Die subjektive Einheit der Persönlichkeit des Schuldners zieht auch die „Haftungseinheit" seines gesamten Vermögens nach sich.

Aber auch wenn man die Verflechtung der Schulden in das Vermögen nicht wie Endemann auf der „rechtlichen Haftungseinheit" aufbaut, sondern in der wirtschaftlichen Wertdeckung erblickt und die Verbindlichkeiten daher als „rechnerische Abzugsposten" des Gesamtvermögens betrachtet, kann man den Übergang der persönlichen Leistungspflichten des Erblassers auf den Erben und die unbeschränkte Haftung seines ganzen Vermögens nicht erklären. Denn abgesehen von der unjuristischen und unklaren Verflüchtigung des Haftungsbegriffes, die in dieser wertmäßigen Umdenkung liegt, könnte der Übergang einer Masse von Vermögensrechten und Schulden, die dadurch zu der Einheit eines Vermögens zusammengefaßt werden, daß die Aktiva zur „Deckung" für die Passiva bestimmt sind, konsequenterweise immer nur zur Folge haben, daß der Nachfolger in dem Umfange für die Verbindlichkeiten des Vorgängers haftbar wird, in dem diese tatsächlich zur Zeit des Überganges von dem Werte der aktiven Vermögensgegenstände gedeckt werden: d. h. aber seine Pflichtstellung könnte nur die einer zwar persönlichen, aber rechnerisch beschränkten Haftung bis zum Werte des aktiven Nachlasses, eine Haftung pro viribus hereditatis sein. Bekanntlich hat aber das Bürgerliche Gesetzbuch von dieser — vom Standpunkte praktischer Einfachheit und Billigkeit aus vielleicht besten (s. „Erbfolge und Erbenhaftung" S. 53—59) — Gestaltung der Erbenhaftung nur in wenigen Sonderfällen Gebrauch gemacht, und zwar grundsätzlich nicht für die Hauptgruppe der Nachlaßverbindlichkeiten, die Erblasserschulden, die uns hier allein interessieren, sondern nur für die Erbfallschulden aus Vermächtnissen, Auflagen und Pflichtteilsrechten, die ja ihrem Zwecke entsprechend in viel engerer Weise als jene an den Nachlaß gebunden sind. Hier findet sich freilich in doppelter Rechtsform eine umfangliche Begrenzung durch den Wert der Nachlaßaktiva: bei den Pflichtteilsschulden schon für ihre Entstehung und kraft Gesetzes (§ 2311), bei den Vermächtnissen und Auflagen erst für ihre Befriedigung, und zwar als Gestaltungsbefugnis des Erben, sie auf den Wert des Nachlaßrestes zu beschränken, der nach Abrechnung aller anderen Nachlaßverbindlichkeiten übrigbleibt (§ 1992 II). Aber gegenüber den sonstigen Nachlaßgläubigern, also insbesondere den Gläubigern des Erblassers, hat der Erbe nur in drei Sonderfällen die Befugnis, sie durch Zahlung des Wertes des verbleibenden Nachlaßrestes abzufinden, nämlich falls sie durch Ausschlußurteil im Aufgebotsverfahren (§ 1973 III, 2) oder durch fünfjährige Verschweigung (§ 1974) oder durch Konkursbeendigung (§ 1989) ausgeschlossen sind: im übrigen kennt das Bürgerliche Gesetzbuch die wertmäßige Schuldbeschränkung für die Erbenhaftung nicht mehr. Das alles habe ich in „Erbfolge und Erbenhaftung" S. 81 u. 125—134 näher dargelegt.

Auch in den wenigen Fällen, in denen im heutigen Rechte der Umfang einer Verbindlichkeit auf die Leistungsfähigkeit des Schuldners abgestellt ist, kommt hierfür bei der Erbfolge grundsätzlich nicht die Leistungsfähigkeit des Nachlasses, sondern des Erben in Betracht. So z. B. sicherlich bei den Abwertungsbefugnissen des Schuldners nach §§ 8, 9, 15, 63 AufwG. Gehen aufwertbare Schulden des Erblassers auf die Erben über, so ist für die Frage, ob diese Abwertung verlangen können, nicht die Solvenz des Nachlasses, sondern ihre eigene wirtschaftliche Lage maßgebend, für deren Beurteilung natürlich auch, aber nicht allein der Erbschaftserwerb in Betracht kommt. Die immer wieder auftauchende Behauptung, daß bei der Übernahme einer der Aufwertung unterliegenden Schuld der sogenannte Armutseinwand sich gemäß § 417 I BGB. nach den persönlichen Verhältnissen des Urschuldners, nicht des Übernehmers richte (so neuerdings wieder Weigert in JW. 1927 S. 1815), ist selbst für die Schuldübernahme unter Lebenden völlig fehlgehend und für die Vererbung keinesfalls zutreffend: denn der Erbe ist leistungspflichtiger Schuldner des aufgewerteten Anspruches, seine wirtschaftliche Lage ist daher der Maßstab für eine eventuelle Abwertung. Ebenso ist es natürlich bei der sogenannten freien Aufwertung, bei der nach § 242 die Verhältnisse des Schuldners eine noch größere Rolle spielen. Nur bei den beiden Arten von familienrechtlichen Unterhaltspflichten, die ausnahmsweise vererblich sind, nämlich der des schuldigen Ehegatten nach § 1582 und der des unehelichen Vaters nach § 1712, hat das Bürgerliche Gesetzbuch zwar auch grundsätzlich, wie bei allen Unterhaltspflichten, den Umfang auf die Leistungsfähigkeit des Schuldners abgestellt, d. h. im Falle der Vererbung auf die der Erben, hat aber in §§ 1582 II und 1712 II ihnen die Befugnis gegeben, ihre Unterhaltspflicht umfanglich auf das Vermögen des Erblassers zurückzuführen und dadurch rechnerisch zu beschränken.

Von seltenen Ausnahmen abgesehen, ist also sowohl der rechtliche Bestand wie der Umfang der vom Erblasser auf den Erben übergehenden Verbindlichkeiten von dem Bestand und dem Werte der aktiven Nachlaßgüter völlig unabhängig. Das kann aber mit den Mitteln der juristischen Logik nur in der Weise erklärt werden, daß kraft der universellen Übertragung der bisher für den Erblasser geltenden konkreten Normen auf die Person des Erben dieser auch in die Verbindlichkeiten des Erblassers als leistungspflichtiger Schuldner eintritt und sie nunmehr als eigene Verpflichtungen fortsetzt. Diese Weiterführung des Pflichtlebens des Erblassers durch den Erben soll hier nun nicht erschöpfend dargestellt, sondern nur in einer besonderen Lage betrachtet werden, die meines Wissens eine zusammenhängende Darstellung noch nicht gefunden hat: nämlich in der eigenartigen Situation, die dann entsteht, wenn der Tod den Erblasser in einem Augenblick abruft, in dem er sich in werdenden, aber noch nicht vollentstandenen Pflichtverhältnissen befindet, —

was in praxi mehr oder weniger stets der Fall ist. Dieses Übergangsstadium, in dem sich erst entwickelnde Rechtsbeziehungen sozusagen „zwischen zwei Rechtsleben" schweben, ist für die Fortsetzung der Pflichtstellung des Erblassers durch den Erben und damit für den persönlichen Charakter der Erbfolge besonders interessant und kennzeichnend.

E

Zwischen zwei Rechtsleben

I. Grundsätzliches

Der Tod beendet nicht nur das natürliche, sondern auch das rechtliche Leben des Menschen. Rechtsleben bedeutet „Rechtsnormenbetroffenheit". Von Rechtsnormen betroffen ist der Mensch in doppelter Richtung: die Rechtsordnung legt entweder anderen Personen[8]) zu seinen Gunsten oder ihm zu anderer Gunsten ein Verhalten auf. Von diesen Verhaltensnormen interessieren uns hier nur die des Privatrechtes. Von den Normen des Privatrechtes nur diejenigen, die aus dem Stadium potentieller „Geltung" bereits in das aktueller „Verbindlichkeit" übergegangen sind. Das geschieht dadurch, daß ein ideell-gedachter Tatbestand, an den das Gesetz ein ebenso ideell-gedachtes Verhaltensollen knüpft, in die Wirklichkeit umgesetzt, „konkretisiert" wird: dann wird als „Rechtsfolge" auch aus dem gedachten potentiellen Verhaltensollen ein konkretes aktuelles Verhaltensollen bestimmter Personen. Nur diese konkreten Verhaltensnormen sind diejenigen, die für den durch sie Begünstigten private Rechte und Anwartschaften, für den durch sie Belasteten privatrechtliche Pflichten und Bindungen begründen. Die allgemeine Unterworfenheit unter das Gesetz schafft zwar für alle von ihm Betroffenen jenen potentiellen Bindungszustand, der die „Geltung" des Rechtes ausmacht, aber noch nicht aktuelle rechtliche Beziehungen zu einzelnen Personen. „Erbfolge" bedeutet, daß der Tod eines Menschen für andere vom Gesetze bestimmte Personen, seine Erben, begünstigende und belastende konkrete Rechtsnormen auslöst, die bisher für sie nicht bestanden. Von diesen kommen für unsere Untersuchung nur die belastenden Normen in Betracht: denn wir haben es nur mit der Pflichtstellung des Erben zu tun. Diese sind wiederum doppelter Art. Entweder entstehen sie originär erst mit dem Tode oder im Anschlusse an den Tod, oder sie bestanden bereits zu Lasten des Verstorbenen oder hatten doch in Tatsachen seines Rechtslebens schon ihre Grundlage. Neue Pflichtnormen sind in erster Linie die „Erbfallschulden" aus Vermächtnissen, Auflagen, Pflichtteilsrechten und den sog. gesetzlichen Vermächtnissen der §§ 1932, 1963 und 1969[9]): ihr gemeinsamer Zweck ist, bestimmten Personen, die meist, aber nicht immer nicht zugleich Erben sind, eine Sonderbeteiligung am Nachlasse zu gewähren. In zweiter Linie die aus der Beerdigung und der gesamten Nachlaßregulierung erst nach dem Tode erwachsenden Verbindlichkeiten, die zwar gleichfalls den Erben als solchen (§ 1967 II) treffen, aber sowohl in

[8]) Zu diesen gehört auch der Staat: die öffentlichen Rechte des Individuums oder juristischer Personen gegen den Staat beruhen auf sog. „Versprechensrecht" des Staates; denn dieser kann ebenso wie sonstige Personen auch sich selbst durch Versprechen rechtlich binden. Auf diese berühmte Frage, über die Somlò, Juristische Grundlehre S. 208ff., 450ff., ausgezeichnete Ausführungen gemacht hat, kann hier nicht eingegangen werden. Umgekehrt beruhen die Pflichten der „Untertanen" gegenüber dem Staate auf staatlichem „Befehlsrechte".

[9]) Auch der sog. Dreißigste ist eine originäre Erbfallschuld, denn die Verpflichtung des Erben entsteht auch dann, wenn der Erblasser seinerseits ohne rechtliche Verpflichtung den Unterhalt gewährt hatte.

ihrer Entstehung wie in ihrer rechtlichen Behandlung von den wahren Erbfallschulden scharf zu trennen sind, was leider nicht immer geschieht; man bezeichnet sie ihrem Rechtsgrund und Zwecke nach meines Erachtens am besten als „Nachlaßkostenschulden" (s. „Erbfolge und Erbenhaftung" S. 118). Auch diese beiden Gruppen von Verbindlichkeiten scheiden hier aus, da sich unsere Untersuchung auf die Fortsetzung der schon in der Person des Erblassers begründeten Pflichtverhältnisse beschränkt. Es handelt sich somit lediglich um die belastenden konkreten Rechtsnormen, deren Ursprung noch im Rechtsleben des Erblassers liegt, und die kraft der Erbfolge auf die Erben übertragen werden und sich in deren Rechtsleben weiter entwickeln. Dieser Normenübergang ist die Grundlage der uns beschäftigenden Frage.

Der Tod kann das Pflichtleben eines Menschen in sehr verschiedenen Entwicklungsstadien unterbrechen. Die Tatbestände, aus denen belastende konkrete Normen erwachsen, können eben erst begonnen oder schon vollendet sein. So kann ein Antrag des Erblassers zu einem ihn verpflichtenden oder belastenden Vertrage im Augenblicke seines Todes erst abgefaßt oder schon abgesandt oder beim Gegner schon eingetroffen sein, und in denselben Entwicklungsstadien kann sich die Annahmeerklärung des Gegners oder umgekehrt eine dem Verstorbenen gemachte Offerte und dessen Annahmeerklärung befinden. Anderseits kann der Vertragsschluß zwar schon vollendet sein, aber eine Bedingung, eine Genehmigung oder eine sonstige „Wirksamkeitsvoraussetzung" noch fehlen. Ebenso sind Fälle möglich, in denen der Tod den Erblasser bei der Vornahme einer unerlaubten Handlung ereilt oder, wie es im Kraftfahrzeugverkehr heute nur allzu oft geschieht, sein Ableben gerade durch eine zum Schadensersatz verpflichtende Handlung herbeigeführt wird, während der Deliktserfolg oder doch die Schadenswirkungen erst nach dem Tode eintreten. War aber der Tatbestand, der für den Erblasser Pflichten oder Lasten begründete, beim Tode schon vollendet, so können wiederum die für ihn entstandenen Pflichten im Augenblicke des Erbfalles teils schon erfüllt, teils noch unerfüllt, teils mangelhaft erfüllt sein. Waren insbesondere diese Pflichten nicht solche zu einmaligem, sondern zu wiederholtem oder fortgesetztem Verhalten, so kann inmitten ihrer Abwicklung der Tod erfolgen. Und schließlich ist es möglich, daß die den Erblasser belastende rechtliche Situation, aus der der Tod ihn hinwegrief, nicht mit aktuellen, sondern nur mit potentiellen Pflichten verbunden war, wie es z. B. bei den Tatbeständen der Gefährdungshaftung regelmäßig der Fall ist, und daß dann die die aktuelle Verpflichtung erzeugende Tatsache sich erst nach dem Tode ereignet. Je nach dem Entwicklungszustande nun, in dem sich die Gebundenheit des Erblassers beim Tode befand, muß auch ihre Einwirkung auf die Rechtslage des Erben eine verschiedene sein. In erster Linie fragt es sich, ob sie überhaupt Pflichten, Lasten oder Bindungen für ihn erzeugt und ihn gegebenenfalls zur Fortsetzung und Vollendung begonnener Tatbestände oder Rechtsverhältnisse verpflichtet. In zweiter Linie, ob die ihn dann treffenden Pflichten noch als solche behandelt werden, die „vom Erblasser herrühren" und daher den Charakter von Nachlaßverbindlichkeiten haben, oder ob sie schon dem rechtlichen Lebensbereiche des Erben zuzurechnen und daher als gewöhnliche Eigenverbindlichkeiten zu behandeln sind, die an der rechtlichen Sonderstellung der Nachlaßverbindlichkeiten nicht mehr teilnehmen. Mit anderen Worten, es muß bei diesem allmählichen Übergange aus dem Rechtsleben des Erblassers in das des Erben der Zeitpunkt bestimmt werden, in dem die eigene Lebenssphäre des Erben beginnt und seine Pflichtstellung aus der Verbindung mit dem Rechtsbereiche der „toten Hand" gelöst wird. „Wo im Einzelfalle diese Zäsur zwischen den beiden Rechtsleben zu erfolgen hat, ist oft recht zweifelhaft. Das ist durch die Art des Problems bedingt: der Übergang des Gesamtkomplexes aller mit einer Person verknüpften Pflichtbeziehungen aus dem Bereiche ihres bisherigen Trägers in den des Nachfolgers schafft einen Zwischenzustand mit flüssigen Grenzen" (Erbfolge und Erbenhaftung S. 112). Dennoch ist diese Abgrenzung unerläßlich. Denn nur dann, wenn die Verbindlichkeit ihrem rechtlichen Entstehungsgrunde nach noch ganz der Rechtssphäre des Erblassers zugehört, ist sie eine „Erblasserschuld" im rechtstechnischen Sinne und unterliegt als solche der doppelten Sonderbehandlung, die für die „Nachlaßverbindlichkeiten" durch die §§ 1970—2031 geschaffen worden ist. Denn wenn zwar alle Nachlaßverbindlichkeiten kraft Gesetzes zunächst echte Leistungspflichten des Erben werden, für die er einerseits mit seinem ganzen Vermögen haftet, deren Gläubiger anderseits aber auch kein Recht auf gesonderte und bevorzugte Befriedigung aus dem Nachlasse vor den Eigengläubigern des Erben genießen, so unterliegen sie doch auf Grund der Regeln über die „Beschränkung der Haftung des Erben" in doppelter Richtung einer Veränderlichkeit ihres Rechtsinhaltes. Auf der einen Seite genießen sie das privilegium favorabile, daß der Gläubiger berechtigt ist, unter den Voraussetzungen des § 1981 II oder der §§ 215, 217 KO. die Anordnung der Nachlaßverwaltung oder die Eröffnung des Nachlaßkonkurses zu erwirken und dadurch eine Sonderbefriedigung der Nachlaßgläubiger aus dem Nachlasse unter Ausschluß der Erbengläubiger herbeizuführen und ebenso an einer solchen teilzunehmen, falls auf Antrag des Erben oder eines Nachlaßvertreters oder eines anderen Nachlaßgläubigers ein amtliches Liquidationsverfahren stattfindet: also die Vorteile, die man als „Haftungssonderung" zu bezeichnen pflegt. Auf der anderen Seite sind sie aber den privilegia odiosa unterworfen, die man unter dem Namen der „Haftungsbeschränkung" zusammenfaßt. Diese bestehen einmal darin, daß der Gläubiger, wenn er im Falle eines Aufgebotsverfahrens seine Forderung nicht anmeldet, oder wenn er sich fünf Jahre lang verschweigt, von dem Zugriffe auf das Erbenvermögen ganz ausgeschlossen und in der Befriedigung aus dem Nachlasse den anderen Nachlaßgläubigern nachgesetzt werden kann (§§ 1973, 1974); insbesondere aber darin, daß ihm durch Nachlaßverwaltung oder Nachlaßkonkurs oder im Falle des § 1990 durch Vollstreckungspreisgabe des Erben oder schließlich für die Dauer der Erbengemeinschaft durch bloße Einrede des einzelnen Miterben (§ 2059 I, 1) die Haftung des Eigenvermögens des Erben entzogen werden kann. Diese doppelte, teils begünstigende, teils benachteiligende Sonderstellung nehmen aber nur die Verbindlichkeiten ein, die echte Nachlaßverbindlichkeiten sind, d. h. nur diejenigen Schulden, die ausschließlich noch „vom Erblasser herrühren". Denn nur dann ist die rechtliche Norm, die den Erben zum Schuldner macht, lediglich die pflichtübertragende Funktion der Erbfolge. Sobald dagegen der schuldbegründende Tatbestand auch schon in den rechtlichen Lebensbereich des Erben hinübergreift, und zwar zu einem so erheblichen Teile, daß ein selbständiger Schuldgrund „unter Lebenden" vorliegt, muß zum mindesten auch eine Eigenverbindlichkeit des Erben entstehen, d. h. eine solche, für die er mit seinem ganzen Vermögen haftet: eine Beschränkung des Zugriffsrechtes des Gläubigers auf einen Teil seines Vermögens, den Nachlaß, würde den Grundsätzen des Schuldrechtes widersprechen. Aber das schließt nicht aus, daß solche Verpflichtungen gleichzeitig den Charakter von Nachlaßverbindlichkeiten haben und daher die Gläubiger berechtigen, an einer Sonderbefriedigung aus dem Nachlasse teilzunehmen. Dieses privilegium favorabile muß ihnen vielmehr dann zustehen, wenn der Erbe die Handlung „unter Lebenden", aus der die Verbindlichkeit entsteht, nur in seiner Eigenschaft als Erbe, d. h. in unmittelbarer Fortsetzung einer Pflichtstellung des Erblassers, die er zur Abwicklung bringen will, vornimmt. In solchen Fällen haben wir es somit mit jener eigenartigen Mischform von Nachlaßschuld und Erbenschuld zu tun, bei der der Gläubiger im Falle einer amtlichen Nachlaßliquidation durch eine solidarische Haftung des Nachlasses und des Erbenvermögens gesichert ist, und für die mir daher der Name „Nachlaß Erbenschuld" als der geeignetste erscheint (s. oben S. 252/253 und Erbfolge und Erbenhaftung S. 114). Denn der doppelten Natur des Schuldgrundes — Erbfolge und Eigenhandlung des Erben — muß auch eine Doppelung der rechtlichen Haftungsgarantie entsprechen: diese Gläubiger genießen somit auf der einen Seite alle Vorteile der Haftungssonderung, unterliegen aber auf der anderen Seite nicht den Nachteilen der Haftungsbeschränkung.

Die Konsequenzen, die sich im einzelnen aus dieser „Doppelnatur" ergeben, habe ich in „Erbfolge und Erbenhaftung" S. 114—116 dargestellt. Hier will ich nur noch betonen, daß ihre Eigenart besonders charakteristisch in den Fällen in Erscheinung tritt, in denen Maßnahmen zur Beschränkung der Haftung des Erben nicht allein die Haftung seines Eigenvermögens, sondern auch die Nachlaßhaftung betreffen, wie dies bei den Wirkungen des Ausschlußurteiles (§ 1973), der fünfjährigen Ausschlußfrist (§ 1974) und der Konkursbeendigung nach § 1989 der Fall ist. Denn hier wird den ausgeschlossenen Gläubigern und den sog. Nachkonkursgläubigern nicht nur endgültig und völlig die Haftung des Erbenvermögens entzogen, sondern sie werden auch in der Befriedigung aus dem Nachlasse allen anderen Erblasser- und Nachlaßkostenschulden — für die Erbfallschulden gilt die besondere Vorschrift des § 1973 I, 2 — nachgesetzt: § 1973 I, 1. Die erste dieser Ausschlußwirkungen, die Enthaftung des Erbenvermögens, kann die Forderungen der Nachlaßerbengläubiger nicht berühren, da der Erbe ihnen unbeschränkbar haftet, wohl aber die zweite: auch sie werden, wenn die Voraussetzungen des § 1973 oder des § 1974 oder des § 1989 zu ihren Lasten vorliegen, in der Befriedigung aus dem Nachlasse auf den Nachlaßrest beschränkt, der nach Befriedigung der anderen Nachlaßgläubiger noch übrigbleibt.

Die Anerkennung dieser aus Nachlaßschuld und Erbenschuld gemischten Zwitterbildung ist jetzt allgemein durchgedrungen. Die Bedenken, die namentlich Binder „Rechtsstellung des Erben" I S. 34—49, besonders S. 39 Note 73 dagegen geäußert hat, sind nicht durchgreifend. Daß es „unmöglich" sei, durch eine Verbindlichkeit zugleich den Nachlaß und das Erbenvermögen in getrennter Sonderhaftung zu belasten, ist eine petitio principii. Binder übersieht dabei einmal, daß diese Form der Doppelhaftung kraft Gesetzes stets eintritt, wenn der Erbe einzelnen oder allen Nachlaßgläubigern gegenüber sein Haftbeschränkungsrecht verwirkt hat: die Verbindlichkeit bleibt dessenungeachtet Nachlaßschuld, und der Gläubiger ist sowohl zur Beantragung der Nachlaßliquidation wie zur Teilnahme an der Sonderbefriedigung aus dem Nachlasse berechtigt. Er genießt also einerseits nach wie vor die Vorteile der Haftungssonderung, unterliegt aber anderseits nicht mehr den Nachteilen der Haftungsbeschränkung: sog. einseitige Haftungssonderung (s. „Erbfolge und Erbenhaftung" S. 164—169). Aber es gibt auch sonst zahlreiche Rechtsinstitute, die einen Teil des Vermögens einer Person oder ein mehreren Personen in Rechtsgemeinschaft zustehendes Sondervermögen von ihrem sonstigen Vermögen in der Weise absondern, daß auf der einen Seite zwar das Sondervermögen nur noch bestimmten Gläubigern unter Ausschluß der sonstigen haftet, auf der anderen Seite aber die privilegierten Gläubiger auch auf das übrige Vermögen greifen können. Das ist überall dort der Fall, wo die Vermögenssonderung die Tendenz verfolgt, den von den übrigen Vermögensgegenständen rechtlich getrennten Vermögensteil für besondere Zweckwidmungen zu binden und zu erhalten. Als eins der Mittel zu diesem Zwecke fungiert dann meist eine Enthaftung des Vermögens gegenüber allen denjenigen Gläubigern, durch deren Zugriff die Zweckerreichung gefährdet werden würde, und damit eine Haftungssonderung zugunsten der übrigen Gläubiger, denen das Sondervermögen weiter haftet. Aber für diese letzteren bleibt dessenungeachtet die Haftung des sonstigen Vermögens bestehen, da der Zweck der Sondervermögensbildung nur einseitig auf den Schutz der abgesonderten Gegenstände gerichtet ist. Diese Art der „Zweckvermögen" mit einseitiger Haftungssonderung, ohne gleichzeitige Haftungsbeschränkung der privilegierten Gläubiger, ist sehr häufig. So können im ehelichen Güterrechte zwar gewisse Gläubiger der Frau auf das eingebrachte Frauengut oder das Gesamtgut nicht greifen (§§ 1412—1414, 1460—1462, 1525 II, 1549, 1550 II), wohl aber haben umgekehrt diejenigen Frauengläubiger, denen diese Gütermassen haften, ein Zugriffsrecht auf das sonstige Frauengut. Ebenso ist im Gesellschaftsrechte das Gesellschaftsvermögen mehr oder weniger intensiv den Privatgläubigern der Gesellschafter verschlossen (§ 719 II; HGB. § 124 II; ZPO. § 736), während die Gesellschaftsgläubiger ihrerseits auch in das Privatvermögen der Gesellschafter vollstrecken können. Insbesondere aber bildet auch der Nachlaß in den Händen einer Erbengemeinschaft, eines Testamentsvollstreckers und in gewissem Maße auch eines Vorerben ein solches „Zweckvermögen", auf das die Eigengläubiger der Erben bzw. des Vorerben gar nicht oder nur in beschränktem Umfange greifen können (§§ 2040 II; ZPO. 747; 2214, 2115; ZPO. 773; KO. 128), während die Nachlaßgläubiger an dem Zugriffe auf die Eigenvermögen der Erben bzw. des Vorerben durch diese Sonderungen nicht gehindert sind. Das habe ich in „Erbfolge und Erbenhaftung" S. 36—46 und zusammenfassend S. 90 dargestellt. Die Rechtsform der Sicherung bestimmter Gläubiger durch eine solidarische Doppelhaftung zweier Vermögensmassen, von denen die eine als Sondervermögen ausschließlich diesen Gläubigern, die andere als gewöhnliches Vermögen auch den sonstigen Gläubigern haftet, ist daher keine „Abnormität", wie Binder a. a. O. S. 39 Note 73 meint. Sie ist aber insbesondere für die hier in Frage kommenden Verbindlichkeiten, deren Ursprung in die Übergangszeit vom Rechtsleben des Erblassers zu dem des Erben fällt, eine rechtspolitische Notwendigkeit. Denn auf der einen Seite ist es nicht möglich, daß der Erbe, wenn er durch eigene Handlungen unter Lebenden, seien es Rechtsgeschäfte oder Delikte oder Vertragsverletzungen oder Tatbestände der Gefährdungshaftung, selbständig einen Schuldgrund verwirklicht, seine Haftung auf einen Teil seines Vermögens, den Nachlaß, beschränken kann. Auf der anderen Seite erscheint es nicht angängig, Gläubigern, deren Ansprüche aus unmittelbarer Fortsetzung des Rechtslebens des Erblassers entspringen, die Teilnahme an der Sonderbefriedigung aus dem Nachlasse im Falle einer Nachlaßverwaltung oder eines Nachlaßkonkurses zu versagen. Das sind auch die beiden entgegengesetzten Erwägungen, zwischen denen Binder a. a. O. S. 33—49 hin- und herschwankt, und die ihn, da er solche Doppelhaftung grundsätzlich ablehnt, dazu führen, den Rahmen der Nachlaßverbindlichkeiten, die der Haftbeschränkbarkeit unterliegen, teils zu weit, teils zu eng zu spannen. Zu weit, indem er aus allen Rechtsgeschäften des Erben, die dieser rein objektiv in ordnungsmäßiger Verwaltung des Nachlasses vornimmt, zu denen mit anderen Worten er „als Erbe verpflichtet ist" (S. 45/46), und ebenso aus allen Verwaltungshandlungen Dritter, die, ohne Testamentsvollstrecker oder Nachlaßpfleger oder Nachlaßverwalter oder Nachlaßkonkursverwalter zu sein, erbrechtliche

Geschäfte wie z. B. die Beerdigung besorgen, nur Nachlaßverbindlichkeiten, nicht zugleich Schulden des Erben hervorgehen lassen will, ja sogar die Haftung des Erben aus §§ 835/836 dauernd als Nachlaßhaftung behandelt, selbst wenn der Erbe das Jagdrecht oder den Hausbesitz unter Lebenden weiter ausübt (s. S. 45—48)[10]. Zu eng, indem er die Einstandspflichten, die den Erben aus Nichterfüllung oder mangelhafter Erfüllung von Nachlaßverbindlichkeiten treffen, oder die Schadensersatzpflichten, die er als Tierhalter — oder, wie wir hinzufügen müssen, als Unternehmer eines haftpflichtigen Betriebes, als Kraftfahrzeug- oder Luftfahrzeughalter — nach eigener Inbesitznahme, sei es auch noch während der vorläufigen Eigenverwaltung nach §§ 1978, 1991 I, sich zuzieht, stets als reine Eigenschulden des Erben betrachten will (S. 48/49). Gerade an diesen Tatbeständen zeigt sich deutlich, daß die unerbittlich strenge Alternative: Nachlaßschuld oder Erbenschuld, nicht durchführbar ist, denn es besteht in solchen und ähnlichen Fällen, wie ich in „Erbfolge und Erbenhaftung" S. 119—125 gezeigt habe, das Bedürfnis, sowohl den Erben persönlich haftbar zu machen, wie auch im Falle amtlicher Liquidation den Gläubigern die Teilnahme an der gesonderten Nachlaßbefriedigung zu gewähren. So hat denn auch das Reichsgericht in neuerer Zeit in mehreren Entscheidungen diesen Standpunkt angenommen. Während es in der Entsch. RG. 35, 418ff. für das frühere Recht noch die Auffassung vertritt, daß überall dort, „wo in Betätigung der Verwaltung des noch ungeteilten Nachlasses oder zum Zwecke der Regulierung desselben mit einem Gläubiger kontrahiert sei, auch von dem Erben selbst, eine Nachlaßverbindlichkeit entstehe", d. h. aber eine der Haftbeschränkung unterliegende, und diese Auffassung in RG. 62, 41 grundsätzlich auch noch für das heutige Recht bestätigt, — wenngleich es für den konkreten Fall daraus nur die Konsequenz zieht, daß der Gläubiger seine Forderung im Nachlaßkonkurse anmelden könne, weil nur das streitig war —, hat es neuerdings in der grundlegenden Entsch. RG. 90, 91ff., bes. S. 93, die Möglichkeit der Nachlaß-Erbenschuld mit solidarischer Doppelhaftung beider Vermögensmassen anerkannt und dies RG. 112, 129ff. und JW. 1927 S. 1196ff. unter Nr. 11 ausdrücklich bestätigt. Insbesondere hat es in der Entsch. RG. 90, 94f. darauf hingewiesen, daß, wenn man Verbindlichkeiten des Erben aus eigenen Verwaltungshandlungen für den Nachlaß immer nur als reine Eigenschulden, also im umgekehrten Sinne wie grundsätzlich Binder, auffassen würde, sich daraus die für den Erben unbillige Folge ergäbe, daß er für sie niemals nach §§ 1978 III in Verbindung mit 257 Befreiung oder, falls er schon mit Eigenmitteln geleistet hat, Ersatz aus dem Nachlasse verlangen könnte, obwohl doch solche Handlungen im Interesse und zugunsten des Nachlasses und seiner Gläubiger erfolgt seien. Das ist zweifellos zutreffend. Aber auf der anderen Seite wäre es ebenso unbillig, wenn der Erbe Gläubiger, mit denen er persönlich kontrahiert, oder die er durch eigenes Verhalten oder solches seiner Angestellten (§ 278), sei es in Erfüllung von Nachlaßverbindlichkeiten oder in Fortsetzung von haftbelasteten Situationen des Erblassers, geschädigt hat, oder die als Geschäftsführer ohne Auftrag für ihn erbrechtliche Geschäfte besorgt haben (s. dazu Näheres „Erbfolge und Erbenhaftung" S. 120), auf die vielleicht völlig unzureichende Nachlaßhaftung verweisen könnte. Darum bietet für alle solche Fälle nur die Rechtsfigur der Nachlaß-Erbenschuld

[10]) Es sei denn, wie Binder jetzt in JW. 1927 S. 1196—1198 in der Besprechung des Urt. des RG. V v. 2. Okt. 1926 hinzufügt, daß „ein besonderer Haftungsgrund vorliegt, z. B. die rechtsgeschäftliche Übernahme dieser Haftung"; die grundsätzliche Möglichkeit einer solchen Doppelhaftung gibt Binder also jetzt zu.

eine befriedigende Lösung. Freilich ist es auch dann möglich, daß der Erbe für seine Ersatzansprüche gegen den Nachlaß, obwohl er in der Regel die Vorzugsstellung eines Masseschuldgläubigers hat (§ 224 Ziff. 1 gegen § 225 II KO.), keine volle Befriedigung erhält; aber das ist nun einmal die Gefahr, der jeder Erbe, der die Erbschaft annimmt und selbst erbrechtliche Geschäfte besorgt, aus dieser Fortführung des Rechtslebens des Erblassers ausgesetzt ist.

Es bedarf somit innerhalb des Gesamtkomplexes der den Erben treffenden Verbindlichkeiten einerseits einer Abgrenzung der reinen haftbeschränkbaren Nachlaßverbindlichkeiten von den gemischten nicht haftbeschränkbaren Nachlaß-Erbenschulden, andererseits aber auch einer Grenzziehung zwischen diesen beiden Gruppen und den reinen Erbenschulden. Auch wo diese zweite Grenze liegt, ist im einzelnen oft recht zweifelhaft. Grundsätzlich muß sie dort gezogen werden, wo der Entstehungstatbestand der Verbindlichkeit ausschließlich schon der rechtlichen Lebenssphäre des Erben angehört, also auch nicht nur zum Teil noch in das Rechtsleben des Erblassers zurückgreift. In ihrer rechtlichen Behandlung teilen die reinen Erbenschulden insoweit das Schicksal der Nachlaß-Erbenschulden, als ihre Gläubiger vom Zugriffe auf das Erbenvermögen natürlich durch keine Maßnahmen des Erben oder eines Nachlaßgläubigers abgehalten werden können. Aber sie unterscheiden sich von ihnen durch das privilegium odiosum, das zu ihren Ungunsten in der sog. Haftungssonderung enthalten ist. Denn während die Nachlaß-Erbengläubiger an der Sonderbefriedigung aus dem Nachlasse teilnehmen, werden die reinen Erbengläubiger durch Nachlaßverwaltung oder Nachlaßkonkurs von jedem Zugriffe auf den Nachlaß ausgeschlossen, und zwar nicht nur für die Dauer des Verfahrens, sondern zum Teile sogar mit rückwirkender Kraft bis zum Erbfalle (§ 784 II ZPO.; § 221 KO.; s. Näheres in „Erbfolge und Erbenhaftung“ S. 152—154).

In diesen drei Rechtsformen schuldrechtlicher Verpflichtung spielt sich der Übergang vom Pflichtleben des Erblassers zu dem des Erben ab, — soweit die Pflichtstellung einer Person aus schuldrechtlichen Verbindlichkeiten besteht. Aber damit ist der Gesamtinhalt derjenigen rechtlichen Beziehungen und rechtlichen „Lagen“, die wir unter dem Namen „Pflichtleben“ im weitesten Sinne des Wortes zusammenfassen, und in die der Erbe kraft der Gesamtrechtsnachfolge sukzediert, noch nicht ausgeschöpft. Vielmehr umfaßt das Pflichtleben in dem hier verstandenen Sinne sämtliche konkreten Rechtsnormen, die für den Erblasser eine privatrechtliche Benachteiligung irgendwelcher Art, nicht nur aktuelle Verpflichtungen und mit potentiellen Pflichten belastete Positionen, sondern auch Rechtsverluste und Rechtsminderungen sowie „Anwartschaften“ auf solche, insbesondere auch Verschärfungen und Erweiterungen der bisherigen Pflichtstellung, entweder schon vor seinem Tode begründet hatten oder aber begründet hätten, wenn er die Vollendung des Normtatbestandes erlebt hätte. Die bedingenden Tatsachen, die solche nachteiligen Rechtsfolgen für eine Person auslösen können, sind überaus mannigfaltig: das hat die vielfache wissenschaftliche Behandlung, die das Problem der Klassifikation der „rechtswirksamen Tatsachen“ seit dem ausgezeichneten Buche Eltzbachers „Die Handlungsfähigkeit“ (1903) erfahren hat, dargetan. Eine erschöpfende Darstellung der Erbfolge müßte daher sämtliche Tatbestände, die rechtliche Nachteile für einen Menschen im Gefolge haben, darauf untersuchen, ob sie diese nachteiligen Folgen auch in den Rechtsbereich seiner Erben hinübertragen. Das ist im Rahmen dieser Abhandlung nicht möglich; ich muß mich darauf beschränken, aus jeder Gruppe diejenigen Fälle herauszugreifen, deren wissenschaftliche Behandlung mir einer Klärung zu bedürfen scheint.

II.
Nachwirkung persönlicher Rechtslagen des Erblassers

Die erste Frage, die bei allen diesen Tatbeständen zu prüfen ist, ist die, ob sie nicht „höchstpersönlich" in dem Sinne sind, daß die aus ihnen erwachsenden Rechtsnachteile sich auf die Person desjenigen beschränken, in dessen Lebensbereich sich der Tatbestand ganz oder zum Teile vollzieht, und daher auf die Erben überhaupt nicht übergehen können.

Dies ist in erster Linie für die Rechtswirkungen zu bejahen, die noch im heutigen Rechte an natürliche „Eigenschaften" der Person, wie Alter, Geschlecht, geistige und körperliche Gesundheit, psychische Anlagen wie Verschwendungssucht und Trunksucht, ehrlose oder unsittliche Gesinnung und deren Betätigung, aber auch an bestimmte soziale Verhältnisse wie Staatsangehörigkeit, Religion, Stand, Beruf, bei Frauen auch Verheiratung, geknüpft sind. Soweit solche persönlichen Verhältnisse die allgemeine rechtliche Position des Rechtssubjektes nachteilig beeinflussen, kann keine Rede davon sein, daß diese „Rechtsminderung" als solche auch auf den Erben übergeht. Der volljährige Erbe eines minderjährigen Erblassers wird ebensowenig beschränkt geschäftsfähig, wie umgekehrt das zweijährige Kind die Geschäftsfähigkeit seines Vaters erbt, dessen Alleinerbe es ist. Wer eine Ehefrau beerbt, ist in der künftigen Verwaltung und Verfügung über diejenigen Vermögensbestandteile, die ihr eingebrachtes Gut bildeten, nicht den Beschränkungen der §§ 1395ff. unterworfen. Der Erbe eines Kaufmannes erwirbt als solcher nicht die Kaufmannseigenschaft mit den an ihr hängenden rechtlichen Vorteilen und Nachteilen, sondern nur dadurch, daß er das Handelsgeschäft fortführt (vgl. § 27 HGB.). Der Erbe eines durch „ehrloses oder unsittliches Verhalten" oder durch Aberkennung der bürgerlichen Ehrenrechte oder durch Konkurs in seiner privatrechtlichen Stellung Benachteiligten tritt nicht in diese Rechtsposition ein. Das alles ist für unsere heutige Auffassung so selbstverständlich, daß es keiner weiteren Erörterung bedarf. Aber diese Nichtvererblichkeit von Rechtsminderungen betrifft lediglich die allgemeine rechtliche Position, die die potentielle Quelle einzelner rechtlicher Nachteile ist; sie erstreckt sich nicht auch auf einzelne nachteilige Rechtswirkungen, die bereits zu Lebzeiten des Erblassers entstanden oder doch begründet waren. War z. B. einem pflichtteilsberechtigten Abkömmling wegen „ehrlosen oder unsittlichen Lebenswandels" (§ 2333 Ziff. 5) oder einem Ehegatten wegen „ehrlosen oder unsittlichen Verhaltens" (§ 2335 i. V. m. § 1568) der Pflichtteil bereits entzogen, so wirkt dieser Rechtsnachteil auch dann gegen die Erben des Enterbten, wenn dieser noch vor dem Tode des Enterbenden, d. h. vor endgültigem Eintritte des Rechtsverlustes stirbt. Ebenso muß die Erbunwürdigkeit, die jemand sich durch bestimmte persönliche Handlungen zugezogen hat (§ 2339), sein Erbe auch dann gegen sich gelten lassen, wenn der Erbunwürdige noch vor Erhebung der Anfechtungsklage (§ 2342) gestorben ist: die einmal begründete „Anwartschaft" auf den Rechtsverlust geht auf den Erben über und setzt ihn der Anfechtungsklage aus (so die allgemeine Meinung, s. bes. Sorgenfrey in DJZ. 1908 S. 1339, der einen interessanten Fall berichtet, wo die anfechtungsberechtigten Geschwister gleichzeitig Erben ihres erbunwürdigen Bruders waren, also dessen Erbschaft ausschlagen mußten, um gegen die dann berufenen Erben die Anfechtungsklage erheben zu können). Ebenso sind alle privatrechtlichen Pflichten, die zu Lasten des Erblassers auf Grund seiner Kaufmannseigenschaft entstanden waren: so z. B. durch Schweigen auf einen Vertragsantrag nach § 362 HGB. oder durch mündliche Bürgschaftsübernahme, mündliches Schuldanerkenntnis oder Schuldversprechen nach § 350; oder die jedenfalls nur auf Grund seiner Kaufmannseigenschaft diesen spezifischen Rechtsinhalt haben konnten: so z. B. nichtherabsetzbare Vertragsstrafenpflicht (§ 348), Zinspflicht in Höhe von 5% (§ 352) und schon von der Fälligkeit an (§ 353), Haftung für die Sorgfalt eines ordentlichen Kaufmannes (§ 347), Verpflichtbarkeit durch kaufmännische Anweisung (§ 363), Verpflichtung zur Mängelrüge (§ 377) — auch dann gegen den Erben des Kaufmannes wirksam, wenn er seinerseits nicht Kaufmann ist, und selbst dann, wenn der Tatbestand der Pflichtentstehung zur Zeit des Todes zwar noch nicht vollendet war, aber nach den Vorschriften der §§ 130 II, 153, 791 BGB. als noch vom Erblasser herrührendes oder ihn betreffendes Rechtsgeschäft zu behandeln ist. Ebenso wirken Verpflichtungen, die zu Lasten des Schuldners nur auf Grund seiner Geschäftsunfähigkeit oder beschränkten Geschäftsfähigkeit oder seiner Eigenschaft als Ehefrau oder Konkursschuldners entstehen können, gegen seine Erben, und zwar wiederum auch dann, wenn sie zur Zeit des Erbfalles noch nicht voll entstanden waren, aber der ihren Rechtsgrund bildende Teil des Tatbestandes schon vollzogen war. War z. B. an einen Geschäftsunfähigen oder Geschäftsbeschränkten auf Grund eines ungültigen Vertrages oder an eine Ehefrau (ohne Zustimmung des Mannes) auf Grund eines zu ihrem eingebrachten Gute oder an einen Konkursschuldner auf Grund eines zur Konkursmasse gehörigen Anspruches (ohne daß § 8 KO. vorlag) eine Leistung bewirkt worden, so trifft die hierdurch begründete vindikatorische oder kondiktizische Herausgabepflicht selbstverständlich auch die Erben des Leistungsempfängers. Aber auch dann, wenn nur das Fehlen des Rechtsgrundes noch dem Lebensbereiche des Erblassers angehörte, also z. B. der nichtige Vertragsschluß des Nichtgeschäftsfähigen, die Leistung aber erst an den Erben bewirkt wird, so entsteht für ihn eine Herausgabepflicht, und zwar als echte Nachlaßverbindlichkeit, da sie noch „vom Erblasser herrührt". Schwieriger wird die Entscheidung dann, wenn der in seiner Geschäftsfähigkeit oder Verfügungsbefugnis beschränkte Erblasser zwar noch den Vertrag geschlossen bzw. die Verfügung vorgenommen hatte, die nach §§ 108 oder 1396 erforderliche Genehmigung des gesetzlichen Vertreters oder des Ehemannes aber beim Tode noch nicht erfolgt, das Geschäft also noch schwebend unwirksam war. Wir setzen hierbei zunächst den Fall, daß die Erben ihrerseits geschäftsfähig und nicht Ehefrauen sind. In solchen Fällen fragt es sich, ob der gesetzliche Vertreter bzw. der Ehemann des verstorbenen Kontrahenten noch jetzt die Genehmigung erteilen oder verweigern kann, mit der Wirkung, daß dadurch der Vertrag des Geschäftsbeschränkten bzw. die Verfügung der Ehefrau für deren Erben endgültig wirksam oder unwirksam wird. Es erhellt, daß die Frage praktisch von großer Bedeutung ist: bejaht man sie, so ist der Vormund oder der Ehemann noch nach dem Tode des Mündels oder der Ehefrau in der Lage, über die Wirksamkeit eines von diesen vorgenommenen Geschäftes zu entscheiden und damit in die Rechtslage der Erben gestaltend einzugreifen, — obwohl doch kein Zweifel daran besteht, daß die generelle gesetzliche Vertretungsmacht des Vaters oder Vormundes und die generelle Zustimmungsbefugnis des Ehemannes mit dem Tode des Mündels oder der Ehefrau erloschen sind, und daß sie zur Vertretung der Erben des Mündels oder zur Verwaltung des Vermögens der Erben der Ehefrau keine Kompetenz haben. Soll, so fragt es sich, der persönliche Mangel der Geschäftsfähigkeit oder der Verfügungsbefugnis des Kontrahenten für die von ihm noch geschlossenen, aber noch nicht genehmigten einzelnen Geschäfte nach seinem Tode fortwirken und damit auch die Genehmigungsbefugnis des Muntwalts für solche einzelnen rechtsgeschäftlichen Betätigungen als „postume Nachwirkung" bestehen bleiben, — oder sollen, da die gesamte rechtliche Position des Verstorbenen jetzt auf andere Personen übergegangen ist, die ihrerseits jener Beschränkung nicht unterliegen, auch die von dem Erblasser geschlossenen Einzelgeschäfte nunmehr von jenen Mängeln frei werden? Ich entscheide im letzteren Sinne. Erbfolge bedeutet, daß der Erbe in die gesamte Rechts- und Pflichtstellung des Erblassers zwar in dem Entwickelungszustande eintritt, wie dieser beim Tode war, daß er sie von nun an aber als eigene, nicht als fremde Rechts- und Pflichtstellung fortsetzt. Daher werden auch alle Berechtigungen, Verpflichtungen und Belastungen aus den vom Erblasser geschlossenen Geschäften nunmehr solche des Erben. Da aber auf diesen nicht auch die allgemeinen persönlichen Beschränkungen des Erblassers übergehen, wie sie aus mangelnder Geschäftsfähigkeit oder für eine Frau aus der Ehe entspringen, so ist die Rechtslage vom Erbfalle an so zu behandeln, als wenn der Kontrahent selbst geschäftsfähig oder verfügungsbefugt geworden wäre. Daher werden die Geschäfte des verstorbenen Mündels zwar gemäß § 108 III nicht ipso jure vollwirksam, aber der geschäftsfähige Erbe, nicht mehr der Vormund des Erblassers, kann sie gemäß § 108 III genehmigen (in gleichem Sinne Planck, Erl. 8 zu § 108; Staudinger, Erl. 6 zu §§ 108, 109; Oertmann im ArchBürgR. 21, 10; Dernburg I § 121 III; Enneccerus I § 143 Note 6; KommRGR. Erl. 1 zu § 108; KG. in OLG. 4, 416ff.). Die Verpflichtungen, die damit für den Erben entstehen, sind aber, zumal die Genehmigung rückwirkende Kraft hat, noch solche, die „vom Erblasser herrühren", also echte Nachlaßverbindlichkeiten. Dagegen werden die Verfügungen der Ehefrau, da mit ihrem Tode die Ehe aufgelöst wird und damit das Verwaltungsrecht des Ehemannes und seine Zustimmungsbefugnis aufhören, ipso jure wirksam. Eine dem § 108 III entsprechende Bestimmung hat das Bürgerliche Gesetzbuch hier mit Recht nicht getroffen, da es sich nicht um eine Beschränkung der Geschäftsfähigkeit handelt, der Wegfall einer Verfügungsbeschränkung aber nach dem Grundsatze des § 185 kraft Gesetzes Konvaleszenz herbeiführt. Hatte also die Ehefrau ohne Wissen des Mannes Gegenstände des eingebrachten Gutes veräußert, so wird der Erwerber mit ihrem Tode endgültig Eigentümer, die Gegenstände gehören also gar nicht mehr zum Nachlasse. Hatte sie Gegenstände belastet, so wirkt das Recht des Dritten ipso jure gegen die Erben, hatte sie auf eine zum eingebrachten Gute gehörende Forderung die Leistung angenommen, so ist die Forderung mit dem Tode erloschen und daher nicht mehr Bestandteil des Nachlasses. Anders wäre aber die Rechtslage, wenn schon bei Lebzeiten des Mündels oder der Ehefrau der gesetzliche Vertreter oder der Mann die Einwilligung oder Genehmigung verweigert hätte. Dann wäre damit der Vertrag endgültig unwirksam geworden und könnte auch dadurch nicht wieder aufleben, daß mit dem Tode des Kontrahenten seine Beschränkung wegfällt. Es wäre vielmehr nur eine „Bestätigung" durch die Erben gemäß § 141, d. h. aber eine erneute Vornahme des Geschäftes zwischen ihnen und dem Gegner möglich. Für die Verfügung der Ehefrau ist dies in § 1396 III noch ausdrücklich bestimmt worden.

Ist auch der Erbe oder einer der Miterben seinerseits in der Geschäftsfähigkeit beschränkt oder eine Ehefrau, in deren eingebrachtes Gut der Gegenstand fällt, über den der Erblasser schwebend verfügt hatte, so ist dementsprechend die Rechtslage so zu behandeln, als wenn der Kontrahent selbst seinen zustimmungsbefugten Muntwalt gewechselt hätte. Daher ist nunmehr der gesetzliche Vertreter bzw. der Ehemann des Erben, nicht mehr der des Erblassers, zur Genehmigung nach §§ 108 I, 1396 I berechtigt.

Anders gestaltet sich die Lage, wenn nur der Erbe geschäftsunfähig oder geschäftsbeschränkt oder eine verfügungsbeschränkte Ehefrau ist, während der

Erblasser keinen solchen rechtlichen Minderungen unterlag. Das fällt zwar eigentlich nicht mehr in den Rahmen unserer Aufgabe, soll aber im systematischen Zusammenhange mitbehandelt werden. Die Beschränkungen des Erben können in solchen Fällen natürlich nur dann überhaupt in Frage kommen, wenn beim Tode des Erblassers der Vertrag bzw. die Verfügung noch nicht vollendet und wirksam geworden war, sondern sich noch im Werdezustande befand. Das ist insbesondere auf Grund der Vorschrift des § 153 möglich, die grundsätzlich auch auf Verfügungsverträge Anwendung findet. Wir betrachten zunächst den Fall, daß der Erbe nicht geschäftsfähig ist. Hatte z. B. der Erblasser einem Dritten ein wirksames Verkaufsangebot gemacht und stirbt er vor Annahme, so kann nach § 153 der Dritte — sofern nicht „ein anderer Wille des Erblassers anzunehmen ist" — auch noch gegenüber dem Erben die Annahme erklären. Das bedeutet, daß der Vertragsantrag des geschäftsfähigen Erblassers auch für den Erben, ungeachtet seiner mangelnden Geschäftsfähigkeit, bindend bleibt. Denn der Zweck des § 153 geht dahin, daß dem Vertragsgegner das durch das Angebot erworbene „Annahmerecht" weder durch den Tod noch durch den Verlust der Geschäftsfähigkeit des Offerenten wieder entzogen werden soll. Daher bleibt es auch dann bestehen, wenn die Erben des Offerenten ihrerseits geschäftsunfähig sind. Das hat für die andere Partei die überaus wichtige Folge, daß sie den Vertrag durch Annahme — und zwar nach § 1959 III schon gegenüber dem „vorläufigen Erben" — zustande bringen kann, ohne daß der gesetzliche Vertreter des Erben hineinreden und den Vertragschluß hindern kann: ist der Erbe geschäftsbeschränkt, so hat sein gesetzlicher Vertreter dennoch keine Genehmigungsbefugnis, ist er geschäftsunfähig, so ist kein erneuter Vertragsabschluß durch seinen Vertreter nach § 141 erforderlich. Insoweit wirkt also die Geschäftsfähigkeit des Erblassers zugunsten der Wirksamkeit der von ihm begonnenen Geschäfte noch nach seinem Tode nach. Aber die Annahmeerklärung des Gegners kann, wenn der Erbe geschäftsunfähig ist, nur an seinen gesetzlichen Vertreter (§ 131 I), wenn er beschränkt geschäftsfähig ist, entweder an diesen oder an ihn selbst mit Einwilligung des Vertreters erfolgen (§ 131 II; so die herrschende und richtige Ansicht, s. Oertmann, Erl. 4 zu § 153). Dadurch bekommt, was praktisch immerhin nicht unerheblich ist, der gesetzliche Vertreter Kenntnis von dem Vertrage und kann dessen Abwickelung überwachen. Insbesondere hat er, wenn der Erblasser nur den Schuldvertrag, nicht schon die dingliche Verfügung begonnen hatte, seinerseits die Erfüllungsakte vorzunehmen oder doch, wenn der Erbe geschäftsbeschränkt ist, ihnen zuzustimmen, und wenn es sich dabei um Rechtsgeschäfte handelt, die der Genehmigung des Vormundschaftsgerichtes bedürfen, auch dessen Genehmigung einzuholen, so insbesondere bei Verfügungen über Grundstücke oder Grundstücksrechte (§ 1821 Ziff. 1): denn diese sind als solche genehmigungsbedürftig, auch wenn das Grundgeschäft ohne Genehmigung wirksam war. Freilich hat sich die Prüfung des Vormundschaftsgerichtes dann darauf zu beschränken, ob der Verpflichtungsvertrag Wirksamkeit hatte (Planck, Erl. 6 zu §§ 1821—1832). Aber immerhin erfolgt die gesamte Abwickelung der Geschäfte unter der Aufsicht des gesetzlichen Vertreters und gegebenenfalls auch des Vormundschaftsgerichtes.

Dagegen entfällt auch diese Aufsicht völlig, wenn der Erblasser bereits das Verfügungsgeschäft begonnen hatte: so wenn er einen Brief, in dem er einem Schuldner den Erlaß der Schuld anbietet, bereits abgeschickt hatte (§ 130 II), oder wenn dieser Brief schon vor seinem Tode beim Schuldner eingetroffen war (§ 153), oder wenn die zur Verfügung über ein Grundbuchrecht erforderliche Einigung oder einseitige Erklärung nach §§ 873 II, 875 II bereits für den Erblasser bindend geworden war, so daß es nur noch des Eintragungsantrages des Gegners und dessen Eintragung bedarf, um die dingliche Rechtswirkung herbeizuführen. In solchen Fällen wird durch die Annahme des Erlaßantrages die Schuld getilgt, und ebenso wird mit der Eintragung des Berechtigten die dingliche Rechtsänderung wirksam, obwohl die Forderung und das Grundstücksrecht mit dem Tode ein Vermögensstück des geschäftsunfähigen oder beschränkt geschäftsfähigen Erben geworden ist, über das er selbst gar nicht oder doch nur mit Zustimmung des Vertreters bzw. auch des Vormundschaftsgerichtes verfügen könnte. Hier sind also weder der Vormund noch das Vormundschaftsgericht mehr in der Lage, das Zustandekommen des Verfügungsgeschäftes zu hindern.

Das gleiche gilt in allen Fällen, in denen die rechtsgeschäftlichen Transaktionen des Erblassers bei seinem Tode bereits ein Stadium erreicht hatten, in dem die durch sie geschaffene Bindung auf die Erben übergeht, so daß diese die Vollendung der vom Erblasser gewollten Rechtswirkung nicht mehr aufhalten und vereiteln können. Nur wenn das nicht der Fall ist, sondern zur Perfektion des rechtsgeschäftlichen Tatbestandes noch die selbständige Mitwirkung des Erben erforderlich ist, macht sich nunmehr der Mangel seiner Geschäftsfähigkeit geltend, und die zur Abwickelung erforderlichen Rechtsakte stehen dann unter der Aufsicht des gesetzlichen Vertreters und gegebenenfalls auch des Vormundschaftsgerichtes. Besonderes Interesse beansprucht hier der von Endemann, Lehrbuch III, 1 S. 222 unter 3, erörterte Fall, in dem der geschäftsfähige Erblasser zwar seinerseits noch keine hauptgeschäftliche Willenserklärung, insbesondere noch kein Vertragsangebot abgegeben, wohl aber einen Dritten damit beauftragt und bevollmächtigt hatte. Hier sukzedieren die nicht geschäftsfähigen Erben, da Auftrag und Vollmacht im Zweifel mit dem Tode des Machtgebers nicht erlöschen (§§ 672, 168), in die dadurch geschaffene Bindungslage des Erblassers ein — das wird unten S. 309f. noch eingehender erörtert werden — und nehmen daher vom Erbfalle an ihrerseits die Rechtsstellung des Auftrag- und Vollmachtgebers ein. Und da § 672 bestimmt, daß auch der Eintritt der Geschäftsunfähigkeit des Auftraggebers selbst an der Wirksamkeit des Auftrages und somit nach § 168 auch der Vollmacht nichts ändert, so bleiben auch bei Geschäftsunfähigkeit oder beschränkter Geschäftsfähigkeit der Erben Auftrag und Vollmacht mit Wirksamkeit gegen sie bestehen. Obwohl daher der Bevollmächtigte, wenn er erst nach dem Tode des Erblassers die Rechtsgeschäfte vornimmt, nunmehr im Auftrage und in Vollmacht der Erben, nicht mehr des Erblassers handelt (s. dazu Näheres unten S. 310), so bedarf er trotzdem dazu weder der Zustimmung des Vormundes noch der Genehmigung des Vormundschaftsgerichtes. Denn die Rechtslage ist genau so zu behandeln, als wenn der Machtgeber selbst nach gültiger Vollmachterteilung seine Geschäftsfähigkeit verloren hätte: dann bleiben aber Auftrag und Vollmacht wirksam, und die von dem Bevollmächtigten getätigten Geschäfte bedürfen nicht der Genehmigung des Vormundes nach § 177 und diese wiederum bei Grundstücksverfügungen nicht der des Vormundschaftsgerichtes. Daß dieses Ergebnis wenig befriedigt, leuchtet ein und betont auch Endemann. Aber er irrt m. E., wenn er meint, daß kein rechtliches Mittel für den gesetzlichen Vertreter der Erben bestehe, den Bevollmächtigten an der Ausübung seiner Tätigkeit zu hindern; vielmehr kann er das durch Widerruf des Auftrages nach § 671 I oder Kündigung des Dienst- oder Werkvertrages nach § 675 i. V. m. § 627 oder § 649, womit dann auch nach § 168 die Vollmacht erlischt, erreichen. Denn die Auffassung Endemanns, daß der Bevollmächtigte noch den Verstorbenen vertrete und noch über dessen Vermögensstücke verfüge, ist fehlgehend: das wird unten S. 309ff. dargelegt werden; ebenso, ob und inwieweit der Erblasser solchen Widerruf durch die Erben dadurch verhindern kann, daß er eine für seinen Todesfall unwiderrufliche Vollmacht erteilt.

Anders ist die Rechtslage aber dann, wenn es zur Perfektion des Hauptgeschäftes noch einer selbständigen rechtsgeschäftlichen Mitwirkung des Erben bedarf. So ist es z. B., wenn dem Erblasser ein Vertragsantrag gemacht worden war, den weder er selbst bisher angenommen, noch zu dessen Annahme er einen Dritten bevollmächtigt hatte. Falls dieser Antrag, was Auslegungsfrage des Einzelfalles ist, auch als an den Erben gerichtet aufzufassen ist, so kann die Annahmeerklärung nicht durch den geschäftsunfähigen Erben, sondern nur durch seinen gesetzlichen Vertreter, und durch den beschränkt geschäftsfähigen Erben nur mit Zustimmung des Vertreters erfolgen, es sei denn, daß im letzteren Falle der Vertrag dem Erben lediglich einen rechtlichen Vorteil bringt. Ist dagegen eine Ehefrau Erbin, so kann sie die ihrem Erblasser gemachte Offerte selbständig annehmen: denn § 1406 Ziff. 2 bestimmt allgemein, daß sie zur Annahme eines Vertragsantrages nie der Zustimmung des Ehemannes bedarf.

Fraglich und bestritten ist es aber, ob, wenn der Erblasser eine Verfügung über einen Vermögensgegenstand zwar schon begonnen, aber noch nicht vollendet hatte, eine ihn beerbende Ehefrau zur Perfektion der Verfügung der Zustimmung ihres Mannes bedarf, falls der Gegenstand in ihr eingebrachtes Gut fällt. Zwar kann sie die Erbschaft selbst ohne Zustimmung annehmen oder ausschlagen (§ 1406 Ziff. 1), aber der Nachlaß wird, wenn sie nicht ausschlägt, vom Erbfalle an eingebrachtes Gut (§ 1363 II) und unterliegt daher von diesem Zeitpunkte an der Verwaltung und Nutznießung ihres Ehemannes. Daher ist an sich zu jeder Verfügung über einen Nachlaßgegenstand die Zustimmung des Mannes erforderlich (§ 1395). Hatte nun aber ihr Erblasser seinerseits eine solche Verfügung bereits begonnen, aber noch nicht vollendet, so fragt es sich, ob der Ehemann deren Wirksamwerden durch Versagen seiner Genehmigung verhindern kann, oder ob der Frau die unbeschränkte Verfügungsbefugnis ihres Erblassers zugute kommt. Die Frage kann nicht anders entschieden werden als in dem Falle, daß eine von einer Frau selbst noch vor ihrer Verheiratung begonnene Verfügung durch den Eheschluß unterbrochen wird: z. B. sie sendet den Brief, der einem Schuldner die Schuld erläßt, kurz vor dem Gange zum Standesamt ab, der Brief kommt aber erst nach der Eheschließung beim Schuldner an, der den Erlaßantrag annimmt: ist in solchem Falle die Zustimmung des Ehemannes zu dieser Verfügung erforderlich? Die Frage ist überaus bestritten, wie die Literaturangaben bei Planck, Erl. 8 zu § 130, und Oertmann, Erl. 3g zu § 130, zeigen. M. E. kann sie nur unter Anwendung der in §§ 130 II u. 153 ausgesprochenen Grundsätze entschieden werden. Die im Schrifttum beliebte Gleichstellung der Verfügungsbeschränkung der Frau mit der des Konkursschuldners ist m. E. fehlgehend. Die beiden Beschränkungen verfolgen durchaus verschiedene Zwecke und sind auch im einzelnen durchaus nicht gleichartig ausgestaltet. Die Verfügungsbeschränkung des Konkursschuldners ist eine Folge der Pfandbeschlagnahme seines Vermögens und erfolgt zum Zwecke der Verwertung der Vermögenssubstanz im Interesse der Gläubiger. Die Verfügungsbeschränkung der Frau ist eine Folge der Unterwerfung ihres Vermögens unter das Verwaltungs- und Nutznießungsrecht des Ehemannes und erfolgt im Interesse der Erhaltung der Vermögenssubstanz und der Verwertung der Vermögensnutzungen für die wirtschaftlichen Lebensbedürfnisse der Familie, also auch der Ehefrau selbst. Der Konkurs wirkt daher wie ein verstärktes Generalpfandrecht der Gläubiger, die Beschränkungen der Ehefrau sind der Rechtsstellung des beschränkt Geschäftsfähigen nachgebildet. Daher erscheint es mir gerechtfertigt, auch für die Wirksamkeit ihrer rechtsgeschäftlichen Verfügungen die Teilentmündigung, der sie durch die Ehe unterworfen wird, nach dem Muster der Vollentmündigung des Geschäftsbeschränkten zu behandeln. Wenn aber nach §§ 130 II u. 153 sogar der Totalverlust der Geschäftsfähigkeit des Erklärenden ohne Einfluß auf die Wirksamkeit der Erklärung und die bindende Kraft der Offerte ist, so muß das erst recht für den Teilverlust der Geschäftsfähigkeit gelten, den die Ehefrau mit dem Eheschlusse erleidet. Es ergäbe sich sonst das seltsame Resultat, daß der Erlaß- oder Zessionsantrag einer unverheirateten Frau, die nach der Abgabe oder auch nach dem Zugange des Antrages beim Gegner in Geisteskrankheit verfällt, wirksam und bindend bleibt und der Vertragschluß von dem Vormunde nicht mehr verhindert werden kann, während ihre inzwischen erfolgte Verheiratung den Vertrag schwebend unwirksam und dessen Genehmigung durch den Ehemann nach § 1396 erforderlich machen würde. Sind aber die Vorschriften der §§ 130 II u. 153 auf die Verfügungsbeschränkung der Ehefrau anzuwenden, so folgt daraus, daß Verfügungen auch dann, wenn sie noch vom Erblasser der Frau stammen, sofern dieser nur den Zeitpunkt der „Abgabe" nach § 130 II noch erlebt hat, für die ihn beerbende Ehefrau bindend bleiben und nicht von der Zustimmung des Ehemannes abhängig gemacht werden. Denn die ratio legis der §§ 130 II u. 153: Schutz des Geschäftsgegners, der eine noch von einer lebenden und geschäftsfähigen Person stammende Erklärung erhält, liegen auch hier vor. Nur für grundbuchrechtliche Verfügungen ist in § 878 ein anderer Zeitpunkt bestimmt, der nach bestrittener, aber m. E. richtiger Ansicht auch für gesetzliche Verfügungsbeschränkungen gilt (s. Planck-Strecker, Erl. 2 zu § 878, KG. in OLG. 37, 290), nämlich der des Einganges des Eintragungsantrages beim Grundbuchamte. Hatte daher der Erblasser einen den Erfordernissen der §§ 873 II, 875 II entsprechenden Antrag noch abgeschickt, ist dieser aber erst nach seinem Tode beim Grundbuchamt eingegangen, so ist zwar der Erbe grundsätzlich nach § 130 II an die Verfügung gebunden; aber die Verfügungsbeschränkung der Ehefrau-Erbin greift hier noch genau so hindernd ein, als wenn sie selbst die Verfügung vorgenommen und zwischen Absendung und Eingang des Eintragungsantrages die Ehe geschlossen hätte: die Verfügung bedarf der Zustimmung des Ehemannes nach § 1396, und falls es sich um eine einseitige Verfügung, z. B. die Aufgabe eines Grundbuchrechtes handelt, ist sie sogar völlig unwirksam (§ 1398) und kann nur durch eine mit Einwilligung des Mannes erfolgende Wiederholung der Frau wirksam werden.

III.
Nachwirkung „seelischen Verhaltens" des Erblassers

Die Erörterungen unter II betrafen die Vererblichkeit rechtlicher Belastungen und Minderungen, die sich an gewisse physiologisch-psychologische Eigenarten und an bestimmte soziale Positionen des Erblassers knüpften, und haben im Zusammenhange damit auch das Gegenbild betrachtet. Das Ergebnis war, daß solche „Eigenschaften" zwar, soweit sie Quelle potentieller, noch nicht verwirklichter Rechtsfolgen sind, höchstpersönlichen Charakter haben und nicht zu Lasten des Erben wirken, daß aber die aus ihnen bereits entstandenen oder doch rechtlich begründeten konkreten Pflichten und Rechtsnachteile sich in gewissem Umfange über den Tod hinaus auch in das Rechtsleben des Erben hinein erstrekken, und daß im wesentlichen das gleiche auch für die umgekehrte Situation gilt. Zu einem ähnlichen Resultate führt die Frage nach der rechtlichen Vererblichkeit einzelner seelischer Zustände und Ereignisse, die für die Rechtsstellung des Menschen insoweit erheblich sind, als sie nachteilige Wirkungen für ihn zur Folge haben. Die wichtigsten dieser Tatbestände „rein seelischen Verhaltens", — über die Eltzbacher, „Handlungsfähigkeit" S. 231—248, sich erstmalig eingehender verbreitet hat, ohne jedoch merkwürdigerweise unter den zahlreichen von ihm aufgeführten seelischen Tatsachen die Hauptfälle des „guten und bösen Glaubens" zu erwähnen, — sind diejenigen des menschlichen Vorstellungslebens und unter diesen wiederum die häufigen Erscheinungen, die unsere Gesetze als „kennen", „kennenmüssen" und „nichtkennen" bezeichnen, und unter denen die spezifischen Fälle des guten und bösen Glaubens die praktisch erheblichsten sind. Ob solche seelischen Tatsachen, falls sie in der Person des Erblassers vorlagen und seine rechtliche Situation benachteiligend beeinflußten, ohne weiteres auch gegen den Erben fortwirken und ihn den gleichen rechtlichen Nachteilen aussetzen, auch wenn in seiner Person nicht die Voraussetzungen desjenigen seelischen Verhaltens erfüllt sind, an das das Gesetz jene Nachteile knüpft, soll für die wichtigsten Fälle des Rechtslebens nunmehr kurz untersucht werden.

1. Der gute Glaube spielt als nichtgrobfahrlässige Unkenntnis, der böse Glaube als Kenntnis oder grobfahrlässige Nichtkenntnis in erster Linie eine Rolle als Begleiterscheinung sowohl des Besitzerwerbes wie des Zustandes der Innehabung des Besitzes. Für die Frage der Vererblichkeit seiner Wirkungen ist es nun grundsätzlich entscheidend, welcher Zeitpunkt der Feststellung der Gut- oder Bösgläubigkeit zugrunde gelegt wird.

a) Überall wo es für die Rechtsfolgen des guten oder bösen Glaubens lediglich auf den Zeitpunkt des Erwerbes des Besitzes ankommt und die mala oder bona fides superveniens an der einmal eingetretenen Rechtswirkung nichts mehr ändert, bedeutet das für die Erbfolge, daß der gute oder böse Glaube des Erblassers beim Besitzerwerbe allein entscheidet und die Frage, ob der Erbe seinerseits beim Erbfalle oder auch bei späterer tatsächlicher Besitzergreifung gut- oder schlechtgläubig war, unerheblich ist. So hängt z. B. die Herausgabepflicht des Besitzers einer Mobilie nach § 1007 I und nach § 985 i. V. m. § 932 und ebenso umgekehrt der Ausschluß des Herausgabeanspruches des früheren Besitzers nach § 1007 III lediglich von dem bösen Glauben zur Zeit des Besitzerwerbes ab. Daher ist der Erbe des Besitzers dem früheren Besitzer oder dem Eigentümer auch dann herausgabepflichtig und erlangt umgekehrt der Erbe des früheren Besitzers keinen Herausgabeanspruch gegen den jetzigen Besitzer, wenn nur der Erblasser beim Besitzerwerbe bösgläubig war. Der gute Glaube des Erben im Augenblicke des Erbfalles oder auch einer späteren Besitzbefestigung durch Ergreifung nützt ihm nichts mehr: der böse Glaube des Erblassers zieht auch für den Erben den Rechtsnachteil der Herausgabepflicht wie des Ausschlusses des Herausgabeanspruches nach sich. Aber umgekehrt schadet dem Erben auch sein eigener böser Glaube nichts mehr, wenn der Erblasser beim Besitzerwerbe gutgläubig war: die sich daraus ergebenden Rechtsvorteile, daß einerseits die Herausgabepflicht nach § 1007 I nicht entsteht und das Eigentum nach § 932 erworben wird, andererseits der Herausgabeanspruch nach § 1007 I, III entsteht, bleiben auch dem bösgläubigen Erben erhalten.

Das gleiche gilt für die verschärfte Haftung des sog. Deliktsbesitzers nach § 992, für die zwar nicht böser Glaube beim Erwerbe, aber, soweit der Besitz durch unerlaubte Handlung erlangt ist, doch ein schuldhaftes Verhalten des Erwerbers erforderlich ist: auch hier entscheidet nur der Tatbestand des Besitzerwerbes. Hatte daher der Erblasser den Besitz durch Delikt erworben, so tritt der Erbe in die verschärfte Pflichtstellung des § 992 ein, auch wenn er seinerseits noch so gutgläubig war.

b) Anders ist die Rechtslage, wenn nur fortdauernder guter Glaube des Besitzers ihm rechtliche Vorteile bringt oder ihn vor rechtlichen Nachteilen schützt und umgekehrt nur fortdauernder böser Glaube ihn mit rechtlichen Nachteilen belastet. So ist z. B. die günstige Stellung des dem Eigentümer herausgabepflichtigen Besitzers nach § 993, des dem Erben herausgabepflichtigen Erbschaftsbesitzers nach §§ 2018—2022 und ebenso die Eigentumsanwartschaft des Ersitzungsbesitzers nach § 937 I u. II nicht nur davon abhängig, daß er beim Besitzerwerbe oder beim Beginne des Ersitzungsbesitzes gutgläubig war, sondern auch davon, daß er es bleibt. Erfährt er später sein Nichtrecht, so büßt er damit die Vorteile des gutgläubigen Besitzes ein: §§ 990 I 2, 2024 Satz 2, 937 II. Umgekehrt kann sich aber auch hier anfänglicher schlechter Glaube in guten Glauben verwandeln, wenn nämlich der Besitzer nachträglich ohne grobe Fahrlässigkeit zu der Überzeugung kommt, Eigentümer oder Erbe zu sein: dann wird seine verschärfte Pflichtstellung aus § 990 i. V. m. §§ 987 u. 989, 2024 i. V. m. § 2023 von nun an zu der günstigeren des gutgläubigen Besitzers abgeschwächt und beginnt bei der Ersitzung die zehnjährige Frist des § 937 I zu laufen. Das Bürgerliche Gesetzbuch macht nun aber für die Voraussetzungen des guten und schlechten Glaubens einen bemerkenswerten Unterschied zwischen dem Zeitpunkte des Besitzerwerbes und dem Zustande des weiteren Besitzens. Beim Erwerbe bürdet es dem Besitzer eine gewisse Prüfungspflicht auf: erkennt er seine Nichtberechtigung infolge grober Fahrlässigkeit nicht, so ist er bösgläubig. Dagegen tritt mala fides superveniens nur bei positiver Kenntnis ein, da eine fortgesetzte Prüfung seiner Berechtigung zum Besitze bzw. seines Eigentumes oder seines Erbrechtes ihm nicht zugemutet wird (§§ 990, I 1 u. 2, 2024 Satz 1 u. 2, 937 II). Stirbt nun der Sachbesitzer oder der Erbschaftsbesitzer, so tritt der Erbe des ersteren nach der ausdrücklichen Vorschrift des § 857 und der Erbe des letzteren nach der Vorschrift des § 1967 in die rechtliche Position seines Erblassers sofort mit dem Erbfalle ein, und zwar gleichgültig, ob er seinerseits den Besitz tatsächlich ergreift. Daher ergeben sich für die rechtliche Stellung des Erben folgende Fragen:

α) Setzt er die Rechts- und Pflichtstellung des Verstorbenen unverändert in dem Zustande fort, wie sie beim Tode war, gleichgültig ob er seinerseits im Augenblicke des Erbfalles gut- oder bösgläubig war, und kommt es auf seinen eigenen guten oder bösen Glauben erst dann an, wenn er sich tatsächlich in den Besitz der Sache oder eines Erbschaftsgegenstandes setzt? oder ist für seine Pflichtstellung schon vom Augenblicke des Erbfalles, nicht erst der tatsächlichen Besitzergreifung an sein eigener guter oder böser Glaube maßgebend?

β) Ist, wenn sein eigener böser Glaube entscheidet, dieser nach der Regel der anfänglichen oder der der nachträglichen mala fides zu beurteilen?

Die erste Frage ist sicherlich im zweiten Sinne zu beantworten. Die Auffassung, daß der Erbe, solange seine Sachbesitz- bzw. Erbschaftsbesitzstellung sich lediglich auf die Erbfolge gründet und noch nicht durch tatsächliche Gewaltergreifung befestigt ist, auch den bösen oder guten Glauben des Erblassers „miterbt", unabhängig davon, ob er selbst gut- oder bösgläubig ist (so dem Wortlaute nach M. Wolff, Sachenrecht § 12 I 1 S. 33 oben und bes. Note 2), ist fehlgehend. Zweifellos ist es zwar, daß einzelne Ersatzpflichten, die schon für den Erblasser auf Grund seines bösen Glaubens nach § 990 i. V. m. §§ 987 u. 989 oder nach § 2024 i. V. m. § 2023 begründet waren, auf den Erben übergehen, gleichgültig ob er seinerseits gut- oder bösgläubig ist. Aber diese Wirkung tritt lediglich auf Grund der Vorschrift des § 1967 ein und ist daher unabhängig davon, ob der Erbe auch den Besitz nach

§ 857 erwirbt, was z. B. dann nicht erfolgt, wenn der Erblasser ihn schon kurz vor dem Tode verloren hatte. Für die künftige Rechts- und Pflichtstellung des Erben aber als Besitzer oder Erbschaftsbesitzer, d. h. für die Frage, unter welchen Voraussetzungen von nun an Schadensersatz- und Nutzungsersatzpflichten und Verwendungsersatzansprüche entstehen und die Ersitzungsanwartschaft läuft, ist der gute oder böse Glaube eine Tatsache seines eigenen Rechtslebens und nicht mehr des Rechtslebens des Erblassers. Eine Sukzession des Erben auch in solche Fakta des Seelenlebens des Verstorbenen mit den sich künftig aus ihnen ergebenden Rechtsfolgen anzunehmen, hieße in der Tat in einen „Mystizismus einer erbrechtlichen Seelenwanderung" (Endemann III 1 S. 33) zurückfallen. Das gilt insbes. auch für die Ersitzung. Ob die römische successio in usucapionem, — die hauptsächlich noch von Dernburg, BR. III S. 360, § 106 II 3, von Strohal, Erbrecht II S. 77, und von Binder, R.St. d. E. I S. 42, vertreten wird, — dem Bürgerlichen Gesetzbuche nicht mehr bekannt ist, sondern durch die schwächere accessio possessionis ersetzt ist, wie die Gegner dieser Ansicht aus § 943 folgern, hat mit dieser Frage nichts zu tun, sondern ist nur von Bedeutung für die ganz andere zweite Frage, ob der böse Glaube des Erben als anfängliche oder als nachträgliche mala fides zu beurteilen ist. Auch wenn man, wie es meiner Auffassung von der Erbfolge entspricht, eine successio in usucapionem bejaht, so ergibt sich daraus nicht, — wie M. Wolff, obwohl er diese Ansicht entschieden bekämpft, S. 33 Note 2 lehrt, — daß der gutgläubige Erbe des bösgläubigen Erblassers die Ersitzung erst mit der tatsächlichen Besitzergreifung nach § 854, nicht schon mit dem erbrechtlichen Besitzerwerbe nach § 857 beginnen kann, daß also bis zur eigenen Besitzherstellung „unter Lebenden" die seelische Qualität des Besitzes des Erblassers gegen den Erben fortwirke. Denn der Erbe „erwirbt" nun einmal den Besitz sofort mit dem Erbfalle, und wenn er in diesem Zeitpunkte, gleichgültig aus welchem Grunde, ohne grobe Fahrlässigkeit keine Kenntnis des Nichtrechtes des Erblassers hat, so ist er im Sinne sowohl des § 937 II wie des § 990 I 2 wie des § 2024 Satz 2 gutgläubig. Ob diese Nichtkenntnis darauf beruht, daß er überhaupt von dem Erbfalle oder von seiner Berufung oder doch von der Existenz der Sache, die der Erblasser im Besitze hatte, gar nichts weiß, ist unerheblich: denn auch in diesen Fällen ist er bezüglich der Nichtberechtigung des Erblassers gutgläubig, da er ohne grobe Fahrlässigkeit dessen Rechtsmangel nicht kennt. Es besteht kein Grund, ihm in diesem Falle den Ersitzungsbesitz und die günstigere Stellung des gutgläubigen Sach- oder Erbschaftsbesitzers so lange zu versagen, bis er vielleicht nach langen Jahren von seiner Erbberechtigung erfährt und in der Lage ist, sich in den Besitz des Nachlasses zu setzen. Denn folgerechterweise müßte man auch umgekehrt, falls der Erblasser gutgläubig, der Erbe aber bösgläubig war, diesem die Vorteile des gutgläubigen Besitzes bis zu dem Augenblicke eigener Besitzergreifung zusprechen. Das würde insbesondere bei der Ersitzung dazu führen, daß die Ersitzungszeit zu seinen Gunsten solange fortliefe, bis er sich in den tatsächlichen Besitz der Sache gesetzt hat, und wenn dies erst nach längerer Zeit erfolgt, so könnte inzwischen auf Grund des § 943 die Ersitzungszeit abgelaufen sein und der bösgläubige Erbe wäre Eigentümer der Sache geworden! Das ist ein unannehmbares Ergebnis, das zweifellos auch M. Wolff nicht will.

Aber eine ganz andere Frage ist es, ob, wenn der Erbe im Gegensatze zum Erblasser sei es gut- sei es schlechtgläubig ist, dieser Glaube als anfängliche oder nachträgliche bona oder mala fides behandelt wird. Für die bona fides ist das gleichgültig, da für sie stets, auch wenn sie in der Person des ersten Besitzers erst nachträglich eintritt, das strengere Erfordernis der nicht auf grober

Fahrlässigkeit beruhenden Unkenntnis gilt, daher in gleicher Weise für den Erben verlangt werden muß, und zwar auch dann, wenn man ihn als Fortsetzer der gesamten Besitzstellung des Erblassers ansieht. Aber für die mala fides ist es von Bedeutung. Denn wenn man, wie es der hier vertretenen Auffassung entspricht, den Übergang des Sachbesitzes nach § 857 auf den Erben nur als Teilstück der Fortsetzung des gesamten nichthöchstpersönlichen Rechts- und Pflichtlebens des Erblassers betrachtet, so hat der böse Glaube des Erben, wenn der Erblasser bis zu seinem Tode gutgläubig war, stets den Charakter der mala fides superveniens, ist also nur bei positiver Kenntnis von der Nichtberechtigung vorhanden. Aber dieses Ergebnis scheint mir auch allein mit der Tendenz im Einklang zu stehen, die das Bürgerliche Gesetzbuch mit jener Unterscheidung des anfänglichen und nachträglichen bösen Glaubens verfolgt. Der Besitzer ist zur Prüfung der Rechtmäßigkeit seines Besitzerwerbes deshalb verpflichtet, weil in dem Augenblicke, wo ihm neuer Besitz zufällt, er sich von dessen rechtlichen Grundlagen überzeugen kann und soll. Das kann er aber nur, wenn er zum mindesten Kenntnis von der Besitzerlangung hat. Der ideelle Besitzerwerb des Erben nach § 857 vollzieht sich aber oft ohne jede solche Kenntnis, und daher kann man auch von dem Erben keine Prüfung der Rechtmäßigkeit verlangen. Vielmehr wird eine solche ihm meist erst dann möglich sein, wenn er den Besitz tatsächlich ergreift, was oft freilich bereits durch die Kenntnisnahme geschieht. Erst in diesem Augenblicke kann ihm daher jene Prüfung als Sorgfaltspflicht auferlegt werden. Dieses Ergebnis entspricht auch unserer Ansicht. Solange der Besitz des Erben nur die „ideelle Gewere" des § 857 ist, genügt die bloße negative Unkenntnis von der Nichtberechtigung des Erblassers; sobald er aber den Besitz tatsächlich ergreift, darf er nicht leichtfertig handeln und Anzeichen ignorieren, die bei jedem verständigen Menschen Zweifel über seine Berechtigung erwecken müssen. Wenn man dieser Lösung entgegenhält, daß der Erbe doch den Besitz schon mit dem Erbfalle erwirbt, ihn daher durch tatsächliche Gewaltergreifung nicht noch einmal erwerben, sondern höchstens befestigen kann, so ist das theoretisch durchaus richtig. Aber man übersieht dabei, daß die tatsächliche Gewaltherstellung, die übrigens auch ohne vorherigen Erbbesitz für sich allein zum Besitzerwerbe genügen würde, derjenige Akt ist, den die §§ 937, 990, 2024 im Auge haben, wenn sie dem Besitzerwerber eine gewisse Prüfungspflicht auferlegen: das allein ist entscheidend. Fällt dem Erben des Besitzers oder Erbschaftsbesitzers also bei der tatsächlichen Gewaltergreifung grobe Fahrlässigkeit zur Last, so verliert er damit die begünstigte Stellung des gutgläubigen Besitzers, die er bis dahin auf Grund bloßer ignorantia innehatte. Zu dem gleichen Ergebnis gelangt Kipp bei Windscheid I S. 939/940.

2. Auch für die Pflichtstellung des ungerechtfertigt Bereicherten hat die Kenntnis des Mangels des rechtlichen Grundes eine Verschärfung der Haftung und eine Erweiterung der Herausgabepflicht zur Folge: § 819 i. V. m. §§ 818 IV u. 276—292 u. 987—992. Und zwar ist hier die mala fides superveniens dem anfänglichen bösen Glauben völlig gleichgestellt: in beiden Fällen nur positive Kenntnis. Daraus ergibt sich auf der einen Seite, daß, wenn der Empfänger bis zu seinem Tode gutgläubig war, der Erbe aber bösgläubig ist, diesen vom Augenblicke seines bösen Glaubens an die verschärfte Haftung trifft. Das gilt auch dann, wenn nur der Mangel des rechtlichen Grundes noch dem Lebensbereiche des Erblassers, die Vermögensverschiebung selbst aber schon dem des Erben angehört. Leistet z. B. auf Grund eines vom Erblasser geschlossenen und von ihm für gültig gehaltenen nichtigen oder anfechtbaren Vertrages der Gegner an den Erben, der die Nichtigkeit oder Anfechtbarkeit kennt, so trifft

diesen, im Falle der Anfechtbarkeit natürlich erst nach erfolgter Anfechtung, dann aber mit rückwirkender Kraft bis zum Empfange der Leistung (§ 142 II), die verschärfte Haftung aus § 819. Ebenso ist es, wenn der Erblasser gutgläubig eine fremde Sache wirksam veräußert hatte und die Zahlung des Kaufpreises erst an den bösgläubigen Erben bewirkt wird (§ 816). Zweifelhaft ist dagegen die Rechtsfolge in dem umgekehrten Falle, daß der Erblasser beim Empfange der Leistung bösgläubig war oder es später wurde, der Erbe aber den Mangel des rechtlichen Grundes nicht kennt. Soweit sich in solchem Falle aus der erweiterten Haftung des Erblassers (§ 819) schon aktuelle Ersatz- oder Zinspflichten ergeben hatten, gehen sie freilich auch auf den gutgläubigen Erben über, und zwar nach § 1967 als echte Nachlaßverbindlichkeiten. Für die künftige Pflichtstellung des Erben aber fragt es sich, ob der böse Glaube des Erblassers endgültig auch zu Lasten des gutgläubigen Erben wirkt und seine Haftung bestimmt. Das wäre nur dann zu bejahen, wenn es für den Tatbestand des § 819 — ebenso wie z. B. in § 1007 (s. oben S. 275) — ausschließlich darauf ankäme, daß der böse Glaube des Bereicherten einmal eingetreten ist, die Haftung also auch dann dieselbe bliebe, wenn er nachträglich zu der Überzeugung kommt, daß der Empfang doch cum causa erfolgt sei, z. B. die an ihn gezahlte Nichtschuld doch bestanden habe. Das ist aber zu verneinen. Ebenso wie die mala fides superveniens nach § 819 haftschärfend wirkt, muß auch die bona fides superveniens haftentlastend sein: den Bereicherten soll nur so lange die verschärfte Pflichtstellung treffen, als er bösgläubig ist. Daher haftet auch der Erbe, wenn er seinerseits gutgläubig ist, für die Zukunft nur nach den gewöhnlichen Regeln des § 818. Auch hier ist weder der gute noch der schlechte Glaube des Erblassers in seinen rechtlichen Folgen vererblich.

3. Das Kennen, Kennenmüssen und Nichtkennen spielt aber nicht nur als Begleiterscheinung nichtberechtigter oder rechtsgrundloser Vermögenszustände, sondern insbesondere auch im Rechtsgeschäftsverkehre eine Rolle. Und da auch dieser auf Grund der Vorschriften der §§ 130 II u. 153, die zum Teil durch Einzelvorschriften ergänzt oder modifiziert werden wie besonders §§ 873 II, 875 II, 791, 794, sich „zwischen zwei Rechtsleben" abspielen, nämlich in dem des Erblassers beginnen und in dem des Erben sich vollenden kann, so entsteht für solche Fälle die Frage, ob die rechtlichen Folgen des Kennens und Kennenmüssens nach dem seelischen Zustande des Erblassers oder nach dem des Erben zu beurteilen sind. Ich hebe folgende mir besonders wichtig erscheinenden Fälle heraus.

a) Der gutgläubige Erwerb vom Nichtberechtigten auf Grund des „Rechtsscheines" des Besitzes, Grundbuches, Erbscheines kann sich in der Weise vollziehen, daß der Tatbestand des Rechtserwerbes teils noch in das Rechtsleben des Erblassers, teils schon in das des Erben fällt.

Beispiele:

Der Besitzer V einer beliebigen nicht zu persönlichem Gebrauche bestimmten fremden beweglichen Sache bietet diese dem K zum Kaufe an, indem er sie ihm gleichzeitig zuschickt, also auch zum Eigentumserwerbe offeriert. Bevor die Sendung bei K eintrifft oder doch bevor dieser die Annahme erklärt, stirbt K. Sein Erbe E, dem V ebensogut das Angebot gemacht hätte, nimmt an. K war gutgläubig, E ist bösgläubig oder umgekehrt. Wessen guter oder böser Glaube entscheidet für die Frage, ob E Eigentümer wird? Und wie wäre es, wenn K zwar die schriftliche Annahmeerklärung noch abgeschickt hat, sie aber erst nach seinem Tode bei V eintrifft?

Oder: K hat eine Mobilie vom Nichteigentümer V zur Leihe oder Verwahrung erhalten. Er schreibt ihm, er möchte sie käuflich erwerben und endgültig behalten (§ 929 II). Nach Absendung des Briefes oder auch nach dessen Ankunft bei V stirbt K. V erklärt sich einverstanden, seine Annahme geht dem Erben E des K zu. K war gutgläubig, E ist bösgläubig oder umgekehrt. Wessen guter oder böser Glaube entscheidet für die Frage, ob E Eigentümer wird? Und wie wäre es, wenn die Antwort des V zwar noch bei Lebzeiten des K abgeschickt worden ist, aber erst nach seinem Tode dem E zugeht?

Oder: Der besitzende Nichteigentümer V eines Grundstückes verkauft dem K Holz auf dem Stamme, das K fällen und abfahren soll. Eine Überlassung des Besitzes des Waldgrundstückes oder eine Übergabe der Stämme an K durch Anschlagen oder ähnliche Mittel (§ 865) findet nicht statt. K stirbt, sein Erbe E holzt und fährt die Stämme ab. K war gutgläubig, E ist bösgläubig oder umgekehrt. Wessen Vorstellung entscheidet für die Frage, ob E Eigentümer wird? Und wie wäre es, wenn eine Übergabe der Stämme an K stattgefunden hätte, und nach seinem Tode ein Sturm die Bäume entwurzelt?

Oder: Der eingetragene Nichteigentümer V eines Grundstückes läßt es dem K auf, V bewilligt, K beantragt die Eintragung beim Grundbuchamte, der Antrag geht bei diesem ein. Bevor die Eintragung des K erfolgt, stirbt er. Sein Erbe E, durch Erbschein legitimiert, wird eingetragen. K war gutgläubig, E ist bösgläubig oder umgekehrt. Wessen Glaube entscheidet für die Frage, ob E Eigentümer wird? Und wie wäre es, wenn der noch von K gestellte Antrag erst nach seinem Tode beim Grundbuchamte eingeht?

Oder: Der Bucheigentümer V bewilligt für K die Eintragung einer Briefhypothek. K stellt den Eintragungsantrag und wird eingetragen, stirbt aber vor Übergabe des Briefes, der erst seinem durch Erbschein legitimierten Erben E ausgehändigt wird. Wessen guter Glaube entscheidet für den Erwerb der Hypothek durch E?

In allen diesen Fällen, die sich durch Variationen beliebig vermehren ließen, besteht zunächst kein Zweifel daran, daß derjenige, der als Erwerber in Frage kommt, der Erbe E und nicht der Erblasser K ist. Aber damit, daß sich die Rechtsfolge des Eigentumsüberganges nur in seiner Person, nicht mehr in der des Verstorbenen vollziehen kann, ist nicht auch gesagt, daß lediglich sein guter oder böser Glaube entscheidend ist. Es kommt vielmehr darauf an, welche äußere Tatsache des rechtsgeschäftlichen Gesamttatbestandes von dem guten oder bösen Glauben desjenigen, der in diesem Zeitpunkte die Rolle des Erwerbers spielt, begleitet sein muß. Bei beweglichen Sachen ist das regelmäßig die sog. „Schlußtatsache" des rechtsgeschäftlichen „Errichtungstatbestandes", nicht also erst die Vollendung der sonstigen „Wirksamkeitsvoraussetzungen", die zu den eigentlichen Tatbestandserfordernissen noch hinzukommen müssen, um die Rechtswirkung des Geschäftes herbeizuführen. Wo die Grenze zwischen diesen engeren und weiteren Bestandteilen des rechtswirksamen Gesamttatbestandes zu ziehen ist, ist eine schwierige und im einzelnen sehr bestrittene Frage, die in einem umfassenden Überblicke behandelt zu haben, das Verdienst des Oertmannschen Buches „Die Rechtsbedingung" (1924) ist. Wenn wir darauf die obigen Fälle des Mobiliarerwerbes prüfen, so ergibt sich folgendes:

Stirbt im ersten Falle der Antragsgegner K vor dem Zugehen des Antrages, so hindert das nach allerdings nicht unbestrittener, aber herrschender und m. E. richtiger Ansicht (s. dazu Oertmann, Allg. T. Erl. 5 zu § 153) die Wirksamkeit des dem Erben zugehenden Antrages ebensowenig, wie der erst nach dem Zugange eintretende Tod des Oblaten die Offerte hinfällig macht, unter der Voraussetzung, daß der Offerent sein Angebot nicht an die individuelle Person des Gegners, sondern gegebenenfalls auch an dessen Erben richten wollte. Daher ist in beiden Fällen nunmehr der Erbe E der Antragsgegner und derjenige, der die Annahme erklärt, und erst durch diese Erklärung kommt die dingliche Einigung und mit ihr, da die Übergabe schon vollzogen ist, der zur Eigentumsübertragung erforderliche Errichtungstatbestand zustande. Der für den guten Glauben des Erwerbers maßgebende Zeitpunkt ist aber nach § 932 derjenige, in dem er nach § 929 „das Eigentum erwerben würde", d. h. der Vollzug sowohl der Übergabe wie der Einigung. Es entscheidet also allein der gute oder böse Glaube des Erben E, — eine Lösung, die zweifellos auch der Tendenz des § 932 entspricht, demjenigen, der den Schlußakt des Erwerbstatbestandes vornimmt, die in § 932 geforderte Prüfungspflicht aufzuerlegen: diese muß somit hier dem E, der den Übereignungsantrag annimmt und damit den Eigentumserwerb vollendet, obliegen. Anders muß aber m. E. die Entscheidung lauten, wenn noch K die Annahmeerklärung abgesandt hat und nur der Zugang bei V nach dem Tode des K. erfolgt. Zwar kann auch hier erst mit diesem Zugange der Eigentumserwerb eintreten, und daher ist es auch hier der Erbe, der, da die Annahmeerklärung des Erblassers nach § 130 II für ihn wirksam ist, von ihrer Rechtswirkung betroffen wird, also „Erwerber" im Sinne des § 932 ist. Aber selbst wenn man die überaus bestrittene Frage, ob der Zugang einer empfangsbedürftigen Willenserklärung Errichtungs- oder Wirksamkeitserfordernis ist, gegen Oertmann, Allg. T. Erl. 2 zu § 130 und „Rechtsbedingung" S. 63f., im ersteren Sinne entscheiden wollte, was ich für fehlgehend halte, so würde doch die unzweifelhafte Tendenz des § 932 die Abstellung auf den guten oder schlechten Glauben des Erblassers verlangen. Denn da er die letzte positive Handlung vornimmt, die seitens des Erwerbers möglich und erforderlich ist, um den Eigentumsübergang herbeizuführen, so kann auch ihm nur die Prüfungspflicht des § 932 II auferlegt werden. Eine solche Diligenz vom Erben zu verlangen, wäre für den Normalfall geradezu absurd. Denn die Vollendung des Gesamttatbestandes des § 929 tritt nicht nur ohne jedes positive Zutun des Erben ein, sondern dieser ist regelmäßig auch nicht in der Lage, diese Vollendung zu hindern. Denn es wird überaus selten sein, daß er nicht nur von dem Tode und seiner Berufung als Erbe, sondern auch von der kurz vor dem Tode abgesandten Annahmeerklärung des Erblassers so rechtzeitig erfährt, daß er noch imstande ist, deren Wirksamwerden durch einen Widerruf nach § 130 I 2 zu verhindern. Und selbst wenn dies ausnahmsweise der Fall sein sollte, so rechtfertigt das Unterlassen des Widerrufes noch nicht, den Erben als den verantwortlichen „Akteur" zu betrachten und seinen guten oder bösen Glauben entscheiden zu lassen. Es ist zwar richtig, daß er, wenn er in solchem Falle bösgläubig war, während der Erblasser sich in gutem Glauben befand, die Vorteile der Redlichkeit des Verstorbenen genießt, die er bei eigenem Handeln nicht genossen hätte. Aber m. E. hätte auch dem Erblasser selbst, wenn er den Zugang seiner Annahmeerklärung beim Veräußerer erlebt hätte, eine eigene mala fides, die erst zwischen Absendung und Zugang seiner Erklärung eintrat, nichts mehr geschadet. Denn wenn § 130 II für die Hauptvoraussetzungen des rechtswirksamen Handelns, nämlich das Leben und die Geschäftsfähigkeit des Erklärenden, den Zeitpunkt der Entäußerung, als der letzten positiven Handlung des Erklärenden, nicht den des Zuganges maßgebend sein läßt, so muß dasselbe auch für seelische Zustände gelten, von denen die Rechtswirkung der Erklärung abhängt. Daher ist m. E. die Vorschrift des § 932, die auf die Gut- oder Schlechtgläubigkeit des Erwerbers zur Zeit der Vollendung des Erwerbstatbestandes abstellt, so zu verstehen, daß, wenn die Schlußtatsache dieses Tatbestandes die Annahmeerklärung des Erwerbers ist und diese unter Abwesenden erfolgt, die „Abgabe" im Sinne des § 130 II und nicht der Zugang beim Veräußerer der für den guten Glauben entscheidende Zeitpunkt ist, — obwohl der Eigentumserwerb sich zweifellos erst mit diesem Zugange vollendet. Und ebenso ist es umgekehrt unerheblich, wenn der bei Absendung der Annahmeerklärung noch bösgläubige Erwerber zufällig vor ihrer Ankunft gutgläubig werden sollte: er wird auch dann nicht Eigentümer. Dementsprechend nützt es in diesem Falle auch dem Erben nichts, wenn er, wie meist in praxi, von dem Geschäfte des bösgläubigen Erblassers gar nichts weiß und daher gutgläubig im Sinne des § 932 ist; es wäre auch wenig befriedigend, wenn ihm aus der verwerflichen oder leichtfertigen Handlung seines Erblassers der Vorteil des Eigentumserwerbes auf Kosten des wahren Eigentümers in den Schoß fallen würde. Daß diese Lösung allein zutreffend ist, wird auch dadurch gestützt, daß man die Entscheidung sonst auf die meist wohl schwer feststellbare zufällige Tatsache abstellen würde, ob der Brief des Erblassers K, der die Annahmeerklärung enthält, eine Sekunde nach oder vor seinem Tode bei V eintrifft: denn kommt er vor dem Tode des K an, so ist dieser zweifellos Eigentümer oder Nichteigentümer geworden, je nachdem ob e r bei Absendung gut- oder bösgläubig war, und in diese Rechtsposition sukzediert der Erbe, völlig gleichgültig, ob er seinerseits gut- oder bösgläubig ist: soll das anders sein, wenn der Erblasser eine Sekunde vor dem Eintreffen seines Schreibens gestorben ist?

Nach diesen Erörterungen bietet die Lösung des zweiten Falles keine erheblichen Schwierigkeiten mehr. Er unterscheidet sich von dem ersten dadurch, daß hier der Antrag zum Kaufvertrage und zur dinglichen Einigung nach § 929 II von dem Erwerber ausgeht, und daß derjenige, der während des Entstehungstatbestandes des Rechtsgeschäftes stirbt, der Antragende ist. Daß dieser Antrag als Willenserklärung mit dem Empfange durch den Gegner rechtswirksam wird, obwohl der Erklärende vor dem Zugange stirbt, sagt § 130 II unzweideutig. Daß er als Offerte in der Regel für den Erben bindend bleibt, sofern nur der Erblasser sei es die „Abgabe" nach § 130 II, sei es den Zugang nach § 130 I noch erlebt hat, sagt § 153. Mit dem Zugange der Annahmeerklärung des V bei E ist somit nicht nur der Kaufvertrag rechtswirksam geschlossen, sondern auch die Einigung nach § 929 II und damit der für den Eigentumserwerb erforderliche Tatbestand vollendet. Die Einigungserklärung des Erwerbers ist hier aber anders als im ersten Falle stets noch eine solche des Erblassers, der Erbe spielt lediglich die Rolle des Empfängers der Annahmeerklärung des Gegners, und zwar gleichgültig, ob der Tod des K schon nach Absendung oder erst nach Ankunft seines Antrages oder erst nach Absendung der Annahmeerklärung des V eintritt. Um entscheiden zu können, wessen guter oder böser Glaube für den Eigentumserwerb des E maßgebend ist, muß man daher fragen, in welchem Zeitpunkte der Erwerber nach § 932 gutgläubig sein muß, wenn die Einigungsofferte von ihm ausgeht und er daher erst mit dem Empfange der Annahmeerklärung des Gegners Eigentümer werden kann. Nach dem Wortlaute des § 932 besteht kein Zweifel, daß die „Schlußtatsache" des „gestreckten" Erwerbstatbestandes entscheidend ist, und daß es nur darauf ankommt, ob in diesem Augenblicke der Erwerber gut- oder bösgläubig ist. Ebenso wie daher der Erblasser, wenn er den Empfang der Annahmeerklärung noch erlebt hätte, auch dann Eigentümer geworden wäre, wenn sein bei der Offerte noch böser Glaube sich bis zum Zugange der Annahmeerklärung in guten Glauben verwandelt hätte, und umgekehrt seine mala fides superveniens in diesem Zeitpunkte seinen Erwerb gehindert hätte, — ebenso muß auch der Erbe Eigentümer werden, sofern nur e r in dem Augenblicke, in dem ihm die Annahmeerklärung des Veräußerers zugeht, gutgläubig ist, und kann es nicht werden, wenn er zu dieser Zeit bösgläubig ist. Die Auslegung, die wir oben S. 281 dem § 932 im Hinblick auf § 130 II gegeben haben, widerspricht dem nicht. Denn einmal kann die Vorschrift des § 130 II nicht ohne weiteres auf den Empfang einer Willenserklärung ausgedehnt werden: durch den Tod des Erklärungsempfängers vor Zugang der Erklärung wird deren Wirksamwerden nicht nur ihm gegenüber, sondern an sich auch gegenüber seinen Erben unmöglich; nur dann, wenn wie im vorliegenden Falle die Erklärung als evtl. auch an die Erben gerichtet aufzufassen ist, wird sie mit den Zugehen an diese wirksam. Aber gerade dann sind es eben die Erben, die auch nach dem Parteiwillen die Rolle des Erwerbers spielen sollen, und es ist ihr Lebensbereich, in dem sich derjenige Vorgang abspielt, der die Schlußtatsache des Erwerbsvorganges bildet. Daher ist es auch gerechtfertigt, die Prüfung der Berechtigung des Veräußerers, die § 932 II dem Erwerber auferlegt, hier von den Erben zu verlangen, die mit dem Empfange der Annahmeerklärung des Gegners Kenntnis von dem noch von ihrem Erblasser abgeschlossenen Erwerbsgeschäfte erhalten. Die Gründe, die uns veranlaßten, in dem Falle, daß der Erwerber die Annahmeerklärung abgibt, für seinen guten oder bösen Glauben den Zeitpunkt ihrer Abgabe, nicht ihres Zuganges beim Gegner entscheiden zu lassen, liegen hier also nicht vor. Denn der letzte selbständige Vorgang, der sich im Bereiche des Erwerbers abspielt, um den Erwerbstatbestand zu vollenden, ist hier der Empfang der Annahmeerklärung des Gegners: daher muß auch dieser Zeitpunkt für die Frage des guten Glaubens maßgebend sein.

In dem dritten oben angeführten Beispiele handelt es sich um einen Eigentumserwerb nach §§ 956, 957[11]). Und zwar ist im ersten Falle dem Käufer weder der Besitz der Hauptsache, des Waldgrundstückes, noch der Besitz an den Stämmen (§ 865) nach § 854 I oder II eingeräumt worden. Zum Eigentumserwerbe sind daher noch die Trennung, die aus den Bäumen erst selbständige bewegliche Sachen macht (§ 93), und die Besitzergreifung des Erwerbers erforderlich. Beide Handlungen nimmt erst der Erbe vor. Der für den guten Glauben maßgebende Zeitpunkt ist nach § 957 in diesem Falle allein der der Besitzergreifung. Also kommt es lediglich darauf an, ob der Erbe bei der Perzeption gut- oder bösgläubig war, der Glaube des Erblassers ist unerheblich. Im zweiten Falle dagegen wird schon dem Erblasser der Besitz an den Stämmen übertragen, und nur die nach § 956 noch erforderliche Trennung fällt in die Zeit nach seinem Tode. Hier verlangt § 957, daß der gute Glaube nicht nur schon bei der Besitzüberlassung vorhanden ist, sondern auch bis zur Trennung fortdauert, freilich wiederum wie in §§ 937 II, 990 I 2, 2024 Satz 2 mit der Abschwächung, daß mala fides superveniens nur bei positiver Kenntnis der Nicht-

[11]) Die bekannte Frage, ob die beiden Tatbestände des § 956 nur Sonderfälle des § 929 (so besonders Zitelmann in JheringsJ. 70, 1ff. und Planck-Brodmann, Erl. 4 zu § 956) oder selbständige Eigentumserwerbsarten (herrschende Ansicht) sind, und ob sie sich letzterenfalls auf Einräumung der Befugnis, sich künftige Früchte anzueignen, beschränken, während die Gestattung der Aneignung schon bestehender individueller Erzeugnisse oder Bestandteile unter § 929 fällt (so Oertmann, Rechtsbedingung S. 67, 103 N. 3, 177f.), soll hier nicht erörtert werden. Sie ist übrigens nicht nur eine „akademische" Konstruktionsfrage, sondern von erheblicher praktischer Bedeutung, nämlich vor allem für die hier interessierende Behandlung des guten Glaubens. Denn im Falle der Besitzüberlassung an den Aneignungsberechtigten muß dieser nach § 957 nicht nur in diesem Zeitpunkte gutgläubig sein, sondern bis zur Trennung in dem freilich abgeschwächten guten Glauben der Unkenntnis bleiben (s. Näheres Text oben). Dagegen ist nach § 932 guter Glaube nur in dem Augenblicke erforderlich, in dem sich der Eigentumserwerb vollendet, dann aber der „technische" gute Glaube ohne grobe Fahrlässigkeit: dieser Augenblick ist aber der der Trennung, da erst mit ihr die „Wirksamkeitsvoraussetzung" der selbständigen übereignungsfähigen Sache (§ 93) erfüllt ist. Für § 932 i. V. m. § 929 ist also einerseits die bona fides zur Zeit der Besitzüberlassung nicht erforderlich, andererseits die bloße Unkenntnis zur Zeit der Trennung nicht genügend. Und auch wenn man für § 957 eine bona fides superveniens für ausreichend hält (s. Text), so bleibt doch der Unterschied, daß nach § 957 zur Zeit der Trennung bloße Unkenntnis genügt, nach § 932 dagegen nicht.

berechtigung des Veräußerers eintritt. Daraus folgt, daß wenn der Erbe bis zu dem Augenblicke, in dem der Sturm die Bäume entwurzelt, erfahren hat, daß V Nichteigentümer ist, er keinesfalls das Eigentum erwerben kann, auch wenn der Erblasser bei der Besitzüberlassung gutgläubig war. Fraglich ist aber wiederum, ob umgekehrt der böse Glaube des Erblassers bei der Besitzüberlassung den Eigentumserwerb des Erben hindern kann, wenn dieser seinerseits bis zur Trennung gutgläubig war. Das hängt auch hier wieder davon ab, ob man eine bona fides superveniens des Erwerbers anerkennt, d. h. ob man für den Fall, daß er bei der Besitzüberlassung zwar noch bösgläubig war, später aber ohne grobe Fahrlässigkeit zu der Überzeugung kommt, daß der Gestattende berechtigt sei, und bis zur Trennung nichts Gegenteiliges erfährt, den Eigentumserwerb bejaht. Ich trage kein Bedenken, das hier ebenso zu tun, wie es für die §§ 937, 993, 2018ff. allgemein angenommen wird. Dann muß aber das gleiche auch für den Erben als Rechtsnachfolger im Besitze gelten: hat er seinerseits ohne grobe Fahrlässigkeit keine Kenntnis von der Nichtberechtigung des V erlangt und bleibt er bis zur Trennung in Unkenntnis — und beides ist auch dann der Fall, wenn er von dem Holzkaufe des Erblassers gar nichts erfährt, — so wird er mit der Trennung Eigentümer. Der gute oder böse Glaube des Erblassers ist also auch hier in seinen Rechtsfolgen nicht vererblich, sondern diese bestimmen sich nach dem seelischen Zustande des Erben.

Die Regelung des Redlichkeitsschutzes im Grundbuchverkehre unterscheidet sich dadurch erheblich von der des Mobiliarverkehres, daß das Gesetz dem Erwerber keine Prüfungspflicht auferlegt, sondern die bloße Unkenntnis von der wahren dinglichen Rechtslage genügen läßt, und zwar auch dann, wenn der Erwerber das Grundbuch gar nicht kennt, sondern seine Vorstellung nur zufällig mit dem im Grundbuche fälschlich eingetragenen Rechtszustande übereinstimmt. Der für diesen guten oder bösen Glauben entscheidende Zeitpunkt ist hier in der Regel der der „Stellung" des Eintragungsantrages: § 892 II. Darunter versteht man auf Grund des § 13 GBO. allgemein den Eingang des Antrages beim Grundbuchamte[12]). War in diesem Zeitpunkte der Erwerber gutgläubig, so schadet ihm spätere Kenntnis selbst dann nicht, wenn er sie vor der Eintragung erlangt; war er umgekehrt in diesem Augenblicke bösgläubig, so wird er auch dann nicht geschützt, wenn er noch vor der Eintragung zu der entgegengesetzten Überzeugung kommen sollte, daß die im Grundbuche eingetragene Rechtslage doch zu Recht bestehe. Stirbt also der Erwerber vor der Eintragung, so kommt es für die Frage, ob der Erbe den Schutz des öffentlichen Glaubens genießt, ausschließlich auf die Kenntnis oder Unkenntnis des Erblassers an, sofern dieser nur den Zeitpunkt noch erlebt hat, in dem der Eintragungsantrag beim Grundbuchamte einging. Stirbt er unmittelbar darauf, so kann zwar nicht mehr er, sondern nur der Erbe das Recht erwerben, und selbst wenn der Erblasser noch eingetragen werden sollte, so wäre das Grundbuch unrichtig und müßte gegebenenfalls durch Eintragung des Erben berichtigt werden. Aber ob dieser, sei es auf Grund der Eintragung des Erblassers, sei es auf Grund seiner eigenen, die er durch Vorlegung eines Erbscheines oder eines öffentlichen Testamentes erwirken kann, das Recht erwirbt, dafür ist

---

[12]) Neuerdings will der 5. Senat des RG. in zwei Entscheidungen v. 9. Juli 1927 (s. DJZ. 1927 S. 1342 u. 1343) von diesem Grundsatz eine sehr bedenkliche und meines Erachtens fehlgehende Ausnahme für den Fall machen, daß die Unrichtigkeit des Grundbuchs überhaupt erst nach dem Eintragungsantrag, aber noch vor der Eintragung entsteht: dann soll auch für den guten Glauben der Zeitpunkt der Eintragung als der Vollendung des Rechtserwerbes maßgebend sein. Ich habe diese Entscheidungen in DJZ. 1927 S. 1518—1522 besprochen und zu widerlegen versucht, daher gehe ich hier nicht näher auf sie ein.

allein der gute oder böse Glaube des Erblassers maßgebend, nicht der des Erben. Dieser muß die Gut- oder Bösgläubigkeit des Verstorbenen zu seinen Gunsten wie zu seinen Lasten gegen sich gelten lassen. Diese „postume Nachwirkung" des Vorstellungslebens des Erblassers scheint sich zunächst dadurch zu rechtfertigen, daß er es noch gewesen ist, der alle für den Erwerb des Rechtes erforderlichen Handlungen vorgenommen hat: daher müssen auch die seelischen Begleitumstände dieser Handlungen, von denen das Gesetz die Rechtswirkung abhängig macht, noch nach seiner Person beurteilt werden. Aber wenn dies wirklich die ratio legis wäre, so müßte konsequenterweise für den guten Glauben der Zeitpunkt der letzten Handlung entscheidend sein, die der Rechtserwerber vornehmen muß, um die Eintragung und damit die Rechtswirkung herbeizuführen: das ist aber nicht der Eingang des Eintragungsantrages beim Grundbuchamte, sondern, wenn es sich um einen Antrag unter Abwesenden handelt, die Absendung. Ist diese noch zu Lebzeiten des Erblassers erfolgt, geht aber der Antrag erst nach seinem Tode beim Grundbuchamte ein, so müßte in Konsequenz jener ratio auch dann lediglich sein guter oder böser Glaube maßgeblich sein, nicht der des Erben. Nach dem Wortlaute des Gesetzes aber ist es umgekehrt: es kommt in solchem Falle nicht mehr auf die Kenntnis oder Unkenntnis des Erblassers, sondern nur noch auf die des Erben an. Das ist namentlich dann seltsam, wenn der Erblasser bösgläubig war und der Erbe, wie es in praxi wohl meist der Fall sein wird, bis zum Eingange des Antrages noch gar nichts von der Sache erfahren hat und sich daher im guten Glauben befindet: dann erwirbt er trotz Bösgläubigkeit desjenigen, von dem alle zur Herbeiführung der Rechtswirkung erforderlichen Handlungen ausgegangen sind, unter dem Schutze seiner ignorantia das Recht. Und dennoch ist diese Lösung hier unvermeidlich. Denn obwohl für die Frage, ob der Eintragungsantrag, wenn der Antragsteller zwischen Absendung und Eingang stirbt, als solcher wirksam wird, zweifellos der Grundsatz des § 130 II gilt (so auch Güthe, GBO. Erl. 15 zu § 13), so wird man doch für die Beurteilung der ganz anderen Frage, welcher Zeitpunkt für den guten oder schlechten Glauben des Erwerbers maßgebend ist, nicht auch ohne weiteres den § 130 II analog anwenden dürfen. Wenn wir oben S. 281/282 für gewöhnliche rechtsgeschäftliche Erklärungen diese Analogie befürwortet haben, so kann das nicht auch auf den Grundbuchverkehr übertragen werden. Denn die Ausgestaltung des Redlichkeitsschutzes im Immobiliarrecht ist im Gegensatze zum Mobiliarrecht durchaus formalistisch: nicht das Vertrauen auf das Grundbuch wird geschützt, wie im Mobiliarverkehre das Vertrauen auf den Besitz, sondern die rein zufällige Übereinstimmung der falschen Vorstellung des Erwerbers mit dem Inhalte des Grundbuches. Darum ist es auch unerheblich, ob der gutgläubige Erwerber überhaupt seinerseits grundbuchrechtliche Handlungen vornimmt: auch wenn diese ausschließlich von der anderen Partei ausgehen und der Erwerber gar keine Kenntnis von ihnen hat, wie dies z. B. bei der Aufgabe eines Rechtes nach § 875 I 2 oder dem Verzicht auf eine Hypothek nach § 1168 II 1 der Fall ist, wenn die Erklärungen dem Grundbuchamte gegenüber abgegeben werden, erwirbt der Eigentümer die Befreiung des Grundstückes von dem Rechte bzw. die Eigentümerhypothek, sofern er nur in dem Augenblicke, in dem der Antrag des Buchberechtigten auf Löschung oder auf Eintragung des Verzichtes beim Grundbuchamte eingeht, keine Kenntnis von dessen Nichtrechte hat. Aber auch wenn der Erwerber bei der Herstellung der Rechtswirkung mitwirken muß, wie es §§ 873 u. 877 erfordern, ist es für den Zeitpunkt des guten Glaubens gleichgültig, ob der letzte und maßgebende Schritt zur Vollendung des grundbuchrechtlichen Tatbestandes von ihm oder von der anderen Partei ausgeht:

auch wenn nicht er, sondern der Gegner den Eintragungsantrag stellt, ist der Zeitpunkt des Einganges beim Grundbuchamte maßgebend. Dem Erwerber fallen somit die Vorteile seiner bloßen Unkenntnis selbst dann in den Schoß, wenn er weder das Grundbuch kennt noch seinerseits irgendeine grundbuchrechtliche Handlung oder doch jedenfalls nicht die entscheidende des Eintragungsantrages vornimmt. Die nackte zufällige Tatsache, daß er gerade in dem Augenblicke, in dem der Antrag beim Grundbuchamte eingeht, keine Kenntnis von der wahren dinglichen Rechtslage hat, und daß der Inhalt des Grundbuches mit dieser falschen Vorstellung übereinstimmt, macht die sonst unwirksame Verfügung zu seinen Gunsten wirksam. Daraus ergibt sich aber, daß beim Übergange der dinglichen Erwerbslage vom Erblasser auf den Erben der gute oder böse Glaube nach der Person desjenigen zu beurteilen ist, der zur Zeit des Einganges des Eintragungsantrages sich in der rechtlichen Situation des Erwerbers befand, d. h. aber des Erblassers, wenn er in diesem Augenblicke noch lebte, des Erben, wenn jener in diesem Augenblicke schon tot war. Eine Ausnahme hiervon wird nur bei der Bestellung und Übertragung eines Briefgrundpfandrechtes gemacht. Hier ist für den guten Glauben bei der Bestellung sowohl der Zeitpunkt des Einganges des Eintragungsantrages — denn die Eintragung ist „zum Erwerbe des Rechtes erforderlich" (§§ 873, 892 II) — wie der Zeitpunkt der Übergabe des Hypothekenbriefes nach § 1117, mit der sich erst der Rechtserwerb vollzieht, maßgebend, bei der Übertragung, für die nach § 1154 I die Eintragung nicht erforderlich ist, lediglich der Zeitpunkt der Vollendung des Zessionstatbestandes. Daher kommt es bei der Bestellung des Grundpfandrechtes, wenn der Eintragungsantrag noch zu Lebzeiten des Erblassers eingegangen war, die Briefübergabe aber erst nach seinem Tode an seinen Erben erfolgt, sowohl auf den guten Glauben des Erblassers wie auf den des Erben an. War der Erblasser bei Eingang des Eintragungsantrages bösgläubig, so hindert das den Erwerb der Hypothek durch den Erben, auch wenn dieser beim Empfange des Briefes gutgläubig ist; war umgekehrt der Erblasser damals gutgläubig, so nützt das dem Erben nichts, wenn er seinerseits bei der Briefübergabe Kenntnis von der wahren Rechtslage hat. Dagegen ist bei der Zession des Briefpfandrechtes, falls sie ohne Eintragung erfolgt, lediglich der Augenblick für den guten Glauben entscheidend, in dem sich der Erwerb vollendet: also gleichgültig ob der Abtretungsvertrag oder die Briefübergabe zeitlich vorangehen, stets der gute Glaube des Erben, da sich in dessen Lebensbereich die Schlußtatsache vollzieht. Wird aber das Briefpfandrecht in der Form des § 1154 II abgetreten, so muß, da die Eintragung hier zur Rechtsübertragung erforderlich ist, der gute Glaube jedenfalls zur Zeit des Einganges des Eintragungsantrages vorhanden sein, und wenn die Briefübergabe diesem nachfolgt, auch noch in diesem Zeitpunkte. Danach entscheidet es sich, ob der Erblasser oder der Erbe oder beide gutgläubig sein müssen: letzteres dann, wenn der Eintragungsantrag noch zu Lebzeiten des Erblassers, die Briefübergabe aber erst nach seinem Tode an den Erben erfolgt.

4. Aus den zahlreichen sonstigen Fällen, in denen im bürgerlichen Rechtsverkehre das Kennen, Kennenmüssen oder Nichtkennen eine Rolle spielt, will ich nur noch zwei Fälle der sog. culpa in contrahendo herausgreifen.

a) Zunächst ein Beispiel aus der Praxis zu §§ 306, 307. Ein pommerscher Gutsbesitzer trifft einen Freund in Berlin, der ihm erzählt, er wolle ein Reitpferd kaufen und stehe in Unterhandlungen mit einem Pferdehändler über ein bestimmtes Pferd. Der Gutsbesitzer bietet ihm ein auf seinem Gute stehendes Pferd an, das der Freund von einem Besuche her kennt. Dieser bittet sich drei Tage Bedenkzeit aus, worauf der Gutsbesitzer eingeht. Nach zwei Tagen verunglückt der Gutsbesitzer tödlich. Erbe ist sein einziger Sohn, der in Berlin lebt. Der Freund erzählt diesem am nächsten Tage von dem Kaufangebote seines Vaters und erklärt, daß er es annehme. Nach einiger Zeit stellt sich heraus, daß das Pferd bereits wenige Tage vor dem Angebote des Verstorbenen bei einem Stallbrande umgekommen war. Der Gutsbesitzer hatte dies zwar nicht gewußt, aber wissen müssen, da sein Inspektor es ihm durch einen Brief mitgeteilt hatte, den er nachlässigerweise nicht gelesen hatte. Der Freund hatte infolge seines Entschlusses, das pommersche Pferd zu kaufen, dem Pferdehändler bereits erklärt, daß er von dem Ankaufe des von diesem angebotenen Pferdes absehe. Als er sich nunmehr erneut an den Händler wendet, kann er dieses Pferd nicht mehr bekommen, da es inzwischen einem Dritten verkauft ist, und muß ein anderes Pferd kaufen, das, obwohl nicht wertvoller als jenes, 100 Mark mehr kostet. Kann er diese Preisdifferenz als negatives Vertragsinteresse von dem Erben ersetzt verlangen, und zwar schon auf Grund der unstreitigen Tatsache, daß der Erblasser die Unmöglichkeit der Leistung bei seinem Angebote hätte kennen müssen, oder nur dann, wenn auch der Erbe beim Empfange der Annahmeerklärung den Tod des Pferdes hätte wissen müssen? Ich entscheide in ersterem Sinne. Die culpa in contrahendo hatte sich bereits in der Person des Erblassers vollzogen. Hätte er die Annahme des Käufers erlebt, die rechtzeitig erfolgt ist, so wäre er nach § 307 schadensersatzpflichtig geworden. Diese Ersatzpflicht hatte aber bereits in seiner Offerte ihren Rechtsgrund und stand nur noch unter der „Rechtsbedingung", daß der Käufer annahm und damit den auf die unmögliche Leistung gerichteten Vertrag zustande brachte. In diese Rechtslage tritt der Erbe ein. Denn da das Angebot nach § 153 für ihn bindend ist, so erbt er auch die durch dieses begründete „rechtsbedingte" Schadensersatzpflicht seines Erblassers. Auf sein eigenes Kennen oder Kennenmüssen kommt es daher nicht mehr an. Die Rechtswirkungen der Verletzung der „Erkundigungspflicht" seines Vaters treffen ihn, gleichgültig ob er seinerseits fahrlässig handelt. Aber die Ersatzpflicht ist natürlich eine reine Nachlaßverbindlichkeit, da sie „vom Erblasser herrührt".

Ebenso wäre m. E. aber auch dann zu entscheiden, wenn das Kaufangebot von dem Freunde ausgegangen wäre, der Gutsbesitzer sich seinerseits drei Tage Bedenkzeit erbeten und erst der Erbe es nach dessen inzwischen erfolgtem Tode angenommen hätte. Denn da der Gutsbesitzer beim Empfange des Angebotes den Tod des Pferdes hätte wissen müssen, so hätte er die Offerte sofort zurückweisen und dadurch verhindern müssen, daß der Freund sich überhaupt in die Bindungslage des § 145 hineinbegab und infolge der Aussicht auf diesen Kauf andere Kaufgelegenheiten ausschlug. Schon in diesem Verhalten lag die culpa in contrahendo. Die Erkundigungs- und Anzeigepflicht des § 307 beginnt schon mit den Vertragsverhandlungen: denn sie ist nichts anderes als die Pflicht, den gutgläubigen Gegner von dem Abschlusse eines unerfüllbaren Vertrages abzuhalten. Daher begründet schon die Tatsache, daß man trotz Kennens oder Kennenmüssens der Unerfüllbarkeit eine solche Offerte entgegennimmt, eine durch das Zustandekommen des Vertrages und die Schädigung des Offerenten rechtsbedingte Schadensersatzpflicht. Daher muß auch hier der Erbe Schadensersatz leisten, gleichgültig ob er seinerseits bei der Annahmeerklärung die Unmöglichkeit der Leistung kannte oder kennen mußte. Ihm den Beweis zu verstatten, daß der Erblasser, wenn er weitergelebt hätte, den Antrag nicht angenommen und dadurch die Vollendung des zum Schadensersatze verpflichtenden Tatbestandes verhindert hätte, ist m. E. deshalb nicht zulässig, weil der Erbe nun einmal die Rechtslage des Erblassers so übernimmt, wie sie beim Tode ist, und sie als solche fortsetzt. Da aber bereits durch das Verhalten des

Verstorbenen eine rechtsbedingte Schadensersatzpflicht begründet war, so tritt der Erbe in sie ein und macht sie durch seine Annahmeerklärung zu einer unbedingten. Auf sein eigenes Kennen oder Kennenmüssen kommt es daher auch hier nicht an. In beiden Fällen kann aber auch in der Person des Erben eine selbständige Schadensersatzpflicht entstehen, nämlich dann, wenn er seinerseits, nachdem er Kenntnis[13]) von der Unmöglichkeit erlangt hat, dem Gegner nicht unverzüglich Anzeige davon macht. Sollte dadurch für diesen ein selbständiger Schaden entstehen, der erst durch das Fortbestehen seines Vertrauens auf die Gültigkeit des Vertrages verursacht ist, so hat der Erbe ihn zu ersetzen. Und zwar ist diese Ersatzpflicht keine echte Nachlaßverbindlichkeit mehr, da der Erbe sie sich durch eigenes verantwortliches Verhalten „unter Lebenden" zugezogen hat: er haftet daher für sie unbeschränkbar. Aber sie ist auf der anderen Seite doch auch eine Nachlaßverbindlichkeit, da sie aus der unmittelbaren Fortsetzung einer Pflichtlage des Erblassers entstanden ist: daher kann der Gläubiger im Falle einer amtlichen Nachlaßliquidation auch Befriedigung aus dem Nachlasse verlangen: also Mischform der Nachlaß-Erbenschuld (s. oben S. 252/253, 263 ff.).

b) Auch der praktisch wichtigste Fall der culpa in contrahendo, der Irrtum (obwohl hier ein Verschulden im technischen Sinne nicht vorzuliegen braucht), hat vererbliche Wirkungen. Hatte sich der Erblasser z. B. bei einer Kündigungserklärung, die er noch abgegeben hat, die aber erst nach seinem Tode dem Gegner zugeht (§ 130 II), oder bei einem Vertragsantrage, den der Gegner erst nach seinem Tode annimmt (§ 153), oder bei einer Annahmeerklärung, die er seinerseits zwar noch abgibt, deren Zugang beim Gegner er aber nicht mehr erlebt (§ 130 II), geirrt, so daß er selbst zur Anfechtung nach § 119 berechtigt gewesen wäre, so besteht kein Zweifel, daß der Erbe mit dem Eintritte in die rechtsgeschäftliche Schwebelage auch das Anfechtungsrecht erbt, obwohl es im Augenblicke des Erbfalles noch „künftig", d. h. durch die Vollendung des Geschäftes „rechtsbedingt" ist. Mit der Perfektion des schwebenden Rechtsgeschäftes ist dann auch der Entstehungstatbestand des Anfechtungsrechtes vollendet. Daraus folgt, daß es nicht etwa auch eines gleichen Irrtums des Erben bedarf, um sein Anfechtungsrecht zu begründen, sondern daß der Irrtum des Erblassers dafür genügt. Die gegenteilige Entscheidung wäre nur dann richtig, wenn auch für den Erblasser selbst, falls er weitergelebt hätte, das Anfechtungsrecht durch die Fortdauer seines Irrtums bis zum Abschlusse des rechtsgeschäftlichen Tatbestandes bedingt gewesen wäre: dann würde freilich auch der Erbe, der die Geschäftssituation des Erblassers fortsetzt, und für und gegen den sie sich vollendet, nur dann anfechtungsberechtigt sein, wenn er sich in dem gleichen Irrtume wie der Erblasser befände. Es ist aber nicht richtig, daß der Erklärende nur dann anfechten kann, wenn sein Irrtum bis zur Perfektion des Geschäftes fortdauert. Wenn jemand z. B. eine schriftliche Kündigung abgegeben hat in der irrigen Meinung, daß er damit dem Gegner nur ein Angebot zu einem Aufhebungsvertrage mache — ein bei Dienstverträgen in praxi nicht seltener Irrtum —, so geht er seines Anfechtungsrechtes nicht dadurch verlustig, daß er vor Zugang seiner Erklärung seinen Irrtum erkennt: maßgebend muß vielmehr auch hier, wie in § 130 II, der Zeitpunkt der Abgabe sein. Denn selbst wenn er noch nach § 130 I 2 rechtzeitig widerrufen könnte, so kann ihm ein meist mit größeren Kosten (Telegramm, Eilbrief) verbundener Widerruf deshalb nicht zur Pflicht gemacht werden, weil er ja ohnehin, um die Erklärung zu vernichten, unverzüglich nach Kenntnis des Irrtums anfechten muß. Das-

[13]) Daß Kennenmüssen hier nicht genügt, ist herrschende und richtige Meinung, s. Planck-Siber Erl. 2b zu § 307.

selbe gilt aber für den Fall des Irrtums bei einem Vertragsantrage und einer Vertragsannahme. Der Vertragsantrag bindet, der Antragende kann ihn nicht widerrufen und hat daher nach der Abgabe keinen Einfluß mehr auf die Vollendung des rechtsgeschäftlichen Tatbestandes. Wenn er daher dadurch, daß er vor der Annahme des Gegners seinen Irrtum erkennt, sein Anfechtungsrecht verlöre, so bedeutete das, daß er in solchem Falle endgültig an den Vertrag gebunden wäre, was unsinnig ist. Irrt er sich aber bei der Annahme und erkennt er vor deren Zugang seinen Irrtum, so gilt das für das einseitige Rechtsgeschäft Gesagte in gleicher Weise. Daraus ergibt sich für das Anfechtungsrecht des Erben, daß nur Irrtum des Erblassers, nicht auch eigener erforderlich ist. Denn sonst wäre er, wenn er seinerseits merkt, daß der Erblasser sich geirrt hat, jeder Möglichkeit beraubt, von dem sich gegen ihn gemäß § 153 vollendenden Geschäfte loszukommen — ein unmögliches Resultat. Umgekehrt aber nützt ihm eigener Irrtum nichts, wenn der Erblasser sich nicht geirrt hatte. Hat dieser z. B. ein schriftliches Kaufangebot auf ein Bild gemacht, von dem er selbst wußte, daß es eine Kopie ist, und hat der Kunsthändler nach dem plötzlichen Tode des Erblassers dem Erben gegenüber angenommen, so kann dieser nicht anfechten, wenn er seinerseits das Bild für ein Original gehalten hat. Das gleiche gilt auch für die Ansprüche auf Wandlung und Minderung: auch hier kommt es lediglich darauf an, ob der Erblasser den Mangel ohne grobe Fahrlässigkeit nicht gekannt hat, die Kenntnis oder Unkenntnis der Erben ist gleichgültig. Denn da der Erblasser es war, der die rechtsgeschäftliche Kauferklärung abgegeben hat, so sind auch nur sein Irrtum und seine Kenntnis erheblich.

Anders ist es aber, wenn umgekehrt ein dem Erblasser gemachtes Vertragsangebot erst nach seinem Tode von dem Erben, an den es eventualiter gerichtet war, angenommen wird. Dann ist der Erbe derjenige, der durch seine eigene, in sein Ermessen gestellte Erklärung den Vertrag zustande bringt. Daher kommt es auch nur auf seinen Irrtum an, nicht mehr auf einen solchen des Erblassers. Hatte dieser z. B. eine ihm noch zugegangene eindeutige Offerte falsch aufgefaßt und hätte er sich daher bei ihrer Annahme im Irrtume befunden (§ 119), so kann der Erbe, wenn er seinerseits die Offerte richtig versteht, nicht wegen Irrtums anfechten. Daher hat auch die Rechtsfolge der Schadensersatzpflicht aus § 122 einen anderen Charakter, je nachdem der Erbe die Anfechtung auf den Irrtum des Erblassers oder auf seinen eigenen stützt. Im ersteren Falle ist sie echte Nachlaßverbindlichkeit, da sie noch völlig vom Erblasser herrührt. Im zweiten Falle ist sie persönliche Schuld des Erben, da sein eigener Irrtum die culpa in contrahendo ist, aus der die Ersatzpflicht entspringt. Aber sie hat hier schwerlich auch den Doppelcharakter einer Nachlaß-Erbenschuld, da das an den Erblasser gerichtete Angebot nur der tatsächliche Anlaß dazu war, daß der Erbe für sich „unter Lebenden“ den Vertrag abgeschlossen hat; man kann daher nicht sagen, daß die Verbindlichkeit ihrem rechtlichen Ursprunge nach noch in den Lebensbereich des Erblassers zurückführt.

IV.

Nachwirkung unvollendeter Zuwendungen des Erblassers

Die postumen Nachwirkungen des Rechtslebens des Erblassers, die wir unter II und III festgestellt haben, bestanden darin, daß einerseits gewisse persönliche Eigenschaften und soziale Lagen des Verstorbenen, andererseits seelische Vorgänge oder Zustände in seiner Person ihre für die Rechtsstellung des Subjektes nachteiligen Folgen in das Rechtsleben des Erben hinein erstreckten. Aber diese den Tod überdauernden Wirkungen solcher Tatsachen sind natürlich dadurch bedingt, daß der Erbe in die äußere rechtliche Situation, die sie begleiten und auf deren Gestaltung sie von Einfluß sind, eintritt. Wenn er nicht in die rechtsgeschäftliche Lage des geschäfts- oder verfügungsbeschränkten Erblassers sukzedierte, brauchte nicht geprüft zu werden, ob diese Beschränkungen auch gegen ihn wirken; wenn er nicht nach § 857 Besitznachfolger des Erblassers würde, könnte die Frage nach der Wirkung des guten oder bösen Glaubens seines Rechtsvorgängers auf seine Rechtsstellung nicht auftauchen; wenn er nicht die vom Erblasser begonnenen, aber noch nicht vollendeten Tatbestände des Rechtsverkehres fortsetzte, könnte nicht nach dem Einflusse des Kennens und Kennenmüssens, des Irrtums oder Nichtirrtums, des guten oder bösen Glaubens des Verstorbenen auf die Wirkungen dieser rechtsgeschäftlichen Beziehungen gefragt werden. Der Eintritt des Erben in diese äußeren Rechtslagen und rechtsgeschäftlichen Situationen des Erblassers wurde dabei vorausgesetzt und ist in den Grundzügen auch bereits erörtert worden. Eine erschöpfende Darstellung aller Einzelfragen, die sich um die einschlägigen §§ 130 II und 153, zu denen noch eine Reihe anderer Bestimmungen, wie besonders §§ 873 II, 875 II, 791, 794, hinzutreten, liegt nicht im Plane dieser Abhandlung. Ich beschränke mich vielmehr darauf, aus diesem Gesamtkomplexe diejenigen Tatbestände herauszuheben, die wegen ihrer grundsätzlichen theoretischen Bedeutung und ihrer praktischen Wichtigkeit im Schrifttum und in der Rechtsprechung besondere Beachtung gefunden haben. Das sind die Fälle, in denen der Erblasser in der Form rechtsgeschäftlicher Transaktionen unter Lebenden, die aber erst mit oder nach seinem Tode wirksam werden sollen, das rechtliche Schicksal seines Vermögens oder einzelner Vermögensgegenstände in bindender Weise zu bestimmen und dadurch Rechtswirkungen herbeizuführen versucht, die nach den normativen Vorstellungen des Gesetzes den typischen Inhalt der Rechtsgeschäfte von Todes wegen bilden und daher an sich der Sonderregelung des Erbrechtes, insbesondere seinem Formzwange, unterstellt sind. Durch diesen spezifischen Zweck, nicht nur über den Tod des Handelnden hinaus zu wirken, sondern auch frühestens mit seinem Tode, oft sogar erst mehr oder weniger lange Zeit nach diesem wirksam zu werden, mit anderen Worten durch den Zweck, Verfügungen von Todes wegen durch Rechtsakte unter Lebenden zu ersetzen, die nicht der Formenstrenge des Erbrechtes unterworfen sind, unterscheiden sich diese Rechtsgeschäfte von zwei anderen, formell ähnlichen Erscheinungen.

1. Einmal kommen hier nicht in Betracht alle diejenigen Rechtsgeschäfte des Erblassers, deren Tatbestand nur zufällig durch seinen Tod unterbrochen wird. Hier greifen ohne weiteres die §§ 130 II und 153 und daneben die §§ 873 II, 875 II, 791, 794 ein. Sie werden durch die Normen ergänzt, die in der Wissenschaft und Rechtsprechung für den Fall entwickelt worden sind, daß der Erblasser nicht der Erklärende, sondern der Erklärungsempfänger, nicht der Antragende, sondern der Antragsgegner ist. Wann im einzelnen Falle der Tod das Zustandekommen des Geschäftes vereitelt, wann umgekehrt die Erben in die Geschäftssituation des Erblassers eintreten, soll hier nicht näher erörtert werden: das ist im Schrifttum zur Genüge geschehen und wird hier vorausgesetzt. Erwähnt sei nur, daß überall, wo nach diesen Vorschriften beim Tode der einen oder der anderen Partei die rechtsgeschäftliche Rechtslage nicht auf den Erben übergeht, sondern erlischt, dieser dennoch verpflichtet ist, sobald er Kenntnis davon erlangt hat oder hätte erlangen müssen, daß der Erblasser sich in rechtsgeschäftlichem Verkehre befand, dem Gegner Mitteilung von dem Tode zu machen, und daß er bei schuldhafter Nichterfüllung dieser Erkundigungs- und Anzeigepflicht auf Ersatz des Vertrauensinteresses des Gegners haftet. Die

Auffassung, die in analoger Anwendung des § 122 diese Ersatzpflicht auch ohne Verschulden eintreten lassen will, wird m. E. mit Recht von der herrschenden Meinung abgelehnt (s. dazu Planck Erl. 2 zu § 153, Staudinger Erl. 2b zu § 153, Warneyer Komm. Erl. zu § 153, Kuhlenbeck in DJZ. 1905 S. 1142ff. und dagegen Klein in DJZ. 1906 S. 596).

Ferner scheiden hier aber auch diejenigen Tatbestände aus, bei denen der Handelnde zwar die rechtlichen Schicksale seines Vermögens ganz oder zum Teil schon zu Lebzeiten „antizipierend" regelt, aber die Wirkungen dieser Rechtsakte sich schon vor seinem Tode vollenden. Ist z. B. eine Gutsüberlassung oder eine Vermögensübernahme oder auch eine einzelne Schenkung schon vor dem Tode des Erblassers durch dingliche Übereignung, Zession, Rechtsübertragung, Schulderlaß vollzogen, so sind damit bereits unter Lebenden die Verfügungsobjekte endgültig aus seinem Vermögen verschwunden. Ob die Erben solche Verfügungen wegen Pflichtteilsverletzung nach §§ 2325ff. „anfechten" können, ist eine selbständige Frage. Aber gerade die Möglichkeit eines solchen Pflichtteilsergänzungsanspruches beweist, daß die Zuwendungen als Rechtsgeschäfte unter Lebenden behandelt werden und dinglich wirksam sind. Nur wenn der Veräußerer, wie oft in praxi, mit ihnen in der Form des Vertrages zugunsten Dritter mittelbare Zuwendungen an andere Personen verbindet, und zwar in der Weise, daß sie diesen erst nach seinem Tode als Abfindungs- oder Auflageleistungen von dem Gutserwerber, Vermögensübernehmer, Beschenkten übertragen werden sollen, liegen rechtsgeschäftliche Akte vor, deren Abwicklung noch nicht bei Lebzeiten des Veräußerers vollzogen ist, sondern erst nach seinem Tode erfolgen soll. Diese viel behandelten und umstrittenen Tatbestände fallen daher in den Rahmen unserer Betrachtung und werden zu erörtern sein (s. unten S. 311 ff.).

Dagegen liegt wiederum eine beim Tode schon endgültig vollendete Transaktion unter Lebenden in dem Falle vor, daß der Erblasser eine Schenkung unter der auflösenden Bedingung gemacht hat, daß sie bei vorzeitigem Tode des Beschenkten an ihn zurückfallen solle. Denn dann ist entweder diese Bedingung schon bei seinen Lebzeiten eingetreten mit der Wirkung, daß die zugewendeten beweglichen Sachen und Rechte dinglich in das Vermögen des Erblassers zurückfallen, eine dem Beschenkten erlassene Schuld ipso jure wieder auflebt (s. Planck-Siber Erl. 1b Abs. 3 § 397, RG. in Warn. 1911 S. 291) und, wenn der Schenkgegenstand ein Grundstück war, für den Erblasser ein schuldrechtlicher Anspruch auf Rückauflassung entsteht. Diese Rechtswirkungen treten aber dann sämtlich schon vor seinem Tode ein, und daher gehören die verschenkten Gegenstände und, falls die Rückauflassung noch nicht erfolgt ist, der Anspruch auf diese beim Erbfalle schon wieder zum Vermögen des Erblassers und gehen mit diesem auf die Erben über. Oder aber die auflösende Bedingung tritt nicht ein, d. h. der Erblasser stirbt vor dem Beschenkten: dann ist die schon unter Lebenden vollzogene Schenkung unvernichtbar geworden. Ein Grund, solche Zuwendungen den Regeln der Verfügungen von Todes wegen zu unterstellen, besteht also nicht.

Dasselbe gilt aber auch für den Fall, daß der Erblasser zwar zunächst nur ein Schenkungsversprechen unter der aufschiebenden Bedingung des Überlebens des Beschenkten gemacht hat, also ein Rechtsgeschäft, das nach der zwingenden Vorschrift des § 2301 I als Verfügung von Todes wegen anzusehen ist und deren Formerfordernissen untersteht, dann aber doch noch bei Lebzeiten die Schenkung vollzogen hat. Auch hier ist diese als Rechtsgeschäft unter Lebenden wirksam, und zwar auch dann, wenn das Schenkungsversprechen formlos war: denn die Vorschrift des § 518 II umfaßt jedes Schenkungsversprechen, auch das auf den Todesfall, wie das Reichsgericht in seinem Urteil v. 8. Mai 1911 (Warn. 1913 Nr. 249) unter Bezugnahme auf zwei ältere Entscheidungen von 1905 und 1908 mit Recht betont und in einem späteren Urteil v. 29. März 1915 (Warn. 1915 Nr. 142) bestätigt hat. Freilich wird in solchen Fällen der Wille des Schenkers meist darauf gerichtet sein, daß für den Fall, daß der Beschenkte ihn nicht überlebt, der Schenkgegenstand bei dessen Tode nicht auf seine Erben übergehen, sondern in das Vermögen des Schenkers zurückfallen soll: der Schenkungsvollzug ist dann also unter diese auflösende Bedingung gestellt.

2. Während somit in diesen Fällen eine noch vollendete rechtsgeschäftliche Verfügung unter Lebenden vorliegt, wird die Rechtslage anders, sobald der dingliche Vollzugsakt nicht mehr in das Rechtsleben des Erblassers fällt, sondern sich nach seinem Willen erst nach seinem Tode abspielen soll. Hier entsteht im Hinblick auf die Vorschrift des § 2301 I die Frage, unter welchen Voraussetzungen es möglich ist, eine solche Zuwendung noch als Schenkung unter Lebenden zu behandeln. Die Frage ist in doppelter Beziehung von größter Bedeutung: sowohl für die Form des Zuwendungsaktes wie für seine Rechtsfolgen. Würde er als Schenkungsversprechen unter Lebenden behandelt, so bedürfte er grundsätzlich der Form eines Vertrages und der gerichtlichen oder notariellen Beurkundung der Vertragserklärung des Schenkers. Mangels dieser Form würde er für den Erblasser keine Verpflichtung begründen, die als Nachlaßschuld auf die Erben übergehen könnte, sondern nur bei freiwilliger Leistung der Erben wäre der Formmangel geheilt und kein Rückforderungsrecht gegeben. Hätte dagegen der Erblasser jene Form erfüllt, so entstände schon für ihn eine Verpflichtung zur Leistung, für den Beschenkten also, abgesehen von den Ausnahmen der §§ 519, 530, eine gesicherte und unentziehbare Erwerbsanwartschaft und, wenn der Erblasser die künftige Erfüllung vorsätzlich oder grobfahrlässig unmöglich machte, ein Schadensersatzanspruch (§ 280 i. V. m. § 521). Daher würden auch die Erben des Schenkers entweder diese Erfüllungspflicht mit der gleichen Haftung für Vorsatz und grobe Fahrlässigkeit oder die schon entstandene Schadensersatzpflicht erben, und zwar in beiden Fällen als Erblasserschuld. Ist dagegen ein solches Schenkungsversprechen als Verfügung von Todes wegen zu behandeln, so kann es sowohl vertraglich, dann aber nur in der erschwerten Form des Erbvertrages nach § 2276, wie einseitig in einer der Testamentsformen erfolgen, letzterenfalls also auch privatschriftlich und somit in leichterer Rechtsform als unter Lebenden. Aber in beiden Fällen begründet es bis zum Tode eine weit weniger sichere Erwerbsanwartschaft und nach dem Tode normalerweise nur eine Erbfallschuld. Bis zum Tode ist der Bedachte gegen eine einseitige Entziehung seiner Erwerbsaussicht durch den Erblasser nur in einem Falle geschützt: nämlich wenn das Versprechen in der Form eines Erbvertrages gemacht und dieser mit dem Bedachten selbst geschlossen worden war: denn in diesem Falle ist ohne seine Zustimmung eine Aufhebung nicht möglich, es sei denn, daß eine der Ausnahmen der §§ 2281 oder 2293—2295 vorliegt. Das gilt sowohl dann, wenn ihm das ganze Vermögen des Erblassers oder ein Bruchteil zugewendet und er daher Erbe oder Miterbe ist, wie dann, wenn das Schenkungsversprechen sich nur auf einzelne Gegenstände bezieht und daher als Vermächtnis behandelt wird: in beiden Fällen bedarf die Aufhebung der Verfügung der sei es vertraglichen, sei es doch zustimmenden Mitwirkung des Bedachten (§§ 2290, 2291). War dagegen der Erbvertrag mit einem Dritten geschlossen, so kann die Zuwendung auch ohne Zustimmung des Bedachten nach §§ 2290, 2291 wieder aufgehoben werden, und erst der Tod eines der Vertragschließenden macht dies unmöglich (§ 2290 I 2). War schließlich das Schenkungsversprechen in Testamentsform erfolgt, so be-

gründet es gar keine rechtliche Anwartschaft des Beschenkten: es kann bis zum Tode des Erblassers nach den Regeln der §§ 2253—2256 einseitig widerrufen werden. Dazu kommt ein Zweites. Ist die Zuwendung als Verfügung von Todes wegen zu behandeln, so ist für den Erblasser selbst noch keine auch nur bedingte Erfüllungspflicht entstanden, gleichgültig in welcher Form das Versprechen erfolgt ist. Das Recht des Bedachten entsteht vielmehr immer erst mit dem Erbfalle, sei es als subjektives Erbrecht, sei es als Vermächtnisanspruch. Im letzteren Falle, der die Regel bildet, begründet es daher zu Lasten der Erben nicht eine „vom Erblasser herrührende" Schuld, sondern nur eine sog. „Erbfallschuld", die für den Bedachten weit weniger günstig ist: denn die Forderungen aus Vermächtnis werden in mannigfacher Beziehung gegenüber den sonstigen Nachlaßverbindlichkeiten zurückgesetzt. Nur beim Erbvertrage genießt die Anwartschaft des Bedachten, da sie immerhin eine schwerer entziehbare Erwerbsaussicht begründet als beim Testamente, schon vor dem Tode den beschränkten Schutz der §§ 2287 u. 2288; aber dieser ist einmal erheblich schwächer als beim Schenkungsversprechen unter Lebenden (vgl. § 521) und wird überdies immer erst mit dem Erbfalle aktuell: erst dann kann der Bedachte von dem dritten Beschenkten Herausgabe (§ 2287) oder von dem Erben Ersatz (§ 2288) verlangen, so daß im letzteren Falle wiederum die für den Bedachten ungünstigere Rechtsform der Erbfallschuld vorliegt.

Angesichts dieser tiefgreifenden Unterschiede sowohl in der Form des Tatbestandes wie in dem Inhalte der Rechtsfolgen ist es von großer Bedeutung, eine scharfe Grenzlinie zwischen den Fällen zu ziehen, in denen ein Schenkungsversprechen des Erblassers noch als ein solches unter Lebenden aufzufassen ist, und den Fällen, in denen es nur als Verfügung von Todes wegen behandelt werden kann. Die Entscheidung dieser vielumstrittenen Frage darf keinesfalls, wie es bisweilen geschieht, von der rechtspolitischen Einstellung zu der nur de lege ferenda diskutierbaren Frage beeinflußt werden, ob für das Bedürfnis des Individuums, seine Vermögensverhältnisse über seinen Tod hinaus bindend zu regeln, die ihm vom Gesetze zur Verfügung gestellten Formen der Verfügung von Todes wegen ausreichend sind oder nicht; vielmehr sind de lege lata nur die gesetzlichen Zweckvorstellungen zu untersuchen, die den Vorschriften des § 2301 I u. II zugrunde liegen.

3. Die Norm des § 2301 I geht nun, wie der Gegensatz zu Abs. II deutlich macht, offenbar davon aus, daß eine Vermögenszuwendung unter zwei Voraussetzungen unbedingt nur in den erschwerten Formen und mit den für den Bedachten weniger günstigen Folgen einer Verfügung von Todes wegen stattfinden soll:

a) Die erste Voraussetzung ist die, daß der Erblasser die Zuwendung unter die Bedingung seines Todes und des Überlebens des Bedachten stellt: sein Wille muß also dahin gehen, daß der Erwerb nur für diesen Fall und erst mit seinem Tode, gegebenenfalls auch in einem noch späteren Zeitpunkte, stattfinden soll, nicht auch eventuell schon vor seinem Tode und unabhängig von diesem: das sagt § 2301 I.

b) Aber zu dieser ersten positiven Voraussetzung muß als zweite die negative Tatsache hinzukommen, daß der Erblasser nicht schon bei Lebzeiten die Zuwendung so weit „vollzogen" hat, daß für den Bedachten, wenn auch kein Vollerwerb, so doch eine rechtlich gesicherte und vom Erblasser nicht wieder zerstörbare Erwerbsanwartschaft begründet worden ist: das sagt § 2301 II.

Liegen diese beiden Voraussetzungen vor, so trägt die Zuwendung zweifellos alle charakteristischen Merkmale einer solchen von Todes wegen: der Rechtserwerb soll sich nur für den Fall des Todes vollziehen und erst mit dem Tode existent werden, er wird nicht etwa schon vorher jedenfalls zu einem so erheblichen Teile realisiert, daß für den Bedachten eine feste Erwerbsanwartschaft entsteht, die dann mit oder nach dem Tode nur noch in das Stadium des Vollrechtes überzugehen braucht. Rechtswirkungen, die in dieser Weise durch den Tod des Zuwendenden entstehungsbedingt sind, haben aber spezifisch erbrechtlichen Charakter: darum sollen sie auch nur in den Formen des erbrechtlichen Rechtsgeschäftes und mit den Wirkungen eines erbrechtlichen Erwerbes vollzogen werden können. Denn wer eine Zuwendung in dieser Weise vornimmt, macht diejenigen Momente zur rechtsgeschäftlichen Bedingung, die kraft Gesetzes „Rechtsbedingung" für den Erwerb von Todes wegen sind: daher soll auch ein solcher Zuwendungsakt den Regeln des Erbrechtes, insbesondere den erbrechtlichen Formvorschriften, unterliegen. Der Inhaber eines Vermögens soll nicht befugt sein, Rechtswirkungen, die typisch erbrechtlicher Art sind, nämlich einen durch den Tod des Zuwendenden und das Überleben des Bedachten entstehungsbedingten, nur für diesen Fall gewollten Erwerb aus seinem Vermögen durch formlose oder weniger formelle Rechtsgeschäfte unter Lebenden herbeizuführen: das wäre eine Umgehung der wohlüberlegten Formerschwerungen für die Verfügungen von Todes wegen.

Aus diesem Gesichtspunkte heraus sind die zahlreichen Streitfragen zu lösen, die auf diesem Gebiete entstanden sind. Nur dann, aber auch immer dann, wenn in die Form eines Rechtsgeschäftes unter Lebenden ein Vermögenserwerb gekleidet werden soll, der nach dem Willen des Zuwendenden durch seinen Tod und das Überleben des Bedachten entstehungsbedingt ist, liegt ein agere in fraudem legis vor und ist das Rechtsgeschäft unwirksam. Soll dagegen entweder der Tod des Zuwendenden oder das Überleben des Bedachten keine unerläßliche Voraussetzung für die Wirksamkeit der Vermögensverschiebung sein, oder soll jedenfalls schon vor dem Tode des Zuwendenden ein gesichertes Anwartschaftsrecht des Begünstigten begründet werden und lediglich die Umsetzung dieses Rechtes in das entsprechende Vollrecht bis zum Tode hinausgeschoben sein, so besteht kein Grund, eine solche Vermögenszuwendung den Formen des rechtsgeschäftlichen Verkehres unter Lebenden zu entziehen. Das scheinen mir die beiden entscheidenden Kriterien zu sein, auf die die verschiedenen Tatbestände des versuchten „Testamentsersatzes" zu prüfen sind.

a) Schon an der Verkennung der entscheidenden Bedeutung des ersten Punktes kranken m. E. alle in der Rechtsprechung und im Schrifttum vertretenen Lösungen, die nichts anderes prüfen als die Frage, ob sich eine zu Lebzeiten des Erblassers noch von ihm begonnene Vermögenszuwendung de facto erst nach seinem Tode vollendet und vielleicht nach den Umständen des Falles auch erst vollenden kann, und die schon bei dieser Voraussetzung eine Umgehung des § 2301 I und damit die Nichtigkeit des Geschäftes unter Lebenden annehmen. Diesen Fehler macht z. B. das bekannte Urteil des RG. 83, 223ff. Der Erblasser, ein katholischer Geistlicher, hatte, da er seinen Tod nahe glaubte, auf alle Fälle noch wertvolle Wertpapiere dem Bonifacius-Verein zuwenden wollen. Er beauftragte daher den Pfarrkuraten D, sie dem Weihbischof Dr. K. zur Verwendung für den Bonifacius-Verein zu übergeben, und betonte dabei ausdrücklich, es sei eine Schenkung unter Lebenden, er habe von dem Augenblicke der Übergabe an D mit den Papieren nichts mehr zu tun, sie gehörten ihm nicht mehr. Tatsächlich hat D erst nach dem bald erfolgten Tode des Geistlichen die Papiere dem Dr. K ausgehändigt. Aus dieser rein objektiven äußeren Tatsache allein folgert das Reichsgericht (s. S. 226—227), daß eine

Schenkung von Todes wegen vorliege, ohne zu prüfen, ob der Erblasser die Zuwendung auch subjektiv wirklich an die Bedingung seines Todes knüpfen wollte. Es übersieht, daß für die Anwendung des § 2301 I nicht der Umstand ausreicht, daß der Schenker mit seinem alsbaldigen Tode rechnet und durch diese Erwartung tatsächlich zu der Zuwendung motiviert wird, sondern daß sein rechtsgeschäftlicher Wille darauf gerichtet sein muß, nur für den Fall seines Todes und erst mit diesem Zeitpunkte die Zuwendung überhaupt zu machen. Es kommt weder darauf an, ob der Schenker lediglich voraussah oder voraussehen konnte, daß er vor Vollzug der Übergabe an den Beschenkten sterben werde, noch darauf, ob der Tod dann tatsächlich vor der Ausführung seines Auftrages eingetreten ist, sondern einzig und allein darauf, ob er den Zuwendungsvollzug nur dann und erst dann wollte, wenn er gestorben sei: nur in diesem Falle liegt eine Schenkung auf den Todesfall vor. (So mit Recht auch BayObLG. 5, 446 und Staudinger Bem. 2a zu § 2301.) Aber selbst wenn der Wille des Schenkers in letzterem Sinne hätte ausgelegt werden müssen, so war weiter zu prüfen, ob die Zuwendung nicht bereits vor seinem Tode aus dem Stadium des schuldrechtlichen Versprechens in das des dinglichen Vollzuges übergegangen war, und zwar schon bis zu einem Punkte, wo für den Beschenkten ein gesichertes Anwartschaftsrecht auf den Erwerb begründet war, das auch den Erben des Schenkers gegenüber wirkte und dessen Vollendung zum Vollrecht sie daher gegen sich gelten lassen mußten: denn dann würde die Vorschrift des § 2301 II eingreifen. Diese zweite Frage wird uns unten beschäftigen (s. S. 305 ff.). Hier ist zunächst nur festzustellen, daß, solange jener Wille des Zuwendenden nicht nachweisbar ist, eine Schenkung von Todes wegen von vornherein ausscheidet. Denn ob sich die Vollendung der Zuwendung tatsächlich erst nach dem Tode abspielt, ist völlig unerheblich: das allein macht sie noch nicht zu einer Schenkung von Todes wegen und nimmt ihr noch nicht den Charakter eines Rechtsgeschäftes unter Lebenden.

Aber diese erste Voraussetzung des § 2301 I scheint mir auch dann noch nicht erfüllt zu sein, wenn der Zuwendende wohl vorzugsweise daran denkt, daß der Bedachte erst nach seinem Tode in den Genuß der Vorteile kommen solle, weil es ihm aus irgendeinem Grunde erwünscht ist, daß dies nicht schon bei seinen Lebzeiten geschehe, wenn er aber gegebenenfalls auch damit einverstanden gewesen wäre, daß die Zuwendung noch vor seinem Tode erfolge. So ist die Rechtslage m. E. in dem mir aus der Praxis bekannten Falle, daß der Erblasser kurz vor seinem Tode auf seinen Schreibtisch einen Briefumschlag legt, der 10000 M. enthält und die mit seinem Namen unterzeichnete Aufschrift trägt (aber ohne Angabe des Datums, also nicht in der Form des privatschriftlichen Testamentes): „Dies gehört Herrn X", — einem Freunde, dem er, wie sich herausstellte, zwar nicht rechtlich, aber moralisch zum Schadensersatz in dieser Höhe verpflichtet war. Ebenso in dem bekannten Falle, daß ein in unglücklicher „standesgemäßer" Ehe lebender Mann seiner früheren Geliebten zum Danke ein Schmuckstück zuwenden will und dieses kurz vor seinem Tode einem Freunde mit dem Auftrage übergibt, es der Geliebten zu überbringen, was dann tatsächlich erst nach seinem Tode geschieht; — oder in dem der Entsch. RG. 42, 133 ff. zugrunde liegenden Falle, daß ein Gläubiger kurz vor seinem Tode seiner Haushälterin den Auftrag gibt, nach seinem Tode einem Schuldner dessen Schuldscheine zur Vernichtung auszuliefern. In allen diesen und ähnlichen Fällen kann eine Anwendung der strengen Vorschrift des § 2301 I, mit der dann ohne weiteres Formnichtigkeit des Zuwendungsaktes gegeben wäre, nur unter der Voraussetzung in Frage kommen, daß zweifelsfrei feststeht, daß der Zuwendende wirklich nur für den Fall seines Todes den Rechtserwerb des Dritten oder den

Schulderlaß gewollt hat, nicht auch eventuell schon vor seinem Tode und auch dann, wenn er wider Erwarten jetzt nicht sterben sollte. Sonst liegt ein Rechtsgeschäft unter Lebenden vor: welcher Art, wird sogleich zu erörtern sein.

b) Aber auch wenn die erste Voraussetzung: Zuwendung für den Fall des Todes, erfüllt ist, muß weiter geprüft werden, ob nicht der Zuwendungstatbestand schon bei Lebzeiten des Verstorbenen ein rechtliches Stadium erreicht hat, das nicht nur eine rein tatsächliche Erwerbsaussicht, wie sie das Charakteristikum einer erbrechtlichen „Hoffnung“ bis zum Erbfalle ist, sondern bereits eine rechtlich gesicherte Anwartschaft des Bedachten begründen sollte und begründet hat. Denn sobald die rechtsgeschäftliche Transaktion noch vor dem Tode des Zuwendenden so weit vorgeschritten ist, daß der Begünstigte ein solches Anwartschaftsrecht unter Lebenden erworben hat, so daß der Tod des Zuwendenden, sei es allein, sei es zusammen mit weiteren Tatsachen, nur noch die Funktion haben kann, aus dem Wartrechte ein Vollrecht zu machen, fällt der für die Begründung des Rechtes maßgebende Tatbestand noch in den Lebensbereich des Erblassers und liegt daher ein Rechtsgeschäft unter Lebenden vor, in dessen mehr oder weniger vollendete belastende Wirkungen die Erben des Zuwendenden als Gesamtnachfolger eintreten.

Wo diese Grenze zu ziehen ist, ist angesichts des wenig scharfen Ausdruckes, den der gesetzliche Zweckgedanke in den beiden Absätzen des § 2301 gefunden hat, nicht unzweifelhaft. Wann noch ein durch das Überleben des Beschenkten „bedingtes“ Schenkungsversprechen und wann schon eine durch „Leistung des zugewendeten Gegenstandes“ „vollzogene“ Schenkung vorliegt, ist im einzelnen sehr bestritten. Aber eins ist zweifellos, und das ist der Kernpunkt der Frage: sofern nicht ein bedingtes Schenkungsversprechen im Sinne des Abs. I gegeben ist, kann von einer Anwendung der strengen und zwingenden Vorschrift dieser Gesetzesbestimmung keine Rede sein. Alle unentgeltlichen Zuwendungen einer Person, die nicht die tatbestandlichen Voraussetzungen eines solchen durch das Überleben des Beschenkten bedingten Versprechens erfüllen, unterliegen nicht mehr den Regeln der Verfügung von Todes wegen, sondern den Vorschriften der Rechtsgeschäfte unter Lebenden. Unter einem „bedingten“ Schenkungsversprechen kann das Gesetz aber gemäß § 158 nur ein Rechtsgeschäft verstehen, bei dem die Rechtswirkung des Versprechens, d. h. die Verpflichtung des Zuwendenden, den Bedachten durch eine Leistung aus seinem Vermögen zu bereichern (§§ 518, 516), in ihrer Entstehung von dem Eintritte der Bedingung, hier also sowohl von dem Tode des Zuwendenden wie von dem Überleben des Bedachten, abhängig sein soll. Damit scheiden aber aus diesem Begriffe sicherlich diejenigen Schenkungsversprechen aus, bei denen nicht die Entstehung der Verpflichtung des Schenkers, sondern nur ihre Erfüllung auf den Zeitpunkt seines Todes hinausgeschoben sein soll. Solche nicht „entstehungsbedingten“ oder „bedingt wirksamen“, sondern nur „erfüllungsbedingten“ oder „fälligkeitsbedingten“ Verpflichtungen, die das BGB. in § 813 auch „betagte“ Verbindlichkeiten nennt, kommen ihrer rechtlichen Existenz nach nicht erst mit dem Eintritte des bedingenden Umstandes, sondern schon mit der Vollendung des rechtsgeschäftlichen oder gesetzlichen Tatbestandes zur Entstehung, und nur das aktuelle, sofortige Leistensollen, dessen Nichterfüllung den Schuldner sei es ohne, sei es nach Mahnung des Gläubigers in Verzug setzt, tritt erst nach Verwirklichung jenes Umstandes ein. Daß solche Schenkungsversprechen nicht unter den Begriff des § 2301 I fallen und daher nicht den Vorschriften über Verfügungen von Todes wegen unterliegen, ist unbestritten (s. Planck, Erl. 1 a. E. zu § 2301)[14]). Aber an welchen Kriterien man erkennen soll, ob ein wirklich bedingtes oder ein nur betagtes Schenkungsversprechen gemeint ist, bleibt zweifelhaft. Immerhin dürfte folgende Erwägung einen oft zutreffenden Anhaltspunkt für die Auslegung geben. Ein nur in seiner Erfüllung hinausgeschobener Anspruch ist ein schon existentes Recht und gehört daher, wenn er auf eine vermögenswerte Leistung gerichtet ist, zum Vermögen des Gläubigers. Daher muß er auch bei dessen Tode auf seine Erben übergehen, es sei denn, daß er nach dem Willen der Parteien rein individuelle Bedürfnisse des Berechtigten befriedigen soll, wie z. B. ein Alimentationsversprechen des geschiedenen Ehegatten bei kinderloser Ehe, und daher unter der auflösenden Bedingung des Todes des Gläubigers steht. Daß diese Höchstpersönlichkeit aber grundsätzlich für alle Schenkungsversprechen gilt, wie Endemann, Lehrbuch III 1 S. 660, meint, dürfte nicht zutreffend sein. Läßt sich daher bei einem gewöhnlichen Schenkungsversprechen „auf den Todesfall" des Schenkers als Parteiwille feststellen, daß nur dem Beschenkten selbst, nicht auch, falls er vor dem Tode des Schenkers sterben sollte, seinen Erben die Zuwendung gemacht werden soll, so dürfte das ein Anhaltspunkt dafür sein, daß nicht ein durch den Tod des Schenkers nur erfüllungsbedingtes, sondern ein durch das Überleben des Beschenkten entstehungsbedingtes Versprechen vorliegt, das dann notwendig unter die kategorische Vorschrift des § 2301 I fällt. Dafür ist es auch gleichgültig, ob der Schenker das Überleben des Beschenkten allein oder daneben noch ein anderes zukünftiges Ereignis als Bedingung gesetzt hat: so wenn er z. B. seiner Nichte für den Fall seines Todes eine Geldsumme als Aussteuer bei ihrer Verheiratung verspricht (Beispiel bei Endemann III 1 S. 659 unter 2). Sicherlich geht hier sein Wille nicht dahin, auch für den Fall, daß die Nichte zwar bis zu seinem Tode heiraten, aber dann noch vor seinem Tode sterben sollte, deren Erben die Geldsumme zuzuwenden, sondern nur dahin, sie selbst, wenn sie seinen Tod überlebt, auszustatten: ist sie dann schon verheiratet, so entsteht ihr Anspruch sofort, heiratet sie später, entsteht er erst mit diesem Zeitpunkt. Daher dürfte in solchen Fällen ein entstehungsbedingtes Schenkungsversprechen vorliegen. Ist das aber der Fall, so kommt die Rechtsanwendung nicht um die Vorschrift des § 2301 I herum. Daraus ergibt sich einmal, daß ein solches Schenkungsversprechen der Form der Verfügung von Todes wegen unterliegt, — eine Folge, die freilich in praxi unter Umständen auch im Interesse seiner Gültigkeit wirken kann, wenn nämlich das Versprechen nur einseitig, nicht vertraglich, oder nur privatschriftlich, aber in der Form des eigenhändigen Testamentes erteilt ist: dann ist es nach § 140 im Zweifel als gültig anzusehen, wie Endemann III 1 S. 212 unter a und S. 661 mit Recht hervorhebt. Aber wichtiger ist die zweite Folge, daß auch seine Wirkungen nur die einer Verfügung von Todes wegen sind. Denn das bedeutet praktisch eine doppelte Verschlechterung der Rechtsstellung des Bedachten: einmal kann seine Erwerbsaussicht ihm bis zum Tode des Schenkers durch Vernichtung der Urkunde (§ 2255) oder durch gegenteilige eigenhändige Erklärung des Schenkers (§ 2254) wieder entzogen werden; ferner aber sind die Existenz und der Umfang seines Anspruches beim Tode des Schenkers den erbrechtlichen Regeln unter-

---

[14]) Nur auf solche Fälle bezieht sich wohl auch die Bemerkung von Endemann, Lehrbuch III 1 § 30 II b 2, wenngleich seine Worte: „daß der Beschenkte jetzt bereits ein Forderungsrecht erwirbt unter der aufschiebenden Bedingung seines Überlebens oder unter einer entsprechenden Befristung" nicht ganz eindeutig sind. Noch bedenklicher ist die Ausdrucksweise S. 213 unter 2 α, wo er davon spricht, daß ein auf Erlaß einer Forderung gerichtetes „Schenkungsversprechen unter Lebenden" „unter der Bedingung stehen" könne, „daß der Beschenkte den Schenker überlebt", und daß auf ein solches Versprechen nicht § 2301 I, sondern § 518 zur Anwendung komme.

stellt, d. h. er hat bei Individualschenkungen im Zweifel nur dann einen Anspruch gegen die Erben, wenn der Schenkgegenstand beim Erbfalle noch zum Nachlaß gehört (§ 2169), und bei Gattungs- und Geldschenkungen nur einen Anspruch auf den Überschuß, der nach Begleichung aller anderen Nachlaßschulden, einschließlich der Pflichtteilslasten, übrigbleibt (§§ 1991 IV, 1992, § 226 KO.). Diese Degradierung der Schenkungsversprechen auf den Todesfall zu Vermächtnissen kann der Schenker auch dadurch nicht verhindern, daß er seinerseits den Willen hat, sich und seine Erben wie durch ein Schenkungsversprechen unter Lebenden zu binden und zu verpflichten. Denn sofern er das Versprechen durch seinen Tod und das Überleben des Bedachten bedingen, nicht nur betagen will, greift die unerbittliche Vorschrift des § 2301 I zwingend ein. Die Begründung eines nach Schenkungsregeln gesicherten Forderungsrechtes des Beschenkten, das nur bei grobem Undank oder bei Verarmung des Schenkers widerruflich wäre, und für dessen Erfüllung dieser selbst und seine Erben nach § 521 haften würden, ist dann durch die Vorschrift des § 2301 I unmöglich gemacht. Es gibt nur eine Alternative: entweder „betagtes" Schenkungsversprechen und dann Schenkung unter Lebenden, oder „bedingtes" Schenkungsversprechen und dann Schenkung von Todes wegen: tertium non datur.

Es ist somit nicht zulässig, den § 2301 I dadurch zu umgehen, daß man, selbst in notarieller Form und unter Annahme des Beschenkten, eine Zuwendung unter der Bedingung des eigenen Todes und des Überlebens des Bedachten verspricht. Bleibt der Zuwendungstatbestand bis zum Tode des Schenkers in diesem Stadium nur schuldrechtlicher Verpflichtung, so ist die Anwendung des § 2301 I unvermeidlich, und da die meisten Rechtsakte dieser Art nicht die Form einer Verfügung von Todes wegen haben, so sind sie nichtig und erzeugen daher keine Erfüllungspflicht der Erben des Schenkers. Das Gesetz betrachtet eben, gleichgültig ob dies dem Willen des Schenkers entspricht, ein auf den Todesfall gestelltes Schenkungsversprechen nicht als ausreichend, um eine gesicherte Anwartschaft des Beschenkten unter Lebenden zu begründen, selbst wenn es die Form des § 518 erfüllt. Sollte es aber ausnahmsweise in Testamentsform abgegeben sein, so erzeugt es nur eine erbrechtliche Erwerbsaussicht, die der Schenker bis zu seinem Tode wieder zerstören kann, nicht eine bedingte Forderung unter Lebenden, die schon bei seinen Lebzeiten den Schutz des § 160 genießen und mit dem Tode eine vollwirksame Erblasserschuld werden würde, die als solche von den Erben erfüllt werden müßte. Nur wenn sich der Schenker der Form eines Erbvertrages bedient, so ist der Bedachte jedenfalls gegen solche Handlungen, durch die der Erblasser in der Absicht, ihn zu benachteiligen, die Erfüllung des Schenkungsversprechens tatsächlich oder rechtlich vereitelt oder beeinträchtigt, durch die Vorschrift des § 2288 I u. II geschützt, die aber nicht schon eine bedingte Ersatzpflicht des Erblassers und damit für die Erben eine ererbte Schuld, sondern eine erst mit dem Erbfalle entstehende, nach Vermächtnisrecht behandelte Verpflichtung der Erben begründet. Aber abgesehen von dieser Sondervorschrift entspringt aus einem Schenkungsversprechen auf den Todesfall noch kein „keimendes" Recht, das bereits vor dem Tode existierte und durch diesen nur zum Vollrecht würde, sondern nur eine tatsächliche Erwerbsaussicht, die rechtlich noch ein nullum ist.

c) Vielmehr kann von einem schon vor dem Tode entstandenen Anwartschaftsrechte auf den zugewendeten Gegenstand nur in zwei Gruppen von Fällen die Rede sein. Einmal dann, wenn nur ein betagtes Schenkungsversprechen vorliegt: dann ist, wenn das Versprechen gerichtliche oder notarielle Form hatte und vom Bedachten angenommen war, von Anfang an eine Verbindlichkeit des Erblassers vorhanden, die eine Einstandspflicht nach § 521

i. V. m. §§ 280 ff. begründet, und die als solche auf seine Erben als echte Erblasserschuld übergeht. Ferner aber — und das ist die für unsere Frage entscheidende Tatsache, die uns weiter führt, — auch dann, wenn der Zuwendungstatbestand schon bei Lebzeiten des Erblassers das Stadium der schuldrechtlichen Verpflichtung verlassen hatte und in dem des dinglichen Leistungsvollzuges so weit vorgeschritten war, daß für den Beschenkten bereits ein rechtlich gesichertes „Erwerbsrecht" entstanden war, das nach dem Erbfalle ohne Mitwirkung der Erben oder gar gegen ihren Willen zu dem entsprechenden Vollrecht erstarken kann. Denn um die Vorschrift des § 2301 II anwenden zu können, ist es nicht erforderlich, daß die schenkweise versprochene Leistung noch vom Schenker abschließend vollzogen ist, so daß der Gegenstand bereits vor dem Tode voll in das Vermögen des Beschenkten übergegangen ist. Vielmehr genügt es, daß der Schenker noch zu seinen Lebzeiten den dinglichen Vollzugsakt bis zu einem Punkte fortgeführt hat, von dem an er sich „zwangsläufig" im Rechtsleben der Erben fortsetzt und seine Wirkungen gegen sie erzeugt, gleichgültig ob das ihrem Willen entspricht oder nicht. Denn da sie kraft Gesetzes in die rechtsgeschäftliche Situation in dem Entwicklungsstadium eintreten, in dem der Verstorbene aus ihr abgerufen wurde, können sie deren Vollendung nur noch in demselben Maße verhindern, in dem der Erblasser es hätte tun können, wenn er weitergelebt hätte. Hatte dieser sich bereits so weit gebunden, daß er die Perfizierung des dinglichen Vollzugstatbestandes seinerseits nicht mehr aufhalten konnte, so sind auch den Erben die Hände gebunden: sie müssen die Vollendung des Erwerbes gegen sich gelten lassen. Damit ist dann aber gemäß § 518 II die Voraussetzung erfüllt, unter der jedes Schenkungsversprechen, gleichgültig in welcher Form es abgegeben war, gleichgültig auch ob es unter Lebenden oder für den Todesfall erteilt war, vollwirksam wird. Es braucht dann also auch gar nicht mehr untersucht zu werden, ob der Erblasser die Zuwendung durch seinen Tod und das Überleben des Bedachten bedingen oder nur betagen oder schließlich ganz unabhängig davon vornehmen wollte: der Leistungsvollzug macht die Schenkung auf alle Fälle wirksam. Das stellt der § 518 II i. V. m. § 2301 II außer Zweifel und ist auch vom Reichsgericht in den schon oben S. 292 zitierten Entscheidungen bei Warn. 1913 Nr. 249 und 1915 Nr. 142 anerkannt worden. Diese interessantesten und für die Erben meist wenig erfreulichen Fälle der Fortsetzung des Pflichtlebens des Erblassers sind nun noch kurz zu beleuchten.

4. Wann im einzelnen Falle der Zuwendungstatbestand noch zu Lebzeiten des Erblassers dieses entscheidende Stadium erreicht hat, daß er sich nach dem Tode in Fortwirkung des rechtsgeschäftlichen Handelns des Verstorbenen vollenden kann und daher als noch von diesem vollzogene Schenkung aufzufassen ist, ist oft sehr zweifelhaft und bestritten. Ich versuche im folgenden die grundsätzlichen Gesichtspunkte herauszuheben, die für die juristische Beurteilung m. E. maßgebend sind.

Die Anwendung des § 2301 II steht außer Zweifel, wenn der Leistungsvollzug noch zu Lebzeiten des Erblassers völlig abgeschlossen war. Das ist er dann, wenn alle für die betreffende rechtsgeschäftliche Transaktion vom Gesetze aufgestellten Tatbestandserfordernisse im weitesten Sinne des Wortes, also einschließlich der sogenannten Wirksamkeitsvoraussetzungen, erfüllt sind und damit schon vor dem Tode die volle Rechtswirkung eingetreten ist. Sobald aber ein Stück des Zuwendungstatbestandes beim Erbfalle noch aussteht, wird die Rechtslage zweifelhaft.

Somit kommen folgende Fälle in Betracht:

a) Der „Errichtungstatbestand" der Zuwendung ist zwar noch unter

Lebenden vollzogen, es fehlt aber noch eine „Wirksamkeitsvoraussetzung", z. B. der Eintritt einer echten Bedingung oder einer sog. Rechtsbedingung, wie z. B. einer Genehmigung oder der Entstehung des künftigen Rechtes oder der Verselbständigung und damit Übereignungsfähigkeit eines wesentlichen Bestandteiles.

b) Der Errichtungstatbestand ist nur zum Teil vollendet, zum Teil noch ausstehend: so besonders die Fälle der §§ 130 II und 153; ferner der Fall, daß nach schon erfolgter dinglicher Einigung die Sachübergabe oder die Eintragung im Grundbuche noch fehlt.

c) Der Errichtungstatbestand des Hauptgeschäftes selbst hat noch gar nicht begonnen, aber der Erblasser hat einen Dritten mit dessen Vornahme beauftragt, oder auch bevollmächtigt, oder ihm die Einwilligung zur Verfügung im eigenen Namen über einen zum Nachlaß gehörigen Gegenstand erteilt.

d) Der Erblasser hat mit einem Dritten einen Vertrag zugunsten des Bedachten abgeschlossen, kraft dessen dieser mit oder nach dem Tode unmittelbare oder mittelbare Zuwendungen aus dem Vermögen des Erblassers erhalten soll.

Das scheinen mir die Hauptfälle zu sein.

Ihrer Besprechung ist eine grundsätzliche Erörterung vorauszuschicken. Wenn wir zu dem Ergebnisse gelangen werden, daß in vielen dieser Fälle der dingliche Zuwendungstatbestand bis zum Tode des Erblassers schon so weit fortgeschritten ist, daß die Erben nicht mehr in der Lage sind, seine Vollendung zu hindern, und somit eine schon vom Erblasser „vollzogene" Zuwendung vorliegt, so kann u. E. doch diese „postume" Fortwirkung des Rechtslebens des Verstorbenen nicht auf dem Wege erklärt werden, den Endemann, Lehrbuch III 1 S. 210—223, beschreitet. Es ist nicht zutreffend, daß der Erblasser die Macht hat, gewisse Teile seines Vermögens oder gar sein ganzes Vermögen (!) durch noch nicht vollendete Rechtsakte unter Lebenden derart aus dem Nachlasse „auszuscheiden" (so S. 210, 211, 214, 220), daß sie seiner eigenen „über das Leben fortwirkenden Rechtsmacht vorbehalten" bleiben (S. 210, 214, 220) und er daher über sie als noch „eigene Rechte" mit Wirkung nach seinem Tode zu verfügen vermag (S. 211, 214, 220). Ein solches eigenartiges Fortleben der Rechtspersönlichkeit läßt sich mit den Mitteln unserer heutigen privatrechtlichen Rechtsformen nicht konstruieren. Sondern es ist nach § 1922 zweifellos, daß, wenn der Erblasser zu Lebzeiten eine Verfügung begonnen hat, die bis zu seinem Tode nach den Regeln des Rechtsverkehres unter Lebenden noch nicht zu einer endgültigen Rechtsübertragung oder -vernichtung zugunsten eines anderen geführt hat, der Verfügungsgegenstand im Augenblicke seines Todes noch Bestandteil seines Vermögens war und als solcher auf seine Erben übergeht. Es ist nach unserem Rechte völlig unmöglich, daß der Erblasser noch als „postumer Eigentümer" dieses Vermögensstückes oder gar seines ganzen Vermögens gilt und daher auch die Macht behält, über sie noch wirksam zu verfügen. Das ist eine unvollziehbare Vorstellung. Vielmehr ist es gerade umgekehrt. Sowohl das Objekt der Verfügung wie die Verfügung selbst gehören seit dem Tode lediglich dem Rechtsbereiche der Erben an. Ihnen allein steht das Eigentum oder sonstige Recht zu. Und sie allein sind nunmehr Träger des Verfügungsgeschäftes. Der rechtsgeschäftliche Akt, den der Erblasser noch begonnen und soweit geführt hatte, daß er sich gegen die Erben „zwangsläufig" fortsetzt, bleibt nicht etwa in dem Sinne Verfügung des Erblassers, daß dieser nach seinem Tode weiter als Subjekt des Verfügungsgeschäftes als forthandelnder „Geist" fungiert — denn dann würde er ja mit seiner „toten Hand" als Nichtberechtigter über die Rechte der Erben verfügen (!) —, sondern diese selbst treten kraft der normenübertragenden Funktion der Gesamtnachfolge in die Rechtsposition des Erblassers in diesen Verfügungsgeschäften ein, sie sind jetzt auch Subjekte dieser Rechtshandlungen, sie verfügen über Gegenstände, die zu ihrem Vermögen gehören. Daß das Bürgerliche Gesetzbuch auf dem hier vertretenen Standpunkte steht, daß die Erben auch bei Verfügungsgeschäften des Erblassers in dessen rechtsgeschäftliche Lage sukzedieren, ergibt sich, abgesehen von den Vorschriften der §§ 130 II und 153, die auch für Verfügungen gelten (s. Näheres unten S. 307), unzweideutig aus der Behandlung der eigenartigen Rechtssituation, die der Vorschrift des § 185 II 1 Fall 3 zugrunde liegt. Wenn jemand z. B. eine fremde Forderung, von der er glaubt, daß sie ihm zustehe, einem Dritten schenkungsweise zediert, so ist die Verfügung nicht nichtig, sondern schwebend unwirksam, und sie wird dadurch wirksam, daß die „Rechtsbedingung" der Verfügungsbefugnis, die zur Zeit der Verfügung dem Handelnden noch fehlte, nachträglich eintritt. Stirbt nun der Verfügende, bevor diese Wirksamkeitsvoraussetzung durch Genehmigung des Berechtigten oder dadurch, daß er selbst die Forderung nachträglich erwirbt, nachgeholt ist, so müßte nach der Auffassung Endemanns die Verfügung auch nach dem Tode noch als Rechtsakt des Erblassers behandelt werden, da er kraft der postumen Nachwirkung seiner rechtsgeschäftlichen Tätigkeit Subjekt des Verfügungsgeschäftes bleibt. Daran würde auch die zufällige Tatsache nichts ändern können, daß er gerade von demjenigen beerbt wird, dem die Forderung tatsächlich zusteht: auch für diesen bliebe die Verfügung eine „fremde" des Erblassers. Sie könnte daher konsequenterweise nur dadurch wirksam werden, daß der Berechtigte, d. h. der Erbe, sie genehmigte. Dem widerspricht aber die ausdrückliche Regelung des § 185: die Verfügung wird ohne solche Genehmigung ipso jure wirksam, sofern nur der Erbe endgültiger Gesamtrechtsnachfolger und damit Selbstträger auch aller Pflichten und Bindungen des Erblassers geworden ist: das ist aber dann der Fall, wenn er die Möglichkeit, den Rechtsbereich des Verstorbenen von seinem eigenen durch Nachlaßseparation zu trennen und dadurch die Schulden und Bindungen des Erblassers zu „fremden" des Nachlasses zu machen, verloren hat. Ist also seine Haftung unbeschränkbar und damit seine persönliche Pflichtnachfolge unabänderlich geworden, so rückt er auch in die durch die Verfügung des Erblassers geschaffene Bindungslage ein: er wird behandelt, als habe er selbst die Verfügung getroffen, er wird „zwangsläufig" zum dominus negotii, und da für ihn der Mangel der Verfügungsbefugnis nicht besteht, weil er ja selbst dominus rei ist, so ist die Verfügung als seine eigene ipso jure wirksam — und zwar vom Erbfalle an, da die Verwirkung des Haftungsbeschränkungsrechtes ja nur die ohnehin gesetzlich normierte persönliche Haftung des Erben zu einer endgültigen macht.

Es ist also für die rechtliche Behandlung unvollendeter rechtsgeschäftlicher Transaktionen des Erblassers ein Doppeltes festzustellen. Auf der einen Seite wird der Gegenstand des Geschäftes, wenn er nicht spätestens mit dem Tode aus dem Vermögen des Erblassers endgültig dinglich ausgeschieden war, durch den Erbfall Vermögensbestandteil des Erben. Auf der anderen Seite aber wird die rechtsgeschäftliche Lage, in der sich der Erblasser beim Tode befand, in demselben Entwicklungszustande Rechtslage des Erben. Frage ist nunmehr, wann der vom Erblasser begonnene Zuwendungsakt bereits bei seinem Tode ein Stadium erreicht hatte, in dem der Erbe nicht mehr in der Lage ist, die Perfektion des Zuwendungstatbestandes und damit den Erwerb des Dritten zu hindern: dann liegt eine Zuwendung unter Lebenden im Sinne des § 2301 II vor.

5. Ist der eigentliche rechtsgeschäftliche Errichtungstatbestand des dinglichen Vollzugsaktes schon vollendet und fehlt nur noch ein „Wirksamkeits-

erfordernis", so ist die Frage zweifellos zu bejahen. Dies ist einmal dann der Fall, wenn die Zuwendung unter einer rechtsgeschäftlichen aufschiebenden Bedingung oder Befristung erfolgt, und zwar sowohl wenn der Tod des Zuwendenden wie wenn ein anderes späteres Ereignis als Bedingung oder als Termin gesetzt ist. Denn dann liegt eine bedingte Verfügung im Sinne des § 161 vor, und eine solche begründet für den bedingt Berechtigten eine rechtlich gesicherte Erwerbsanwartschaft, die weder durch gegenteilige Verfügungen des Zuwendenden selbst noch durch Vollstreckungsmaßnahmen seiner Gläubiger beeinträchtigt werden kann. Der Zuwendende ist bis zur Entscheidung über den Eintritt der Bedingung genau so gebunden wie bei einer unbedingten Verfügung, und die Verwirklichung des Vollrechtes des Bedachten ist durch die Verfügungs- und Vollstreckungsbeschränkungen des § 161 gegen jede Vereitelung und Minderung in demselben Maße geschützt wie ein unbedingtes Recht (§§ 161 I u. III, 163). Wann aber im einzelnen Falle schon eine solche bedingte Verfügung vorliegt und nicht nur ein schuldrechtliches Versprechen, das den Zuwendenden verpflichtet, erst nach Eintritt des bedingenden Umstandes den Zuwendungsakt vorzunehmen, also lediglich ein Schenkungsversprechen auf den Todesfall, das der Vorschrift des § 2301 I unterstehen würde, — diese entscheidende Frage findet in der reichsgerichtlichen Rechtsprechung leider keine einheitliche Lösung, so daß das Gesamtbild ein unsicheres und schwankendes bleibt.

a) So liegen z. B. zu dem praktisch häufigen und wichtigen Falle des Schulderlasses widersprechende Entscheidungen vor. Während das Urt. v. 17. Jan. 1903 in 53, 294ff. einen Tatbestand, in dem der Gläubiger einem Wechselschuldner erklärt hatte, „der Wechsel sei zerrissen", der Schuldner „brauche nur, solange er, der Gläubiger, lebe, die Zinsen zu zahlen, sonst sei er ihm nichts mehr schuldig", dahin auslegt, daß nach den Umständen des Falles die Auffassung eines durch den Tod des Gläubigers befristeten Schulderlasses näherliege, also eines Schenkungsvollzuges und nicht nur eines Schenkungsversprechens, billigt die Entsch. v. 11. Febr. 1908 im „Recht" 1908 Nr. 1165 die zweifellos entgegengesetzte Auslegung des Berufungsgerichtes, das einen auf einen Schuldschein gesetzten, aber nicht der Testamentsform genügenden Vermerk: „Dieser Schein wird mit meinem Tode ungültig", nicht als befristeten Erlaß, sondern nur als das Versprechen eines solchen gelten lassen wollte und daher wegen Verstoßes gegen § 2301 I für nichtig erklärt hatte. Dem steht wiederum ein Urt. v. 7. April 1921 (SeuffA. 76, 303; Warn. 1921 Nr. 95) entgegen, das unter Hinweis auf mehrere ältere Entscheidungen gleichen Inhaltes betont, daß ein mündlicher schenkungsweiser Schulderlaß unter der Bedingung des Überlebens des Beschenkten gültig sei, da es „in der Rechtsprechung besonders des Reichsgerichtes anerkannt sei, daß zur Heilung des Formmangels sowohl für Schenkungen unter Lebenden wie von Todes wegen ein bedingter Vollzug genüge". Erforderlich sei lediglich, daß der Schenker nicht nur „eine bestimmte Gestaltung der Dinge verheißen" wolle, sondern „schon etwas zu ihrem tatsächlichen Eintritte tue", — was der hier vertretenen Auffassung dem Grundsatze nach entspricht[15]).

[15]) Das Reichsgericht betont aber durchaus mit Recht, daß das nur nach Lage des Einzelfalles zu beurteilen sei. Daher erscheint mir abwegig die Ansicht des OLG. Hamburg in OLG. 37, 264, die die Entscheidung auf die äußere Tatsache abstellen will, ob der Gläubiger lediglich mündlich dem Schuldner gesagt habe, die geliehene Summe solle nach seinem Tode diesem gehören: dann liege nur ein Schenkungsversprechen vor, oder ob er dem Schuldner auch den Schuldschein mit dem Auftrag übergeben habe, ihn nach seinem Tode zu vernichten: dann habe ein bedingter Schenkungsvollzug stattgefunden. Vielmehr wird in der Regel auch im ersteren Falle die Schenkung bereits im Sinne des § 2301 Abs. 2 „vollzogen" sein.

b) Ähnliche Schwankungen zeigen sich in der Behandlung der Abtretung von Ansprüchen. So sprechen auf der einen Seite die Entsch. v. 25. April 1900 in JW. 1904 S. 337 Nr. 3 einer bei Lebzeiten erteilten „Ermächtigung", Wertpapiere, die der Erblasser bei einer Bank deponiert hatte, nach seinem Tode bei dieser abzuholen und in Empfang zu nehmen, und ebenso die Entsch. v. 9. Juli 1917 in JW. 1917 S. 924 Nr. 1 einer Abtretung des Anspruches auf Herausgabe der hinterlegten Aktien an einen Treuhänder, der sie später dem Bedachten herausgeben solle, den Charakter einer bedingten Zession und damit eines Vollzuges der Schenkung ab. Auf der anderen Seite wird in mehreren anderen Entscheidungen die entgegengesetzte Auffassung vertreten. So werden in dem Urt. v. 22. Okt. 1908 (Warn. 1909 Nr. 33) die auf den Todesfall gestellte Abtretung einer Forderung auf bestimmte bei einer Bank deponierte Wertpapiere, in dem Urt. v. 19. April 1907 (JW. 1907 S. 329 Nr. 5) die Schenkung einer Darlehnsforderung auf den Todesfall als Schenkungsvollzug behandelt und ebenso in den Entsch. v. 13. Dez. 1906 (JW. 1907 S. 73 Nr. 3) und vom 29. März und 28. Okt. 1915 (Warn. 1915 Nr. 142 und 1916 Nr. 74) die Schenkung eines Sparkassenguthabens einschließlich späterer Einlagen, obwohl in den letzten beiden Fällen die Auszahlung erst nach dem Tode erfolgen sollte. Dazu steht dann wieder das Urt. v. 29. Sept. 1910 (JW. 1910 S. 938 Nr. 13) in Widerspruch, nach dem eine nichttestamentarische Bestimmung des Erblassers, daß nach seinem Tode seine Enkelin ein Bankguthaben von 3000 M. bekommen solle, nicht schenkweise Abtretung der Forderung, sondern nur Schenkungsversprechen und daher unwirksam sei. Das ist in der Tat kein einheitliches Bild, so sehr man der Berücksichtigung der konkreten Umstände des Einzelfalles, die dann auch meist als Auslegungsgrundlage eine maßgebende Rolle spielen, Raum geben mag.

c) Aber diese Schwankungen in der tatbestandlichen Wertung hindern nicht, daß die grundsätzliche Auffassung des Reichsgerichtes eine aufschiebend bedingte Verfügung als Schenkungsvollzug behandelt und daher nicht der Vorschrift des § 2301 I unterstellt. Ebenso ist man sich darüber einig, daß sog. Rechtsbedingungen einer Zuwendung nicht den Charakter einer vollzogenen Schenkung nehmen: so wenn die zedierte Forderung nur eine künftige ist, wie der Regreßanspruch eines Bürgen aus § 774 oder der Anspruch eines Gesellschafters auf Gesellschaftsgewinn aus § 717 und ähnliche Fälle. Die gleiche Beurteilung muß somit in Fällen gelten, in denen es sich um die Verfügung über eine noch nicht selbständige künftige Sache handelt. Schenkt z. B. der Erblasser einem Dritten für den Todesfall ein Haus auf Abbruch, Holz auf dem Stamm, eine hängende Obsternte u. ä., und findet die Übergabe der Hauptsache oder der zu trennenden Bestandteile (§ 865) noch vor dem Tode statt, so wird der Beschenkte Eigentümer mit der Trennung (§ 956), auch wenn diese erst nach dem Erbfalle erfolgt. Denn die Leistung ist auch hier bereits mit der Übergabe und der durch den Todesfall bedingten Gestattung vollzogen, das formlose Schenkungsversprechen daher wirksam geworden, und der Erbe kann die Perfektion des Eigentumserwerbes nicht mehr durch Widerruf hindern, da gemäß § 518 II eine rechtsgültige Verpflichtung zur Gestattung bestand (§ 956 I 2).

Aber auch eine noch ausstehende Genehmigung hindert, zumal sie rückwirkende Kraft hat, nicht den Verfügungsvollzug unter Lebenden. Dies gewinnt praktisch große Bedeutung für den Fall, daß der Erblasser die Zuwendung nicht an den Beschenkten selbst, sondern an einen Mittelsmann gemacht hat, der als negotiorum gestor und falsus procurator des Bedachten fungiert. Denn wenn er den Zuwendungsvertrag namens des Beschenkten abschließt und bewegliche Sachen für ihn entgegennimmt mit der Verpflichtung, sie ihm nach dem Tode auszuantworten, so kann der Beschenkte auch noch nach dem Erbfalle gemäß § 177 die Annahmeerklärung des Mittlers genehmigen, ohne daß die Erben dies noch durch Widerruf der Zuwendung vereiteln könnten: sie sind an die schwebend wirksame Übereignung ebenso gebunden, wie der Erblasser es war. Auch die Frage des Besitzerwerbes macht keine Schwierigkeiten: der Beschenkte ist bereits mit der Übergabe an die Mittelsperson mittelbarer Besitzer der Sache geworden, da nach freilich nicht unbestrittener, aber richtiger Ansicht der negotiorum gestor Besitzmittler des dominus negotii ist. Ebenso ist bei Grundbuchrechten, abgesehen von der Auflassung, bei der die Mitwirkung eines falsus procurators vom Grundbuchamte oder Notar zurückgewiesen werden müßte und daher tatsächlich schwerlich vorkommen wird, dieser Weg denkbar. Hat z. B. der Erblasser die Eintragung einer Buchhypothek für den A ohne dessen Wissen bei einem Notar bewilligt und diesem auch den Eintragungsantrag ausgehändigt mit dem Auftrage, ihn nach seinem Tode beim Grundbuchamte zu stellen, falls A ihn überlebe, so kann der Notar die zur Einigung erforderliche Erklärung des A als dessen falsus procurator schon bei der Bewilligung des Erblassers abgeben: A kann daher nach dem Tode des Erblassers nach § 177 genehmigen und dadurch die Hypothek erwerben, ohne daß die Erben in der Lage sind, dies zu hindern. Diese Lösung ist natürlich nur dann berechtigt, wenn der Tatbestand die Feststellung gestattet, daß der Mittelsmann als Vertreter des Beschenkten aufgetreten ist, eine Annahme, die z. B. das Reichsgericht in der oben schon erwähnten Entsch. 83, 225 ablehnt. Sie wird aber überall dort zutreffen, wo der Schenker den Willen gehabt hat, durch die Einigung mit dem Mittler den Rechtserwerb des Bedachten schon jetzt möglichst sicherzustellen. Daher hätte m. E. in dem Falle RG. 83, 223ff. die Annahme einer solchen Vertreterschaft des Pfarrkuraten durchaus nahe gelegen. Der Pfarrer, selbst rechtsunkundig, wollte dasjenige rechtliche Mittel, das den Erwerb des Bonifaziusvereins am sichersten gewährleistete: denn er erklärte ausdrücklich bei der Übergabe der Papiere, sie sollten dem Bonifaziusverein gehören, er habe nun nichts mehr mit ihnen zu tun, sie gehörten ihm von nun an nicht mehr. Wenn der Kurat daraufhin die Papiere entgegennahm und erklärte, er werde das besorgen, so spricht dieses beiderseitige Verhalten durchaus dafür, daß der Kurat als vollmachtloser Vertreter des Vorstandes des Bonifaziusvereins die Papiere für diesen erwerben solle und wolle. Es wäre sogar nach den Worten des Pfarrers die Annahme möglich, daß er eine fiduziarische Eigentumsübertragung an den Kuraten vornehmen wollte, mit der Auferlegung der Verpflichtung, die Wertpapiere dem Bonifaziusverein zu übereignen: dann wäre schon zu seinen Lebzeiten das Eigentum an den Papieren aus seinem Vermögen entäußert worden, und von einem Übergange auf die Erben könnte keine Rede mehr sein.

Schließlich eröffnet sich auf Grund dieser „Konstruktion" einer vollmachtlosen Vertretertätigkeit des Mittelmannes noch die Möglichkeit, auch in solchen Fällen, in denen zwar weder der Bedachte selbst noch ein Dritter für ihn bei dem Zuwendungsakte mitwirkt, der Erblasser aber für sich allein eine Handlung vornimmt, aus der sein Wille, schon jetzt sich des Eigentumes unter der Bedingung seines Todes und des Überlebens des Bedachten zu entäußern, unzweideutig hervorgeht, ihn selbst als vollmachtlosen Vertreter des Beschenkten aufzufassen, der in dessen Namen mit sich selbst kontrahiert. Das erscheint auf den ersten Blick stark gekünstelt und fiktiv. Aber theoretisch ist es auf Grund des § 181 zunächst überall dort möglich, wo bereits eine rechtsgültige Schenkungsverpflichtung des Erblassers bestand. Das wird aber praktisch sehr selten sein. Ob der Erblasser „in Erfüllung einer Verbindlichkeit" auch dann handelt, wenn der Zuwendung nur eine sittliche oder konventionelle Pflicht zugrunde lag, wie in dem oben S. 295 wiedergegebenen Falle (Briefumschlag mit der Aufschrift: „Dies gehört Herrn X"), ist eine Frage, auf die hier nicht eingegangen werden kann, die aber m. E. zu verneinen ist. Aber auch wenn dies nicht der Fall ist, kann nach der heute herrschenden und richtigen Ansicht das Selbstkontrahieren, wenn es bei Vornahme des Geschäftes noch nicht von dem Vertretenen gestattet war, nachträglich von diesem genehmigt werden. Die Genehmigung hat dann also einen doppelten Inhalt: sie ersetzt einmal die fehlende Vollmacht und zweitens die fehlende Einwilligung zum Selbstkontrahieren. Beides ist möglich. Der Schenker ist dann von nun an Verwahrer der Sache für den Beschenkten. Zwar ist er selbst noch Eigentümer, da die durch Konstitut bewerkstelligte Eigentumsübertragung aufschiebend bedingt ist, aber das hindert nicht, daß er mit sich selbst einen unbedingten Verwahrungsvertrag über seine eigene Sache für den Bedachten abschließt: auch diesen nach § 930 erforderlichen Kausalvertrag kann der Bedachte nach §§ 177 u. 181 genehmigen. In diese doppelte Schwebelage treten dann mit dem Tode des Erblassers seine Erben ein und sind an die schwebend wirksame Verfügung genau so gebunden wie der Verstorbene. Der Bedachte kann also auch jetzt noch genehmigen und dadurch bewirken, daß das Eigentum im Augenblicke des Todes ihm zufällt. Diese in der Tat recht künstliche Konstruktion ist natürlich nur dann zulässig, wenn der Zuwendende nicht nur den inneren Willen hatte, sondern ihn auch durch sein äußeres Verhalten, so insbesondere durch getrennte Aufbewahrung der Sachen, betätigte, diese nur noch „zu treuen Händen" für den Bedachten zu haben und ihm schon jetzt, vorbehaltlich seines Überlebens und seiner Zustimmung, das Eigentum zu übertragen. Ist dem aber so, so ist m. E. diese Konstruktion die adäquate rechtliche Form, die man der Willensbetätigung des Erblassers geben muß, und es besteht kein Grund sie abzulehnen.

6. Während in diesen Fällen zur endgültigen Wirksamkeit der Zuwendung nur noch der Eintritt einer Bedingung oder einer Rechtsbedingung fehlte, kann auch der Errichtungstatbestand selbst zur Zeit des Todes noch unvollendet sein. Es fragt sich dann, ob er schon soweit vorgeschritten ist, daß die Erben seine Vollendung nicht mehr hindern können. Das ist zweifellos der Fall, wenn der dingliche Zuwendungstatbestand nur eine formlose einseitige Erklärung, wie z. B. im Falle des § 1255, oder einen formlosen Vertrag, wie in den Fällen der §§ 397 u. 398, verlangt und die Erklärung oder der Vertragsantrag noch vom Erblasser im Sinne des § 130 II „abgegeben" war. Wenn dann der Erbe nicht rechtzeitig gemäß § 130 I 2 „widerruft", so wird die Erklärung mit dem Zugange an den Beschenkten wirksam (§ 130 II) und der Vertragsantrag bindend (§ 153), und der Bedachte kann letzteren noch nach dem Tode annehmen, insbesondere auch durch konkludentes Handeln, wenn die Voraussetzungen des § 151 vorliegen. Das gilt auch für Verfügungsverträge wie den Erlaß (§ 397) und den Abtretungsvertrag (§ 398). Schwieriger wird die Frage aber, wenn der Errichtungstatbestand sich aus mehreren an sich selbständigen Tatsachen zusammensetzt, wenn er ein sog. „gestreckter" Tatbestand ist. Hier ist jeweils zu untersuchen, welche Tatsache im Werdegange der Zuwendung die für die Bindung des Zuwendenden entscheidende ist. So ist im Grundbuchverkehre der Verfügende an eine Aufgabeerklärung nur dann gebunden, wenn sie in einer der beiden Formen des § 875 II erfolgt ist. Ist dies aber geschehen, so ist, wenn der Erklärende nach der Abgabe stirbt, auch sein Erbe gebunden und kann den Eintragungsantrag des Beschenkten und dessen Eintragung nicht

mehr durch Widerruf hindern. Aber auch wenn eine Einigung der Parteien erforderlich ist, wie grundsätzlich zur Begründung, Belastung und Inhaltsänderung eines Grundbuchrechtes (§§ 873, 877), ist es, mit Ausnahme der Auflassung, die nach § 925 gleichzeitige Erklärungen beider Parteien verlangt, nicht erforderlich, daß vor dem Tode des Verfügenden auch der Begünstigte seinerseits seine Annahmeerklärung in gerichtlicher oder notarieller Beurkundung oder vor dem Grundbuchamte abgegeben oder bei diesem eingereicht hat (§ 873 II). Vielmehr tritt eine Bindung des Verfügenden an seinen Einigungsantrag schon dann ein, wenn dieser in einer der Formen des § 873 II erklärt worden ist (so mit Recht M. Wolff, „Sachenrecht" § 38 II 2 S. 101 am Ende). Hatte z. B. der Erblasser an den Bedachten eine den Vorschriften der Grundbuchordnung entsprechende Eintragungsbewilligung abgesandt, so ist er bis zur Ablehnung oder bis zum Ablaufe der Annahmefrist an diesen Antrag gebunden, und diese Bindung wird nach § 130 II und § 153 nicht dadurch zerstört, daß er, sei es vor der Ankunft der Bewilligung beim Adressaten, sei es vor dessen Annahme, stirbt, sondern sie geht mit gleichem Inhalte auf die Erben über (so auch M. Wolff § 38 V S. 106). Daher kann der Bedachte auch noch nach dem Tode des Erblassers die Annahme erklären, und die Erben können ihn nicht mehr daran hindern, den Eintragungsantrag zu stellen und seine Eintragung herbeizuführen.

In ähnlicher Weise ist eine Bindung an den nur zum Teil vollendeten „gestreckten" Zuwendungstatbestand beim Stiftungsgeschäfte angeordnet. Sowohl die Verpflichtung des Stifters, das zugesicherte Vermögen auf die Stiftung zu übertragen (§ 82 Satz 1), wie der dingliche Erwerb aller durch bloßen Abtretungsvertrag übertragbaren Rechte (§ 82 Satz 2) entstehen zwar erst mit der Genehmigung der Stiftung. Ob diese Genehmigung für das Bewidmungsgeschäft nur „Rechtsbedingung" ist, weil erst durch sie das Subjekt der zu erwerbenden Rechte entsteht, nicht auch, wie es für den Kreationsakt selbst zweifellos ist, Tatbestandserfordernis im engeren Sinne (s. dazu Oertmann, „Rechtsbedingung" S. 174), kann für unsere Frage dahingestellt bleiben. Hier interessiert nur die Vorschrift, daß zwar der Stifter selbst erst mit der Genehmigung gebunden wird (§ 81 II 1 u. 2), daß aber, wenn er vor der Genehmigung stirbt, eine Bindung seiner Erben schon dann begründet ist, wenn er noch bei Lebzeiten das Gesuch eingereicht oder die Urkundsperson mit der Einreichung betraut hatte (§ 81 II 3). Der Erbe kann dann also die Genehmigung der Stiftung und damit das Wirksamwerden der Zuwendungen des Erblassers nicht mehr durch Widerruf verhindern.

Besonders bestritten aber ist der Zeitpunkt der Bindung bei den Tatbeständen des Mobiliarverkehrs. Er bildet in der schon mehrfach angeführten Entsch. RG. 83, 223ff. die endschließlich entscheidende Frage (s. S. 228—231). Das Reichsgericht nimmt an, daß der Pfarrkurat Bote des Pfarrers zur Überbringung des Schenkungs- und dinglichen Einigungsantrages an den Weihbischof gewesen sei. Das ist, wenn man die oben S. 304 erörterte Auffassung, der Kurat habe als Vertreter oder Treuhänder des Vorstandes des Bonifaziusvereins gehandelt, ablehnt, m. E. zutreffend. Dann lag aber in der Beauftragung des Kuraten und der Aushändigung der Wertpapiere an ihn ein doppelter rechtlicher Akt. Einmal gab der Pfarrer damit seine Zustimmung dazu, daß auf diesem Wege der Besitz auf den Verein übertragen werden solle. Ferner aber hatte er auch die beiden an den Bedachten gerichteten Vertragsanträge, den Einigungsantrag nach § 929 und den Schenkungsantrag nach § 516, bereits im Sinne des § 130 II „abgegeben". Es ist zwar nicht unbestritten, ob bei mündlichen Erklärungen durch einen Boten überhaupt eine Erklärung „unter Abwesenden" vorliege und daher § 130 II zur Anwendung kommen könne.

Insbesondere hat Falkmann in der Erlanger Dissertation (1907) „Die Rechtsstellung des Boten" S. 25ff. eine ablehnende Ansicht vertreten und damit bei Oertmann Allg. T. Erl. 4a zu § 130 und bei Düringer-Hachenburg HGB. II S. 26 Billigung gefunden. Auch das RG. 83, 228 äußert sich zweifelnd, ohne aber die Frage zu entscheiden. Indes sind die Gründe, die für diese Ansicht angeführt werden, nicht durchschlagend. § 130 macht keinen Unterschied, ob die durch den Boten „übermittelte" Willenserklärung eine schriftliche oder eine mündliche ist. Von der „Übermittlung" einer „Willenserklärung" kann aber nur dann gesprochen werden, wenn diese als solche schon beendet ist, d. h. wenn der „Errichtungstatbestand" und die „Entäußerung" der Erklärung durch den Geschäftsherrn bereits vollzogen sind. Die mündliche Übermittlung der Erklärung durch eine Mittelsperson spielt aber auch de facto keine andere Rolle als die Überbringung einer „verkörperten", schriftlichen Erklärung: sie ist wie diese Zugangsvorgang, nicht Schlußtatsache des Erklärungstatbestandes. Die „Abgabe", d. h. die Entfernung des Erklärungsmittels aus dem „Machtbereiche" des Erklärenden, liegt also auch bei nicht verkörperten Erklärungen schon in der Absendung des Boten, nicht erst in der mündlichen Weitergabe der Erklärung durch diesen an den Empfänger. Daher sind sie Erklärungen „unter Abwesenden", auf die § 130 Anwendung findet. Ob das „Zugehen" sich bei ihnen erst mit dem „Vernehmen" des Empfängers vollzieht, — was den Hauptstreitpunkt bildet —, ist eine andere Frage. Selbst wenn dies zu bejahen ist, besteht kein Grund, sie auch bezüglich der „Abgabe" als Erklärungen unter Anwesenden zu behandeln: es wäre willkürlich, den Einfluß des Todes und der Geschäftsunfähigkeit des Erklärenden davon abhängig zu machen, ob dieser den Boten mündlich instruiert oder ihm ein Schriftstück mitgegeben hat. Die Ablehnung der Anwendung des § 130 II ist also nicht begründet. Ist dem aber so, so wurde durch den Tod des Pfarrers das Wirksamwerden seiner Erklärung nicht gehindert, und daher konnte auch nach § 153 sein Antrag auf Eigentumsübertragung von dem Weihbischof noch wirksam angenommen werden. Das ist für das Reichsgericht aber auch nicht der ausschlaggebende Grund, aus dem es den Eigentumsübergang verneint. Die entscheidende Frage ist vielmehr die, ob die noch auf den Willen des Verstorbenen zurückführende „Einigung" zur Eigentumsübertragung nach § 929 genügt, oder ob, wenn der Veräußerer vor der Übergabe stirbt, es nicht erforderlich ist, daß auch seine Erben noch in dem Augenblicke der Übergabe mit dem Eigentumserwerbe des Bedachten einverstanden sind. Die Beantwortung dieser Frage hängt davon ab, was man unter „Einigung" im Sinne des § 929 versteht. Daß die Einigung aus zwei Willenserklärungen besteht, bestreitet niemand. Fraglich ist nur, ob der Antrag zur Einigung nach § 145 und diese selbst nach § 147 vor der Übergabe bindend sind. Aber selbst wenn man dies verneint (s. Näheres unten S. 308), so bleibt der Einigungsantrag doch als Willenserklärung immer so lange bestehen und daher auch, sofern nicht die Annahmefrist verstrichen ist, als Antrag annahmefähig, als er nicht widerrufen ist. In dem fraglichen Falle war aber der Einigungsantrag des Pfarrers durch den Boten dem Weihbischof zugegangen und wurde daher trotz des dazwischentretenden Todes des Offerenten nach § 130 II wirksam. Daher waren die Erben in diese rechtsgeschäftliche Situation ihres Erblassers eingetreten. Denn die Vorschrift des § 130 II bewirkt, daß die noch vom Erblasser ausgehende Erklärung als Erklärung der Erben gilt, gleichgültig, ob sie von ihr etwas wissen, und daß daher der Gegner den Vertrag durch Annahme zustande bringen kann (§ 153), und zwar wiederum ohne Wissen der Erben, wenn wie hier die Voraussetzungen des § 151 gegeben sind. Selbst wenn also der Einigungsantrag bis zur Übergabe frei widerruflich ist, so konnten die

Erben zwar bis zu diesem Zeitpunkte einen solchen Widerruf erklären, aber nicht nachher. Das erstere haben sie aber nicht getan. Daher ist durch die Annahme des Gegners mit ihnen, den Erben, die dingliche Einigung zustande gekommen, und zwar gleichzeitig mit der Übergabe. Wenn das RG. S. 230 ausführt, daß für die Eigentumsübertragung nach § 929 erforderlich sei, daß die Einigung bis zur Übergabe fortdauere, da gerade in dieser der auf Eigentumsübertragung und -erwerb gerichtete Wille zum Ausdruck kommen müsse, so ist also diese Voraussetzung hier zweifellos erfüllt. Denn für die Frage der Fortdauer dieses Willens kann, wenn einmal wie hier eine rechtswirksame Einigungserklärung des Veräußerers abgegeben worden ist, nicht eine bis zu ihrem Zugange eintretende, aber in keiner Weise erklärte oder bekundete Änderung des inneren Willens maßgebend sein, sondern nur das äußere Verhalten des Erklärenden. Die — auch in der Entsch. im „Recht" 1924 Nr. 169 vertretene — Auffassung des Reichsgerichtes, daß auch bei Vorliegen wirksamer Einigungserklärungen die Übergabe immer noch von dem unveränderten inneren Willen der Parteien getragen sein müsse, widerspricht den elementarsten Grundsätzen unserer Rechtsgeschäftslehre. Denn wenn man einmal anerkennt, daß die Einigung des § 929 sich aus zwei Willenserklärungen, nicht etwa nur aus den rein seelischen Tatsachen zweier innerer Willensrichtungen zusammensetzt, so bleibt die einmal erklärte Einigung so lange bestehen, bis sie durch eine erkennbare Betätigung des entgegengesetzten Willens zerstört wird. Ein lediglich innerer abweichender Wille ist schon bei der Abgabe der Erklärung nach § 116 unerheblich, um so mehr, wenn er erst durch nachträgliche Sinnesänderung entsteht. Da aber im vorliegenden Falle die vom Erblasser abgegebene Einigungserklärung mit der Übermittlung an den Weihbischof für die Erben wirksam wurde d. h. als ihre Willenserklärung galt, — denn das ist ja gerade die eigentümliche Wirkung des § 130 II —, und da sie ihrerseits ihren entgegenstehenden Willen in keiner Weise geäußert haben, so wird die Übergabe von der unwiderrufenen Einigung der Parteien getragen und führt daher den Eigentumsübergang herbei. Die Entscheidung des Reichsgerichtes ist also fehlgehend.

Es handelt sich daher nur noch um die Frage, ob und wie lange vor der Übergabe ein solcher ausdrücklich oder konkludent erklärter Widerruf der dinglichen Einigung möglich ist. Hierfür sind folgende Entwicklungsstadien des Übereignungstatbestandes zu unterscheiden. War zwar die dingliche Einigung schon zwischen dem Erblasser und dem Erwerber zustande gekommen, aber noch keine Übergabe, auch nicht in der Form eines Konstitutes oder einer Abtretung des Herausgabeanspruches, so hängt die Frage, ob die Erben an die Einigung gebunden sind, davon ab, ob man diese schon ohne und vor der Übergabe den Regeln des gewöhnlichen Vertragsschlusses unterstellt. Eine zwar bestrittene, aber weit verbreitete Ansicht verneint dies und erklärt sowohl den Veräußerer wie den Erwerber bis zur Übergabe für einseitig widerrufsberechtigt: so besonders M. Wolff, Sachenrecht § 66 I 4 S. 199, und Planck-Brodmann, Erl. IV 3a β und b zu § 929; dagegen bejahen die Bindung besonders v. Tuhr, Allg. Teil I S. 176 Note 18, und Zitelmann in Jherings J. 70, 10ff. Faßt man mit der ersteren Meinung die Einigung dahin auf, daß sie unbedingt noch bei der Übergabe vorhanden sein und gerade in dieser zum Ausdrucke kommen müsse, so folgt daraus freilich, daß die bloße Einigung bis zur Übergabe noch keine bindende Kraft haben kann. Aber gerade wenn dies richtig ist, muß man, wenn sich mit der Einigungsofferte des Tradenten auch das Angebot der Übergabe verbindet, konsequenterweise darin eine auf sofortige Eigentumsübertragung gerichtete und daher bindende Traditionsofferte erblicken. Das tut denn auch M. Wolff a. a. O., während Brodmann die Bindung nur mit der an § 956 angelehnten Einschränkung gelten lassen will, daß eine Verpflichtung des Veräußerers zur Übereignung bestehen müsse. Ich halte diese Einschränkung schon deshalb für fehlgehend, weil, wenn man die herrschende Lehre von der Abstraktheit der dinglichen Verfügungsakte zugrunde legt, es für das Zustandekommen einer Übereignung völlig gleichgültig sein muß, ob sie solvendi oder donandi oder credendi causa oder auch sine causa erfolgt. Andererseits glaube ich, daß die Auffassung Wolffs praktisch zu den besten Ergebnissen führt. Aber mit ihr harmoniert nicht, daß er zum Belege seiner Ansicht die Entsch. RG. 83, 223ff. anführt. Denn hier hatte der Bote zweifellos eine vom Erblasser herrührende Einigungs- und Übergabeofferte abgegeben, und da diese trotz des Todes des Erblassers für die Erben nach § 130 II als Willenserklärung wirksam und nach § 153 als Antrag bindend blieb, so konnten sie sie, in Konsequenz der Wolffschen Ansicht, nicht einmal durch ausdrücklichen Widerruf beseitigen, geschweige denn durch bloßen inneren entgegengesetzten Willen.

Die Rechtslage wäre vielmehr erst dann eine andere, wenn die Erben, bevor der Bote den Übereignungsantrag des Erblassers dem Erwerber überbracht hätte, ihren entgegenstehenden Willen dokumentiert hätten. Das wäre auf doppeltem Wege möglich gewesen. Einmal dadurch, daß sie die Offerte vor oder gleichzeitig mit ihrem Zugang an den Weihbischof durch „Widerruf" diesem gegenüber gemäß § 130 I 2 annulliert hätten: das ist nicht geschehen. Aber es hätte auch noch ein zweiter Weg offengestanden. Ein Bote ist nur solange Träger der ihm aufgetragenen Willenserklärung, als er Bote ist. Seine Botenstellung beruht aber auf dem vom Erblasser erteilten Auftrage. Wird dieses Auftragsverhältnis durch Widerruf gegenüber dem Boten zerstört, so hört er auf, Übermittlungswerkzeug des Auftraggebers zu sein. Daher spitzt sich die Untersuchung auf die Frage zu, ob der Erbe einen solchen vom Erblasser erteilten Auftrag wirksam widerrufen und dadurch die Ausführung des Willens des Erblassers verhindern kann: das ist das Hauptproblem des mandatum post mortem!

Die Frage betrifft nicht nur den Fall, daß der Beauftragte als Bote tätig sein soll, sondern auch den praktisch wichtigeren und häufigeren, daß er vom Erblasser bevollmächtigt war. Denn wenn der Auftrag widerruflich wäre, so würde mit dem Widerruf auch die Vollmacht hinfällig werden (§ 168). Es besteht nun kein Zweifel, daß die oft postulierte Unwiderruflichkeit des Auftrages ohne weiteres bejaht werden müßte, wenn man sich der von Endemann, Lehrbuch III 1 S. 128—223, vertretenen Ansicht von der „Postumität" der Rechtshandlungen des Erblassers anschlösse. Es ist schon oben betont worden (S. 300f.), daß diese Ansicht fehlgehend ist. Das gilt auch für Auftrag und Vollmacht. Wenn § 672 bestimmt, daß der Auftrag mit dem Tode des Auftraggebers im Zweifel nicht erlischt, so bedeutet das nicht, daß das schuldrechtliche Verhältnis der §§ 662ff. zwischen dem Beauftragten und dem Verstorbenen weiter besteht und dieser in „postumer" Nachwirkung seiner Persönlichkeit Vertragspartei bleibt, sondern daß die Erben in die Rechte und Pflichten aus dem Auftragsverhältnis eintreten: das bestimmen §§ 1922 in Verbindung mit 1967 klar und deutlich. Aber dasselbe gilt für die Vollmacht. Die Auffassung, „daß der Bevollmächtigte als Vertreter des Verstorbenen in dessen Namen und für dessen Rechte handelt" (Endemann III 1 S. 219), verlangt von dem juristischen Denken eine unvollziehbare Vorstellung. Mit Recht sagt Eccius in GruchotsBeitr. 47, 212, daß durch den Tod einer Person „die Möglichkeit einer wirksamen Vertretung weggefallen ist. Wer nicht mehr selbst handelnd in den Rechtsverkehr eingreifen kann, in dessen Vertretung kann auch ein anderer nicht handeln"[16]). Die Auffassung Endemanns beruht auf der schon oben S. 300f. widerlegten Ansicht, daß der Erblasser die Stücke seines Vermögens, über die entweder er selbst zu verfügen bereits begonnen oder die er der Verfügung eines Vertreters überlassen hat, damit aus dem Nachlasse „ausgeschieden" und „seiner eigenen Rechtsmacht vorbehalten" habe. Da das aber rechtlich unmöglich ist, fällt auch die Annahme der postumen Vertretung des Verstorbenen in sich zusammen. Denn sonst würde sich das groteske Resultat ergeben, daß der Vertreter des Erblassers durch Rechtsgeschäfte im Namen des Verstorbenen Rechtswirkungen gegen die Erben und den in ihr Vermögen übergegangenen Nachlaß hervorbringen könnte! Vielmehr bedeutet der Rechtssatz, daß die Vollmacht mit dem Tode des Machtgebers nicht erlischt, nichts anderes, als daß mit dem Tode die Erben in die Rechtstellung des Vollmachtgebers einrücken. Wenn Eccius in GruchotsBeitr. 47, 212 meint, daß das nicht möglich sei, weil „der Willensakt des durch kein Rechtsverhältnis, das auf seine Erben übergehen könnte, gebundenen Machtgebers nur zu seiner eigenen Vertretung, nicht auch zur Vertretung seiner Erben die Macht geben konnte", so beruht das auf einer Verkennung der universellen normübertragenden Wirkung der Erbfolge. Nicht deshalb freilich hat der Bevollmächtigte die Macht, nunmehr für und namens der Erben zu handeln, weil der Erblasser ihn zum Vertreter der Erben ernannt hat, — das ist sicherlich nicht möglich und insoweit haben Eccius und Endemann durchaus Recht —, sondern weil die durch eine Vollmachtserteilung geschaffene Bindung des Machtgebers eine vererbliche Rechtslage ist, — es sei denn, daß der Inhalt der Rechtsgeschäfte, zu denen sie ermächtigt, höchstpersönlich ist und daher nur für den Erblasser Rechte und Pflichten begründen konnte und sollte. Das ist jetzt auch die durchaus herrschende Meinung: vgl. Oertmann, Allg. Teil Erl. I eα zu § 168.

Aber mit der Vererblichkeit der Rechtsposition des Vollmachtgebers ist noch nicht gesagt, daß die Erben sich von der dadurch für sie geschaffenen Bindung nicht befreien können, solange der Bevollmächtigte das ihm aufgetragene Rechtsgeschäft noch nicht vorgenommen hat[17]). Vielmehr bleibt die Frage offen, ob sie die Vollmacht, sei es durch Aufhebung des ihr zugrunde liegenden Rechtsverhältnisses, d. h. durch Widerruf des Auftrages nach § 671 oder durch Kündigung des Geschäftsbesorgungsvertrages nach § 675 i. V. m. §§ 627 oder 649, sei es durch selbständigen Widerruf der Vollmacht nach § 168 Satz 2, zerstören können, oder ob der Erblasser in der Lage ist, dieses für ihn selbst bestehende Aufhebungsrecht den Erben zu entziehen. Ich kann auf diese vielbehandelte Frage hier nicht näher eingehen, sondern will nur betonen, daß ich es grundsätzlich nicht für möglich halte, daß der Erblasser ein Rechtsverhältnis, dessen einseitige Aufhebung ihm selbst zustand, zu Lasten seiner Erben inhaltlich derart verändert, daß er ihnen diese Befugnis nimmt. Das widerspräche nicht nur dem Grundsatze der Universalsukzession, sondern auch der von uns oben festgestellten Regel, daß nur dann ein die Erben bindender Rechtsakt des Erblassers unter Lebenden vorliegt, wenn aus ihr schon vor dem Erbfalle ein gesichertes Anwartschaftsrecht für den Bedachten entstanden ist, das dann als solches auch gegen die Erben wirkt und von ihnen respektiert werden muß. Das ist aber zweifellos nicht der Fall, wenn der Erblasser selbst den Auftrag und die Vollmacht zu seinen Lebzeiten jederzeit zerstören und damit die Fortsetzung der von ihm eingeleiteten Zuwendung verhindern konnte.

[16]) Ebenso zutreffend Oertmann im BankA. 13, 5.

[17]) Diese beiden Fragen werden bei Spielmann im „Recht" 1924 S. 402ff. nicht scharf getrennt, ebenso bei Ebbecke im „Recht" 1916 S. 338.

Vielmehr kann von einem solchen Anwartschaftsrechte des Bedachten nur dann die Rede sein, wenn der Erblasser schon seinerseits sich wirksam des Widerrufsrechtes begeben hatte: denn dann sind schon ihm die Hände gebunden, und er hat keine Möglichkeit mehr, den Vollzug der Zuwendung und den Erwerb des Bedachten zu vereiteln. Ob freilich beim Auftrage ein Verzicht auf das Widerrufsrecht überhaupt möglich ist, und wann eine Vollmacht unwiderruflich ist, sei es auf Grund der Eigenart des Kausalverhältnisses, sei es kraft ausdrücklichen Verzichtes, ist im einzelnen sehr bestritten (s. Oertmann, Allg. Teil Erl. 3cα u. β zu § 168) und soll hier nicht näher erörtert werden. Aber jedenfalls scheint mir nur dann, wenn schon für den Erblasser Unwiderruflichkeit bestand, die Frage diskutabel zu sein, ob sie auch gegen die Erben wirkt. In den uns hier interessierenden Fällen ist jedoch regelmäßig weder ein Widerrufsverzicht des Erblassers erfolgt, noch ist aus der Eigenart der dem Bevollmächtigten aufgetragenen Tätigkeit eine Unwiderruflichkeit zu folgern, da es sich stets um liberale Zuwendungen an Dritte handelt, die lediglich deren Interesse verfolgen. Daraus ergibt sich aber, daß die Erben grundsätzlich den Auftrag widerrufen oder das Geschäftsbesorgungsverhältnis kündigen und damit, gleichgültig, ob der Beauftragte Bote oder Vertreter ist, ihm die Macht entziehen können, die noch nicht überbrachte Schenkungsofferte zu übermitteln oder in ihrem Namen abzugeben. Damit verhindern sie, daß der vom Erblasser durch Beauftragung eines Boten oder durch Bevollmächtigung eines Vertreters eingeleitete Zuwendungstatbestand sich vollendet. In dem Widerstreit zwischen dem fortwirkenden Rechtsleben des Toten und dem eigenen Rechtsleben der Lebenden siegt hier das Interesse der Lebenden. Das ist heute auch herrschende Ansicht: Staudinger, Erl. II 1x zu § 518; Spielmann im „Recht" 1924 S. 401; Reichsgericht im „Recht" 1924 Nr. 169; anders freilich Oertmann, „Bankarchiv" 13, 9f., der gerade für die hier interessierenden Fälle eines Gegensatzes zwischen dem Willen des Erblassers und den Belangen der Erben eine erst mit dem Tode unwiderruflich werdende Vollmacht für zulässig hält, wobei er allerdings Bedenken hat, ob eine solche Bindung der Erben nicht der Testamentsform bedürfe[18]).

7. Es bleibt schließlich noch als letzte die Frage übrig, ob der Erblasser auf dem Wege des Vertrages zugunsten Dritter unmittelbar oder mittelbar Vermögensgegenstände dem Nachlasse entziehen und von der Vererbung ausschließen kann. Gesetzliche Grundlage dieser berühmten Frage ist der vielumstrittene und angefeindete § 331. Diese Bestimmung enthält zweifellos eine dem Grundsatze des § 2301 I u. II widersprechende Anomalie. Denn während nach Abs. 2 die Vorschriften über Schenkung unter Lebenden erst dann zur Anwendung kommen sollen, wenn der Erblasser noch zu seinen Lebzeiten den dinglichen Zuwendungsakt „vollzogen" hat, — und was das bedeutet, haben wir darzulegen versucht —, ermöglicht der § 331 formfreie Schenkungen des Erblassers „unter Lebenden", bei denen sich der gesamte dingliche Zuwendungsakt mit oder sogar nach seinem Tode vollzieht. Denn selbst wenn man beim Vertrage zugunsten Dritter die Forderung des Dritten gegen den Promittenten und nicht ihr Leistungsobjekt als Gegenstand der Zuwendung betrachtet, so

---

[18]) Ein interessanter Fall dieser Art wird mir soeben berichtet: eine alte Dame war Eigentümerin einer Bleistiftzeichnung Goethes und hatte diese mehrere Jahre vor ihrem Tode einem Professor der Kunstgeschichte übergeben mit dem Auftrage, sie nach ihrem Tode dem Goethe-Museum in Weimar zu übereignen. Die bedürftigen Erben widersetzen sich jetzt der Ausführung dieses Auftrages und verlangen Herausgabe der Zeichnung. M. E. mit Recht, denn auch die Erblasserin hätte bis zu ihrem Tode den Auftrag widerrufen können, und Vertrag zugunsten des Museums nach § 331 (s. Text unter 7) anzunehmen, scheint mir recht kühn.

kann keine Rede davon sein, daß diese Forderung ihm noch vor dem Tode des Erblassers „zugewendet" sei: denn sie entsteht ja kraft der ausdrücklichen Vorschrift des § 331 erst mit dem Tode und begründet bis dahin noch keine irgendwie rechtlich gesicherte Erwerbsanwartschaft. Vielmehr hat die Rechtsstellung des Bedachten alle charakteristischen Merkmale eines Erwerbes von Todes wegen. Bis zum Erbfalle besteht lediglich eine „embryonale" Erwerbsaussicht, die der Erblasser jederzeit durch vertragliche und, wenn er sich das Recht dazu vorbehalten hat, sogar durch einseitige Aufhebung des Vertrages (§ 346) wie durch Änderung der Person des Bedachten (§ 332; VVG. § 166) vernichten kann[19]). Mit dem Tode aber entsteht das Recht, falls es nicht einer noch nicht geborenen Person zugewendet ist (§ 331 II), nur dann, wenn der Bedachte selbst noch lebt, also genau so wie beim Erwerbe von Todes wegen. Stirbt er vor dem Promissar, so geht seine Erwerbsaussicht nicht etwa auf seine Erben über, auch dann nicht, wenn diese, wie es in Lebensversicherungsverträgen vorkommt, ihm substituiert sind: denn sie erwerben die Forderung auch dann nicht als Erben des zunächst Bedachten aus dessen Nachlaß, sondern unmittelbar auf Grund des Versicherungsvertrages. Und schließlich liegt es in der Hand des Erblassers, genau so wie bei Verfügungen von Todes wegen, auch Personen zu bedenken, die noch gar nicht existieren, sondern deren Geburt erst in vielleicht ferner Zukunft erwartet wird (§ 331 II, s. das interessante Beispiel bei Endemann III 1 S. 216 a. E.). Dadurch kann er ebenso wie bei der Erbfolge, ja sogar für noch längere gesetzlich nicht beschränkte Zeit (vgl. dagegen §§ 2101, 2109), die Schicksale seines Vermögens festlegen und der Einwirkung der Erben entziehen: denn diese haben nach § 331 II regelmäßig kein Aufhebungsrecht.

Daher hat man mit Recht immer wieder betont, daß die Rechtsfigur des § 331 nichts anderes sei als ein „neues Mittel zur Verwirklichung des letzten Willens" (Gieben, Freib. Dissert. 1906), und sie deshalb als Mittel zur Umgehung der erbrechtlichen Formvorschriften, zur „Aushöhlung" oder „Vereitlung" der Erbfolge, zur „Prellung der Nachlaßgläubiger" und „zur Kürzung oder Entziehung der Pflichtteilsrechte" aufs entschiedenste bekämpft (so besonders J. Lehmann im ArchBürgR. 36 S. 81—101). Denn in der Tat gibt der § 331 dem Erblasser die Macht, Vermögenswerte, die erst mit seinem Tode einem Dritten zufallen sollen, dennoch durch formloses Geschäft unter Lebenden aus seinem Nachlasse auszuscheiden und sie damit sowohl der Erbfolge wie dem Zugriffe der Nachlaßgläubiger wie der Pflichtteilsberechnung zu entziehen — Folgen, gegen die man in der Literatur und Judikatur mit verschiedenen, doch meist unzureichenden Mitteln anzukämpfen versucht hat.

Demgegenüber kann freilich eine juristisch-konstruktionelle Betrachtung darauf hinweisen, daß die Zuwendung in der Regel nicht unmittelbar aus dem Vermögen des Erblassers erfolgt. Das ist zweifellos überall dort zutreffend, wo die Leistung, die an den Bedachten beim Tode des Promissars bewirkt werden soll, nicht mit derjenigen identisch ist, die der Promissar seinerseits an den Promittenten gemacht hat, sondern deren Gegenleistung oder doch ein Teil derselben oder eine Auflage ist, zu der der Promittent sich dem Promissar in dem Grundvertrage verpflichtet hat, und die er seinerseits aus seinem Vermögen bewirken soll. So wenn der Erblasser Vermögensgegenstände verkauft mit

[19]) Hat er das Recht einseitigen Rücktrittes, so ist der Bedachte bis zum Erbfalle nicht sicherer gestellt als bei bloßer Beauftragung des Promittenten (§ 671), und wie schwer es ist, im Einzelfalle zu entscheiden, ob bloßer Auftrag oder Vertrag zugunsten des Bedachten vorliegt, zeigt die Praxis. Und doch ist es von entscheidender Bedeutung, weil nur im letzteren Falle der Erwerb des Bedachten mit dem Tode des Promissars den Erben gegenüber gesichert ist: s. das Beispiel Note 18 und die weiteren Ausführungen im Texte.

der Vereinbarung, daß der Kaufpreis bei oder mehr oder weniger lange Zeit nach seinem Tode an den Bedachten zu zahlen sei (s. Beispiel bei Endemann III 1 S. 216); oder wenn in einem Gutsüberlassungsvertrage Abfindungen zugunsten von Geschwistern oder sonstigen Verwandten stipuliert werden, und zwar in der Weise, daß sie nicht nur mit dem Tode des Überlassenden erst fällig werden, sondern überhaupt nur für den Fall des Überlebens der Abgefundenen gezahlt werden wollen, was freilich in praxi sehr selten ist (so mit Recht Planck-Siber, Erl. 1d zu § 331, gegen Hellwig, „Verträge auf Leistung an Dritte" S. 217); oder wenn bei einer Lebensversicherung als „Gegenleistung" für die Prämien ein Kapital oder eine Rente an den versicherten Dritten gezahlt werden soll; oder wenn einer Schenkung unter Lebenden eine Auflage hinzugefügt wird, die nicht aus den geschenkten Gegenständen, sondern aus sonstigen Vermögensmitteln des Beschenkten zu bewirken ist; oder schließlich, wenn der Erblasser mit seiner Bank vereinbart, daß sie bei seinem Tode von seinem Guthaben eine bestimmte Summe einem Dritten auszahlen solle (so im Falle RG. 88, 137ff.). In allen solchen Fällen sind zwar wirtschaftlich die zugewendeten Vermögenswerte auch aus dem Vermögen des Erblassers geschöpft, aber rechtlich stammen sie aus dem des Promittenten. Anders ist die Rechtslage aber dann, wenn der Promittent sich verpflichtet, dieselben Gegenstände, die der Erblasser ihm, sei es zu fiduziarischem Eigentume, sei es zur Verwahrung oder in Bankdepot, sei es auch als Gesellschaftsanteil in sein Geschäft gegeben hat (so im Falle RG. 80, 175ff.), beim Tode des Erblassers dem Bedachten auszuantworten. Dann unterliegt es keinem Zweifel, daß diese Gegenstände als solche bis zum Erbfalle dinglich zum Vermögen des Erblassers gehören; und erst kraft der Zauberwirkung des § 331 werden sie bei seinem Tode aus diesem Vermögen „ausgesondert" und behandelt, als ob sie nicht mehr zum Nachlasse gehörten. Denn sie bilden ja den Gegenstand der erst mit dem Tode originär entstehenden Forderung des Bedachten, die diesem nicht kraft Erbfolge, sondern kraft des Vertrages unter Lebenden zufällt. Das ist dann aber tatsächlich nichts anderes als ein Vermächtnis bestimmter individueller Gegenstände aus dem Vermögen des Erblassers — mit dem doppelten Privileg, daß es nicht nur von den erbrechtlichen Formvorschriften befreit ist, sondern insbesondere auch statt der Zurücksetzung, die Vermächtnisansprüche sonst gegenüber allen anderen Nachlaßverbindlichkeiten erleiden, im Gegenteil die absolute Priorität vor allen Erben, Pflichtteilsberechtigten und Nachlaßgläubigern genießt. Ja, diese Rechtsfigur ermöglicht nicht nur einen solchen Ersatz der Vermächtnisse, sondern sogar eine Verdrängung und Ersetzung der gesamten gewillkürten Erbfolge. Denn wenn der Erblasser sein ganzes Vermögen in Wertpapieren angelegt hat, so kann er in der Tat durch einen solchen Depotvertrag zugunsten eines Dritten die Erbfolge in toto ausschalten. Deshalb hält J. Lehmann a. a. O. S. 99 es für geboten, in den Fällen dieser zweiten Art, in denen die dem Dritten zugewendeten Gegenstände selbst bis zum Tode Vermögensbestandteile des Erblassers waren, eine Umgehung des § 2301 I anzunehmen und die Rechtsform des Vertrages zugunsten Dritter nicht zuzulassen, da es sich materiell um nichts anderes handele, als um ein Schenkungsversprechen auf den Todesfall.

Aber es ist nicht einzusehen, warum diese Umgehung nur dann vorliegen soll, wenn die dem Dritten zugewendeten Gegenstände beim Erbfalle dinglich noch zum Vermögen des Erblassers gehörten. Denn ob er seine Grundstücke, Gesellschaftsanteile, Wertpapiere einem anderen fiduziarisch überträgt oder zur Verwaltung oder ins Depot gibt mit der Vereinbarung, sie bei seinem Tode an den Bedachten auszuantworten, oder ob er diese selben Vermögensgegenstände noch unter Lebenden verkauft und mit dem Käufer vereinbart, daß die Kaufpreisforderung mitsamt den dafür bestellten Hypotheken dem Bedachten zustehen solle, — ob das Bankguthaben, das ganz oder zum Teil beim Erbfalle an den Dritten geleistet werden soll, in individuellen Wertpapieren oder in Geld besteht (s. RG. 88, 137ff.) —, dieser formalrechtliche Unterschied dürfte für die Frage, ob eine Umgehung der erbrechtlichen Formvorschriften und eine Aushöhlung der Erbfolge vorliegt, nicht entscheidend ins Gewicht fallen. Freilich ist nicht zu verkennen, daß für die juristisch-dogmatische Betrachtung die Anomalie des § 331 noch stärker wirkt, wenn der Promittent Gegenstände, die bis zum Tode des Erblassers dingliche Bestandteile seines Vermögens waren, auf den Dritten übertragen soll. Denn damit ist ihm die eigenartige Macht verliehen, Vermögensgüter, die mit dem Erbfalle Eigentum der Erben werden, dessenungeachtet ohne deren Wissen und selbst gegen deren Willen einem Dritten zu übereignen — eine Konsequenz, die dem oben gewonnenen Resultate, daß der Erblasser grundsätzlich keinen die Erben bindenden und für sie unwiderruflichen Auftrag zur Verfügung über Gegenstände seines Vermögens erteilen kann, widerspricht (s. Hellwig S. 364). Aber es ist ja gerade die anomale Eigenart der Rechtsfigur des Vertrages zugunsten Dritter, die Hellwig verkennt, daß der Erblasser durch sie tatsächlich eine solche rechtliche Ausscheidung der dem Dritten zugewendeten Gegenstände aus dem Nachlasse herbeiführen kann, selbst wenn sie bis zu seinem Tode ihm gehörten und daher dinglich auch auf die Erben übergehen. Damit wird ihm hier wirklich eine Machtbefugnis gegeben, wie sie Endemann auch für das gewöhnliche mandatum post mortem vindizieren will, was freilich, wie wir gesehen haben, abgelehnt werden muß. Betrachtet man jedoch diese beiden Gruppen der Verträge zugunsten Dritter vom rechtsteleologischen Standpunkt aus, so erscheint die „postume" Fortwirkung des rechtsgeschäftlichen Willens des Erblassers nicht minder befremdend in den Fällen, in denen die dem Dritten zugewendeten Gegenstände zwar dinglich nicht zum Vermögen des Erblassers gehörten, aber wirtschaftlich unmittelbar oder mittelbar aus ihm geschöpft waren: denn sie sind meist die Gegenleistung für Leistungen aus diesem Vermögen und somit bis zum Tode des Erblassers Gegenstand eines ihm zustehenden schuldrechtlichen Anspruches gewesen. Es gibt vielmehr für alle diese Fälle nur eine Alternative: entweder man beugt sich der Vorschrift des § 331 und behandelt sie alle als Zuwendungen unter Lebenden, die als schon vor dem Tode „vollzogen" gelten und daher nicht mehr unter die Vorschrift des § 2301 I, sondern schon unter die des Abs. II fallen; — oder aber man hat den Mut, — den das Reichsgericht so oft gegenüber sonstigen Versuchen, durch Rechtsgeschäfte unter Lebenden erbrechtliche Wirkungen zu erzielen, gezeigt hat, bisweilen sogar in überspannter Weise —, auch alle Verträge zugunsten Dritter, die materiell nichts anderes sind als Verfügungen von Todes wegen, als Umgehungen des § 2301 I zu brandmarken und der Nichtigkeit anheimfallen zu lassen. Aber ein unnützes Spiel mit Worten ist es freilich, wenn Hellwig S. 350ff. aufs entschiedenste die Ansicht verficht, daß solche Verträge zugunsten Dritter, soweit es sich um den „Nebenvertrag" der Zuwendung des Promissars an den Dritten handele, „Rechtsgeschäfte von Todes wegen" seien, sie trotzdem aber weder den Formvorschriften der Verfügungen von Todes wegen noch ihre Wirkungen den erbrechtlichen Regeln unterstellen will. Das fällt in die Kategorie einer „rein akademischen Distinktion", auf deutsch einer wertlosen Spielerei.

Ob man angesichts der strikten Vorschrift des § 331 den zweiten Weg gehen und in radikalem rechtlichem Wahrheitssinn alle auf den Todesfall gestellten Verträge auf Leistung an einen Dritten als Machenschaften in fraudem legis zur rechtlichen Nichtigkeit verdammen kann, will mir sehr zweifelhaft erscheinen. Das Bürgerliche Gesetzbuch ist nun einmal in der rechtstechnischen Formung der Verträge zugunsten Dritter dem auch sonst verhängnisvoll wirkenden (vgl. Gläubigeranfechtung!) konstruktiven Gedanken zum Opfer gefallen, daß die dem Dritten zustehende Forderung nicht identisch mit der Forderung des Promissars gegen den Promittenten sei, sondern originär für den Dritten entstehe, und daß inbesondere im Falle des § 331 der Anspruch des Bedachten erst mit dem Tode des Promissars existent werde, daher nicht aus dessen Vermögen stamme, und daß dementsprechend auch die Leistungsobjekte, auf die er sich richtet, aus diesem Vermögen so „ausgesondert" würden, daß sie im Augenblicke der Anspruchsentstehung, d. h. beim Erbfalle nicht mehr zum Nachlasse „gehörten". Gegen diese Regelung dürfte de lege lata, wie Endemann III 1 S. 217 mit Recht betont, grundsätzlich nichts zu machen sein, so verfehlt sie rechtspolitisch auch erscheinen mag. Das ist auch der in ständiger Rechtsprechung aufrechterhaltene Standpunkt des Reichsgerichtes. So sagt es mit besonderem Nachdruck in 88, 138: „Das bürgerliche Recht verbietet es nicht, eine solche Wirkung (unentgeltliche Zuwendung auf den Todesfall) auf dem Wege des Versprechens im Sinne der §§ 328ff. herbeizuführen. Auch durch Vertrag unter Lebenden können, wie bereits in RG. 80, 177 ausgesprochen worden ist, die Zwecke erreicht werden, die das Vermächtnis verfolgt. Die auf den Todesfall zugunsten Dritter geschlossenen Verträge kommen in ihrem Endziele den Vermächtnissen nahe, sie haben aber die Eigentümlichkeit, daß der Dritte unmittelbar aus dem Vertrage erwirbt, und daß sich das Zugewendete mit dem Tode des Verfügenden von seinem Nachlasse trennt und nicht zu diesem gehört."

So gibt es in der Tat nur ein einziges Mittel, die Gefahren der Ausschaltung der erbrechtlichen Formvorschriften und der Aushöhlung der erbrechtlichen Wirkungen, die mit der Anerkennung des Vertrages zugunsten Dritter auf den Todesfall gegeben sind, soweit wie möglich unschädlich zu machen: nämlich eine möglichst restriktive Interpretation derartiger indirekter Zuwendungsverträge und eine möglichst weitgehende Einschränkung der berechtigenden Verträge zugunsten Dritter. Wie flüssig aber hier die Grenzen sind, zeigen die Schwankungen der reichsgerichtlichen Rechtsprechung, die in der Bejahung des Vertrages zugunsten Dritter teils recht weitherzig ist, wie in den Fällen der Entsch. Warn. 1908 Nr. 204, RG. 80, 175ff., 88, 137ff. und besonders 106, 1ff.; teils recht engherzig, wie in den Entsch. 73, 220ff., JW. 1917 S. 924, RG. 98, 279ff., obwohl der Fall Bd. 106 dem des Bd. 73, der Fall Bd. 88 dem des Bd. 98 in den rechtswesentlichen Punkten völlig gleicht. Insbesondere hätte es auch in dem schon mehrfach erwähnten Falle 83, 223ff. nahe gelegen, dem ernsten und durchaus verständigen Willen des Erblassers, wenn nicht auf anderem Wege, so doch mit Hilfe dieser Rechtsfigur zur Verwirklichung zu verhelfen. Für die Unsicherheit des reichsgerichtlichen Standpunktes ist es denn auch bezeichnend, daß die Entsch. 106, 3 einerseits nochmals zur Rechtfertigung der Entsch. Bd. 83 betont, daß hier kein Vertrag zugunsten Dritter vorgelegen habe, anderseits von der Entsch. Bd. 98 merklich abrückt.

Aber keinesfalls ist es zu billigen, wenn man den Wirkungskreis dieses bedenklichen erbrechtsfeindlichen Instituts über die dringend notwendigen Grenzen auszudehnen sucht. Das geschieht aber dann, wenn man auf diesem Wege sogar unmittelbare dingliche Rechtszuwendungen für möglich erachtet und damit das Vindikationslegat wiederauferstehen läßt. So will in der Tat Hellwig a. a. O. S. 362/363 eine unmittelbare Eigentumsübertragung an einer deponierten beweglichen Sache in der Form anerkennen, daß der Deponent mit dem Depositar vereinbart, daß sein Herausgabeanspruch im Falle seines Todes sofort und unmittelbar dem Bedachten zustehen solle, — eine von ihm selbst als „vielleicht zu kühn" bezeichnete, aber doch empfohlene Konstruktion, die von Endemann III 1 S. 221 akzeptiert wird[20]). Das ist denn doch nicht möglich. § 931 gestattet zwar eine Eigentumsübertragung durch bloße Vindikationszession, aber immerhin ist das doch ein Vertrag zwischen dem Veräußerer und dem Erwerber, bei dem dieser also mitwirkt, und von dessen Wirkungen er somit etwas weiß. Auch läßt sich die bedenkliche Durchbrechung des Publizitätsprinzips, die in § 931 liegt, jedenfalls theoretisch damit rechtfertigen, daß der Erwerber denselben Herausgabeanspruch derivativ erwirbt, den der Veräußerer bereits hatte: mit dieser festen rechtlichen Aussicht auf den Besitz soll er daher auch schon das Eigentum erlangen. Aber theoretisch und praktisch unannehmbar ist es, auf dem Umweg über den Vertrag zugunsten Dritter noch einen neuen Eigentumserwerbstatbestand schaffen zu wollen, bei dem nicht etwa die Abtretung des schon bestehenden Anspruches des Veräußerers auf die Sache, sondern die Zuwendung eines selbständigen neuen Anspruches, der neben dem des Veräußerers einhergeht, unmittelbar Eigentum für den Bedachten begründen soll. Das hieße einerseits dem schon recht fragwürdigen unsichtbaren Eigentumserwerbe nach § 931 einen noch weit undurchsichtigeren an die Seite stellen, bei dem auf Grund eines formlosen Vertrages zwischen A und B dem nichtsahnenden C das Eigentum an Sachen in den Schoß fallen würde, die vielleicht den Hauptteil eines Vermögens ausmachen. Insbesondere aber erhielte damit auf der anderen Seite die erbrechtliche Universalsukzession, die nur durch Rechtsakte von peinlicher Förmlichkeit verwirklicht werden kann, eine Konkurrenz in einer fast ebenso universell wirkenden dinglichen Singularsukzession auf Grund formlosen Vertrages unter Lebenden. Soweit darf man aber m. E. die Aushöhlung des Erbrechtes nicht treiben. Die „postume" Nachwirkung der Persönlichkeit des Erblassers, der Einfluß seines Rechtslebens auf das des Erben, der durch die eigentümliche und anomale Rechtsfigur des Vertrages zugunsten Dritter auf den Todesfall sanktioniert worden ist, bleibt ohnehin stark genug. Darum ist es zu begrüßen, daß auch das Reichsgericht in der — sonst recht angreifbaren — Entsch. 98, 282 die Möglichkeit unmittelbarer dinglicher Verfügungen auf diesem Wege entschieden ablehnt und diesen Standpunkt Bd. 106 S. 3 nochmals bekräftigt.

Abgeschlossen: März 1928.

---

[20]) Das von Endemann ebenda zitierte Reichsgerichtsurteil bei WarnRspr. 1909 Nr. 33 enthält keinen Vertrag zugunsten Dritter, sondern eine regelrechte Vindikationszession.

Fehler und Zusicherung beim Kauf

von Professor Dr. Franz Haymann, Köln

In dem Urt. v. 13. Jan. 1920 (RGZ. 97, 351ff.) hatte sich der 2. Zivilsenat des Reichsgerichts mit folgendem Fall zu beschäftigen. Der Kläger hatte vom Beklagten zwei Geigen für den Preis von 8500 M. gekauft. Er klagt auf Rückzahlung des Kaufpreises, indem er den Vertrag wegen Irrtums und Täuschung anficht und ferner Wandlung mit der Behauptung geltend macht, ihm sei versichert worden, daß die Geigen von vorzüglicher Klangschönheit und besonders guter Qualität seien, daß sie einen hohen Kunstwert als sog. Sologeigen hätten und für den Preis noch billig seien, in Wahrheit aber hätten die Geigen keine künstlerische Qualität, keinen guten Ton, seien bloße Orchestergeigen, die 700—800 M. wert seien. Die Anfechtung wurde zu Recht abgelehnt: Arglist des Verkäufers ließ sich nicht erweisen. Der Zurückweisung der Irrtumsanfechtung durch das Kammergericht sei „insofern ohne weiteres zuzustimmen, als dem Käufer neben den Gewährleistungsansprüchen die Anfechtung des Kaufgeschäfts wegen wesentlicher Mängel der Kaufsache überhaupt versagt sei". Diese Haltung kann damit allein, daß die Revision nur Verletzung des § 459 BGB. gerügt habe, schon wegen § 559 Satz 2 ZPO., aber auch wegen der etwaigen Vernichtung des Kaufs durch eine begründet erhobene Anfechtung nicht gerechtfertigt werden. Sie ist aber, obwohl das Reichsgericht im folgenden jeden Mangel verneint, darum gerechtfertigt, weil jeder Irrtum des Käufers über Qualitäten der Kaufsache überhaupt nur nach Gewährleistungsrecht geltend gemacht werden kann[1]). In der Hinsicht hatte das Kammergericht ausgeführt, der Vertrag des Klägers ergebe nicht, daß die Geigen mit Fehlern behaftet seien, wie § 459 im Auge habe, der gewöhnliche Gebrauch von Geigen bestehe darin, daß man auf ihnen spielen könne, das sei aber auch der Fall, wenn auch auf ihnen nicht die künstlerischen Leistungen erzielt werden könnten, die der Kläger ihnen nach dem Preis habe zuschreiben dürfen. Er habe freilich davon ausgehen dürfen, daß die Geigen besonders wertvoll seien, während sie nur einen Wert von 700 M. hätten, aber der Abstand zwischen Wert und Preis sei noch kein Fehler. Das Reichsgericht bestätigt die Abweisung der Klage. Zwar habe es sich in dem Vertrag um Sologeigen gehandelt, auf denen, wie der Kläger zu Recht bemerkt, künstlerische Leistungen hätten erzielt werden sollen. Aber es liege Spezieskauf vor, und der sei durch Übereignung der Geigen, so wie sie sind, erfüllt. Freilich hätte auch der Verkäufer gutgläubig den Wert der Geigen, wie er sich durch Schönheit und Stärke des Tons bestimme, viel zu hoch eingeschätzt, beide Parteien hätten Sologeigen vorausgesetzt, aber damit seien die Geigen noch nicht fehlerhaft. Denn Fehler im Sinn des § 459 sei ein Abweichen von der normalen Beschaffenheit und hier liegt nur ein Abweichen von dem vorausgesetzten Wert vor. Es sei kein Fehler eines

[1]) Vgl. meine Schrift „Anfechtung, Sachmängelgewähr und Vertragserfüllung beim Kauf" (1913) S. 11 ff.

Instruments, daß es hinter besseren zurückstehe. Wenn man auch mit dem Sachverständigen hier nur Orchestergeigen annehme, anstatt, wie vorausgesetzt, Sologeigen, so sei das eine Frage der Qualität, eine ganz andere Frage aber sei, ob die Geigen Fehler oder Mängel aufwiesen. Eine Orchestergeige sei doch keine fehlerhafte Sologeige. Da der Verkäufer eine besondere Gewähr dafür, daß die Geigen den verlangten Preis wert seien, abgelehnt habe, so sei die Klage unbegründet, da der Kläger wenn auch zu teuer, so doch nicht fehlerhafte Geigen gekauft habe.

Man wird dieser Entscheidung unseres höchsten Gerichtshofs in ihrem negativen Teil nur beipflichten können. Besonders dankenswert ist die deutliche Betonung, daß Fehler ein Abweichen von der normalen Beschaffenheit, nicht von Parteivoraussetzungen über besondere Vorzüge bedeutet. Das hatte derselbe Senat auch in dem ausgezeichneten Erkenntnis v. 15. Nov. 1907 (Entsch. 67, 86ff.) besonders hervorgehoben, indem er betonte, daß das Fehlen der bloß vorausgesetzten, nicht vertraglich zugesicherten Höhe des bisherigen Ertrags einer Sache oder eines Geschäftsbetriebs überhaupt kein Fehler im Sinn des § 459 BGB. sei. Gelegentlich wurde zwar dieser Standpunkt nicht streng eingehalten, so vor allem in dem viel zitierten Fall in Entsch. 70, 82ff., der durch Urteil des 2. Senats vom 4. Dez. 1908 seine Erledigung fand. Hier hatte das Reichsgericht die Ansicht des OLG. Frankfurt bestätigt, die in dem Nichtvorliegen der von beiden Parteien im Vertrag und seiner Ertragsberechnung zugrunde gelegten Bewohnbarkeit von zwei Räumen des verkauften Hauses einen Fehler im Sinn der §§ 459 I Satz 1 und 463 Satz 2 BGB. erblickt, während doch nur ein Abweichen von der von den Parteien vorausgesetzten, nicht aber von der normalen Beschaffenheit eines Zins- und Wohnhauses sich aus der Unbewohnbarkeit jener zwei Räume (eines Kellers und eines Ausstellungsraumes) ergab. Eine Abweichung von der objektiven Natur des in unserem § 459 BGB. verwendeten Fehlerbegriffs findet sich freilich auch in der interessanten Entscheidung desselben Senats v. 19. Okt. 1915 (in LZ. 1916 S. 222). Hier hatte der Kläger Samen gekauft, der erkennbar dazu bestimmt war, in der Provinz Posen zur Aussaat verwendet zu werden. Zu Recht nimmt der Gerichtshof an, es wäre „selbstverständlich gewesen, daß Samen geliefert werden sollte, der sich nach seiner Herkunft für die klimatischen Verhältnisse jener Provinz eignete. Daraus wird aber nun weiter gefolgert, daß ungeeignete Herkunft sich sehr wohl als ein Fehler darstellen könne, der im Sinne des § 459 I BGB. die Tauglichkeit der Sache zu dem nach dem Vertrag vorausgesetzten Gebrauch aufhöbe oder mindere. Hier lag allem Anschein nach anders wie in den bisherigen Fällen Gattungskauf vor, und zu Recht läßt das Gericht den erkennbaren, vom Verkäufer aufgenommenen und damit vertragsmäßig gewordenen besonderen Gebrauchszweck des Abnehmers auch für die Bestimmung der vom Verkäufer zu liefernden Ware maßgebend sein. Same, der sich nicht zur Aussaat in der Provinz des Käufers eignete, ist nicht der bestellte, ist nicht vertragsmäßig, aber folgt daraus, daß solcher Same fehlerhaft ist, das heißt objektiv nicht von normaler Beschaffenheit sei? Wir haben, wenn ich recht sehe, in dieser Entscheidung ebenso wie in dem Fall des Hausverkaufs in Bd. 70 S. 82 die nicht genügend scharfe Auseinanderhaltung von zwei Voraussetzungen der Haftung des Verkäufers, die der § 459 I BGB. nebeneinander fordert: Nämlich: 1. Ist die Kaufsache mit Fehlern (abnormen Eigenschaften) behaftet? 2. Sind diese Fehler auch solche, die den Wert oder den vertragsmäßigen, eventuell den gewöhnlichen Gebrauch beeinträchtigen? Diese Momente müssen getrennt erwogen und festgestellt werden, damit der

Verkäufer nach Abs. 1 des § 459 BGB. haftbar gemacht werden kann[1a]). Liegt z. B. gar keine Abweichung von der normalen Beschaffenheit der Gattung vor, der die verkaufte Sache zugehört, so mag ihre Beschaffenheit noch so sehr den gewöhnlichen Gebrauch oder den Vertragszweck beeinträchtigen, eine Haftung nach Abs. 1 ist nicht gegeben. Wer Rosen kauft, darf nicht darum nach §§ 459 I, 462 wandeln oder mindern wollen, weil ihre Stacheln den gewöhnlichen oder etwa einen besonderen Vertragszweck beeinträchtigen, und umgekehrt, wer ein baufälliges, das heißt der objektiven Norm der Technik widerstreitendes, also fehlerhaftes Haus kauft, darf nicht wandeln, wenn er auf Abbruch gekauft hat, also der Vertragszweck durch die zweifellose Fehlerhaftigkeit der Kaufsache gar nicht beeinträchtigt wird. Schon die Auslegung, die die römischen Klassiker den Vorschriften der kurulischen Ädilen gaben, deren praktische Klugheit in ihren noch heute den modernen Gesetzen zugrunde liegenden Polizeivorschriften zur Regelung des Marktverkehrs mit Sklaven und Vieh der 2. Zivilsenat in dem lesenswerten Urt. v. 15. Nov. 1907 (Bd. 67 S. 88) besonders anerkennt, hob diese beiden Momente hervor: 1. die Abweichung der körperlichen Beschaffenheit des verkauften Sklaven von der objektiven Norm, vitium oder morbus[2]) und 2. den Einfluß solcher regelwidrigen Beschaffenheit auf den maßgebenden Gebrauchszweck. So definiert schon der Frühklassiker Sabinus morbus im Sinn des Ädilenedikts als habitus cuiusque corporis contra naturam qui usum eius ad id facit deteriorem, cuius causa natura nobis eius corporis sanitatem dedit[3]) und Ulpian resümiert beinahe wörtlich mit § 459 I Satz 1 u. 2:

Proinde si quid tale fuerit vitii sive morbi, quod usum ministeriumque hominis impediat, id dabit redhibitioni locum, dummodo meminerimus, non utique quodlibet quam levissimum efficere, ut morbosus vitiosusve habeatur[4]).

Sind aber „Fehler“ (Abnormität gemessen an der Gattung, der die Kaufsache angehört) und „nach dem Vertrag vorausgesetzter Gebrauch“ im klassischen wie im heutigen Recht zwei getrennte nebeneinander zu erwägende Momente, so darf man nicht, wie es das Reichsgericht in den beiden letztbesprochenen Fällen tut, aus der (partiellen oder totalen) Untauglichkeit der Kaufsache zum vertraglich vorausgesetzten Gebrauch folgern, daß die

---

[1a]) Dies übersieht Wolff (JheringsJ. 56, 16), wenn er am Gesetz tadelt, daß es von Fehlern rede, die die Sache zu dem nach dem Vertrag vorausgesetzten Gebrauch untauglich machen. Sie ist ja im Sinne des Gesetzes nicht schon darum „fehlerhaft“, weil sie zum Vertragszweck untauglich ist. Freilich ist ein als Jagdhund gekaufter Hund nicht darum fehlerhaft, weil es ein Ziehhund ist, eine als Anwaltstoga gekaufte Toga nicht darum fehlerhaft, weil sie mit Samt statt mit Seide besetzt ist. Der Käufer kann darum in diesen Fällen auch nicht nach Abs. 1 des § 459 wandeln, wohl aber kann er es, wenn der „Jagdhund“ auf einem Bein lahm oder die „Anwaltstoga“ zerrissen ist. Und umgekehrt ein Haus, dessen Fenster zerbrochen sind, ist zwar, gemessen an der Norm der Technik, die bei Arbeitsprodukten der „Natur“ der Naturdinge entspricht, regelwidrig, d. h. fehlerhaft, kann aber trotzdem den Verkäufer nicht nach § 459 I verhaften, wenn es zum Abbruch verkauft ist, also der Fehler den Vertragszweck nicht beeinträchtigt. Aber anders, wenn es mit giftigen oder explosiven Stoffen durchsetzt wäre, denn solche anormale Beschaffenheit oder Fehlerhaftigkeit beeinträchtigte auch den nach dem Vertrag vorausgesetzten Gebrauch. Besser, aber auch nicht sehr deutlich werden Fehler und Gebrauchszweck unterschieden in KommRGR. (6) I zu § 459, 4 I a. Vgl. später S. 325 ff.

[2]) Treffend Wendt in JheringsJ. 22, 328ff., bes. 334. Vgl. auch „Anfechtung, Sachmängelgewähr und Vertragserfüllung beim Kauf“ S. 13, 44; Almen-Neubecker, Das skandinavische Kaufrecht II (1922) S. 8 über den „abstrakten Fehlerbegriff“; Pisco, Gewährleistungs-, Nichterfüllungs- und Irrtumsfolgen bei Lieferung mangelhafter Ware (2) 1926 S. 8.

[3]) l. 1 § 7 D. 21, 1.

[4]) l. 1 § 8 D. 21, 1. Siehe auch l. 38 § 7 eod.

Kaufsache selbst fehlerhaft sei. Denn die Parteien können zwar einer Kaufsache beliebige Gebrauchszwecke setzen, aber sie können hierdurch niemals bewirken, daß diese Kaufsache, falls sie die für ihre Gattung regelmäßigen Eigenschaften besitzt, also fehlerlos ist, nur darum fehlerhaft werde, weil sie zu jenem von den Parteien vorausgesetzten Gebrauch sich nicht eignet. Wenn Tee als Abtreibungsmittel, Zucker zur Vertilgung von Mäusen oder Himbeerwasser als Liebestrank verkauft und gekauft werden, so sind alle diese Dinge nicht etwa darum fehlerhaft, weil ihre Untauglichkeit zu dem in dem Vertrag vorausgesetzten Gebrauch mit Händen zu greifen ist. Denn für den Fehler des § 459 wie für das vitium der Ädilen ist ein objektives Moment, die natura rei, für den Gebrauch aber zunächst das Telos der Parteien, genauer der vom Verkäufer anerkannte Zweck des Käufers maßgebend. Danach ist weder ein Haus fehlerhaft, weil es einen Keller und einen Ausstellungsraum besitzt, den der Käufer nicht, wie es der Vertrag voraussetzte, als Wohnung vermieten kann, noch ist ein Samen schon deshalb fehlerhaft, weil ihn der Käufer nicht, wie es der Vertrag vorsah, zur Aussaat in der Provinz Posen verwerten kann.

In diesen Zusammenhang gehört es auch, wenn derselbe 2. Zivilsenat in einem Urt. v. 26. Sept. 1911 (LZ. 1911 S. 927[21]) weißen Emaillelack, der nach der Behauptung des klagenden Käufers als „guter Kelterlack" verkauft worden sein sollte, unter Berufung auf das Urteil Entsch. 70, 86 als fehlerhaft im Sinne von § 459 I BGB. behandelt, weil die nach der Willenseinigung beider Teile vorausgesetzte Verwertbarkeit des verkauften weißen Emaillelacks zum Anstreichen von Keltern nicht zutraf. Auch hier wird der Begriff des Fehlers nicht auf eine abnorme Beschaffenheit des verkauften Emaillelacks, sondern einzig auf seine Untauglichkeit zum Vertragszweck abgestellt.

Wieder anders liegt der durch Urteil desselben Zivilsenats v. 19. Mai 1916 (LZ. 1916 S. 1181) erledigte Streitfall, der ebenso wie unser Ausgangsfall vom Verkauf einer Geige handelt. Diese Geige war als aus der Zeit des Stradivarius stammend, vielleicht von diesem berühmten Geigenbauer selbst herrührend für 20 000 M. unter Vorlage von 6 Echtheitsattesten angeboten und für 17 000 M. verkauft worden, hatte sich aber dann als eine moderne Fälschung herausgestellt. Hier betont der 2. Senat gegenüber dem Berufungsgericht, daß eine solche Fälschung, wenn eine Geige aus der Blüte der Geigenbaukunst stammend verkauft worden war, einen Fehler der Kaufsache darstellen würde. Hier wird der Fehler nicht in einem Widerspruch ihrer Beschaffenheit zu dem vertragsmäßigen Gebrauchszweck, sondern zu den in dem Vertrag niedergelegten Vorstellungen der Parteien über diese Beschaffenheit (Herkunft) gefunden. Die Geige wird als fehlerhaft bezeichnet, nicht weil sie den Regeln der Technik zuwider gebaut ist, sondern weil sie nicht aus der Blüte der Geigenbaukunst stammt, das heißt einen Vorzug nicht aufweist, den die Parteien in dem Vertrag voraussetzen. So sehr es befriedigt, daß der höchste Gerichtshof hier anders wie 4 Jahre später (Entsch. 97, 351) den Käufer nicht schutzlos gelassen hat — auch der weitere Umstand der Vorenthaltung eines dem Verkäufer bekannten Gegengutachtens eines Fachmannes beim Vertragsschluß war vom Standpunkt der vom Reichsgericht unabhängig von § 463 BGB. auch für den Kauf adoptierten Haftung wegen culpa in contrahendo zu Recht hervorgehoben worden —, so nahe liegt es doch, die eigenen Ausführungen der jüngeren Entscheidung zur Kritik der älteren heranzuziehen. Denn wenn es auch dort, wo Orchestergeigen als Sologeigen verkauft wurden, richtig ist, daß Orchestergeigen keine fehlerhaften Sologeigen sind, so richtig dürfte es sein, daß eine als aus der Zeit des Stradivarius stammende verkaufte Geige nicht darum fehlerhaft ist, weil sie in der Gegenwart hergestellt ist. Wohl aber könnte sie als fehlerhaft darum bezeichnet werden, weil ihre Beschaffenheit und ihr Aussehen bewußt über die Zeit ihrer Anfertigung den Beschauer täuschen will, aber dieser Umstand ist nicht der, auf den das Reichsgericht in der Entscheidung Gewicht legt und ist vor allen Dingen von der in dem Vertrag bekundeten Vorstellung der Parteien über die Herkunft der Geige ganz unabhängig.

Aber gerade auf dieses reine subjektive Moment wird in neueren Entscheidungen des höchsten Gerichtshofs das Moment der Fehlerhaftigkeit nach § 459 I BGB. entscheidend abgestellt. So zunächst in dem hochinteressanten Fall, den der 2. Senat in Entsch. 99, 147 durch das Urt. v. 8. Juni 1920 entschied. Auch hier handelt es sich um einen Spezieskauf. Verkauft waren am 18. November 1916 214 Faß Haakjöringsköd, auf Dampfer „Jessica" verladen, das heißt nach dieser von den Parteien gewählten norwegischen Bezeichnung Haifischfleisch, während beide Parteien das Wort als Walfischfleisch verstanden, also Walfischfleisch verkaufen und kaufen wollten. Zu Recht führt der höchste Gerichtshof aus, daß für die Entscheidung der Frage, als was die Ware verkauft sein sollte, nicht die objektive Bedeutung des den Parteien unbekannten Worts, sondern die Bedeutung maßgebend sei, die sie beide einverständlich, wenn auch irrig dem fremden Wort beilegten. Danach war die Ware als Walfischfleisch verkauft. Da die Ware durch Aushändigung der Konnossemente bereits übergeben war, konnte auch nach der Auffassung des Reichsgerichts[5]) sich die irrtümliche Auffassung der Parteien über die Beschaffenheit der verkauften Spezies nicht nach den Regeln über die Irrtumsanfechtung nach § 119 II BGB.[6]) auswirken, sondern nur noch nach dem Sonderrecht der Sachmängelgewährleistung beim Kauf. Hier erwägt nun das Gericht: Der gelieferten Ware fehlte die Eigenschaft, Walfischfleisch zu sein, und wenn diese Eigenschaft auch vielleicht nicht als im Sinne des § 459 II BGB. „zugesichert" zu gelten hatte, so war sie doch jedenfalls so wesentlich, daß ihr Fehlen einen Sachmangel im Sinne des § 459 I darstellte. Deshalb sei der Kläger zur Wandlung berechtigt. Während die Frage des Vorliegens einer Zusicherung ausdrücklich dahingestellt gelassen wird — in dem Fall des als guten Kelterlack verkauften Lacks war die Verneinung einer Zusicherung durch das Berufungsgericht als das Gesetz nicht verletzend bezeichnet worden (LZ. 1911 S. 927) —, wird die Existenz eines Sachmangels nach § 459 I BGB. ausdrücklich bejaht. Das heißt: das als Walfischfleisch verkaufte Fleisch war deshalb fehlerhaft, weil es Haifischfleisch und nicht wie vorausgesetzt Walfischfleisch war! Damit ist der noch in der Entsch. 97, 352 festgehaltene Standpunkt von der objektiven Natur des Fehlerbegriffs völlig aufgegeben: Für die Fehlerhaftigkeit ist jetzt einzig und allein der Widerspruch zu der gemeinsamen Voraussetzung der Parteien über die Beschaffenheit der Ware maßgebend. Damals hieß es noch: Orchestergeigen sind keine fehlerhaften Sologeigen, jetzt aber wird Haifischfleisch wie fehlerhaftes Walfischfleisch jedenfalls als fehlerhafte Ware behandelt, obwohl diese als Haifischfleisch untadelig war. Denn der höchste Gerichtshof sah den Mangel nicht etwa, wie das Berufungsgericht, das OLG. Hamburg, darin, daß das gelieferte Haifischfleisch nach den Bundesratsverordnungen von 1916 anders wie das vorausgesetzte Walfischfleisch der Kriegsbeschlagnahme unterlag,

[5]) Vorher läßt das Reichsgericht die Anfechtung zu. Vgl. hiergegen meine „Anfechtung" usw. S. 15ff.

[6]) Abs. 1 kommt nicht in Frage, da die Parteien nicht über die Identität des Objekts und damit nicht über den Inhalt der Erklärung irren.

sondern einzig darin, daß die Ware nicht Walfischfleisch war, wie es die Parteien sich vorstellten[7]).

Diese rein subjektive Auffassung vom Wesen des Fehlers kommt in zwei jüngeren Entscheidungen des 2. Senats am eindruckvollsten zum Ausdruck[8]). Zunächst der hochinteressante Fall in Entsch. 114, 239, den das Reichsgericht durch Urteil des 2. Zivilsenats v. 6. Juli 1926 entschieden hat. Beide Parteien waren Kunsthändler. Es war eine mit dem echten Namenszug von Hans Thoma versehene, von einem Dritten übermalte Lithographie, der eine Zeichnung Thomas zugrunde lag, von dem Beklagten gegen ein Originalbild des Malers Schr. vertauscht worden, indem die Parteien beide Bilder mit 4000 Goldmark bewerteten und auf Grund des echten Signums annahmen, das Thoma-Bild sei von Thoma selbst gemalt. Der Kläger hatte dieses Bild sofort für 5500 M. gutgläubig als echten Thoma weiterverkauft, aber den Kaufpreis auf Grund der Feststellung, daß die Malerei von einem Dritten herrühre, dem Käufer zurückzahlen müssen und verlangte nun vom Beklagten unter Zurverfügungstellung des Bilds Erstattung von 5500 M. als Schadensersatz. Der erste Klaggrund des arglistigen Verschweigens des Umstands, daß es sich um kein Ölgemälde handle, sondern um eine übermalte Lithographie, worin der Kläger den Tatbestand des § 463 BGB. erblickte, scheiterte schon an der Feststellung des Berufungsgerichts, des Kammergerichts, daß der Beklagte des guten Glaubens gewesen sei, die Klägerin habe das Bild als übermalte Lithographie erkannt.

---

[7]) Unhaltbar scheint mir jedenfalls die weitere Ausführung, es habe der Beklagte durch Übergabe der Konnossemente seiner Vertragspflicht nicht völlig genügt, „da vertragsmäßig nicht Haifischfleisch, sondern Walfischfleisch zu liefern war". Die den Gegenstand des Spezieskaufs bildende in sich bestimmte Ware — 214 Faß Haakjöringsköd auf Dampfer „Jessica" verladen — war, wie das Gericht vorher selbst richtig betont, vom Verkäufer geliefert und damit erfüllt. Dadurch, daß die Parteien glaubten, dieses durch die Orts- und Namenbezeichnung eindeutig als species fixierte Fischfleisch sei nicht, wie es der Wirklichkeit entsprach, Haifisch-, sondern Walfischfleisch, wurde nicht etwa Walfischfleisch verkauft, das als Inhalt der Fässer nicht existierte, als Gattung aber gewiß nicht versprochen war, sondern es blieb dabei auf Grund der eindeutigen Fixierung der Ware, daß Haifischfleisch als species verkauft war, von dem nur die Parteien irrig annahmen, es sei Walfischfleisch. War aber Haifischfleisch in Wahrheit verkauft, so verstieß das Geschäft auch objektiv gegen die in der Entscheidung genannten Kriegsverordnungen, und seine Gültigkeit konnte nicht mit dem Reichsgericht darum aufrechterhalten werden, „weil die Verordnungen sich auf Walfischfleisch nicht bezogen". Dafür aber, daß „Walfischfleisch geschuldet und zu liefern war", allerjüngstens auch Lehmann, Allgemeiner Teil d. BGB. (3) S. 189. Es liegt hier m. E. dieselbe Verwechslung von Spezies- und Genusgeschäft vor wie in den byzantinischen Erörterungen der interpolierten l. 45 D. 18, I, l. 14 eod. und l. 6 § 4 D. 19, 1. Dazu meine „Haftung des Verkäufers" I (1912) S. 130ff., 144—149; Lenel im ArchZivPrax. N.F. 3 S. 182ff. Zum BGB. siehe auch noch die zutreffenden Anmerkungen v. Tuhrs, Allg. Teil II 635 Note 179, unter Berufung auf meine „Anfechtung" S. 42, der sich auch die treffende Erörterung der schwierigen Frage bei Pisco, Gewährleistungs-, Nichterfüllungs- und Irrtumsfolgen bei Lieferung mangelhafter Ware (2) 1926 S. 19ff. anschließt; zum klassischen und nachklassischen Recht vgl. noch meine Erörterung der l. 26 D. 19, 1 in Jherings J. 79 (1928), 103ff.

[8]) Auch in dem an sich ausgezeichneten Urteil desselben Senats v. 7. Dez. 1920 (Entsch. 101, 64ff.) kommt diese subjektive Bestimmung des Fehlers im Sinn des § 459 BGB. gelegentlich, wenn auch nicht für die Entscheidung maßgebend, zum Durchbruch. So S. 68: „War eine Gummiplantage, eine ‚Gummipflanzung' (‚Rubber Plantation') verkauft, so betraf der Kauf eine Sache, die die Eigenschaft hat, Gummibäume zum Zweck wirtschaftlicher Ausnutzung zu tragen. Daß diese Eigenschaft an sich vorhanden ist, sonach ein Fehler (§ 459 BGB.) in dieser Richtung nicht vorliegt, ist unstreitig." Aber auch wenn die als Gummiplantage verkaufte, dem F. P. gehörige Dehane-Pflanzung am Nyongfluß in Kamerun keinen einzigen Gummibaum gehabt hätte, wäre dieses Landgebiet nicht fehlerhaft im Sinn des Abs. 1 des § 459 BGB. gewesen, so wenig wie ein als Hausgrundstück oder als Weinberg verkauftes Stück Land dadurch fehlerhaft, das heißt von abnormer Beschaffenheit ist, weil auf ihm kein Haus oder keine Weinreben sich befinden. Der Vertrag kann an sich eine Kaufsache nicht fehlerhaft machen, die gemessen an der objektiven Norm untadelig ist.

Das Reichsgericht hält diese Auffassung für auf bedenkenfreier Tatsachenwürdigung beruhend und geht auf ihre Schlüssigkeit gemäß § 463 Satz 2 BGB. nicht weiter ein, da auch die Revision diesen Punkt nicht ernstlich beanstande. In der Tat steht und fällt dieser erste Klaggrund aus § 463 Satz 2[9]) BGB. mit der sofort zu erörternden Frage, ob das Bild, weil es eine von einem Dritten übermalte Lithographie trotz des Signums von Hans Thoma war, mit einem Fehler im Sinne der §§ 459 I, 463 Satz 2 BGB. behaftet war.

Der Kläger hatte aber zweitens seine Schadensersatzklage auch auf § 463 Satz 1 BGB., auf die stillschweigende Zusicherung des Beklagten gegründet, daß Hans Thoma das Bild selbst gemalt habe. Diesen Klaggrund lehnt das Reichsgericht mit der Ausführung ab, nach der Feststellung des Berufungsgerichts hätte die echte Signatur die Wirkung gehabt, daß weder Käufer noch Verkäufer an der Echtheit des Bildes gezweifelt, gerade deshalb die Klägerin auch gar keine Zusicherung der Echtheit gefordert und der Beklagte keine solche erteilt hätte. Beiderseitig als vorhanden vorausgesetzte Eigenschaften seien aber noch nicht zugesichert im Sinne des § 459 II BGB.

So kommt der höchste Gerichtshof zur Abweisung der Klage. In einer Schlußbemerkung wird das Unbefriedigende dieses Ergebnisses der Klägerin selbst zur Last gelegt, die nicht einmal hilfsweise den Wandlungsanspruch erhoben und dadurch dem Gericht wenigstens die Verurteilung des Beklagten zur Wandlung durch gegenseitige Rückgabe der beiden Bilder ermöglicht habe. „Denn", fügt das Urteil hinzu, „daß die Voraussetzungen hierfür gegeben waren, kann kein Zweifel bestehen. Denn soweit der Verkauf nicht spekulativen Charakter trägt, wie bei Werken aus früheren Jahrhunderten, ist ein als Werk eines bestimmten Meisters verkauftes Bild im Fall der Unechtheit mit einem Fehler im Sinn des § 459 I BGB. behaftet; in solchem Fall sind dann die Gewährleistungsansprüche des § 462 BGB. (Wandlung oder Minderung) gegeben."

Damit wird also mit aller wünschenswerten Klarheit die von einem Dritten herrührende Bemalung nur darum für fehlerhaft erklärt, weil sie in dem Vertrag als von Thoma selbst herrührend ausgegeben war. Daraus ergibt sich der Rechtssatz: Was der gemeinsamen Voraussetzung der Parteien über die Beschaffenheit der Kaufsache nicht entspricht, ist fehlerhaft im Sinn des § 459 I. Nicht etwa bloß das Fehlen der gewöhnlichen regelmäßigen Eigenschaften, sondern auch der nach dem Vertrag vorausgesetzten Eigenschaften macht nach dem Reichsgericht die Kaufsache fehlerhaft. Nicht bloß darauf, was nach der Natur der Gattung, der die Kaufsache angehört[10]), sondern auch was nach den Voraussetzungen im Vertrag der Käufer hinsichtlich der Eigenschaften der Sache erwarten durfte, kommt es an, ob eine Sache fehlerhaft ist im Sinne von § 459 I BGB. oder nicht. Es ist klar, daß von diesem Standpunkt die als Sologeigen verkauften Orchestergeigen ebenso fehlerhaft waren wie die als Thoma verkaufte Malerei, wenn sie von einem Dritten herrührte. Damit soll nicht gesagt sein, daß nicht auch von dem hier eingenommenen und aller bisherigen Überlieferung und Dogmatik entsprechenden Standpunkt einer absoluten Bestimmung des Fehlerbegriffs die von einem Drit-

---

[9]) Eine Klage aus § 823 II BGB., § 263 StGB. oder § 826 BGB. war nicht erhoben. Sie hätte dem Kläger auch nur das negative Interesse verschaffen können, also doch wohl nur Rückgabe des von ihm hingegebenen Originalbilds, aber nicht 5500 M. Denn die hätte er ohne die Täuschung gewiß nicht erlangt. Schadensersatz wegen Nichterfüllung, das positive Interesse an der Echtheit des Thoma-Bildes konnte ihm nur § 463 BGB. verschaffen.

[10]) Darauf stellte schon die klassische Kommentierung des vitium im Ädilenedikt ab, so auch noch das ALR. I 5 § 329: Fehlen der Sache solche Eigenschaften, die dabei gewöhnlich vorausgesetzt werden. Dazu Eccius, Preuß. Privatrecht I (7) S. 499f.

ten herrührende, aber mit dem Signum Hans Thoma versehene Malerei als fehlerhaft bezeichnet werden könnte. Denn es ist zwar nicht abnorm, daß ein Gemälde nicht von Hans Thoma gemalt ist, aber es ist wider alle Regel, daß eine von einem Dritten übermalte Lithographie den echten vollen Namenszug dieses berühmten Meisters trägt. Solches Bild erweckt wider alle Norm einen Anschein hinsichtlich seiner Herkunft, der nicht minder irreführend ist wie etwa eine zu Täuschungszwecken hergestellte Nachahmung eines aus der Blütezeit stammenden Kunstwerks[11]).

Aber diese Konstruktion versagt in dem jüngsten Fall, in dem das Reichsgericht, und zwar dieses Mal der 1. Zivilsenat (Entsch. 115, 286ff.) als Originalwerke von Ostade und Teniers verkaufte Gemälde als fehlerhaft im Sinne von § 459 I BGB. bezeichnete, weil die aus dem 17. Jahrhundert stammenden Bilder zweifellos nicht, wie die Parteien voraussetzten beim Vertrag, von diesen Meistern selbst gemalt, sondern Werken von Ostade und Teniers nur nachgebildet waren. Die Entscheidung betont, daß es einer Stellungnahme zu der Entscheidung des 2. Senats hinsichtlich der Sologeigen nicht bedürfe, da der jetzt zur Entscheidung stehende Fall „in tatsächlicher Beziehung anders liege". Meines bescheidenen Erachtens handelte es sich in beiden Fällen um dieselbe Frage, nämlich ob eine Kaufsache darum fehlerhaft sei, weil ihr die Parteien im Vertrag ganz bestimmte Eigenschaften übereinstimmend zu Unrecht zuschrieben. Hingegen beweist die frühere Entscheidung des 2. Senats über die dem Stradivarius zugeschriebene Geige nicht viel, da hier schon auf Grund der Fälschung die Geige als absolut fehlerhaft bezeichnet werden konnte.

Wohl aber durfte der 1. Senat zu Recht darauf hinweisen, daß im Fall des Thoma-Bildes der 2. Senat das Gemälde nur darum als fehlerhaft bezeichnet hatte, weil es nicht der Voraussetzung der Parteien entsprechend von Thoma selbst gemalt war. Mit dieser Begründung stimmt das jüngste Urteil des 1. Senats vollständig überein, wenn es, den spekulativen Charakter des Geschäfts verneinend, die Wandlung zuläßt, weil unzweifelhaft nicht von Ostade und Teniers stammende Bilder fehlerhaft wären, wenn dies die Parteien beim Vertrag voraussetzten, und an der weiteren Voraussetzung des Gesetzes, der Beeinträchtigung des gewöhnlichen wie des vertragsmäßig vorausgesetzten Gebrauchs wie auch des Werts durch die Unechtheit gar kein Zweifel sein kann.

Diese aller Tradition widerstreitende Erweiterung des Fehlerbegriffs[12]) des

---

[11]) Vgl. den Fall bei WarnRspr. 1916 Nr. 244 oben S. 321. Darum ist auch m. E. nichts dagegen zu erinnern, daß das Reichsgericht in einem allerjüngsten Fall (WarnRspr. 1927 S. 245) in einem Urt. v. 28. Juni 1927 mit dem OLG. Dresden Fehlerhaftigkeit eines Ölgemäldes mit verwischter Signatur, die von den Parteien bei den Vertragsverhandlungen als Knaus gedeutet worden war, annahm, weil das Bild früher während der Besitzzeit des Verkäufers noch die Signierung Werner (eines im Gegensatz zu Knaus wenig bekannten Malers) trug und der beklagte Verkäufer diese zweite Signierung beseitigt hatte. In dem Verschweigen dieses Umstandes bei den Kaufverhandlungen konnten die Gerichte in der Tat eine arglistige Verschweigung eines den Wert beeinträchtigenden Fehlers nach §§ 459 I, 463 Satz 2 BGB. erblicken. Nicht die Vorstellung der Parteien als solche, sondern die durch die ungewöhnliche Beseitigung des einen Signums bewirkte Unsicherheit über die Person des Malers stellt hier die Fehlerhaftigkeit her, deren arglistiges Verschweigen den § 463 Satz 2 erfüllt.

[12]) Man vergleiche damit die englisch-amerikanische Praxis, die in ähnlichen Fällen von Bilderverkäufen einfach darauf abstellt, ob die Nennung eines bestimmten Autors als warranty oder nur als matter of opinion des Verkäufers zu werten sei. Letzteres z. B. wenn im Katalog alte Bilder bestimmten Malern zugeschrieben waren (z. B. Teniers und Claude Lorraine: Benjamin, On sale S. 756), ersteres wenn vier Bilder als von Canaletti gemalt verkauft waren. Vgl. Williston, The law of sales of Goods I 1924, § 196 Note 30. Vgl. die bezeichnende Formulierung der Frage an die Jury: Whether the defendant had made a representation as part of his contract and the pictures were genuine, not using the name of Canaletti as matter of description merely or as an expression of opinion upon something as to

§ 459 I BGB. spiegelt sich auch in der Darstellung in dem in der Praxis so ungeheuer einflußreichen KommRGR. zu § 459 zu 4 Ia[13]). Da wird zwar zunächst richtig hervorgehoben, daß der Umstand, daß schon die gewöhnliche und normale Beschaffenheit der Sache gewissen menschlichen Zwecken nicht oder schlecht dient und sie hinter andersartigen normalen Sachen hierbei zurückstehen läßt, darum noch kein Fehler der Sache sei, denn diese Beschaffenheit liege in ihrer Art. Vielmehr müsse ein von dem Normalen und Artgemäßen Abweichendes vorliegen. Aber dann wird andererseits der Begriff des Fehlers als anormaler Eigenschaft in sachlich unklarer und der deutlichen Formulierung des § 459 I BGB. widersprechenden Art mit seiner Bedeutung für menschliche Zwecke verquickt und behauptet, der Begriff des Fehlers setze den Begriff des Zweckes voraus. Nein, ein abnorm gestaltetes Naturding ist im Sinn unseres Gesetzes fehlerhaft, auch wenn diese Abnormität für seinen Gebrauch durch Menschen völlig gleichgültig ist. Nur bei Produkten menschlicher Arbeit hängt die Fehlerhaftigkeit schon von der Einhaltung der Sollvorschriften der Technik ab, das heißt von Normen, die von den Zwecken abhängig sind, denen das Arbeitsprodukt dienen soll. Jedes Kunstprodukt, das unter Verletzung anerkannter unbedingt gebotener Regeln der Technik hergestellt ist (eine Wärmflasche, die bei heißem Wasser springt, ein Buch, dessen Druck nicht leserlich ist, eine Briefwage, die falsch wiegt oder einen falschen Posttarif nachgedruckt hat), ist fehlerhaft. Aber da, wo die Technik Produkte mit größerer oder geringerer Präzision und Feinheit herstellt und dadurch verschiedene Qualitäten entwickelt, bedeutet die Anwendung solcher raffinierten Technik wohl einen besonderen Vorzug, aber das Fehlen solcher besonderer Qualität ist noch lange kein Fehler im Sinn des § 459 BGB. Eine technisch richtig hergestellte Uhr oder Geige ist darum noch nicht fehlerhaft, weil erstere kein Glashüttener Werk, letztere keine Sologeige ist, und diese Erzeugnisse der Technik werden auch nicht dadurch fehlerhaft, weil sie zu einem ihrer Qualität nicht entsprechenden viel zu hohen Preis verkauft werden, wie der KommRGR. zu § 459 4Idβ annimmt. Die Enttäuschung auch berechtigter Erwartungen, die der Käufer nach dem Vertragsinhalt in die Beschaffenheit und ihre besonderen Vorzüge gesetzt hat[14]), bedeuten noch lange nicht einen Fehler der Kaufsache nach § 459 I BGB.

Was nun aber reine Naturdinge angeht, so bedeutet hier Fehlerhaftigkeit

---

which both parties were to exercise a judgment, but taking upon himself to represent that the pictures were Canaletti's. Siehe auch den Fall bei Benjamin, Treatise on the law of sale of personal property (6) 1920 S. 698, wo der Verkauf von zwei Gemälden als a couple of Poussins zur Auflösung des Kaufs bei Unechtheit führte, weil die description als condition gewertet wurde. Der Anwendung des Fehlerbegriffs in solchen Fällen stand im englischen Recht schon der Satz caveat emptor im Wege, vgl. Benjamin S. 511, 713 und unsere Note 63.

[13]) Siehe auch dort 4 If., wo vor allem zwischen Spezies- und Gattungskäufen nicht genügend unterschieden wird. Die hier und auch oben von uns besprochenen Geschäfte über die Stradivarius-Geige und über die zwei Sologeigen waren Spezieskäufe. Der Umstand, daß die konkrete Geige als Stradivarius verkauft war, läßt das Merkmal ihrer Gattung „aus neuer Zeit" nicht als „Fehler" erscheinen; erst recht aber macht die Tatsache, daß zwei bestimmte Geigen als Sologeigen verkauft sind, diese verkauften species nicht zu einem aliud, auch wenn diese Geigen sich als Orchestergeigen erweisen. Ist das Objekt eines Kaufs einmal durch die Parteien klar individualisiert („diese zwei Geigen"), so kann es durch keinen Irrtum der Parteien über seine Qualitäten zu einem aliud werden. Anders natürlich, wenn gattungsmäßig Buchenholz verkauft war und Birkenholz geliefert wird. Denn hier ebenso wie beim Gattungskauf „hartes Holz", gehört die Eigenschaft Buche oder hart zur Determinierung der vom Verkäufer geschuldeten Leistung. Jene Geigen aber waren auch ohne das Merkmal „aus der Zeit des Stradivarius" oder „Sologeigen" schon klar als einziger Gegenstand des Kaufs individualisiert.

[14]) Vgl. darüber später S. 342ff., 347.

überhaupt nur eine Abweichung von einer Regel des Seins, nicht von einem Zweck. Gerade darum begnügt sich das Gesetz in § 459 I nicht mit der Fehlerhaftigkeit als solcher, sondern läßt den Verkäufer nur haften, wenn diese Abnormität von den Wert oder den vertraglichen, eventuell den gewöhnlichen Gebrauchszweck beeinträchtigender Bedeutung ist. Aber die Fehlerhaftigkeit von Naturdingen ist begrifflich unabhängig von diesem Telos der Menschen. Ganz ebenso haben schon die Klassiker in Erläuterung der Ediktsworte morbus und vitium beide Voraussetzungen für die ädilizischen Ansprüche geprüft und gefordert. Vgl. z. B. Ulpian in l. 10 pr. — § 2 D. 21, 1:

Idem Ofilius ait, si homini digitus sit abscisus membrive quid laceratum, quamvis consanaverit, si tamen ob eam rem eo minus uti possit, non videri sanum esse. Catonem quoque scribere lego, cui digitus de manu aut de pede praecisus sit, eum morbosum esse, quod verum est secundum supra scriptam distinctionem. Sed si quis plures digitos habeat sive in manibus sive in pedibus, si nihil impediat numero eorum, non est in causa redhibitionis: propter quod non illud spectandum est, quis numerus sit digitorum, sed an sine impedimento vel pluribus vel minoribus uti possit.

Ebenso in l. 12 § 1 eod.:

Eum qui alterum oculum ant alteram maxillam majorem habet, si recte iis utatur, sanum videri Pedius scribit: ait enim inaequalitatem maxillarum, oculorum, bracchiorum, si nihil ex ministerio praestando subtrahit, extra redhibitionem esse. Sed et latus vel crus brevius potest adferre im pedimentum: ergo et hic erit redhibendus.

Ganz in der gleichen Weise werden nach dem Jumentenedikt, die Abnormitäten von Zugtieren auf ihre Bedeutung im menschlichen Gebrauch erwogen. So die Frage des Kastriertseins in l. 38 § 7 D. 21, 1 von Ulpian:

Sed enim sunt quaedam, quae in hominibus quidem morbum faciunt, in iumentis non adeo: Ut puta si mulus castratus est, neque morbi neque vitii quid habere videtur, quia neque de fortitudine quid eius detrahitur neque de utilitate, cum ad generandum numquam sit habilis.

Alle diese Stellen zeigen, daß die Klassiker als morbus oder vitium im Sinn des Ädilenedikts nur solche körperlichen Abnormitäten des Sklaven oder Zugtiers anerkennen, die seinen gewöhnlichen Gebrauch für Menschen beeinträchtigen, aber nicht, daß unser Gesetz, wenn es, im Ergebnis übereinstimmend, nur den Verkäufer für solche Fehler haften läßt, die den Wert oder die Tauglichkeit zu dem gewöhnlichen oder nach dem Vertrag vorausgesetzten Gebrauch aufheben oder mindern, die den Gebrauchszweck beeinträchtigende Wirkung als Merkmal des Oberbegriffs Fehler (als einer Abnormität) oder, was völlig verwirrend ist, als allein entscheidend für das Wesen des Fehlers erklärt, so daß es auf die Abnormität der Eigenschaft, gemessen an der Natur der Gattung, überhaupt nicht mehr ankäme. Aber darauf kommt es hinaus, wenn nicht nur gegenüber der klaren Formulierung und begrifflichen Auseinanderhaltung des Gesetzes zwischen Fehlerbegriff und seiner teleologischen Bedeutung sehr mißverständlich im KommRGR. gesagt wird, es sei „der Begriff des Fehlers davon abhängig, daß die Sache eine Beschaffenheit habe, die ihre Brauchbarkeit zur Förderung bestimmter Zwecke, namentlich (?) menschlicher Zwecke, mindere und dadurch weiter auch von Einfluß auf ihre Wertschätzung bei Menschen sei", und wenn für den in 4 Ia erläuterten Fehlerbegriff der „Vertragsinhalt" als „entscheidend" erklärt und als Beispiel „Gemälde, die unter der Zusicherung (sic!) sie seien Originalwerke eines bestimmten Malers, verkauft, nicht echt" seien, aufgeführt werden als „mit einer wertmindernden Eigenschaft behaftet" unter Berufung auf RG. 115, 287; 114, 239, welche Entscheidungen doch gerade eine Zusicherung verneint und trotzdem Fehlerhaftigkeit der Gemälde angenommen hatten. Diese Vermengung von Fehlerhaftigkeit nach § 459 I und Zusicherung nach Abs. 2, bei deren Unrichtigkeit es auf Beeinträchtigung des Gebrauchszwecks gar nicht mehr ankommt, wird uns noch später beschäftigen. Hier kommt es nur darauf an zu erkennen, daß unter der Hand für die Bedeutung der Fehlerhaftigkeit nach § 459 I überhaupt nicht mehr die Abweichung von einer objektiven Norm, sondern allein von einer Zusicherung der Partei im Vertrag als ausschlaggebend behandelt wird.

So noch deutlicher, wenn es weiter heißt, wenn lediglich hartes Holz verkauft sei, so könne Birkenholz für weiches Holz gegenüber Buchenholz als hartem Holz einen Fehler des Holzes als Kaufgegenstand bedeuten. Hiergegen ist zu sagen, daß die Birkenholz als solchem seiner Natur nach anhaftende Weichheit niemals als Fehler bezeichnet werden darf, mag der Vertrag lauten auf was auch immer, ob auf hartes Holz oder auf Buche. Auch im ersteren Fall ist geliefertes Birkenholz, darum, weil es wie alles Birkenholz weich ist, nicht etwa fehlerhaft, sondern höchstens vertragswidrig und fällt als solches nicht unter den Abs. 1 des § 459 BGB.[15]).

Damit kommen wir zu einem entscheidenden Punkt. In den vorher besprochenen Entscheidungen war keineswegs die Absicht zu tadeln, auf Grund des gegebenen Sachverhalts den Käufer zur Wandlung oder Minderung nach § 462 BGB. zuzulassen, sondern nur die eigentümliche Begründung mit einer angeblichen Fehlerhaftigkeit der als species, im letzten Beispiel gattungsmäßig, verkauften Ware.

Worauf ist diese eigenartige Tendenz unseres höchsten Gerichtshofs zurückzuführen, Waren unter den Fehlerbegriff zu pressen, die nach der Tradition des römischen und gemeinen Rechts und dem Inhalt der zahlreichen modernen hierauf beruhenden Privatrechtsgesetzgebungen niemand als vitiös oder fehlerhaft bezeichnet hätte? Betrachten wir zunächst einen Augenblick das klassische römische Recht, so haben die jüngsten quellenkritischen Forschungen gezeigt, daß die Hochklassik etwa seit der Mitte des 2. Jahrhunderts (Julian, anders noch Marcellus) einen Kauf für nichtig erklärte, wenn die Parteien trotz Konsenses über das Objekt beiderseits eine unrichtige stoffliche Beschaffenheit dieses Objekts beim Vertragsschluß zugrunde legten[16]), so wenn Erz für Gold, ein versilberter Tisch für massiv silbern verkauft wird[17]). Im übrigen war ein einseitiger Irrtum über die Beschaffenheit der Kaufsache nach Zivilrecht nur erheblich, wenn der Verkäufer durch formloses pactum oder Stipulation die Haftung für eine bestimmte Beschaffenheit übernommen hatte[18]), oder wenn der Irrtum von der anderen Partei wider Treu und Glauben herbeigeführt oder ausgenutzt wurde, und führte im letzteren Fall zum Ersatz des Vertrauensschadens des id quod interest non esse deceptum (Julian), bei

---

[15]) Vgl. später S. 341 ff.

[16]) Echt l. 41 § 1 D. 18, 1, l. 9 § 2 eod. (teilweise). Interpoliert l. 11 § 1, l. 14, l. 45 D. 18,1, l. 21 § 2 D. 19, 1. Vgl. dazu meine „Haftung des Verkäufers" besonders S. 123 ff. Die endgültige Klärung wird aber erst Beseler, Byzantinisch-Neugriechische Jahrbücher I 343 ff.; Lenel, ArchZivPrax. N. F. 3 S. 173 ff. verdankt. Allerjüngstens auch Siber, Röm. Recht II 435 ff.

[17]) Daß ein Irrtum über andere wichtige Eigenschaften der Kaufsache, z. B. das Verkaufen eines altgedienten Sklaven als Neulings, den Kauf gültig ließ nach Zivilrecht, zeigt die Handhabung des Verbots der Ädilen ne veterator pro novicio veneat in der Hochklassik: Ulpian in l. 37 D. 21, 1. Bei ziviler Nichtigkeit hätte es keiner Redhibition bedurft.

[18]) Über den Sinn solcher Garantieabreden vgl. den Text. Beispiele in l. 78 § 3 D. 18, 1, l. 28 D. 21, 1, l. 31 D. 21, 2; Bruns, Fontes (7) S. 330 ff.

Irrtum des Käufers unter Umständen kraft actio empti zur Auflösung des Geschäfts oder zur Minderung des Preises[19]). Anders die kurulischen Ädilen, deren Marktgerichtsbarkeit sich freilich nur auf Spezieskäufe über Sklaven und Vieh erstreckte, von dem Grundsatz aus den über die Beschaffenheit irrenden Käufer schützend: Neque enim interest emptoris, cur fallatur, ignorantia venditoris an calliditate[20]). Der Grund des Einschreitens der Ädilen entspricht noch der ratio unserer modernen Kaufgesetze: den Käufer zu schützen, der eine species in Unwissenheit über ihre anormale, den Gebrauch beeinträchtigende oder ihre den Zusagen des Verkäufers widersprechende Beschaffenheit gekauft hatte. Nicht der Fehler als solcher, sondern die Unwissenheit des Käufers, den der Verkäufer nicht aufgeklärt hat (palam recte pronuntianto l. 1 § 1 D. 21, 1) und dem er auch Sicherheit wegen verborgener Fehler geweigert hat (l. 28 eodem), ist damals wie heute der Haftungsgrund. Der Umstand, daß die Unkenntnis des Käufers über die fehlerhafte oder zusagenwidrige Beschaffenheit der Spezies vermutet und dem Verkäufer die Beweislast für eine etwaige Kenntnis des Käufers nach § 460 BGB. zufällt, darf nicht zu der Ansicht führen, bei Sachmängeln sei der Mangel als solcher der Haftungsgrund, der nur durch Kenntnis des Käufers ausgeschlossen werde[21]). Denn auch nach dem Recht des BGB. gewährt die mangelhafte Beschaffenheit der gekauften species im Sinn des § 462 dem Käufer keinen Erfüllungsanspruch auf Ausbesserung wie einst im ALR. (I 4, 325, 331) und heute noch im österreichischen Recht, und wie heute noch einen Erfüllungsanspruch auf rechtsmängelfreie Lieferung nach § 433 BGB., sondern es wird nur das Vertrauen des Käufers in die im Sinn des § 459 I u. II mangelfreie Beschaffenheit der species durch die schon von den Ädilen gegebenen Klagen auf Auflösung oder Abänderung des Kaufs hinsichtlich des Preises geschützt, wobei heute wie damals der Gesetzgeber davon ausgeht, daß der Käufer bei Kenntnis des Mangels entweder überhaupt nicht oder nur zu geringerem Preis gekauft hätte[22]). Danach konnte im entwickelten Recht der Käufer nicht bloß Wandlung oder Minderung mit actio redhibitoria oder quanti minoris begehren, wenn sein Vertrauen in die normale, für den Gebrauchszweck belangvolle körperliche Beschaffenheit und die Abwesenheit bestimmter seelischer Defekte (corporis und bestimmte animi vitia) getäuscht war, sondern auch in die Richtigkeit bestimmter Zusagen, die ihm der Verkäufer sei es durch formelle Garantiestipulation oder formloses dictum beim Vertragsschluß gegeben hatte[23]). Diese Garantiestipulation wurde von den Klassikern nicht

---

[19]) Vgl. etwa l. 68 § 1 D. 18, 1, l. 4 pr., l. 11 §§ 3 u. 5, l. 13 §§ 2 u. 5 D. 19, 1, l. 1 § 9, l. 4 § 4 D. 21, 1; Paul, Sententiae II 17, 6 und dazu meine „Haftung des Verkäufers" S. 49ff.; Jörr, Rom-Recht § 128; Siber, Röm. Recht II S. 201.

[20]) l. 1 § 2 i. f. D. 21, 1.

[21]) So Krückmann in LZ. 1920 S. 206. Vgl. auch denselben in JW. 1929 S. 738 Note. Die dort versuchte Unterscheidung: Enttäuschung über die Leistung (Gewährschaft), über das Rechtsgeschäft (Anfechtung) ist beim Spezieskauf nicht möglich; Ehrenzweig, System des österreichischen allgemeinen Privatrechts II 1 (1928), § 322 Ziff. 3. Freilich unterscheidet das österreichische (ähnlich wie das japanische Gesetzbuch Art. 570, 566, 571, 533) nicht so scharf wie das unsere zwischen Rechts- und Sachmängeln — vgl. seinen § 923 —, ja es gewährt sogar auch bei Sachmängeln einen Ausbesserungsanspruch: Ehrenzweig § 323 II 3. Ebenso das preuß. ALR. I 4 §§ 325, 331 und unter dem Einfluß Pothiers ein Teil der französischen Theorie.

[22]) Dieser Schutz des Vertrauensinteresses kommt in der Formulierung des Code civil 1641 besonders gut zum Ausdruck: Le vendeur est tenu de la garantie a raison des défauts cachés de la chose vendue qui la rendent impropre a l'usage auquel on la destine, ou qui deminuent tellement cet usage que l'acheteur ne l'aurait pas acquise on n'en aurait donné qu'un moindre prix s'il les avait connus.

[23]) Vgl. meine „Haftung des Verkäufers" § 2, besonders S. 29ff.; Jörs, Röm. Recht § 128, 2; Siber, Röm. Recht II S. 201ff.; v. Tuhr, Schweiz. OblR. I § 23 Note 18.

etwa als ein Vertrag darüber, daß der Sklave oder das Tier eine bestimmte Beschaffenheit haben oder noch erhalten solle (was vielfach ja ganz unmöglich gewesen wäre), sondern als ein Versprechen ausgelegt, den Schaden zu ersetzen, der dem Käufer aus der Unwahrheit der Garantie (der Existenz des Fehlers oder der Abwesenheit des Vorzugs) erwachsen konnte, also ein Versprechen der Leistung des positiven Interesses an der garantierten Beschaffenheit.

So sagt Ulpian in l. 31 D. 21, 2:

Si ita quis stipulanti „spondeat, sanum esse, furem non esse, vispellionem non esse" et cetera, inutilis stipulatio quibusdam videtur, quia si quis est in hac causa, impossibile est quod promittitur, si non est, frustra est. Sed ego puto verius hanc stipulationem „furem non esse, vispellionem non esse, sanum esse", utilem esse: Hoc enim continere quod interest horum quid non esse. Sed et si cui horum fuerit adiectum, praestari", multo magis valere stipulationem: alioquin stipulatio quae ab aedilibus proponitur, inutilis erit, quod utique nemo sanus probabit.

Dem entspricht die Formulierung des Schadensersatzes wegen Verletzung einer Beschaffenheitsgarantie im der englischen Sale of goods act von 1893 § 53 Ziff. 3:

In the case of breach of warranty of quality such loss is prima facie the difference between the value of the goods at the time of delivery to the buyer and the value they would have had if they had answered to the warranty[24]).

Das dictum hingegen, dessen Unwahrheit gleichfalls nach Ädilenrecht Wandlung oder Minderung begründete, war, falls es nicht von einer rechtsgeschäftlichen Haftungsübernahme begleitet war, im klassischen Recht eine zivilrechtlich völlig unwirksame formlose Behauptung des Verkäufers, daß die Kaufsache bestimmt bezeichnete Vorzüge besäße[25]). Sie enthielt keinerlei Leistungsversprechen[26]), war auch nicht etwa wie eine Garantie auf Leistung von Interesse an der Wahrheit der Behauptung gerichtet, sondern war dogmatisch gesehen ein bloßes asseverare, pronuntiare, das heißt eine Vorstellungsmitteilung, eine Erklärung, daß die Kaufsache so oder so sei, nicht, daß der Verkäufer etwas tun wolle. Darum zog die Unwahrheit solcher Behauptung mangels Arglist keinerlei zivile Haftung kraft actio empti nach

[24]) Entsprechend die nordamerikanische Uniform Sales Act section 69 Ziff. 7.

[25]) Die Annahme von Partsch (Sav. Zschr. rom. Abt. 33, 607ff.), die dicta des Ädilenedikts seien auch noch in der Klassik nur die formell zum zivilen Vertrag gehörigen dicta in mancipio gewesen, scheint mir weder mit der Quellenlage übereinzustimmen noch mit der ratio der Ädilen, die bei der buntscheckigen Beschickung des Sklaven- und Viehmarktes (omne pecus l. 38 § 4 D. 21, 1, nicht bloß res mancipi) eine Beschränkung des Käuferschutzes auf das zivile Veräußerungsgeschäft nur unter römischen Bürgern nicht ertragen hätte. In ersterer Hinsicht halte ich besonders die feinen Abgrenzungsversuche der kommentierenden Klassiker von den leeren Anpreisungen für beweisend. Vgl. l. 18, l. 19 pr. — § 4, l. 52 D. 21, 1, l. 43 D. 18, 1. Daß in l. 19 § 2 D. 21, 1 der Beginn dictum a promisso sic discernitur: dictum accipimus quod verbo tenus pronuntiatum est nudoque sermone finitur nicht von Ulpian, sondern von Justinian herrühre (Partsch S. 607), halte ich nicht für dargetan; finire heißt nicht erst bei den Byzantinern, sondern schon bei Cicero in Grenzen einschließen = bestimmen, nicht etwa bloß endigen, sondern auch definieren. Siehe auch schon meine „Anfechtung" S. 43 Note.

[26]) Anders natürlich die Klausel accedere peculium. Erklärungen über die Höhe des mitverkauften peculium konnten rein assertorisch gemeint sein und führten dann in der Klassik nur bei dolus zur actio emti aufs negative Interesse, was die Byzantiner erst in Erfüllungsversprechen umdeuteten. Vgl. Paulus II 17, 6 mit den interpolierten l. 13 § 4 und l. 38 pr. D. 19, 1. Auch die Angabe peculiatum esse servum in D. 21, 1, 18, 2 kann rein assertorisch gemeint sein (vgl. das principium). Dies zu Partsch S. 608. Vgl. jetzt auch meine Bemerkungen in JheringsJ. 79, 103ff. und die guten Unterscheidungen Ehrenzweigs, System des österreichischen allgemeinen Privatrechts II 1 (1928) S. 224.

sich, sondern erst die Ädilen waren es, die dem Gedanken Geltung verschafften, es sollte der Verkäufer in seinem Vertrauen in die Wahrheit eines solchen formlosen, aber doch konkreten und substantiierten dictum, das mehr war als eine nicht scharf greifbare und nachprüfbare Anpreisung, nuda laus[27]), ebenso durch actio redhibitoria und quanti minoris geschützt werden, wie in die Wahrheit einer durch formelle Stipulationsgarantie gewährleisteten Behauptung über positive Vorzüge der Kaufsache oder Abwesenheit von Fehlern. War der Sklave als „wohlgestaltet", „wacker", „ordentlich", „gehorsam" verkauft, und der Käufer sah sich in seinen Erwartungen nachträglich enttäuscht, so griffen die Ädilen bei solchen leeren Redensarten („jeder Verkäufer lobt seine Ware") nicht ein. Anders aber, wenn der Sklave als wissenschaftlich oder in einem Handwerk ausgebildet[28]), als ehrlich und

---

[27]) Vgl. die Stellen in Note 25. Besonders bezeichnend Florentinus in l. 43 pr. S. 18, 1. Ea quae commendandi causa in venditionibus dicuntur, si palam appareant, venditorem non obligant, veluti si dicat servum speciosum [domum bene aedificatam]: at si dixerit hominem litteratum vel artificem, praestare debet: Nam hoc ipso pluris vendit. Gerade diese ratio zum Schluß, die dem Ulpianischen (l. 1 § 2 D. 21, 1) causa huius edicti proponendi est, ut occurratur fallaciis vendentium et emptoribus succurrator quicumque decepti a venditoribus fuerint, wäre gewiß nicht erreicht worden, wenn die Ädilen bei falschen, und für die Preisbestimmung einflußreichen dictis des Verkäufers nur eingegriffen hätten, falls „die Parteien einverständlich und klar sind, daß aus der Zusicherung Haftung entstehen soll" (Partsch a. a. O. S. 609). Die dafür angeführte D. 21, 1, 19, 3 beweist solche Einschränkung der dicta auf rechtsgeschäftlich übernommene Haftungen nicht; denn die Ernstlichkeit, die hier allein zu Recht gefordert wird, gegenüber leerer Prahlerei, bezieht sich ausdrücklich auf dicta sowohl wie auf promissa.

Pernice Labeo (III 1, 1892) hat bekanntlich in ausführlicher Darlegung (besonders S. 106ff.) bestritten, daß andere dicta sich rechtsverbindlich an die Manzipation anschließen konnten, als die durch die actio de modo agri, die actio auctoritatis und die actio fiduciae geschützt waren, daß aber die allein in Betracht kommende actio auctoritatis wegen tatsächlicher Eigenschaften, wegen ausdrücklich angesagter Vorzüge zuständig gewesen wäre (S. 119ff.). M. E. ist diese Darlegung auch von Partsch nicht widerlegt. Sehr richtig bemerkt auch Pernice, daß die diese zivilen actiones de modo agri und auctoritatis abwandelnden dicta formal einseitige Äußerungen sind, auf die hin sich die Übereignung vollzieht, Feststellungen, nicht Zusagen, assertorisch, nicht promissorisch gefaßt (117). Aber selbst wenn die Ädilen den vertragsmäßigen Zusagen, die nicht in Stipulationsform geschahen, zunächst allein Schutz hatten angedeihen lassen, die ratio des Sohutzes hätte sie zweifellos darüber hinausgeführt, den Käufer auch dort zu schützen, wo er einer ernsthaften Erklärung ohne rechtsgeschäftliche Gewährübernahme vertraute und vertrauen durfte. Vgl. Tore Almen, Das skandinavische Kaufrecht II S. 2 u. 25ff., vor allem aber die interessante Entwicklung im englisch-amerikanischem Recht, das ursprünglich in der Tat nur dem Käufer beim Bruch einer ausdrücklichen warranty half. Später aber sah man nicht bloß von der deliktischen Natur der Klage wegen breach of warranty ab, das heißt von der male fides des Verkäufers, sondern auch von einer besonderen Form oder Absicht (intent), die Haftung für seine Aussage über bestimmte Eigenschaften der Kaufsache übernehmen zu wollen. Intent ist nur noch apparent intent to assert a fact, und es gilt der Satz: The representation of fact which induces a burgain is a warranty. Vgl. zu alledem Samuel Williston, The law governing Sales of goods at common law and under the Uniform Sales Act I (1924) §§ 194ff., besonders § 198. Den Schlußstein der Entwicklung gibt am deutlichsten die section 12 der nordamerikanischen Uniform Sales Act wieder:

Any affirmation of fact or any promise by the seller relating to the goods is an express warranty, if the natural tendency of such affirmation or promise is to induce the buyer to purchase the goods, and if the buyer purchases the goods relying thereon. No affirmation of the value of the goods nor any statement purporting to be a statement of the sellers opinion only shall be construed as a warranty.

Damit hat auch hier der klare Gedanke des Florentinus in l. 43 pr. D. 18, 1 gesiegt. Die englische Praxis schwankt noch und ist nicht einheitlich. Vgl. Benjamin, On sale S. 750ff. Bezeichnend ist der Fall Wood v. Smith (Benjamin S. 757), wo der Verkäufer einer Stute auf Frage des Käufers wider besseres Wissen geantwortet hatte, the mare was sound to the best of his knowledge, aber Garantie abgelehnt hatte mit: „I never warrant, I would not even warrant myself." Trotzdem nimmt das Gericht a qualified warranty that the mare was sound to the best of the defendants knowledge an und that the action was therefore well brought in assumpsit.

[28]) l. 43 pr. D. 18, 1, l. 18 § 1, l. 19 § 4 D. 21, 1.

kein Dieb[29]) oder kein Spieler, als perfekter Koch oder einfach als Koch[30]) verkauft war und sich herausstellte, daß ihm diese positiven oder negativen Vorzüge nicht zukamen. Nichts freilich lag hier dem Ädilenedikt und den es kommentierenden römischen Klassikern ferner, in solchem Fall anzunehmen, wie heute das Reichsgericht, der Sklave habe ein vitium, sondern ex ille parte tenebitur quod dixit promisitve[31]). Der Käufer wird in seinem Vertrauen auf die ernsthafte Zusage ebenso durch Wandlung und Minderung geschützt, wie in dem im Edikt genau wie heute im BGB. zuerst, § 459 I, behandelten Fall, daß der Sklave abnorm körperlich beschaffen war, an einem vitium oder morbus litt. Der Gedanke, daß der Verkäufer, der über die Beschaffenheit der Kaufsache eine unwahre Angabe macht, seine Verpflichtung auf Lieferung der species nicht erfülle, ist den Klassikern hier ebenso fremd wie in dem Fall, daß die verkaufte species einen Fehler hat. Wenn in unserer heutigen Rechtsprechung[32]) diese dogmatisch verkehrte Auffassung immer noch wirksam ist, so beruht dies zum guten Teil auf immer noch mächtigen Einflüssen der überlebten Systematik des preußischen Landrechts, das ebenso wie das österreichische Gesetzbuch (922—933) Sach- und Rechtsmangelgewährleistung schon in seinem grundlegenden § 317 von I 5 als zur Erfüllung des Vertrags gehörig bezeichnete[33]), während schon der Code civil trotz der Zusammenfassung unter dem Begriff der Garantie in Art. 1625, die auf Pothier zurückgeht, ebenso wie das sächsische Gesetzbuch und das deutsche BGB. in Übereinstimmung mit dem römischen Recht und der Systematik unseres BGB. beide Institute ihrer verschiedenen Natur entsprechend getrennt behandeln[34]). Erst die Byzantiner sind es, die, die Grenzen zwischen species und Genusgeschäft verwischend, solche formlosen rein assertorischen dicta („dieser Sklave kann kochen, lesen und schreiben, verwaltet ein peculium von soundsoviel usw.") in Leistungsversprechen umdeuteten und bei Unwahrheit des dictum die zivile actio auf das positive Interesse an der Wahrheit der Zusage hier wie im Fall des arglistigen Verschweigens (hier statt des klassischen allein gerechtfertigten Vertrauensinteresses) durch dreiste Interpolationen der klassischen Quellen gewährten[35]). In der justinianischen

---

[29]) l. 52 D. 21, 1, l. 19 § 1 eod.

[30]) l. 18 § 1 eod.

[31]) Marcianus in l. 52 D. 21, 1.

[32]) Die Annahme des KommRGR. zu § 459 BGB., fehle der Kaufsache von vornherein die Eigenschaft, die nach § 459 Abs. 1 vorausgesetzt oder nach Abs. 2 ausdrücklich zugesichert werde, und sei der Fehler derart, daß er nicht behoben werden könne, somit die Lieferung einer vertragsmäßigen (?) Sache unmöglich mache, so liege an sich ein auf eine unmögliche Leistung gerichteter nichtiger Vertrag gemäß § 306 vor, wird schon durch diese unerträgliche Konsequenz widerlegt. Denn auf die Nichtigkeit des Kaufs nach § 306 könnte sich dann auch der Verkäufer berufen und damit jedes Lieferungsverlangen des Käufers ablehnen und — nach dem Reichsgericht — damit auch die Auslösung aller Gewährleistungsrechte des Käufers vereiteln, dem höchstens bei ausschließlichem Verschulden des Verkäufers ein Anspruch aus § 307 verbliebe. Nur die scharfe Scheidung zwischen Erfüllung und Gewährleistung, die dem Käufer wegen seines Irrtums oder mindestens seiner Unwissenheit über die Beschaffenheit der species besondere Rechte gewährt, führt zu dem Gesetz entsprechenden befriedigenden Ergebnissen. Siehe auch oben S. 328.

[33]) Besonders charakteristisch § 325: Fehlen der Sache ausdrücklich vorbedungene Eigenschaften, so ist der Empfänger auf die Gewährung derselben anzutragen berechtigt. — Ebenso bei verborgenen Fehlern: § 331.

[34]) Vgl. Eccius, Preußisches Privatrecht (7) 1896, I S. 498ff.

[35]) Der hierfür in meiner „Haftung des Verkäufers" gegebene Nachweis (vgl. besonders §§ 3 u. 5) ist heute herrschende Lehre. Vgl. z. B. Partsch a. a. O. S. 609ff.: Jörs und Siber a. a. O.; Schulz, Einführung in das Studium der Digesten 119f.; Lenel, ArchZivPrax. N. F. 3, 181f. Unecht vor allem l. 13 pr. i. f. 3 u. 4 D. 19, 1, l. 21 § 2, l. 38 pr., l. 6 § 4 D. 19, 1, l. 45 D. 18, 1.

Kompilation führte die Unwahrheit einer formlosen, aber substantiierten Zusage über die Beschaffenheit der Kaufsache nicht bloß wie im Ädilenedikt, das die Klassiker handhabten (und zwar immer noch beschränkt auf Sklaven und Vieh)[36]) zur Wandlung oder Minderung, sondern nach Wahl des Käufers auch zur actio empti auf Ersatz des positiven Interesses an der Wahrheit der Zusage, das heißt der Existenz des Vorzugs. Diese allen Regeln der Logik des Kausalzusammenhangs zwischen Zusage oder Verschweigen und Schaden ebenso wie der Billigkeit widerstreitende übermäßige Begünstigung des Käufers ist nun leider in dem unseligen § 463 in unser Gesetzbuch[37])

[36]) Die Ausdehnung auf omnes res beruht gleichfalls erst auf Interpolation der Byzantiner: Meine „Haftung" S. 37ff.

[37]) Nicht in das Schweizer Obligationenrecht. Vgl. Art. 197, wo Mängel nicht wie bei uns als Oberbegriff (§§ 460—462, 464 BGB.), sondern wie in unserem Entwurf erster Lesung § 381 II als Fehler vitium gebraucht ist, anders § 205. Maßgebend ist § 208 III, den freilich die Praxis in Anlehnung an den von Entwehrung handelnden § 195 II als Gewährung des Erfüllungsinteresses deutet. Vgl. Oser S. 484 (1915), Fick, Schweiz. OblR. (1911) zu Art. 208 Ziff. 17. Für das österreichische Recht vgl. über den Unterschied zwischen dem jetzigen § 932 (bei Verschulden ohne Garantie nur negatives Interesse) mit unserem § 463 Pisco, Gewährleistungsfolgen usw. (2) S. 22ff. Auch das preuß. ALR. I 5, 320 hatte die Schadloshaltung des Empfängers an Verschulden des Gebers geknüpft. Vgl. dazu Eccius I § 85 I. Das holländische Gesetzbuch 1544 knüpft volle Ersatzpflicht an die Kenntnis des Verkäufers vom Fehler entsprechend dem Code civil 1645. Im Code civil fehlen ausdrückliche Vorschriften über die dicta et promissa beim Kauf, vgl. 1641. Zachariae, Handbuch d. franz. Zivilrechts II § 355 Note 32a. Ebenso Art. 341 des neuen französisch-italienischen Entwurfs eines OblR. Die Praxis wendet Art. 1184 an und gibt Rücktrittsrecht und Schadensersatz. Vgl. z. B. RG. 8, 298; 12, 354; ROHG. in Puchelts Zeitschr. 3, 104f., gelegentlich auch eine action en nullité nach 1110, 1117 Laurent, Principes de droit civil Bd. 24, Nr. 281. Erreur sur la qualité und vice caché nimmt Trib. com. Seine im Urt. v. 4. April 1884 (bei Dalloz, Jurispr. gén, suppl. au rép. meth. et alphab. tome XIX sous vices rédhibitoires Nr. 15) an im Fall des Verkaufs eines Perlenschmuckstücks als joaillerie fine, in dem eine Perle auf chemischem Weg gefärbt war, um ihre Minderwertigkeit zu verbergen. Vgl. über solche Fälschungen schon oben S. 321 u. 324 mit Note 11. Die französische Theorie noch unter dem Einfluß von Pothier vente 202 enthält wenig über die Unterscheidung. Vgl. etwa Baudry-Lacantinerie, Saignat Traité XIX (1908) Nr. 414 Aubry et Rau, cours V (1907) § 355 bis, etwas mehr die italienische zu den dem französischen Art. 1641 entsprechenden Codice civile 1498. Vgl. z. B. Ricci, diritto civile VII No. 177 und klarer noch De Ruggiero, Istituzioni di dir. civ. II (4) 303f., bes. 304 mit Note 1 mit richtigem Hinweis auf die Verschiedenheit im römischen Recht und ebenso im deutschen wie dem Schweizer Gesetzbuch hinsichtlich der dicta et promissa. Dem Schweiz. OblR. ähnelt das russische Gesetzbuch § 195, dem Code civil der Codigo civil Brasiliens, 1101, der Zusicherungen nur beim Kauf nach Muster 1135 erwähnt. Auch in den nordischen Kaufgesetzen (§ 42) ist es in glücklicher Weise vermieden, den Umfang des Schadens näher zu bestimmen, den der Verkäufer ersetzen muß, wenn dem Gut (species im Gegensatz zu dem in § 43 behandelten Lieferungsvertrag) eine Eigenschaft fehlt, die als zugesichert gelten kann. Diese elastische Wendung ist absichtlich gewählt, um auch nicht rechtsgeschäftliche ernsthafte dicta zu umfassen. Vgl. Tore-Almén-Neubecker, Das skandinavische Kaufrecht II S. 2ff., bes. S. 4 u. 25ff. Auch die allgemeine Wendung, der Verkäufer ist verpflichtet, dem Käufer dessen Schaden zu ersetzen, erlaubt das positive Interesse nur bei rechtsgeschäftlicher Garantie, bei bloßem dictum oder dem noch besonders genannten „betrügerischen Verfahren" des Verkäufers, wie es der Kausalzusammenhang und die Billigkeit gebietet, unter „dessen Schaden" nur das interest non esse deceptum, das Vertrauensinteresse zu verstehen. Aber diese Berechnung ist mit Rücksicht auf die schwierige Auslegung des § 45, der auf die Regelung bei Aufhebung des Geschäfts wegen Lieferungsverzugs in § 25 verweist, sehr bestritten. Vgl. Almén-Neubecker II 72, der stets das positive Interesse gewährt, freilich ein grundsätzlicher Gegner der Scheidung zwischen negativem und positivem Interesse ist. Siehe I 377ff. Auch das jüngste englisch-amerikanische Recht, das zwischen formeller Garantie (express warranty) und express affirmation inducing the sale nicht mehr unterscheidet, formuliert den Schaden in § 53 Ziff. 2 u. 3 (englisch) und 69 Ziff. 6 u. 7 (amerikanisch) als Interesse an dem Mehrwert bei Wahrheit der warranty, also als positives Interesse. The general measure of damage for breach of warranty of quality is the difference between the value of the article actually furnished the buyer and the value the article would have had, if the article had the qualities which it was warranted to have: Williston II § 613 S. 1357ff. Bei Klagen for deceit ist die Berechnung streitig. Williston II §§ 613 u. 613a. Hier gewähren manche Gerichte nur das negative Interesse.

aufgenommen, zumal da man zur Zeit der Abfassung des Gesetzbuchs an der Klassizität der rezipierten Stellen der Digesten nicht zweifelte. Vergebens hatte noch in der zweiten Kommission[38]) eine Minderheit versucht, den Entwurf, der, „indem er zwischen Zusicherung und Garantieversprechen nicht unterscheide, zu einer unbilligen Behandlung des Verkäufers und zu einer das Ziel überschießenden Begünstigung des Käufers da komme, wo dieser des Schutzes nicht bedürftig sei“, zu verbessern und außer bei Garantieversprechen den Schadensersatz wegen Nichterfüllung wenigstens nur bei arglistiger Zusicherung oder Fehlerverschweigung zu gewähren. Die Mehrheit blieb dabei, die Unterscheidung zwischen einfacher und qualifizierter Zusicherung (Garantie) werde ein unpraktikables Recht schaffen, die Zahl der Prozesse vermehren, auch entspräche es Treu und Glauben und der Verkehrsauffassung, daß derjenige, der eine Zusicherung erteile, auch uneingeschränkt dafür einstehen müsse, und jedenfalls sei im Zweifelfalle die weitergehende Haftung des Versprechenden anzunehmen[39]).

Erwägt man, wie sehr jene so überstimmte Minderheit der zweiten Kommission auf dem rechten Wege war, als sie durch ihren zum Scheitern gebrachten Antrag — von der aufrechterhaltenen Vermengung von negativem und positivem Interesse abgesehen — unbewußt zu den folgerichtigen und klaren Regeln der römischen Klassik zurückstrebte, so kann man es begreifen, daß unser höchster Gerichtshof über den in den Protokollen klar niedergelegten Willen der Mehrheit der Gesetzgebungskommission hinwegschritt und von vornherein den Schadensersatzanspruch aus § 463 nur im Fall eines unzweideutigen Garantieversprechens gewährte. Erforderlich ist danach die in der zweiten Kommission ausdrücklich abgelehnte „qualifizierte Zusicherung“: Es muß die Erklärung vom Käufer als vertragsmäßig verlangt, vom Verkäufer in vertragsmäßig bindender Weise abgegeben werden. Es „kann nicht jede bei Gelegenheit von Kaufverhandlungen über den Kaufgegenstand abgegebene Erklärung, nicht jedes dictum des Verkäufers ohne weiteres als Zusicherung nach § 459 BGB. betrachtet werden“[40]).

Obwohl noch die amtliche Denkschrift die in unserem jetzigen § 463 unabhängig von Verschulden ausgesprochene Haftung des Verkäufers auf Schadensersatz damit rechtfertigte, daß „die Zusicherung einer Eigenschaft nach der Auffassung des Verkehrs regelmäßig die Übernahme einer Garantie für das Vorhandensein der Eigenschaft enthalte“, ist die durchaus herrschende Ansicht[41]) in Theorie und Praxis dem Reichsgericht dahin gefolgt, daß die Zusicherung im Sinn unseres § 459 II und § 463 Satz 1 nur im Fall einer vertragsmäßigen Garantie, nicht schon bei einer ernsthaften Aussage des Verkäufers über Eigenschaften der Kaufsache gegeben sei, die auf den Entschluß des Käufers, zu kaufen oder zu diesem Preis zu kaufen, von

---

38) Prot. I 687.

39) Prot. I 688.

40) RG. 54, 223 und oft. Vgl. etwa noch Recht 1926 Nr. 1936.

41) Düringer-Hachenburg III S. 159 (weniger streng: S. 161 oben); Enneccerus § 331 zu Note 25; Planck-Knocke zu § 459 BGB. 2a; KommRGR. zu § 459 IIb; Staub (12 u. 13, 1927) zu § 377 Anm. 41, Bd. 4 S. 187; Staudinger zu § 459 IV 1a. Einseitig „bindende“ oder „verpflichtende“ Garantieübernahme lassen genügen: Örtmann in Ehrenbergs Handbuch IV 2 S. 472/473; Gierke, Schuldrecht § 194 Note 16. Anders aber v. Tuhr II § 48 Note 93, § 68 Note 185, der die Haftung nicht auf den Willen des Verkäufers, sondern auf das Gesetz gründet, besonders energisch jetzt im Allg. Teil des Schweiz. OblR. I § 23 Note 18 gegen den „Denkfehler“, die Zusicherung von Eigenschaften nach Art. 197 Schweiz. OblR. als „Willenserklärung, d. h. als Versprechen einer Leistung aufzufassen“, unter Berufung auf l. 31 D. 21, 2.

Einfluß wäre[42]), wie es den Römern wenigstens für die ädilizischen Ansprüche genügte[43]), die freilich nur Wandlung und Minderung, nicht Schadensersatz gewährten. Der Widerspruch einzelner gegen diese Einengung des Zusicherungsbegriffs besonders des § 459 II blieb unbeachtet[44]). Gewiß war auch der § 463 Satz 2 BGB., der auf der interpolierten l. 13 pr. i. f. §§ 3 u. 4 D. 19, 1 beruhte und dem durch arglistiges Verschweigen über einen Fehler getäuschten Käufer das positive Interesse an dem Fortfall des Fehlers gewährte, eine Anomalie, die dem Käufer mehr gab, als sich nach den Regeln über den Kausalzusammenhang rechtfertigen ließ. Aber diese Umwandlung des Julianischen interest non esse deceptum[45]) ins Erfüllungsinteresse ließ sich wenigstens mit den Kompilatoren und den Motiven unseres BGB. (II 229) als Strafe für den Betrüger beschönigen: Der sollte den getäuschten Käufer so stellen, wie wenn der Sachverhalt gegeben wäre, an den er den Betrogenen hatte glauben lassen[46]). Aber ganz unerträglich erschien es, wenn unser BGB. gemäß den byzantinischen l. 13 § 3 und l. 21 § 2 D. 19, 1[47]) auch den schuldlosen gutgläubigen Verkäufer einer species in § 463 Satz 1 BGB. aufs Erfüllungsinteresse haften ließ, wenn sich irgendeine Zusage über die Beschaffenheit der Kaufsache als unzutreffend herausstellte. Das Argument der Kompilatoren in l. 13 § 3 cit., der leichthin Dahinredende sei nicht besser als der arglistig Verhehlende, will keinem recht einleuchten, zumal da ein objektiv unrichtiges dictum keineswegs auf Fahrlässigkeit zu beruhen braucht.

Wenn ein Privatmann einen Ring mit Stein gutgläubig und schuldlos, etwa auf das Urteil eines sonst bewährten Fachmanns bauend, unzutreffend beim Verkauf als echt bezeichnet, so erscheint es unerträglich, dem Käufer, der vielleicht billig den Ring erworben hat, das Erfüllungsinteresse an der Wahrheit der Angabe zuzusprechen, vielleicht eine Million, um die der Ring mit dem großen täuschend geschliffenen Stein an Wert steigt, wenn der Stein wirklich ein echter Brillant wäre. Nur im Fall einer ernsthaften Garantie erscheint solcher Anspruch aufs positive Interesse gerechtfertigt und nur hier haben die Klassiker, soweit nicht die Nichtigkeit wegen error in substantia im Weg stand, dem Käufer das Erfüllungsinteresse gewährt[48]),

---

[42]) Gelegentlich läßt es übrigens auch das RG. damit genügen. Vgl. die interessante Entscheidung des 2. Senats v. 8. Nov. 1927 in LZ. 1928 S. 1385ff. Hier wird die Erklärung des Verkäufers eines gebrauchten Automobils, der Wagen sei eben erst in der Fabrik gründlich überholt worden, mit dem LG. gegen das OLG. als „Zusage über die Beschaffenheit des Wagens von genügender Bestimmtheit" nach § 463 erklärt, ohne daß die Frage einer rechtsgeschäftlich übernommenen Garantie überhaupt erörtert wird. In besonders schutzbedürftigen Fällen läßt man eben die „als Zusicherung gegebene und aufgefaßte Erklärung" (a. a. O. S. 1386), das heißt doch wohl die ernsthafte substantiierte Angabe statt der unbeweisbaren vertragsmäßigen Garantie genügen, oder man fingiert einfach die letztere; ein weiteres Beispiel dafür, auf den Parteiwillen zurückzuführen, wofür nur das Gesetz verantwortlich ist.

[43]) Vgl. Florentin in l. 43 pr. i. f. D. 18, 1.

[44]) Vgl. die höchst beachtliche Kritik Cromes am Entwurf im ArchZivPrax. 78, 140ff., sodann Wolff in JheringsJ. 56, 43ff., Matthiessen in JW. 1908 S. 63 und 1913 S. 518, meine „Haftung" S. 140, meine „Anfechtung" usw. S. 44, v. Tuhr, Allg. Teil II S. 636 mit Note 185.

[45]) Noch deutlich in l. 4 pr., l. 13 §§ 2 u. 5 D. 19, 1, l. 9 D. 18, 6, Paulus II 17, 6. Dazu meine „Haftung" S. 59ff.

[46]) Ähnlich Rabel, Grundzüge des röm. Pr.R. in Kohlers Encyklopädie I S. 485 (man dürfe „den betrügerischen Versprecher" bei seinem Wort festhalten) was natürlich richtig ist, wenn das „Wort" ein „Versprechen" war. Gar nichts erklärt wird mit der Fiktion Max Wolffs (JheringsJ. 56, 62), der Verkäufer dürfe so behandelt werden, als ob er für seine eigene Ehrlichkeit garantiert habe. Denn solche Garantie führte selbst nur zu dem negativen Interesse der Klassik.

[47]) Meine „Haftung" S. 114ff.

[48]) l. 31 D. 21, 2, l. 78 § 3 D. 18, 1.

sonst selbst das negative Interesse (seit Julian) nur bei Arglist des Verkäufers[49]).

Solche unerträglichen aller Logik des Kausalzusammenhangs wie der Gerechtigkeit widerstreitenden Konsequenzen, wie sie bei einer Auslegung der Zusicherung des § 463 Satz 1 BGB. gemäß dem durch Interpolationen entstellten corpus iuris wie der Mehrheit der Kommission zweiter Lesung und der Denkschrift unvermeidlich waren, wollte unser höchster deutscher Gerichtshof nicht zulassen. Unser Reichsgericht war klüger als das Gesetz oder wenigstens als der in den Protokollen und der Denkschrift niedergelegte Wille der Mehrheit seiner Verfasser. Es ist eine Ruhmestat unseres höchsten Gerichtshofs, daß er sich von der Autorität der Materialien emanzipierte und in einem unbeirrbaren Streben nach dem Billigen und Folgerichtigen die Haftung des Verkäufers aufs Erfüllungsinteresse gleich den unerreichten Meistern der Rechtskunst, den römischen Klassikern, an eine Zusicherung im Sinn einer vertragsmäßigen Garantie wieder knüpfte. Es verdient wohl an seinem Ehrentag, dem Tag seines 50jährigen Bestehens, rühmend hervorgehoben zu werden, wie unser höchstes Gericht kraft seines unbeirrbaren Gerechtigkeitssinns der byzantinischen Torheiten der l. 45 D. 18, 1, der l. 6 § 4, l. 13 §§ 3 u. 4, l. 21 § 2 D. 19, 1, die als angebliches Ergebnis römischer Rechtsweisheit in unser Gesetzbuch trotz Warnung von Einsichtigen Eingang gefunden hatten, durch eine restriktive Auslegung des Zusicherungsbegriffs Herr geworden ist. Das dictum ist wie in den Tagen der römischen Klassik keine geeignete Grundlage mehr für einen Erfüllungs- und Ersatzanspruch wegen Nichterfüllung. Nur die vertragsmäßige Garantie wird genau wie bei den großen römischen Meistern als Fundament eines Anspruchs des Käufers aufs Erfüllungsinteresse bei Unwahrheit einer Angabe über die Beschaffenheit der Kaufsache anerkannt. Insofern verdient die Haltung unseres höchsten Gerichts nicht den Tadel engherziger Auslegung, den ihr v. Tuhr[50]) zuteil werden läßt. Denn es ist unbillig, daß der eine nicht vorhandene Eigenschaft der Kaufsache aussagende Verkäufer schon darum in der Weise „für deren Richtigkeit einzustehen" habe, daß er dem Käufer alles das verschaffen muß, was dieser bei Wahrheit der Zusage gehabt hätte. Wenn der Verkäufer die unwahre Angabe nicht gemacht hätte, hätte der Käufer auch nicht die Sache mit der angeblichen Eigenschaft, sondern höchstens diese gar nicht oder billiger erworben[51]). Das führt also höchstens zu dem negativen Interesse, das bei fahrlässig unrichtigen Angaben des Verkäufers zu gewähren denn auch in der Konsequenz der vom Reichsgericht aus § 276 BGB. entwickelten Haftung wegen culpa in contrahendo gelegen wäre. Die römischen Quellen freilich, wenn man sie nicht wie Leonhard[52]) nach der Methode der veralteten Harmonistik, sondern kritisch prüft[53]), geben für solche Lehre keinen Anhalt, und was unser Gesetzbuch angeht, so ist es nicht jedermanns Sache, sich angesichts seiner detaillierten positiven Regelung des Problems in den einzelnen Fällen, die bald casus (z. B. §§ 122, 179 II, 463 Satz 1, 538), bald nur culpa (z. B. §§ 307, 694), bald bloß dolus in contrahendo genügen läßt (§§ 179 I, 523 I, 524 I), sich trotz des argumentum e contrario aus § 463 für eine Haftung

[49]) Siehe oben S. 328 mit Note 19.

[50]) Allg. Teil II S. 636 mit Note 185, auch S. 117 Note 93.

[51]) Vgl. dazu jetzt auch Pisco, Gewährleistungsfolgen usw. (2) S. 22ff. unter Berufung auf meine „Haftung" S. 53, 60, 139.

[52]) Haftung des Verkäufers beim Vertragsschluß (1891) S. 14ff.; Verschulden beim Vertragsschluß (1910) S. 4ff. Der rechtspolitische Wert besonders letzterer Schrift soll damit nicht geringgeachtet werden.

[53]) Meine „Haftung des Verkäufers" S. 44ff., 113ff.

des Verkäufers für fahrlässige unwahre dicta zu erklären[54]). Daß aber eine jede solche assertorische Behauptung notwendig mit dem Willen verknüpft sei, im Fall der Unwahrheit den behaupteten Zustand zu gewährleisten, ist nichts als eine haltlose Fiktion, um eine unbillige Regelung des Gesetzes zu beschönigen. Indem das Reichsgericht mit dieser Fiktion der Materialien Schluß gemacht und den Anspruch des Käufers aufs Erfüllungsinteresse nach § 463 Satz 1 BGB. von dem Vorliegen nicht einer fiktiven, sondern dem erweislichen Parteiwillen entsprechenden Garantieabrede abhängig gemacht hat, hat es sich ein unbestreitbares Verdienst erworben. Und darin lag zugleich — wenn auch unbewußt — eine Huldigung gegenüber der Rechtskunst der großen römischen Meister, deren edle Linien die moderne kritische Forschung bestrebt ist aus der byzantinischen Übermalung wieder ins volle Licht des Tags treten zu lassen.

Aber keine Billigung verdient es und hat erheblich zu einer Verwirrung der in der Wissenschaft am römischem Recht herausgearbeiteten obersten Begriffe der Sachmängelhaftung beigetragen, daß unser höchstes Gericht unter dem Einfluß der Materialien das Wort Zusicherung im § 459 II in dem gleichen Sinn wie im § 463 hat verstehen wollen und die Gleichung Zusicherung = vertragsmäßiger Garantie, die für den § 463 zutreffend ist, auch für den § 459 II und dessen ganz andere Probleme hat verwerten wollen. Denn § 459 regelt nicht die Voraussetzungen der Haftung auf das Erfüllungsinteresse, sondern ebenso wie der Art. 197 des Schweizer Obligationenrechts[55]), auf Wandlung oder Minderung[56]). Diese Rechtsbehelfe aber wollte unser Gesetzbuch in Übereinstimmung mit dem römischen Vorbild dem Käufer schon dann gewähren, wenn er in seinen berechtigten Erwartungen hinsichtlich der Beschaffenheit der verkauften species sich getäuscht sah. Berechtigt aber war seine Erwartung und sein Irrtum schutzbedürftig, einmal wenn die Kaufsache abnorm, d. h. fehlerhaft war, dann aber auch, wenn sie den ernst zu nehmenden Angaben des Verkäufers nicht entsprach, einerlei ob diese Angaben durch eine vertragsmäßige Garantie verstärkt worden waren oder nicht. Aus dieser Erwägung heraus haben die Ädilen Wandlung und Minderung dem irrenden Spezieskäufer gewährt, nicht bloß wenn er einem formellen promissum, sondern auch wenn er einem formlosen dictum vertraut hatte. Die Erwägungen, die zu einer restriktiven Auslegung des Zusicherungsbegriffs in § 463 Satz 1 führten, passen auf die Zusicherung des § 459 II durchaus nicht. Darum kann uns das gleiche Wort nicht hindern, hier in § 459 die Bedeutung zu finden, die der ratio der Vorschrift von Wandlung und Minderung seit den Tagen der kurulischen Ädilen allein entspricht. Danach ist Zusicherung im § 459 II soviel wie das ädilizische dictum, die ernsthafte und bestimmte Angabe des Verkäufers über irgendwelche Eigen-

[54]) Eine Parallele zu unserer deutschen Rechtsprechung zur culpa in contrahendo beim Spezieskauf bietet die französische Rechtsprechung, die trotz 1645 u. 1646 Code civil auch den gutgläubigen Verkäufer fehlerhafter Ware nach Deliktsrecht des Art. 1382 für schadensersatzpflichtig dem Käufer erklärt. Vgl. Laurent, Principes de droit civil 1878, Bd. 24 S. 290ff., der die Haftung mit Pothier, Vente Nr. 213, auch ohne die Kenntnis des Art. 1645 auf Verletzung einer Berufspflicht des verkaufenden Fabrikanten oder Händlers gründen will, vgl. darüber und dagegen die guten Ausführungen des RG. in JW. 1910 S. 749.

[55]) Vgl. v. Thur, Schweiz. OblR. I § 23 Note 18.

[56]) Wenn im englisch-amerikanischem Recht (53 des engl. und auch die Wandlung einschließend: 69 des nordamerikan. Kaufgesetzes) diese Rechtsbehelfe sämtlich als remedies for breach of warranty auftreten, so beruht dies, wie wir wissen, darauf, daß hier jede ernsthafte Angabe des Verkäufers über die Beschaffenheit der Kaufsache, der der Käufer vertrauen darf, als warranty gewertet wird, das heißt auf einer Wertung der einfachen ernsthaften dicta als promissa. Vgl. oben S. 324 Note 12, S. 330 u. 332 Note 37, später S. 338 Note 63, S. 348 Note 101.

schaften der Kaufsache. Ihr muß der Verkäufer beim Kauf vertrauen dürfen und darum, wenn sich nachträglich die Sache als nicht diesen Angaben entsprechend herausstellt, das Recht haben, vom Kauf zurückzutreten oder am Preis zu kürzen, den er nur im Vertrauen auf die Wahrheit der Zusagen des Verkäufers bewilligt hatte. Es ist undenkbar, daß unser deutsches Recht im Gegensatz zur Willensmeinung all seiner Urheber auch jener Minderheit der zweiten Kommission[57]), und zu fast allen modernen Gesetzgebungen, z. B. zum Schweizer[58]), den nordischen, den englisch-amerikanischen Kaufgesetzen, dem jüngsten österreichischen Recht, den Käufer in seinem Vertrauen auf solche ohne vertragsmäßige Garantie abgegebenen Zusagen schutzlos lassen wollte. Das bedeutete einen Rückschritt gegenüber den Rechtsgedanken, die in den Bestimmungen der Ädilen schon zu Zeiten der römischen Republik lebten, die die Klassiker und die Wissenschaft am römischen Recht entwickelt haben.

Aber unser höchster Gerichtshof hat in seiner oben geschilderten Rechtsprechung selbst gezeigt, daß es mit dem Ausschluß des gutgläubigen dictum aus dem Bereich der Schadensersatzhaftung des § 463 BGB. nicht getan sei, welcher Ausschluß ja, wie wir sahen, nur der Praxis der römischen Klassiker entsprach. Es mußte auch der letzte Schritt zur römischen Klassik im Bereich des dictum beim Kauf zurück getan werden; es mußten Wandlung und Minderung, die auch die Ädilen schon an formelle Garantie (promissa) wie an formlose Angaben des Verkäufers (dicta) knüpften, wieder an beide Gruppen von Zusicherungen geknüpft werden. Auch diesen Schritt hat das deutsche höchste Gericht in jenen oben besprochenen Entscheidungen getan, aber gleichsam unter falscher Flagge: dem Käufer werden die alten ädilizischen Rechtsbehelfe des § 462 gewährt, aber nicht weil ihm eine unrichtige Zusicherung über die Beschaffenheit gemacht — der Weg schien dem Gericht durch die Gleichsetzung von Zusicherung mit vertragsmäßiger Garantie versperrt —, sondern weil die der von beiden Parteien im Vertrag vorausgesetzten Eigenschaften ermangelnde Kaufsache an einem Fehler im Sinne des § 459 I litte. Aber damit wird dem Fehlerbegriff eine Last aufgebürdet, die er nicht tragen kann, ohne die begriffliche Klarheit einzubüßen, die die römischen Meister schon in Erläuterung der ädilizischen Termini vitium und morbus herausgearbeitet hatten, deren Gedanken fast alle modernen Privatrechtsgesetzgebungen widerspiegeln[59]). Danach ist das vitium, der Fehler des BGB. § 459 I, die vices redhibitoires oder défauts cachés des Code civil 1625, 1641, 1643, 1645—1648, die verborgene Gebreken des Art. 1540 des Nederlandsche Wetboeken, die körperlichen Mängel des § 197 des Schweizer Obligationenrechts, der fel des § 42 des schwedischen, der Mangel des § 42 des dänischen und norwegischen Kaufgesetzes[60]), die ungewöhnlichen Mängel des § 923

[57]) Sie wollte ja nur den Schadensersatzanspruch des § 463 BGB. und der unechten l. 13 § 3 und l. 21 § 2 D. 19, 1 auf Grund eines dictum versagen, Wandlung oder Minderung aber ebenso wie bei objektiven Fehlern gewähren. Vgl. Prot. I 687.

[58]) „Wenn z. B. der Verkäufer eines dreijährigen Hundes das Alter auf zwei Jahre angibt, so hat er nicht versprochen, den Hund als zweijährigen zu liefern (ein solches Versprechen wäre wegen Unmöglichkeit der Leistung nach Art. 20 nichtig), sondern er hat eine unrichtige Aussage gemacht, wegen der der Käufer wandeln oder mindern kann" (v. Tuhr, Schweiz. OblR. I § 23 Note 18 Schluß).

[59]) Enneccerus, Lehrbuch I 2 § 331 zu Note 3; Örtmann in Ehrenbergs Handbuch IV 2 § 69, 2a; Colin Capitant, Cours élémentaire de droit civil français II (4) S. 477; Laurent, droit civil Bd. 24 Nr. 281; José Castan Tobeñas, Derecho Civil Español Común y Foral Bd. 2 (Madrid 1927) S. 347ff.

[60]) Ohne genügenden Beweis behauptet Tore Almén, Das skandinavische Kaufrecht II S. 2 u. 12, daß der § 42 nicht den abstrakten, sondern den konkreten Fehlerbegriff im Auge habe,

des österreichischen Gesetzbuchs neuer Fassung, die vicios ocultos oder redhibitorios des spanischen Gesetzbuchs 1484, die vicios oder defeitos des Codigo civil Brasiliens Art. 1101 eine Abweichung von der normalen Beschaffenheit der Gattung, der die verkaufte Sache angehört. Die Norm ist bei Naturdingen die durch die Naturerfahrung überlieferte Regelmäßigkeit, bei menschlichen Arbeitsprodukten eine Norm der Technik, die sich nach dem Gebrauchszweck richtet, dem das betreffende Arbeitsprodukt gattungsmäßig dienen soll[61]). Das was den Fehler, das vitium konstituiert, ist schon seit den Tagen des Ädilenedikts ein rein objektives Moment, die natura rei, nicht die Vorstellung der Parteien von der Beschaffenheit der Kaufsache[62]). Die Sache bleibt fehlerhaft, auch wenn die Parteien oder der Käufer beim Vertrag von der Normwidrigkeit Kenntnis haben, nur verdient er dann keinen Schutz, wenn er sich über die Normwidrigkeit der Sache beschwert, und andererseits wird die Sache nicht dadurch fehlerhaft, daß die Parteien oder der Käufer ihr beim Kauf Eigenschaften unterstellen, die sie nach der regelmäßigen Natur der Gattung nicht erwarten durften. Ein solcher Irrtum des Käufers über die Beschaffenheit der Kaufsache, der sich nicht auf die Erwartung des objektiv Normalen stützen konnte, fand Schutz bei den Ädilen, wenn er auf eine ernst zu nehmende Zusicherung des Verkäufers beim Kauf, einerlei in welcher Form geschehen (dictum vel promissum) sich gründete. Wollen wir die begriffliche Klarheit des von der modernen Wissenschaft und Gesetzgebung im Einklang mit der römischen verwerteten Fehlerbegriffs nicht preisgeben, so dürfen wir daher in den oben dargestellten Streitfällen die Kaufsachen nicht mit dem Reichsgericht darum als fehlerhaft im Sinn von § 459 I BGB. bezeichnen, weil ihnen Eigenschaften fehlen, die die Parteien zwar nicht nach der Natur der verkauften Dinge, wohl aber nach dem Gang der Verhandlungen und dem Inhalt des Kaufgeschäfts erwarten durften. Die ädilizischen Rechtsbehelfe, die der höchste Gerichtshof in diesen Entscheidungen für zulässig erklärt hat, hätten nicht auf die Fehlerhaftigkeit (§ 459 I), sondern auf das Mangeln zugesagter Eigenschaften (§ 459 II BGB.) gegründet werden sollen[63]). Der Umstand, daß eine Zusicherung im Sinn einer vertraglichen Garantieübernahme nach § 463 BGB. nicht vorliegt, hindert nicht, § 459 II anzuwenden. Denn die Rechtsfolgen des § 459, Wandlung und Minderung, sind ihrer ratio nach nur davon abhängig,

---

der auch das Fehlen einer zugesicherten Eigenschaft umfasse, während doch der § 42 für den Spezieskauf genau wie unser § 459 BGB. die Frage des vitium (Fehlers) und des Mangels zugesicherter Eigenschaften in besonderen Absätzen behandelt und nur im letzten Falle Schadensersatz gewährt. Der den Gattungskauf regelnde § 43 gebraucht allerdings in allen Kaufgesetzen das Wort Fel oder Mangel in einer umfassenden, sowohl den abstrakten Fehler (vitium) wie das Fehlen zugesagter Vorzüge einschließenden Bedeutung, genau wie das deutsche BGB. das Wort Mangel z. B. in den §§ 460—462.

[61]) Vgl. oben S. 325ff.

[62]) Völlig verfehlt ist die Definition von K. Adler in GrünhutsZ. 39, 540: „Fehler der Ware sind vertrags- oder gesetzwidrige, wert- oder gebrauchsschädigende Eigenschaften.“ Damit wird die klare Unterscheidung des Gesetzes zwischen Abs. 1 u. 2 des § 459 BGB. in einem unklaren Gemenge erstickt und noch obendrein, was nur als Folgen des Fehlers, nicht eines Mangels nach Abs. 2 erheblich ist, in die Definition des Fehlers hineingenommen!

[63]) Im englischen Recht, das einen Schutz des Käufers wegen ädilizischer Fehler (vices rédhibitoires des französischen Rechts) gar nicht kennt, sondern heute noch von dem Grundsatz caveat emptor beherrscht wird, konnte dem Käufer in solchen Fällen einer innocent misrepresentation überhaupt nur durch Annahme einer meist zur Vertragsauflösung führenden condition oder zu einer Schadensersatz begründenden warranty geholfen werden. Vgl. vorläufig Chalmers, The sale of goods act (10) 1924 S. 50ff. u. 191ff.; Williams, Treatise on the law of Vendor and Purchaser of real estate and chattel real (3) II 1923 S. 753ff., 789ff.; Pollock, Principles of contract (9) 1921 S. 572ff., 527 mit Note y.

daß der Käufer beim Vertragsschluß eine bestimmte Beschaffenheit der Kaufsache, sei es nach ihrer Natur oder nach den ernst zu nehmenden Angaben des Verkäufers, erwarten durfte. Etwas anderes bedeutet die Zusicherung im Sinn des § 459 II BGB. nicht. Die Zusicherung beim Spezieskauf nach § 459 II ist also im Gegensatz zu der nach § 463 kein Rechtsgeschäft, sondern eine Vorstellungsmitteilung, sie verspricht nicht etwas, was nicht schon als species im Vertrag fixiert vom Verkäufer versprochen wäre, sondern sie deklariert nur, konstatiert nur diese species als so oder so beschaffen[64]). Worauf es ankommt nach § 459 II, ist nicht, daß der Käufer diese Mitteilung des Verkäufers „annimmt", sondern daß er ihr vertraut und in diesem Vertrauen abschließt. Dann soll der Käufer an den Vertrag mit diesem Kaufpreis gemäß § 462 BGB. nicht gebunden sein, nicht weil der Verkäufer sein Versprechen gebrochen, sondern weil seine Angabe einen Irrtum des Käufers über die Beschaffenheit der Kaufsache erweckt oder bestärkt hat.

Gewiß wäre es besser gewesen, wenn das Gesetzbuch nach dem Vorschlag von Crome[65]) den zweideutigen Ausdruck Zusicherung vermieden und in § 459 II etwa von angegebenen, in § 463 von garantierten[66]) Eigenschaften gesprochen hätte; aber der Gebrauch des gleichen Ausdrucks darf nicht hindern, die beiden verschiedenen Bedeutungen herauszustellen, die sich aus der verschiedenen Natur und ratio von Wandlung und Minderung einerseits in § 462 und von Schadensersatz wegen Nichterfüllung in § 463 ergeben. Auch sonst ist es ja nicht ungewöhnlich, daß das Gesetz dasselbe Wort in mehrfacher Bedeutung verwendet[67]).

Nur so ist es möglich, ohne den Begriff des Fehlers im Widerspruch zu dem durch das römische Recht allgemein gewordenen wissenschaftlichen Sprachgebrauch unnatürlich auszudehnen und dadurch zu verwässern, dem auf ernsthafte Zusagen des Verkäufers vertrauenden Käufer den genügenden Schutz durch Wandlung und Minderung angedeihen zu lassen. Unser Vorschlag will also nicht bloß die strenge Auslegung der Zusicherung des § 463 durch das Reichsgericht, sondern auch die oben geschilderte Rechtsprechung zu § 459 BGB. im Ergebnis aufrechterhalten. Dieses Ergebnis bedeutet, wie wir sahen, was den Schadensersatzanspruch (Anspruch aufs Erfüllungsinteresse) angeht, eine Abwendung von der erst durch die Byzantiner in das corpus

[64]) Vgl. schon meine „Haftung des Verkäufers" (1912) S. 107ff., meine „Anfechtung" usw. (1913) S. 45ff.; v. Tuhr, Allg. Teil II (1914) S. 117 mit Note 93, ferner S. 635 mit Note 179, 636 mit Note 185; Schweiz. OblR. I § 23 Note 18; besonders Pisco, Gewährleistungsfolgen (2) 1926 (1 : 1921) S. 20.

[65]) ArchZivPrax. 78, 141.

[66]) Der Ausdruck Cromes versprochen anstatt garantiert ist nicht glücklich, beim Spezieskauf ist er ungenau, der Garant verspricht hier nicht die Eigenschaft, sondern erklärt, für ihre Nichtexistenz einzustehen; beim Gattungskauf ist es nicht anders: das Versprechen einer Sache mit bestimmten Eigenschaften (weiße Panamahüte) bedeutet noch keine Garantie im Sinne von §§ 463, 480 II. Max Wolff (JheringsJ. 56, 49) meint, den adäquaten Ausdruck für Zusicherung in § 492 BGB. gefunden zu haben: „Die Gewährleistung übernehmen." Aber das Wort bedeutet hier nur rechtsgeschäftliche Übernahme der Haftung mit Wandlung und beim Gattungskauf auch Ersatzleistung und gewährt nicht Schadensersatz wie die Zusicherung aus §§ 463, 490. Vgl. Hanke, Sonderrecht des Viehkaufs (1910) S. 122. Interessant ist, daß in der Praxis des deutschen Viehkaufs eine bestimmte Hervorhebung einzelner Eigenschaften des Tieres durch den Verkäufer (z. B. „die Kuh ist rein und klar" oder „ist eine gute Milchkuh") ohne weiteren Zusatz, etwa wie „ich garantiere für gesund oder räudefrei", im Zweifel nur als Übernahme der Gewährleistung nach § 492 als dictum, nicht als promissum gilt. Vgl. Hanke a. a. O. S. 123. Auch hier der Gegensatz zur Willensmeinung der Mehrheit der zweiten Kommission (Prot. I 688) und dem englisch-amerikanischen Recht, das solcherlei dicta als warranties wertet und Erfüllungsinteresse bei Unrichtigkeit gewährt. Vgl. oben S. 330 Note 27.

[67]) Vgl. z. B. abnehmen in §§ 433 u. 640, einig sein in § 516 und in §§ 854, 873, 929 usw., genehmigen in § 184 und §§ 1809, 1810, 1813, 1819—1825, 1828, 1829, 1830—1832.

iuris hineininterpolierten Gleichstellung von promissum und dictum, wie sie noch der Willensmeinung der Mehrheit der zweiten Kommission entsprach und — worauf die Materialien nicht achthatten — wie sie heute im amerikanischen Recht durch die Aufgabe einer Unterscheidung zwischen representation und warranty durch den Grundsatz the representation of fact which induces a bargain is a warranty[68]) durchgeführt erscheint, und in dieser Abwendung eine Rückkehr zum klassischen Recht, in jener jüngsten Rechtsprechung aber auch eine Abwendung von dem Gedanken, im Gegensatz zu den berühmten Sätzen des ädilizischen Edikts das dictum ohne formelle Garantieübernahme auch des Schutzes der Wandlungs- und Minderungsklage darben zu lassen. Denn was das Reichsgericht in jenen Entscheidungen fehlerhaft nennt, ist nach dem überkommenen wissenschaftlichen Sprachgebrauch nichts anderes als ein Widerspruch zu einem ernst zu nehmenden dictum des Verkäufers. Es bedeutet bloß die Rückkehr zur überall eingebürgerten Terminologie der Römer, wenn wir die Zusicherung im § 459 II als solches dictum auslegen und unter diesem Gesichtspunkt die die ädilizischen Rechtsmittel gewährenden oben geschilderten Entscheidungen unseres höchsten Gerichtshofs aufrechterhalten.

Schon 1910 hatte Rechtsanwalt Max Wolff in einem lesenswerten Aufsatz in JheringsJ. 56, 1ff. über Sachmängel beim Kauf den gleichen Vorschlag wie hier gemacht, die Zusicherung des § 459 als dictum, die des § 463 als promissum, Garantie zu verstehen, aber sein Vorschlag blieb ohne Einfluß, Örtmann weist die Ansicht sogar, freilich ohne auf die Begründung Wolffs mit Gegengründen einzugehen, als „willkürlich" zurück[69]).

Und doch hätten die durch eine eingehende Darstellung der Entstehungsgeschichte und ratio der Ansprüche unterstützten Ansichten des Autors eine stärkere Berücksichtigung wohl verdient. Erwägt man den Weg, den das Reichsgericht von jener Entscheidung etwa in Bd. 54 S. 223 im Jahr 1903 über die Natur der Zusicherung als vertragsmäßig bindender Erklärung bis zu der im Eingang dieser Abhandlung geschilderten Rechtsprechung zurückgelegt hat, so gewinnen die folgenden Sätze im Wolffschen Aufsatz noch an Aktualität:

„Daß das dictum zum mindesten dazu bestimmt ist, den Käufer über die Beschaffenheit der Sache zu unterrichten und daß es deshalb geeignet ist, bei dem Käufer die berechtigte Erwartung zu begründen, daß die Sache die vom Verkäufer angegebenen Eigenschaft haben werde, ist so selbstverständlich und handgreiflich, daß sogar die römischen Ädilen im Zeitalter eines streng formalistischen Rechts an der Bedeutung des dictum in ihrem Edikt nicht haben vorübergehen können. Das dictum rechtlich zu ignorieren, wäre ein Rückschritt gegen das römische Recht, der in der heutigen Zeit und unter der Herrschaft eines auf Treu und Glauben gegründeten Rechtssystems unmöglich erscheinen muß. Die Auffassung, der Verkäufer könne sagen, was er wolle, wenn es nur nicht in der Form eines Garantieversprechens geschehe, so sei es bedeutungslos, wird modernen Juristen schlechterdings unverständlich erscheinen, und jeder Versuch, sei es des Gesetzes, sei es einer höchstrichterlichen Entscheidung, das dictum für bedeutungslos zu erklären, wird in der täglichen juristischen Praxis auf unüberwindlichen Widerstand stoßen[70])."

---

[68]) Williston, The law governing sales of goods at common law and under the Uniform Sales Act (2) 1924, I § 197 S. 373.

[69]) Ehrenbergs Handbuch IV 2 § 71 Ziff. 1 S. 484.

[70]) A. a. O. S. 48f. Ähnliche Bedenken gegen die „engherzige Auslegung, die das Reichsgericht dem Begriffe der Zusicherung im Sinn von § 459 II zuteil werden läßt" (v. Tuhr II 636), auch bei Matthiessen in JW. 1908 S. 63f. und 1913 S. 518.

In der Tat, der Rechtsgedanke der Ädilen, daß die Kaufsache, deren Beschaffenheit gegen eine bestimmte Angabe des Verkäufers verstieß, zurückgegeben werden könne oder nur gegen Kürzung des Preises behalten zu werden brauche, erscheint von so unverwüstlicher Lebenskraft, daß alle Versuche, die Zusage nur noch als vertragsmäßige Garantie anzuerkennen, ihn nicht im Rechtsleben ersticken konnten[71]). Unter der falschen Flagge des Fehlers hat ihn auch unser Reichsgericht wieder zur Begründung von Wandlung und Minderung in Gnaden aufgenommen. Ist es da nicht richtiger, das dictum wieder als das anzuerkennen, was es ist, nicht ein Maßstab, an dem die Regelwidrigkeit der Kaufsache erkannt werden kann, sondern als ein zweites berechtigtes Fundament, auf das der Käufer seine Erwartungen über die Beschaffenheit der Kaufsache bauen darf. Wird Haifischfleisch als Walfischfleisch, werden Kopien als Originale von Teniers und Ostade verkauft, so verstoßen diese als species verkauften Objekte nicht gegen eine normale Beschaffenheit der Gattung, der sie zugehören, sie sind nicht fehlerhaft, sondern sie ermangeln, obwohl sie die normalen Merkmale ihrer Gattung (Fischfleisch, Gemälde) tragen, der besonderen Vorzüge, die der Verkäufer ihnen beigelegt hatte, der zugesicherten Eigenschaften im Sinne des § 459 II BGB.[72]). Hält man dies fest, so kommt man im Fall des Verkaufs der Orchestergeigen als Sologeigen (Entsch. 97, 351) anders wie das höchste Gericht trotz der zutreffenden Erwägung, daß die Geigen nicht fehlerhaft waren, zur Zubilligung der Wandlung, weil die bestimmte, von einer leeren Anpreisung weit entfernte Angabe des Verkäufers, es seien künstlerisch nach Schönheit und Stärke des Klangs besonders wertvolle Stücke (Sologeigen), sich als unrichtig herausstellte.

So wie es für die Annahme einer Garantie nach § 463 BGB. gleichgültig ist, ob zunächst der Verkäufer die Garantieabrede anbietet oder der Käufer sie fordert, so ist es auch für die rein assertorische Zusicherung des § 459 II BGB. gleichgültig, ob erst die Angabe des Verkäufers in dem Käufer den Glauben an die angegebene Beschaffenheit hervorrief oder ob das Verhalten des Verkäufers eine schon bestehende Vorstellung des Käufers nur bestärkte und unterhielt. Die bloße Ausnutzung eines Irrtums des Käufers über einen angeblichen Vorzug der Kaufsache ist noch keine Zusicherung nach § 459, sondern könnte, soweit nicht Verschweigen eines Fehlers nach § 463 Satz 2 vorliegt, nur nach der Rechtsprechung des Reichsgerichts über culpa oder dolus in contrahendo zu einem Anspruch aufs Vertrauensinteresse und damit auch zur Auflösung des Kaufs führen, wie sie schon die Klassiker bei dolus in contrahendo mit der zivilen actio empti zuließen[73]). Aber wenn z. B. der Verkäufer eine schon bestehende Ansicht des Käufers über besondere Vorzüge der Kaufsache (z. B. Echtheit einer Antike, eines Rings) durch Forderung eines nur unter dieser Voraussetzung gerechtfertigten Preises bestätigt und unterstützt, so liegt ein dictum nach § 459 II vor, das die ädi-

---

[71]) Bedeutet hier vielleicht die Entscheidung des 2. Senats v. 8. Nov. 1927 (LZ. 1928 S. 1385ff.) eine Umkehr? Vgl. oben S. 334 Note 42.

[72]) Eigentümlich Staub, HGB. IV (1927) zu § 377 Anm. 41a: „Der Verkauf eines Bildes mit der Signatur des Malers enthält noch keine Zusicherung der Echtheit, sondern nur eine als vorhanden vorausgesetzte Eigenschaft im Sinne des § 459 Abs. 2 BGB., so daß nur Wandlung oder Preisminderung, nicht aber ein Anspruch auf Schadensersatz wegen Nichterfüllung gemäß § 463 BGB. gegeben ist (JW. 1926 S. 2531[6]). Aber hier ist übersehen, daß das zit. RG. Abs. 1 des § 459 anwenden will, und es war darzutun, inwiefern etwas keine Zusicherung nach § 463, aber eine „Voraussetzung" nach § 459 II BGB. sein könne. Die Rechtfertigung hierfür sucht der Text zu geben.

[73]) l. 11 §§ 3 u. 5 D. 19, 1.

lizischen Ansprüche des § 462 auslöst, auch wenn der Verkäufer gutgläubig und schuldlos die unrichtige Angabe machte, also jeder Rechtsschutz aus culpa in contrahendo entfällt. Wer für 300 M. eine Uhr kauft, die einen gemeinen Wert von 20 M. nach ihrer Metallbeschaffenheit und Herstellungsweise besitzt, oder für 10000 M. eine gewöhnliche Orchestergeige ersteht, während nach dem Preis ersterer ein Präzisionswerk nach Art der Glashüttener, letzterer eine Sologeige von hervorragendem Klang erwarten durfte, hat nicht etwa etwas Fehlerhaftes[74]) nach § 459 I erstanden, wenn Uhr und Geige einer normalen Technik entsprechen, aber zu erwägen bleibt, ob nicht schon in dem Fordern eines Preises, der im ehrlichen Handel nur für solche Qualitätsware gezahlt wird, nach Treu und Glauben die Zusage dieser besonderen Vorzüge zu erblicken ist. Aber das führt ins Bereich von § 459 II, nicht I, BGB. Und eine völlige Vermengung von Fehler und Zusicherung bedeutet es, wenn „die Lieferung einer aus neuerer Zeit stammenden Geige" „als die Lieferung einer fehlerhaften" bezeichnet wird, falls „eine Stradivarius-Geige" in dem Sinn Gegenstand des Kaufs ist, daß damit eine alte Geige gemeint ist[75]). Daß auch selbst vor der Übergabe dem Käufer kein Anfechtungsrecht aus § 119 II BGB. zu Gebote steht, dieses vielmehr schlechthin durch das Sonderrecht der Gewährleistung beim Kauf aus § 459ff. ausgeschlossen ist, habe ich schon früher eingehend ausgeführt[76]).

Selbstverständlich kann die Zusicherung im Sinn des § 459 II auch stillschweigend geschehen, und zwar viel häufiger als die vertragsmäßige Garantieabrede im Sinn des § 463ff. Die mit dem Anspruch auf Glaubwürdigkeit auftretende Mitteilung von Eigenschaften kann sich auch aus den Umständen ergeben; etwa aus einem in die Augen fallenden Anschlag in einem Goldwarengeschäft oder Juwelierladen, daß keinerlei unechte Waren oder Steine geführt würden, oder aus dem Preis. Fordert mir der Juwelier für einen einfachen scheinbar goldenen Ring 40 M. ab, so liegt darin nach Treu und Glauben die Behauptung, daß der Ring echt ist, ebenso aber auch, wenn er mir auf mein Verlangen nach einem goldenen Ring oder Brillantring bestimmte Stücke zur Auswahl vorlegt. Auch ist es gleichgültig, ob ein Händler mir einen Hund als 3jährigen Fox anbietet, oder ob er nur auf mein bestimmtes Verlangen nach einem Hund mit diesen Merkmalen bestimmte Tiere stillschweigend offeriert. Fehlerhaft ist die Sache überall nicht, aber sie entbehrt der nach § 459 II zugesicherten Eigenschaften. Auch darin, daß eine Spezies zu einem bestimmten Gebrauchszweck verkauft wird, ein Stock als Bergstock, ein Hund als Wachthund, ein Anzug als Tourenanzug, wird häufig die Zusicherung enthalten sein, die Sache habe die Merkmale, ohne die der im Vertrag vorausgesetzte Zweck nicht verwirklicht werden kann[77]). So darf der Käufer erwarten, daß der Bergstock nicht bei einem unbedeutenden Druck bricht, der Wachthund scharf sieht und hört, der Tourenanzug nicht durch Regen verdirbt, auch wenn das Fehlen dieser Eigenschaften noch nicht als Abnormität und Fehler gewertet werden kann. Hier erklärt der Verkäufer, daß die Kaufsache die dem ihm vom Käufer kundgegebenen Zweck entsprechenden Merkmale besitzt[78]), wenn er auch damit noch nicht

---

[74]) So der KommRGR. zu § 459, 4 I β, s. auch oben S. 325.

[75]) A. a. O. 4 If.

[76]) „Anfechtung" S. 9—19.

[77]) Düringer-Hachenburg III 159; v. Tuhr, Allg. Teil II § 48 Note 93.

[78]) Siehe auch die englische Sales of goods Act 14, 1: Where the buyer expressly or by implication makes known to the seller the particular purpose for which the goods act required, so as to show that the buyer relies on the seller's skill or judgment, and the goods are of a

ihre Existenz im Sinn von § 463 garantieren will, und der Käufer kann, wenn die Sache anders beschaffen ist, zwar nicht Schadensersatz wegen Nichterfüllung nach § 463[79]) fordern, aber wandeln und mindern nach §§ 462, 459 II, nicht weil die Sache fehlerhaft, sondern weil sie nicht wie angegeben beschaffen ist. Zweifelhaft kann sein, ob die Zusicherung als rein assertorisches dictum beim Spezieskauf an der etwa für den Kauf erforderlichen Form teilhaben muß, wie das für eine vertragsmäßige Zusicherung nach § 463 selbstverständlich ist[80]). Ich neige zur Verneinung, wenn anders nicht aus dem Schweigen der in der bestimmten Form errichteten Urkunde entnommen werden muß, daß der Verkäufer eine früher gemachte ernst zu nehmende Angabe beim endgültigen Vertragsschluß nicht mehr aufrechterhalten wollte. Warum sollte der Käufer jeden Schutzes beraubt sein, wenn der Verkäufer ihm mündlich zugesichert hat, das Haus bringe einen bestimmten Ertrag an Mieten ein oder stehe erst 10 Jahre oder sei von einem bekannten Architekten erbaut, und diese Angaben, auf Grund deren der Käufer sich zum Abschluß entschloß, stellen sich als unzutreffend heraus, ohne daß dem Verkäufer ein Verschulden in contrahendo zur Last fällt? Vor dem Vollzug könnte die m. E. unzutreffende herrschende Lehre mit Anfechtung aus § 119 II zu helfen suchen, nach der Auflassung aber müßte die vom Verkäufer nicht zurückgenommene assertorische Zusicherung trotz ihrer Formlosigkeit nach § 313 II BGB. wirksam werden und die Gewährleistungsrechte aus § 462 auslösen.

Unterscheidet man nach unserem Vorschlag beim Spezieskauf die assertorische Zusicherung des § 459 II von der promissorischen des § 463, so wird nicht nur die oben gerügte auf die Dauer verwirrend wirkende Ausdehnung des ädilizischen Fehlers auf das Bereich der Zusicherung in der Rechtsprechung des Reichsgerichts überflüssig, sondern zugleich auch die viel angefeindete analoge Ausdehnung der Regel des § 463 Satz 2, die vom arglistigen Verschweigen von Fehlern handelt, auf assertorische Zusicherungen des Verkäufers wider besseres Wissen durch unser höchstes Gericht[81]). Es ist völlig genügend, daß die arglistige Vorspiegelung von Eigenschaften der Kaufsache gleich der gutgläubigen schuldlosen zur Anwendung der ädilizischen Rechtsmittel nach §§ 459 II, 462 und daneben auf dem Weg des § 123 BGB. zur Anfechtung des Vertrags und nach Deliktsrecht aus §§ 823 II BGB., 263 StGB., 826 BGB. zum Ersatz des Vertrauensinteresses des Käufers führt. Eine analoge Ausdehnung des § 463 Satz 2 durch Gewährung der Klage auf das positive Interesse gegen den vorspiegelnden Verkäufer empfiehlt sich nicht nur deshalb

---

description which it is in the course of the seller's business to supply (whether he be the manufacturer or not) there is an implied condition that the goods shall be reasonably fit for such purpose. Ähnlich die nordamerikan. Uniform Sales Act 15 Ziff. 1, die statt condition warranty sagt, entsprechend dem Standpunkt in section 12. Ein interessanter praktischer Fall (Kauf einer Wärmflasche, die im Widerspruch zur Auskunft des Verkäufers bei heißem Wasser zersprang und Schaden anrichtete) bei Benjamin S. 721. Der Käufer erhält Schadensersatz, weil die Flasche zu dem Zwecke ungeeignet war, zu dem sie gekauft war.

[79]) Verunglückt der Käufer auf der Bergtour, weil der Bergstock nicht solid ist, so kann der Käufer mangels Garantieabrede, deren stillschweigender Abschluß nicht ohne zwingenden Anhalt angenommen werden darf, von Deliktshaftung abgesehen, Schadensersatz, das heißt das negative Interesse nur fordern, wenn man mit dem Reichsgericht culpa des Verkäufers in contrahendo (des Spezieskaufs) für verhaftend hält, die hier häufig gegeben sein wird. Über die französische Praxis oben S. 336 Note 54.

[80]) Nur hierauf bezieht sich die unter der Führung des Reichsgerichts für Formbedürftigkeit eintretende herrschende Lehre. Vgl. die Literatur bei v. Tuhr II § 63 Note 104, der selbst § 68 S. 636 aber auch für das assertorische dictum beim Grundstückskauf die Form fordert, weil die Form „das ganze Rechtsgeschäft mit allen seinen Bestandteilen umfasse".

[81]) Belege KommRGR. zu § 463 Ziff. 5 und Örtmann in Ehrenbergs Handbuch IV 2 § 71 Note 9; v. Tuhr II S. 636 Note 188.

nicht, weil, wie schon des öfteren bemerkt, die Tatbestände arglistigen Verschweigens von gesetzlichen Fehlern und Vorspiegelns irgendwelcher Eigenschaften verschieden gelagert sind, sondern vor allem auch deshalb, weil die Gewährung des positiven Interesses im § 463 Satz 2 nur eine Rezeption nicht etwa des klassischen, sondern des durch die mit unangebrachten strafrechtlichen Gesichtspunkten arbeitenden Kompilatoren verunstalteten Rechts der l. 13 pr. und § 3 D. 19, 1 bedeutet[82]). Der große klassische Meister, der zuerst den Unterschied zwischen Erfüllungs- und Vertrauensinteresse mustergültig formuliert hat, Julian[83]), hat im Fall des arglistigen Verschweigens von Fehlern nur actio empti auf Ersatz des id quod interest non esse deceptum dem Käufer gewährt, und erst die Byzantiner machen in ihrer Entrüstung gegen den Betrüger daraus eine Klage auf Ersatz alles dessen, was der Käufer bei Nichtexistenz des verschwiegenen Fehler (nicht wie bei Julian bei Aufrichtigkeit des Verkäufers) gehabt hätte, das heißt das Interesse am Haben der Kaufsache in dem Zustand, an den der Käufer infolge der Arglist glauben mußte, d. h. den Schadensersatz wegen Nichterfüllung des § 463. Der Gedanke, wegen eines arglistigen dictum beim Spezieskauf das Erfüllungsinteresse zu gewähren, ist ebenso unklassisch und unrömisch (obwohl die unechte l. 13 § 3 sogar für das gutgläubige dictum also entscheidet)[84]) wie der von den Gegnern des reichsgerichtlichen Analogieschlusses gar nicht angefeindete positive Satz 2 des § 463 BGB. Es ist eigentümlich, daß diese Gegner des Reichsgerichts, wie z. B. Matthiesen[85]), Riehl[86]) und Fuchs[87]) gar nicht merken, daß die Argumente, die sie aus der Logik des Kausalzusammenhangs gegen die Analogie und das Erfüllungsinteresse zugunsten des negativen Interesses vorbringen, genau die gleiche Durchschlagskraft auch für den unmittelbaren Tatbestand des § 463 Satz 2 besitzen. Verschweigt mir der Verkäufer eines Gemäldes von Rembrandt arglistig, daß das Bild, das ich für 10000 M. kaufe, eine schwere Beschädigung aufweist, und ist der Preis trotzdem angemessen, ohne den verhehlten Riß wäre es aber das Zehnfache wert, so kann ich nach der interpolierten l. 13 pr. i. f. und § 3 D. 19, 1 90000 M. als mein Interesse am fehlerfreien Bild verlangen, obwohl ich ohne das Verschweigen höchstens gar nicht oder zu etwas herabgesetztem Preis gekauft hätte. Denn nicht der Fehler ist der Haftungsgrund — seinetwegen könnte ich immer nur wandeln oder mindern, keineswegs etwa das Bild als mangelfreies verlangen bei Meidung des Erfüllungsinteresses —, sondern Haftungsgrund ist das arglistige Verschweigen, dessen Nichteintritt mir niemals das gar nicht existierende fehlerfreie Bild verschafft hätte, auf das erst die Byzantiner und § 463 Satz 2 den Verkäufer haften lassen[88]). Vor einer

---

[82]) Vgl. meine „Haftung des Verkäufers" S. 59ff. Der Gedanke, daß man auch beim Spezieskauf den arglistig versichernden Verkäufer „beim Wort halten dürfe", hat auch das englische Recht beeinflußt. Vgl. z. B. Pollock, On contracts (9) 1921 S. 526.

[83]) Vgl. die l. 8 D. 21, 2 einerseits und l. 13 pr. und § 2 D. 19, 1 andererseits. Die Kompilatoren werfen beides durcheinander, so in den Schlußworten der l. 13 pr. in §§ 3 u. 4 der l. 13 citata und in l. 21 § 2 D. 19, 1. Auf dieser Konfusion beruht die Ansicht der Mehrheit der zweiten Kommission, die das assertorische dictum als promissorisches dictum wertete. Vgl. zur Frage auch meine Abhandlung „Haftung für unmittelbaren und mittelbaren Schaden beim Kauf" in Festschrift Bonfante (Pavia 1929) II S. 448 Note 15. Irrig Geppert in Jherings Jahrb. 67, 216f.

[84]) Meine „Haftung" S. 114ff., meine „Anfechtung" S. 43.

[85]) JW. 1908 S. 63.

[86]) DJZ. 13, 377ff.

[87]) DJZ. 1914 S. 913ff.

[88]) So schon meine „Haftung" S. 53, 60 und jetzt Pisco, Gewährleistungsfolgen S. 22ff., dessen Rechtfertigungsversuch § 23 Note 31 einen Einbruch in fremdes Gebiet, ins Strafrecht, bedeutet. v. Tuhr (II S. 636 zum Schluß) erklärt den § 463 Satz 2 damit, „daß die Fehlerlosig-

Ausdehnung des brüchigen und nur durch byzantinische Verschlimmbesserungen in das corpus iuris hineingeratenen Gedankens des § 463 Satz 2 auf weitere von ihm nicht mit umfaßte Fälle kann daher nur gewarnt werden. Nicht in der Ausdehnung des unglückseligen § 463 Satz 2 liegt das Heil, sondern darin, daß man erkennt, daß man das assertorische dictum beim Spezieskauf, wenn man es auch gegen den Willen der Mehrheit der zweiten Kommission aus dem § 463 hinausgewiesen hat, im Bereich des § 459 II anerkennen muß. Wenigstens mit dieser Einschränkung scheint der Tadel Matthiessens nicht ganz ungerechtfertigt, daß die zweite Kommission für das allgemeine Rechtsempfinden ein feineres Verständnis gezeigt habe als die heutige, den Begriff der Zusicherung einengende Praxis[89]). Es bedarf dann vor allem auch nicht eines Analogieschlusses aus dem nur vom Schadensersatz handelnden § 463, um im Fall einer bösgläubigen Vorspiegelung von Eigenschaften Wandlung und Minderung mit dem Reichsgericht zu gewähren[90]), da diese Rechtsbehelfe nach unserer Auffassung selbst bei gutem Glauben und ohne Verschulden des Verkäufers bei unwahren Angaben über die Beschaffenheit der Kaufsache sich ohne weiteres aus § 459 II ergeben, der so verstanden nur das echte römische Recht wiedergibt und wiedergeben wollte.

Es bleibt nur zum Schluß noch übrig, die Folgerungen aus dem Gesagten für den Fall des Gattungskaufs zu ziehen. Die dogmatische Aufgabe wird hier dadurch erschwert, daß man sowohl zur Zeit der Abfassung des Gesetzbuchs wie auch im heutigen Schrifttum die verschiedene Tragweite, die der Begriff des Fehlers sowie des Mangelns einer zugesicherten Eigenschaft beim Gattungskauf gewinnt, nicht genügend beachtet hat. Beim Spezieskauf ist die Kaufsache durch ihre einzigartige Stelle im Raum und in der Zeit eindeutig fixiert. Der Umstand, daß das verkaufte Sachindividuum von der normalen Beschaffenheit seiner Gattung oder von einer Zusicherung abweicht, Fehler hat nach § 459 I oder zugesicherter Eigenschaft ermangelt nach § 459 II oder § 463 BGB., hindert nicht seine Identität und damit die Identität der vom Verkäufer geschuldeten Leistung. Kaufe ich einen bestimmten Hund, so bleibt er der allein geschuldete, auch wenn sich herausstellt, daß er ein kurzes Bein hat oder nicht, wie zugesagt, zwei, sondern vier Jahre alt ist. Weder das Recht der römischen Ädilen noch das ihm nachgebildete des BGB. erklärt sich als Sanktion für Verletzung einer objektiv unmöglichen Erfüllungspflicht, diesen Hund mit vier normalen Beinen oder als zweijährig zu überliefern[91]), sondern als Schutz des über die Beschaffenheit des ihm geschuldeten Tiers entschuldbar irrenden Käufers[92]). Die Beschaffenheit ist beim Spezieskauf nicht Identitätsmerkmal, und sollte sie es nach dem ernsthaften Parteiwillen einmal sein (ich kaufe das braune Pferd in deinem Stall, den

---

keit der Kaufsache sich von selbst verstehe, und es daher dem Käufer fernliege, sich eine formelle Zusage der Fehlerfreiheit geben zu lassen". Aber beruht das Fehlen dieser formellen Zusage, einmal vorausgesetzt, daß sie eine das Erfüllungsinteresse umfassende „Garantie" darstellte, wirklich nur auf dem arglistigen Verschweigen des Verkäufers? Hätte bei Aufrichtigkeit des Verkäufers der Käufer solche Garantie bei gleichem Preis wirklich erwirkt oder hätte er sich nicht meist mit Abstandnahme vom Kauf begnügen müssen? Aber letzteres rechtfertigt stets nur das negative Interesse. So auch sehr richtig v. Tuhr selbst § 68 Note 179 Schlußsatz.

[89]) JW. 1908 S. 63.

[90]) JW. 1913 S. 198. Hiergegen mit Recht Matthiessen in JW. 1913 S. 516ff.

[91]) So in der Tat KommRGR. zu § 459 Ziff. 2 und gelegentlich das Reichsgericht selbst. Dagegen die meisten. Das Material bei Örtmann zu § 433 BGB. 2bγ und in Ehrenbergs Handbuch IV 2 § 57, 1c; bei Planck-Knocke zu § 459 BGB. 1c; Pisco, Gewährleistungsfolgen S. 16ff.

[92]) Meine „Haftung" S. 137ff., meine „Anfechtung" S. 38ff.; v. Tuhr, Schweiz. OblR. § 23 Note 18.

„Liebermann im Schaufenster"), so würde die Nichtexistenz des Merkmals, das hier zur Identifizierung des Objekts verwertet wird, wenn anders sich die Identität des von den Parteien gemeinten Objekts nicht sonst klar ergibt[93]), die Angabe der Eigenschaft („braun", „Liebermann") also nur eine überflüssige demonstratio bedeutet, Nichtigkeit des Kaufs, nicht aber Anfechtungsrecht oder die Gewährleistungsansprüche zur Folge haben. Denn auch heute noch gilt der Satz des Pomponius[94]):

Nec emptio nec venditio sine re quae veneat, potest intellegi.

In aller Regel soll die Angabe bestimmter Eigenschaften beim Spezieskauf das Objekt des Kaufs nicht individualisieren, sondern nur an dem bereits feststehenden Objekt bestimmte Merkmale hervorheben[95]). Aus diesem Grund ist das dictum, von seiner Bestärkung durch Garantieübernahme nach § 463 Satz 1 einmal abgesehen, nur assertorischen, nicht promissorischen Inhalts. Eine ganz andere Rolle spielt die Beschaffenheit beim Gattungskauf hinsichtlich der Bestimmung des vom Verkäufer geschuldeten Objekts. Denn hier steht das gekaufte Individuum beim Vertragsschluß ja noch nicht fest, sondern muß erst aus der Gattung ausgeschieden und bestimmt werden[96]). Was unser BGB. angeht, so zeigt zunächst § 480 I, daß die Lieferung eines fehlerfreien Exemplars aus der im Vertrag genannten Gattung hier in der Tat zur Erfüllungspflicht des Verkäufers gehört[97]). Der Verkäufer, der nur Butter verkauft hat oder Moselwein, darf nicht mit ranziger Butter oder trübem Mosel erfüllen. Aber auch die Zusicherung bestimmter Eigenschaften gewinnt hier beim Gattungskauf eine ganz andere Bedeutung. Sie kann sich freilich auf die Gattung als solche beziehen und dieser bestimmte Vorzüge zuschreiben, etwa daß die Kinderbilderbücher einer bestimmten Ausgabe unzerreißbar seien, eine Schreibmaschine bestimmter Marke vier saubere Durchschläge mache, der nach Katalog bestellte Motor nur ein bestimmtes Quantum Benzin brauche. Dann dient die Angabe nicht dazu, das wirklich Geschuldete genauer zu bestimmen, sondern nur über die Beschaffenheit der

[93]) Die Engländer sagen: Praesentia corporis tollit errorem nominis und veritas nominis tollit errorem demonstrationis. Plowden sagt: Another certainty put to another thing which was of certainty enough before, is of no manner of effect unter Berufung auf Ulpian in l. 1 § 8 D. 33, 4: Quidquid rei additur satis demonstratae frustra est oder nihil enim facit error nominis cum de corpore constat: l. 9 § 1 D. 18, 1. Dazu Benjamin, Treatise on the law of sale 697 mit Beispielen. So erklärt Lord Bacon ein Handgeschenk eines Ringes mit einem Diamant für gültig, das mit den Worten übergeben war: „Hier übergebe ich dir meinen Rubinring", weil nur die Bezeichnung falsch war. Ebenso Chalmers, Sale of goods act (10) 96 mit Note r. Auch nach unserem Recht läge hier nur Irrtum nach § 119 II, nicht I vor. Anders Lehmann, Allg. Teil (3) S. 231 („wenn das Bild als Urbild gekauft wird"). Aber wenn „das Zutreffen einer bestimmten Vorstellung über Eigenschaften zur Bedingung des Geschäfts" gemacht wird, so ist bei Nichtzutreffen solcher unechten Bedingung das Geschäft nichtig und überhaupt nicht anfechtbar weder nach 119 I noch II. Treffend Lenel, ArchZivPrax. N. F. 3 S. 168.

[94]) l. 8 pr. D. 18, 1.

[95]) Im englischen Recht beruht hierauf der Unterschied zwischen condition precedent und warranty. Letztere tritt zu dem feststehenden Objekt des Geschäfts als agreement collateral to the main purpose of such contract hinzu. Vgl. die Legaldefinition in section 62 des engl. Kaufgesetzes und Chalmers S. 191—193, besonders S. 193 Ziff. 3 und 195 Ziff. 10. Über den Unterschied der Rechtsfolgen s. section 11 u. 53 und über die Unterscheidung im allgemeinen Pollock, Principes of contract (9) S. 572ff.

[96]) Vgl. in der englischen Praxis den gleichen Gedanken bei Erörterung eines Spezieskaufs von specific bales of wool guaranteed about similar to samples (Muster) durch J. Blackburn (bei Benjamin, On sale S. 696): Generally speaking, when the contract is to any goods, such a clause is a condition going to the essence of the contract, but when the contract is as to specific goods, the clause is only collateral to the contract.

[97]) Vgl. gegen die gegenteilige Lehre Goldschmidts zum gemeinen Recht sowie über § 480 I BGB. meine „Anfechtung" S. 24ff.

Gattung als solcher etwas Näheres auszusagen, das dictum ist hier, wie es beim Spezieskauf die Regel ist, nicht promissorisch, sondern assertorisch[98]). Anders aber — und sehr viel häufiger — wenn ich zweijährige Holsteiner Rinder, weiße Panamahüte oder 1911er Niersteiner kaufe. Hier dient die Angabe der näheren Merkmale zur Bestimmung der wirklich vom Verkäufer geschuldeten Ware. Die Zusicherung ist nicht assertorisch, sagt nicht, wie die Gattung ist, aus der ich gekauft habe, sondern promissorisch, wie die Exemplare der Gattung beschaffen sein müssen, die der Verkäufer allein liefern darf. Macht die Schreibmaschine der bestimmten Marke doch nur allgemein drei saubere Durchschläge, so bleibt ein Exemplar dieser Marke doch noch die geschuldete Ware, aber mit schwarzen Panamahüten oder 1922er Mosel kann der Verkäufer nicht erfüllen, wenn ich weiße oder 1911er Mosel gekauft habe. So sehr wir daher im Interesse begrifflicher Klarheit verpflichtet sind, beim Gattungskauf die assertorische und die promissorische Hervorhebung bestimmter Merkmale auseinanderzuhalten, so verdient doch Beachtung, daß der Verkäufer sowohl für die Wahrheit der assertorischen wie für die Erfüllung der promissorischen Angabe beim Gattungskauf die Garantie rechtsgeschäftlich übernehmen kann. Aus dem früher zu § 463 BGB. Gesagten folgt, daß in beiden Fällen der in § 480 II für anwendbar erklärte § 463 anzuwenden ist. Das heißt der Verkäufer beim Gattungskauf haftet auf das positive Interesse, einerlei, ob er für eine bestimmte Eigenschaft der Gattung oder auch nur der von ihm zu liefernden Exemplare garantiert hat. Das Gesetzbuch scheint in § 480 II nur den letzteren Fall zu berücksichtigen[99]), wenn es hier für die Unwahrheit der Zusicherung nicht wie in § 463 auf die Zeit des Kaufs, sondern ausschließlich auf die Zeit des Gefahrübergangs abstellt. Denn wenn die Gattung als solche der zugesicherten Qualität ermangelt, so ergibt sich die unveränderte Anwendbarkeit des § 463, weil schon beim Abschluß des Kaufs die Unwahrheit feststeht.

Besonders wichtig aber ist für den Gattungskauf das Festhalten der Anwendbarkeit des § 463 mit seiner strengen Haftung auf das Erfüllungsinteresse nur in den Schranken einer vom Verkäufer ausdrücklich oder stillschweigend übernommenen Garantie. In der promissorischen Zusage aber, die gattungsmäßig bestimmte Ware nur mit bestimmten Eigenschaften zu liefern, liegt noch nicht die im § 463 und § 480 II vorausgesetzte Garantie. Diese Einsicht ist von ungeheurer praktischer Bedeutung. Denn fast nie wird aus der Gattung schlechthin gekauft, fast immer wird diese durch Angabe von Art- oder Qualitätsmerkmalen näher bestimmt. Nicht nur die ausdrücklich im Vertrag hervorgehobenen, sondern vielfach gelten auch die aus dem feststehenden Gebrauchszweck sich als unumgänglich ergebenden Merkmale der Ware als versprochen. Auch der Preis wird hier beim Vorliegen verschiedener Qualitäten von größter Bedeutung für die Auslegung des Parteiwillens über die näheren Merkmale der Gattung sein[100]). Aber all das, was so ausdrücklich oder stillschweigend an näheren Merkmalen der Gattung versprochen ist, ist damit noch lange nicht garantiert nach §§ 463, 480 II

---

[98]) An diese Fälle ist nicht gedacht, wenn Schmidt, Gesetzeskonkurrenz S. 96 meint, „beim Gattungskauf könne es nicht vorkommen, daß der Verkäufer den Käufer bereits bei Abschluß über eine Eigenschaft der gekauften Sache arglistig täusche, weil diese zur Zeit des Kaufabschlusses noch gar nicht feststehe". Ungenau auch Enneccerus II § 336 I 2b, auf den sich Schmidt beruft.

[99]) Ebenso hat der in § 480 I gegebene Umtauschanspruch nur Bedeutung, wenn der Mangel sich nicht auf die gesamte Gattung, z. B. die Eigenschaften der Maschinen einer bestimmten Marke erstreckt.

[100]) Vgl. meine „Anfechtung" S. 27ff.

BGB.[101]). Kaufe ich bei meinem Kolonialwarenhändler Butter, so ergibt sich nach Treu und Glauben aus der Verkehrssitte, daß die Butter frisch und nicht gesundheitsschädlich sein soll. Hat sie nicht diese Merkmale, so kann ich zwar wandeln oder mindern oder die empfangene gegen mangelfreie Ware umtauschen, alles nach § 480 I, aber wenn mir durch den Verbrauch der Butter Schaden entstanden ist, so kann ich Ersatz nach § 480 II nur verlangen, wenn mir gute und frische Butter garantiert worden ist oder wenn die Voraussetzung einer schuldhaften Vertragsverletzung oder eines Delikts vorliegen. Eine solche Garantie kann sich freilich gleichfalls stillschweigend aus den besonderen Umständen nach Treu und Glauben ergeben, wie das Reichsgericht in dem ausgezeichneten, von bester Fachkenntnis getragenen Urteil des 3. Senats vom 25. Okt. 1921 für den Fall der Bestellung von Sommer-(Bordeaux-)Weizen zur Saat (Entsch. 103, 77ff.) in Erwägung der besonderen Schwierigkeit, die Vertragsmäßigkeit des Getreides (Saatgut und nicht Mahlgut, Sommersaat und nicht Wintersaat) rechtzeitig festzustellen, sowohl für den Verkehr mit dem Züchter wie mit den Zwischenhändlern angenommen hat[102]). Aber ohne solche besonderen Umstände bedeutet das Versprechen, die Gattungsware mit besonderen Merkmalen zu liefern, noch nicht, daß man für das Vorliegen der Merkmale in der gelieferten Ware schlechthin im Sinn des § 463 einstehen wolle[103]).

---

[101]) Dieses Ergebnis scheint mir aus dem oben zu § 463 BGB. Gesagten zu folgen, und in dem Sinne ist meine Darstellung in „Anfechtung" S. 36f. zu berichtigen. Sehr viel weniger bedenklich ist in der Annahme einer warranty das jüngere amerikanische Recht. Vgl. oben S. 324 Note 12, S. 330 Note 27, S. 332 Note 37, S. 336 Note 56 und zahlreiche Belege bei Williston a. a. O. I § 203 Note 52. Hier ist in der Tat der in der Rechtsprechung des Reichsgerichts reprobierte Grundsatz der Mehrheit der zweiten Kommission verwirklicht, die eine ernsthafte Angabe von Eigenschaften als Garantie nach § 463 gewertet wissen wollte. Vgl. vor allem die section 12 der nordamerikanischen Uniform Sales Act: Any affirmation of fact or any promise by the seller relating to the goods is an express warranty if the natural tendency of such affirmation or promise is to induce the buyer to purchase the goods and if the buyer purchases the goods relying thereon. Diese Regel fehlt im englischen Kaufgesetz, aber die englische Praxis geht auf Grund der section 14 des Kaufgesetzes ziemlich weit in der Annahme einer implied condition oder warranty (vgl. section 53). Vgl. die hochinteressante Rechtsprechung bei Benjamin S. 712ff. So wird der Grundsatz caveat emptor durchbrochen, wenn der Käufer von Nahrungsmitteln der Sachkunde des Verkäufers vertrauen durfte. Benjamin S. 718ff. Ähnlich liegt bei uns der Fall beim Kauf von Saatgetreide vom Produzenten (RG. 103, 77ff.). Dort, wo der Käufer der Sachkunde des Verkäufers sich anvertrauen darf, liegt aber auch in der Lieferung mangelhafter Ware beim Gattungskauf die Verletzung einer Unterlassungspflicht, die bei Verschulden (§ 276) den Verkäufer ersatzpflichtig macht. Insofern steht jedenfalls kein argumentum e contrario aus §§ 463, 480 einer Ersatzhaftung entgegen. Vgl. schon in diesem Sinn meine Ausführungen in meiner „Anfechtung" S. 36 Note 2, die sich mit der englisch-amerikanischen Praxis stark berühren, ohne daß mir dies damals bekannt war. Was Schaden durch Nahrungsmittel angeht, vgl. mit dem Fall unseres RG. in JW. 1912 S. 682 noch die Fälle bei Chalmers, Sales act 49 Nr. 5 u. 6. Anders und sehr viel weiter als das BGB. geht auch für den Gattungskauf die Ersatzhaftung des Verkäufers nach § 43 II der nordischen Kaufgesetze. Vgl. Almén-Neubecker, Das skandinavische Kaufrecht II S. 44ff., Note 74 auch tadelnde Bemerkungen über die enge Fassung des § 480 II BGB. Unsere Praxis sucht durch die Lehre von den positiven Vertragsverletzungen bekanntlich zu helfen, deren Gesetzmäßigkeit freilich problematisch ist, aber konstanter Rechtsprechung des Reichsgerichts entspricht.

[102]) „Getreidesaatgut-Käufe sind notwendig völlige Vertrauensgeschäfte, die redlicherweise nur auf dem Boden der Garantiehaftung gewollt sein können und gewollt sein dürfen" (a. a. O. S. 79). In dem von Mayne, Treatise on damages (9) 1920 S. 192 berichteten Fall des Verkaufs von seed barley warranted to be Chevallier seed, der sich bei der Aussaat als minderwertige Qualität herausstellte, lag express warranty vor, auf Grund deren dem Käufer Ersatz auch des Schadens zugesprochen wurde, für den er seinem Abnehmer haftbar war.

[103]) So wenig wie bei dem Verkauf von Erbsen, in dem Zusenden von Bohnen (eines klaren aliud) eine Verletzung einer Garantie liegt. Ebenso im englischen Recht, weil die Fixierung des Gegenstandes des Kaufs nicht im Sinn der Legaldefinition der warranty im Sale of goods act 62 collateral to the main purpose of such contract ist. Dazu Benjamin a. a. O. S. 695. Chalmers 195 Ziff. 10.

Auch das promissorische dictum ebenso wie das assertorische, welches letztere sich über die Beschaffenheit der Gattung als solcher verbreitet, kann, braucht aber nicht durch Garantieübernahme bekräftigt zu sein. Aber niemand zweifelt daran, daß auch ohne Garantie die besonderen Merkmale, die im Gattungskauf festgelegt werden, zugesichert sind im Sinn des Gesetzes. Kaufe ich weiße Panamahüte und erhalte schwarze, so ist die Ware zwar nicht fehlerhaft im Sinn von § 459 I, aber sie entbehrt der zugesicherten Eigenschaften nach § 459 II, und es stehen mir daher nach §§ 462, 480 I die Gewährleistungsansprüche zu, wenn auch kein Ersatzanspruch nach §§ 463, 480 II.

Wir haben also auch beim Gattungskauf das Wort zugesicherte Eigenschaft in einem Sinn, der ebenso wie beim Spezieskauf nach § 459 II eine vertragsmäßige Garantie nicht einschließt. Ja, wir finden bei genauerem Zusehen hier sogar unser Gesetz außerhalb des Bereichs der Garantie beim Gattungskauf das Wort Zusicherung in einem doppelten Sinne gebrauchen. Die Zusicherung ist, wie wir sahen, entweder assertorisch, sagt etwas über die Beschaffenheit der Gattung als solcher aus, oder ist promissorisch und will den Inhalt der vom Verkäufer geschuldeten Ware durch Angabe besonderer Merkmale näher festlegen. Wenn somit das Gesetz beim Gattungskauf für diese drei verschiedenen Tatbestände dasselbe Wort Zusicherung von Eigenschaften gebraucht, so wird es auch weniger befremden, daß unser Gesetzbuch auch beim Spezieskauf das Wort im § 459 II in einem anderen Sinn als im § 463 Satz 1 verwendet.

Abgeschlossen: April 1929.

Auslegung und Anfechtung der Verfügungen von Todes wegen

von Professor Dr. Heinrich Siber, Leipzig

Daß eindeutige Erklärungen keiner Auslegung bedürfen, erscheint zwar als Binsenwahrheit; aber der „klare Wortlaut" des Gesetzes wie einer Willenserklärung dient nicht eben selten nur zur Verschleierung des Mangels an sachlichen Gründen.

Unter dem gemeinen Recht hatte ein Erblasser seine vier Kinder zu Erben eingesetzt und einander wechselseitig substituiert. Am 9. Nov. 1900 entschied das Reichsgericht, daß damit eindeutig Vulgarsubstitution (Ersatzerbeinsetzung) angeordnet sei und daß das Berufungsgericht den angebotenen Beweis für einen auf fideikommissarische Substitution (Nacherbeinsetzung) gerichteten Willen des Erblassers mit Recht abgelehnt habe; l. 25, 1 D. de leg. III 32: cum in verbis nulla ambiguitas est, non debet admitti voluntatis quaestio (JW. 1900, 859 Z. 21).

Im ersten Jahrzehnt des BGB. hatte ein Erblasser durch Dorftestament Eintritt der gesetzlichen Erbfolge angeordnet, aber wie behauptet wurde in der Absicht, nur die Abkömmlinge seiner vollbürtigen Geschwister zu bedenken und auf Grund einer Belehrung des noch an preußisches Recht (ALR. II 3, 35; vgl. Nov. 118 c 2, 3; Nov. 126 c 1) gewöhnten Gemeindevorstands, daß gesetzliche Erben nur diese und nicht auch die Abkömmlinge der halbbürtigen Geschwister seien; am 11. März 1909 verwies das Reichsgericht die Sache an das Berufungsgericht zurück, das die angebotenen Beweise nicht erhoben hatte; es hielt zwar die Anordnung der gesetzlichen Erbfolge gleichfalls für eindeutig, aber bei Bewahrheitung der zum Beweis gestellten Behauptungen nach § 2078 I für anfechtbar, weil danach der Erblasser über den Inhalt seiner Erklärung im Irrtum gewesen sei (RGZ. 70, 391 = JW. 1909, 246 Z. 1).

In dem gleichen Jahrzehnt hatte ein Erblasser seine Vaterstadt zur Alleinerbin eingesetzt, ihr die Errichtung einer Stiftung auferlegt und seinen Verwandten „bis zur vierten Ordnung" für den Fall, daß sie sich darum bewerben und ihre Bedürftigkeit nachweisen sollten, Renten von monatlich 50 M. vermacht; er war von einem Beamten, der ihn bei der Testamentserrichtung beraten hatte, darüber belehrt worden, daß die Genehmigung solcher Stiftungen von der Versorgung bedürftiger Verwandter „bis zur vierten Ordnung" abhängig gemacht werde, womit aber solche „bis zum vierten Grade" gemeint waren. Am 18. Jan. 1915 entschied das Reichsgericht übereinstimmend mit dem Berufungsgericht, daß „bis zur vierten Ordnung" im Munde des Erblassers „bis zum vierten Grade" bedeute und daß die zur vierten Ordnung gehörige, aber in weiterem als dem vierten Grade mit dem Erblasser verwandte Klägerin keinen Rentenanspruch habe (SeuffA. 70, 412).

Am 11. Jan. 1912 hat das Reichsgericht ausgesprochen, daß bei Testamenten (und Erbverträgen) anders als bei Verträgen (über Rechtsverhältnisse unter Lebenden) die Verkehrsgepflogenheit für die Feststellung des Sinnes einer Erklärung nur als tatsächlicher Anhalt dienen könne, daß sich „der wirkliche Wille des Erblassers bei der Testamentsauslegung auch jeder verkehrsüblichen Wortbedeutung gegenüber im positiven oder negativen Sinne durchsetzt" (JW. 1912, 344 Z. 8)[1]). Es würde demnach auf Grund heutigen Rechtes die Ablehnung des Beweises, daß der Erblasser die „Substitution" als Nacherbeinsetzung gemeint habe, trotz der für bloße Ersatzerbeinsetzung streitenden Auslegungsregel des § 2102 II BGB. gewiß nicht mehr gutheißen; es würde vielleicht jetzt auch erwägen, ob im Sinne des Erblassers unter den „gesetzlichen Erben" etwa nur die Gruppe der vollbürtigen verstanden werden könnte, wonach es zur Ausschließung der halbbürtigen gar keiner Anfechtung bedürfte (anders freilich noch SeuffA. 76, 236).

I. Erläuternde Auslegung nach dem wirklichen oder mutmaßlich wirklichen Willen

I. Nach § 2084 verdient bei mehrdeutigen Erklärungen die Auslegung den Vorzug, nach der die Verfügung Erfolg haben kann. Dabei ist vorausgesetzt, daß der Wille, überhaupt letztwillig zu verfügen, außer Zweifel steht. Ist gewiß eine unentgeltliche Zuwendung gewollt und nur fraglich, ob sie als Schenkung unter Lebenden oder als Verfügung von Todes wegen gemeint sei, so rechtfertigt sich die entsprechende Anwendung (Recht 1919 Z. 602, vgl. 603); dagegen ist bei Zweifeln, ob nur ein unverbindlicher Wunsch des Erblassers (LZ. 1927, 523 Z. 7 = JurRdsch. 1927 Z. 482) oder ob erst die Ankündigung einer geplanten Verfügung vorliege, jede Anwendung des § 2084 ausgeschlossen; es ist also in dem eigenhändigen und datierten Brief, der einem Erbschleicher eine Zuwendung in Aussicht stellt, keineswegs schon im Zweifel eine letztwillige Anordnung zu finden. § 2084 ergibt auch nicht, daß eine Verfügung dem Umfange nach möglichst weit auszulegen, daß z. B. das Vermächtnis eines Schreibsekretärs mit Inhalt, in dem sich auch Hypothekenbriefe vorfinden, auf Hypothekenforderungen zu erstrecken wäre (SeuffA. 75, 189). Seine Anwendung ist vielmehr auf Verfügungen beschränkt, die nach der einen möglichen Auslegung unwirksam, nach einer anderen wirksam wären. So ist die unzulässige letztwillige Bestellung eines Pflegers als Ernennung eines Testamentsvollstreckers (WarnRspr. 1913 Z. 239; BayZ. 1922, 71), die nach § 137 unzulässige Anordnung einer dinglichen Verfügungsbeschränkung unter Umständen als Vor- und Nacherbeinsetzung oder als Ernennung eines Testamentsvollstreckers auszulegen (SeuffA. 78, 5). Ein Erblasser hatte seine Frau als Alleinerbin eingesetzt und seinem Sohn außer dem Pflichtteil 400000 M. in Wertpapieren hinterlassen, aber der Erbin anheimgegeben, ob sie diese Zuwendung ausführen wolle; er hatte ihr geraten, die Verwaltung und Nutznießung selbst zu behalten und dem Sohn nur 6000 M. jährliche Rente zu zahlen; da eine vom Ermessen der Erbin abhängige Zuwendung nichtig ge-

[1]) Literatur außer Kommentaren und Lehrbüchern, nur mit den Namen der Verfasser angeführt: Danz, Die Auslegung der Rechtsgeschäfte³ (1911) 280; Henle, Irrtum über die Rechtsfolgen (1911); Oertmann, Rechtsordnung und Verkehrssitte (1914) 137, 151, 255; Manigk, Irrtum und Auslegung (1918); F. Leonhard, Die Auslegung von Rechtsgeschäften, ArchZivPrax. 120 (1922) 14; O. Fischer, Der Fehlschlag von Erwartungen bei Verfügungen von Todes wegen, JheringsJ. 71 (1922) 187; F. Schulz, Der Irrtum im Beweggrund bei der testamentarischen Verfügung, Gedächtnisschrift für Seckel (1927) 70. — Paragraphenzahlen ohne Zusatz verweisen auf das BGB.

wesen wäre (§ 2065), gebot sich die Auslegung, daß ihr nur die Fälligkeit bei ihren Lebzeiten anheimgegeben und für den Fall des Aufschubs die einstweilige Entschädigung des Sohnes durch Jahresrenten auferlegt sei (WarnRspr. 1919 Z. 198). Auch unklare oder in der vom Erblasser gewählten Form undurchführbare Anordnungen sind, wenn wenigstens ihr Zweck zu erkennen ist, nicht als unwirksam zu behandeln (JW. 1916, 407 Z. 9), sondern so zurechtzulegen, wie sie der Erblasser bei sachkundiger Beratung vermutlich selbst verfaßt hätte: wie nach § 2072 eine Zuwendung an „die Armen" ist die Bedenkung eines Hospitals im Gemeindebesitz als solche der Gemeinde mit Zweckauflage (Recht 1911 Z. 1702), die einer rechtsunfähigen „freien evangelischen Gemeinde" als solche der Mitglieder zu verstehen (JW. 1911, 115 Z. 53). Selbst die Festsetzung der im Testament vorläufig offengelassenen Summe eines Geldvermächtnisses durch Auslegung ist gestattet worden (JW. 1912, 39 Z. 33).

1. Ergibt auch § 2084 seinen Worten nach nicht viel mehr, als schon aus § 133 zu folgern wäre, so liegt ihm doch die Tendenz zugrunde, für Anordnungen von Todes wegen, deren Nichtigkeit nicht wieder gutzumachende Nachteile zur Folge hat, eine schonendere Auslegung vorzuschreiben als für Rechtsgeschäfte unter Lebenden. Die dazu erforderliche größere Auslegungsfreiheit ergibt sich teilweise ganz von selbst aus § 133. Die Durchsetzung des „wirklichen Willens" findet bei Rechtsgeschäften unter Lebenden ihre Grenze in der Rücksicht auf den Gegner, dessen Vertrauen auf den verkehrsüblichen Sinn einer Erklärung nicht getäuscht werden darf; nach § 157 ist daher eine Erklärung unter Umständen auch im nachweislichen Widerspruch mit dem Willen ihres Urhebers so auszulegen, wie es dem Gegner gegenüber Treu und Glauben mit Rücksicht auf die Verkehrssitte erfordern. Bei Verfügungen von Todes wegen scheidet diese Rücksicht völlig aus, so daß auch die Anfechtung abweichend von § 122 nicht zum Ersatz des Vertrauensschadens verpflichten kann (§ 2078 III). Darum hat § 157 für ihre Auslegung keine Bedeutung, und der verkehrsübliche Sinn einer Erklärung ist zwar ein Anhaltspunkt für den nach § 133 zu ermittelnden wirklichen Willen, muß aber weichen, sobald feststeht, daß ihm dieser nicht entspricht. Das ist mit aller bewußten Deutlichkeit in der schon erwähnten grundlegenden Entsch. v. 11. Jan. 1912 (JW. 1912, 344 Z. 8) ausgesprochen, nach der sich der Wille des Erblassers jeder verkehrsüblichen Bedeutung gegenüber im positiven wie im negativen Sinne durchsetzt. Die bei Rechtsgeschäften unter Lebenden getrübte Herrschaft des Willens ist hier absolut, und es gibt bei Verfügungen von Todes wegen nur noch wenig objektiv eindeutige Erklärungen. „Kinder" können auch entferntere Abkömmlinge (§ 2068), „Enkel" auch Urenkel (WarnRspr. 1915 Z. 121), „Schenkung" auch eine Erbeinsetzung oder ein Vermächtnis bedeuten (LZ. 1924, 161 Z. 2). Nach § 2087 beweist das Wort „Erbe" nicht den Willen zur Erbeinsetzung, sein Nichtgebrauch nicht den Mangel dieses Willens, aber für die Ermittlung des wirklichen Willens ist eines wie das andere doch nicht bedeutungslos. Bezeichnet der Erblasser einzelne Verfügungen als Vermächtnisse und andere als Erbeinsetzungen[2]), so kann daraus zu schließen sein, daß auch die „Erb-

[2]) Fiduziarische Erbeinsetzungen sind ebenso ernstlich wie Fiduziargeschäfte unter Lebenden, also auch dann, wenn sie nicht als bloße Ernennung zum Testamentsvollstrecker gemeint sind (so KommRGR. § 2103, 1), nicht als Scheingeschäfte nach § 133 — § 117 bezieht sich nur auf empfangsbedürftige Erklärungen — nichtig. Bedenklich ist aber eine Reichsgerichtsentscheidung (LZ. 1923, 321 Z. 10), die den Fiduziarerben nicht als Vorerben, sondern als endgültigen Erben und die Anordnung sofortiger Weitergabe des Nachlasses nicht als Nacherbein-

einsetzung" genannte Vergebung der wichtigsten, einzeln genannten Nachlaßgegenstände (WarnRspr. 1908 Z. 387) oder bestimmter Geldsummen (daselbst 1913 Z. 240) als wahre Erbeinsetzung gemeint ist, und zwar nicht nur im Sinne der Berufung zu festen Bruchteilen mit gleichzeitiger Teilungsanordnung (§ 2048), sondern trotz Uneleganz der sich daraus ergebenden vielstelligen Bruchteile auch in der Weise, daß diese nach dem Wert der zugewandten Gegenstände oder Summen zu berechnen sind. Umgekehrt ist Zuwendung eines Bruchteils — nicht der beim Erbfall vorhandenen Nachlaßaktiven, sondern — des Nachlaßreinbestandes als bloße Geldzuwendung im Zweifel ebenso wie das Pflichtteilsrecht (§ 2303 I) Einzelerwerbsgrund, daher Vermächtnis (WarnRspr. 1909 Z. 306).

2. Da oft die Feststellung des **wirklichen letzten Willens** unmöglich und nur gewiß ist, daß diesem die gesetzliche Erbfolge widerspricht, hilft das Gesetz durch **Auslegungsregeln**, die einen **nur mutmaßlichen Willen als wirklich behandeln.** Daß dies für den Richter **auch in** Ermange-

---

setzung, sondern als Vermächtnis auffaßt. Nacherbe ist nach § 2100, wer erst nach einem andern Erbe werden soll; daß der Vorerbe eine Zeitlang Erbe bleiben müßte, entspricht weder den Worten noch dem Zweck dieser Vorschrift. Die Zulassung der Vor- und Nacherbeinsetzung sollte mit dem römischen, durch den heute aufgehobenen Satz „semel heres semper heres" veranlaßten Verlegenheitsbehelf des Erbschaftsvermächtnisses völlig aufräumen — nicht nur für den Fall, daß der Fiduziarerbe eine Zeitlang im Genuß des Nachlasses zu bleiben, sondern auch für den, daß er diesen „prima quaque die" weiterzugeben hat (fr. 26 pr. D. ad SC. Treb. 36, 1). Das Vermächtnis ist in dem unter Redaktionsschwierigkeiten zustande gekommenen § 1939 (Mot. 5, 9; Prot. 5, 6) allerdings nicht als Zuwendung einzelner Gegenstände, sondern als solche eines Vermögensvorteils ohne Erbeinsetzung bezeichnet. Darum ist die Zuwendung der dem Erblasser angefallenen Erbschaft eines Dritten Vermächtnis und nur durch entsprechende Anwendung der vom Erbschaftsanspruch handelnden §§ 2019, 2021 auf Surrogate von Erbschaftsgegenständen zu erstrecken (WarnRspr. 1917 Z. 122). Darum ist auch ein Vermächtnis sämtlicher Nachlaßgegenstände noch möglich, aber es hat nicht die Wirkung des gemeinrechtlichen Erbschaftsvermächtnisses, das seit dem senatusconsultum Trebellianum den Universalfideikommissar durch einheitlichen Restitutionsakt zum prätorischen Gesamtnachfolger des Erblassers, zum Herrn sämtlicher Nachlaßaktiven machte und seine Haftung für die Nachlaßschulden begründete; es hat nur ungefähr die Wirkung des Universalfideikommisses vor dem Trebellianum: es verpflichtet den Fiduziarerben, sämtliche Nachlaßgegenstände als einzelne dem Vermächtnisnehmer zu übertragen (§ 2174) und ändert nichts daran, daß er selbst, nicht der Vermächtnisnehmer für die Nachlaßschulden haftet. Die Beseitigung des Erbschaftsvermächtnisses durch das BGB. konnte für den Fall sofortiger Weitergabepflicht des Fiduziarerben unmöglich eine Zurückschraubung auf diesen primitiven Zustand bezwecken, und darum ist auch hier die Vor- und Nacherbeinsetzung unentbehrlich. Die Auslegung nach dem mutmaßlichen Willen des Erblassers wird aber so gut wie immer ergeben, daß der Fiduziarerbe Vorerbe ist und daß nicht er, sondern die Personen, denen er den Nachlaß herauszugeben hat, als Nacherben für die Nachlaßschulden zu haften haben (§§ 2144/45); ihm selbst, der nur im fremden Interesse Erbe werden soll, könnte nicht mehr als einem Testamentsvollstrecker zugemutet werden, nämlich Berichtigung der Schulden aus dem Nachlaß und Ersatzpflicht wegen schlechter Verwaltung. Auch in anderen Beziehungen ist das Ergebnis seiner Auffassung als Vorerbe offenbar besser: stirbt er vor dem Erbfall, so ist es angemessen, daß die endgültig Bedachten gemäß § 2102 I als Ersatzerben berufen sind, nicht daß die gesetzlichen Erben als Fiduziare an seine Stelle treten und statt seiner zur Weitergabe verpflichtet werden; der Fiduziarerbe ist Vertrauensmann des Erblassers, die gesetzlichen Erben sind es nicht und würden wohl im Zweifelsfall stets ausschlagen, dadurch aber nur unnötige Weiterungen herbeiführen.

Ob **fiduziarische Vermächtnisse** einfach als Untervermächtnisse oder als Nachvermächtnisse aufzufassen sind, ist von geringerer Bedeutung, weil das BGB. auch diese als Untervermächtnisse behandelt und nur in einzelnen Beziehungen den Grundsätzen der Nacherbfolge unterwirft (§ 2191); das Reichsgericht hat einfaches Untervermächtnis (§ 2186) angenommen, aber zur näheren Prüfung der Frage keinen Anlaß gehabt, weil die Verfügung im vorliegenden Falle wegen Verstoßes gegen die guten Sitten nichtig war (JW. 1910, 6 Z. 6): der Erblasser hatte der X, mit der er ein ehebrecherisches Verhältnis unterhielt, einen erst nach seinem Tode zu öffnenden versiegelten Brief ausgehändigt, in dem er einem Strohmann 5000 M. mit der Verpflichtung zu sofortiger Weitergabe an die X vermacht hatte; der offenkundige Zweck war, die X für das bisherige Verhältnis zu belohnen und zu seiner Fortsetzung zu bestimmen.

lung solcher Vorschriften geboten ist, folgt nicht aus § 133 und auch nicht aus den Worten, aber doch aus der Tendenz des § 2084.

Bei Zuwendungen des Erblassers an seine gesetzlichen Erben, seine Verwandten oder nächsten Verwandten, seine Dienstboten u. a. könnte er ebensogut die bei der Testamentserrichtung wie die beim Erbfall vorhandenen gemeint haben; nach §§ 2066, 2067, 2071 ist im Zweifel die Zeit des Erbfalls, für gesetzliche Erben und Verwandte, die unter einer beim Erbfall noch nicht eingetretenen Bedingung oder Betagung bedacht sind, die des Bedingungs- oder Termineintritts maßgebend. Zuwendungen an die gesetzlichen Erben oder die Verwandten des Erblassers könnten ebensogut Teilung nach Köpfen wie solche nach der gesetzlichen Erbfolgeordnung meinen; im Zweifel sind sie nach §§ 2066/67 im letztern Sinn zu verstehen.

Für Zuwendungen an die Verwandten oder nächsten Verwandten eines andern ist absichtlich nichts Entsprechendes vorgeschrieben (Prot. 5, 33); auch das Reichsgericht lehnt entsprechende Anwendung des § 2067 ab und überläßt hier alles der richterlichen Auslegung (GruchotsBeitr. 50, 386). Angenommen die vom Erblasser zu Erben eingesetzten nächsten Verwandten einer Freundin waren bei der Testamentserrichtung drei Kinder, beim Erbfall zwei Kinder und zwei Enkel von dem inzwischen verstorbenen dritten. Im Streitprozeß mit Klage und Widerklage behaupten die Kinder Alleinerben zu sein; die Enkel glauben ebenfalls berufen zu sein, und zwar nach § 2091, da § 2067 unanwendbar sei, zu je einem Viertel als Kopfteil. Bedürfte es des Nachweises eines wirklichen Willens und ist weder zu beweisen, daß die Enkel mitberufen sein sollen noch das Gegenteil, so könnte der Richter nur feststellen, daß die Kinder je zu einem Viertel Erben sind, im übrigen hätte er sowohl die Kinder wie die Enkel abzuweisen. Im Erbscheinsverfahren hätte er auch zu entscheiden, wem die zweite Hälfte des Nachlasses gehört, und zwar müßte er diese wegen Unklarheit des Testaments den gesetzlichen Erben zusprechen. Durch Beweiswürdigung (§ 286 ZPO.) ist daran weder im Streitprozeß noch in freiwilliger Gerichtsbarkeit etwas zu ändern, denn sie ist bei der Testamentsauslegung nicht freier als sonst. Aber da die Auslegungsfreiheit selbst größer und der nur mutmaßliche Wille als wirklich zu behandeln ist, bildet das Beweisthema zwar in erster Linie der wirkliche, aber für den Fall, daß er nicht zu beweisen ist, auch der nur mutmaßlich wirkliche Wille. Da gesetzliche Erbfolge gewiß nicht gewollt ist, muß deshalb der Richter auch die zweite Nachlaßhälfte den streitenden Parteien zuerkennen; mangels Anhalts für das Gegenteil wird er weder geneigt sein, den Enkeln wegen ihres entfernteren Verwandtschaftsgrades jedes Erbrecht abzuerkennen, noch ihnen gemäß § 2091 gleiche Kopfteile wie den Kindern zuzusprechen, sondern er wird wie § 2067 vermutlich Stammteilung als dem wahren Willen am nächsten kommend annehmen. Sind dagegen nur Seitenverwandte vorhanden, so wird er vielfach nicht erst von der vierten Ordnung (§ 1928 III) ab annehmen, daß Gleichnahe einfach zu Kopfteilen berufen sind.

3. Es ist weitaus herrschende Meinung[3]) und vom Reichsgericht wiederholt anerkannt worden, daß zur Auslegung auch Umstände außerhalb des Testaments dienen können (JurRdsch. 1928, 2 Z. 939), so frühere (SeuffA. 76, 234), spätere (JW. 1916, 405 Z. 9), auch ungültige (WarnRspr. 1908 Z. 387) oder aufgehobene Testamente (LZ. 1916, 1295 Z. 13), bloße Entwürfe (JW. 1913, 992 Z. 20), Verhandlungen mit einem Berater wie dem

[3]) A. M. Endemann, Erbrecht[8] 254, der nur andere, auch ungültige Verfügungen des Erblassers für verwendbar hält. F. Leonhard 64, 69, 141 ist ähnlicher Meinung nur bei Rechtsgeschäften unter Lebenden, nicht bei solchen von Todes wegen: 84; Kommentar § 2084 II B.

beurkundenden Notar. Jemand hatte einer mit „gnädige Frau" angeredeten, nicht namentlich bezeichneten Freundin in Briefform ein Vermächtnis zugewandt; es mußte zum Beweis der Bedachten genügen, daß die Anschrift des Briefumschlags ihren Namen enthielt und daß auch die Tatumstände für sie zutrafen (LZ. 1927, 531 Z. 5).

Ein Erblasser hatte seine „in der R.straße befindliche Wohnungseinrichtung sowie sämtliche hier befindlichen Gegenstände ohne Ausnahme" vermacht und in früheren Testamenten nur körperliche Sachen als „Gegenstände" bezeichnet; das Reichsgericht entschied, daß Forderungen und unkörperliche Gegenstände aus der väterlichen Erbschaft nicht mitvermacht seien, obwohl sich in der Wohnung auch Schuldscheine und das väterliche Testament (in Abschrift) vorfanden (JW. 1912, 344 Z. 8; vgl. SeuffA. 75, 189; S. 351). In einem andern Fall hatte der Erblasser „unter Aufrechterhaltung der von mir in meinem früheren Testament ausgesetzten Legate" ein neues Testament errichtet; in dem früheren waren bezifferte Vermächtnisse ausgesetzt, aber bestimmt, daß diese verhältnismäßig gekürzt werden sollten, wenn sie den halben Nachlaßwert überstiegen, dagegen verhältnismäßig erhöht, wenn sie dahinter zurückblieben; da sie den Wert nicht erreichten, verlangten die Vermächtnisnehmer Erhöhung; das Berufungsgericht gelangte im Widerspruch mit dem Wortlaut und mit der Ansicht des beurkundenden Notars zu der Meinung, daß der Erblasser in dem zweiten Testament die Erhöhung nicht mehr gewollt habe; das Reichsgericht fand darin keinen Revisionsgrund, insbesondere auch weil das Zeugnis des Notars wie jedes andere Beweismittel der freien Beweiswürdigung unterliege (JW. 1910, 61 Z. 4; vgl. 1911, 544 Z. 24).

G e g e n s t a n d d e r A u s l e g u n g ist natürlich, auch wenn dazu außerhalb liegende Umstände herangezogen werden, nur d i e V e r f ü g u n g v o n T o d e s w e g e n s e l b s t, niemals ein anderweit erklärter Wille als solcher. Das Reichsgericht hat für die Auslegung von Willenserklärungen im allgemeinen als Grundsatz ausgesprochen, daß der zu ermittelnde Wille notwendig in d e r E r k l ä r u n g s e l b s t e i n e n w e n n a u c h u n v o l l k o m m e n e n A u s d r u c k g e f u n d e n haben müsse (JW. 1905, 336 Z. 3; GruchotsBeitr. 52, 426; vgl. JW. 1904, 356 Z. 5; RGZ. 90, 371). Es gebraucht diese Wendung vom Ausdruck auch bei V e r f ü g u n g e n v o n T o d e s w e g e n (WarnRspr. 1916 Z. 111; JW. 1911, 544 Z. 24; 1918, 172 Z. 8; RGZ. 99, 83). Weniger verlangt es wörtlich genommen mit der in einer anderen Entscheidung (WarnRspr. 1918 Z. 123) gebrauchten Wendung, daß die A u s l e g u n g i n d e m T e s t a m e n t e i n e n w e n n a u c h n o c h s o u n v o l l k o m m e n e n „A n h a l t" h a b e n müsse und dem Wortlaut nicht geradezu widersprechen dürfe; es findet hier in der Aufzählung der zu Erben eingesetzten Geschwisterkinder nach bezifferten Stämmen einen Anhalt dafür, daß entgegen dem § 2091 nicht Kopf-, sondern Stammteilung angeordnet sei. Ähnlich stand es in einer Entscheidung, die sich weder der Wendung vom Ausdruck noch der vom Anhalt bedient (JW. 1913, 991 Z. 20): der Erblasser hatte durch Erbvertrag neben leiblichen Abkömmlingen auch seine Stieftochter zur Erbin eingesetzt und bestimmt, daß dieser die ihr aus dem Nachlaß zu gewährende Aussteuer auf ihr Erbteil anzurechnen sei; er hatte ihr dann bei ihrer Verheiratung schon zu Lebzeiten eine Aussteuer gewährt, aber den Erbvertrag nicht abgeändert. Entgegen dem Berufungsgericht hielt das Reichsgericht auch diese Aussteuer für anrechtnungspflichtig, weil aus dem Gesamtinhalt des Erbvertrags zu schließen war, daß die Stieftochter den übrigen Erben gleichgestellt, aber nicht vor diesen bevorzugt werden sollte; das ergab in der Tat einen „Anhalt" für die Auslegung des Reichsgerichts, aber ein „Ausdruck" für Anrechnung der bei Lebzeiten gewährten Aussteuer war die vorgeschriebene Anrechnung der erst von Todes wegen zu hinterlassenden nicht. Auch eine entgegengesetzte, die Wendung vom Ausdruck gebrauchende Entscheidung (JW. 1918, 172 Z. 8) ist sachlich gewiß richtig: der Erblasser hatte seinem Schuldner ein Befreiungsvermächtnis hinterlassen und in seinen Büchern die Absicht geäußert, ihm außerdem sein Grundstück gegen Erstattung des Ankaufpreises zu vermachen; das Reichsgericht lehnte einen Anspruch auf das Grundstück ab; das Befreiungsvermächtnis ergab nicht nur keinen Ausdruck, sondern auch keinen Anhalt für ein zweites Vermächtnis, und überdies war mit der Möglichkeit zu rechnen, daß der Erblasser den Plan eines solchen aufgegeben hatte.

Eine systematische Durchführung, zunächst ohne die Wendung vom Ausdruck (JW. 1911, 544 Z. 24 = WarnRspr. 1911 Z. 355; GruchotsBeitr. 61, 324), dann mit dieser (RGZ. 99, 83 v. 22. April 1920) zeigt die Praxis des Reichsgerichts, nach der die Zuwendung an eine Person für den Fall ihres Vorversterbens zugleich die Ersatzberufung ihres Stammes enthalten kann. Sie ist an den § 2069 angelehnt, der das bei Zuwendungen an Abkömmlinge des Erblassers schon für den Zweifelsfall bestimmt. Das Reichsgericht nimmt mit Recht an, daß der Praxis diese im Gesetz für einen Einzelfall vorgeschriebene Auslegung auch für andere Fälle — bei Erbeinsetzung von Nichtabkömmlingen des Erblassers — nicht verwehrt sein kann, wenn sie auch hier nur nach den besonderen Umständen angezeigt erscheint. Doch bietet es den Gegnern dieser Auffassung durch die Wendung vom Ausdruck eine unnötige Angriffsfläche: Erbeinsetzung einer Person ist nicht ein unvollkommener, sondern gar kein „Ausdruck" für Ersatzerbeinsetzung ihrer Abkömmlinge[4]), und § 2069 legt sie in diesem Sinne aus, nicht weil sie ein solcher wäre, sondern obwohl sie es nicht ist; darum bleibt nicht minder gewiß, daß eine Auslegung, die sich das Gesetz gestattet, auch dem Richter nicht verwehrt sein kann. Zugleich ergeben aber diese Vorschriften, daß die bei Rechtsgeschäften unter Lebenden wohl zutreffende Wendung vom Ausdruck für Verfügungen von Todes wegen zu eng ist; hält man hier durchaus eine Formel für notwendig, so wird man die Wendung vom Anhalt vorziehen müssen.

II. Konversion und ergänzende Auslegung nach einem irrealen Willen

Weder wirklich noch auch nur mutmaßlich wirklich, sondern rein hypothetisch ist ein irrealer[5]) Wille, der vermutlich wirklich wäre, wenn der Erblasser den wahren Sachverhalt gekannt oder eine künftige Entwicklung vorausgesehen hätte.

1. Ein irrealer Wille wird im allgemeinen nur vermöge der „Konversion" des § 140[6]) als wirklich behandelt, wenn ein nichtiges Rechtsgeschäft den Anforderungen eines andern genügt und „anzunehmen ist, daß dessen Geltung bei Kenntnis der Nichtigkeit gewollt sein würde". Das ist auch bei Verfügungen von Todes wegen möglich, doch werden manche Fälle mit Unrecht als solche des § 140 angesehen.

[4]) Dernburg, Erbrecht § 42 Anm. 8; DJZ. 1904, 7; anders Oertmann 147; Enneccerus, Lehrbuch 1 § 192 Anm. 11; vgl. Kipp, Erbrecht § 18 Anm. 8; Manigk 201 Anm. 2; Leonhard 92.

[5]) F. Schulz 74; der meist gebrauchte Ausdruck „hypothetischer" Wille ist nicht unzweideutig, weil darunter auch der mutmaßlich wirkliche verstanden werden kann.

[6]) O. Fischer, Konversion (Festschrift für A. Wach 1, 1913, 179 ff.) 4, 18; JheringsJ. 71, 229; Manigk 166.

1. Formlose Erklärungen sind nicht „andere" als formelle gleichen Inhaltes. Bei fehlerhafter notarieller Beurkundung einer Erklärung, die keiner Form bedarf, ist der Wille wirklich und die Erklärung wirksam; ob sie auch bei Kenntnis von dem Formmangel gewollt wäre, ist eine Frage hypothetischen Nichtwollens, nicht wie bei Konversion hypothetischen Wollens; da kein Irrtum über ihren Inhalt vorliegt, ist sie auch nicht nach § 119 anfechtbar. Ebenso wenn ein in mangelhafter öffentlicher Form errichtetes Testament den Anforderungen eines privatschriftlichen genügt; es ist dann wirksam[7]) und nur in dem unwahrscheinlichen Falle, daß der Erblasser lieber gar nicht als privatschriftlich verfügt hätte, wegen irriger Annahme eines Umstandes, nämlich der formrichtigen Beurkundung, nach § 2078 II anfechtbar. Wird ein öffentliches Testament ohne Widerrufsabsicht aus dem amtlichen Gewahrsam zurückgenommen, so kommt Aufrechterhaltung als privatschriftliches überhaupt nicht in Frage, denn auch Konversion schützt nur gegen Nichtigkeit, nicht gegen Aufhebung[8]). Aus den Worten des § 2256 I : das Testament „gilt als widerrufen" ist aber ohnehin nur zu entnehmen, daß Widerrufsabsicht bis zum Beweis des Gegenteils vermutet wird; der durch Buchstabenauslegung in das Gesetz hineingetragene brutale Satz, daß Rücknahme gar kein Widerruf sei, sondern Vernichtung kraft zwingenden Rechtes nach sich ziehe, folgt nicht einmal aus dem Wortlaut: daß Rückgabe des Pfandes das Pfandrecht ohne Rücksicht auf den Parteiwillen vernichtet, beruht auf der Publizitätsrücksicht, die bei Testamenten keine Rolle spielen kann; trotzdem hält es aber § 1253 Satz 2 für nötig, besonders auszusprechen, daß Vorbehalt des Pfandrechts unwirksam ist, während § 2256 nichts dergleichen sagt. Einseitige rechtsgestaltende Erklärungen sind „andere" als Vertragsanträge: bietet der Vermieter dem Mieter, der den Mietzins fortgesetzt nicht zahlt, sofortige Vertragsauflösung an, so will er Weiterungen, insbesondere einen Prozeß vermeiden, und sein Angebot kann daher nicht ohne weiteres, sondern nur unter den Konversionsvoraussetzungen als einseitige fristlose Kündigung gemäß § 554 aufrechterhalten werden. Ähnliches gilt von erbvertraglichen Verfügungen[9]), die nur im Einverständnis mit dem Vertragsgegner gewollt sind; freilich unterscheiden sie sich von einseitigen im Inhalt gar nicht und in den Wirkungen nur darin, daß sie nicht frei widerruflich sind, was für den Erblasser nur vorteilhaft ist; darum spricht, wenn nicht die Erbvertrags-, aber doch die Testamentsform gewahrt ist und wenn nicht beide Teile als Erblasser abgeschlossen haben (§ 2298), eine so starke tatsächliche Vermutung für die Konversion, daß es zur Aufrechterhaltung kaum eines besonderen Beweises bedürfen wird. Im Erbvertrag enthaltene einseitige Verfügungen sind durchaus dasselbe wie testamentarische und bei Unwirksamkeit der vertraglichen nach §§ 2085, 2279 im Zweifel wirksam; daß bei vertraglicher oder einseitiger Aufhebung des Erbvertrags, d. h. aller darin enthaltenen vertraglichen Verfügungen auch die einseitigen dahinfallen, wenn „nicht ein anderer Wille des Erblassers anzunehmen ist" (§ 2299 III), beruht auf dem Aufhebungs-, nicht auf dem Errichtungsakt (S. 367) und kann daher bei Unwirksamkeit des letzteren nicht entsprechend angewandt werden. Ist eine nur einseitig mögliche Verfügung wie die Ernennung eines Testamentsvollstreckers (§ 2278 II) durch Erbvertrag getroffen, so liegt zwar ein Konversionsfall vor, aber daß der Erblasser einen Testamentsvollstrecker nur

[7]) O. Fischer a. a. O. 92.
[8]) Daselbst 13.
[9]) Daselbst 85.

entweder unter Verzicht auf Widerruf oder gar nicht ernennen wollte, ist als bloße Schrulle so gut wie ausgeschlossen, und das etwa von ihm gewünschte Einverständnis des Vertragsgegners ist ja auch vorhanden, wenn die vertragliche Bindung nicht möglich ist; Aufrechterhaltung als einseitige Verfügung ist daher nicht, wie das Reichsgericht befremdlicherweise in einer auch sonst anfechtbaren Entscheidung (LZ. 1923, 322 Z. 10; vgl. S. 352 Anm. 2) behauptet hat, ausgeschlossen, sondern im Gegenteil so gut wie immer geboten, wenn nicht die dem Testamentsvollstrecker zugedachten Aufgaben infolge Unwirksamkeit der vertraglichen Verfügungen gegenstandslos sind (LZ. 1922, 513 Z. 3).

Erbverzicht auf gesetzliches Erbrecht (§ 2346) enthält eine Verfügung des Erblassers, die der Enterbung (§ 1938) inhaltsgleich ist; sie ist aber als vertragliche Erklärung doch eine andere und kann nur durch Konversion als einseitige Enterbung aufrechterhalten werden, was — anders als bei erbvertraglichen Verfügungen — der Wahrscheinlichkeit durchaus widerspricht.

Ein gemeinschaftliches Testament, das den Widerruf schon bei Lebzeiten beider Ehegatten ausschließen soll, ist inhaltlich ein Erbvertrag (WarnRspr. 1913 Z. 248; LZ. 1919, 594 Z. 8); auch ein solches unter Nichtehegatten wird, wenn die Erbvertragsform gewahrt ist, häufig nur ein unrichtig bezeichneter Erbvertrag sein (BayObLG., OLG. 40, 146); da jedoch die Bindung beim Erbvertrag stärker ist als selbst bei gegenseitig abhängigen Testamenten, kommt auch echte Konversion in einen Erbvertrag in Frage. Aufrechterhaltung als zwei einseitige Testamente ist durch die zwingende Vorschrift des § 2265 ausgeschlossen (RGZ. 87, 34).

2. Dem Regelfall der Konversion entspricht die Aufrechterhaltung einer nichtigen Verfügung als einer solchen mit anderem Inhalt, z. B. einer Erbeinsetzung als Vermächtnis. Doch ist hier die Grenze zwischen der Konversion, die einen irrealen, und der berichtigenden Auslegung, die einen mutmaßlich wirklichen Willen durchsetzt, sehr flüssig. Nur um unrichtige Bezeichnung handelt es sich meist, wenn eine „Schenkung" als Vermächtnis (LZ. 1924, 161 Z. 2; vgl. BayZ. 1920, 208), eine „Nießbrauchszuwendung" als Vorerbeinsetzung (JW. 1911, 283 Z. 15; 1918, 434 Z. 3; WarnRspr. 1927, 88 Z. 57), eine in Erinnerung an ältere Gesetze (österr. ABGB. § 604; sächs. BGB. § 2187) sogenannte „Nacherbeinsetzung" als Ersatzerbeinsetzung zu verstehen ist. Eine Erblasserin hatte der zur Alleinerbin eingesetzten Tochter ihres Bruders deren Geschwister „substituiert" und anderen Personen die „Verwaltung" des Nachlasses bis zum Tode des Bruders übertragen, um diesen auf jeden Fall von der Erbfolge und der Verwaltung auszuschließen; da hierzu bloße Ersatzerbeinsetzung nicht genügte, war die Substitution entgegen der Auslegungsvorschrift des § 2102 II auch als Nacherbeinsetzung zu verstehen (LZ. 1922, 465 Z. 11); bei ausdrücklicher Bezeichnung als Ersatzerbeinsetzung wäre ebenso zu entscheiden gewesen, ohne daß es einer Konversion bedurft hätte. Das Reichsgericht hat ohne Heranziehung des § 140 ein wegen Unbestimmtheit des Bedachten unmögliches „Vermächtnis" an „verschiedene . . . wohltätige oder gemeinnützige Anstalten" als Auflage gemäß § 2193 aufrechterhalten (RGZ. 96, 15) und die Möglichkeit zugegeben, eine ungültig angeordnete dingliche Verfügungsbeschränkung als Ernennung eines Testamentsvollstreckers auszulegen (SeuffA. 78, 4; S. 351); es hätte auch zur Aufrechterhaltung einer letztwillig angeordneten „Pflegschaft" als Testamentsvollstreckung (WarnRspr. 1913, Z. 239; BayZ. 1922, 71) kaum auf § 140 hinzuweisen brauchen.

II. Wenn von Konversion einer Anordnung von Todes wegen in eine solche andern Inhalts so selten die Rede ist, beruht dies wohl darauf, daß hier ein irrealer Wille ohnehin in viel weiterem Umfange berücksichtigt werden kann als bei Rechtsgeschäften unter Lebenden, nämlich nicht nur bei Nichtigkeit der wörtlich verstandenen Anordnung, also in wirklichen oder scheinbaren Konversionsfällen, sondern auch bei wirksamen Anordnungen zur Ausfüllung von Lücken in nicht vorhergesehenen Fällen vermöge „ergänzender Auslegung[10])". Dem will die ohne Tatbestand veröffentlichte Begründung einer Reichsgerichtsentscheidung (WarnRspr. 1914 Z. 257; vgl. daselbst 1916 Z. 111) nicht widersprechen, die besagt: die Anwendung des § 2084 könne „nie dazu führen, daß eine Verfügung, die nur für einen nicht eingetretenen bestimmten Fall erlassen ist, auf andere Fälle ausgedehnt werde, damit sie Erfolg haben könne". Im vorliegenden Fall hatte ein Rittergutsbesitzer verfügt, daß bei Verkauf abzutrennender Pachthäuser durch seine Erben ein Teil des Erlöses dem Ortsarmenverband zu zahlen sei; den Verkauf des Gutes im ganzen hatte er verboten und für den Zuwiderhandlungsfall Anordnungen getroffen, die den Ortsarmenverband nicht berührten; dieser forderte, als die Erben trotzdem das ganze Gut ungetrennt verkauften, einen Teil des Erlöses, wurde aber abgewiesen, weil ihm für diesen Fall überhaupt nichts zugewandt war. Die Begründung meint demnach nur, daß eine Verfügung bei Ausbleiben des Falles, für den sie getroffen ist, gegenstandslos und nach § 2084 nicht auf andere Fälle auszudehnen ist, um ihr auf Biegen oder Brechen doch ein Anwendungsgebiet zu verschaffen, aber nicht, daß sie auch nach einem irrealen Willen des Erblassers nicht auf solche ausgedehnt werden könne.

Es ist gerade ein Verdienst des Reichsgerichts, den Grundsatz durchgefochten zu haben, daß „für die Auslegung bei letztwilligen Verfügungen in gewisser Hinsicht ein weiterer Raum ist als bei Rechtsgeschäften unter Lebenden", daß Testamentsgedanken unter Umständen weiterzudenken sind und „in Fällen sachlicher oder persönlicher Veränderung durch Auslegung zu ermitteln ist, was nach der Willensrichtung des Erblassers zu der Zeit, da die Verfügung von ihm getroffen wurde, als von ihm gewollt anzusehen ist, sofern er vorausschauend das spätere Ereignis bedacht haben würde". Dies besagt die letzte der drei schon erwähnten Entscheidungen (RGZ. 99, 85; S. 356), in denen das Reichsgericht die Auslegungsmethode des § 2069 auf weitere Fälle anwendet und unter Umständen auch in der Zuwendung an Nichtabkömmlinge des Erblassers bei Wegfall des Erstbedachten zugleich eine Ersatzberufung seiner Abkömmlinge nach Stämmen findet. Das Reichsgericht verstärkt hier die frühere Begründung, indem es zur Analogie außer dem § 2069 noch weitere Auslegungsvorschriften über den Kreis der bedachten Personen (§§ 2067—2071) und über den zugewandten Gegenstand (§§ 2169 III, 2172 II, 2173) heranzieht. Von diesen betreffen freilich einzelne nur die Auslegung mehrdeutiger Erklärungen nach dem mutmaßlich wirklichen Willen, so die schon erwähnten über Verwandte, Dienstboten u. a. (§§ 2067, 2071); die meisten handeln aber in der Tat von Fällen, an die der Erblasser vermutlich nicht gedacht hat und schreiben damit vor, daß ein irrealer Wille als wirklich zu behandeln ist.

Das gilt von den Vorschriften über Ersatzberufung entfernterer Abkömmlinge bei Zuwendungen an „die Kinder" (§ 2068) oder an einen Abkömmling des Erblassers (§ 2069). Mit Recht hat das Reichsgericht (RGZ. 61, 16

[10]) Urheber der Bezeichnung und des Begriffs ist Zitelmann, Internationales Privatrecht 2, 218; vgl. Allgemeiner Teil 91; v. Tuhr, Allgemeiner Teil 2, 189; Oertmann 151; Cosack, Lehrbuch 1[8] 239 spricht von Umdeutung. Ganz ablehnend Endemann, Erbrecht[8] 256, 258.

v. 19. Mai 1905) diesen Grundsatz auf die Enterbung nicht entsprechend angewandt; die damalige Begründung, daß nicht sicher sei, ob der Erblasser mit der Möglichkeit einer Nachkommenschaft des Enterbten gerechnet habe, ist freilich noch ausschließlich auf Ermittlung eines mutmaßlich wirklichen Willens abgestellt und seit der grundsätzlichen Anerkennung ergänzender Auslegung nicht mehr stichhaltig.

Von Vorschriften über den zugewandten Gegenstand nennt das Reichsgericht richtig den § 2169 III, nach dem Stückvermächtnisse bei Untergang oder Entziehung des Gegenstandes im Zweifel auf Abtretung etwaiger Ersatzansprüche gehen, weiter die verwandte Vorschrift des § 2172 II für den Fall der Verbindung oder Vermischung und den § 2173, der zu einer eigenen Entscheidung Anlaß gegeben hat (GruchotsBeitr. 62, 248 = DJZ. 1918, 125 = BayZ. 1918, 80): Der Erblasser hatte seinem Hypothekenschuldner, der von 5000 M. schon 900 abgezahlt hatte, Befreiung von dem Betrage vermacht, der beim Erbfall noch nicht getilgt sein werde; nach der Testamentserrichtung war er geisteskrank geworden, sein Pfleger hatte den Rest gekündigt und eingezogen. Nach dem Erbfall forderte der Schuldner auf Grund des Vermächtnisses den dem Pfleger gezahlten Betrag zurück. Er drang im Streit über den Grund des Anspruchs in allen drei Instanzen durch; Schwierigkeiten mag freilich der Streit über den Betrag bereitet haben, von dem abzuziehen war, was er ohne die Kündigung des Pflegers noch freiwillig gezahlt hätte. Für diesen Fall könnte an unmittelbare Anwendung des § 2173 gedacht werden, der bestimmt, daß bei dem Vermächtnis einer vor dem Erbfall erfüllten Forderung im Zweifel der noch im Nachlaß steckende Leistungsgegenstand, bei Geldforderungen auch der nicht mehr vorhandene Betrag als vermacht gelten soll; zur Not könnte das Vermächtnis der Befreiung als solches der Forderung an den Schuldner verstanden werden. Das Reichsgericht lehnt diese künstliche Auffassung ab und nimmt mit den Materialien (Prot. 5, 175) an, daß § 2173 nur Vermächtnisse von Forderungen an Dritte (legata nominis) betreffe; es gestattet aber entsprechende Anwendung auf Befreiungsvermächtnisse, wenn die Umstände dafür sprechen, daß der Erblasser bei Voraussicht der Sachlage auch den Leistungsgegenstand oder den Betrag der Forderung vermacht hätte.

Übrigens hat das Reichsgericht die ergänzende Auslegung auch früher schon angewandt, jedoch noch ohne Erkenntnis des Unterschiedes zwischen dem mutmaßlich wirklichen Willen für einen Fall, an den der Erblasser gedacht haben wird, und dem irrealen für einen Fall, an den er annehmbarerweise nicht gedacht hat. So in der schon erwähnten Entscheidung (JW. 1913, 991 Z. 20; S. 355), daß die vom Erblasser angeordnete Anrechnung einer aus dem Nachlaß zu gewährenden Aussteuer auch für die der Voraussicht zuwider schon bei Lebzeiten gewährte Aussteuer geboten sei, sowie in einer Entscheidung v. 16. Okt. 1908 (GruchotsBeitr. 53, 94 = WarnRspr. 1909 Z. 30): Der Erblasser hatte seine sechs Kinder zu gleichen Teilen als Erben eingesetzt, aber jedes nur für eine Hälfte des Erbteils endgültig; für die andere hatte er ihnen vorbehaltlich des lebenslänglichen Zinsgenusses die entfernteren Abkömmlinge nach Stämmen fideikommissarisch substituiert (zu Nacherben bestimmt). Nach dem Erbfall, aber bevor entferntere Abkömmlinge eines der Kinder vorhanden waren, starb eine Tochter des Erblassers, die kraft Gesetzes zur einen Hälfte von den väterlichen Miterben, ihren Geschwistern, zur anderen von ihrer Mutter beerbt wurde. Die Geschwister waren der Meinung, daß sie von dem der verstorbenen Schwester zugefallenen Sechstel des väterlichen Nachlasses die Hälfte als Nacherben ihres Vaters und ein Viertel als Erben der Schwester erworben hätten; der preußische Steuerfiskus vertrat den Standpunkt, daß das ganze Sechstel der gesetzlichen Erbfolge nach der Tochter unterliege und zur Hälfte an die Geschwister als deren Erben gefallen, daher als Geschwistererbe zu versteuern sei. Das Berufungsgericht gab dem Fiskus recht, weil in dem Testament nur die Abkömmlinge der Geschwister, nicht auch diese selbst zu Nacherben bestimmt waren. Das Reichsgericht entschied, daß die in § 2108 vorgeschriebene entsprechende Anwendung des § 1923 auf die Nacherbfolge auch für die ihn weiter ausbauenden Vorschriften geboten sei, darunter für den § 2101: wie die Einsetzung eines beim Erbfall noch nicht erzeugten Erben als Nacherbeinsetzung sei die eines beim Nacherbfall noch nicht erzeugten Nacherben als zweite Nacherbeinsetzung aufrechtzuerhalten. Es verwies die Sache an das Berufungsgericht zurück und verlangte nachträgliche Prüfung der Frage, ob nicht die Nacherbeinsetzung der entfernteren Abkömmlinge für den Fall, daß solche beim Nacherbfall noch nicht vorhanden sein sollten, eine erste Nacherbeinsetzung der näheren und eine zweite erst mit der Geburt entfernterer in Kraft tretende der letzteren bedeute; das entspreche dem Wunsch des Erblassers, die mit Nacherbeinsetzungen beschwerte Hälfte seines Nachlasses jedenfalls der übernächsten Generation zu erhalten. Diese Begründung ist noch auf Ermittlung eines wirklichen Willens eingestellt; in Wahrheit handelt es sich aber um solche eines irrealen, also schon um ergänzende Auslegung.

Die in ruhigen Zeiten entwickelte Praxis der ergänzenden Auslegung mußte natürlich mit den Umwälzungen durch Krieg und Geldentwertung erhöhte Bedeutung gewinnen; sie machte notgeborene völlige Neubildungen nach Art der sonstigen Aufwertungspraxis entbehrlich. Bei der 1907 erfolgten Errichtung eines Familienfideikommisses über ein im entrissenen westpreußischen Gebiet belegenes Rittergut war die Fideikommißanwartschaft auf deutsche Reichsangehörige beschränkt worden; kraft ergänzender Auslegung konnte das Reichsgericht (RGZ. 110, 306) entscheiden, daß die zur Erhaltung des Fideikommißbesitzes gezwungenermaßen erworbene polnische Staatsangehörigkeit die Anwartschaft nicht ausschließe. Ein Erblasser hatte 1919 durch Testament bestimmt, daß sein Sohn das Nachlaßgrundstück für 50000 M. zu erwerben berechtigt sein solle; der Entscheidung, daß dieser Betrag der Geldentwertung anzupassen sei (RGZ. 108, 83 = JW. 1924, 1970), waren schon durch die frühere Praxis der ergänzenden Auslegung die Wege gebahnt.

III. Der Schluß aus Einzelvorschriften über Fälle, an die der Erblasser vermutlich nicht gedacht hat, auf die Zulässigkeit ergänzender Auslegung hat mit dem Vorurteil zu kämpfen, daß solche Vorschriften gar keine **Auslegungsregeln** seien, sondern **ergänzende Rechtssätze**[11]). Der Einwand betrifft zwar mehr das Wort „Auslegung" als die Sache, denn obwohl es das Reichsgericht (RGZ. 99, 86) einmal in übertriebener Vorsicht dahingestellt läßt, sind gewiß auch ergänzende Rechtssätze der entsprechenden Anwendung auf verwandte Fälle fähig. Doch ist die sehr umstrittene Frage, ob die Unterscheidung überhaupt berechtigt und durchführbar sei, weder damit noch mit der beruhigenden Erwägung abgetan, daß daraus keine „bedeutsamen" praktischen Folgerungen zu ziehen seien (vgl. WarnRspr. 1911 Z. 335 = JW. 1911, 544 Z. 24).

---

[11]) Literaturangaben bei **Oertmann** 222; seither noch **Manigk** 174. Hauptgegner der Unterscheidung **Danz**^{3} 135; **Titze**, Lehre vom Mißverständnis (1910) 474. Zweifel an der praktischen Wichtigkeit auch bei **Kipp** zu **Windscheid** 1^{9} 449; **Strohal**, Erbrecht 1^{3} 132 Anm. 4; **Dernburg**, Bürgerliches Recht 1^{3} 57; **Stammler**, Lehre vom richtigen Recht^{2} 308; **F. Leonhard**, Kommentar § 2084 III; vgl. Beweislast^{2} 300.

Der logische Gegensatz zwischen ergänzenden Rechtssätzen und Auslegungsregeln ist nicht zu verkennen:

Auslegungsregeln besagen, daß eine Erklärung zur Zeit ihrer Abgabe einen bestimmten Sinn habe. Sie dulden bei Rechtsgeschäften unter Lebenden meist nur den Gegenbeweis, daß die Erklärung von den Beteiligten übereinstimmend in abweichendem Sinne verstanden worden ist; hat ihr nur der Erklärende selbst einen solchen beigelegt, so kann das Anfechtungsgrund wegen Irrtums über den Inhalt der Erklärung sein (§ 119 I). Bei Verfügungen von Todes wegen ist stets der Gegenbeweis gestattet, daß die Auslegungsregel dem Willen des Erblassers nicht entspricht, wobei regelmäßig zwischen wirklichem, mutmaßlichem oder irrealem Willen nicht unterschieden wird und daher Anfechtung wegen Irrtums nicht erforderlich ist. „Ausschließung" der Anwendung einer Auslegungsregel ist kein besonderer Rechtsgeschäftsakt, könnte aber im Gesetz eine Erschwerung des Gegenbeweises durch Erfordern eines Anhaltes an der Erklärung selbst bedeuten.

Ergänzendes Recht gilt nicht, weil es von den Parteien gewollt ist, aber auch nicht im bezweckten Widerspruch mit dem Parteiwillen und jedenfalls nie, wenn seine Anwendung durch wirksamen Rechtsgeschäftsakt ausgeschlossen ist. Solches ohne jede Parteierklärung ist das gesetzliche Erb- und Vermächtnisrecht, das durch Verfügung von Todes wegen, sowie das gesetzliche Pflichtteilsrecht, das durch Erbverzicht (§ 2346), aus Entziehungsgründen auch durch Verfügung von Todes wegen ausgeschlossen werden kann. Ergänzendes Recht auf Grund einer Parteierklärung legt dieser Wirkungen bei, die vermutlich nicht vorausbedacht sind und daher dem Willen zur Zeit der Erklärungsabgabe weder entsprechen noch widersprechen; seine Unkenntnis kann deshalb niemals Irrtum über den Inhalt der Erklärung, sondern nur solchen im Beweggrund ergeben und deshalb nur bei Verfügungen von Todes wegen einen Anfechtungsgrund gemäß § 2078 II bilden. Seine Anwendung kann in der Regel gleichfalls nur durch besonderen Geschäftsakt des Erklärenden ausgeschlossen werden. Doch kann sich ein ergänzender Rechtssatz auch von vornherein nur insoweit Geltung beilegen, wie ihm nicht ein irgendwie zu ermittelnder wirklicher, mutmaßlicher oder irrealer Wille entgegensteht, auch ein solcher, der an der Erklärung selbst keinen Anhalt findet oder zur Zeit ihrer Abgabe noch gar nicht vorhanden war. So ist die Vorschrift des § 2077 über Unwirksamkeit einer letztwilligen Zuwendung unter Ehegatten oder Verlobten bei Nichtigkeit der Ehe oder Auflösung des Bandes ergänzend, obwohl danach die Verfügung schon dann wirksam ist, „wenn anzunehmen ist, daß der Erblasser sie auch für einen solchen Fall getroffen haben würde". Ein Hauptfall ist, daß sich Ehegatten miteinander nach der Scheidung wieder ausgesöhnt, vielleicht sogar wiederverheiratet haben. Als Auslegungsregel verstanden wäre aber die Vorschrift offenbar viel zu eng, denn danach wäre die Zuwendung nur wirksam, wenn sie der Erblasser bei Voraussicht der Entwicklung schon zur Zeit der Testamentserrichtung angeordnet hätte; das träfe so gut wie niemals zu, denn auch bei Voraussicht der Scheidung und der Wiederverheiratung hätte er sich damit jedenfalls bis nach der letzteren geduldet; die Verfügung wäre also unwirksam, obwohl er deshalb, weil sie seinem wirklichen Willen nach der Wiederverheiratung genau entsprach, davon abgesehen hat, ein mit dem früheren wörtlich übereinstimmendes neues Testament zu errichten. Offenbar soll sie aber schon dann aufrechterhalten werden, wenn sie inhaltlich mit dem wirklichen oder mutmaßlichen Willen auf Grund der veränderten Sachlage übereinstimmt, also nicht einem schon in der Testamentserrichtung enthaltenen, sondern einem viel späteren Willen entspricht. Ähnliches gilt von § 2169 I, nach dem das Vermächtnis einer nachlaßfremden Sache unwirksam ist, „es sei denn, daß der Gegenstand dem Bedachten auch für den Fall zugewandt sein soll, daß er nicht zur Erbschaft gehört". Hauptfall ist der einer Veräußerung der vermachten Sache durch den Erblasser: hat dieser etwa einer Verwandten ein Schmuckstück vermacht und im Familienkreis erklärt, daß sie es jedenfalls, einerlei aus wessen Hand einmal erhalten solle, aber später bei der Veräußerung, daß er sich infolge Vermögensverschlechterung solche Vermächtnisse nicht mehr leisten könne, so wird das Vermächtnis nicht auf Grund des Willens bei der Errichtung wirksam, sondern auf Grund des veränderten Willens hinfällig sein; ist umgekehrt über den Willen bei der Errichtung nichts zu ermitteln, hat er aber sich und seinen Erben bei der Veräußerung ausdrücklich den Wiederkauf zur Sicherung des Vermächtnisses vorbehalten, so wird dies auch ohne die Möglichkeit des Rückschlusses auf den Errichtungswillen schon vermöge des späteren Willens wirksam sein. Kann hiernach die Tragweite einer Gesetzesvorschrift enger sein, wenn sie als Auslegungsregel, als wenn sie als ergänzender Rechtssatz verstanden wird, so zeigt sich schon darin, daß der Gegensatz nicht ohne praktische Bedeutung ist und daß sich diese auch nicht in den meist allein herangezogenen Fragen erschöpft, ob die Anwendung einer Vorschrift durch besonderen Willensakt ausgeschlossen werden müsse und ob ihre Unkenntnis ein Anfechtungsgrund sei.

1. Die herrschende Meinung, der auch das Reichsgericht folgt, hält den Gegensatz für positivrechtlich und findet deshalb die Unterscheidungsmerkmale statt in sachlichen Gründen ausschließlich in der Fassung[12]) der einzelnen Vorschriften: eine Auslegungsregel soll sich besonders aus den Wendungen ergeben „im Zweifel", „soweit nicht ein anderer Wille anzunehmen ist", „wenn anzunehmen ist, daß der Erblasser" eine Verfügung „auch für einen solchen Fall getroffen haben würde" (§ 2077 III), ein ergänzender Rechtssatz aus den Worten „sofern nicht der Erblasser ein anderes bestimmt hat". Schon die hieraus folgende ungebührliche Einengung der Anwendung der §§ 2077 III und 2169 I zeigt aber, daß solche Gesetzesauslegung eine unerträgliche Tyrannei nebensächlicher Worte zur Folge haben muß, die den scharfen Widerspruch gegen die ganze Unterscheidung wohl begreifen läßt. Auch ist auf den Gebrauch von Worten wie „im Zweifel" anerkanntermaßen[13]) nicht die gleiche gesetzgeberische Sorgfalt verwendet worden wie auf die zur Beweislastregelung bestimmte Auflösung des materiellen Rechtes in Regel- und Ausnahmesätze; der „Gesetzgeber" müßte deshalb das Gefühl des Rittes über den Bodensee haben, wenn eine Gesetzesauslegung nach dieser Methode überall gut ablaufen sollte.

Für Auslegungsregeln hält das Reichsgericht (RGZ. 99, 86; S. 359; vgl. LZ. 1923, 451 Z. 5) den § 2069, nach dem bei Zuwendungen an einen Abkömmling des Erblassers „im Zweifel" anzunehmen ist, daß bei dessen Wegfall sein Stamm bedacht ist, und den § 2066 Satz 2[14]), nach dem bei Zuwendung an „die gesetzlichen Erben" unter einer beim Erbfall noch nicht eingetretenen

---

[12]) Anders Kipp bei Windscheid 1⁹ 449, der darauf abstellt, ob die angeordneten Wirkungen nach dem Gesetz „angesehen werden sollen, als ruhten sie auf dem Parteiwillen". Dieser Gesichtspunkt ist in der Tat für Vorschriften über den Umfang letztwilliger Zuwendungen (S. 364) ausschlaggebend.

[13]) Oertmann 224; Manigk 125; Crome, Lehrbuch 1, 140 Anm. 12; über „im Zweifel" auch Mot. 1, 17.

aufschiebenden Bedingung oder Betagung „im Zweifel" bedacht ist, wer ohne die Verfügung zur Zeit des Bedingungs- oder Terminseintritts zur Erbfolge berufen wäre, dagegen für ergänzend den § 2066 Satz 1[14]), nach dem bei unbedingter und unbetagter Zuwendung im gleichen Fall nach Verhältnis der gesetzlichen Erbteile bedacht ist, wer ohne die Verfügung zur Zeit des Erbfalles berufen wäre. Dagegen ist aber zu bemerken, daß Satz 2 nicht nur eine Bestimmung über die maßgebende Zeit ist, sondern vermöge der darin mittelbar enthaltenen Verweisung auf die §§ 1924ff. ebensogut wie Satz 1 auch eine Vorschrift über den Kreis der Personen, die unabhängig von der Zeit als „gesetzliche Erben" im Sinne des Testaments zu gelten haben. Verstand der Erblasser darunter nur seine vollbürtigen Verwandten, so wären hiernach die halbbürtigen bei unbedingter und unbetagter Zuwendung auf Grund des ergänzenden Satz 1 (entgegen der Entsch. RGZ. 70, 391; S. 351) nicht einmal durch Anfechtung auszuschließen, dagegen bei bedingter ohne Anfechtung ausgeschlossen, wenn die Auslegungsvorschrift des Satz 2 dem letzten Willen nachweislich nicht entspricht. Das RG. meint dies natürlich nicht und findet offenbar in dem Satz 2 nur eine Auslegungsregel über die maßgebende Zeit; danach wäre dieser aber doch eine solche nur in einem einzelnen Punkt, im übrigen trotz den Worten „im Zweifel" ein ergänzender Rechtssatz.

2. a) Schon die Anschauung, daß der Unterschied positivrechtlich sei, ist jedoch mindestens nicht immer zutreffend, denn es gibt Vorschriften, die ohne alle Rücksicht auf die Wortfassung schon vermöge ihres Inhaltes nur ergänzende oder nur auslegende sein können.

α) § 2349, nach dem Erbverzicht eines Abkömmlings oder Seitenverwandten zugleich dessen Abkömmlinge ausschließt, wäre auch dann keine Auslegungsvorschrift, wenn hinzugefügt wäre „im Zweifel" (vgl. RGZ. 61, 16) und nicht „sofern nicht ein anderes bestimmt wird"; denn die Abkömmlinge sind auch ausgeschlossen, wenn der Verzichter keine elterliche Gewalt über sie hat, also zu einem Verzicht in ihrem Namen gar nicht imstande ist.

β) Andererseits sind Vorschriften über persönlichen und gegenständlichen Umfang eines Erwerbes kraft Testaments oder Erbvertrags stets Auslegungsregeln, weil ergänzende Rechtssätze nur zum Erwerb kraft Gesetzes führen können. So sind die Grundsätze der Anwachsung (§§ 2094, 2158) Auslegungsregeln[15]), weil auch der anwachsende Teil kraft Testaments oder Erbvertrags erworben wird; daran vermag kein Gesetz etwas zu ändern, wenn es nicht das Anwachsende als gesetzlichen Erbteil oder gesetzliches Vermächtnis behandeln will, und das geschieht im BGB. nicht. Auslegungsregeln sind aus demselben Grunde § 2069, nach dem Zuwendung an einen Abkömmling „im Zweifel" eine Ersatzzuwendung an dessen Stamm in sich schließt, § 2104, nach dem bei auflösend bedingter oder befristeter Erbeinsetzung ohne Anordnung für die Folgezeit[16]) „anzunehmen ist", daß die gesetzlichen Erben mit Ausnahme des Staates „als Nacherben

---

[14]) Ebenso Strohal, Erbrecht [3] 133 Anm. 5 und bei Planck 5[3] § 2066 I.

[15]) Ebenso Endemann, Erbrecht [8] 348; ähnlich F. Leonhard, Komm. § 2094 I C, D. Die herrschende Meinung, nach der Berufung kraft vermuteten, aber nicht im Testament enthaltenen Willens, daher kraft ergänzenden Rechts einträte, widerspricht sich selbst, wenn sie die Anwachsung trotzdem als Testamentserbfolge betrachtet; folgerichtig müßte sie darin gesetzliche Erbfolge sehen; so wohl Staudinger-Herzfelder § 2094 Erl. 2. Das ist aber ausgeschlossen, weil der Anwachsungsteil nur in einzelnen Beziehungen als besonderer Erbteil gilt (§ 2095) und — anders als bei Berufung zu mehreren Erbteilen aus verschiedenen Gründen (§ 1951) — nicht selbständig angenommen oder ausgeschlagen werden kann.

[16]) Die Vorschrift gilt nicht, wenn der eingesetzte Nacherbe vor dem Erbfall wegfällt; GruchotsBeitr. 52, 130 = JW. 1907, 259 Z. 20.

eingesetzt sind", aber trotz den Worten „soweit nicht der Erblasser ein anderes bestimmt hat" auch § 2142 II, nach dem bei Ausschlagung des Nacherben die Erbschaft dem Vorerben verbleibt; denn Ersatz- und Nacherben sind niemals gesetzliche Erben, und der Vorerbe ist es in diesem Fall ebensowenig. Ergänzend ist dagegen § 2105, nach dem bei aufschiebend bedingter oder betagter Erbeinsetzung ohne Anordnung für die Zwischenzeit die gesetzlichen Erben einschließlich des Staates Vorerben sind[17]). Ist im Fall des § 2104 der Staat gesetzlicher Erbe und Verbleib beim eingesetzten Erben dem letzten Willen zuwider, so wird der Staat zwar nicht kraft Auslegung zum eingesetzten Nacherben, aber doch kraft Gesetzes zum Erben nach dem eingesetzten Erben, nämlich zum wirklichen gesetzlichen Erben auf Grund des die erblose Verlassenschaft zwingend ausschließenden § 1936 verbunden mit § 1942 II u. a.: es gibt eingesetzte wie gesetzliche Vorerben, aber nur eingesetzte Nacherben.

Auslegend sind die nur „im Zweifel" geltenden §§ 2164 I, 2169 II u. III, 2172 II, 2173 über Erstreckung von Vermächtnissen auf Zubehör und gewisse Ersatzwerte sowie § 2137 II, nach dem Ermächtigung des Vorerben zu freier Verfügung als größtmögliche Befreiung gilt, aber auch Abs. 1 desselben Paragraphen, der das gleiche ohne die Worte „im Zweifel" bei Nacherbeinsetzung auf den Überrest vorschreibt.

Ergänzend ist § 2088, nach dem bei unvollständiger Erbeinsetzung gesetzliche Erbfolge in den unvergebenen Teil eintritt, auslegend § 2089, nach dem sich im gleichen Fall die zugewandten Erbteile erhöhen, wenn die Vergebung der Erbschaft „nach dem Willen des Erblassers" als vollständige gemeint war. Auslegungsvorschriften ohne die Worte „im Zweifel" sind auch die §§ 2090—2093 über lückenhafte und unklare Erbeinsetzungen, insbesondere § 2091, nach dem ohne Bruchteilsbestimmung eingesetzte Miterben „zu gleichen Teilen eingesetzt sind, soweit sich nicht aus den §§ 2066—2069 ein anderes ergibt"; das Reichsgericht (WarnRspr. 1918 Z. 123) fühlt sich hier offenbar selbst durch die herrschende Meinung beengt, wenn es bemerkt, daß § 2091 zwar keine „eigentliche" Auslegungsregel, sondern ein nachgiebiger Rechtssatz sei, daß aber die Frage der Erbteilsbestimmung gleichwohl eine solche der Testamentsauslegung und nach den allgemeinen Grundsätzen über diese zu entscheiden sei.

γ) Sind die Parteierklärungen so unklar oder lückenhaft, daß auch die Auslegung gemäß § 133 und § 2084 kein gültiges Rechtsgeschäft ergibt oder nicht erkennen läßt, welcher Rechtsgeschäftstypus gemeint ist, so kommt im allgemeinen überhaupt kein gültiges Rechtsgeschäft zustande. Anders nur, wenn durch Gesetzesvorschrift für Beseitigung der Unklarheit oder Ausfüllung der Lücke gesorgt ist. So in § 316, nach dem der offengelassene Umfang einer vertraglichen Gegenleistung „im Zweifel" vom Gläubiger zu bestimmen ist, aber auch in § 246, nach dem rechtsgeschäftliche Zinsen jährlich 4% betragen, „sofern nicht ein anderes bestimmt ist" — ein Satz, der natürlich auf gesetzliche Zinsen angewandt ergänzend ist — ferner die §§ 612, 632, 653[18]), nach denen eine Vergütung „als stillschweigend vereinbart gilt", wo eine versprochene Arbeit nicht umsonst zu erwarten ist: ohne diese Vorschriften wäre ein Auftrag oder richtiger gar kein Vertrag zustande gekommen, weil nicht zu erkennen wäre, welcher Typus gemeint ist. Die zustande kommenden Verpflichtungen sind aber weder ganz noch teil-

[17]) Der Antrag, zu bestimmen, daß die gesetzlichen Erben auch als zu „Vorerben eingesetzt" anzunehmen seien, wurde zurückgezogen; Prot. 5, 80.

[18]) Unkenntnis der Vorschriften ist daher Anfechtungsgrund (Titze 484 Anm. 39; a. M. Manigk 153); nur wird nach § 812 II bei der Anfechtung nicht viel herauskommen.

weise solche kraft Gesetzes, sondern für beide Teile vertragliche: ein unentgeltlicher oder indifferenter Arbeitsvertrag mit gesetzlicher Pflicht zur Gegenleistung wäre Quadratur des Zirkels. Solche rettenden Vorschriften über Verfügungen von Todes wegen mit den Worten „im Zweifel" sind die der §§ 2066 bis 2068 darüber, was im Testament unter gesetzlichen Erben, Verwandten, Kindern des Erblassers zu verstehen ist, und des § 2087 II, daß Einzelzuwendungen trotz Gebrauch des Wortes „Erbe" keine Erbeinsetzungen sind; von gleicher Art sind aber auch § 2106, nach dem mangels einer Bestimmung des Erblassers der Nacherbfall mit dem Tode des Vorerben oder der Geburt des Nacherben eintritt, und § 2147 Satz 2, nach dem Vermächtnisbeschwerter der Erbe ist, „soweit nicht der Erblasser ein anderes bestimmt hat"; denn eine Nacherbeinsetzung ohne Regelung des Nacherbfalls oder ein Vermächtnis ohne Beschwerten wäre nichtig. Ergänzend ist dagegen trotz den Worten „im Zweifel" § 2221, nach dem die Arbeit des Testamentsvollstreckers zu vergüten ist, denn die Vergütung ist keine Zuwendung und die Ernennung des Vollstreckers ist eine Verfügung, deren Typus durch Versagung des Entgeltes keine Veränderung erleidet.

b) Auch wenn eine Vorschrift ihrem Inhalt nach ebensogut auslegend wie ergänzend sein könnte, wird in erster Linie nicht auf ihre Fassung zu sehen, sondern ein sachlicher Unterscheidungsmaßstab zu suchen sein: Regelungen nach Art der Sachmängelhaftung, die für die gewöhnliche Abwicklung eines Rechtsgeschäfts nicht lebensnotwendig[19]) sind und erfahrungsgemäß von den Parteien außer acht gelassen werden, sind in Zweifelsfällen als ergänzend anzusehen.

Auslegungsregeln werden bei Schuldverträgen alle Vorschriften über den regelmäßigen Umfang der primären Leistung sein, so § 314, nach dem sich Veräußerungspflichten „im Zweifel" auf Zubehör erstrecken, ohne diese Worte §§ 434, 435, 439 II, nach denen die Kaufsache lastenfrei zu verschaffen ist, und hinwiederum §§ 2165/66, 2182 II, nach denen das bei Vermächtnissen „im Zweifel" nicht gilt. Ergänzend sind dagegen Vorschriften über gewisse primäre Nebenpflichten wie die Anzeigepflicht des Mieters (§ 545), die Auskunftspflichten des Beauftragten (§ 666), des Vorerben (§§ 2121, 2127), des Testamentsvollstreckers (§§ 2218, 2215), auch über deren Ansprüche auf Ersatz von Aufwendungen (§§ 670, 2124 II, 2218).

Ergänzend sind im allgemeinen[20]) die Vorschriften über Haftung für Verschulden (z. B. § 276) und für Sachmängel (z. B. § 459), auch über die Verschuldenshaftung des Vorerben (§§ 2131—2134); die des Vermächtnisbeschwerten richtet sich nach den §§ 275ff. mit der Abweichung, daß bei Verschaffungsvermächtnissen nicht zur Erbschaft gehöriger Gegenstände im Unvermögensfall der Wert zu leisten ist (§ 2170 II); auch daß nach dem Vermächtnisanfall gezogene Früchte herauszugeben sind (§ 2184), ist ergänzender Rechtssatz: diese Früchte sind — anders als Zubehörungen und Ersatzforderungen, die schon dem Erblasser zustanden (§ 2164) — nicht mitvermacht, sondern der Anspruch darauf entwickelt sich ebenso wie ein solcher auf Ersatz wegen Verzuges erst kraft Gesetzes aus Säumnis mit der Leistung des Zugewandten. Gleiches gilt von der Sachmängelhaftung des Beschwerten (§ 2183).

Ergänzend sind im allgemeinen[20]) auch Vorschriften über Vererblichkeit und Übertragbarkeit von Rechten sowie über Dahinfallen von

---

[19]) Vgl. Henle 45, nach dem das „Existenzminimum" der zur Abwickelung für den einfachen Verlauf der Dinge erforderlichen Rechtsfolgen zum Inhalt der Erklärung gehört.

[20]) Für den Fall, daß darüber etwas bestimmt wird, aber in unklarer Form, sind auch solche Vorschriften Auslegungsregeln; F. Leonhard 64; Manigk 125; Henle 57, Lehrbuch 1,' 125.

Rechtsgeschäften, soweit dies nicht auf einer als mitvereinbart geltenden Bedingung oder auf innerem Zusammenhang mit anderen hinfälligen Verfügungen beruht. Dem entspricht schon nach der Wortfassung § 727 I, nach dem die Gesellschaft durch Tod gelöst wird, „sofern nicht aus dem Gesellschaftsvertrag sich ein anderes ergibt"; es ist aber eine starke Zumutung, die sachlich ganz entsprechenden §§ 672/73 nur deshalb für auslegend zu halten, weil danach der Auftrag „im Zweifel" durch Tod erlischt oder nicht erlischt. Ebenso spricht sachlich alles für ergänzende Natur des § 1301 Satz 2, nach dem Brautgeschenke „im Zweifel" nicht zurückgefordert werden können, wenn das Verlöbnis durch Tod gelöst wird.

Von Vorschriften dieser Gruppe über Verfügungen von Todes wegen ist wohl § 2074 eine Auslegungsregel, die „im Zweifel" in jede aufschiebend bedingte Verfügung die weitere Bedingung hineinträgt, daß der Bedachte den Bedingungseintritt erleben müsse. Dagegen können, wie schon bemerkt (S. 362f.), die Vorschriften der §§ 2077 und 2169 I über Hinfälligkeit von Zuwendungen unter Ehegatten bei Scheidung und von Vermächtnissen nachlaßfremder Gegenstände nur ergänzend sein, obwohl sie nicht gelten, wenn annehmbarerweise der Erblasser das Gegenteil bestimmt „haben würde" oder das Vermächtnis auch für einen solchen Fall angeordnet „sein soll". Auf Grund der gleichen und ähnlicher Wendungen brauchen daher auch andere Vorschriften nicht als auslegende verstanden zu werden, wenn sie aus sachlichen Gründen als ergänzende erscheinen, so die des § 2108 II über Vererblichkeit der Anwartschaft des Nacherben (a. M. RGZ. 106, 357; WarnRspr. 1917 Z. 275). Nicht aus solcher Wortfassung, aber aus sachlichen Gründen mag sich die auslegende Natur auf der Grenze stehender Vorschriften ergeben wie des § 2161 über Rechtsbeständigkeit des Vermächtnisses bei Wegfall des Beschwerten, des § 2195 über solchen der beschwerten Zuwendung bei Unwirksamkeit der Auflage, des § 2298, nach dem bei gemeinschaftlichen Erbverträgen Nichtigkeit oder Rücktritt neben den vertraglichen Verfügungen des einen Vertragschließenden auch die des andern hinfällig macht, denn das beruht auf dem innern Zusammenhang der einzelnen Verfügungen untereinander; ebenso § 2270 I, der das gleiche bei gemeinschaftlichen Testamenten für wechselbezügliche Verfügungen vorschreibt, „wenn anzunehmen ist, daß die Verfügung des einen nicht ohne die des andern getroffen sein würde". Anders § 2299 III, nach dem beim Erbvertrag Rücktritt oder vertragliche Aufhebung auch die darin enthaltenen einseitigen Verfügungen aufhebt, „sofern nicht ein anderer Wille des Erblassers anzunehmen ist"; das ist gleichfalls eine Auslegungsvorschrift, aber eine solche nicht über den Erbvertrag, sondern über den Aufhebungsakt und daher bei Rücktritt von einem gemeinschaftlichen Erbvertrag auf die einseitigen Verfügungen des Zurücktretenden zu beschränken.

3. Die Fassung einzelner Vorschriften hat unabhängig von der Frage „ergänzend oder auslegend" unmittelbare praktische Bedeutung:

α) Eine besondere ausschließende Verfügung verlangen die Wendungen „sofern nicht ein anderes bestimmt wird" (§ 2349), „soweit nicht der Erblasser ein anderes bestimmt hat" (§§ 2142 II, 2147 Satz 2) und „ohne zu bestimmen" (§§ 2104—2106).

β) Keiner besonderen Verfügung und daher auch keines Anhaltes an dem Testament oder Erbvertrag selbst bedarf es,

wo die für gewisse Fälle vorgeschriebene Unwirksamkeit einer Verfügung eintreten oder nicht eintreten soll, „wenn anzunehmen ist, daß der Erblasser" Abweichendes verfügt „haben würde" (§§ 2077 III, 2085, 2195), ebenso wo Vererblichkeit, Wirksamkeit oder Unwirksamkeit für gewisse Fälle vorgeschrieben ist, wenn „nicht ein anderer Wille anzunehmen ist" (§§ 2108 II, 2161, 2298 III) oder wenn Abweichendes gelten „soll" (§§ 2086, 2089, 2169 I).

Daß ein irrealer Wille ausreicht, besagt nur die erstere Wendung ausdrücklich, ist aber nach der Reichsgerichtspraxis (RGZ. 99, 85 S. 359) auch auf Grund der letzteren anzunehmen.

a) Der zur Ausschließung ergänzender Rechtssätze regelmäßig erforderliche Rechtsgeschäftsakt bedarf nach § 133 im allgemeinen eines wirklichen Willens.

Bei Rechtsgeschäften unter Lebenden ist eine vereinzelte Ausnahme, daß nach § 139 bei Teilnichtigkeit das ganze Rechtsgeschäft dahinfällt, „wenn nicht anzunehmen ist, daß es auch ohne den nichtigen Teil vorgenommen sein würde" (ferner § 155).

Bei Verfügungen von Todes wegen ergibt der allgemeine Auslegungsgrundsatz, daß wie jede andere Verfügung auch die zum Ausschluß ergänzenden Rechtes dienende am Testament oder Erbvertrag selbst einen Anhalt haben muß, alsdann aber auch auf Grund nur mutmaßlichen oder irrealen Willens angenommen werden darf. Ausnahmen sind ergänzende Rechtssätze, die auch ohne besondere ausschließende Verfügung keine Geltung haben, wenn ihnen ein wirklicher, mutmaßlicher oder irrealer Wille widerspricht, so die §§ 2077 III, 2089, 2108 II, 2169 I und, wenn man sie nicht für Auslegungssätze hält, auch die §§ 2161, 2195, 2298 III.

Daß sich die Anwartschaft eines unbedingt eingesetzten Nacherben vererbt, „sofern nicht ein anderer Wille des Erblassers anzunehmen ist" (§ 2108 II)[21],

---

[21]) Stirbt der Nacherbe zwischen Erb- und Nacherbfall und ist ihm ein Ersatznacherbe bestimmt, so ist nach dem Kammergericht die Vererbung seiner Anwartschaft stets ausgeschlossen und § 2108 II unanwendbar; das Reichsgericht hält diesen für anwendbar. M. E. war in den vorliegenden Fällen die Ansicht des Kammergerichts zutreffend; die Fragestellung war aber nur in einer Entscheidung vollständig (WarnRspr. 1917 Z. 275), und es sind Fälle möglich, in denen das Reichsgericht recht hat.

Das Reichsgericht (RGZ. 95, 97) stützt sich auf die Begriffsbestimmung des Ersatzerben in § 2096: dieser sei für den Fall eingesetzt, daß der Erstberufene „vor oder nach dem Eintritte des Erbfalls wegfällt"; unter „Wegfall" nach dem Erbfall sei aber unstreitig nur solcher mit Rückwirkung, z. B. durch Ausschlagung oder Erbunwürdigerklärung zu verstehen, nicht solcher durch Tod. Dabei ist jedoch nicht beachtet, daß jene Begriffsbestimmung für den Ersatznacherben nur zutrifft, wenn er für den Fall des Wegfalls „vor oder nach dem Erbfall" eingesetzt ist; im Fall seiner Berufung bei Wegfall „vor oder nach dem Nacherbfall" kann nur der Zeitpunkt des letzteren, nicht der des Erbfalls maßgebend sein (vgl. Herzfelder, JW. 1919, 513 Z. 1 Anm.). Wegfall nach dem Nacherbfall wirkt freilich nicht nur auf diesen, sondern auf den Erbfall zurück (§§ 2142 I, 1953; 2340 II Satz 2, 2344 usw.) und kommt deshalb auf dasselbe heraus wie solcher nach dem Erbfall, aber Tod vor dem Erbfall wirkt ganz anders als solcher zwischen Erb- und Nacherbfall: stirbt der erstberufene Nacherbe vor dem Erbfall, so erwirbt mit diesem Zeitpunkt niemals sein Erbe, sondern stets der Ersatznacherbe die Anwartschaft. Stirbt er zwischen Erb- und Nacherbfall, so hat er sie schon selbst erworben, und ihr weiteres Schicksal richtet sich nach der Verfügung des Erblassers. Ist ihm ein Ersatznacherbe bei Wegfall vor dem Nacherbfall bestimmt, so fällt sie gleichfalls niemals an seine Erben, sondern stets an den Ersatznacherben. Ist ihm dagegen ein solcher nur bei Wegfall vor dem Erbfall bestimmt, so erledigt sich dies schon dadurch, daß er den Erbfall erlebt hat; die schon von ihm erworbene Anwartschaft geht dann auf seine Erben über, wenn nicht der irreale Wille des § 2108 II entgegensteht; ist letzteres der Fall, so gelangt sie weder an seine Erben noch an den Ersatznacherben, sondern durch Anwachsung (§ 2094) an die neben ihm berufenen Nacherben oder, wenn solche nicht vorhanden sind, an die sonstigen Erben des Erblassers. Hiernach ist zunächst stets zu fragen, ob Ersatzberufung bei Wegfall vor dem Nacherbfall oder nur bei Wegfall vor dem Erbfall angeordnet ist; nur im letztern Fall ist für die weitere Frage Raum, ob die Anwartschaft des Erstberufenen vererblich ist, und nur dann kommt § 2108 II überhaupt zur Anwendung, also nur im Streit der Erben des

bildet den Gegenstand einer Entscheidung (RGZ. 106, 357): Der Erblasser hatte seine zweite Frau als Vorerbin, seine Tochter aus erster und seine beiden Söhne aus zweiter Ehe als Nacherben eingesetzt; bei Wiederverheiratung sollte die Witwe mit einem Viertel des Nachlasses abgefunden werden. Nach dem Erbfall waren die Söhne im Kriege gefallen, die Witwe hatte 1920 wieder geheiratet. Die Tochter beanspruchte als Nacherbin drei Viertel des Nachlasses, die Witwe glaubte, außer dem ihr belassenen Viertel als Erbin der Söhne auch deren Nacherbanwartschaft zur Hälfte geerbt zu haben. Das Berufungsgericht entschied zugunsten der Witwe, weil es den § 2108 II für ergänzend und zu seiner Ausschaltung eine besondere Verfügung des Erblassers für nötig hielt. Das Reichsgericht gab der Tochter recht, weil die Vorschrift eine Auslegungsregel sei. Diese Entscheidung war im Ergebnis richtig,

---

Erstberufenen mit den übrigen Nacherben oder den sonstigen Erben des Erblassers, nicht in ihrem Streit mit dem Ersatznacherben.

Die veröffentlichten Fälle waren sämtlich solche der Ersatznacherbeinsetzung bei Wegfall vor dem Nacherbfall, also keine Anwendungsfälle des § 2108 II. In dem einen (WarnRspr. 1917 Z. 275) hatten Ehegatten durch gemeinsames Testament einander zu Vorerben, die Kinder zu Nacherben und für den Fall, daß eins von diesen „vor uns" sterben sollte, dessen eheliche Nachkommen, bei Kinderlosigkeit die übrigen Kinder und deren Nachkommen zu Ersatznacherben bestimmt; ein Sohn war zwischen Erb- und Nacherbfall gestorben und hatte eine Tochter, die Klägerin, als Alleinerbin hinterlassen, die seinen Nachlaß ausgeschlagen hatte, aber ihr Recht als Ersatznacherbin geltend machte; die übrigen Kinder des Erblassers, die Beklagten, bestritten ihr dieses Recht, das nach § 2108 II infolge ihrer Ausschlagung an die weiterberufenen Erben des Sohnes (die Beklagten) übergegangen sei. Das Kammergericht schloß aus den Worten „vor uns" auf Ersatznacherbeinsetzung für den Fall, daß der Sohn vor beiden Eltern sterben sollte (also für den des Wegfalls vor dem Nacherbfall), hielt daher den § 2108 II für unanwendbar und gab der Klägerin recht; für den Fall, daß „vor uns" gleich „vor nur einem der Erblasser" (also Wegfall vor dem Erbfall) gemeint sein sollte, hielt es den § 2108 II für anwendbar, entnahm aber den danach zum Ausschluß der Vererbung erforderlichen irrealen Willen des Erblassers aus den Umständen und gab der Klägerin auch unter diesem Gesichtspunkt recht. Das Reichsgericht sah beides als unangreifbare Tatsachenbeurteilung an und war demnach hier mit dem Kammergericht über die richtige Unterscheidung zwischen Ersatznacherbeinsetzung für Wegfall vor dem Nacherbfall und vor dem Erbfall einverstanden.

Anders in den beiden weiteren an das Reichsgericht gelangten, unter sich ungefähr gleichliegenden und auch von dem vorigen nicht wesentlich verschiedenen Fällen (RGZ. 95, 97; SeuffA. 77, 68). In dem ersten hatten wieder Ehegatten durch gemeinsames Testament einander zu Vorerben, die Kinder zu Nacherben auf den Überrest eingesetzt und jedem seine ehelichen Abkömmlinge zu Ersatzerben bestimmt; im zweiten hatten zwei Schwestern durch Erbvertrag einander zu Vorerben, drei Verwandte zu Nacherben auf den Überrest eingesetzt und deren eheliche Abkömmlinge zu Ersatznacherben bestimmt; beidemal war ein Nacherbe zwischen Erb- und Nacherbfall kinderlos gestorben und von seiner Witwe kraft Testaments beerbt worden; beidemal hielt das Kammergericht den § 2108 II für unanwendbar und die Vererbung der Anwartschaft für unbedingt ausgeschlossen; beidemal bestätigte das Reichsgericht, weil dieser zwar anwendbar, aber der danach erforderliche irreale Wille aus den Umständen zu schließen sei; beidemal war das Kammergericht im Recht, denn daß Ersatznacherbeinsetzung bei Wegfall vor dem Nacherbfall angeordnet war, ergab sich schon aus der Beschränkung auf die Abkömmlinge, weil ganz unwahrscheinlich war, daß die Witwe dem Erblasser nur dann als Erbin unwillkommen sein sollte, wenn ihr Mann schon vor dem Erbfall und *nicht* ebensogut wenn er erst *nachher* starb.

Etwas anders lag ein weiterer, nicht an das Reichsgericht gelangter Fall (RJA. 16, 249 = JW. 1919, 513 Z. 1): Ein Ehemann hatte seine Frau zur Vorerbin, Tochter und Sohn zu Nacherben eingesetzt und für den Fall, daß der Sohn kinderlos sterben sollte, die Tochter oder deren Abkömmlinge zu weiteren Nacherben bestimmt; die Tochter, der niemand substituiert war, starb zwischen Erb- und Nacherbfall. Die Witwe des Erblassers erwirkte einen Erbschein, der sie als Vorerbin, den Sohn und die Kinder der Tochter als Nacherben und die letzteren auch als Ersatznacherben (zu berichtigen in weitere Nacherben) bei kinderlosem Absterben des Sohnes bezeichnete. Der Mann der verstorbenen Tochter glaubte, daß deren Anwartschaft nach § 2108 II an ihre Erben (ihn selbst als Vorerben, die Kinder als Nacherben) übergegangen sei; er erhielt nicht recht, weil die Anwartschaft der Tochter nicht an ihre Erben, sondern nach § 2069 nur an ihre Abkömmlinge gefallen sei. Auch das war begründet, weil eine Ersatznacherbeinsetzung bei Wegfall der Tochter vor dem Nacherbfall zwar nicht verfügt, aber doch nach § 2069 kraft irrealen Willens des Erblassers als verfügt anzunehmen war.

obwohl § 2108 II ergänzender Rechtssatz ist, denn er besagt ausdrücklich, daß er schon vermöge eines nur anzunehmenden anderen Willens keine Geltung hat.

b) Während die Entbehrlichkeit eines die Anwendung ausschließenden besondern Rechtsgeschäftsaktes mit dem Wesen des ergänzenden Rechtssatzes nicht unvereinbar ist, widerspricht es dem der Auslegungsregel, ihre Unanwendbarkeit trotz nachweislich widersprechendem Willen des Erklärenden von solchem Ausschließungsakt abhängig zu machen. Wenn das gleichwohl in einzelnen Vorschriften scheinbar geschehen ist, kann das nur ein Grund sein, sie durch nötigenfalls berichtigende Gesetzesauslegung mit dem Wesen der Auslegungsregel in Einklang zu bringen, aber nicht diese in einen ergänzenden Rechtssatz und damit z. B. den Anwachsungsteil in einen gesetzlichen Erbteil oder ein gesetzliches Vermächtnis umzudeuten.

Zur Widerlegung von Auslegungsregeln genügt im allgemeinen der irgendwie geführte Beweis, daß sie dem Willen des Erklärers bei der Erklärungsabgabe nicht entsprachen. Daß sich z. B. Sachvermächtnisse auf das Zubehör erstrecken (§ 2164 I), ist schon durch einen nicht datierten Brief des Erblassers zu widerlegen, nach dem es dem Erben zugedacht war.

Ausnahmen bilden die Vorschriften, daß die Erbschaft bei Ausschlagung des Nacherben dem Vorerben verbleibt (§ 2142 II) und daß mit einem Vermächtnis der Erbe beschwert ist (§ 2147 Satz 2), „soweit nicht der Erblasser ein anderes bestimmt hat"; da beide Vorschriften nur Auslegungsregeln sein können (S. 365, 366), wird damit gemeint sein, daß der zur Widerlegung dienende Gegenbeweis nur auf Grund eines Anhaltes an der Verfügung selbst zugelassen werden soll.

In gleicher Weise ließe sich auch der zweimal vorkommende Satz verstehen, daß „der Erblasser die Anwachsung ausschließen" kann (§§ 2094 III, 2158 II). Doch ist hier mit weitergehenden Fassungsfehlern zu rechnen (S. 382): die Vorstellung von der Notwendigkeit einer Ausschließung beruht ebenso wie die Plattheit, daß Ersatzerbeinsetzung der Anwachsung vorgeht (§ 2099), auf unzeitgemäßer Erinnerung an den aufgehobenen zwingenden Satz „nemo pro parte testatus pro parte intestatus decedere potest".

III. Teilunwirksamkeit

Bei Teilunwirksamkeit eines Rechtsgeschäftes ist dies nach § 139 ganz nichtig, „wenn nicht anzunehmen ist, daß es auch ohne den nichtigen Teil vorgenommen sein würde". Unwirksamkeit einer von mehreren Verfügungen eines Testaments zieht die übrigen nach § 2085 nur dann nach sich, „wenn anzunehmen ist, daß der Erblasser diese ohne die unwirksame Verfügung nicht getroffen haben würde". Beide Vorschriften setzen natürlich voraus, daß der von der Unwirksamkeit nicht betroffene Teil für sich allein bestehen kann und nicht eine Erklärung ganz andern Inhalts ergibt: ein Erblasser hatte die seinen beiden Schwestern in einem früheren Testament zugewandten Vermächtnisse durch eigenhändiges Testament mit den Worten herabsetzen wollen, daß sie „nur [je 1/2] 5000 M. [zusammen] erhalten" sollten; da die eingeklammerten Worte von fremder Hand geschrieben waren, ließ sich die Herabsetzung nicht aufrechterhalten (SeuffBl. 1913, 210) — so wenig wie ein Kauf bei Nichtigkeit der Preisabrede als Schenkung.

Das Reichsgericht (WarnRspr. 1911 Z. 196) hält den § 2085 für ergänzend; das ist zutreffend, obwohl nicht im Einklange damit, daß es in anderen Entscheidungen (RGZ. 106, 357; WarnRspr. 1917 Z. 275) den § 2108 II auf Grund der Worte „sofern nicht ein anderer Wille des Erblassers anzunehmen ist" als Auslegungsvorschrift betrachtet. Die §§ 139 u. 2085 sind ergänzende Rechtssätze entgegengesetzten Inhaltes: mangels eines abweichenden wirklichen oder irrealen Willens ist nach § 139 Nichtigkeit des Ganzen, nach § 2085 Wirksamkeit der übrigen Verfügungen anzunehmen. Auslegungsregeln für diesen ihre Anwendung ausschließenden Willen enthalten beide Vorschriften nicht.

Bei gemeinschaftlichen Testamenten fallen mit der Nichtigkeit und dem Widerruf der wechselbezüglichen Verfügungen des einen Teiles auch die des andern dahin (§ 2270); wieweit die nicht wechselbezüglichen bestehen bleiben, richtet sich nach § 2085 (WarnRspr. 1913 Z. 247; RGZ. 116, 148). Das gleiche muß auch bei Nichtigkeit, aber nicht bei gewillkürter Aufhebung (§ 2299 III; S. 367) gemeinschaftlicher Erbverträge für die darin enthaltenen einseitigen Verfügungen gelten.

1. Den Worten nach handelt § 2085 nur von völliger Unwirksamkeit einer von mehreren Verfügungen eines Testaments. Diesen Fall betreffen folgende Entscheidungen: Ein durch Konzeptabschrift eigenhändig errichtetes Testament enthielt nach Einsetzung der Alleinerbin folgenden Satz: „Dieselbe ist gehalten, aus diesem N[achlasse meinem Bruder Matthias K. in Serrig einen Ertrag von] dreißig Mark herauszuzahlen"; die eingeklammerten Worte hatte der Erblasser, dem vorübergehend die Hand versagte, von einem andern schreiben lassen; die Nichtigkeit des von fremder Hand geschriebenen Vermächtnisses berührte die übrigen Verfügungen nicht (RGZ. 63, 23). Ein andermal hatte der Erblasser durch nichtiges Testament seine Frau und mehrere weitere Erben, in einem formrichtigen Nachtrag außer der Frau nur einen von diesen nochmals eingesetzt; die Gültigkeit der letzten Erbeinsetzungen wurde nicht dadurch in Frage gestellt, daß die in dem ersten Testament enthaltenen (und nicht, wie die weiteren Erbeinsetzungen, durch den Nachtrag mittelbar widerrufenen) sonstigen Verfügungen nichtig waren (WarnRspr. 1908 Z. 74). In einem noch unter dem sächsischen BGB. errichteten gemeinsamen Testament hatten die Ehegatten zunächst einander zu Erben (Vorerben), dann auch den jüngsten Sohn zum Erben (Nacherben) eingesetzt, die übrigen Abkömmlinge teils mit Vermächtnissen bedacht und für eine Tochter, die Klägerin, nur Anrechnung von Vorempfängen auf den Pflichtteil angeordnet. Diese machte geltend, daß ihre nur mittelbar durch alleinige Nacherbeinsetzung des jüngsten Sohnes verfügte Beschränkung auf den Pflichtteil durch dessen vor dem Erbfall eingetretenen Tod hinfällig geworden sei. Die Beschränkung war zwar in der Tat nur mittelbar verfügt, aber nicht durch die erledigte Nacherbeinsetzung, sondern durch die Anrechnungsanordnung; nach § 2085 hatte daher die Tochter zu behaupten und zu beweisen, daß der Erblasser die Beschränkung ohne die Nacherbeinsetzung nicht angeordnet hätte (WarnRspr. 1911 Z. 196). In einem Falle nichtiger Einsetzung sämtlicher Erben wurde angenommen, daß die zugleich angeordnete Ernennung eines Testamentsvollstreckers nur zur Ausführung der Verteilung unter diese bestimmt, also trotz § 2085 gleichfalls nichtig sei (LZ. 1922, 513 Z. 3).

2. Die folgenden zwei Entscheidungen betreffen Fälle der Teilunwirksamkeit einer einzelnen Verfügung, auf die das Reichsgericht (SeuffA. 75, 67; vgl. RGZ. 63, 27) nicht den § 2085, sondern den § 139 anwenden will[22]).

Im ersten (GruchotsBeitr. 52, 1087 = SeuffA. 62, 153) hatte der Erblasser u. a. Testamentsvollstrecker ernannt und dem Ortsarmenverband ein Ritter-

[22]) Ebenso O. Fischer, Konversion 5.

gut nebst allem Inventar durch Vermächtnis hinterlassen, zugleich aber auferlegt, seine Sparkassenschuld aus dem Erlöse des an den Gutspächter zu verkaufenden Inventars, nötigenfalls auch aus den Pachterträgnissen der ersten Jahre zu bezahlen; er hatte dann das Inventar selbst an den Pächter verkauft, den Kaufpreis teils gezahlt erhalten, teils gestundet, aber die Sparkassenschuld nicht berichtigt. Die Testamentsvollstrecker verlangten von dem Ortsarmenverband Übernahme der vollen Schuld von 25000 M.; dieser wollte den Erlös des Inventars, über 20000 M. (der ihm nicht als Surrogat gebührte, vgl. §§ 2164 II, 2169 III), abziehen und erhielt in allen drei Instanzen recht.

Im zweiten Fall (SeuffA. 75, 66) hatten Ehegatten unter preußischem Recht (ALR. II 1, 492/93) durch gemeinschaftliches Testament einander zu Erben (Vorerben) eingesetzt und bestimmt, daß der Nachlaß nach dem Tode des Letztversterbenden teils an Verwandte des Mannes, teils an solche der Frau (als Nacherben) fallen solle; außerdem hatten sie Vermächtnisse angeordnet. Nach dem Tode der Frau erhöhte der Mann eins der Vermächtnisse von 300 auf 6000 M. Nach der preußischen Praxis (Bolze, Praxis 7 Z. 722) war der Überlebende nur an seine Verfügungen zugunsten der Verwandten des Erstverstorbenen, nicht an solche zugunsten seiner eigenen Verwandten gebunden. Da er mit dem erhöhten Vermächtnis alle Nacherben beschwert hatte, nahm das Berufungsgericht völlige Nichtigkeit der Erhöhung an. Das Reichsgericht verwies die Sache zur Nachprüfung gemäß § 139 zurück.

a) Im ersten Fall prüft das Reichsgericht die Anwendung des § 2085 nur im Hinblick auf das Verhältnis des Vermächtnisses zu der Auflage. Es bemerkt, daß durch die I n v e n t a r v e r ä u ß e r u n g „das Legat des Inventars" nach § 2169 I u n w i r k s a m g e w o r d e n sei und setzt stillschweigend voraus, daß das e i n h e i t l i c h e V e r m ä c h t n i s d e s G u t e s „mit sämtlichem lebenden und toten Inventar" h i n s i c h t l i c h d e s G u t e s w i r k s a m g e b l i e b e n ist. In Wahrheit lag ein einheitliches Vermächtnis vor, das durch die Veräußerung eines Teiles seines Gegenstandes teilweise unwirksam geworden war und bei der vom Reichsgericht in der zweiten Entscheidung (SeuffA. 75, 67) als zweifellos bezeichneten Anwendung des § 139 im Zweifel ganz unwirksam geworden wäre. Die Entscheidung war jedoch insoweit sachlich zutreffend, weil die Anwendung des § 139 dem Zweck des § 2085 widersprochen hätte[23]). Da freilich der Fall durch die Worte des § 2085 nicht gedeckt ist, kommt nur entsprechende Anwendung in Frage, und zu dem gleichen Ergebnis führen noch weitere Analogien: wenn im Zweifel nach § 2169 III bei Verlust des vermachten Stückes etwaige Ersatzansprüche und nach § 2173 bei Erfüllung der vermachten Forderung der Leistungsgegenstand oder der Geldbetrag als hinterlassen anzunehmen ist, läßt sich schwer glauben, daß bei Verlust oder Veräußerung eines Teiles des vermachten Stückes für den verbliebenen Rest nicht das gleiche gelten sollte. Zur Bestätigung kann ferner dienen, daß nach § 2086 bei Ergänzungsvorbe-

[23]) Nach Auffassung des Reichsgerichts beträfen diese Vorschriften in Anwendung auf Verfügungen von Todes wegen die zwei verschiedenen Fälle der Teilnichtigkeit (§ 139) und der völligen Unwirksamkeit einer Einzelverfügung (§ 2085). Damit stimmt die zur Begründung herangezogene Äußerung der Motive (5, 60) nicht überein, denn sie hält den § 139 (Entw. I § 114) für die allgemeine und den § 2085 (Entw. I § 1787) für die besondere Vorschrift; das entscheidende Gewicht liegt hierauf und nicht auf dem zur Rechtfertigung der Sondervorschrift verwendeten Beispielsfall, daß bei Nichtigkeit einer Einzelverfügung nach der allgemeinen Vorschrift (§ 139) im Zweifel Nichtigkeit des ganzen Testamentes anzunehmen, dagegen nach der Sondervorschrift (§ 2085) Selbständigkeit der Einzelverfügung zu vermuten sei; daß bei der offenbar gar nicht erwogenen Teilnichtigkeit einer Einzelverfügung die allgemeine Vorschrift (§ 139) gelten sollte, folgt daraus nicht.

halt[24]) das Verfügte im Zweifel auch dann gilt, wenn die Ergänzung unterblieben ist, einerlei ob diese in der Hinzufügung neuer oder in der Abänderung schon getroffener Verfügungen bestehen sollte. Wieweit das Gesetz bestrebt ist, so viel wie irgend möglich von den Verfügungen des Erblassers aufrechtzuerhalten, zeigt der salomonische § 2073, nach dem bei Bezeichnung des Bedachten in einer auf mehrere Personen passenden Form im Zweifel alle als zu gleichen Teilen bedacht gelten: hat der Erblasser seinem „Freund Fritz Müller" einen Geldbetrag vermacht und kommen drei dieses Namens in Frage, so ist das Ergebnis zu zwei Dritteln gewiß gegen den letzten Willen, aber es kommt diesem doch näher, wenn es damit wenigstens zu einem Drittel im Einklang bleibt, als wenn das Vermächtnis wegen Unklarheit als wirkungslos zu behandeln wäre, also auch der wirklich Gemeinte gar nichts erhielte[25]). Hiernach war es gewiß richtig, daß die erste Entscheidung das Vermächtnis hinsichtlich des Gutes als wirksam behandelte, ohne nach Gründen der Unanwendbarkeit des § 139[26]) zu fragen; der unausgesprochene Entscheidungsgrund ist die entsprechende Anwendung des § 2085.

b) Passender wäre § 139 in Anwendung auf das Verhältnis der beschwerten Zuwendung zu der Beschwerung. Es ist auch nicht recht zutreffend, wenn die erste Entscheidung daraus, daß nach § 2195 Unwirksamkeit der Auflage im Zweifel nicht solche des damit beschwerten Vermächtnisses nach sich zieht, auf den umgekehrten Fall der Teilnichtigkeit des Vermächtnisses schließen will; denn es liegt ganz anders, wenn der Vermächtnisnehmer infolge Unwirksamkeit der Auflage mehr erhält, als ihm ursprünglich zugedacht war, als wenn er wegen Teilunwirksamkeit des Vermächtnisses nicht nur weniger erhält, sondern bei Unzulänglichkeit des Restes zur Erfüllung der Auflage der Gefahr ausgesetzt wird, die Haftungsbeschränkung des § 2187 zu verwirken. Aber solche Erwägungen sind schon im Hinblick auf den § 2085 belanglos, der diesen Fall nach der hierin gewiß zutreffenden Begründung der ersten Entscheidung wörtlich deckt. Auch das Ergebnis war richtig, da der Erblasser mit der Auflage nicht das ganze Vermächtnis beschwert hatte, sondern nur den Inventarerlös und nötigenfalls die Pachterträgnisse der nächsten Jahre; zur Deckung der Schuld wären sonst die von etwa 125 Jahren erforderlich gewesen.

Während hier die beschwerte Zuwendung zum Teil unwirksam war, lag der zweite Fall formell umgekehrt: die beschwerten Nacherbeinsetzungen blieben

---

[24]) In einem eigenhändigen Testament stand das Datum am Kopf, die Unterschrift in der Mitte der sonst leeren vierten Seite; die Lücke wurde als Ergänzungsvorbehalt verstanden, der nach § 2086 die Wirksamkeit nicht hindere (WarnRspr. 1914 Z. 301 = LZ. 1914, 1116 Z. 17). Dagegen ist nichts zu sagen, es ist aber zu fragen, wie die Ergänzung hätte erfolgen sollen: geschah sie nicht an demselben Tage, so wäre nach der vom Reichsgericht geteilten herrschenden Meinung, die richtige Datierung verlangt, in die Lücke ein neues Datum und eine neue Unterschrift einzusetzen gewesen, so daß am Schluß zwei Unterschriften nötig wären; damit werden wohl nicht viel Erblasser fertig werden. Bei öffentlichen Testamenten verlangte der 3. Senat des Reichsgerichts keine Richtigkeit des Datums (RGZ. 74, 421), und der 4. machte dem einige Zugeständnisse (RGZ. 81, 98; 84, 164, 167; JW. 1917, 466 Z. 11), weshalb zu hoffen war, daß er auch bei eigenhändigen von der m. E. auf grundverfehlter Buchstabenauslegung beruhenden (Siber, Erbrecht 28) herrschenden Meinung zurückkommen werde. Leider ist das Gegenteil eingetreten, und der 3. Senat hat nach der vom 5. beschlossenen Anrufung des Plenums seine frühere Meinung über öffentliche Testamente zurückgenommen (RGZ. 109, 368).

[25]) So das römische Recht, fr. 63, 1 Dig. de her inst. 28, 5; vgl. Beseler, Juristische Miniaturen 84. Strohal, Erbrecht [3] 133 Anm. 5, 9 und bei Planck 5[3] § 2073 hält die Vorschrift für ergänzend.

[26]) § 139 ist auf entgeltliche Rechtsgeschäfte zugeschnitten und paßt auch schlecht bei der Schenkung unter Lebenden: geht die schenkweise versprochene Sache teilweise zugrunde und ist der Rest nicht unbrauchbar, so wird im Zweifel weder der Beschenkte noch der Schenker „alles oder nichts" wollen.

völlig wirksam, aber die Erhöhung des Vermächtnisses und damit der Beschwerung war nur den mit dem letztversterbenden Mann verwandten Nacherben gegenüber zulässig und daher zum Teil unwirksam, weshalb eben § 2085 wörtlich nicht paßte. Trotzdem wird ein sachlicher Grund, hier anders als im ersten Fall zu entscheiden, kaum zu finden sein, und auch das Reichsgericht hat wohl bei der Zurückverweisung an die Berufungsinstanz als das wünschenswerte Ergebnis eine Herabsetzung des Vermächtnisses nach dem Verhältnis der den Verwandten des Mannes zugefallenen Nacherbteile angesehen. Dies wäre bei entsprechender Anwendung des § 2085 gesichert gewesen, war es aber bei Anwendung des § 139 nicht, denn daraus, daß der Erblasser seinen Verwandten bei Kenntnis der Rechtslage vermutlich nicht die ganze Last der Erhöhung allein auferlegt hätte, folgt zwar nicht, daß er diese überhaupt nicht angeordnet hätte, aber auch nicht das nach § 139 beweisbedürftige Gegenteil. Dem Zweck des Gesetzes wird nach alledem nur die völlige Ausschaltung des § 139 bei Verfügungen von Todes wegen — jedoch nicht beim Erbverzicht — entsprechen.

IV. Auslegung und Anfechtung wegen Willensmangels

Wie die Auslegung hat bekanntlich auch die Anfechtung wegen Irrtums bei Verfügungen von Todes wegen (§§ 2078/79, 2279 I) mehr Spielraum als bei Rechtsgeschäften unter Lebenden. Abgesehen davon, daß es nur auf die wirkliche Ursächlichkeit des Irrtums für die Verfügung und nicht auch auf die hypothetische bei verständiger Würdigung des Falles ankommt, ist die Anfechtung wegen Irrtums über den Inhalt der Erklärung in § 2078 I ungefähr mit denselben Worten gestattet wie in § 119 I, „soweit der Erblasser über den Inhalt seiner Erklärung im Irrtume war oder eine Erklärung dieses Inhalts überhaupt nicht abgeben wollte[27]".

Anfechtung wegen Irrtums im Beweggrunde ist nach § 2078 II gestattet, „soweit der Erblasser zu der Verfügung durch die irrige Annahme oder Erwartung des Eintritts oder Nichteintritts eines Umstandes bestimmt worden ist", ferner nach § 2079, wenn er einen beim Erbfall vorhandenen Pflichtteilsberechtigten übergangen hat, „dessen Vorhandensein ihm bei der Errichtung der Verfügung nicht bekannt war oder der erst nach der Errichtung geboren oder pflichtteilsberechtigt geworden ist", es wäre denn anzunehmen, daß er bei Kenntnis der Sachlage ebenso verfügt hätte. Da sich das auch auf den Fall bloßer Unkenntnis des Erblassers von der Pflichtteilsberechtigung, z. B. infolge Rechtsirrtums bezieht (WarnRspr. 1927 Z. 35), ist die Vorschrift ausdehnend auszulegen, gleich als sagte sie: dessen Vorhandensein „als solchen" dem Erblasser nicht bekannt war. Dies ist ein Sonderfall des Irrtums im Beweggrund und nur dadurch ausgezeichnet, daß Unkenntnis vom Vorhandensein des Pflichtteilsberechtigten bis zum Gegenbeweis als ursächlich für die Übergehung vermutet wird, während nach der allgemeinen Vorschrift des § 2078 II die Ursächlichkeit des Irrtums für die Verfügung beweisbedürftig ist[28].

---

[27]) Beides ist ebenso wie in § 119 I völlig tautologisch: wer über den Inhalt einer Erklärung im Irrtum ist, will eine Erklärung „dieses Inhalts" nicht abgeben, wer eine Erklärung „dieses Inhalts" nicht abgeben will und sie doch abgibt, ist über ihren Inhalt im Irrtum; Beseler, Juristische Miniaturen 30.

[28]) Dies verkennt das Reichsgericht, wenn es bemerkt (RGZ. 59, 40): nach § 2078 II sei der Gegenbeweis, daß die Verfügung auch bei Kenntnis der Sachlage getroffen wäre, unzulässig, und (IV 111/06): es sei gleichgültig, ob der Erblasser ohne den Irrtum aus anderen Erwägungen ebenso verfügt hätte. § 2078 II verlangt Nachweis der Ursächlichkeit des Irrtums für die Ver-

I. In der streitigen Frage, ob der Irrtum des § 2078 II eine bestimmte Vorstellung von dem Umstand erfordert, dessen Annahme oder Erwartung die Verfügung verursacht hat, oder ob bloßes Nichtdarandenken ausreicht, hat das Reichsgericht geschwankt: eine frühere Entscheidung verlangte keine bestimmte Vorstellung (RGZ. 77, 174), eine spätere nahm das Gegenteil an (RGZ. 86, 208); neuere äußern sich zweifelhaft (GruchotsBeitr. 67, 669) oder bemühen sich, in dem Nichtvorausbedenken künftiger Änderungen eine bestimmte Vorstellung vom Fortbestand des Gegenwärtigen zu finden, besonders in dem der Geldentwertung eine solche der Wertbeständigkeit (LZ. 1923, 603 Z. 6; vgl. JW. 1927, 1203 Z. 17), in dem der Wiederverheiratung des zum alleinigen Vorerben eingesetzten Mannes eine solche künftiger Alleinerbfolge der zu Nacherben eingesetzten Kinder nach beiden Ehegatten (Gruchots-Beitr. 67, 667). Daß die Anfechtung wegen Übergehung eines Pflichtteilsberechtigten keine bestimmte Vorstellung erfordert, ist unbestritten (vgl. JW. 1907, 203 Z. 9). Entsprechendes ist aber auch für andere Fälle der Annahme oder Erwartung „des Nichteintritts" eines Umstandes angebracht (so in der Tat JW. 1925, 2765 Z. 7 = WarnRspr. 1925 Z. 17, wenn dem nicht als solchen bekannten Pflichtteilsberechtigten zu wenig zugewandt ist); denn „was das Gesetz für diesen Sonderfall ausdrücklich vorschreibt, kann es nicht für andere Fälle ausschließen wollen" (JW. 1911, 544 Z. 24 = WarnRspr. 1911 Z. 335; S. 356). Für die positive Annahme oder Erwartung des Eintritts eines Umstandes wird dagegen allerdings eine bestimmte Vorstellung nötig sein.

Es kommt vor, daß der Pflichtteilsberechtigte bedacht ist, ohne daß der Erblasser um das dem Pflichtteilsrecht zugrunde liegende Verhältnis weiß, er hat z. B. seine Haushälterin mit einem kleinen Dienstbotenvermächtnis bedacht und sie später geheiratet oder — etwas romantisch — der Vater hat in gleicher Weise seinen unbekannt bei ihm als Knecht dienenden verlorenen Sohn bedacht. Ist hier, wie das Reichsgericht (RGZ. 50, 238) annimmt, die Anfechtung nach § 2079 ausgeschlossen, so müßte sie doch nach § 2078 II zulässig sein, wenn die Ursächlichkeit der Unkenntnis für die geringe Höhe der Zuwendung bewiesen wird. Besser wird aber anzunehmen sein, daß die Anwendung des § 2079 überhaupt nur durch eine Zuwendung an den Pflichtteilsberechtigten „als solchen" ausgeschlossen wird, so daß die Anfechtung gestattet ist, vorbehältlich des Gegenbeweises, daß der Erblasser bei Kenntnis der Sachlage vermutlich nicht anders verfügt hätte, z. B. daß die Zuwendung infolge ihrer Höhe ohnehin angemessen war oder daß er eine Abänderung des Testamentes nicht infolge bloßer Vergeßlichkeit unterlassen hat (vgl. JW. 1925, 2756 Z. 7 mit Bemerkung von Kipp = WarnRspr. 1926 Z. 17).

II. Die Bedeutung des Streits um das Erfordernis einer konkreten Vorstellung des Irrenden verringert sich etwas bei Weiterausbau des vom Reichsgericht wiederholt ausgesprochenen Grundsatzes, daß Auslegung (SeuffA. 76, 236; LZ. 1921, 376), insbesondere ergänzende bei Geldentwertung (JW. 1925, 359 Z. 12; 1927, 1203 Z. 17 mit Bemerkungen von Pringsheim und Herzfelder) der Anfechtung vorgeht. Anfechtung wird dem wirklichen letzten Willen infolge ihrer Zweischneidigkeit sehr oft nicht gerecht, während Auslegung wenigstens den Zweck hat, ihm so nahe zu kommen wie irgend

fügung und damit den Beweis, daß diese ohne den Irrtum nicht getroffen wäre. Ursächlichkeit des Irrtums für eine Verfügung, die ohne ihn ebenso getroffen wäre, ist eine unmögliche Vorstellung; ein Gegenbeweis, daß sie ohnehin getroffen wäre, ist Beweis der mangelnden Ursächlichkeit und kommt nur in Frage, wenn diese vermutet wird, also nur nach § 2097.

möglich. Als das Reichsgericht (RGZ. 70, 391; S. 350) Anfechtung einer Einsetzung der „gesetzlichen Erben" gestattete, unter denen der Erblasser nur die vollbürtigen Geschwisterkinder verstanden hatte, entsprach die Wirkung ungefähr dem letzten Willen, denn da die Einsetzung der halbbürtigen vernichtet wurde, fiel auch deren Anteil an die vollbürtigen, sei es durch Erhöhung ihrer Testamentsanteile (§ 2089) oder durch Anwachsung (§ 2094) oder kraft gesetzlicher Erbfolge (§ 2088 I); hätte aber der Erblasser umgekehrt unter der Herrschaft des gemeinen oder des preußischen Rechts, die nur vollbürtige zur gesetzlichen Erbfolge beriefen, die „gesetzlichen Erben" in der Meinung eingesetzt, daß auch die halbbürtigen dazu gehörten, so hätte eine die Einsetzung der vollbürtigen teilweise vernichtende Anfechtung nichts daran ändern können, daß diese doch den ganzen Nachlaß erhielten, wenn auch zum Teil nicht als eingesetzte, sondern als gesetzliche Erben. Ebenso wurde die Anfechtung im Fall einer anderen, nicht veröffentlichten Entscheidung (RG. IV 229/05; KommRGR. § 2078 II) dem letzten Willen nur durch Zufall gerecht: die Erblasserin hatte durch Dolmetschertestament die gesetzlichen Erben ihres Mannes eingesetzt, aber die beiderseitigen Verwandten gemeint; infolge der Anfechtung wurden neben den eingesetzten Verwandten des Mannes auch die der Frau als gesetzliche Erben berufen; hätte die Erblasserin umgekehrt nur ihre gesetzlichen Erben oder Verwandten eingesetzt und darunter — mit dem Marginale zu Art. 20 f. des schweizerischen ZGB. — auch die mit ihr nur verschwägerten Verwandten des Mannes verstanden, so hätte die Teilanfechtung der Einsetzung ihrer eigenen Verwandten doch nur bewirkt, daß diese den infolge der Anfechtung unvergebenen Teil nicht als eingesetzte, sondern als gesetzliche Erben erhielten, und die Verwandten des Mannes wären entgegen dem letzten Willen leer ausgegangen. Ähnlich in dem Fall, daß die Erblasserin einen Wohltätigkeitsverein zum Alleinerben eingesetzt und der in einem früheren Testament eingesetzten Alleinerbin nur den Nießbrauch am Nachlaß zugewandt hatte (LZ. 1920, 340 Z. 6): konnte diese, weil ihre Vorerbeinsetzung gewollt war, für ihre Lebenszeit die Erbeinsetzung des Vereins anfechten, so entsprach die Wirkung nur dann dem letzten Willen, wenn sie allein zur gesetzlichen Erbfolge berufen war, denn dann wurde sie auch alleinige gesetzliche Vorerbin (§ 2105 I); andernfalls wäre sie gar nicht oder nur gemeinsam mit den übrigen gesetzlichen Erben Vorerbin geworden.

Eine neue rechtsgeschichtliche und rechtsvergleichende Untersuchung[29]) hat dargetan, daß in Rom die kaiserliche Rechtsprechung, anders als die Praxis der ordentlichen Gerichte, bei Nichtigkeit der Erbeinsetzung wegen Irrtums möglichst den zum Erben berief, den der Erblasser ohne den Irrtum vermutlich eingesetzt hätte. Damit erhebt sich ganz von selbst die Frage, ob nicht auch die heutige Rechtsprechung zu der gleichen Praxis imstande sein sollte.

1. Zu widerstehen wäre freilich einer Versuchung zur Ausdehnung der bisher auf Rechtsgeschäfte unter Lebenden beschränkten Reichsgerichtspraxis, nach der die Berufung einer Vertragspartei auf eine von ihr selbst verschuldete Formnichtigkeit durch Einrede der Arglist zurückgewiesen werden könnte. Dies hat zuerst der 3. Senat für den Fall ausgesprochen, daß der Gegner arglistig über die Notwendigkeit der Form getäuscht war (WarnRspr. 1908 Z. 38 = GruchotsBeitr. 32, 1044), und zwar unter ausdrücklicher Ablehnung des gleichen Grundsatzes bei bloßer Fahrlässigkeit (RGZ. 96, 315); in offenkundigem Widerspruch damit haben aber

---

[29]) F. Schulz (S. 351 Anm. 1).

der 5. (RGZ. 107, 362; JurRdsch. 1926, 2, 286) und der 4. Senat (WarnRspr. 1925 Z. 162) die Beschränkung auf den Arglistfall als „nicht frei von Rechtsirrtum" bezeichnet und auch bei fahrlässiger Täuschung des Gegners eine „Einrede der allgemeinen oder gegenwärtigen Arglist" gestattet. Wäre das richtig, so stände auch einer Ausdehnung auf Verfügungen von Todes wegen nichts entgegen: veranlaßt der gesetzliche Erbe den Erblasser, der einen Fremden zum Alleinerben einsetzen will, durch unrichtige Belehrung über die Testamentsform zu einer formnichtigen Erbeinsetzung, so müßte seine Berufung auf Formnichtigkeit von dem Eingesetzten durch „Einrede oder Replik der Arglist" mit der Wirkung zurückgewiesen werden können, daß die Einsetzung als gültig zu behandeln wäre. Von hier aus bedürfte es nur noch eines sehr kurzen Schrittes bis zu der Annahme, daß sich auch bei Anfechtung der Erbeinsetzung wegen eines von den gesetzlichen Erben verschuldeten Irrtums der, den der Erblasser ohne den Irrtum eingesetzt hätte, durch „Einrede der gegenwärtigen Arglist" behaupten könne.

Jene Praxis ist aber entschieden abzulehnen. Einmal kennt das BGB. nur Einreden gegen Ansprüche; die für alle Welt bestehende Möglichkeit, sich auf Nichtigkeit zu berufen, ist aber nicht einmal ein subjektives Recht geschweige denn ein Anspruch, und die Vorstellung, daß nichts durch Entgegensetzung einer Einrede zu etwas werden könne, ist ein Exempel „null mal minus gleich plus". Allerdings ließe sich die Begründung formell verbessern. Auch die zivilrechtliche Nichtigkeit der Erbeinsetzung durch prätorisches schriftliches Testament wurde durch exceptio doli unschädlich gemacht, wenn der so Eingesetzte von dem zivilen Intestaterben mit der hereditatis petitio verklagt wurde, also durch exceptio gegen eine actio (Gaius 2, 120); um selbst klagen zu können, erhielt er actiones utiles (Gaius 4, 34). Eine ähnliche „prätorische" Neubildung wäre heute trotz ihrer Kühnheit allenfalls zu rechtfertigen, wenn sie notwendig wäre, aber das ist bei Rechtsgeschäften unter Lebenden nicht der Fall: die Klage auf Erfüllung eines formnichtigen Vertrags enthält auch de lege ferenda die gleiche unnötige pluspetitio wie die vom Reichsgericht entsprechend § 463 Satz 2 bei außervertraglicher arglistiger Täuschung über Eigenschaften der Kaufsache gestattete Klage auf Schadensersatz wegen Nichterfüllung (RGZ. 66, 435; 83, 243)[30]. Wer von dem Vertragsgegner arglistig über die Notwendigkeit der Form getäuscht worden ist, kann schon nach § 826 Ersatz des dadurch verursachten Schadens fordern, und das gleiche ergibt bei Fahrlässigkeit die auch dem Reichsgericht (RGZ. 107, 362) zur Begründung dienende entsprechende Anwendung der Einzelvorschriften über Verschulden beim Vertragsschluß. Das führt aber, wenn auch ohne die Täuschung ein gültiger Vertrag nicht zustande gekommen wäre, nur zu einem Anspruch auf Ersatz des Vertrauensschadens, des negativen Interesses und niemals zu einem solchen auf Vertragserfüllung

Das Bedürfnis, in ähnlichen Fällen eine formnichtige Verfügung von Todes wegen als gültig zu behandeln, wäre de lege ferenda weit stärker. Bewegt der gesetzliche Erbe den Erblasser durch unrichtige Belehrung über die Testamentsform dazu, die beabsichtigte Erbeinsetzung eines Dritten in einem eigenhändigen Testament mit vorgedrucktem Ortsdatum zu verfügen, so ist er dem Dritten bei Arglist nach § 826 zum Ersatz des durch die Täuschung verursachten Schadens verpflichtet, und der umfaßt die entgangene Erbschaft; die außerdem zulässige Erbunwürdigerklärung (§ 2339 Z. 2) nützt dem Dritten nur, wenn er der nächst entferntere gesetzliche Erbe ist. Bei

[30]) Dagegen Riehl, GruchotsBeitr. 60, 809; Siber, ZHR. 81, 258.

Fahrlässigkeit ist ihm überhaupt nicht zu helfen, denn es liegt nicht viel anders, als wenn der Erblasser, der seine Pflegetochter einsetzen will, von seinem Bruder durch die Belehrung, daß diese schon kraft Gesetzes seine Alleinerbin sei, zur Unterlassung der Testamentserrichtung bewogen wird.

Das Reichsgericht hat demnach de lege lata mit Recht daran festgehalten, daß Anfechtung nur den erklärten unwahren Willen vernichtet, nicht den unerklärten wahren Willen durchsetzt (LZ. 1920, 34 Z. 6; BayZ. 1906, 15; IV 111/06), daß sie nur kassiert, nicht reformiert. De lege ferenda ist die Frage hier nicht zu erörtern. Gewiß könnten Verfänglichkeiten der eigenhändigen Form beseitigt und auch ein durch Tod des Erblassers unterbrochener öffentlicher Errichtungsakt als abgeschlossen behandelt werden, wenn der letzte Wille dem Richter oder Notar schon vollständig erklärt, aber noch nicht fertig protokolliert ist — etwa wie Horaz „decessit . . . herede Augusto palam nuncupato, cum urgente vi valetudinis non sufficeret ad obsignandas testamenti tabulas" (Sueton, Vita Horatii poetae a. E.). Eine Ermächtigung des Richters, das gesetzliche Erbrecht bei Nichtigkeit oder Anfechtung des Testaments nach den Umständen des Einzelfalles abzuändern, wäre aber in Wahrheit Einführung einer dritten, richterlichen Berufung neben der testamentarischen und der gesetzlichen — ein auch de lege ferenda schwerlich spruchreifes Wagnis.

2. Hier ist nur zu fragen, ob nicht das Gebiet der notwendig zweischneidigen Anfechtung schon de lege lata Einschränkungen erfahren kann, die sich nicht unmittelbar aus den §§ 2078/79 ergeben.

a) Möglicherweise wird trotz dem Irrtum des Erblassers eine ersatzlose Ausschließung der Anfechtung dem letzten Willen besser gerecht als ihre Zulassung; so in folgendem, nach einer österreichischen Entscheidung (Glaser-Unger 6 Z. 2734) konstruierten[31]) Falle: ein in Bayern lebender Österreicher war von dem bayerischen Notar fälschlich dahin belehrt worden, daß er nach österreichischem Recht seinen natürlichen Sohn nicht zum Erben einsetzen könne; angenommen er hätte deshalb die Kindesmutter eingesetzt. Da ihm die testamentarische Erbfolge der Mutter jedenfalls lieber wäre als die bei Anfechtung eintretende gesetzliche seines (in dem wirklichen Fall zum Erben eingesetzten) Bruders, sollte die Anfechtung ausgeschlossen sein — ein Ergebnis, das sich durch entsprechende Anwendung des der salomonischen Entscheidung des § 2073 zugrunde liegenden Gedankens wohl rechtfertigen läßt.

b) Die wirksamste Einschränkung der Anfechtung ergibt sich von selbst aus einer Erweiterung der Auslegung gemäß den grundlegenden Sätzen des Reichsgerichts, daß sich vermöge erläuternder Auslegung „der wirkliche (oder mutmaßlich wirkliche) Wille des Erblassers auch jeder verkehrsüblichen Wortbedeutung gegenüber im positiven oder negativen Sinne durchsetzt" (JW. 1912, 344 Z. 8; S. 351), und daß vermöge ergänzender Auslegung, die sowohl positive Anordnungen ergeben wie die Anwendung ergänzender Rechtssätze ausschließen kann, „in Fällen sachlicher oder persönlicher Veränderung zu ermitteln ist, was nach der Willensrichtung des Erblassers zu der Zeit, da die Verfügung von ihm getroffen wurde, als von ihm gewollt anzusehen ist, sofern er vorausschauend das spätere Ereignis bedacht haben würde" (RGZ. 99, 85; S. 359).

Von diesen Grundsätzen muß notwendig der erste der Anfechtung wegen

---

[31]) Von Ehrenzweig, Österreichisches Privatrecht 2, 2 • 382; vgl. Schulz 76.

Irrtums über den Inhalt der Erklärung, der zweite der Anfechtung wegen Irrtums im Beweggrunde Boden abgraben.

α) Einer möglichst weiten Ausdehnung der erläuternden Auslegung könnte das bloße Vorhandensein des § 2078 I selbst dann nicht entgegenstehen, wenn danach für eine Anfechtung wegen Irrtums über den Inhalt der Erklärung überhaupt kein Raum mehr bliebe. Auch in den sorgfältigst vorbereiteten[32]) Gesetzbüchern lassen sich Bestimmungen, deren Tragweite nicht im voraus zu übersehen ist, nicht immer vermeiden. Das Bestreben, einer Vorschrift das ursprünglich vorgesehene Anwendungsgebiet zu erhalten, darf einen gesunden Weiterausbau anderer Vorschriften durch die Praxis keinesfalls hindern: war § 2078 I ein nützliches Sicherheitsventil für die in den ersten Jahren des BGB. noch zu sehr am Wort hängende Auslegungspraxis, so hätte er seine Schuldigkeit getan, wenn diese seiner nicht mehr bedarf. Übrigens ist aber die Besorgnis, daß danach der arme Paragraph nichts mehr zu leben habe, unbegründet, denn es werden stets Fälle übrigbleiben, in denen der wirkliche Wille des Erblassers überhaupt nicht zu ermitteln ist oder doch in dem Testament keinen Niederschlag gefunden hat. Im Nachlaß findet sich etwa ein Testamentsentwurf des Inhalts: „[Ich setze meinen Sohn A zum Alleinerben ein und wende meinem Sohn B ein Vermächtnis von 10000 M. zu. Für den Fall, daß A vor mir sterben sollte, bestimme ich folgendes:] Meine Erben sind mein Sohn B zu zwei Dritteln und mein Bruder C zu einem Drittel; mein Neffe D soll 2000 M. als Vermächtnis erhalten"; beim Abschreiben hat der Erblasser versehentlich die eingeklammerten Worte weggelassen, so daß die Ersatzeinsetzungen von B und C als Ureinsetzungen erscheinen. Hier ist Auslegung nach dem wirklichen Willen ausgeschlossen und nur Anfechtung möglich, so daß A und B je zur Hälfte Erben werden, C und D leer ausgehen — ersteres im Widerspruch, letzteres im Einklang mit dem Willen des Erblassers.

Dagegen werden in den oben (S. 376) erwähnten Fällen bei entsprechendem Willen unter „den" gesetzlichen Erben nur die vollbürtigen Geschwisterkinder (a. M. SeuffA. 76, 236)[33]), unter den Verwandten „des Mannes" auch die der Frau verstanden, und die Zuwendung des Nießbrauchs am Nachlaß wird gegebenenfalls stets in Vorerbeinsetzung umgedeutet werden können (JW. 1911, 283 Z. 15; 1918, 434 Z. 3; WarnRspr. 1927 Z. 57; S. 358; anders LZ. 1920, 340 Z. 6; S. 376). Auch in folgendem Fall (dem nicht veröffentlichten,

[32]) Das Ehehindernis der fehlenden elterlichen Einwilligung (§ 1305) ist außer für uneheliche Kinder und für Volljährigerklärte nur noch für Eltern praktisch, die infolge Strafurteils wegen eines an dem Kinde verübten Verbrechens oder schweren Vergehens die elterliche Gewalt verwirkt haben (§ 1680); es hat daher de lege ferenda kaum noch irgendwelche Berechtigung; dies beruht freilich auf der erst in der zweiten Lesung des Reichstags beschlossenen Annahme des Antrags Auer, das Hindernis vom 25. auf das 21. Lebensjahr des Kindes herabzusetzen (Stenograph. Bericht, Ausg. Guttentag 526f.). Aber auch das ohnehin sehr geringe Anwendungsgebiet der sachlich schon im ersten Entwurf (§ 320) stehenden Vorschrift des § 420, daß mehrere Schuldner einer teilbaren Leistung im Zweifel anteilig verpflichtet sind, wird von der herrschenden Meinung mit Recht durch Ausdehnung der in § 427 nur für Verträge vorgeschriebenen Gesamtschuld auf einseitige Rechtsgeschäfte unter Lebenden noch weiter eingeengt; auch der erwünschten entsprechenden Anwendung auf mehrere Vermächtnisbeschwerte (Siber, Erbrecht 57) darf nicht entgegengehalten werden, daß der Grundsatz des § 420 keine weitere Einschränkung vertrage.

[33]) S. auch Bang, JheringsJ. 66, 389; O. Fischer, daselbst 76, 43, der (39, 44, 51) mit Recht darauf hinweist, daß der Satz „falsa demonstratio non nocet" nur auf belangloses „Beiwerk" zu beziehen ist und mit der korrektiven Auslegung des falschen Ausdrucks in wesentlichen Punkten nichts zu tun hat. WarnRspr. 1916 Z. 111 hält ein Vermächtnis zur Versorgung der Bedachten für den Fall, daß die Erblasserin vor ihrem Mann sterben sollte, aufrecht, obwohl diese erst nach ihm starb; hier wurde die Beschränkung nur als Beiwerk behandelt; dagegen Endemann, Erbrecht[8] 257.

etwas vereinfachten Tatbestand von WarnRspr. 1914 Z. 36) wird vielleicht ohne Anfechtung auszukommen sein (a. M. SeuffA. 76, 236): der Erblasser hatte seine zweite Frau zur Vorerbin, seine Söhne A, B, C zu Nacherben bestimmt und zur Ausgleichung der von ihm bei Lebzeiten an B und C für deren Ausbildung gewährten Vorempfänge dem A ein Geldvermächtnis ausgesetzt. Von den Auseinandersetzungsguthaben der Söhne über den Nachlaß seiner ersten Frau waren die des B und des C für ihre Ausbildung mitverwendet worden, das des A war noch unberichtigt; der Erblasser hatte die des B und C in deren Vorempfänge, das des A in der Meinung, dieser könne oder werde es nicht geltend machen, in das Vermächtnis eingerechnet; A fordert es außer dem Vermächtnis. Ergibt das Testament einen Anhalt für diese Berechnung, so wird das Vermächtnis nach Höhe des unberichtigten Guthabens als solches der Schuld (legatum debiti) ausgelegt werden können; andernfalls wird es nur in dieser Höhe anfechtbar sein.

β) Trotz weitester Ausdehnung des Gebietes der ergänzenden Auslegung bleibt für Anfechtung wegen Beweggrundirrtums Raum, wenn das Testament keinen Anhalt dafür ergibt, was der Erblasser ohne den Irrtum verfügt hätte. Setzt er seinen Buchhalter zum Dank für Treue und Ehrlichkeit im Dienst zum Alleinerben ein und stellt sich heraus, daß ihn dieser fortgesetzt bestohlen hat, so ist nur für Anfechtung mit anschließender gesetzlicher Erbfolge Raum, auch wenn er einem entferntern Verwandten geschrieben hat, daß er diesen ohne die vermeintliche Dankesschuld an den Buchhalter eingesetzt hätte. Anders wenn er den A in der Meinung eingesetzt hat, sein Freund B sei tot[34]) oder wenn er das seiner Haushälterin zugedachte Vermächtnis in der Meinung, diese habe ihn bestohlen, seiner Vaterstadt zugewandt hat[34]): da Anfechtung der Einsetzung des A nicht dem B, sondern dem gesetzlichen Erben, solche des Vermächtnisses nicht der Haushälterin, sondern dem Beschwerten zugute käme, wird sie unstatthaft sein, weil er dem Testament zufolge die Erbschaft lieber dem A als den gesetzlichen Erben, das Vermächtnis lieber der Stadt als dem Beschwerten gegönnt hat; gibt das Testament selbst den Tod des B für die Einsetzung des A, den Diebstahl der Haushälterin für das Vermächtnis an die Stadt als Grund an, so wird auch ergänzende Auslegung, nach der für den Irrtumsfall B oder die Haushälterin wirklich bedacht sein sollte, nicht ausgeschlossen sein. Freilich beweisen solche Begründungen meist nicht, daß der Erblasser im Fall ihrer Unrichtigkeit anders verfügt hätte. Als jemand seinen zu Erben eingesetzten Geschwistern deren Abkömmlinge mit Ausnahme einer Nichte, die schon seine Schwester vollständig beerbt habe, zu Ersatzerben bestimmt hatte, wies das Reichsgericht die Nichte, die ihre Ausschließung wegen Unrichtigkeit jener Angabe des Erblassers anfechten wollte, zurück, weil sie infolge erschöpfender Vergebung aller Erbteile nach § 2089 auch durch Anfechtung nicht zur gesetzlichen Erbfolge gelangen konnte (BayZ. 1906, 15); hier wäre auch durch ergänzende Auslegung schwerlich zu helfen gewesen, weil jene Begründung der Ausschließung kaum mehr bezweckt haben wird, als eine Beschwichtigung wegen enttäuschter Erwartungen.

c) Unerwartete Schwierigkeiten hat ein sehr naheliegender und ganz einfach aussehender Fall bereitet (WarnRspr. 1914 Z. 125 = SeuffA. 69, 272): der Erblasser hatte seine schwangere Frau und das zu erwartende Kind je zur Hälfte als Erben eingesetzt; das Kind wurde tot geboren; die Witwe glaubte kraft Anwachsung Alleinerbin zu sein; die Geschwister des Erblassers nahmen

---

[34]) Beispiele von F. Schulz 75.

auf Grund Anfechtung des Testaments die Hälfte des Nachlasses als gesetzliche Erben in Anspruch, weil jener erklärt hatte, daß er sie bei Kinderlosigkeit seiner Ehe nicht übergehen werde. Die erste Instanz entschied zugunsten der Witwe, das Berufungsgericht nahm kraft der Testamentsanfechtung gesetzliche Erbfolge in die zweite Hälfte an und sprach der Witwe drei, den Geschwistern ein Viertel des Nachlasses zu; das Reichsgericht verwies die Sache zurück; der letzte Ausgang ist nicht bekannt.

α) Das Reichsgericht nahm mit den Vorinstanzen Anwachsung gemäß § 2094 an, sofern sie nicht vom Erblasser ausgeschlossen sein sollte.

Das Berufungsgericht hielt die Einsetzung der Witwe auf die Hälfte für unanfechtbar, weil sie der Erblasser jedenfalls verfügt hätte, aber die des Kindes für anfechtbar, weil er geglaubt habe, daß bei Totgeburt für den Kindesanteil gesetzliche Erbfolge eintreten werde. Das Reichsgericht beanstandete beides; es fand keinen Grund zur Anfechtung der Einsetzung des Kindes und verlangte erneute Prüfung der Frage, ob die der Witwe anfechtbar sei.

In der Tat bedurfte die Einsetzung des Kindes für sich allein keiner Anfechtung, weil sie schon infolge der Totgeburt hinfällig war. Wollte man aber ihre Anfechtung unter dem Gesichtspunkt der Doppelwirkung doch gestatten, so wäre das kein taugliches Mittel zur Beseitigung der Anwachsung, wenn man mit der herrschenden Meinung[35]) die Anfechtung als einen Fall ansieht, in dem ein Erbe „wegfällt", denn dann hätte ja auch sie gemäß § 2094 Anwachsung zur Folge.

Bei Anfechtung der Einsetzung der Witwe wäre ein Testamentserbe, dem etwas anwachsen könnte, nicht mehr vorhanden, es träte also gesetzliche Erbfolge ein, so daß die Witwe die Hälfte des Nachlasses und den Voraus (§§ 1931/32), die Geschwister die andere Hälfte erhielten. Die Anfechtung könnte gemäß § 2078 II etwa gestattet werden, weil der Erblasser erwartet hatte, daß die Erbschaft im Fall der Totgeburt nicht ausschließlich der Witwe zufallen werde. Sie schießt jedoch über das Ziel hinaus, weil sie auch die Einsetzung der Witwe zur ersten Hälfte vernichtet, die doch nur das Mindeste dessen war, was dieser ohne den Irrtum zugewandt wäre. Nach der Äußerung des Erblassers, daß er die Geschwister bei Kinderlosigkeit seiner Ehe nicht übergehen werde, bleibt auch zu bezweifeln, ob er der Witwe außer der ersten Hälfte wirklich nicht mehr als den Voraus zugewandt hätte.

Es fragt sich deshalb in erster Linie, ob nicht die Anfechtung ausschließlich gegen den springenden Punkt, nämlich gegen die Anwachsung gerichtet werden kann. Das ist freilich nach der herrschenden Meinung, die den § 2094 als ergänzendes Recht und demgemäß die „Ausschließung" der Anwachsung als besondere Verfügung ansieht, nicht möglich, denn es wäre Anfechtung der Nichtausschließung, also der Unterlassung einer Verfügung. Anders wenn man den § 2094 als Auslegungsvorschrift betrachtet: die Einsetzung der Witwe zur einen Hälfte enthält dann für den Fall eines

[35]) A. M. Kipp, Erbrecht [10] 151, der ebenso wie bei ursprünglicher Nichtigkeit der Erbeinsetzung statt des § 2094 den § 2089 anwenden will; damit ist aber für die übrigbleibenden Anwachsungsfälle nichts gewonnen. In Wahrheit wird Anfechtung mit der herrschenden Meinung als Wegfall zu gelten haben, aber eine Unterscheidung zwischen ursprünglicher Nichtigkeit und nachträglichem Wegfall nur terminologisch sein und keine sachliche Berechtigung haben: wer für den Fall ursprünglicher Nichtigkeit substituiert ist, heißt nicht „Ersatzerbe" (§ 2096), ist aber ganz dasselbe wie ein Ersatzerbe. Es ist deshalb möglichst durch Auslegung für völlige Gleichstellung dieser Fälle, insbesondere der Anwachsung (§ 2094) und der ursprünglichen Nichtigkeit (§ 2089) zu sorgen; § 2088 gilt ohnehin auch bei „Ausschließung der Anwachsung" (§ 2094 III).

Wegfalls des Kindes zugleich ihre Ersatzerbeinsetzung zu dem Kindesanteil, also eine für sich allein anfechtbare Verfügung, deren Vernichtung — gemäß der Entscheidung des Berufungsgerichts — nur gesetzliche Erbfolge in diesen zur Folge hätte.

In Wahrheit lag übrigens kein Anwachsungsfall im Sinne des BGB. vor, weil Totgeburt eines eingesetzten Erben kein „Wegfall" ist[36]): auf die Zeit vor dem Erbfall wird nur Lebendgeburt zurückbezogen (§ 1923 II), ein totgeborenes Kind wird nicht als vor oder nach dem Erbfall gestorben, sondern als niemals lebend behandelt; seine Einsetzung ist solche eines schon bei der Testamentserrichtung Nichtvorhandenen und führt ebenso wie die eines vor diesem Zeitpunkt Gestorbenen nicht zur „Anwachsung" wegen nachträglichen Unvollständigwerdens der Erbteilsvergebung (§ 2094), sondern zur „Erhöhung der Bruchteile" der außerdem eingesetzten Erben wegen ursprünglicher Unvollständigkeit (§ 2089). § 2089 schreibt aber nicht vor, daß der Erblasser die Erhöhung „ausschließen" könne, sondern macht diese von vornherein davon abhängig, daß „die eingesetzten Erben nach dem Willen des Erblassers die alleinigen Erben sein sollen", daß also die Erbteilsvergebung als vollständige gemeint ist; er ist schon formell als Auslegungsregel gefaßt und ergibt, daß Miterbeinsetzung bei ursprünglicher Hinfälligkeit der Einsetzung des einen zugleich eine Eventualeinsetzung der übrigen auf seinen Anteil enthält. Bei Anwendung des § 2089 wird hiernach die Zulässigkeit einer nur die Erhöhung vernichtenden Anfechtung keinem Zweifel unterliegen. Doch darf es bei einer solchen auf den zufällig vorliegenden Tatbestand beschränkten Abhilfe nicht bewenden: die „Erhöhung" des BGB. hieß im römischen Recht gleichfalls „Akkreszenz" (fr. 13, 3 D. de her. inst. 28, 5) und ist auch heute von der „Anwachsung" nur dem Namen nach verschieden; beide beruhen darauf, daß bei einer vollständig gemeinten, aber wider Erwarten unvollständigen Erbteilsvergebung ein Nebeneinander gewillkürter und gesetzlicher Erbfolge dem vermutlichen letzten Willen nicht entspricht. Eine praktisch verschiedene Behandlung zweier so durchaus gleichliegenden Fälle ist deshalb höchst unerwünscht und mit allen zulässigen Mitteln der Gesetzesauslegung zu vermeiden; dafür können aber nicht die noch im Gedanken an den Satz „nemo pro parte" befangenen §§ 2094, 2158 (S. 370) maßgebend sein, sondern nur der davon freigewordene § 2089.

β) Das Reichsgericht verlangte bei der Zurückverweisung auch Prüfung der Frage, ob der Erblasser die Anwachsung, sei es auch nur stillschweigend, ausgeschlossen habe; es suchte also mit Recht in erster Linie durch Auslegung zu helfen und wünschte diese offenbar möglichst frei. Auch ergänzende Auslegung konnte aber, wenn die „Ausschließung" besondere Verfügung wäre, nicht zum Ziel führen, soweit dafür nicht das Testament selbst einen Anhalt ergab. Anders bei Anwendung des § 2089, nach dem Erhöhung eintritt, wenn „die eingesetzten Erben nach dem Willen des Erblassers die alleinigen Erben sein sollen". Beruht die Unvollständigkeit der Erbteilungsvergebungen auf Rechenfehler, so ist dieser Wille beweisbedürftig. Beruht er auf der dem Erblasser unbekannten Hinfälligkeit der Einsetzung eines Miterben, so ergibt er sich aus dem Testament, schließt aber den Gegenbeweis nicht aus, daß ein Nebeneinander testamentarischer und gesetzlicher Erbfolge für diesen Fall doch dem vermutlichen oder auch nur irrealen letzten Willen entspreche. Der Fall gibt keinen Anhalt dafür, wieviel den Geschwistern

---

[36]) A. M. auch Kipp a. a. O. 151 Anm. 5.

gegebenenfalls zugedacht war; auch wenn deshalb daraus, daß schon eine frühere Entbindung fehlgeschlagen war, nicht mit dem Berufungsgericht zu schließen ist, daß der Erblasser auf gesetzliche Erbfolge in den Anteil des totgeborenen Kindes gerechnet habe, wird diese Auslegung seinem vermutlichen Willen am nächsten kommen.

Natürlich ist es auch für die Auslegung erwünscht, die Anwachsung ebenso zu behandeln und die mißratenen Vorschriften über ihre „Ausschließung" in der angegebenen Weise zu berichtigen.

Abgeschlossen: Februar 1929.

I.

Namenregister zu den Bänden I—VI

I

J

K

L

M

Z

II.

Sachregister zu den Bänden I–VI

A

B

F

G

H

I

J

K

O

S

V

W

Z

FSC
www.fsc.org
MIX
Papier | Fördert gute Waldnutzung
FSC® C083411

Kolibri 360 GmbH
Ferdinand-Jühlke-Straße 7
99095 Erfurt, Deutschland
produktsicherheit@kolibri360.de